高等医学院校系列教材

介入放射学

主　　编　倪才方
副 主 编　陈　珑　狄镇海　刘一之　赵　辉　朱晓黎
编　　委　(按姓氏汉语拼音排序)

陈　晓(苏州大学附属第一医院)	崔红凯(新乡医学院附属医院)
狄镇海(江苏大学附属医院)	杜　勇(川北医学院附属医院)
段鹏飞(苏州大学附属第一医院)	范新东(上海第九人民医院)
高　斌(合肥市第一人民医院)	管　生(郑州大学第一附属医院)
黄　健(南通大学附属医院)	金泳海(苏州大学附属第一医院)
李　波(苏州大学附属第一医院)	李明明(苏州大学附属第一医院)
李　肖(四川大学附属华西医院)	李　杨(川北医学院附属医院)
李　智(苏州大学附属第一医院)	林　立(福建医科大学附属协和医院)
刘瑞宝(哈尔滨医科大学附属第三医院)	刘一之(苏州大学附属第一医院)
楼文胜(南京医科大学附属医院)	倪才方(苏州大学附属第一医院)
任伟新(新疆医科大学第一附属医院)	沈　健(苏州大学附属第一医院)
王万胜(苏州大学附属第一医院)	王文辉(兰州大学附属第一医院)
杨维竹(福建医科大学附属协和医院)	杨正强(南京医科大学第一附属医院)
游　箭(南充市中心医院)	虞希祥(温州医科大学附属第三医院)
张宏文(南华大学附属南华医院)	赵　辉(南通大学附属医院)
赵　卫(昆明医科大学第一附属医院)	周　石(贵阳医学院附属医院)
朱晓黎(苏州大学附属第一医院)	邹建伟(苏州大学附属第一医院)
邹　容(江苏大学附属医院)	

主编助理　徐云华(苏州大学附属第一医院)

科学出版社
北　京

·版权所有　侵权必究·

举报电话:010-64030229;010-64034315;13501151303(打假办)

内　容　简　介

本书较全面、系统地介绍了介入放射学的基础理论和临床应用,共分为十四章;第一~七章详细介绍了介入放射学的基本知识、基本器械、血管造影诊断和方法、基本技术以及目前应用广泛的特殊介入治疗技术;第八~十四章重点介绍了头颈部、胸部、腹部、腹膜后、盆腔、骨骼系统疾病和血管疾病介入治疗的适应证、禁忌证、介入操作、并发症及其防治和疗效评价。

本书是影像医学和微创医学及介入放射学学生较为理想的教材,同时也是临床医学专业学生、临床医护人员接受现代医学教育的工具书。

图书在版编目(CIP)数据

介入放射学／倪才方主编．—北京:科学出版社,2015.3
ISBN 978-7-03-043446-3

Ⅰ.①介⋯　Ⅱ.①倪⋯　Ⅲ.①介入放射学-医学院校-教材Ⅳ.①R81

中国版本图书馆 CIP 数据核字(2015)第 036453 号

责任编辑:胡治国／责任校对:李　影
责任印制:赵　博／封面设计:陈　敬

版权所有,违者必究。未经本社许可,数字图书馆不得使用

科学出版社出版
北京东黄城根北街 16 号
邮政编码:100717
http://www.sciencep.com

北京中石油彩色印刷有限责任公司印刷
科学出版社发行　各地新华书店经销
*

2015 年 3 月第　一　版　　开本:787×1092　1/16
2025 年 1 月第八次印刷　　印张:22 1/2
字数:538 000

定价:79.80 元
(如有印装质量问题,我社负责调换)

前　言

　　介入放射学自 Dotter 发明 PTA 至今仅半个世纪，其临床应用已深入到各个学科，已成为许多疾病的首选或主要治疗方法，如颅内动脉瘤、夹层动脉瘤、外周动脉狭窄、支气管扩张合并大咯血、食道良恶性狭窄、气管狭窄、原发性肝癌、门静脉高血压、阻塞性黄疸、外伤性大出血、子宫肌瘤等。当今介入放射学的影响力不但表现在造就一门新学科，而且催生了以更安全、高效和微创为特征的医学新技术，代表了现代医学的发展方向和人类文明的发展趋势。因此新世纪临床医(学)生应该掌握介入放射学的基本知识和技术，以便更好地适应现代的临床医学工作。故该教材立足于影像医学本科专业必修课程教学及临床医学本科选修课程教学，主要侧重于诊治放射学的基础知识、基本理论和基本诊疗技术以及各种临床疾病相关介入处理的适应证选择，禁忌证注意，相关诊疗技术及其并发症的处理。内容紧扣当前介入放射学的发展，体现了"思想性、科学性、先进性、启发性和适用性"的基本要求，是影像医学专业、临床医学专业学生学习介入放射学的入门书籍，也是从事介入放射工作的医护人员全面掌握介入放射学知识，规范介入操作的重要参考书。

　　本书编写过程中得到了我国著名介入放射学专家李麟荪教授和欧阳墉教授的热情支持，并对总论内容提出了许多指导性修改意见。在此，我们表示由衷的感谢。同时，也对苏州大学第一临床学院胡春洪教授对本书编写的关心和指导表示谢意。

　　虽然力图写出有水准的教材，但编写作者水平有限，书中不足之处在所难免，故请广大读者予以批评指正，以期改进和校正。

编者
2015 年 2 月

目 录

第一章　总论 …………………… (1)
　第一节　介入放射学基本概念 …… (1)
　第二节　介入放射学发展史 ……… (2)
第二章　器械与材料 ……………… (5)
　第一节　穿刺针 ………………… (5)
　第二节　导丝 …………………… (8)
　第三节　导管 …………………… (11)
　第四节　球囊导管 ……………… (18)
　第五节　导管鞘 ………………… (22)
　第六节　支架 …………………… (23)
　第七节　栓塞材料 ……………… (29)
　第八节　其他相关器械 ………… (36)
第三章　基础知识 ………………… (37)
　第一节　无菌技术 ……………… (37)
　第二节　围手术期处理 ………… (40)
　第三节　介入放射常用药物 …… (41)
　第四节　介入放射的影像设备与防护
　　　　　………………………… (47)
第四章　经皮穿刺血管造影术 …… (50)
　第一节　穿刺部位 ……………… (50)
　第二节　穿刺方法 ……………… (56)
　第三节　插管操作技术 ………… (57)
　第四节　血管造影方法和技术 … (63)
　第五节　动脉穿刺点处理 ……… (66)
　第六节　常见并发症及其防治 … (69)
第五章　血管造影诊断 …………… (75)
　第一节　血管性病变的血管造影诊断
　　　　　………………………… (75)
　第二节　肿瘤性病变的血管造影诊断
　　　　　………………………… (82)
第六章　基本介入诊疗技术 ……… (87)
　第一节　经外周静脉中心静脉置管术
　　　　　………………………… (87)
　第二节　经导管血管内灌注术 … (89)
　第三节　经导管血管内栓塞术 … (92)
　第四节　经皮经腔血管内成形术 … (97)
　第五节　非血管腔道成形术 …… (101)
　第六节　血管内支架植入术 …… (103)
　第七节　经皮穿刺活检术 ……… (107)
　第八节　经皮穿刺引流术 ……… (110)
　第九节　经皮穿刺造瘘术 ……… (114)
　第十节　经皮穿刺消融术 ……… (117)
第七章　特殊介入治疗技术 ……… (123)
　第一节　下腔静脉滤器植入术 … (123)
　第二节　经颈静脉肝内门-体静脉分
　　　　　流术 …………………… (128)
　第三节　血栓清除术 …………… (133)
　第四节　心脏大血管异物取出术 … (136)
　第五节　经皮穿刺放射性粒子植入术
　　　　　………………………… (138)
　第六节　血管内导管药盒系统植入术
　　　　　………………………… (142)
　第七节　腹腔神经丛阻滞术 …… (144)
第八章　头颈部疾病 ……………… (147)
　第一节　颅内动脉瘤 …………… (147)
　第二节　脑动静脉畸形 ………… (151)
　第三节　颈内动脉海绵窦瘘 …… (157)
　第四节　硬脑膜动静脉瘘畸形 … (162)
　第五节　脊髓血管畸形 ………… (167)
　第六节　脑血栓形成 …………… (172)
　第七节　颈动脉狭窄 …………… (178)
　第八节　头颈部动静脉畸形 …… (181)
第九章　胸部疾病 ………………… (185)
　第一节　原发性肺癌 …………… (185)
　第二节　咯血 …………………… (188)
　第三节　气道狭窄及气道瘘 …… (191)

· iii ·

第四节 食管狭窄与食管瘘 …… (195)	第十节 肝囊肿 ……………… (275)
第五节 肺动静脉畸形 ………… (200)	第十一节 胰腺癌 …………… (276)
第六节 急性肺动脉栓塞 ……… (203)	第十二节 消化道出血 ……… (280)
第七节 胸腔积液、肺脓肿与脓胸 … (207)	第十三节 胃肠道梗阻 ……… (286)

第十章 血管疾病 ……………… (210)

- 第一节 主动脉夹层 …………… (210)
- 第二节 主动脉瘤 ……………… (214)
- 第三节 周围动脉闭塞性疾病 … (217)
- 第四节 下肢深静脉血栓形成 … (222)
- 第五节 下肢静脉曲张 ………… (226)
- 第六节 上腔静脉阻塞综合征 … (229)
- 第七节 肢体血管畸形和血管瘤 … (231)
- 第八节 四肢血管创伤 ………… (234)

第十一章 腹部疾病 …………… (237)

- 第一节 原发性肝癌 …………… (237)
- 第二节 转移性肝癌 …………… (245)
- 第三节 肝血管瘤 ……………… (247)
- 第四节 肝脓肿 ………………… (250)
- 第五节 门静脉高压 …………… (252)
- 第六节 布-加综合征 …………… (256)
- 第七节 阻塞性黄疸 …………… (260)
- 第八节 脾功能亢进 …………… (266)
- 第九节 肝、脾、肾破裂 ………… (269)

第十二章 腹膜后疾病 ………… (294)

- 第一节 肾癌 …………………… (294)
- 第二节 肾上腺肿瘤 …………… (297)
- 第三节 肾出血性疾病 ………… (300)
- 第四节 肾动脉狭窄 …………… (302)
- 第五节 肾囊肿 ………………… (306)
- 第六节 肾积水 ………………… (308)

第十三章 盆腔疾病 …………… (312)

- 第一节 盆腔大出血 …………… (312)
- 第二节 妇科恶性肿瘤 ………… (314)
- 第三节 子宫肌瘤及子宫腺肌病 … (318)
- 第四节 输卵管性不孕症 ……… (326)
- 第五节 异位妊娠 ……………… (329)
- 第六节 盆腔淤血综合征 ……… (333)

第十四章 骨骼系统疾病 ……… (337)

- 第一节 骨肿瘤 ………………… (337)
- 第二节 腰椎间盘突出症 ……… (342)
- 第三节 椎体压缩性病变 ……… (348)

第一章 总 论

第一节 介入放射学基本概念

【背景】 介入放射学(interventional radiology)源于放射诊断学中的侵袭性诊断亚专业,是一门由医学影像学与临床微创医学相结合的新兴边缘学科。随着影像引导设备的不断更新和有关器材、技术的不断发展,介入放射学所涵盖的诊疗领域也不断增加,包括心脏、脑血管、外周血管、胃肠道、肝胆、泌尿生殖、呼吸系统和骨骼软组织等系统的疾病。

【定义】 介入放射学是临床与影像诊断相结合并进行微创治疗的医学专业,即在医学影像设备的引导下,经皮或经腔进行诊断和治疗的微创医学。介入放射医生则是利用影像引导进行微创治疗的专业临床医生。介入放射学的特性决定了介入放射医生必须具备以下能力:①具有影像诊断和辐射安全的专业知识和技能;②具备适用于多种疾病和器官影像引导下进行微创操作技术的专业知识和技能;③具有对介入放射诊疗范围内适合影像引导的介入治疗患者的评估和处理的专业知识和技能;④具备对介入新技术、器材及操作方法的不断发明和创新的能力。因此,介入放射学是一门独特的,有别于内科、外科和放射诊断学及其他医学专科或亚专科的学科。

介入放射学最大特点是微创性,与传统外科手术相比较,其创伤性及危险性小、治疗见效快、恢复时间短。其他特点还包括应用广泛、简便易行、可重复性强、定位准确、疗效高及多种技术的联合应用。

【分类和基本内容】 介入放射学按治疗途径(方法)分类:血管内介入放射学、非血管性介入放射学;按引导设备分类:X线介入放射学、CT介入放射学、B超介入放射学、MRI介入放射学;按治疗领域分类:神经介入放射学、心脏介入放射学、外周血管介入放射学、综合介入放射学(主要为肿瘤介入放射学、非血管性介入放射学)等。

血管内介入放射学主要包括:基本插管技术(Seldinger及改良Seldinger技术、选择性和超选择性血管插管技术)、选择性血管造影术、经导管局部药物灌注术、经导管血管栓塞术、经皮腔内血管成形术、经皮腔内支架置入术、经颈静脉肝内门腔分流术、经皮血管内异物和血栓取出术、经皮血管内导管药盒系统植入术等。

非血管性介入放射学主要包括:经皮穿刺活检术、经皮局部药物注射术、经皮穿刺内引流术、经皮穿刺外引流术、非血管管腔狭窄扩张术、内支架置入术、经皮椎间盘治疗术、经皮椎体成形术、输卵管再通术、经皮物理及化学消融术、经皮放射性粒子植入术等。

【影像引导设备】 介入放射学的影像导向设备,在早期仅限于X线影像设备,目前它仍然占一定地位。如在骨关节病灶的穿刺活检、引流和造瘘、血管成形、结石处理、狭窄管腔扩张等介入性技术中,都需要用X线来导向和监视。CT导向穿刺具有穿刺诊断率高、并发症少等优点。它的应用得到普遍重视,已用于很多领域。但其缺点是费时间、费用高、器官运动可能会影响图像质量。随着CT机的发展和CT导航技术的发展,CT引导下的介入诊疗技术将得到更广泛的应用。

超声图像仪,特别是带穿刺针探头的动态B型超声图像仪,也是常用的一种导向设备。

磁共振成像仪也可用做介入性技术的导向设备。特别是近年开发的开放式磁共振成像系统，临床医生可以随意接近正在扫描过程中的患者，更适用于介入性磁共振成像技术。

(倪才方　王万胜)

第二节　介入放射学发展史

介入放射学的形成和发展同其他学科一样，也经历了一个相对漫长的探索过程，是先驱们对医学科学英勇无畏的献身精神和不屈不挠的创新精神的生动写照。

在 Roentgen 发现 X 线不久，Hasher、Morton 等即在 1896 年开始用石膏作为对比剂进行尸体动脉造影。1910 年 Franck 和 Alwens 将造影剂注射到活狗及活兔的动脉内。1912 年 Bleichroeder 用狗做实验，探索了长时间将导管留置在其动脉内的可行性，同年又将一根导尿管插入自己股动脉内，首次实现了人类血管内导管插管技术。1923 年德国 Berberich 和法国 Sicard、Forestier 分别使用溴化锶、碘罂子油成功进行了人体静脉造影。1924 年美国的 Brooks 用碘化钠做了第 1 例股动脉造影。1928 年 Moniz 完成了直接法脑血管造影。1929 年 Dos Santos 采用长针经皮腰部穿刺做腹主动脉造影成功。同年 Forsmann 从上臂静脉将导尿管插入自己的右心房，首创了心导管造影术。1941 年古巴的 Farinas 采用股动脉切开插管作腹主动脉造影，但因操作复杂且并发症较多而未能推广。1951 年 Peirce 切开动脉后通过套管作经皮置管术。同年，Bierman 采用颈总动脉和肱动脉切开方法作选择性内脏动脉造影，并进行了第一次动脉灌注化疗。介入放射学先驱们 20 世纪上半叶的一系列有益探索为现代介入放射学学科的建立起到了重要铺垫作用。但此期间，大多数介入操作需切开血管，因此对患者创伤大，且操作复杂，从而大大限制了其在临床的推广应用。

1953 年瑞典 Sven-Ivar Seldinger 医师首创了经皮股动脉插管作血管造影的方法。他采用穿刺针、导丝和导管的置换来完成过去繁杂的血管内置管操作。由于该法操作简单、损伤小、安全、准确、无需缝合血管，完全替代了以往手术切开暴露血管再进行血管造影的方法，因而很快被广泛采用，成为介入放射学的基本操作技术，同时也奠定了现代介入放射学学科发展的基石。目前，Seldinger 技术不仅是血管造影术的经典技术，其基本原理还应用于其他管腔病变的穿刺、介入治疗中，如胆管等。

Seldinger 在 1958 年介绍了经皮股动脉插管行全脑血管造影，1958 年 Odman、1962 年 Strom、1969 年 Rosch 基于 Seldinger 技术先后开展了腹腔动脉、肠系膜上下动脉造影和超选择性动脉造影。1956 年 Oedman、Morino 和 Tillander 分别改进导管头作选择性插管。1967 年 Judkins 采用股动脉穿刺的方法进行了冠状动脉造影，从此血管造影术得以进一步发展和推广。

1964 年美国放射学家 Dotter 在给一位进行性坏疽而准备截肢患者作左下肢动脉造影时，意外地将导管插入了狭窄的动脉，使狭窄的血管得到了扩张，改善了肢体的血液循环，从而取得了使坏疽愈合并避免截肢的治疗效果。在此启示下，Dotter 开创了经皮同轴导管血管成形技术(PTA)，其标志着介入放射学的形成。因为他改变了放射诊断医生仅作诊断不作治疗的传统模式，使其转变为集影像诊断与介入治疗于一体的临床医生，同时，激励着其他临床专业医生投身到介入治疗新领域，从而推动介入放射学的发展。虽然 Dotter 当时采用较粗的同轴导管强行扩张狭窄，使动脉内膜遭受严重的损伤而影响了它的推广，但为球囊导管扩张术和内支架成形术的广泛应用奠定了基础。因此，Dotter被誉为"介入放射学之父"。

1967年Margulis在美国放射学杂志（*American Journal Radiology*，AJR）上提出了"介入放射学是一个新的学科（亚专业）"。1976年Wallace在*Cancer*杂志上以"*Interventional Radiology*"为题系统地阐述了介入放射学的概念，并于1979年在欧洲放射学会第一次介入放射学学术会议上做了专题介绍，此命名在国际学术界达成共识。

1973年Andreas Gruntzig发明了球囊导管（balloon catheter）后，使经皮腔内血管成形术在临床上普遍应用。1977年Eurich首先把经皮血管成形术应用于冠状动脉，继而在欧美普遍开展。Dotter在1969年首先完成了血管内支架置入术的动物实验，1983年他又首创了镍钛记忆合金螺旋管状支架。1985年Gianturco和Palmaz分别创造了不锈钢Z型自膨式和球囊扩张式支架。1986年，Puol和Sigmart将第一枚冠状动脉支架置入人体。20世纪90年代支架广泛应用于临床。以后，新的血管介入技术、器材的不断涌现，使血管内介入放射学日趋成熟。

介入技术不仅用于血管性疾病，也被广泛用于非血管性疾病。早在19世纪80年代就有经皮穿刺活检的报道，但一直都是浅表部位病变穿刺活检和盲目穿刺活检，以后逐步发展到在X线透视下用粗针穿刺活检。20世纪60年代后，随着医学影像设备、穿刺针、穿刺方法及组织学和细胞学的发展，经皮穿刺活检逐步完善起来。目前，应用较广的是超声和CT导向下穿刺活检。前者早在1975年就有Holm等报道，并取得满意结果；后者则在1976年由Haaga首先做了15例的报道。首先报道超声导向下经皮插管引流者为Gronvall等，而首先报道CT导向下作引流者为Stephenson等。体内空腔脏器的经皮穿刺造瘘引流术最早为经皮肾造瘘术，由Goodwin于1955年首先报道，用于肾盂积水的引流，这一技术还用于尿液培养、细胞学检查及尿动力学测定，后来又发展为内引流术。此外，经肝穿刺胆管内外引流、经皮穿刺胃造瘘、消化道狭窄的成形术、输卵管再通术、经皮穿刺椎间盘摘除术等均标志着非血管性介入放射的发展与成功。

设备的改良在介入放射学的发展中也起了重要的作用。1932年Moniz与Caldas第一次使用人工快速换片机，能连续进行动脉相、毛细血管相及静脉相摄片。1943年J Sanchez-Perez开始使用自动换片机。20世纪80年代后，介入放射学的发展更为迅速，如影像增强器、自动注射器等，随之出现电视影像增强透视、电影摄影和电视录像。Johnson等利用杠杆原理发明了不锈钢高压注射器，其后不久瑞典人Ake Gilund发明了第一个高压注射器与双向胶卷换片器。数字减影血管造影机（digital substraction angiography，DSA）的出现，是介入放射学发展历程上的一个里程碑，它能够使用浓度较低的对比剂，得到清晰的减影后的血管造影图像，使介入放射学更易于开展。超声实时监视穿刺和CT引导穿刺方法的出现，降低了血管损伤等并发症的出现，穿刺成功率明显提高。随后又出现了MR引导下的介入操作，使介入诊断与治疗更加精确与丰富，并且减少了介入放射学医生的放射性损伤。

对比剂也由不良反应较多且易发生过敏的离子型对比剂，改良为非离子型对比剂和等渗型对比剂；由于对比剂的不良反应轻微，不至于掩盖与疾病本身相关或手术相关的症状，术者能够准确判断出现某种症状的原因，从而进行针对性的处理，使并发症大为减少，进一步有利于介入放射学的发展。

在影像监视手段不断提高和完善的同时，介入放射学使用的器材也得到巨大的发展，为介入放射学安全、高效、可靠的发展提供了基本的条件，如穿刺针、导丝、血管鞘、导管等经皮导入的介入器材外径由粗变细、材质由硬变软、柔顺性由差变好，这些使得介入操作对患者损伤也越来越小、介入操作的难度也大大降低。例如，球囊导管的外径越来越小的同时，球囊的可达直径则越来越大，所能承受的压力也越来越大；同样金属支架在保证生物相容性的基础上，推送器的直径越来越小，而支架的直径越来越大，并且更加能够适应生理弯曲，使得管腔成形术蓬勃发展起来。

介入放射医生对学科的大力建设对介入放射技术在临床上成功而广泛的应用起到了重要作用。1974年美国成立心血管放射学会（Society of Cardiovascular Radiology，SCVR），1983年更名为心血管和介入放射学学会（Society of Cardiovascular and Interventional Radiology，SCVIR）。1990年，鉴于介入放射学的快速发展，SCVIR开始制定介入放射学治疗规范。同年，SCVIR主办的专业杂志 *JVIR* 正式创刊。1991年，介入放射学被美国医学毕业生教育认证委员会批准为一门隶属于放射学的2级学科。2002年，SCVIR正式更名为介入放射学会（Society of Interventional Radiology，SIR）。

自20世纪70年代后期以来，随着介入技术的逐步成熟和推广，以及高科技影像设备、新颖对比剂和介入器材进入临床，特别在最近30年来，介入理论逐步完善，新技术不断涌现，治疗的范围也不断扩大，替代了许多常规的手术治疗。随着现代生物工程学、材料学、计算机信息学的飞速发展，介入放射学的原理、技术与应用已经改变了疾病诊疗的基本理念和模式，成为了最重要和应用广泛的微创治疗手段，有望成为与内科、外科并列的三大医学技术之一。

【我国介入放射学】 介入放射学在我国开展较晚。20世纪70年代初各地医院纷纷开展了Seldinger法经皮穿刺股动脉插管选择性血管造影，为以后的介入放射学工作奠定了基础。1979年林贵教授发表了肾动脉狭窄造影诊断和扩张治疗，以及选择性血管造影诊断原发性肝癌的论文，标志着我国介入放射学事业的开始。刘子江教授于1981年起由卫生部批准举办介入放射学学习班，向全国各地招生，培养了我国最早的一批介入放射工作者，并大大推广了这一技术，使得介入放射学这一技术得以在国内逐渐普及。1986年，在山东召开了首届全国介入放射学学术大会。1990年，卫生部决定把一部分有条件开展介入放射学的放射科改为临床科室，并且要求大型三甲医院必须设置介入放射学专业，这从根本上奠定了介入放射学在我国医学界的地位。1997年国家科学技术委员会和卫生部联合将13个介入治疗课题列为"九五"攻关课题，从国家战略角度确定了介入放射学的发展方向。

21世纪后，我国的介入放射学进入了突飞猛进的发展阶段，一方面介入技术广泛应用于临床各个系统，另一方面相关学科逐步涉足，表现为以心内科、神经科和血管外科为代表的临床医生开始加入介入放射学领域，使介入放射学更普及化和专业化。2012年7月原国家卫生部颁布了《综合介入诊疗技术管理规范》、《神经血管介入诊疗技术管理规范》和《外周血管介入诊疗技术管理规范》，逐步建立有关准入制度，从而保障了我国介入放射学将进入一个更规范、更高水平的发展。2014年8月中国医师协会介入医师分会的成立标志着我国介入医学独立学科的形成，为我国介入医学规范快速的发展奠定了坚实的基础。

（倪才方　王万胜）

第二章　器械与材料

第一节　穿　刺　针

穿刺针（needle）是血管性和非血管性介入操作的重要器械，主要用于经皮建立血管、胆管、消化道、泌尿道及胸腹腔等与外界的通道，为引入导丝、导管或引流管进行后续治疗提供途径；也可直接穿入组织进行抽吸、活检、物理或化学消融等诊断与治疗。故穿刺针分血管与非血管两大类。后者分软组织和骨骼两类穿刺针。本节仅介绍血管穿刺针。

【规格】　穿刺针外径的大小用G（gauge）来表示粗细。G号码数越大，管径越细（表2-1）。穿刺针按大小可分为普通穿刺针和微穿刺针。普通穿刺针一般是18G，用于成人的动、静脉穿刺；微穿刺针一般是21G，适合穿刺细小而深在的血管。穿刺针根据类型有不同长度。

表2-1　单壁穿刺针的内外径

G	内径		外径	
	in	mm	in	mm
15	0.059	1.50	0.072	1.83
16	0.052	1.32	0.064	1.63
17	0.046	1.16	0.056	1.42
18	0.042	1.06	0.048	1.22
19	0.031	0.78	0.040	1.02
20	0.025	0.64	0.036	0.91
21	0.022	0.56	0.032	0.82
22	0.018	0.45	0.028	0.71
23	0.015	0.38	0.024	0.61

注：国际通用习惯，导丝采用英寸（inch）制，导管采用F（french）制。

【类型】　穿刺针的形状、大小与种类很多，常分为：单壁穿刺针、两部件套管针、三部件套管针、特殊/专用穿刺针、剥皮穿刺针和微穿刺针等。最初的穿刺针都是金属结构，现在有金属和塑料套管两种。

1. 单壁穿刺针　又称前壁穿刺针。由不锈钢制成，结构简单，无针芯，针头锐利呈单斜面。针的尾部为针座，由塑料或金属制成，可有不同形状，便于穿刺时握持。针座内腔光滑呈漏斗形，以便插入导丝或连接注射器。穿刺针长2.5~7.0cm，针径18~22G（图2-1）。

2. 两部件套管穿刺针　穿刺针由针芯和外套针两部分构成，长4~7.0cm，针径18~21G。外套针为一薄壁金属针，针头

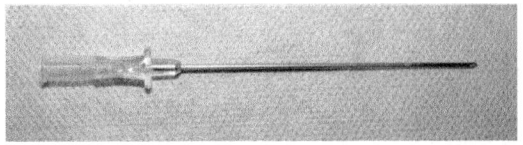

图2-1　前壁穿刺针

平钝或呈锐利的单斜面。针座可有不同形状,有的针座附有一盘状基板,便于持针。针座尾部有一缺凹,与针芯尾部的凸起相吻合,以保证套合后两者一致行动。针座内腔光滑呈漏斗状。针芯为一实心的金属杆,其作用是防止穿刺时皮肤或皮下组织堵塞外套针。针芯的头端可平钝也可尖锐,套合后的穿刺针如图2-2所示。

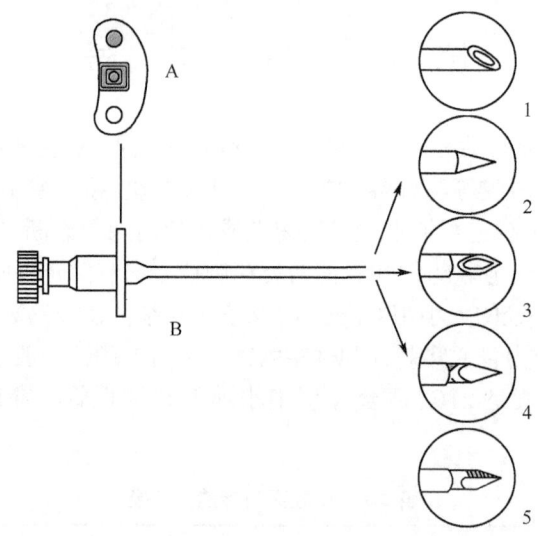

图2-2 套合后穿刺针
A.基板;B.套合后的穿刺针
1. 套针与针芯等长合成同一针面状针尖;2. 针芯的针头呈圆锥形,突出于套针成针尖;
3. 针芯针头呈单斜面;4. 针芯针头呈双斜面;5. 针芯针头呈菱形

目前使用的塑料套管穿刺针由薄壁塑料外套管和薄壁金属穿刺针组成(图2-3)。外套管稍短于穿刺针,头端逐渐缩细,紧贴针体,两者套合在一起后进行穿刺。穿刺针尾端连接一透明活塞,冲洗穿刺针时将其取下,穿刺时将其扣合,进入血管后可通过观察透明活塞内回流的血液判断穿刺是否成功。随后退出穿刺针,套管留于血管内,即可置入超滑导丝。这一设计可明显减少穿刺时的出血量及导丝置入过程中对血管壁的损伤。

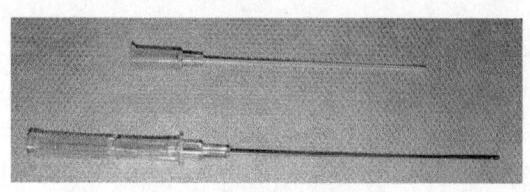

图2-3 塑料套管穿刺针
上:外套管;下:穿刺针

3. 三部件套管针 由外套管、内针和闭塞器组成。外套管由金属或塑料制成,内针为金属质地,前缘尖锐,用于穿刺血管。当针进入血管后,拔出内针,插入闭塞器,可使针稳定地深入血管。闭塞器前端钝圆,不会损伤血管。

4. 特殊用穿刺针

(1) 经颈静脉肝内门体分流术(trans-jugular intrahepatic portosystemic shunt,TIPS)专用穿刺针,由长穿刺针、外套管、金属导向穿刺针和套管及10F长鞘等五个部件所构成。有德国式和美国式两种设计。前者可以用超声导向,后者穿刺针尖小、损伤小。美国的Rups-100组合(图2-4)是:①直径10F、长度41cm引导鞘,顶端有金属标志,其作用为稳定整个导管装置,防止导管和导丝在交换时扭曲和损伤血管;②直径9F、长度52cm金属导管鞘,穿刺过程中导管鞘嵌入肝静脉壁,防止穿刺针在血管壁滑动,同时保护金属导向器;③直径14G、长度51cm金属导向器,远端4cm弯曲呈30°角,行TIPS操作时,根据肝静脉和门静脉空间距离调整穿刺角度,引导门静脉穿刺;④直径5F、长度62.3cm导管;⑤直径0.97mm、长度62.5cm穿刺针,主要用于TIPSS术中门静脉的穿刺和Budd-Chiari综合征的下腔静脉闭塞段的开通。

产品编号	导入器 F/长度 cm	套管针针芯 直径 in/mm	套管针针芯 长度 cm	加强套管 G	加强套管 长度 cm
RUPS-100	10.0/40	0.038/0.97	62.5	14	51.5

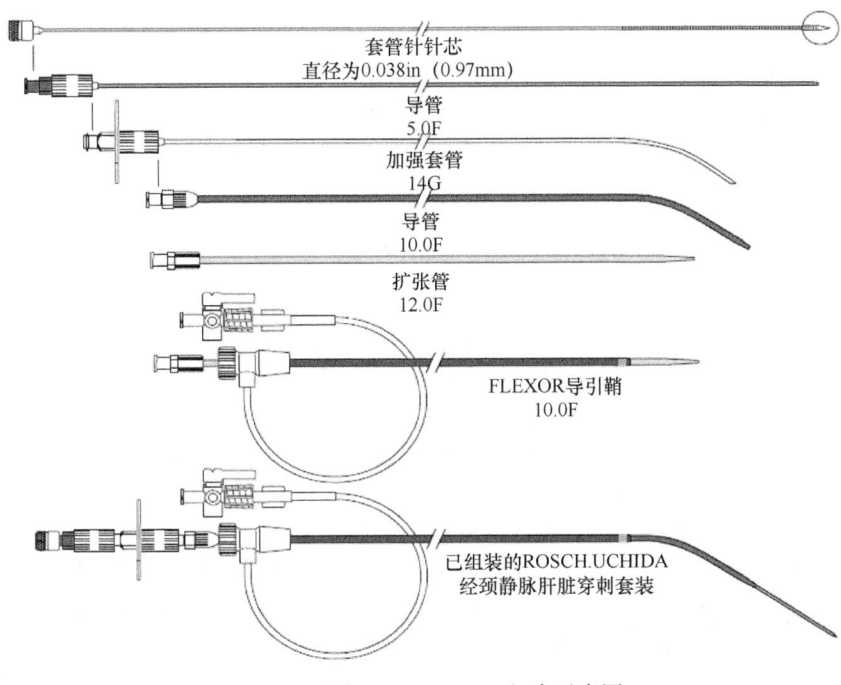

图 2-4 Rups-100 组合示意图

（2）剥皮穿刺针有两种：一种为金属针,针杆壁为两半对接而成,针穿入血管后,不用导丝直接将导管经针送入,然后逐段剥开两半针杆壁,并完全退出血管,留下导管。另一种针芯为金属,外套管为塑料,针穿入血管后,退出针芯,经外套管插入导管,然后剥开套管,只留下导管。此针常用于锁骨下静脉穿刺留管。针径一般不小于14G。

（3）房间隔穿刺针：为两部件金属针,常用者为Brockenbrough针。针长70cm或71cm,针远端有一14cm长的弯曲,针尾有一针尖方向指示板,所指示方向为针尖方向。针杆为18号,针远端为21号。针杆空心,可作血压监测。针芯为头端钝圆的闭塞器。针应与同名导管匹配使用。

5. 微穿刺针套件 由穿刺针（图 2-5）、短导丝、扩张管和外鞘管组成。穿刺针一般为21G,长7cm。头端材料有三类:不锈钢、铂金(增强显影)和回声增强材料(利于超声引导下穿刺)。导丝材料有两种,一种为不锈钢,此类导丝支撑能力好;另一种为镍钛合金材料,其抗折性较好,能提供1∶1扭控。导丝外径为0.018in,长为40~60cm。外鞘管无侧臂,外径为4F或5F,能通过0.035in或0.038in的导丝。扩张管与外鞘管配套,两管组成的同轴鞘管干到尖部的移行部分非常光滑。

用 21G 穿刺针穿刺,进入到导丝后,导入扩张管与外鞘管组成的同轴鞘管系统,撤出导丝后,扩张管从外鞘管内导入普通导丝。然后进行以后的操作。

微穿刺技术采用 21G 穿刺针,其横截面积是 18G 穿刺针的 0.46 倍,可有效降低盲穿导致的动静脉管壁损伤面积,大大减少血肿、假性动脉瘤、医源性动静脉瘘形成的概率。

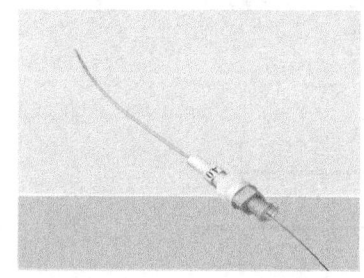 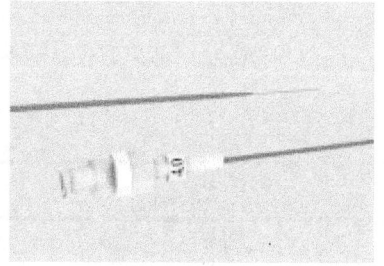 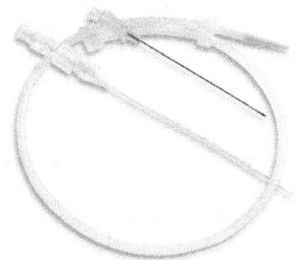

图 2-5 穿刺针

(倪才方 李 智 李明明)

第二节 导 丝

导丝(guide wire)是由特殊材料制成的头端柔软,具有良好导向性和支撑力的导引钢丝。作为将介入器材输送至病变部位的载体,导丝在血管性和非血管性介入操作中起着重要作用,具体在于:①引导并支持导管或扩张管、导管鞘通过皮下组织、血管壁进入血管;②在穿刺成功后,导丝作为导引工具,建立了一个从穿刺部位到病变部位的轨道,引导导管通过迂曲、硬化的血管,选择性或超选择进入靶血管(分支);③加强导管硬度,利于操纵导管;④作交换导管用;⑤头端柔软可减少导管对血管的损伤。

【性能】 理想的导丝应具备的性能:①合适的支撑性,即导丝必须有一定的硬度,以保证导丝前送时不在血管内打折,硬度与轴心钢丝的材料、直径及外涂层的厚度有关。②足够的柔韧性,以便作较大的弯曲而不至于折断,也可避免血管损伤。其柔韧性主要取决于导丝的直径、尖端结构及连接段变细程度。③优良的调节力,即扭矩传导性(torque-transmittance)和抗扭结性(kink-resistance),操作者旋转导丝近端(体外段)时导丝远段随之扭动的能力,反映导丝尖端的操纵性,主要取决于导丝尖端和中心钢丝结构。④良好的推送性,即导丝通过病变部位的能力。其推送性取决于轴芯钢丝的硬度和中间段变细的方式。轴芯钢丝越粗,变细段越平缓,其推送力越强,但是易引起血管夹层及穿孔;而柔软、推送力差的导丝操作较安全,不易穿孔,但导丝头运动容易受阻。⑤良好的生物相容性,不易引起机体的异物反应。⑥表面光滑,不易损伤血管和导管。⑦表面抗凝,血液不易在导丝表面凝集。⑧良好的不透 X 线性。

【结构】 普通导丝由内芯(core or mandrel core)和外弹簧套管(spring guide)构成。内芯为不锈钢丝,一般为两根,一粗一细。粗内芯较导丝全长短,由近端伸至导丝远端的某点终止。终端可呈锥形或非锥形。粗内芯给导丝提供了支撑和硬度。细内芯一般与导丝等长,由尾端一直伸到导丝头端,因此导丝头端较导丝杆部柔软,但不松软,有一定的韧度和弹性。导丝的外弹簧套管即不锈钢丝绕制成为弹簧状线圈管,其内腔容纳内芯。一般导丝的弹簧钢丝为圆形,若改为扁钢丝,绕制的线圈管在维持原外径的条件下,可增大内腔径。加粗内芯,可构成重载芯导丝增加导丝的硬度和刚性。导丝表面可涂上特氟隆(Teflon)或肝素 Teflon,以增加导丝光滑度,减小摩擦系数相减少血栓形成的可能性(图 2-6)。

目前最常用的超滑导丝的材料、结构和性能比普通金属导丝大有改进,其内芯为镍钛合金,使扭矩能力、记忆性比不锈钢更好,且形状保持良好,无打折现象,不容易损坏;而在内芯外裹的聚亚胺酯使涂层不容易脱落,对组织刺激小;其独特的亲水涂层使导丝的摩擦力大大降低(图 2-7)。

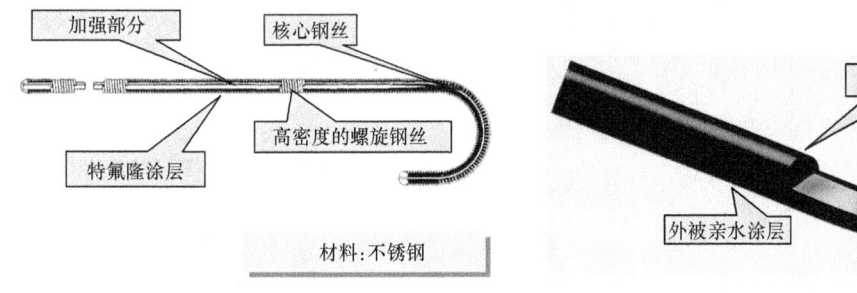

图 2-6　普通金属导丝结构图　　　　　图 2-7　超滑导丝结构图

导丝大体可分三个部分:头端、中间段、近端推送段。各部分的独特设计和特性决定了导丝的扭矩力/调节力(torquability 或 steerability)、通过力(crossability)、头端的柔软性(flexiblity)及对后续器械的推送力(pushability)和支持力(support),从而导致不同导丝之间存在着操控性方面的差异。导丝头端根据硬度可分为软头、中等硬度及标准硬度三种。软头端具有较好的灵活性及跟踪性,适用于扭曲病变,对血管损伤性小,但调节力及通过力差,不适用于通过闭塞病变;中等硬度头端在介入操作中较常使用,具有较好的调节性,适用于通过扭曲、成角的血管及经支架网孔穿入边支的操作;标准硬度头端具有较好的操控性,常用于难以通过的血管或闭塞血管。

常使用的导丝头端柔软段为 3~5cm。特殊用途的导丝头端纤细,柔软段可长达 10~20cm(如微导丝),便于进行末梢血管的超选择性插管操作;用于大血管支架递送时,应该选用头端柔软段长 6cm 或 10cm 甚至更长的导丝。

【规格与种类】　导丝的外径以英寸来表示(表 2-2),最常用的是 0.018~0.038 in。导丝根据头端形状可分为"J"形头、直头、成角等不同类型。根据导丝的作用可分为穿刺导丝、选择性导丝和交换导丝等。每种导丝有不同长度规格(如 80cm、145cm、180cm、260cm、300cm 等)。交换导丝的标准长度为 180~300cm。

表 2-2　常用导丝外径计量单位换算表

导丝	in	0.014	0.016	0.018	0.021	0.025	0.028	0.032	0.035	0.038
	mm	0.36	0.41	0.46	0.53	0.64	0.71	0.81	0.89	0.97

介入操作的导丝根据使用方法可分为以下几类。

1. 血管穿刺用导丝　导丝长度为 30~40cm,有 J 形头钢丝导丝和直头超滑导丝两种(图 2-8)。

2. 选择性导丝　也称普通导丝,即选择性造影使用的导丝。目前普遍使用的为亲水膜超滑导丝,长度以 145~160cm 多见(图 2-9),而 180cm 长的导丝用于主动脉分叉的翻山操作,可以输送导管至对侧股浅动脉,260~300cm 长的导丝用于进行主动脉弓、颈动脉造影及主动脉支架置入等长距离操作。

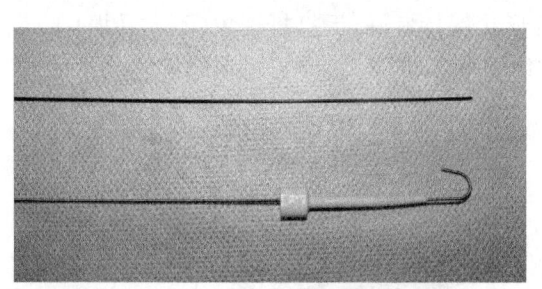

图 2-8　血管穿刺用导丝
上:直头超滑导丝;下:J 形头钢丝导丝(外套导引子)

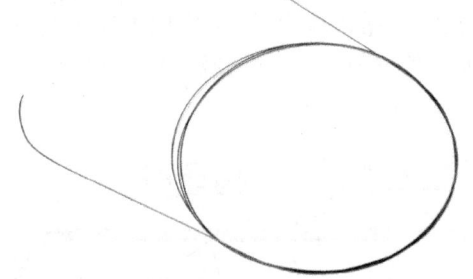

图 2-9　普通插管用亲水膜超滑导丝

3. 超硬导丝　也称加硬导丝,与普通导丝相似,唯其导丝仅有一根,联结两端,主干很粗,头端较细,外套弹簧圈为扁而宽的钢带缠绕而成,故此导丝具有超强硬度,专为提供极强支撑力而设计。其头端柔软,可有效防止血管损伤,以 180cm、260cm 和 300cm 最为常用。超硬导丝不应在最初通过病变部位时使用,因为它可能会对血管壁造成损伤。在进行复杂的腔内操作时,如进行复杂的、多支架重建血管或释放移植血管时,加硬导丝对操作的帮助非常大。

4. 交换导丝　用于进行导管交换的导丝长度应至少大于体内段导丝与原有(或即将)插入的导管长度之和。超滑导丝和超硬导丝都可以用作交换导丝,以 180cm、260cm 和 300cm 最为常用。

5. 微导丝　是辅助微导管进行超选择性插管的重要器材,为超弹性记忆金属材料所制作,具有较强的支撑力。微导丝关键结构在其头端和表面。多数头端焊接柔软的弹簧,弹簧可任意塑形,头端可带有铂金软头,在透视下可视度佳,容易穿越血管的狭窄段而不损伤血管内壁;远端微导丝表面覆有亲水涂层,不但能够加强微导丝的超滑性能,而且能够减小微导丝与微导管之间的摩擦力。微导丝直径为 0.010~0.018 in,长度可达 300cm(图 2-10)。

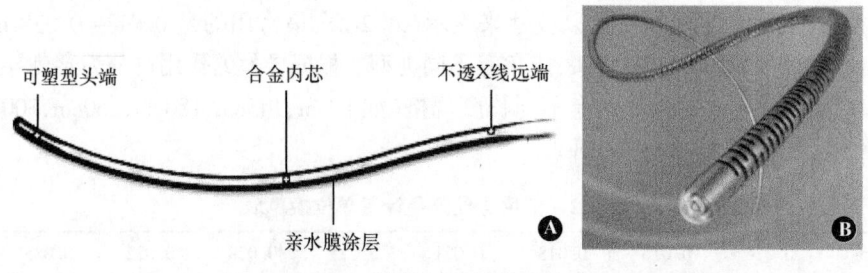

图 2-10　微导丝的结构和外形
A. 结构图;B. 外形图

6. 其他类型导丝　例如,神经介入使用的马拉松导丝、经皮胆管穿刺时使用的铂金导丝、肱动脉入路治疗下肢动脉时使用的 400/450cm 的长导丝、TIPS 时可能需要的 Bentson 导丝等。

【选择与使用】 介入操作开始前就应选择好合适的导丝。选择应与穿刺针的粗细和随后插入的导管内径相匹配。若导丝过细,则血栓易在导丝与导管内壁间形成;若导丝过粗,则易损坏导丝与导管,影响操作的成功。选择导丝长度时,患者体内的导丝长度必须到达并超过病变部位,以确保交换导管可以到达病变部位;患者体外的导丝长度必须确保可以支持最长的导管,并且要保证导管导入后导丝尾部仍伸出导管以外,以方便术者对导丝进行操作。

导丝在使用前应先以肝素盐水湿润表面,否则不但插入困难,而且易损坏表面亲水膜而致导丝损坏。进导丝时,可以用大拇指和示指握住距导丝软头端2~3cm处,中指、无名指及小指并行将导丝握于掌心中,使得导丝的头端变直易于进入导管近端的喇叭状开口。导丝(特别是亲水涂层导丝)在体内输送时需要大拇指和示指夹紧导丝,不要随意将手松开,以免造成导丝的移位及血管内膜损伤。每次进导丝时应缓慢匀速送入。当进导丝遇到阻力时,不要用力进导丝,而应在透视下查明原因后决定将导丝撤回还是调整方向。当导丝遇到偏心性斑块时,导丝的头端往往难以通过并形成扭曲。这时可以调整导丝头端的指向再继续进入病变部位。必要时对导丝头端塑形后再尝试。

导丝头端塑形有时是操作成功的关键环节之一。常用大拇指和示指、导丝导引针对导丝头端进行塑形。可根据目标血管的形态将头端塑成轻度成角至90°,成为"J"形、"S"形、"C"形。如果目标血管轻度成角,则将导丝的头端略微成角,或稍微塑成"J"形即可;若血管成角较大,将头端塑成"S"形或许有所帮助。

导丝的输送和旋转过程中可在扭控器(也称转矩装置)的辅助下进行,将扭控器与导丝近端相连,一般固定在距导管尾端2~3cm处,利用其产生1:1的扭矩来操控导丝。

弯头导丝因头端的弧度不能直接插入穿刺针或导管内,必须借助导引子(guide wire introducer)才能插入。使用时先将导丝头端置入导引子内,然后两者一同插入导管管座或穿刺针针座内即可(图2-11)。

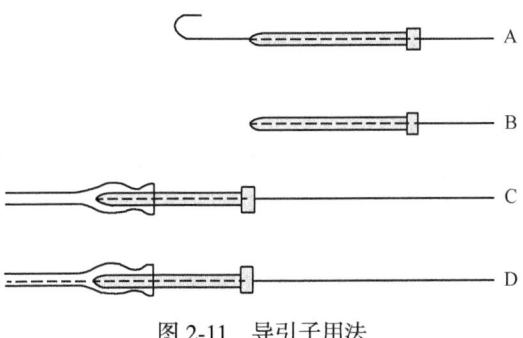

图2-11 导引子用法
A. J形导丝套入导引子内;B. J形头缩入导引子内;C. 导引子套入导管管座;D. 导丝通过导引子插入导管内

(李明明)

第三节 导 管

导管(catheter)为薄壁空心的长塑料管,可作选择性或超选择性插管,通过导管注入对比剂可以造影,也可注入药物做灌注治疗,或注入栓塞剂做栓塞治疗。另有一些导管可做特殊用途。

【材料与性能】 理想的导管应满足以下基本特征:①适宜的硬度,即导管具有合适的支撑力,能够保证在弯曲的血管内不易扭曲。导管的支撑力由导管的结构决定,特氟隆和尼龙导管硬度较大。②良好的弹性记忆,即进入体内后凭其弹性记忆恢复并保持其预成形状。③适当的柔软性和良好的润滑性以减少对血管壁和血细胞的损伤。④优良的扭矩传导性和抗扭结性。⑤良好的不透X线性。⑥良好的生物相容性,尤其是血液相容性。⑦尖端无创性。

由导管材料决定的导管性能主要表现在摩擦系数、力矩和弹性记忆三个方面。摩擦系数越小,插管时导管进退活动越方便。力矩(或称扭力)代表导管旋转的传送能力,力矩好的导管当近端转动时,其转动方向与角度会以同样程度立即传到导管的远端;而力矩差的导管往往在近端转动时,远端并不同步转动,直至近端旋转到相当程度时,远端才突然产生大幅度的转动,形成失控状态。弹性记忆为导管保持塑形后形状的能力及在外力撤除后恢复它原来形状的能力。选择性或超选择性插管时,往往需选择某种形状的导管或对导管自行塑形,并希望在插入血管后能保持原形,以便插管,而弹性记忆差的导管则可能失去导管的原来形状,使之无法作选择性插管。

导管材料是决定其性能的关键,目前最常用的导管材料为聚氨基甲酸乙酯(polyurathane)、聚乙烯(polyethylene)、聚氯乙烯(polyvinyl chloride, PVC)、聚四氟乙烯(teflon)等。此外,涤纶(dacron)、尼龙(nylon)等也可用作血管造影导管材料。

聚氨基甲酸乙酯材料具有良好的形状记忆力,可用于制作超选择性导管。这种导管较柔软,摩擦系数较小,可通过迂曲的血管,损伤性小。但血栓形成性能高,必须全身肝素化。不宜高温消毒。聚乙烯导管的硬度介于聚氨基甲酸乙酯和聚四氟乙烯之间,易预成形,有较好的形状记忆力,因此被用作选择性导管。导管较光滑,摩擦系数中等。较易形成血栓,不耐高温消毒。聚氯乙烯材料较软,摩擦系数大,血栓形成性能高,不易预成形,且记忆力不好,但吸湿性高于聚乙烯和聚四氟乙烯。聚氯乙烯较柔软,可用作漂浮导管材料。聚四氟乙烯的摩擦系数很低,导管表面光滑,不仅容易通过血管壁,也易通过导管和导管鞘。导管较硬,形状记忆力不及聚乙烯和聚氨基甲酸酯,管端塑形困难,多用作非选择性导管和扩张器。

【形状与结构】

1. 导管结构 导管分为头、体、尾三部分。导管的头端或称之为远端,是指首先随导丝进入人体血管的一端,尾端始终在体外。导管体部外径一般较粗,其头端逐渐变细,呈锥形或鸟嘴状;头端一般为端孔,也有的导管有侧孔,如猪尾导管。各种导管的尾端(hub)基本相似,呈喇叭状开口,以便与导管的接头合一起。

2. 导管形状 预成形导管(preformed or preshaped catheter)头端弯曲成不同形状和曲度,以适应不同部位的血管解剖形态。导管头端有1个或数个弧形,如有两个以上弧形,则最靠近头端的一个弧称为第一弧,按此向尾侧数。弧的峰部称膝部,两侧的导管分别称为近侧臂与远侧臂。为了便于称呼,将导管头端标作t,第一弯弧的膝部为a,第二弯弧的膝部为b。因此,ta段为导管尖端到第一弯弧膝部的导管长度,称远侧臂。ab段为a与b两个弯弧间的长度,也称第一弯弧的近侧臂,同时又是第二弯弧的远侧臂(图2-12)。导管外形一般归类分为五种形状:单弯、反弯、双弯、三弯、特殊弯曲导管。

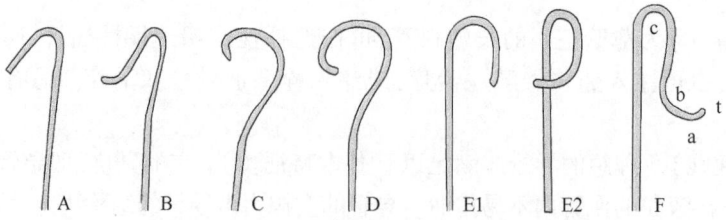

图2-12 导管各部位的称呼与Chuang导管归类
A. 单弧;B. 反弧;C. 双弧;D. 强化双弧;E1. 肝弧正面观;E2. 肝弧侧面观;
F. 三弧;t. 导管头端;a. 第一弧膝部;b. 第二弧膝部;c. 第三弧膝部

【规格】 导管用 F(French)表示其外径的大小。F 前冠以导管外径的周长(mm)数,如 6F 导管表示导管外径周长为 6mm。周长除以 π 等于直径,因此 6F 导管的外径约为 2mm,其余类推。F 与厘米(cm)、英寸(in)的对应关系见图 2-13。

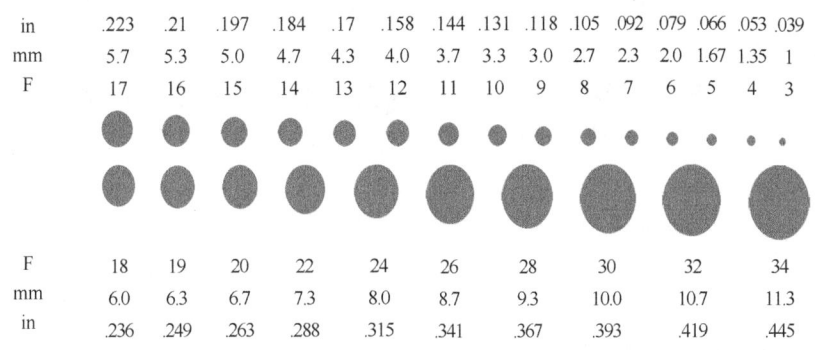

图 2-13 F 与 cm、in 的对应关系

【种类】 常用导管分为非选择造影导管、选择性导管和超选择性导管三类。

非选择造影导管大体上有直型、单弯和猎尾型三种。行主动脉和心房、心室造影者,导管头端均有侧孔。单弯侧孔管可做非选择性造影,单弯端孔管属多用途管。

选择性导管预成形导管均可做选择性插管用。按解剖部依分有脑动脉导管(包括头臂干)、冠状动脉导管、内脏动静脉导管等。

超选择性导管大体有两类:①须成形超选择性导管,如肝动脉导管(RH)、胃左动脉导管(RLG)和胰背动脉导管(RDP),除能行选择性腹腔动脉造影外,还能做腹腔动脉分支的超选择性插管。②共轴超选择性导管,由外导管、内导管及导丝组成。外导管作引导用。内导管细,1~3F,因而可进入小血管分支,如 Tracker 微导管、Cook SKS-3~100 微导管和 Magic 微导管等。

特殊导管包括①扩张成形导管,如球囊扩张导管、斑块旋切(磨)导管等;②导引导管;③灌注导管;④标记导管等,还有可控方向导管、血块捕捉导管、射频消融导管等。另外,非血管介入性诊疗导管包括经皮穿刺抽吸、引流及特殊治疗导管等。

【选择与使用】

1. 选择 导管的选择需要考虑其长度、外径和外形。

(1) 长度:导管长度的选择视入路途径和插管部位而定,即取决于血管穿刺部位到靶血管的距离。导管必须具有足够的长度到达目标血管,体外应有适当的长度便于操控导管,然而导管过长有时会妨碍操控导管,因此原则上导管越短越好,但需注意:①体外部分的导管长度应能接上压力注射器,如果太短,应用连接管补偿。②体内的长度除上述距离外,还应考虑到导管在血管内成袢、扭曲或在体内恢复原形。例如,做穿刺同侧髂内动脉插管时,从穿刺部位到髂内动脉的距离很短,但考虑到导管需在肠系膜上动脉或对侧髂动脉成袢,这就需要足够长度的导管,又如在用肝型导管做肝动脉插管时,由于要先将导管插至主动脉弓处成形(恢复导管在体外的原形),故其长度必须不短于从穿刺点到主动脉弓部。③虽然四肢血管造影时并不一定要将导管放在病灶附近,放在锁骨下动脉或股动脉即可,但在做超选择插管时,仍需有足够长的导管。通常采用股动脉途径行主动脉弓上动脉插管时,造影导管的长度为 90~120cm。逆行股动脉途径行肾动脉插管和同侧或对侧髂股动脉插管时,导管长度范围为 65~100cm。顺行股动脉途径行同侧膝下动脉甚至足动脉插管通常需要 100cm 左右的导管。

(2) 外径:儿童多用 4F 或 5F,成人多用 5F。如前所述,随着插管技术的改良及 DSA 机器的使用,已多倾向于细管技术,在可能情况下尽量用细导管,以减少对患者血管的损伤及插管部位的血流影响。

(3) 外形:采用哪一种形状的导管才能插入靶血管,一般来说,不同术者有自己的看法与爱好,需要具体问题具体分析。初学者必须了解原理与插管方法才能选用,随着经验的积累还可自行设计。

2. 使用　同导丝的操作一样,导管操作前也必须用肝素化生理盐水冲洗、湿润导管。检查导管是否通畅,导管头部有无损伤,导管干有无扭曲折伤,导管弧的弹性记忆是否正常,接头处有无漏水等。一般来说,导管应该与导丝的直径相配套,导管顺着导丝前进,同时需不断的牵拉导丝以保证导管不会持续向前滑动。导丝没有被拉直之前不要推进导管。在使用亲水导丝时,需固定导丝近端,防止导丝在导管中突然向前滑动。体外操作导管部位与鞘管距离不应太远,否则可能使导管及导丝发生弯折。

如果导管顺着导丝中较硬的部分还不能被推进,则需放置长鞘或更换硬度更大的导丝为导管提供额外的支撑力。当导管到位后,不要立即注射对比剂进行造影,而应用肝素化生理盐水回抽、冲洗导管直到看到有回血。在使用高压注射器造影前,先手推少量对比剂确认导管头端在安全正确的位置。推进导管导丝过程中应注意体会前进阻力和手感,避免进入内膜下夹层通道。体内操作导管时,应间断用肝素生理盐水冲洗导管,预防管壁内微小血栓形成;在导管外端没有回血之前不应向导管内注射任何物质(如肝素生理盐水和对比剂);正常血压下,导管一般有回血,除非导管尖端嵌顿、贴附于血管壁上。

【常用导管举例】

1. 多侧孔导管　导管除端孔外,还有数目不等的侧孔。侧孔功能除了增加造影的流量和流率外,还可提高造影导管的稳定性,尤其在高压注射造影时,可避免导管高幅度摆动损伤血管壁。此管用于主动脉造影。最初为直管,为了防止注射造影剂时导管抽打主动脉壁,改良为猪尾巴状。标记测量导管为带有标记刻度的多侧孔导管,标记刻度不透 X 线,间隔一般为 1cm。此导管用于病变部位的精确测量(图 2-14)。

2. Cobra 导管　又称眼镜蛇导管,为最常用导管,对主动脉弓部以下各血管,尤其开口向下者,如肠系膜上动脉、腹腔动脉、肾动脉、支气管动脉等均可使用。有时采用成袢技术用于其他血管插管。C1 型适用于儿童、少年;C2 型适用于中年、青年;C3 型适用于老年(图 2-15)。

3. Rosch 导管　由 Rosch 设计,用于内脏血管插管。RH 用于肝动脉;RS 用于脾动脉;RLG 用于胃左动脉;RDP 用于胰背动脉;RC1 用于体型大患者的腹腔动脉和肠系膜上动脉,RC2 用于体型瘦小的患者;RIM 用于肠系膜下动脉(图 2-16)。

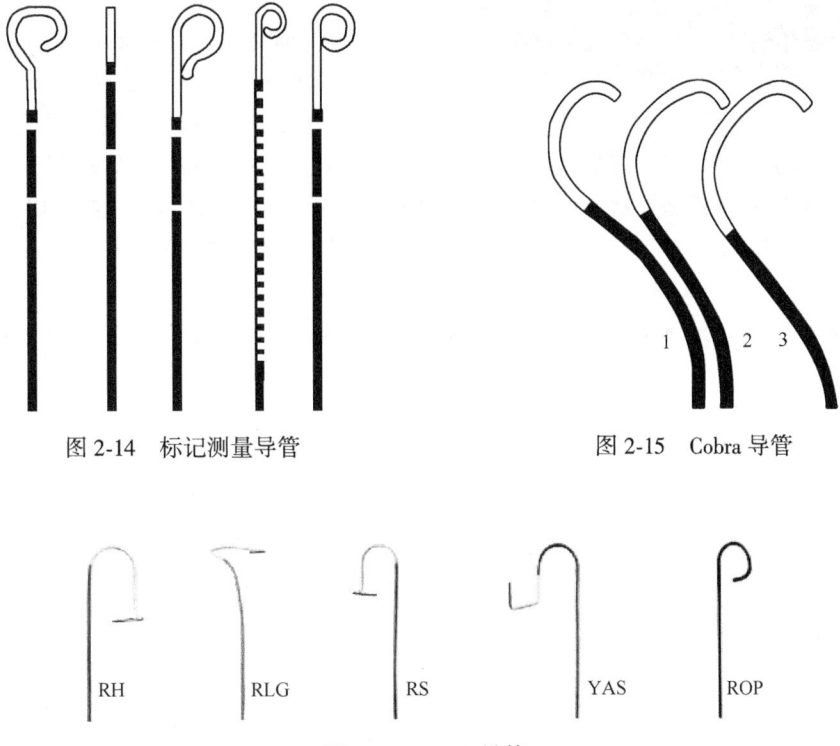

图 2-14　标记测量导管

图 2-15　Cobra 导管

图 2-16　Rosch 导管

4. Hinck Headhunter 导管　由 Hinck 与 Judkins 等设计,又称猎人头导管,主要用于脑血管插管。H1 和 H1L 导管用于直接进入弓上动脉分支;H3 和 H3P 导管是从相反方向逆行钩入动脉分支的;H3P 用于因主动脉弓较窄、主动脉直径太小,而 H3 型导管不能插入的情况(图 2-17)。

5. Simmons 导管　Simmons 设计的这一组导管主要用于弓上动脉造影,现在也用于其他动脉,如对侧髂动脉和内脏动脉。SIM1 型用于狭窄型主动脉;SIM2 型用于中度狭窄型主动脉;SIM3 型用于宽阔型主动脉(图 2-18)。

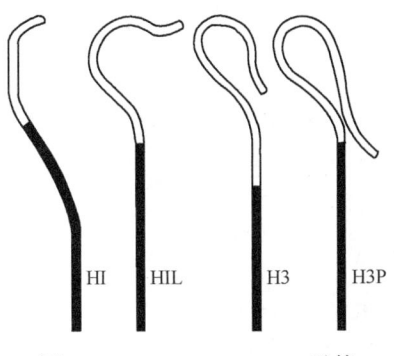

图 2-17　Hinck Headhunter 导管

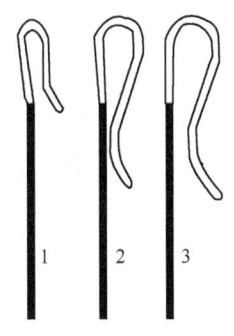

图 2-18　Simmons 导管

6. Roberts 导管　是专为子宫动脉超选择插管而设计,预成袢,袢远支长度固定,转折点有不透 X 线标记。主干为 5F,头端柔软,逐渐缩细为 4F,角度适宜,易于深入,不易导致子宫动脉痉挛或损伤(图 2-19)。

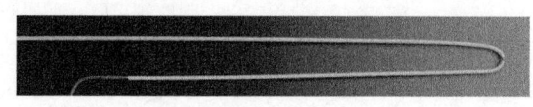

图 2-19 Roberts 导管

【特殊导管】

1. 微导管(microcatheter)　管径小于 3F 的导管称为微导管,主要用于小血管、扭曲血管的超选择插管和简化复杂病变血管的插管操作。微导管的技术参数主要包括导管的初始直径、末段直径、内径和最大导丝直径等。与早期微导管的设计不同,现代微导管设计追求更大的导管内径,更强的微导管推送力,更好的推杆硬度移行过渡,更柔软末段和导管尾端设计,更高的可视性以及更牢固的亲水涂层(图 2-20)。

微导管可分为 OTW 微导管(微导管是通过导丝引导到达远端部位)和漂浮微导管(微导管是随着血流到达远端)两类。微导管的选择与使用的目的、靶血管的直径、形态及超选择的程度等有关。

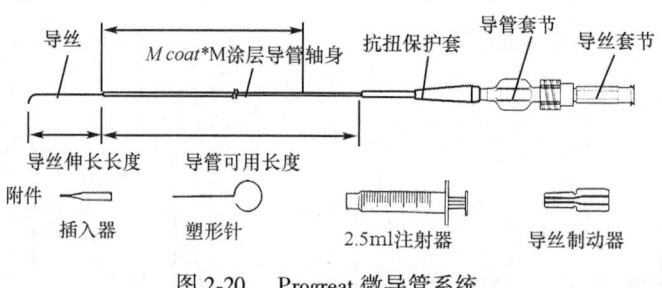

图 2-20　Progreat 微导管系统

OTW 微导管:微导管本身没有导向作用,必须由微导丝引导才能进入靶血管。微导管表面有亲水涂层,内腔加有润滑的 PTFE 内衬。OTW 微导管有外周和神经介入专用两类:外周介入常用微导管外径为 2.6~3F(头段仅 2.6F),内径多为 0.025~0.027in,与之配套的微导丝外径为 0.018~0.021in,比微导管长 10cm 左右;用于神经介入的微导管其头端坚固,有两个标记,有利于弹簧圈放置。导管推送杆具有抗缠绕的特性,药物灌注时流量高。通常管径为 0.010~0.016in,种类多样,其选择取决于导管远端的示踪性、支撑力和术者对器材的偏好。

漂浮微导管:漂浮导管柔软、灵活的头端漂流至病变部位,可以轻易进入小血管,有利于输送栓塞胶和颗粒或微球。通常管腔径为 1.2F、1.5F 和 1.8F(图 2-21)。

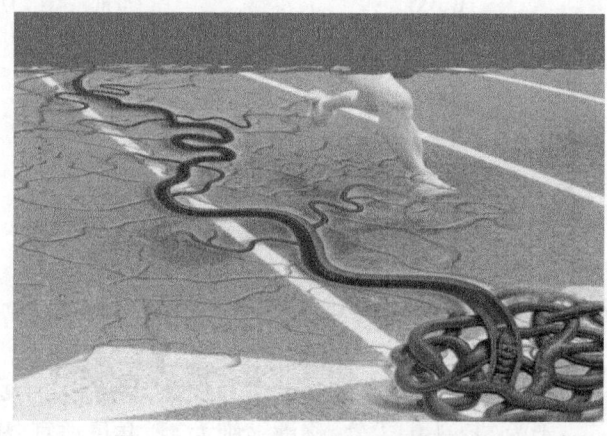

图 2-21　漂浮导管

2. 灌注导管(infusion catheter) 标准的灌注导管为直头多侧孔导管,导管的尖端端孔可通过导丝。灌注段两端均有不透 X 线标记以精确显示灌注段长度与位置,灌注段的侧孔主要用于增加溶栓药物与血栓的接触面积。Unifuse 灌注导管的导丝由自紧弹簧内芯组成,后者用于封堵导管头端,使药物只经侧孔均匀渗透入靶部位。常用 4F 或 5F 导管长度达 135cm,带侧孔导管长度为 5~50cm,每 5cm 有 40 个对应的侧孔数。常用于血栓的溶栓治疗(图 2-22)。

3. 取栓导管 包括 Fogarty 取栓导管和各种经皮取栓导管,主要用于血栓栓塞疾病,如深静脉血栓形成、肺血栓栓塞、动脉栓塞、动脉血栓形成及人工血管和血液透析通道血栓形成。Fogarty 导管为单腔或双腔球囊导管,通过直视切开外周血管置入导管并穿越血栓至其远端后,生理盐水或稀释对比剂充盈球囊回拉至血管切口处以取出血栓。缺点为残余大量附壁血栓及导致严重的内膜损伤。

4. 导引导管(guiding catheter) 也称指引导管。其相对于普通导管而言具有较高的硬度、更强的支撑力和足够的管腔直径。

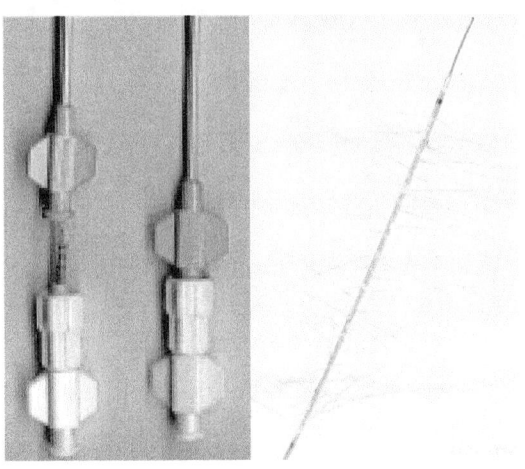

图 2-22 Unifuse 灌注导管

管壁由三层结构组成,外层为聚乙烯材料,其性质决定导管的形状和硬度,外表面光滑可防止血管内膜损伤和血栓形成;中层为环氧树脂-纤维或不锈钢丝的编织网状结构,为导引导管的骨架,使导管不易塌陷变形并有抗折断作用,同时将扭控力传导至导管顶端;内层为尼龙或聚四氟乙烯材料,起润滑作用,减少后续介入器材与指引导管内腔的摩擦力,并预防血栓形成。

导引导管特点是管壁薄、内腔大、有优良的不透 X 性。它可提供一个摩擦力小,又可安全传送导管、球囊、支架等介入器材到遥远靶血管的大口径通道,也可注入对比剂显示末端血管床以及进行压力测定。合适的导引导管是顺利完成球囊扩张和支架成形术的重要保证。

引导导管通常依次分为头端、传输段、支撑段和推送段四部分,头端柔软、可视,又称为安全段;传输段是随头端后的相对柔软的同轴部分,又称为柔软段;支撑段为再向后为中等硬度的抗折部分;推送段为引导导管最后一段相对较硬的部分,也被称为扭控段。引导导管一般长度为 55~125cm,外径为 5~9F。引导导管类型也很多,其头部形状是根据靶血管结构而设计,主要用于心脏、冠状动脉、颈动脉、肾动脉的成形治疗(图 2-23)。

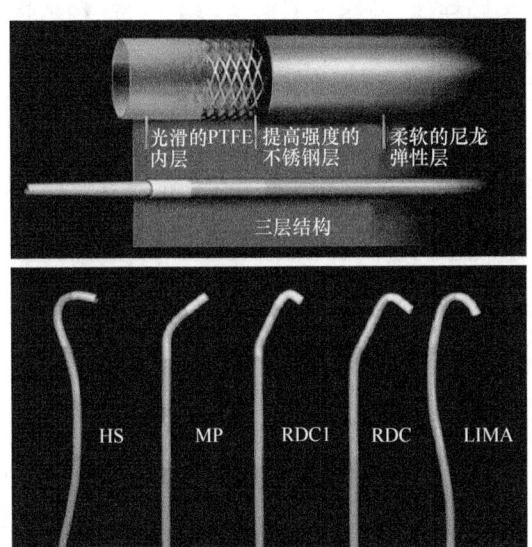

图 2-23 外周介入常用指引导管

5. 引流管 常用于体内局限性积脓、积液和管道系统液体滞留的引流。根据插入部位和引流内容的不同而有不同的外形。为防止引流管滑出,引流管尾端有一细线,牵拉后使头端卷成猪尾状或袢状。引流管的头端有数量不同的侧孔,用于各种引流(图2-24)。

6. **扩张管** 是一种较短且稍硬的导管,通常长度为12～15cm,其末端有一个开口。血管扩张管常用于确保介入径路通畅及扩张经皮动脉置管术的开口。当穿刺血管位置较深,附近有瘢痕,血管有钙化斑块时,由于导管有一定的柔韧性,有时难以和导丝一起通过穿刺部位。这时,使用扩张管保证穿刺部位的开放并轻度扩张穿刺部位通路。一般先用扩张管扩开动脉穿刺部位然后再置入动脉鞘。如果进导管前需用扩张管预扩时,则扩张管的尺寸选择应

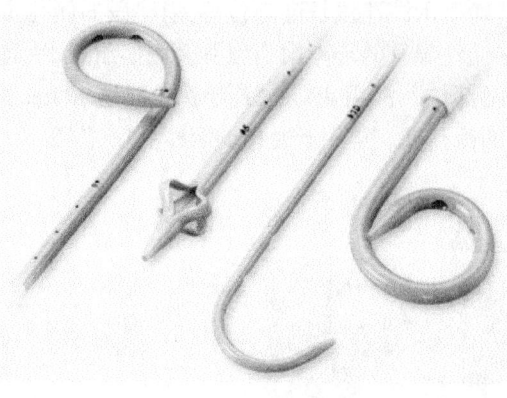

图2-24 引流管

与导管的尺寸一致。扩张管的直径参照其外径,而动脉鞘直径以内径而定,因此7F的扩张管用于置入7F的动脉鞘。

7. **球囊导管** 球囊导管的具体内容将在下节中介绍。

(倪才方 李 智 李明明)

第四节 球 囊 导 管

球囊导管(balloon catheter)有以下作用:单纯扩张以达到治疗狭窄或闭塞管腔的目的,预扩张病变利于后续支架的顺利到位,支架植入后行后扩张处理以保证支架的充分膨胀或良好贴壁。

【**基本结构**】 球囊导管通常由球囊尖端、球囊、连接段导管、推送杆等部分组成。标准球囊由工作段、管段和锥部三部分组成:中间为圆柱体,两端有不透X线的标记,在扩张过程中对管腔壁或支架施加扩张力,为扩张中实际起作用的部分,称为工作段;两端管段的作用是和导管其余部分进行连接;锥部是管段与工作段的过渡区(图2-25)。球囊尖端即是远端的锥部与管段,为锥形设计并采用激光焊接技术连接,其外径、硬度及长度可影响球囊通过病变的能力。目前临床应用的不同球囊结构的差异仅仅是锥部的角度A、B略有不同和管段的内外径尺寸有区别。球囊导管连接段连接球囊及推送杆,对球囊的推送性、抗折能力有很大影响。

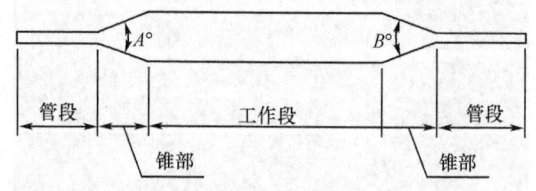

图2-25 标准球囊的结构

目前应用最广的球囊导管为双腔单球囊,导管中心管腔用以通过导丝、注射对比剂及监测压力,膨胀内腔用于球囊的充盈升压及排空(图2-26)。球囊的直径和长度有多种规格以适应不同的需求。现代球囊扩张导管,能承受高压,剖面小,扩张后的直径大,5～7F球囊导管膨胀后球囊直径达3～12mm甚至更大,球囊长度一般为2～8cm。

可脱球囊导管由微导管和球囊组合而成,即将乳胶或橡胶制成的球状或香蕉状空心胶囊连接于微导管尖端。当可脱球囊导管送至靶部位后,自导管尾端注入对比剂以便球囊充

盈,然后后撤导管,球囊便与导管分离。其主要用于颈内海绵窦瘘的栓塞治疗。

【材料】 医用球囊绝大多数是由高分子材料制作的。球囊的材料在很大程度上决定了球囊的顺应性,早期的球囊为聚氯乙烯(PVC)材料,为顺应性球囊。现半顺应性球囊和非顺应性球囊主要采用聚乙烯(PE)、聚氨酯、尼龙(nylon)和聚对苯二甲酸乙二醇酯(PET)等材料。球囊的材料还可影响球囊通过能力及回卷性能。球囊表面的涂层物质可以降低球囊通过病变时的摩擦力,目前多采用亲水涂层材料。

球囊的命名压和爆破压:命名压(nominal pressure)指球囊获得预定直径所需要的球囊内充盈压,一般命名压介于6~8个大气压(atm)。爆破压(rated burst pressure)指体外测试时反复充盈球囊40次,99.9%球囊不会破裂的最大充盈压。熟悉常用球囊(导管)的命名压及爆破压可有效节省完全充盈球囊时间及提高操作安全性。

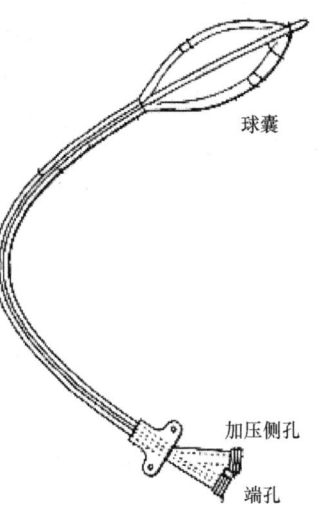

图2-26 普通双腔单球囊导管

【性能】 评价球囊导管的性能指标一般包括球囊外径、跟踪性、推送性、灵活性和顺应性。

跟踪性:指球囊在导丝指引下到达靶病变的能力,是决定球囊导管整体性能的关键指标。影响跟踪性的主要因素包括球囊导管材料、涂层、柔顺性、远端推送杆外径等。

推送性:指球囊导管推送球囊前行的能力,主要取决于球囊推送杆的材料和连接段的设计。

灵活性:指球囊导管顺应弯曲血管的能力,主要由远端导管材料、连接段设计决定。

顺应性(compliance):指球囊充盈时每增加一个大气压球囊外形或体积相应发生的变化,是球囊拉伸能力的指标。球囊完全充盈后,随充盈压继续增加,球囊顺应性越高,球囊体积或外形进一步增大的趋势越明显。但对绝大多数扩张球囊导管来说,增加充盈压时球囊的长度并不发生变化,体积的变化主要体现在球囊直径的变化上,因此球囊的顺应性多指球囊随充气增加直径相应发生的变化。其主要取决于球囊的材料,常分为高顺应性、半顺应性、非顺应性。

球囊的顺应性为105%~110%时,称为非顺应性球囊,即在球囊直径完全充盈至指定数值后不管再增加多少压力其直径基本保持不变;顺应性为118%~130%时,即球囊充盈压在命名压和爆破压之间继续增加时球囊直径在预定直径之上仍有0.25~0.75mm的增加范围,称为半顺应性球囊。由此可知,非顺应性球囊和半顺应性球囊都是高压球囊。对于低压球囊,因其在内压作用下形状发生变化,通常体积的变化范围为100%~600%,所以低压球囊也被称为顺应性球囊(图2-27)。

非顺应性球囊的出色耐高压性使其挤压病变能力(扩张力)较顺应性、半顺应性球囊更强,通常适用于分叉病变、开口病变、支架重叠处和支架内再狭窄等不易扩张的病变,还应用于严重钙化的病变支架植入前的预扩张或支架植入后的高压后扩张使支架充分膨胀或贴壁完全。非顺应性长球囊用于长段闭塞病变时可明显降低血管成形术后内膜损伤所致的夹层发生率。

【分类】 球囊导管的分类并没有一个通用的准则,业内多数人认可的分类方法如下。

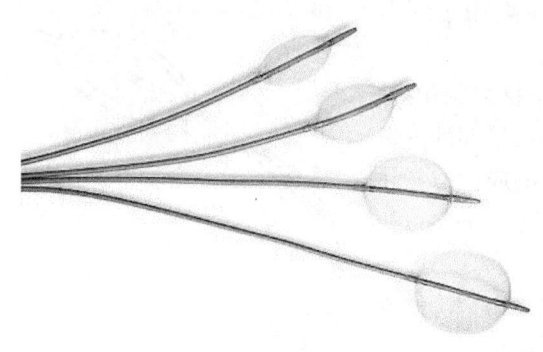

图 2-27　顺应性球囊

（1）按照球囊直径大小,可大致分为小球囊导管(2~5mm)、普通球囊导管(5~12mm)和大球囊导管(≥12mm)。小球囊导管一般用于冠状动脉、腘动脉以下胫腓动脉和直径偏细的肾动脉、椎动脉等；普通球囊导管一般用于颈动脉、肾动脉、髂股腘动脉等；而大球囊导管一般用于肾下腹主动脉、髂动脉和腔静脉等。

（2）根据球囊的耐压和形状保持能力分为高压球囊导管和低压球囊导管。根据不同的需要,高压球囊的额定压力范围为2~20atm。

（3）根据球囊的顺应性分为非顺应性球囊导管、半顺应性球囊导管和高顺应性球囊导管。

（4）根据导丝交换方式分快速交换球囊导管和同轴整体交换型球囊导管：①快速交换球囊导管(rapid exchange),多为单轨(monorail)球囊,此类球囊仅球囊近端部分15~30cm可沿着导丝同轴滑行,其余推送杆无导丝通过的内腔,配合使用标准长度的180~195cm导丝,单人即可快速简便操作,其缺点为无法交换导丝,以及在处理复杂病变时对导丝支撑较弱(图2-28)；②同轴整体交换型球囊(over the wire,OTW),全长有可以通过导丝的内腔,球囊沿导丝滑行,需助手协助操作,因可交换导丝及加强导丝支撑(图2-29)。

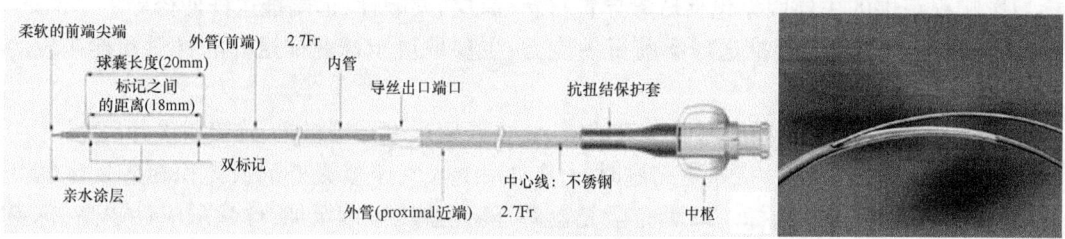

图 2-28　快速交换球囊导管

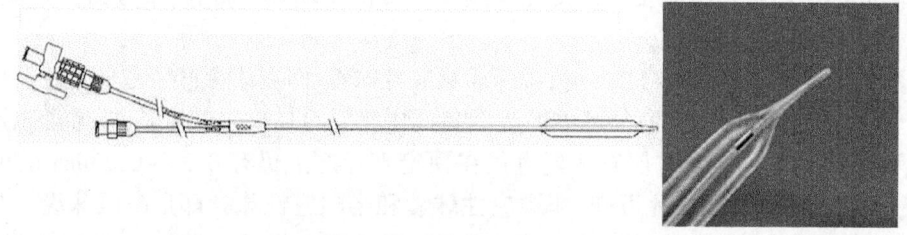

图 2-29　同轴整体交换型球囊

（5）根据特殊部位和用途还有一些专用球囊导管,包括切割球囊导管、聚力球囊导管、双腔双叶(三叶)球囊导管、双腔单球囊导管(Inoue,球囊导管)、四腔双球囊导管(颈动脉成形术用球囊导管)、可脱性球囊导管(detachable balloon catheter)、不可脱性球囊导管(尖端带固定引导钢丝的球囊导管,balloon on a wire system)、切割球囊导管、灌注球囊导管、激光球囊导管(laser balloon catheter)、射频热球囊导管、冷冻球囊导管、载药球囊导管等。以下介绍几种特殊用途球囊导管。

1) 切割球囊导管:该类球囊在表面装有 3~4 个纵向平行的刀片,球囊未扩张时刀片包裹于球囊折缝中,球囊扩张时刀片突出于球囊表面。切割球囊可以使病变血管内膜因球囊扩张造成的损伤局限于切口处,从而减少不规则撕裂。临床常用于支架内再狭窄、分叉病变、开口病变的预处理。

2) 聚力球囊导管:由固定于球囊表面的外部导丝和位于球囊远端的短导丝通过管腔组成。这种设计使双导丝球囊在较低充盈压力下产生较高的纵向切割力,此类球囊外径较小,较切割球囊具有更好的通过性,常用于支架内再狭窄、中度钙化病变、开口病变及分叉病变、小血管病变的预扩张处理。

3) 冷冻球囊导管:冷冻成形术(cryoplasty)使用的特殊球囊导管,作用原理包括普通球囊的血管成形机械扩张力量和对血管壁的快速冰冻双重机制。冰冻效应通过在血管壁和病变表层产生多数微小裂缝,可获得超过普通球囊更为整齐的扩张效果,有效降低局部内膜撕裂或夹层的发生率;还通过改变胶原和弹力纤维的物理性状,理论上减轻血管壁弹力回缩和降低远期的血管负性重构可能性;此外还可诱导血管平滑肌细胞的凋亡,降低内膜增殖或再狭窄的发生率。但缺乏有力证据证明冰冻球囊的远期疗效及终点事件发生率要优于常规球囊或支架。

4) 药物洗脱球囊导管:也称载药球囊(drug-eluting balloon)导管,药物洗脱支架的晚期血栓形成与支架的聚合物载体抑制内皮修复和愈合过程有关,而载药球囊的使用既有抗增殖药物抑制内膜增生防止再狭窄的发生,又可避免药物洗脱支架的金属骨架与聚合物载体长期滞留血管壁内造成的晚期血栓形成。与药物洗脱支架的缓慢持续释放药物方式不同,载药球囊(如紫杉醇洗脱球囊)是在球囊表面的微孔内填入紫杉醇,通过球囊扩张与病变的接触而快速释放到局部动脉壁内。充盈前的球囊使用折叠技术可预防球囊在血液中前行时药物被提前冲刷掉,球囊扩张同时可使 75% 的药物剂量渗透入局部动脉壁内,阻止血管内膜增殖,而剩余的 25% 药物剂量于球囊膨胀时被快速血流冲刷掉。现有临床试验提示了药物洗脱球囊在减少支架内再狭窄,尤其是降低分叉病变、小血管病变的再狭窄率方面具有优势。

【应用】 用于支架成形和血管扩张的球囊主要是标准球囊,球囊在血管和非血管内进行扩张及支架输送、扩张的主要应用见表 2-3。

表 2-3 球囊在管腔内的应用

治疗部位	球囊的作用	球囊直径范围/mm	球囊的长度范围	球囊的额定爆破压/atm
冠状动脉	架的输送和扩张、动脉扩张	1.5~4.5	8~40mm	14~18
脑内神经		1.5~5.0	8~20mm	10~12
外周血管(肾动脉、股动脉)		4.0~12	20~120mm	10~14
大动脉	覆膜支架的后扩张	25~40	球囊体积为 30~55cc	2~6
胆管	扩张胆管	4~10	15~30mm	6~10
胃肠系统	扩张	6~20	50~80mm	1.8~8

(倪才方 李 智 李明明)

第五节 导管鞘

导管鞘(sheath)主要用于引导导管、球囊导管或其他血管内器材顺利进出血管。通过导管鞘交换导管可以减少导丝交换的操作,特别当导管内发生凝血阻塞时,能直接拔出不通的导管,换用新导管,不致使操作被迫停止。

【特点】 导管鞘需具备的特点:①良好的刚性、弹性和生物相容性;②扩张管和鞘套管的平滑过渡,以利于导管鞘的插入;③既可防止回血,又不妨碍导管的旋转和进退。使用导管鞘后,能够消除操作过程中患者局部不适感和反复换管引起的血管损伤,避免在更换导管过程中导丝导管误撤出血管的尴尬局面。因此提倡常规使用导管鞘。

【基本结构和类型】 导管鞘分为普通鞘管、防漏鞘管、剥皮导管鞘和长鞘管四种。导管鞘基本结构由外鞘、扩张管和短导丝组成,外鞘套在扩张管外面,随扩张管一起插入血管,拔出扩张管后即可从外鞘内插入导管,以后一切操作均可通过外鞘进行。扩张管头段缩细,具有扩张作用。普通导管鞘很简单,仅为上述一套管而已。而防漏鞘管(check-flo sheath)是在普通导管鞘基础上添加了止血垫圈和侧臂管,即外鞘尾柄腔内有止血垫圈,从尾侧封闭了外鞘的内腔。当外鞘插入血管腔中时,可阻止血液从外鞘尾部流出,也防止气体进入血管。相匹配的导管插入后既能防止血液反流,导管又可灵活受操作。鞘管的侧臂带有开关,可以注入药物,也可以用于冲洗外鞘与导管的间隙和压力的监测。这种导管鞘可用于动脉和静脉插管(图2-30),是目前临床最常使用的。

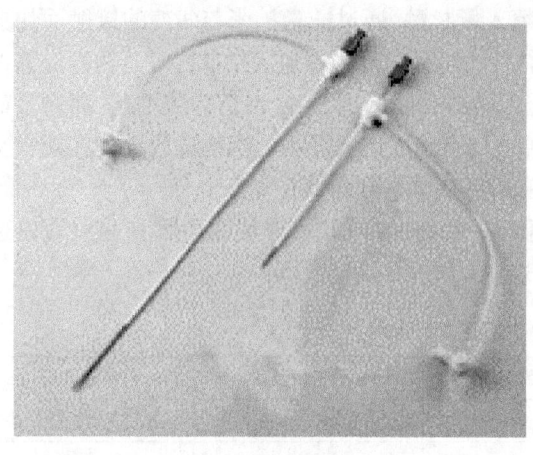

图2-30 防漏鞘管

剥皮导管鞘(peel-way sheath)是一种特殊的导管鞘,主要用于静脉,也用于动脉和非血管性插管。此类导管鞘也有外鞘、扩张管和导丝,但外鞘的尾端部分开成两半(图2-31)。当导管鞘进入血管后,拔出导丝和扩张管,经外鞘尾端口插入导管,在送导管的同时,将外鞘的两半逐渐撕开,随着导管送入,撕开的外鞘逐渐外撤,直至导管安全进入而外鞘全部撕开退出。

另有特殊导管鞘用于特别目的,如髂动脉预弯鞘可达对侧髂动脉,防止导管向主动脉内成袢(图2-32)。

【基本型号】 扩张管和导管(包括引导导管)都是用外径描述的,而鞘管是用内径描述的。鞘管的内径表示可以通过其管腔的器材的尺寸,选用时某一型号的导管鞘适合于同一型号导管,如5F的鞘管适合5F的导管。但如要插入带球囊导管,则球囊导管必须比鞘小至少1号。常用鞘管一般在4~6F,如放置支架通常需6~8F,髂动脉和股浅动脉(SFA)多选择6~12F,主动脉则需22~25F。

鞘管有多种长度:3~5cm、10~12cm、22~25cm、30~40cm和90~100cm。10~12cm是标准长度,适合大多数外周血管诊断和介入操作,3~5cm通常应用于血透通路。中等长度则适用于对侧髂动脉或股动脉及肾动脉。此类鞘管有预成形的头部或抗扭曲的特性,有助于进入主动脉分叉。最长的鞘管可完成颈动脉和对侧胫动脉的介入操作。

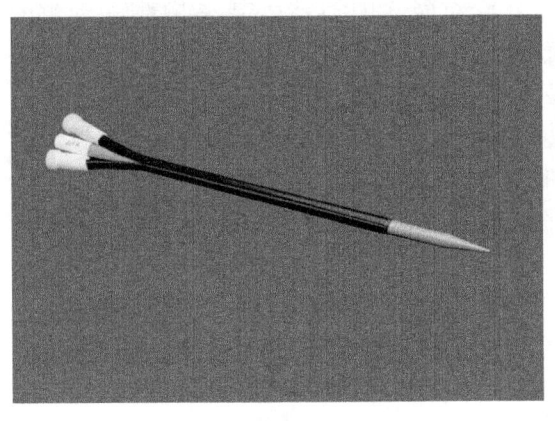
图 2-31 剥皮导管鞘

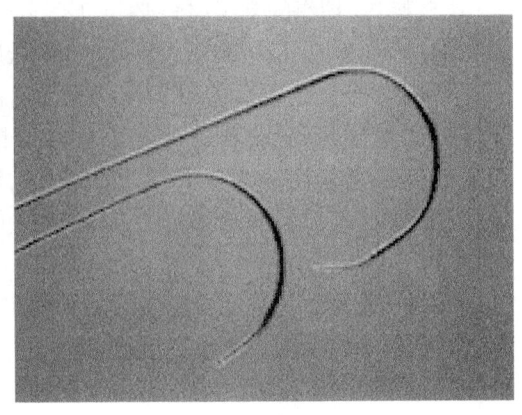
图 2-32 髂动脉预弯鞘

【鞘管使用与注意事项】 使用鞘管前,应先行用肝素生理盐水冲洗并擦拭鞘管及扩张管,关闭鞘管侧管的开关,将扩张管完全锁定或插入至鞘管底座,预扩皮肤入路点,用扩张管预扩入路通道;插入鞘管时鞘管的侧管向着术者的方向,手持鞘管主体进行操作,旋转鞘管并轻柔进入皮下组织,将鞘管及扩张管一起输送至体内;鞘管放置完成后,拔除扩张管,对鞘管进行抽吸并冲洗,应该明确鞘管尖端在血管腔内的位置。

鞘管置入后,用肝素盐水冲洗。在用鞘管进行造影后,应该经常冲洗鞘管管腔。应该在任何操作之后都立即冲洗管腔。在对大血管或较迂曲的血管进行操作时,最好用缝线将鞘管固定于皮肤上,以防止鞘管可能会在较粗或较迂曲的血管中发生滑动。如果使用的导管与鞘管是同一型号(如 5F 的导管置于 5F 的鞘管中),那么导管可完全阻塞鞘管管腔,将不能通过鞘管侧臂注射造影剂及肝素生理盐水。在进行腔内操作时,应明确鞘管尖端的位置,防止球囊或支架没有伸出鞘管而不能释放。

(倪才方 李 智 李明明)

第六节 支 架

支架(stent)是采用高性能医用金属、合金或高分子材料制成的用于支撑人体血管管腔以保持其通畅的假体。"Stent"一词来源于"Charle Stent",是 18 世纪末一位口腔科医生的名字。为了纪念他发明的一种支撑皮肤移植物的装置,将这种支撑器称为 Stent,并沿用至今。

1964 年血管成形术之父 Dotter 和 Judkins 撰文认为血管内支架可以重新内膜化,并于 1969 年率先在猪的腘动脉用螺旋形支架做血管成形术,首次证明了支架可以和血管壁合为一体,并且保持血管长时间通畅。1982 年,不锈钢丝编织支架 Wallstent 问世,但直到 1983 年 Dotter、Cragg 同时报道了用镍钛记忆合金制成的螺旋形自膨支架做血管成形术的动物实验结果后,各种各样的金属支架才开始不断出现并逐渐应用于临床。1985 年 Palmaz 等报道了一种球囊扩张式支架,这是一种被激光切割成网眼状结构的不锈钢管支架;同年 Wright 报道了由不锈钢丝制成的 Z 形自膨式支架。随着支架材料、形态、释放技术的研究,其种类不断增多,应用范围越来越广,包括髂股动脉、颈动脉、肾动脉、主动脉、冠状动脉疾病等。目前,越来越多的研究关注于支架材料的选择、支架置入的适应证及支架再狭窄的预防策略。

【材料】 理想的支架材料必须具有无毒、无害、抗凝、理化性能稳定、柔顺性好、足够的支撑力、不透X线、良好的防磁性能、价格低廉、易于运输、生物相容性强等特性。

目前用于制作支架的材料有金属钽、医用不锈钢、镍钛合金等。钽丝具有很好的柔顺性和生物相容性，也是最好的生物学惰性材料。其原子序数高、不透X线、易于透视观察。钽丝表面覆盖一薄层五氧化钽，带负电荷，阻止血小板黏附和纤维蛋白的过分沉积，防止或减轻血栓形成。钽丝制成的支架具有磁相容性，可用MRI观察钽支架在血管内状态。

医用不锈钢理化性能稳定、无毒，具有良好的生物相容性和抗凝性。常用304型和316型不锈钢丝制作支架。支架经电镀抛光后，其表面形成数微米厚的铬氧化物。不锈钢支架支撑力强，内皮化时间短。缺点是不具有磁相容性，限制了患者的MRI检查。

镍钛合金在不同温度时表现为两种不同的金属结构相。两者可随温度的变化而相互转变。低温时，金属结构相称为马氏相，单斜结构，合金柔软，易变形。温度升高，马氏相转变为奥氏相，金属晶体呈体心立方结构，合金变硬而有弹性。镍钛合金在冰水中很柔软，可任意变形。在500~600℃高温中塑成一定的形状，如螺旋管形，退火处理后再放到冰水中又变得同样柔软。当温度升到某一特定温度时，很快恢复成原塑成的形状，故称为记忆合金。这一过程称为相变，此时的温度称为相变温度。相变温度主要同镍钛合金中元素成分比例有关，镍含量对相变温度的影响较大。镍钛合金具有良好的生物相容性。

【理化特性】 常用评价和衡量金属支架整体性能的指标有以下几种。

1. 支架的纵向短缩率 支架释放后，随着管径扩大的同时可出现非线性短缩，这会给临床使用带来不便。如果术前估计不足，置入的支架过分短缩，可导致支架不能完全覆盖病变，因此，术前必须根据支架的短缩情况来选择长度和管径相适宜的支架。

2. 支架的支撑力 此特性决定支架展开后能否牢固贴附于血管内壁。一个支撑力弱的支架释放后不仅支架本身不能达到预定扩张的管径，而且也不可能紧密贴附于血管内壁。而支撑力过强的支架会较深地嵌入血管壁内，导致周围组织牵张过度，诱发内膜增生甚至管腔闭塞。有实验表明，较理想的支架支撑力应为患者收缩压的2倍左右。

3. 支架的顺应性 这是支架刚性与柔顺性的综合反映。柔顺性好的支架易推送，易通过迂曲血管，但稳定性差。刚性强的支架在血管内稳定性好，但运送困难，因此，应根据病变血管的部位、病变性质选择刚柔相宜的支架。常用支架中，Palmaz支架刚性好，柔顺性差；Wallstent支架柔顺性好，刚性较差。新型镍钛合金支架兼有良好的柔顺性和刚性。

4. 不透X线和磁相容性 理想的支架应有良好的X线显影性能，便于定位和操作。Wallstent支架的不锈钢丝较细（直径0.075~0.1mm），成像较差。目前临床使用的支架中，钽制和镍钛合金支架具有磁相容性，可用MRI随访。

【结构】 支架是由不同材料和方法制成的管状物。其结构和几何形状表现如下。

支架丝：是指构成支架更大结构体（如孔、圈、花冠状结构）的单个元件。

孔：是指支架上规律性重复的小结构。开孔型的结构比闭孔型更为复杂，闭孔型包绕的几何区域更为简单。孔是支架的基本几何构型，在支架扩张时它会发生形状改变。

环（rings）：包括一组孔，可以构成支架更高一级的几何形态，它们可以构成完整的支架节段，然后再由纵向桥接件或环节连在一起。

因此，支架丝、孔、环和支架节段分别代表复杂程度由低到高的几种支架几何结构，它们共同构成各个支架复杂的三维表面结构，并最终决定了支架的机械性能。

【分类】

1. 按材料分类

（1）医用不锈钢支架：由钢丝或钢管组成，如 Z 形支架，其弹性好，支撑力强，但柔顺性差。

（2）镍钛合金支架：热记忆合金，柔顺性好，在体内温度条件下自动恢复形态。

（3）钽支架：用钽丝编织成网状，柔顺性好，到位后需用球囊扩张到一定形态。

（4）生物支架：常用材料为高分子聚合物，它的最大特点是在一定时间内完成对血管的机械性支撑后，自行降解为 CO_2 和 H_2O（降解时间一般为 6~8 周）。高分子生物支架具有生物相容性好、可吸收、无远期并发症，支架可作为载体携带药物，可通过控制材料的降解速度来控制药物的释放速度即降低血管的再狭窄等优点，但仍存在以下缺点，限制了其临床应用：为增加支架强度导致支架体积较大，不易输送和释放；材料为透 X 线性，难以定位；支架表面易导致血栓形成等。

2. 按结构分类

（1）Z 形结构：围成管状，多节支架间通过金属杆连接，代表支架为 COOK-Z 型支架。

（2）编织结构：代表支架为 Wallstent，支架编织成网状。

（3）管状结构：代表支架为 Palmaz 支架，由金属管激光打孔而成。

（4）闭环支架和开环支架：颈动脉支架的设计分为开环设计和闭环设计。开环设计指支架单元环与单元环之间通过若干个连接杆（Bridges）连接而成。连接杆的方式有三种：波峰对波峰连接用非弯曲连接杆连接（如 Precise 支架）；波峰对波峰连接用弯曲连接杆连接（如 Sinus 支架）；波峰对波谷连接用非弯曲连接杆连接（如 Zilver 支架）。开环设计的优点是有极好的柔顺性与贴壁性能，但其径向支撑力稍弱，开窗面积较大。

闭环支架有两种典型支架：编织闭环支架（如 Wallstent 支架）和激光切割闭环支架（如 Nexstent 支架）。闭环设计的优点有径向支撑力较强（激光切割型），开窗面积较小，病变覆盖完全。

评价开环设计和闭环设计的优劣主要涉及径向支撑力、网孔面积及贴壁性等关键技术指标。对于严重钙化的颈动脉病变，应优先选用切割闭环支架以获得较大径向支撑力；对于易损易脱落的颈动脉斑块，应优先选择闭环支架，因为闭环支架的网孔面积最小，而开环支架的网孔面积都比较大，软斑块在受到支架挤压后，很容易从支架网孔中脱落，风险很大；对于弯曲的颈动脉病变，建议优先考虑使用贴壁性较好的开环支架，因为开环支架释放后能与血管壁间较好地贴合，也不改变血管的自然形态。

3. 按支撑力分类（表 2-4）

表 2-4 两种类型支架的特征

球囊扩张支架	自膨式支架
网孔管道设计	金属丝网孔管道
刚性好	柔韧性好
适合较短病变	适合长度病变
预安装或安装到选择的球囊上	置于有外鞘的推送器上
扩张后支架稍短缩	短缩不尽相同
不锈钢材料	镍钛合金或不锈钢
中度的不透射线性	弱的不透射线性

（1）自膨式(self-expanding)：自膨式支架是用医用不锈钢丝加工成"Z"形弯曲管状（如 Gianturco 支架）或编织成网眼管状（如 Wallstent 支架），或由镍钛合金经激光雕刻成不同大小和形状的网眼管状结构。自膨式支架本身具有弹性，释放后即在血管内自行扩张。当血管弹性回缩力和扩张后支架的剩余弹力达到平衡时，支架即获得最大的扩张管径。支架展开后的管径应大于病变血管正常段的直径，这样不仅可以充分发挥其支撑作用，而且支架弹力使支架牢固地附着于病变血管内。Wallstent 支架（图 2-33，图 2-34）是一种典型的自膨式支架，被压缩在输送鞘内，当回撤外鞘时被释放，向血管壁持续保持放射状张力，此类支架比较柔顺，但径向支撑力较差。为纠正支架释放后明显短缩所带来的定位不准确，Wallstent 支架在刚开始释放甚至已经大部分释放时还是可以回收入鞘内重新释放的。目前，临床应用的其他镍钛合金的自膨式支架释放时不会有明显的短缩。

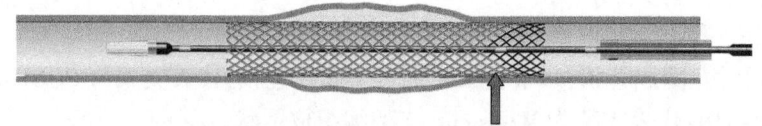

图 2-33　Wallstent 支架释放系统

该系统有 3 个标记，当支架释放至红色箭头所指示的标记时仍可回收支架重新释放

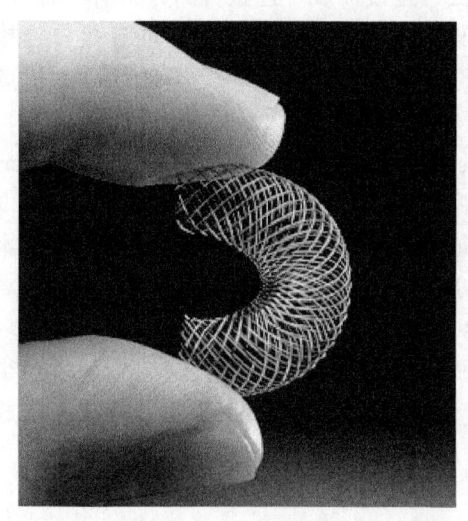

图 2-34　Wallstent 支架具有良好的顺应性

（2）球扩式(balloon expanding)：球扩式支架（图 2-35，图 2-36，图 2-37）本身不具备弹性，支架套在球囊之外，释放前充盈球囊，支架被动扩张到一定直径而贴附于血管内壁。支架能否牢固贴附于血管内壁主要依靠管壁的弹性回缩力。应用前选择好合适大小的支架极为重要。这类支架常用的有超薄型有槽不锈钢管式 Palmaz 支架及各种激光雕刻的镍钛合金支架。这类支架由于本身无弹性，易受外压变形，常用于身体深部血管。球囊扩张支架在达到最大径后有一定的回缩，一旦释放不再继续扩张。但其定位准确，尤其适用于血管开口或分叉部病变。

图 2-35　支架包被在球囊上，和球囊一起送至靶血管

4. 按支架的功能分类

（1）单纯支撑型：以支架支撑狭窄或闭塞的血管，保持血流通畅，恢复远端组织器官的功能。

（2）治疗型：一是为其他治疗手段提供可能，如宽颈动脉瘤可借助支架将动脉瘤与载瘤动脉隔离,以防止瘤腔内栓塞的弹簧圈等材料移位;二是支架除支撑作用外,为预防支架置入后再狭窄而采用的治疗措施,如药物洗脱支架和内照射支架(详见支架内再狭窄的预防策略部分)。

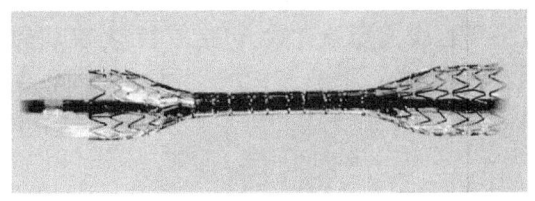

图 2-36　扩张球囊释放支架　　　　　　图 2-37　支架释放后的形态

5. 按支架表面处理情况分类

(1) 裸露型:支架表面仅做抛光处理,使其表面光滑,减少血栓形成。不锈钢支架经电抛光后可有铬氧化物薄层覆盖。

(2) 覆膜型:覆膜支架为在普通金属裸支架的平台上覆盖高分子特殊膜性材料构成,是金属裸支架的支撑理化特性和覆膜材料的特有性能的有效组合。支架型人工血管为用于主动脉的覆膜支架特有而命名。

覆膜支架主要有两种构型:一种是全包被支架,即被膜完全包绕内支架;另一种是被膜部分包被支架,即被膜只包绕支架的中间部分,支架的两端各有少部分裸露。其金属支架多采用 Z 型、Wallstent 型(图 2-38,图 2-39)等。被膜材料种类很多,主要有可膨性聚四氟乙烯(ePTFE)、涤纶、聚酯、聚氨基甲酸乙酯和真丝等。覆盖的高分子膜性材料以生物非降解性聚合物为主,靶血管的直径对选择不同特性的覆膜材料有特殊要求;对于小直径的血管,抗血栓形成尤为重要;大口径的血管(≥10mm)则机械耐久性是相对突出的问题。覆膜支架或支架型人工血管已广泛用于动脉扩张性疾病的腔内修复治疗,如主动脉瘤、主动脉夹层和外周动脉瘤、血管损伤所致的假性动脉瘤和动静脉瘘,以及血管成形术所致的急性破

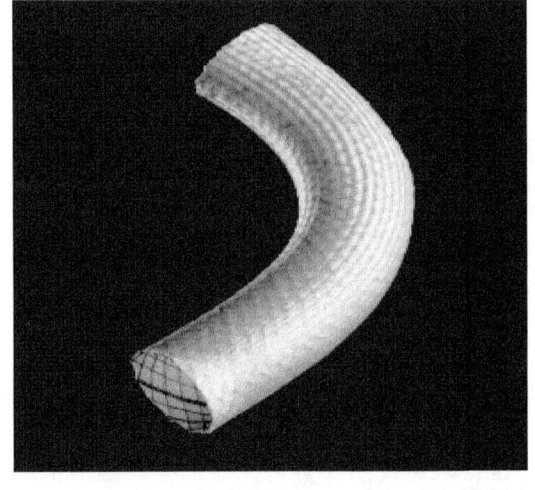
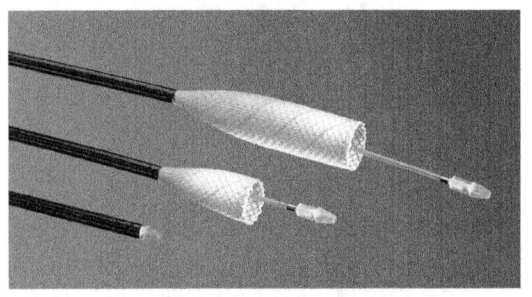

图 2-38　外被涤纶的 Wallstent 型外周动脉覆膜支架　　图 2-39　外周动脉覆膜支架及输送系统

裂穿孔等。由于内膜可通过裸支架的网眼增殖导致支架内再狭窄缺陷,覆膜支架亦被用于外周动脉闭塞性疾病,借助覆膜材料的物理屏障作用以抑制内膜在支架腔内的增殖。

覆膜支架或支架型血管长度一般需超出病变长度 2cm 以上,两端分别超出病变两端 1cm 以上,原则上宁长勿短,支架直径需大于病变两端血管直径 15%~20%,使支架与血管壁严密贴合。与金属裸支架相比,覆膜支输送鞘外径明显增粗,用于外周动脉通常为 8~12F,用于主动脉则为 16~24F。

主动脉的覆膜支架(图 2-40~图 2-43)一般采用自膨式释放方式,包括管状、分叉状和主单髂型。

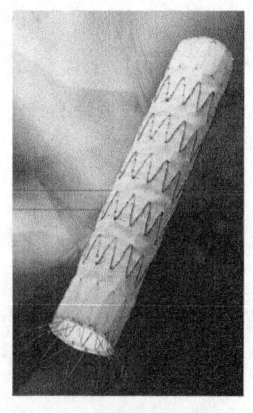

图 2-40　一端为裸支架的管状支架型人工血管

图 2-41　覆膜支架两端的裸支架呈喇叭形张开以利固定

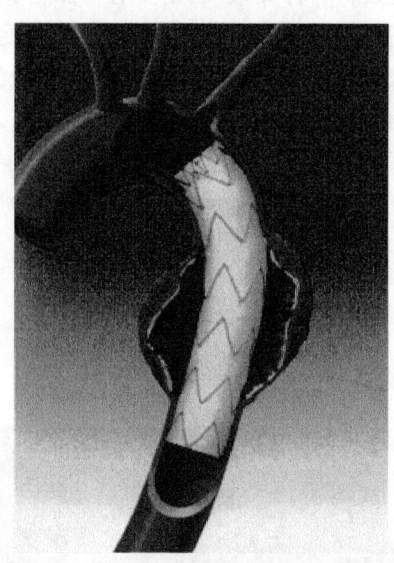

图 2-42　覆膜支架用于胸主动脉瘤修复

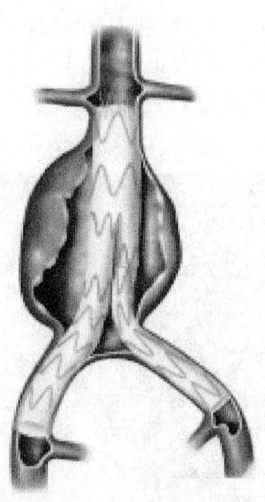

图 2-43　覆膜支架用于腹主动脉瘤修复

(3)涂层型:药物涂层支架是将具有抗血管再狭窄作用的药物直接或通过生物多聚体间接地涂布在金属支架上,在支架置入的部位释放药物,作用于血管局部,起到防治血管再狭窄的作用。放射性支架、转基因支架和内皮细胞移植支架都属于涂层支架。

【工作特征】 在选择合适的支架时,必须先熟悉支架的工作特征,即支架的释放方法、释放后长度变化、径向支撑力等(表2-5)。

表2-5 临床常用的支架比较

工作特征	Palmaz支架	Wallstent支架	Smart支架	建议
释放方法	球囊扩张	自膨式	自膨式	需要精确定位或需要较大支撑力时首选Palmaz支架,自膨式支架释放后往往需要后扩张
最大长度	>5cm	>10cm	8cm	长段病变往往选择自膨式支架,可减少支架置入的数目。目前自膨式支架长度甚至可达到15cm
释放后长度变化	短缩5%~25%,取决于最后的直径	短缩至少30%,取决于最后的直径	约8%	需准确定位的病变建议选择Palmaz或Smart支架
径向支撑力	强	低	中到低	Palmaz支架适用于动脉开口处病变
柔韧性	差	好	好	Palmaz支架不适用于扭曲的动脉
最大直径	12mm	24mm	14mm	Wallstent支架适用管径范围较大
定位精确性	精确	仅一端可精确定位	精确	Wallstent支架先释放的一端可精确定位,但释放大部分后仍可回收重新释放
输送鞘	7~9F	7~9F	6~9F	根据病变与入路间的距离选择不同长度的导管输送鞘

(倪才方 李 智 李明明)

第七节 栓 塞 材 料

用于经导管注入并达到血管栓塞的材料称为栓塞物,一般也可以称为栓塞剂或栓塞材料。

【特性与分类】 理想的栓塞材料应具备以下特性:无毒、无抗原性、具有较好的生物相容性,能迅速闭塞血管,能按需要闭塞不同口径、不同流量的血管,易经导管运送,易获得、易消毒;能控制闭塞血管的时间长短,一旦需要可经皮回收或使血管再通。

栓塞材料可按以下几种方式进行分类:① 按物理形状可分为液体和固体(颗粒)性两类:前者如无水乙醇等,可作用于微动脉及毛细血管水平;后者如聚乙烯醇等,可作用于血管的末梢部位。② 按使血管闭塞的时间长短可分为:短期栓塞剂(如自体血栓等)、中期栓塞剂(如明胶海绵颗粒)、长期性栓塞剂(如钢圈、医用胶等)。

【颗粒栓塞材料】

1. 明胶海绵颗粒 明胶海绵(gelfoam,GF)为外科手术止血剂,属蛋白基质海绵,能被组织吸收。通常将消毒过的明胶海绵薄片剪成适当大小的小块或小条状,然后悬浮在对比剂或与生理盐水混合液中使用。明胶海绵吸水性强,吸水后质量可达原来的30倍以上。目前已有不同直径的明胶海绵粉剂商品,栓塞水平可达毛细血管前动脉。明胶海绵颗粒(图2-44)属中期栓塞材料,闭塞血管时间为数周至数月。明胶海绵颗粒的优点是无抗原性、易得、价廉、能消毒,可按需要制成不同的大小和形状,摩擦系数低,用普通导管也可快速注射,闭塞血管安全有效,故是应用最广泛的栓塞材料。

2. 聚乙烯醇颗粒 属颗粒性永久栓塞材料,由 PVA 泡沫与甲醛合制而成,为非水溶性颗粒,遇水性液体可膨胀,体积将增加 20%,生物相容性好,在体内不被吸收。PVA 颗粒大小在 150~1500μm,使用时将其混入对比剂以悬浮液的形式经导管注入病变部位,机械性阻塞并诱发血栓形成,从而将血管闭塞。PVA 颗粒(图 2-45)具有一定的黏性,互相之间易凝集成团,故在注射时容易在导管内聚集成团,增加了注射的阻力,且 PVA 容易黏附血管壁,造成近端血管阻塞(图 2-45,图 2-46)。

图 2-44 明胶海绵颗粒成品

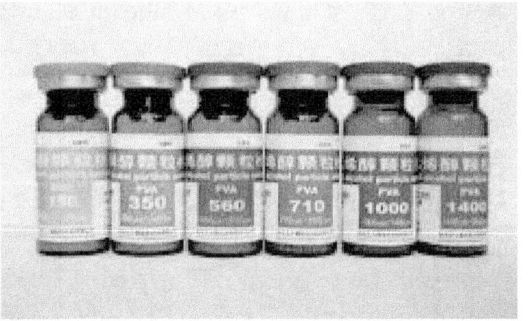

图 2-45 不同规格的 PVA 颗粒

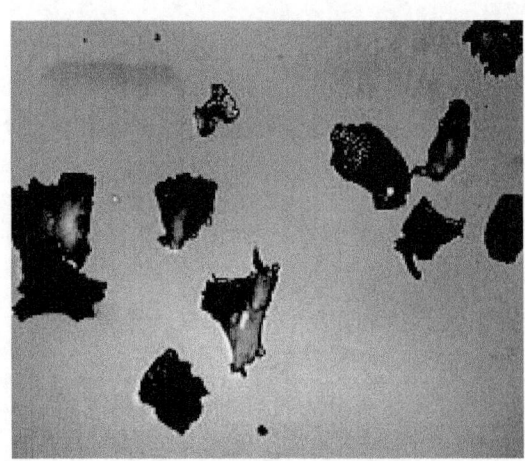

图 2-46 PVA:不规则的形态,聚集,非一致性栓塞,更多的近端阻塞

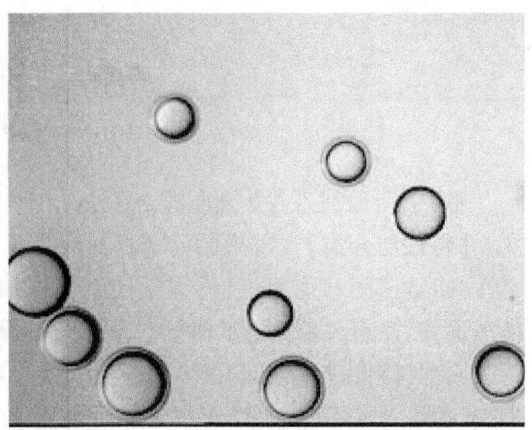

图 2-47 Embospheres:柔软球形、亲水,不容易聚集,均匀一致的阻塞和可预期的血管网的渗透性

3. Tris-acryl microspheres(Embophere) 中文名为三羟甲基-丙烯酸微球、三丙烯醛聚合物明胶涂层微球、丙烯酸明胶微球、丙烯酸胶原微球等,是浸泡在凝胶中的三丙烯酸与丙烯酸交联的共聚物(图 2-47)。Embosphere 是具有化学惰性,生物相容性好的不可吸收的栓塞微粒,它有良好的细胞贴附(cell adhesion)性能,这些特性可导致它对血管有完全和持久性的机械阻塞。它是 1994 年首个被校准的微球,即它的直径大小均匀一致,有一定的柔软性,允许被

暂时压缩到33%。此微球表面光滑亲水以防止在血管中或导管中的凝集，故更容易经由微导管注射。可以根据靶器官血管的大小选择不同规格的栓塞微粒，以达到预期的栓塞水平而产生潜在不同的结果。用于多血管肿瘤和动静脉畸形的栓塞，特别是子宫肌瘤栓塞治疗。在使用前需要将 2ml 的悬浊液稀释到 20ml 的溶液中，缓慢注射后，再用盐水冲洗。

4. 三丙烯基明胶微球（TGM） 为法国 Guerbet Biomedical 公司生产的一种新型亲水、非吸收类栓塞微球，大小为 $100\sim1250\mu m$ 不等，不同规格内 TGM 微球大小较均一，粒径相差小。TGM 微球表面由薄层明胶组成，外层为羟甲基，亲水性好。因其自身较透明，在使用前需加用染色剂，使之着色，便于肉眼观察。TGM 生物相容性好，无致热源，不被机体吸收。在水溶液中可逐渐膨胀。在 50% 的盐溶液中悬浮性好。TGM 表面光滑，通过微导管时阻力小。TGM 柔软易变形，即使粒径比导管内径稍大时，也容易通过微导管，不致微球破碎。TGM 表面带正电荷，相互之间排斥，不易凝集，不易出现导管内堵塞现象，但带正电荷的表面却易使微球黏附到带负电的血管壁上，不容易移位，栓塞效果更持久。

5. 载药栓塞微球 又称药物洗脱微球（drug-eluting beads，DEB）。这种微球理论上克服了传统微球的不足：其可在肿瘤部位持续而缓慢的释放药物，使药物在病灶部位长时间维持有效的细胞毒浓度，同时可降低全身血药浓度水平。载药栓塞微球分类：生物降解型包括明胶微球、可降解淀粉微球、海藻酸钠微球等；非生物降解型包括：聚乙烯醇修饰微球（DC Beads）、聚乙烯醇丙烯酸钠共聚微球（hepasphere）等；目前常负载化疗药物：蒽环类（阿霉素、表阿霉素和柔红霉素）、喜树碱类衍生物（伊立替康和拓扑替康）。目前临床应用的微球大小为 $30\sim900\mu m$。初步应用表明治疗肝恶性肿瘤的效果良好。

6. 放射性微球 目前较理想的内放射性核素为 90Y 或 32P，其中 90Y 更为理想。放射性核素微球治疗肿瘤成功的基本条件为：①肿瘤血供大于周围正常组织，以便微球能大量积聚在肿瘤内；②正常组织内微球分布均匀，以减少因局部放射性核素微球积聚而造成组织坏死。既要有高的癌/组织比，又要有低的分布变异系数，这两者均对微球的直径有一定的要求。临床应用以 $15\sim35\mu m$ 最为适宜。

【液体栓塞材料】

1. 碘化油 植物油与碘结合的一种有机碘化合物，为淡黄色或黄色的澄清油状液体，微有类似蒜的臭味。碘化油（图2-48）具亲肿瘤性，栓塞水平可达末梢血管，为肝癌最常用的栓塞剂。国外学者多认为碘化油是一种药物载体，不推荐作为栓塞材料单独使用。它常与阿霉素类等化学治疗药混合成乳剂使用，这样可增加栓塞部位的药物浓度并延迟药物释放，形成化学性栓塞，也可单独使用，但疗效不如前者。常用剂量为 $10\sim20ml$，宜缓慢间隔推注。

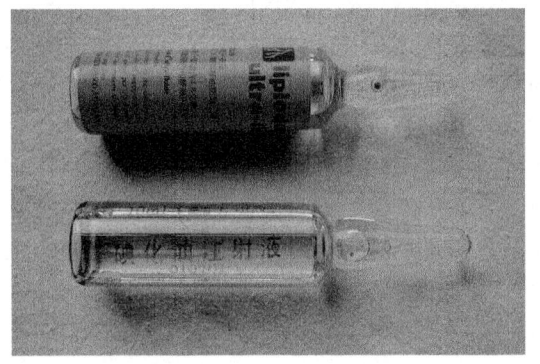

图 2-48 超液化碘油（上）、碘化油（下）

2. 无水乙醇 无水乙醇是 20 世纪 80 年代初开始使用的一种液体栓塞材料，可造成血管永久性闭塞和器官、肿瘤的梗死。无水乙醇注入血管后，使内皮细胞收缩，表面变粗糙；血液内蛋白质变性沉淀，血细胞受损，致使其凝集并进入组织间；改变血液流体力学性质,使血细胞、血浆和水分离;能直接穿透细胞,并经血管内皮之间开大的裂隙进入组织间,使组织细胞变性;血管内迅速形成微栓,由于上述的综合作用及动脉痉挛,血管很快闭塞。作用部位主要为末梢血管和大血管继发性闭塞。无水乙醇所造成的栓塞是持久性的。它易通过细导管注射,适于超选择性栓塞。如果用球囊阻塞导管注射更为安全,可避免反流。注射速度既不能太快,又不能太慢。注射结束后,应立刻用少量生理盐水冲洗导管,防止导管内残存乙醇而发生凝血。无水乙醇取材方便、价廉,具有无菌和灭菌的优点。一般认为无水乙醇用量在 1ml/kg 之内是安全的。

3. 鱼肝油酸钠 是从鳕鱼肝油(cod liver oil)中提取出的饱和脂肪酸和不饱和脂肪酸的混合物,它可使小血管血流缓慢,血液淤滞,还可使血管内皮细胞损伤并脱落,具有强烈的溶血作用和诱导血小板聚集作用。它引起血管内血栓形成的机制是血管内皮细胞受损、脱落,血管内皮下的胶原暴露,激活内源性凝血系统,使血小板聚集,最终导致管腔内血栓形成。使用时可直接取 5% 鱼肝油酸钠溶液做静脉或血管瘤内注射,本品最初使用时一般不超过 5ml,但有报道最大用量达 40ml 亦无不良反应。注射速度一般以 1~2ml/s 为宜,如与明海绵混合使用,效果更佳。鱼肝油酸钠主要用于栓塞曲张静脉、血管瘤的治疗等。注射时可引起瞬间疼痛,但较无水乙醇轻。偶尔引起变态反应,出现皮疹等,多不严重。

4. 液体硅胶 是由双组分液体医用硅胶按不同比例混合而成的,具有持久的生物相容性,在血管内可固化。本品用于血管性病变,肿瘤等栓塞。固化时间随加入的催化剂和交联剂的量而定。添加钽粉、碘苯酯或二氧化锆使其不透 X 线。缺点是当细小血管全部或大部分被闭塞后,易造成器官梗死。

5. Onyx 胶 是乙烯、乙烯醇共聚合物(EVOH)、二甲基亚砜(DMSO)和钽粉的混合物,EVOH 是主要成分,后两者分别为溶剂和增加 X 线下显影,与水接触后迅速变成海绵状聚合物。Onyx 胶(图 2-49)有非黏附性和 X 线下可视的特点,缓慢注射而不粘管。因 DMSO 可腐蚀多数微导管,注射 Onyx 胶要使用与 DMSO 相容的微导管。另外,DMSO 有导致栓塞血管痉挛和内皮坏死的风险。

6. 正丁基-2-氰丙烯酸盐(N-butyl-2-cyanoacrylate, NBCA) 为液体组织黏合剂。该物质的特点在于同离子型物质如血液中的电解质接触后迅速聚合成硬块,在血管中长期不溶解。它在聚合固化时产热,温度可升高 2~12℃,并引起局部的炎性反应。NBCA(图 2-50)中加入碘油、碘苯酯或钽粉后,不透 X 线,并可延长聚合开始时间。调整碘油、碘苯酯的比例,可以适当改变聚合时间,防止与导管粘在一起。NBCA 在 5% 葡萄糖溶液中不凝聚。NBCA 可用微导管(1.2~3F)注射。NBCA 常用于颅内血管畸形、胃食管静脉曲张、精索静脉曲张、肿瘤的栓塞治疗等。NBCA 的缺点在于注射技术要求高,在血管内凝固的硬块则难以消除。

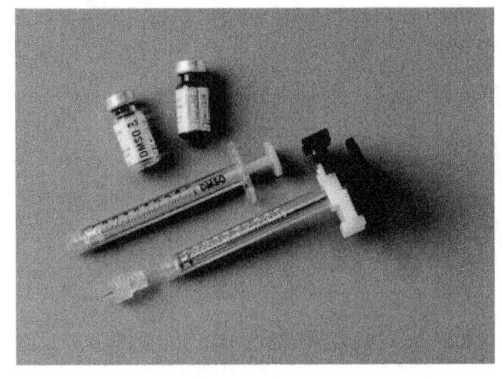

图 2-49 Onyx 胶

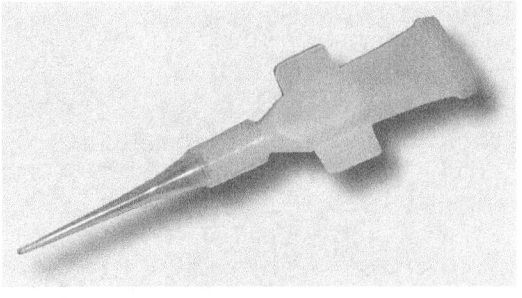

图 2-50 正丁基-2-氰丙烯酸盐(NBCA)

【可脱球囊】 可脱球囊属机械性栓塞材料,主要用于颅内血管(病变)栓塞。1974 年 Setbinenko 首次用于闭塞颈动脉海绵窦瘘,1975 年后 Debrun 等对球囊做了改进。目前已有多种可脱球囊用于临床,但应用较为广泛者为乳胶球囊和硅胶球囊。乳胶球囊(图 2-51)的膨胀性能好,大小和形态多样,但乳胶本身易老化。硅胶球囊的膨胀系数小,充胀后可较长时间保持原状。球囊的大小型号和不同形状较多,膨胀后的直径为 4~30mm。

图 2-51 乳胶可脱球囊

【弹簧圈】

1. 普通弹簧圈 弹簧圈属机械性栓塞材料(图 2-52)。一般以不同粗细的螺旋形弹簧丝夹带羊毛、丝线或涤纶线制成。放在导管内,弹簧圈伸长成直线状;脱离导管后,因弹簧的力量在血管内卷曲成团,从而阻塞血管。释放前,弹簧圈装入引导鞘内,经导管尾端接头,用导丝将弹簧圈推入导管内。随着导丝的推进,弹簧圈从导管头端伸出并卷曲成团嵌在血管内。也可用生理盐水或对比剂冲洗导管,从而释放弹簧圈。实际应用时根据病变部位、血管粗细选择适当大小的弹簧圈是极为重要的。弹簧圈的优点在于能闭塞较大的血管,多用于周围血管主干的栓塞,因此使用较为广泛。弹簧圈有 2~20mm 直径的多种规格,相同直径的弹簧圈其长度也可有差异。其形状也不尽相同,呈筒状、锥体状、塔状等。近来出现的微型弹簧圈,可通过微导管释放到细小血管。

2. 电解可脱弹簧圈 是由意大利学者 G. Guglielmi 等研制成功的,故名 G. Guglielmi detachable coil,简称 GDC,由美国波士顿科学 Target 公司生产。它有 GDC-10 和 GDC-18 两种型号,前者弹簧丝径为 0.244~0.256mm,后者为 0.346~0.385mm,它们分别通过 Tracker-10 和 Tracker-18 微导管传输。其远端有两个标记,分别称为远端金属标记和近端金属标记,两者间距 3cm。Tracker-18 微导管外径:近端 3.0F、远端 2.5F;Tracker-10 外径:近端 2.6F、远端 2.0F,分别配以 0.014in 和 0.010in 微导丝。

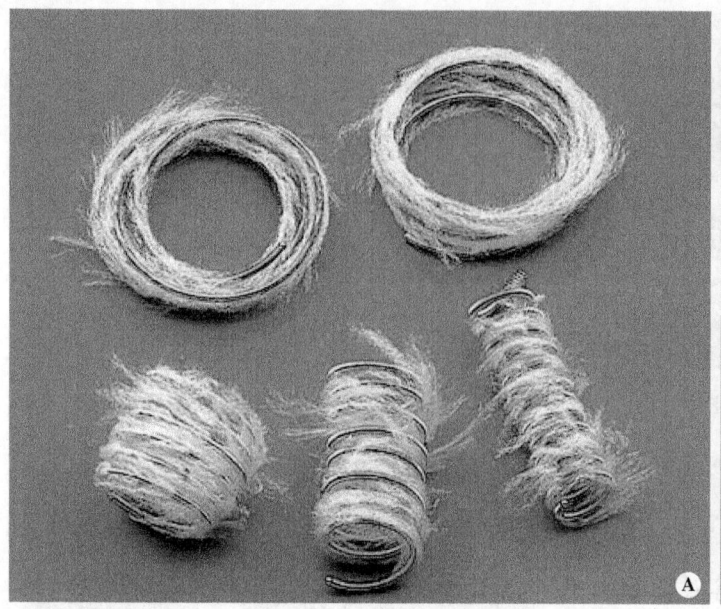

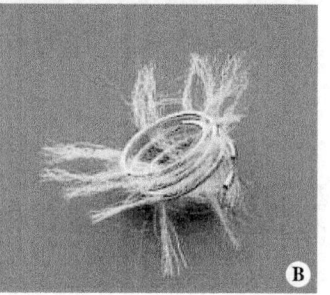

图 2-52 普通弹簧圈
A. Gianturo 弹簧圈；B. 铂金微弹簧圈

每种型号的 GDC 又分三种规格，即螺旋型、多直径型和三维型。其中螺旋型和多直径型又分为标准型和柔软型。标准型用以充填动脉瘤腔，形成篮网支架；柔软型充填篮网支架的空隙，以达到紧密填塞动脉瘤的目的。多直径型第 1 个圈的直径相当于后续圈直径的 75%，此种设计更有利于 GDC 在动脉瘤内成形。三维型（图 2-53）有利于螺旋圈在动脉瘤内成形，使微弹簧圈能与动脉瘤壁良好接触，使弹簧圈不易从瘤颈脱出、闭塞载瘤动脉。弹簧丝长 2~30cm 不等，弹簧圈盘曲后的直径有 2~20mm 不同规格。

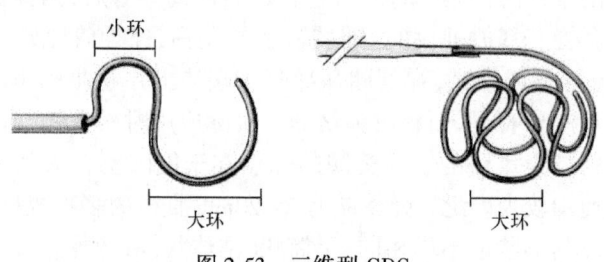

图 2-53 三维型 GDC

GDC 和引导钢丝被装在 100cm 长引导鞘管内，使用之前可在肝素生理盐水中将弹簧圈轻轻推出，并轻柔回收，观察弹簧圈的质量及成形情况。当微导管头端进入动脉瘤腔中外 1/3，并且位置稳定后，将引导鞘管插入微导管。引导鞘管上带有能锁住 GDC 的螺旋锁结构，逆时针旋转即松锁。当 GDC 上的解脱段到达微导管近端标记点以后继续前推，密切观察 GDC 在瘤腔内的成形情况；当解脱段越过远端标记点后，经导引导管造影，进一步观察 GDC 在瘤腔内的位置和成形情况，如位置和形态满意即可开始解脱。

解脱需用专用的直流电解装置（GDC power supply），其装有电源开关按钮、电压、电流（电流设置 0.5mA、0.75 mA 和 1.0 mA 三档，根据需要按动设置电钮变换）、时间显示、电解状态显示、解脱显示、电池显示及正、负极插孔，连接电线和电池组。电触装置由两节 9V 碱性电池供应电源，每次操作前和（或）电池显示灯闪亮前均应更换电池，电池寿命4~6h。近来又设计出新型直流电解装置,这种直流电解装置设计有新的解脱电解环路,可选择最大电流限度为2mA,适用于所有型号的GDC,与原来的GDC直流电解装置相比,大大缩短了解脱时间。解脱前,先将6号注射针头刺入患者右侧腹股沟穿刺点附近作为阴极接点,用连接电线将电解装置的正、负极分别与GDC引导钢丝和阴极接点连接。这样,按下电源按钮以后电解装置的直流电源就与人体形成闭合环路,借助电流作用离断GDC的解脱段,解脱GDC。

3. 水解可脱弹簧圈　MicroPlex弹簧圈系统是由美国MicroVention公司的水压解脱的铂金微弹簧圈。复合型是一种设计独特的三维微弹簧圈,把1根微弹簧圈制成6个圆形袢,又分为单、双直径袢两种,前者六个袢的直径相同,后者第1、6个袢较中间4个袢的直径小1.5mm,通过"之字形旋转稳定技术",使每个连续袢在送出后呈轻柔旋转,在瘤壁上形成平稳分布的均一筐架,适合于复杂构造的不规则动脉瘤和宽颈动脉瘤。螺旋形微弹簧圈分为柔软和常规两种,用于进一步填塞。微弹簧圈与一推进器连接,有6个标记。采用注射对比剂的水压解脱系统,通过微流激励技术而瞬间解脱(1~2s),而微弹簧圈仅有极小的移动,并不增加动脉瘤内的压力。

TruFill可解脱弹簧圈系统是美国Cordis公司的水压解脱的铂金微弹簧圈,有复杂(三维)型和螺旋型两种,分别用于成篮和填充,采用一连接压力表的注射器解脱。

4. 机械解脱弹簧圈　可解脱弹簧圈系统是丹麦William Cook Europe公司的新一代机械解脱式铂金弹簧圈,其解脱点出微导管头时并不解脱,只有在旋转解脱锁定装置(DLD)后解脱。其有螺旋形、旋风形、J形单螺旋和多螺旋形,Detach-11和Detach-18两种系列分别要与内径大于0.017 in和0.023 in的微导管配合。微导管到位后,把微弹簧圈导入微导管,送微弹簧圈时严禁旋转推进钢丝。在离解脱区3cm处近端的推进钢丝上有一6mm长的铂金标记,当该标记位于微导管近端标记的近侧形成1个正"T"形,此时微弹簧圈完全在微导管之外。逆时针旋转DLD 25圈,微弹簧圈即解脱,退出DLD时微弹簧圈没移动,说明已完全解脱,微弹簧圈尾端(螺旋形和旋风形)会自动收入中央。如未解脱,应重新安上DLD,再逆时针旋转DLD 10圈。

研究表明,各种微弹簧圈即使致密填塞,其实际体积不超过动脉瘤体积的37%,否则容易压缩导致再通和破裂。新近开发的表面修饰的微弹簧圈系统(如基质电解脱微弹簧圈、水凝胶微弹簧圈和放射活性弹簧圈)具有促进结缔组织增生,防止再通的优点。

【血管封堵器】　2004年美国食品与药物监督管理局(FDA)批准血管封堵器Amplatzer Vascular Plug(AVP)上市。AVP是由记忆性镍钛合金编织而成的大型栓塞材料,最早应于心脏介入,包括房间隔、室间隔缺损及动脉导管未闭等封堵,以后用于中或大动脉或静脉的栓塞。AVP体形较大,往往一个AVP便可栓塞靶血管,因此较普通弹簧圈性价比高。分四代产品,AVP Ⅰ和AVP Ⅱ的释放需要鞘管或引导导管(图2-54、图2-55),AVP Ⅳ释放仅需要普通血管造影导管(图2-56),PVA Ⅱ的长度是可以调节的,AVP的大小选择需要超出靶血管直径30%~50%。

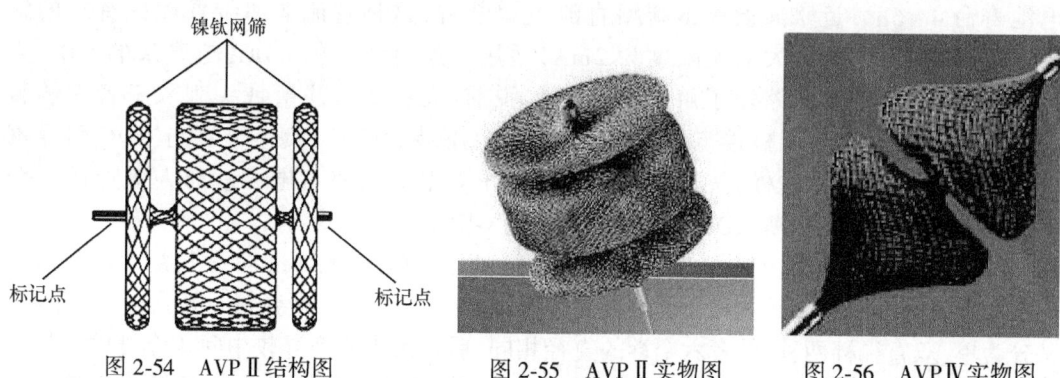

图 2-54　AVPⅡ结构图　　图 2-55　AVPⅡ实物图　　图 2-56　AVPⅣ实物图

(倪才方　李　智　李明明)

第八节　其他相关器械

1. 压力泵　用来给球囊充盈时进行压力的测定和监视。表上标明 PSI(磅/平方寸)和(或)atm(大气压)(图 2-57)。

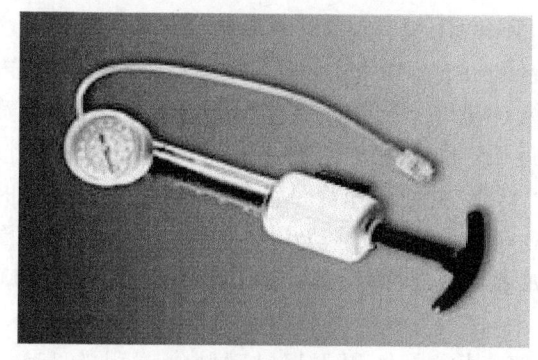

图 2-57　压力泵

2. 连接管　用于连接高压注射器与导管、导管与手推注射器或导管与压力监测等。连接管两端接头分为金属和塑料两种，接头分公母(FM)或公公(MM)。管壁一般透明，也可加用金属网。长度 30～240cm，管径用"F"表示。高压连接管主要是在做左心室造影时连接高压注射器与造影管的，耐压 1200P.S.I。

3. 开关接头　把开关接在导管的接头上，需要时把开关打开。开关接头分为金属和塑料两种。从功能上看，有一路、多路和多侧口开关。单通或三通开关一般用于诊断血管造影、灌注药物与输送栓塞材料，三联三通可同时作压力监测、肝素生理盐水冲洗、注射造影剂用，常用于冠状动脉介入。

人字形(tuohy-borst)接头用于共轴导管的操作，接头的前端同共轴导管的外导管尾端相接，内导管经此接头的内腔由其尾端的密封垫圈中央孔中伸出。在操作中，可由侧臂口注射肝素生理盐水，冲洗外、内导管之间的腔隙防止凝血，也可用于测压和注入对比剂。

(倪才方　李　智　李明明)

第三章 基础知识

介入治疗不是一项单纯的手术操作,术者必须掌握广泛的基础知识,除对疾病认识(尤其是影像诊断)、介入治疗方法与手术操作技巧外,还需要掌握术前准备、术中抗凝及术后处理等相关知识。

第一节 无菌技术

无菌技术是指针对微生物及感染途径所采取的一系列预防措施。它是保证手术成功的重要条件之一。

【皮肤】 皮肤主要指患者的皮肤和手术人员的手。

1. 手术者的手消毒 洗手前要摘除手部饰物,修剪指甲;用免洗外科消毒剂前的手可采用清洁纸巾擦干。

介入手术者的手消毒参照外科用皂液及流动水七步法洗手(图3-1),时间不少于40s,皂液在手部揉搓不少于15s。

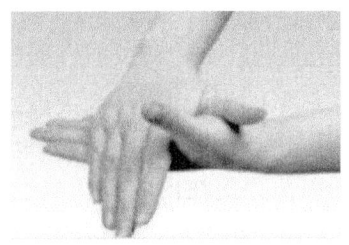
1. 掌心相对,手指并拢相互揉搓

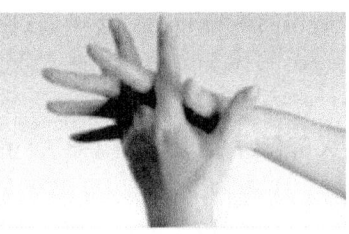
2. 掌心相对,双手交叉沿指缝相互揉搓

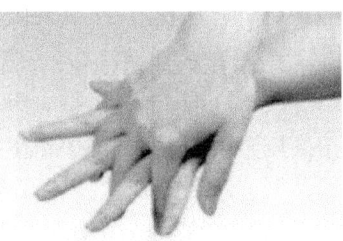
3. 手心对手背沿指缝相互揉搓

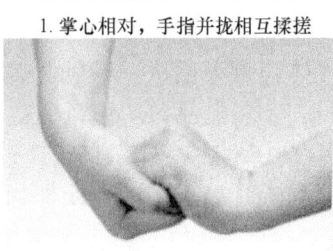
4. 弯曲手指关节,两手相扣进行揉搓

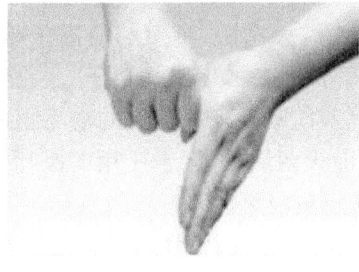
5. 一手握另一只手大拇指旋转揉搓,交换进行

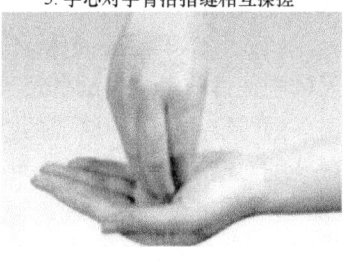
6. 一手指尖在另一手掌心旋转揉搓,交换进行

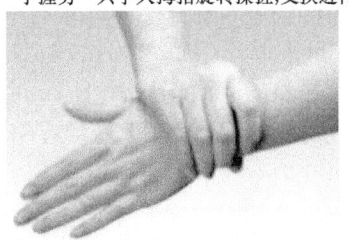
7. 揉搓手腕,交替进行

图3-1 七步法洗手

七步法洗手后,再用速干手消毒剂消毒双手。

手消毒效果应达到如下要求:卫生手消毒,监测的细菌菌落总数应≤10cfu/cm²;外科手消毒,监测的细菌菌落总数应≤5cfu/cm²。

2. 患者手术区的皮肤消毒

(1) 穿刺部位的皮肤消毒:以注射或穿刺部位为中心,由内向外缓慢旋转,逐步涂擦,共2次,消毒皮肤面积应≥5cm×5cm。一些介入操作的消毒范围应参照外科手术方法,中心静脉导管如短期中心静脉导管、PICC、植入式血管通路的消毒范围直径应>15cm,至少应大于敷料面积(10cm×12cm)。

(2) 手术切口部位的皮肤消毒:手术切口部位的皮肤应先清洁;然后使用浸有安尔碘或碘伏消毒液的无菌棉球或其他替代物品在手术切口及其外扩展≥15cm部位由内向外擦拭2遍,作用时间≥2min。

【空气】 空气中细菌的主要来源包括:①手术室中工作人员和患者从口鼻所呼出的致病菌;②从地板和衣服、被褥上揭起和弹下的灰尘;③由鞋子或窗门进入的灰尘。

防止的方法:严格的更衣和戴口罩;减少室内不必要的谈话和易使空气振荡的动作;禁止上呼吸道感染的人进入手术室;对污染的地板必须经常冲洗、消毒。各种清洁工作应在术前1h完毕。

【敷料、器械】 介入手术中所用的敷料和器械等可通过灭菌和消毒进行处理。

1. 常用灭菌法 包括高温灭菌、气体灭菌和电离辐射灭菌三种方法。

(1) 高温灭菌法:是应用最广泛而有效的灭菌方法,主要用于手术器械和物品的灭菌。①高压蒸汽灭菌法:是手术用品灭菌最常用最可靠的方法,主要用于能耐高温的物品,如金属器械、玻璃、搪瓷、敷料、橡胶及一些药物的灭菌,可杀灭包括细菌芽孢在内的一切微生物;②煮沸灭菌法:用于金属器械、玻璃、橡胶类物品;③火烧法:在急需情况下,金属器械的灭菌可用此法。

(2) 气体灭菌法:包括环氧乙烷灭菌法、臭氧和负离子等气体消毒灭菌法。环氧乙烷灭菌法是目前最主要的低温灭菌方法之一。该法可用于医疗器械、塑料制品等不能采用高温灭菌的物品灭菌。含氯的物品及能吸附环氧乙烷的物品则不宜使用本法灭菌。

(3) 电离辐射灭菌法:属工业灭菌法,适用于所用的医疗器械、大规模应用的一次性物品。最常用放射源^{60}Co-γ射线进行辐射灭菌。

2. 消毒法 包括药液浸泡、甲醛熏蒸和紫外线照射三种方法。

(1) 药液浸泡消毒:适用于锐利器械、内镜、特殊材料制成的导管等消毒,目前常用的化学消毒剂有:① 2%中性戊二醛水溶液;②10%甲醛溶液;③70%乙醇溶液;④1:1000苯扎溴铵(新洁尔灭)溶液;⑤1:1000氯已定(洗必泰)溶液。

(2) 甲醛熏蒸消毒法:甲醛有强烈的刺激作用,该法已淘汰。

(3) 紫外线消毒法:紫外线表面作用强,可杀灭悬浮在空气、水中和附于物体表面的细菌、支原体和病毒等。本法多用于室内空气和物品表面消毒。

除一次性使用物品外,各类器械及敷料应在手术前消毒,并准备充分,随时备用。

【手术人员的准备】

1. 更衣 洗手前必须先更衣:①换穿手术室的手术衣裤;②换手术室的专用鞋,绝对禁止穿日常用鞋进入手术室;③戴好手术帽(前面完全遮住头发,后面遮住大部,女士应遮住全部头发)和口罩(应遮住口鼻);④穿好防护服,佩带射线剂量仪。

2. 洗手 参照外科洗手法,方法如前述。

3. 戴手套和穿手术衣 按外科穿无菌手术衣和戴手套方法进行。

【患者及手术区的准备】

1. 患者体位的选择 在手术操作中,患者的体位姿势以适应手术的需要及保持患者的安适为最重要。介入操作常用的体位:

①仰卧位,最常用;②侧卧位,适用于身体背部的手术,如椎体与椎间盘手术等;③俯卧位,适用于腘动脉或腘静脉穿刺及肾造瘘等背部手术;④截石位,适用于输卵管再通、前列腺支架等手术。

2. 手术区的准备 手术前,在病房内已有初步的准备,如擦洗、剃毛、手术区的消毒等。常用的消毒方法如上所述。

3. 手术区消毒单的铺法 手术区皮肤准备好后,取4条无菌巾,将边缘双折1/4,遮盖穿刺点或切口的四周。遮盖次序的原则是先遮盖脏处,再遮盖净处。例如,股动脉穿刺手术,先盖手术野的下部,再上方,其次对侧,再遮盖本侧。然后,术者及巡回护士用一有孔的大单遮盖手术台。

4. 手术人员的位置 手术者所采取的位置,决定于手术部位和患者体位。一般股动脉穿刺术所采取的位置如图3-2所示。

【外科基础知识】

1. 常用外科器械

(1) 手术刀片:包括#10、#11及#15三种,其中#10刀片是用于大部分切口的标准手术刀片;更小的#15刀片用于小切口及弯曲的切口;#11刀片更多用于尖锐切口末端及精细切口,如动脉切开术。

(2) 组织剪:锐性分离常使用组织剪,最常使用的是Metzenbaum剪及Church剪,用于组织分离,而Potts剪用于动脉切开等血管壁的切开。

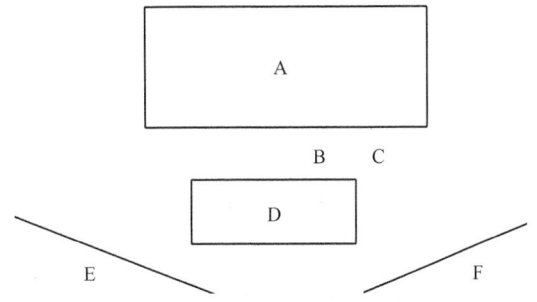

图3-2 手术人员的位置图
A.患者;B.手术者;C.助手;D.器械台;E.技师;F.护士

(3) 镊子:有助于组织分离,Noncrushing或有齿镊(如Adson镊),可用于皮肤切开,以避免夹伤皮肤甚至导致皮肤坏死;Debakey镊则用于分离、处理皮肤外组织;Gerald剪或Potts镊有纤细的尖端,常用于精细分离及缝合。

(4) 缝合线:分可吸收及永久性两种,包括单股和编织。以数字标号来区分不同直径。标号越小,则直径越大,如2-0的丝线粗于4-0的丝线。

(5) 缝针:则根据头端的尖锐度和大小来分类,不同的针(直针或弯针,圆针或角针)连接不同的缝线。

(6) 持针器:根据不同情况选用,如Castroviejo持针器用于6-0或7-0的细线缝合。

2. 麻醉 (anesthesia)一词来源于希腊文,其原意是感觉丧失,即指应用药物或其他方法来消除手术时的疼痛。根据麻醉作用部位和所用药物的不同,可将临床麻醉方法进行分类(表3-1)

表 3-1　临床麻醉方法分类

1. 全身麻醉	局部浸润麻醉	硬膜外腔阻滞（硬膜外麻醉）
吸入全身麻醉	区域阻滞	骶管阻滞
静脉全身麻醉	神经阻滞	4. 复合麻醉
2. 局部麻醉	3. 椎管内麻醉	5. 基础麻醉（basal anesthesia）
表面麻醉	蛛网膜下腔阻滞（腰麻）	

介入医学为微创医学,通常行局部穿刺或小切口技术,因此一般采用局部麻醉,一些复杂或特殊手术及少数不合作患者或婴幼儿需全身麻醉。介入常用的麻醉方式有：

（1）局部麻醉：用五号针头保持负压抽吸式进针,依次在皮内、皮下及血管鞘内或穿刺通道周围注射2%的利多卡因5ml。适用于大多数介入手术。

（2）基础加局部麻醉：哌替啶10mg加异丙嗪0.5mg/kg静脉注射或氯胺酮3~6mg/kg肌注,待患者入睡后再作局麻,适合小儿及不能合作者。

（3）神经安定麻醉：属全身麻醉。由氟哌啶5mg、哌替啶100mg组成,稀释至10ml,分次静脉注射2~4ml/次。常用于成人神经系统介入手术。

（4）全身麻醉：由麻醉科医师操作,适合幼儿、不能合作及病情危重者。

（金泳海　倪才方）

第二节　围手术期处理

【术前准备】　术者及助手应做好充分的思想和物品准备,仔细阅读有关资料,设计治疗方案,预计可能发生的各种情况,准备防范措施。

重视术前对患者的心理安慰工作,鼓励患者正确对待疾病,树立治疗疾病的信心。对清醒患者应当依法将患者的病情、医疗措施、医疗风险等如实告知并及时解答其咨询（但是,应当注意保护性医疗制度,必要时有些情况只能与患者家属或委托人交代）。术中可能出现的感觉（如注射对比剂时的温热感等）,以及有关手术的操作步骤,要对患者加以简要说明,以取得患者良好配合。对家属应讲明手术目的、预期结果和可能发生的危险和并发症。在取得患者及家属理解、同意并签字后安排手术。

患者术前应检查血常规、尿常规、粪常规和凝血与肝肾功能,其他检查如CT、胸片及心电图等根据情况确定。特别要询问有无药物过敏史、糖尿病及哮喘等。凝血异常者要做纠正治疗,术前正在进行抗凝治疗者,如有需要应停用抗凝药物,脱水患者应补充水分,高血压、高血糖患者应用药物控制,使舒张压控制在110mmHg以下。

局部麻醉者术前4~6h禁食,不必禁水。术前30min皮下注射地西泮（安定）或苯巴比妥0.1g及山莨菪碱或阿托品0.5mg。前者为镇静剂,后者可减少迷走反应。所有患者术前开放静脉通道。必要时留置导尿管,防止术中患者因膀胱充盈而躁动不安,影响手术操作。

【术中抗凝】

1. 全身肝素化　若导管、导丝在血管内停留时间预计超过15min以上,应全身低剂量肝素化,如神经介入与冠状动脉成形术者,在首次注入肝素（45IU/kg体重）做全身肝素化后,再用持续滴注法（1000IU/500ml等渗盐水）保持继续肝素化。

2. 持续滴注法 在导管操作过程中,将导管近端通过多通道开关与输液管相连,将肝素等渗盐水持续地注入患者体内,输液量与速度可以通过调节器调节。用量可在500ml等渗盐水中含肝素2500IU。

3. 间断冲洗法 当导管插入血管后,每隔2~3min向导管内推注肝素等渗盐水3~5ml。肝素浓度为2500IU/500ml等渗盐水。一般的血管介入性造影均可用间断冲洗法。

【术后处理】

1. 拔管(鞘)和穿刺点处理 造影诊断或治疗后拔除导管(鞘),并用手指压迫穿刺点10~15min,必要时可选用压迫器或血管封堵器止血。经静脉或经皮实质性脏器穿刺的患者,压迫时间缩短。

2. 制动和卧床 拔管后常规穿刺侧肢体保持6~8h伸直不动,患者24h内卧床。卧床时间随介入治疗技术而异。

3. 术后观察 注意穿刺点局部出血或血肿,对血压、脉搏等生命体征的监护,记录24h液体出入量。观察穿刺远端肢体皮色、温度、感觉等。

4. 积极对症处理 对术后各种并发症要注意预防并做相应的治疗。例如,对中晚期肿瘤经动脉导管灌注化疗术后出现恶心、呕吐等胃肠道反应的患者,及时给予镇吐药和抑酸药,鼓励进食,并充分补给含盐液体和多种维生素;对于栓塞术后出现剧痛的患者,要给予强效镇痛剂止痛,对于出现感染、发热的患者,给予药敏抗生素;对于穿刺点局部血肿形成的患者,可给予促凝血剂和5%硫酸镁湿敷等。

术后患者接受观察的时间和处理,取决于介入治疗方法、患者状况和并发症等。

(金泳海 倪才方)

第三节 介入放射常用药物

【常用抗肿瘤药物】

1. 化疗药物 细胞从一次分裂结束起到下一次分裂完成称为细胞增殖周期。这一周期可分为四期,即 G_1 期(DNA合成前期)、S期(DNA合成期)、G_2 期(DNA合成后期)及M期(有丝分裂期)。癌细胞有增殖部分和非增殖部分。前者包括所有不断进行增殖或分裂的细胞,与肿瘤的生长有直接关系,对化疗药物敏感性较高;后者包括休止细胞(G_0)和终细胞(C)两种。休止细胞中的一部分虽暂时不处于增殖状态,但仍保持增殖能力,在适当时机可进入增殖周期,成为肿瘤复发的根源。

化疗药物中,主要对处于增殖周期中某一期的癌细胞起杀伤作用者称为细胞周期特异药物(cell cycle specific agents,CCSA)。而对处于各个增殖周期及 G_0 期的癌细胞均有杀伤作用者称为细胞周期非特异性药物(cell cycle non-specific agents,CCNSA)。

(1)细胞周期非特异性药物:CCNSA对癌细胞杀伤作用较强烈,为剂量依赖性药物,即提高肿瘤区的药物浓度比提高药物与肿瘤接触的时间更重要,适宜于一次冲击性动脉内药物灌注术(TAI)。注药时间通常为30min至4h。常用的有烷化剂、铂类和抗肿瘤抗生素等。

1)阿霉素(adriamycin,ADR)为蒽环类抗肿瘤抗生素。对S期细胞有最大的杀伤作用,并可延缓 G_1、G_2 及M期的进程。本药物由肝脏代谢,主要由胆管排泄。静脉注射后药物浓度的衰减为二房室开放模型,半衰期($t_{1/2}$)分别为1.1h和16.7h。阿霉素可较好地溶于注射用水和非离子型对比剂,可与碘油制成混悬液,适用于化疗性栓塞治疗。

阿霉素临床广泛用于头颈癌、乳腺癌、胃肠道癌、肝癌、肾癌、盆腔及四肢恶性肿瘤的化疗灌注。一次性 TAI 的剂量为 20~80mg,间隔 3~4 周后可重复给药,总剂量不宜超过 $450mg/m^2$。

骨髓毒性是其主要的剂量限制性毒性。一般在用药后 7~10 日白细胞可降低到最低量,但恢复快。血小板亦可减少。阿霉素的心脏毒性可分为两类:一类为对心脏的急性毒性,于用药后数小时或数天内出现,主要表现为心电图异常,如室上性心动过速、室性期前收缩等,均为可逆的;另一类为累积剂量有关的心肌病变,表现为充血性心力衰竭。年龄大、有心脏疾病及心电图异常者易引起心肌病变。与环磷酰胺合用可增加其毒性。其他不良反应为食欲减退、恶心、呕吐、腹泻、脱发等。给药后几天内尿可呈红棕色。

2) 表阿霉素(epiruhicin,EPI)为阿霉素的立体异构体。其抗肿瘤效果与阿霉素相等或更强,但心脏毒性大为降低,TAI 常用剂量为 60~90mg。吡柔比星(pirarubicin,THP)亦为阿霉素的类似药物。其抗肿瘤活性与阿霉素相当,但心脏毒性较小。一次 TAI 常用剂量为 50~80mg。

3) 丝裂霉素(mitomgcin C,MMC)是从链球菌中提取的抗肿瘤抗生素。其对细胞周期的 G_1 晚期和 S 期者最敏感。注射后在肝内代谢,数小时后约 1/3 由尿排出,因此血浆浓度可迅速降低,$t_{1/2}$ 分别为 17.1min 和 9min,组织分布中无特殊积存。

MMC 对各种实体瘤有效,对消化道恶性肿瘤效果较好。一次性 TAI 的剂量为 8~20mg,每 1~2 周一次,总量 40~80mg 为 1 个疗程。

本品刺激性较强,不可漏出血管,否则可造成局部组织和皮肤溃疡、坏死,难以愈合。一旦药液漏出,应立即在局部皮下注射生理盐水 10~20ml 以稀释药液,减轻局部反应。TAI 后可能造成靶动脉的狭窄或闭塞。

MMC 骨髓抑制明显,可致白细胞、血小板减少,在用药后 3~5 周减少至最低值。少数病例可出现肝、肾功能损害。在停药后短期内本品偶可引起突发心力衰竭猝死,故心脏病患者慎用。此外尚可出现四肢麻木、口腔溃疡、肢体酸痛、脱发等不良反应。因在酸性溶液中,效价降低,本品不宜用葡萄糖溶液稀释。

4) 顺氨氯铂(cisplatine,CDDP 或 DDP)简称顺铂,为铂类铬合物,对 G_1 期最敏感。静脉注射时血浆浓度为二房开放模型,$t_{1/2}$ 分别为 41~49min 和 57~73min,主要通过肾脏排泄。DDP 的抗癌谱较广,适用于多种实体瘤,主要用于肺癌、肝癌、肾癌、胰腺癌、盆腔癌和四肢恶性肿瘤。TAI 剂量为 20~100mg,间隔 2 周后可重复给药。

急性毒性反应为胃肠道反应,可出现恶心、呕吐等。通常在给药 1~2h 内发生,停药后 2~3 日症状可消失。尚可引起肾脏损害和听神经障碍。表现为血尿、蛋白尿、管型尿和耳鸣、听力减退等。肾功能不良者应禁用。用药期间应进行水化治疗,每日补液不少于 1500ml 或加甘露醇利尿。

5) 碳铂(carboplation,CBOCA)又称卡铂,为第二代铂类抗肿瘤药物,其生化性能和药物活性与顺铂相似,但毒性明显减低。TAI 剂量为 300~500mg。奥沙利铂(草酸铂)属于第三代铂类衍生物,主要通过肾脏排泄。对大肠癌和卵巢癌有较高疗效,对 DDP 或氟尿嘧啶(5-FU)耐药者仍有效,其不良反应是对患者的造血系统、消化系统和神经系统具有毒性作用,但无肾毒性。TAI 剂量为 100~150mg。

(2) 细胞周期特异性药物:CCSA 对癌细胞杀伤作用相对较弱且缓慢,为时间依赖性药物,即达到有效剂量后延长药物与肿瘤的接触时间能相应提高杀伤能力,适宜于持续性 TAI,注药时间长达 8h 至 5d,常经导管药盒系统注药。常用者为氟尿嘧啶、长春新碱、甲氨蝶呤与亚硝脲类等。

1）氟尿嘧啶（fluoroucacil，5-FU）：为抗代谢类抗肿瘤药物，是目前使用最广的一种。5-FU 在体内转变为氟尿嘧啶脱氧核苷而发挥作用，为 S 期特异性药物。静脉注射后 $t_{1/2}$ 为 10~20min，易透过血-脑屏障。10%~30% 以原形由尿排出。60%~80% 在肝内灭活变为 CO_2 和尿素分别由呼吸道和尿排出。

5-FU 抗瘤谱较广，适用于消化道、盆腔及头颈部恶性肿瘤。一次性 TAI 剂量为 500~1500mg，常需经动脉内灌注 6~8h，每日 1 次，3~5 日为 1 个疗程，经导管药盒系统注入时，剂量为 4000~6000mg，持续灌注，3~5 日内完成。

胃肠道反应较常见，常用于给药后 5~7 日出现，表现为食欲减低、口腔黏膜红斑以致溃疡，大便次数增多等。如腹泻达每日 3 次或以上者应停药。其他反应还有骨髓抑制、皮炎、脱发、肝肾功能损害等。

氟尿嘧啶脱氧核苷（FUDR）的主要成分为氟尿苷。主要在肝脏内代谢，特别适合肝动脉化疗栓塞。

2）甲氨蝶呤（methotrexate，MTX）：是抗叶酸制剂，为 S 期特异性药物。静脉给药时血浆浓度的衰减为三相，$t_{1/2}$ 为 0.8h，3.7h 和 7h。大部分由肾脏排出。

MTX 可用于治疗原发性肝癌、头颈部恶性肿瘤、成骨肉瘤、肺癌、卵巢癌等。常与阿霉素联合以提高疗效。TAI 的用法为每 24h10~20mg，连用 5~10 日。大剂量时（25~50mg/24h）应配合应用 N^5-甲酰四氢叶酸钙解救。用于宫外孕终止妊娠常用 TAI 剂量为 100mg。不良反应主要有骨髓抑制，停药后血常规可继续下降。因此，停药后 2 周内仍应检查血常规。其他不良反应还有肝肾功能受损、口腔炎、腹泻和脱发。

大剂量用药前一日应补充水、电解质，使每日尿量在 3000ml 左右，并同时予以碳酸氢钠碱化尿液，减少其对肾功能的损伤。

3）吉西他滨：是一种破坏细胞复制的二氟核苷类抗代谢物抗癌药，是去氧胞苷的水溶性类似物，为 S 期特异性药物，静脉注射时 $t_{1/2}$ 为 32~94min。主要由肾脏排泄。目前主要用于胰腺癌和非小细胞肺癌的治疗。推荐剂量 1000mg/m²，每周 1 次，连用 3 周休 1 周，每 4 周重复；或每周 1 次，连用 2 周休 1 周，每 3 周重复。不良反应主要有骨髓抑制、胃肠道反应、肝功能损害和泌尿系统毒性等。

2. 分子靶向药物 分子靶向药物利用肿瘤细胞与正常细胞之间分子生物学上的差异（包括基因、酶、信号转导等不同特性），抑制肿瘤细胞的生长增殖，最后使其死亡。分子靶向药物的作用途径包括调节细胞增殖的信号转导途径、调节血管生成的转导途径、肿瘤抑制基因丢失功能的转导等。分子靶向治疗比传统的化疗更为有效、不良反应更小，是肿瘤治疗的一种新方法。分子靶向药物可以分为小分子药物和单克隆抗体两类，前者以多吉美（索拉非尼，通用名 sorafenib）、格列卫（gleevec，通用名 imitinib）、易瑞沙（iressa，通用名 gefitinib）、特罗凯（tarceva，通用名 erlotinib）为代表，后者以赫塞汀（herceptin，通用名 trastuzumab）、爱必妥（erbitux，通用名 cetuximab）、安维汀（avastin，通用名 bevacizumab；）为代表。与介入治疗常联合的分子靶向药物为多吉美、安维汀。

（1）多吉美：是一种新型多靶向性治疗肿瘤的口服药物，对 Raf-1 激酶、VEGFR-2、VEGFR-3、PDGFR 等靶点有抑制作用。本药用于治疗晚期肾细胞癌和原发肝细胞癌。推荐剂量为每次 0.4g（2×0.2g），每日 2 次，应持续治疗直至患者不能临床受益或出现不可耐受的毒性反应。主要的不良反应为可控制的腹泻、皮疹、疲乏、手足综合征、高血压、脱发、恶心、呕吐和食欲不振。

(2) 安维汀:是一种重组的人源化单克隆抗体,可以选择性地与人血管内皮生长因子(VEGF)结合并阻断其生物活性。安维汀联合以氟尿嘧啶为基础的化疗,适用于转移性结直肠癌患者的治疗。不良反应主要有胃肠道穿孔、出血、动脉血栓栓塞等。采用静脉输注的方式给药,首次静脉输注时间需持续 90min。若第一次输注耐受性良好,第二次输注的时间可以缩短到 60min。若患者对第二次输注也具有良好的耐受性,随后进行的所有输注都可以用 30min 的时间完成。推荐剂量:5mg/kg 体重,每 2 周给药 1 次。持续治疗直至疾病进展为止。

【抗凝、抗血小板和溶栓药物】

1. 抗凝药

(1) 肝素:主要通过与抗凝血酶Ⅲ(AT-Ⅲ)结合而发挥抗凝作用。肝素生物半衰期呈剂量依赖性,常规剂量下,静脉注射的生物半衰期为 1~2h。经肾脏排泄。肌内或静脉注射,一次 5000~10 000U。用于防治血栓形成或栓塞性疾病(如心肌梗死、血栓性静脉炎、肺栓塞等);各种原因引起的弥散性血管内凝血(DIC);也用于血液透析、体外循环、导管术、微血管手术等操作中及某些血液标本或器械的抗凝处理。主要不良反应是用药过多可致自发性出血,故每次注射前应测定凝血时间。如注射后引起严重出血,可静脉注射硫酸鱼精蛋白进行急救(每毫克鱼精蛋白可抵消 100IU 肝素)。偶可引起过敏反应及血小板减少,对肝素过敏、有自发出血倾向者、血液凝固迟缓者(如血友病、紫癜、血小板减少)、溃疡病、创伤、产后出血者及严重肝功能不全者禁用。

(2) 低分子肝素(LMWH):是由普通肝素解聚制备而成的一类分子量较低的肝素的总称。常见的低分子肝素有:依诺肝素钠、那曲肝素钙、达肝素钠等。其药理作用与普通肝素钠基本相似。其抗因子Ⅹa 活性与抗因子Ⅱa 活性之比值为 2.5~5.0,而普通肝素为 1.0 左右。生物半衰期为 8~12h。皮下给药的生物利用度几乎达 100%。临床主要用于预防手术后血栓栓塞、预防深静脉血栓形成、肺栓塞、血液透析时体外循环的抗凝剂、末梢血管病变及治疗已形成的深静脉栓塞等。皮下注射给药,用药剂量因人而异,宜个体化给药。一般不需实验室监测。不良反应与注意事项同肝素。

(3) 华法林:为香豆素的衍生物,通过抑制维生素 K 在肝细胞内合成凝血因子Ⅱ、Ⅶ、Ⅸ、Ⅹ,从而发挥抗凝作用。半衰期为 36~42h,由尿排出。用于防治血栓性疾病和心肌梗死的辅助用药。口服第一日剂量为 0.5~20mg,次日起用维持量,每日 2.5~7.5mg,依据凝血酶原国际标准化比值(INR)时间来调整华法林的用药剂量。一般维持正常对照值的 1.5~2.5 倍。华法林过量易出血,出血严重者可静脉推注维生素 K_1 2.5~20mg,用量以能控制出血为指标,不常见的不良反应有恶心、呕吐、腹泻、瘙痒性皮疹、过敏反应和皮肤坏死。华法林易通过胎盘并致畸胎。故妊娠早期 3 个月及妊娠后期 3 个月禁用。

2. 抗血小板药物

(1) 阿司匹林(aspirin,ASA):对血小板聚集的抑制作用是通过抑制血小板的前列腺素环氧酶,从而防止血栓烷 A2(thromboxane A2,TXA2)的生成而起作用。水杨酸盐的 $t_{1/2}$ 取决于剂量大小和尿 pH,一次服小剂量时为 2~3h,从肾脏排泄。临床用于预防暂时性脑缺血发作(TIA)、心肌梗死、心房颤动、人工心脏瓣膜、动静脉瘘或其他手术后的血栓形成,也可用于治疗不稳定型心绞痛。目前尚无明确用量,多数主张小剂量使用,50~150mg,每 24 小时 1 次。较常见的不良反应是胃肠道反应。

(2) 氯吡格雷:氯吡格雷选择性抑制二磷酸腺苷(ADP)与它的血小板受体结合及继发的 ADP 介导的糖蛋白 GPⅢb/Ⅲa 复合物的活化,因此可抑制血小板聚集。半衰期为 8h。

在5日内约50%由尿液排出,约46%由粪便排出。可用于防治心肌梗死、缺血性脑血栓、闭塞性脉管炎和动脉粥样硬化及血栓栓塞引起的并发症。推荐剂量为每日75mg。常见的不良反应有皮疹(4%)、腹泻(5%)、腹痛(6%)、消化不良(5%)、颅内出血(0.4%)、消化道出血(2%),严重粒细胞减少(0.04%)。

3. 溶栓药物 常用溶栓药物为链激酶、尿激酶与组织型纤溶酶原激活剂(t-PA)。

(1) 链激酶(streptokinase,SK):是从β-溶血性链球菌中提取的一种蛋白酶。链激酶对纤溶酶原无直接活化作用,而是通过激活血浆中的活化素原为活化素,后者进一步激活纤溶酶原变成纤溶酶,从而产生溶栓作用。其$t_{1/2}$为16~18min,首次用药时采用冲击剂量,以2000U/min持续灌注20~30min,造影复查显示有效后改用5000U/h,用药时间视病情而定,一般12h至5d。常见不良反应是出血、发热、变态反应、血压下降等,停药后自行消失。

(2) 尿激酶(urokinase,SK):是从人尿中提取或人肾细胞培养获取。其直接作用于纤溶酶原,使之转化成纤溶酶。尿激酶无抗原性,多用于临床。通过肝脏代谢,其$t_{1/2}$为20min或更短。TAI的剂量10 000U/min,总量可达1400万U。

(3) 组织型纤溶酶原激活剂(tissue plasminogeractivator,t-PA):是存在于血管内皮和组织内的丝氨酸蛋白酶,现可由基因工程重组技术生产,属第二代溶栓药物。t-PA与血栓中的纤维蛋白结合,激活纤溶酶原而发挥溶栓作用。临床主要用于急性心肌梗死、急性大面积肺栓塞和急性缺血性脑卒中的溶栓治疗,最大剂量100mg,灌注时间1~3h。

【血管收缩药物】

1. 加压素(vasopressin) 又称血管加压素和抗利尿激素,是神经垂体激素,具有抗利尿作用和收缩血管作用。加压素血浆$t_{1/2}$为15min,经肝代谢、肾脏排出。TAI时的初始剂量为0.2U/min,匀速灌注,20min后造影复查,出血停止者,保留导管继续灌注24h,然后减量至0.1U/min,24h灌注。初始剂量无效,可将剂量增至0.4U/min,维持6~8h,然后减量。灌注48h后应停止。若无效则采用其他治疗方法。主要不良反应为腹部疼痛、血压升高等。

2. 其他药物 血管紧张素Ⅱ(AT-Ⅱ)和血管内皮素(endothelin)为天然活性物质,前者在等分子浓度基础上比去甲肾上腺素作用强50倍,主要使皮肤、内脏和肾等的血流量锐减,对心、脑、肺和肌肉等血管作用较小;后者介导的血管收缩有内皮依赖性,不为酚妥拉明等α受体阻滞剂阻断。理论上均可用于消化道出血的TAI治疗。

因对心脏和血压等有不良反应,肾上腺素类缩血管较少用于消化道出血的TAI治疗。

【血管扩张药物】

1. 罂粟碱(papaverine) 罂粟碱是一种短效、非特异性平滑肌松弛剂,直接作用于血管平滑肌使血管扩张。经肠系膜上动脉灌注1mg/min,可治疗非阻塞性肠系膜缺血。经股动脉灌注0.1mg/min,可缓解下肢动脉痉挛。

2. 前列腺素(prostaglandin,PG) 前列腺素是通过血管平滑肌上的特异受体改变细胞内环磷腺苷(c-AMP)和环磷鸟苷(c-GMP)的水平及细胞膜电位活动而起扩张血管、增加局部血流的作用,目前主要用于血管造影诊断和解除血管痉挛的治疗,常用量为10~20μg。

3. 妥拉苏林(tolazoline) 妥拉苏林为α受体阻滞剂,直接作用于平滑肌引起短时、中等强度的小动脉扩张,最常用于缓和诱导性痉挛或经动脉门脉造影。TAI时的一次性剂量为25~50mg,可引起心动过快、低血压和腹泻等不良反应。

【对比剂】 人工将能吸收X线的物质导入人体内,改变病灶和正常组织和器官的对比,以显示其形态和功能的方法,称为造影检查。所采用的提高对比度的物质称为对比剂

(contrast media,以前称造影剂)。对比剂是介入放射学操作中最常使用的药物之一,主要用于血管、体腔的显影。对比剂以其对 X 线吸收程度不同分为两种:①阴性对比剂,是一种密度低、吸收 X 线少、原子序数低、相对密度小的物质。X 线照片上显示为密度低或黑色的影像。常用的有空气、氧气、二氧化碳等;②阳性对比剂,是一种密度高、吸收 X 线多、原子序数高、相对密度大的物质。X 线照片上显示为密度高或白色的影像。常用的对比剂有硫酸钡、碘化合物。目前用于介入放射学的对比剂多为含碘制剂。含碘制剂分油酯类和碘水制剂两类,前者包括碘油和碘苯酯,后者包括无机碘剂(碘化钠)和有机碘剂。

一般有机碘对比剂分为离子型和非离子型对比剂。离子型对比剂代表药物有泛影葡胺、碘克沙酸等,其不良反应发生率高,机体的耐受性差。非离子型对比剂分为单体和二聚体,前者代表药物有碘海醇、欧乃派克、优维显、碘必乐等,后者有碘曲伦、碘克沙醇等。非离子型对比剂不良反应发生率低,机体的耐受性好。

碘对比剂还可按药物的渗透压分类,即高渗、低渗和等渗三种。等渗的药物机体耐受性好,过高过低均有不同程度的刺激反应。

1. 泛影葡胺(urografin) 为离子型对比剂,注射后绝大部分于较短时间内经肾滤过,随尿排出,对肾脏显影较好,常用于泌尿系统造影,少量经肝、胆排泄。本品对组织毒性较小,对心肌细胞功能影响亦较小。不良反应主要为过敏反应,如荨麻疹、哮喘和喉头水肿,有时出现轻度恶心、呕吐等,神经系统副反应可见躁动不安、抽搐和癫痫。偶见肺水肿、循环衰竭、心室纤颤和心脏停搏等。注射前应做碘过敏试验。肝肾功能不全、活动性肺结核、多发性骨髓瘤、甲状腺功能亢进患者禁用。

2. 碘海醇(iohexol) 是一种含有三个碘分子的低渗性非离子型造影剂。其渗透压为离子型造影剂的 1/4-1/3,亲水性强,脂溶性低,不易被机体吸收。本品没有显著或特殊的药理作用,对血流动力学参数、电生理学参数、脑脊液和脑电图变化的频率等影响极微,诱导组胺释放的作用也极小。本品几乎不穿透细胞膜,体内不代谢。注射后 1h,尿液中浓度最高,24h 内以原形由尿排出。偶见过敏反应,如恶心、呕吐等消化道反应,轻微热感,皮肤发红、瘙痒、咳嗽等。

3. 碘克沙醇(iodixanol) 是一种非离子型、双体、六碘、水溶性的碘对比剂。其最大特点是与血浆等渗,可用于肾功能不良的患者。本品在体内分布迅速(仅分布于细胞外液),分布半衰期平均为 21min。蛋白结合率<2%。消除半衰期约为 2h。常见不良反应是注射部位有冷、热或疼痛感等短暂不适。偶见头痛、皮疹、瘙痒、恶心、呕吐、腹部不适、视觉或味觉紊乱。

4. 二氧化碳(CO_2) 医用纯 CO_2(99.99%)为阴性血管造影剂。当适量 CO_2 被快速注入血管后,其不立即溶解于血液,与血液形成界面,充盈靶血管,这种血管内外的密度差可经 DSA 较好地显示。CO_2 无肝、肾毒性,无过敏反应,能完全溶解于血液,经肺排出体外。血管内注入常规造影剂量的 CO_2 极少有形成气栓的危险,即使注射大剂量也不会引起动脉血气参数和血流动力学的显著变化。二氧化碳数字减影造影(CO_2-DSA)适用于碘剂过敏、甲亢、肾功能不全、多发性骨髓瘤、心力衰竭和严重高血压患者。目前主要用于腹部以下动脉,以及四肢静脉、腔静脉和门静脉等血管造影。一般不用于脑血管造影。

5. 含钆对比剂(如 GDDTPA) 广泛应用于 MRI 增强检查。钆离子的原子序数高于碘,钆螯合物的毒性较低,可用于血管造影。药代动力学与含碘对比剂相似。其主要由肾脏排泄,无肾毒性,与碘对比剂无交叉过敏。主要适应证:①患者对碘剂过敏,同时存在 CO_2 血管造影禁忌;②慢性肾功能不全;③患者肾移植术后,需使用免疫抑制剂;④存在慎用含碘对比剂的其他情况,如过敏体质、多发性骨髓瘤等。应用部位涉及除冠状动脉以外的所有血管。

6. 碘化油(iodized oil)　见第二章第七节。

(金泳海　倪才方)

第四节　介入放射的影像设备与防护

【介入影像设备】　与外科手术直视下局部治疗不同,介入放射学是通过影像设备的监视,利用导管、导丝的操作达到局部治疗目的。目前主要的介入影像设备有X线机、数字减影血管造影(DSA)机、超声仪、CT、MRI等。

1. 直接X线透视　是指X线穿透人体后在荧光屏上成像的方法,是介入放射学传统的、基本的影像手段。其缺点是成像层次重叠,密度差异小。此外,直接X线透视需要暗室操作,图像质量差,不便于介入操作。X线对患者和术者的放射损伤也不可忽视。

2. 间接X线透视与数字减影血管造影(DSA)机　间接X线透视是将通过人体的X线通过光电转换器并经摄像系统传递到显示器上成像的方法。由于使用了影像增强器,图像清晰明亮,便于观察,同时减少了术中的射线辐射,已取代了直接X线透视。

数字减影血管造影(digital subtraction angiography,DSA)是20世纪80年代兴起的一项医学影像学诊疗新技术,它将计算机与常规X线血管造影相结合,将人体同一部位的两帧影像相减,从而单纯显示出两者密度差异,即对比剂所显示的图像。

DSA设备是目前介入领域最常用的导向设备,随着医用设备研发水平的进步,近年来出现了旋转型血管造影机、双平板血管造影机及具备类CT功能的血管造影机,这些设备具有三维显像、正侧位同步显像及类CT横断体层图像等功能。

3. 超声波检查仪　介入性超声(interventional ultrasound)是在实时超声的监视和引导下,完成各种疾病的穿刺活检、插管、抽吸、注药、超声造影及微波或射频治疗等操作,具有实时动态显像、引导准确、无X线损伤、费用低廉等优点。但由于受声学成像的特点所制约,超声检查易受骨质、气体等因素影响。部分脏器,如肺、头颅等无法使用超声检查,另外,其断层成像的特点,对脏器整体观较差。

4. CT　由于是断层影像,CT能够使病灶显示得更加清楚,近年来出现的CT透视技术已应用于颅内出血穿刺抽吸降压治疗、肺内病变的活检等。CT的缺点是费用较高,具有放射损伤。

5. MRI　MRI介入治疗是介入发展的新兴技术和热门方向。通过借助计算机的处理,把介入器械(如穿刺针)的位置、方向以虚拟针影的形式与病变实时显示在同一幅MRI图像上,以达到准确定位和实时监控的目的,从而降低穿刺风险。该系统主要由开放式实时MRI成像系统和磁共振兼容导引系统两大部分组成,可实现精确有效的微创介入治疗。通过实时MRI成像技术监控治疗过程中靶区的信号变化,可有效判断和控制治疗范围,使损伤更小、预后更好。MRI导引介入对患者和术者均无放射性危害。

【介入辐射防护——X线的防护】　介入放射医生在借助DSA等设备进行诊疗操作时,自身与患者经常会长时间接触X线,由于射线对人体具有放射性损伤,并可产生部分累积效应,导致慢性放射病,因此应尽量减少术中的辐射剂量,并控制在允许范围内。

1. 医疗照射防护的基本原则　医疗照射防护的基本原则包括医疗照射的正当性、照射措施的最优化,以及个人照射剂量的限制。

(1) 医疗照射的正当性:医疗照射对患者提供的利益必须大于由此带来的危害。具备介入诊疗适应证的患者,其医疗照射都是正当的。对于儿童、育龄期妇女,以及孕妇的医疗照射需严格进行医疗照射的正当性分析。

(2) 照射措施的最优化:如果已确定某项医疗照射是正当的,则要求照射措施应该是最优的,即以适当的辐射剂量达到预期的临床目的。在保证放射诊断质量的前提下,针对X线设备的防护措施有:高电压、低电流、注重过滤、减小射野。

(3) 个人照射剂量的限制:医疗照射是从患者自身出发,按正当性原则作出的决定。受照者本人也是辐射照射的直接受益者,因此医疗照射的防护不设置个人剂量限值。照射过程也应遵循最优化原则。

2. 放射防护标准　放射防护标准是人们进行放射防护工作的依据,是限制电离辐射危害而制定的技术规范,以保障放射从业人员、被检者及其后代的健康与安全,提高放射卫生防护措施的效益(表3-2,表3-3)。

表3-2　成人部分器官确定性效应的剂量、剂量率阈值的估计值

组织及效应	剂量、剂量率阈值		
	单次急性照射剂量(Sv)	多次照射或间歇照射总剂量(Sv)	持续的多次照射或间歇照射年剂量(Sv/a)
睾丸			
暂时不育	0.15	与总剂量无关	0.4
永久不育	3.5~6.0	与总剂量无关	2.0
卵巢			
不育	2.5~6.0	6.0	2.0
眼晶体			
可觉察的浑浊	0.5~2.0	5	>0.1
视力障碍	5.0	>8	>0.15
红骨髓			
造血功能低下	0.5	与总剂量无关	>0.4

表3-3　国际辐射防护委员会(ICRP)建议的个人剂量限值表(1990)

防护量	剂量限值(mSv/a,毫希沃特每年)	
	职业照射	公众照射
年有效剂量①	20(在规定的5年内平均)任一年不超过50	1 每5年平均不超过1时,任何单独一年的数值可允许大一点
年当量剂量②		
眼晶体	150	15
皮肤	500	50
手足	500	—

注:①有效剂量:人体各组织或器官的当量剂量乘以相应的组织权重因数后的积。单位 J/kg,即希沃特(Sv)。②当量剂量:辐射在器官或组织内产生的平均吸收剂量与辐射权重因数的乘积。单位 J/kg,即希沃特(Sv)。

3. 放射防护基本措施 X线外照射防护的基本措施包括距离防护、时间防护及屏蔽防护。为减少介入操作过程中医务人员及患者的照射量,应不断改进X线设备的软硬件功能,提高介入医生的防护意识和操作水平。

(1)距离防护:X线及散射线强度的衰减基本遵守与距离呈反平方相关,距离越远散射线强度越弱。介入医生在操作过程中应尽量远离球管和被检部分,减少散射线的照射。

(2)屏蔽防护:在介入诊疗过程中,散射线的产生不可避免,会对操作医生及患者的身体产生损害。医生和患者应合理使用铅衣、铅围脖、铅眼镜及铅屏等防护用品和设施,减少散射线对人体的损伤。

(3)时间防护:X线造成的辐射损害具有累积效应,照射时间越长累积的损害越大。介入医生应做好充分的术前准备,熟练掌握各项操作技术,保证介入诊疗手术顺畅进行,减少X线照射时间。此外,介入手术中加强医、护、技、患之间的配合,减少曝光次数,避免无效曝光,缩短透视时间。

4. 正确穿戴防护用品的方法

(1)进入有放射线室内的工作人员或上台操作的医师在洗手前,必须正确穿戴介入手术专用的X线防护用品,配带个人剂量计,定期进行照射剂量监测。

(2)穿铅防护衣:铅衣要依据各人的身材选择合适。穿上铅衣后要将卡扣、尼龙搭扣等全部扣好,并系好外面的腰带。

(3)戴铅围脖:戴铅围脖时要注意与铅衣领口重叠,松紧适宜。

(4)戴铅帽、铅眼镜:注意勿压耳郭。术中如有不适,可请护士协助调整位置。

(5)戴铅手套:对医生手臂部要经常暴露在射线直射范围内的介入手术,要戴好铅手套。

(金泳海 倪方才)

第四章 经皮穿刺血管造影术

第一节 穿刺部位

【股动脉】

1. 局部解剖 股动脉是下肢动脉的主干,由髂外动脉延续而来。在腹股沟韧带中点的深面入股三角。在股三角内,股动脉先位于股静脉的外侧,逐渐从外侧跨到股静脉的前方,下行入收肌管,再穿收肌腱裂孔至腘窝,易名腘动脉。股动脉在腹股沟中点处位置表浅,可摸到搏动。在大腿稍屈和外展外旋位置时,由腹股沟中点到内收肌结节绘一直线,该线的上 2/3 是股动脉的表面投影线。股动脉一般位于股骨头的内 1/3,少数位于其内侧(图 4-1)。

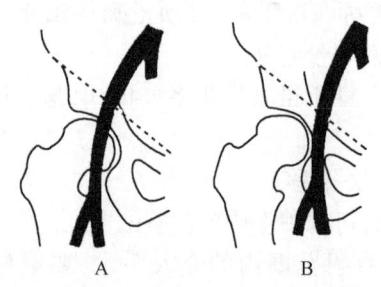

图 4-1 股动脉与股骨头关系示意图
A.97% 的股动脉与股骨头内半部相重叠,虚线为腹股沟韧带位置;B.3% 的股动脉位于股骨头的内侧

2. 穿刺点

(1) 逆行穿刺:股动脉穿刺点选择的主要标志是腹股沟韧带、韧带下皮肤皱褶、股动脉搏动最强点和耻骨梳,腹股沟韧带位于耻骨梳上方,多数为股动脉搏动最强点的部位。皮肤进针处应选择腹股沟韧带下 2~3cm 处或皮肤皱褶下 1cm 左右(图 4-2)。皮肤进针处与血管的穿刺点还有一段距离,进针角度为 30°~45°,应尽量保证血管的穿刺点位于耻骨梳的骨性平台上方,血管穿刺点过高易引起腹膜后出血,穿刺点过低,导丝易进入股浅动脉,并且其深部无骨性平台支撑,术后拔管压迫止血困难,易产生局部血肿。

(2) 顺行穿刺:皮肤切口一般选在腹股沟韧带的上方(根据患者腹壁脂肪厚度选择),穿刺针成 70°,针尖刺至腹股沟韧带稍下方的搏动最强点(一般至腹股沟韧带稍下方即可)。股骨头的图像是顺行穿刺的重要标记,穿刺时在股骨头中点进入股总动脉是最佳的。若穿刺时下肢取外展外旋位(蛙式位),股浅动脉转至股深动脉的外侧,导丝也较易顺股动脉直接进入股浅动脉(图 4-3)。顺行穿刺点位置过高也易引起腹膜后出血,过低则可导致腹股沟下和大腿出血(图 4-4)。

3. 适宜目标血管 逆行穿刺适宜:①同侧髂动脉和对侧下肢血管;②盆腔血管;③腹主动脉及其分支;④胸主动脉及其分支;⑤头、臂血管;⑥冠状动脉与左心室。顺行穿刺适宜于同侧股动脉以下血管。

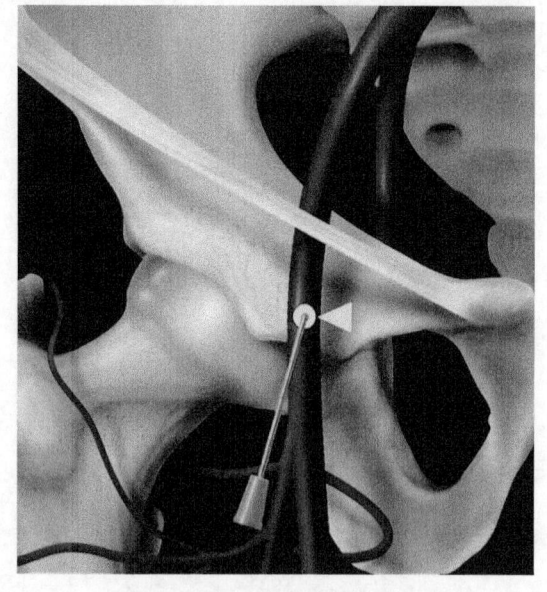

图 4-2 股动脉逆行穿刺示意图

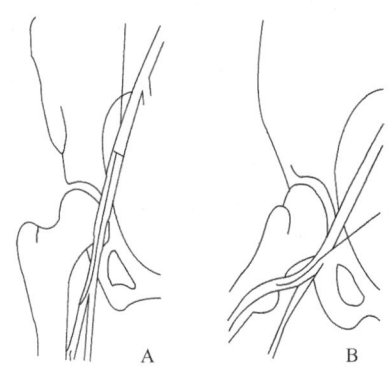

图 4-3 股动脉顺行穿刺示意图
A. 正位；B. 蛙式位

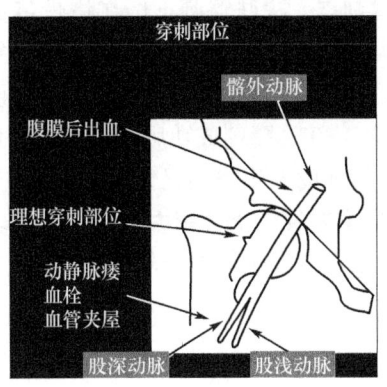

图 4-4 理想穿刺部位

4. 禁忌证 ①同侧髂动脉或股动脉闭塞性疾病；②明显扭曲的髂动脉；③严重恶病质患者；④股动脉穿刺部位动脉瘤；⑤局部皮肤疾病。

【肱动脉】

1. 局部解剖 肱动脉是腋动脉的延续，下行于肱二头肌内侧沟中，于肘关节的前内方位置最表浅，易触摸穿刺（图 4-5）。它走在肱骨的前内面，在上臂中部稍下方，正中神经在其内侧，桡神经在其后方，尺神经在其后内侧。穿刺时可损伤正中神经和桡神经，尤其是术后血肿可压迫并导致神经损伤。最常见的并发症为肱动脉痉挛，从而引起血栓形成等并发症。

2. 穿刺点 逆行、顺行穿刺插管均较易操作。肱动脉穿刺点选择距肘窝以上 5cm 范围内，以肘部皮肤皱褶稍上方处为佳。上肢成 30°～45°外展位。穿刺针与上臂成 20°～30°角。穿刺时局麻药量要少，行前壁穿刺较易成功，因血管较细多用 4～5F 导管。

3. 适用目标血管 适用血管一般有：①上肢血管；②脑动脉；③其他部位因股动脉插管不成功者。左侧径路主要用于左椎动脉、基底动脉和后颅凹；右侧径路主要用于右椎动脉、基底动脉和后颅凹。

【桡动脉】

1. 局部解剖 桡动脉在前臂中远段走行于肱桡肌和桡侧屈腕肌间，在桡骨茎突部远端分为两支，分别与尺动脉分支吻合形成掌浅弓和掌深弓（图 4-6）。在桡骨茎突掌面，桡动脉浅显，易于穿刺，此处桡动脉直径平均为 0.28 cm，同时周围没有重要的神经和血管，而且桡动脉和尺动脉之间一般具有良好的侧支循环。因此，选择该处进行桡动脉穿刺插管是安全可行的，同时具有不影响术后患者活动及更容易止血等优点。

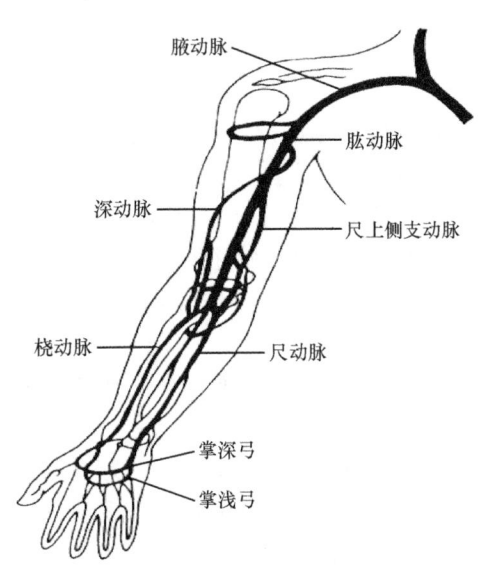

图 4-5 肱动脉解剖示意图

2. 穿刺点 皮肤穿刺点选在桡骨茎突与第1掌骨间隙处,定点为距腕横纹一横指、距外侧0.5cm处,以搏动点明显部位为准(图4-7)。桡动脉较细,需用微穿刺针穿刺,局麻时麻醉剂不宜过多,以免影响穿刺点触摸,通常局部小皮丘浸润即可。穿刺角度一般与皮肤表面成30°~80°,穿刺成功后可置入4~5F动脉鞘。与经股动脉和经肱动脉途径相比,其穿刺局部并发症的发生率明显低,且几无严重并发症发生。桡动脉穿刺的最严重并发症为桡动脉闭塞,主要发生于使用大口径器材和多次同侧穿刺插管的病例,但即使发生对Allen试验阳性者也不会发生缺血或坏死。

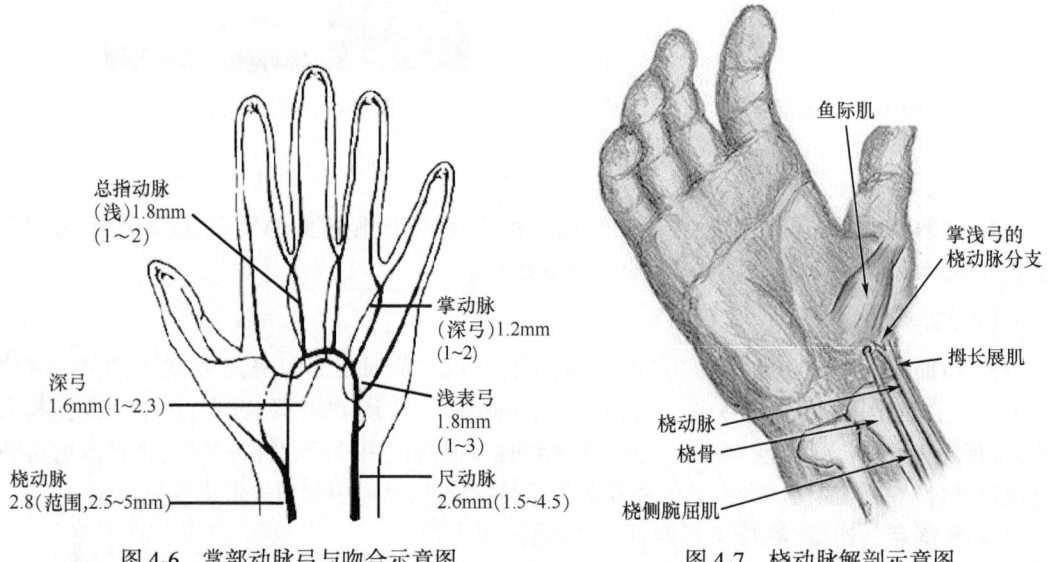

图4-6 掌部动脉弓与吻合示意图　　图4-7 桡动脉解剖示意图

3. 适宜目标血管 一般有冠状动脉、上下肢血管、全脑血管造影、肾动脉、其他部位因股动脉插管不成功者。

4. 适应证与禁忌证 Allen试验正常是进行桡动脉穿刺的首要条件(图4-8)。有出血倾向的患者首选桡动脉途径,该途径目前常用于急性心肌梗死的介入性诊断和治疗。桡动脉穿刺的绝对禁忌证是桡动脉无搏动和Allen试验阳性者。Allen试验阳性常提示桡动脉与尺动脉侧支循环不足,已知穿刺上肢动脉闭塞及血液透析患者有上肢动静脉瘘。相对禁忌证是桡动脉细小、锁骨下动脉重度迂曲及需要使用较大的鞘管才能进行的复杂操作等。

【锁骨下动脉】 随着介入治疗学的发展,经左锁骨下动脉留置药盒于肝动脉或盆腔等器官的供血动脉内已越来越为医生接受。因为经左锁骨下动脉入路可避免大关节对药盒植入的影响,故植入药盒最为稳固,且对患者生活影响很少。

1. 局部解剖 锁骨下动脉分为三段。第1段自起始部至前斜角肌内侧;第2段位于前、中斜角肌间隙,上方紧贴臂丛下干,下方跨过胸膜顶;第3段位于第1肋上方,在其外缘移行为腋动脉。第3段锁骨下动脉的毗邻结构,自前下向后上方,血管、神经排列的次序是锁骨下静脉、锁骨下动脉和臂丛外侧束,该段与锁骨交叉点位于锁骨中点偏内侧约0.5 cm处,或者锁骨下动脉经过胸锁关节至喙突连线的中点偏外约1.5 cm处。

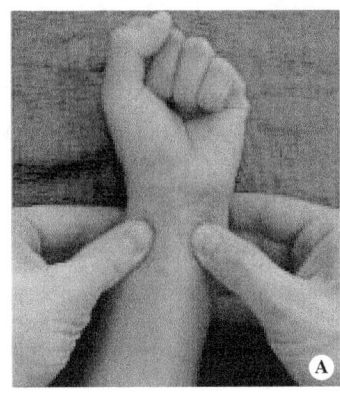 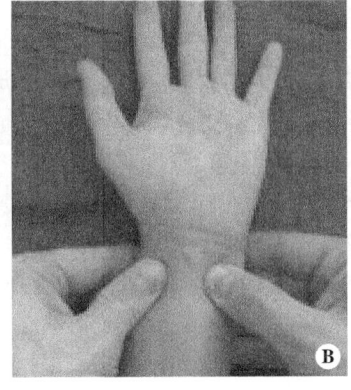 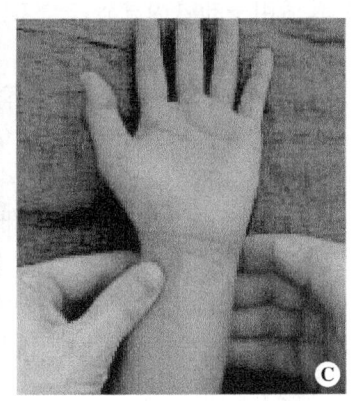

图 4-8　Allen 试验示意图

A. 同时压住桡动脉和尺动脉,阻塞动脉流通。B. 持续阻塞桡动脉和尺动脉时,嘱患者反复用力握拳和张开手指 5~7 次至手掌变白。C. 解除尺动脉压力,继续压住桡动脉。若手掌颜色 10s 之内迅速变红或恢复正常,Allen 实验为阴性(正常);相反,若 10s 手掌颜色仍为苍白,Allen 实验为阳性,表明手掌侧支循环不良。

2. 穿刺点　皮肤进针点选在以锁骨中外 1/3 下 2~3cm 处(图 4-9,图 4-10),透视下穿刺时针应与冠状面角度成 230°,与横断面角度成 110°,深度以 3.5~4.5cm 为宜,超过 4.5cm 则易刺入胸膜腔、臂丛、椎动脉等以致引起并发症。需调整穿刺时针尖可在第 1 肋外缘中点附近上下移动 0.3cm,针与横断面夹角越接近,则易刺入胸膜腔,禁止针尖向水平以下穿刺。针与冠状面夹角应根据体型调整,瘦小者夹角应调小,壮硕者应调大,一般不超过 40°。锁骨下动脉穿刺的方法有:①按体表标志进行穿刺;②透视下按骨性标志进行穿刺;③经股动脉插管后,行锁骨下动脉造影和留置导丝于锁骨下动脉,透视下引导穿刺;④超声引导下穿刺。不同方法各有利弊。

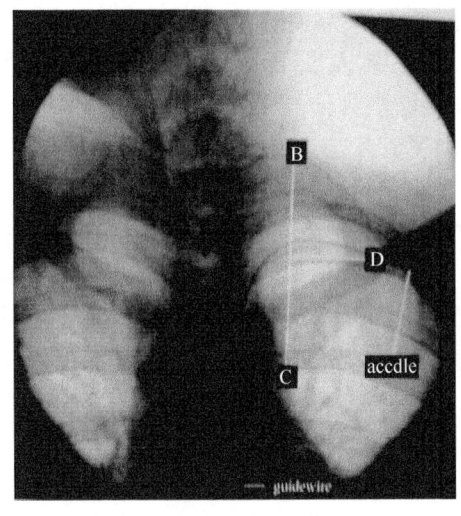

图 4-9　锁骨下动脉穿刺透视下定位
B. 第 1 肋横关节;C. 第 1 肋骨头;D. 锁骨中外 1/3 点

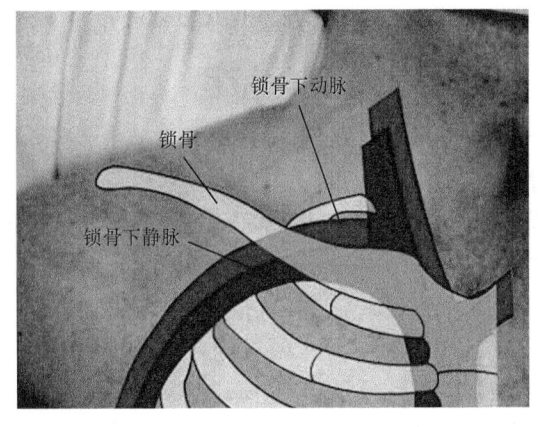

图 4-10　锁骨下动脉穿刺点位于锁骨内侧 1/3

3. 适宜目标血管　临床上已应用于胸部、腹部、盆腔和双下肢的动脉造影和介入治疗,尤其适用于动脉内导管药盒系统置入术。

【股静脉】

1. 局部解剖 股静脉是下肢的主要静脉干,其上段位于股三角内。股三角位于股前部上 1/3,为底在上、尖朝下的三角形凹陷。股动脉居中,外侧为股神经,内侧为股静脉。寻找股静脉时应以搏动的股动脉为标志(图 4-11)。

2. 穿刺点 在腹股沟韧带中部下方 2~3cm 处,触摸股动脉博动,确定股动脉走行,以股动脉内侧 0.5cm 与腹股沟皮肤皱褶点为穿刺点,肥胖者穿刺点可下移 1~2cm。临床上经常因过度肥胖、高度水肿或休克的患者,致股动脉搏动摸不到时,穿刺点选在髂前上棘与耻骨结节连线的中内 1/3 段交界点下方 2~3cm 处,穿刺点不可过低,以免穿透大隐静脉根部。

3. 适宜目标血管 ①下肢静脉;②盆腔静脉;③上腔静脉及其分支;④下腔静脉及其分支;⑤头、臂静脉血管。

4. 穿刺并发症 ①感染;②下肢静脉血栓形成和肺栓塞;③动静脉瘘;④假性静脉瘤;⑤出血和血肿;⑥穿透大隐静脉根部(穿刺点过低);⑦心律失常;⑧气体栓塞。

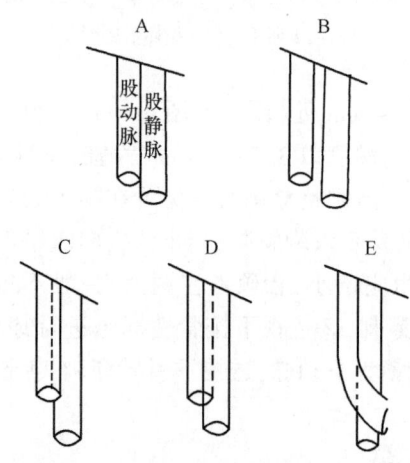

图 4-11 股动脉与股静脉位置关系的类型示意图
A. 并置型占 19%;B. 间距型占 34%;C. 重叠Ⅰ型占 40%;D. 重叠Ⅱ型占 1%;E. 重叠Ⅲ型占 6%

【锁骨下静脉】

1. 局部解剖 右锁骨下静脉是右上肢腋静脉的直接延续,其位置恒定,变异小,口径较大,起于第 1 肋外侧缘,在锁骨内侧份后面位于锁骨、第 1 肋和前斜角肌之间,并借此肌与锁骨下动脉和臂丛隔开,且其管壁与周围筋膜相融合,固定较牢。在胸锁关节的后方与颈内静脉汇合为头臂静脉。由于左侧可能伤及胸导管,且左头臂静脉与上腔静脉间的角度比右头臂静脉与上腔静脉间的角度大,所以穿刺置管术应首先考虑右侧。

2. 穿刺点 锁骨下静脉与锁骨内 1/3 段几乎呈平行走行,一般取锁骨中点下缘 1cm 处为穿刺点(图 4-12)。消瘦或标准的体型患者,可再偏外侧 0.5cm;矮胖的体型患者,穿刺点在锁骨中点下方 2 cm,再偏外侧 1cm,这样可以避免第 1 前肋与锁骨之间形成的夹角过小,而使穿刺角度增大,不容易误穿动脉和发生气胸等。穿刺时去枕平卧位,头颈稍微向右侧靠拢并转向左侧,可以使颈内静脉与锁骨下静脉的夹角变小,防止导管误入颈内静脉,针尖应指向锁骨内侧端,与胸骨纵轴约成 40°角,与胸壁平面约成 15°角,进针与行针紧贴锁骨背面下潜行,针尖不超出锁骨内 1/3 段上下缘,抽得静脉回血后置管。

3. 适宜目标血管 中心静脉穿刺置管术在临床上用途越来越广,常用的穿刺位置有股静脉、颈内静脉、锁骨下静脉。其中锁骨下静脉具有位置固定、休克状态下不易塌陷、患者活动受限小、留置时间长等优点,常为临床首选。

【颈静脉】

1. 局部解剖 颈前方有一颈动脉三角,其上界为二腹肌后腹,后下为胸锁乳突肌前缘,前下为肩胛舌骨肌上腹,颈部动脉在此三角中。颈总动脉上升至甲状软骨上缘水平分为颈内与颈外动脉。该处有颈总动脉鞘,从内向外依次分别为颈内或颈总动脉、迷走神经及颈内静脉。颈内静脉向上为横窦乙状窦的直接延长部,向下至无名静脉(图4-13)。

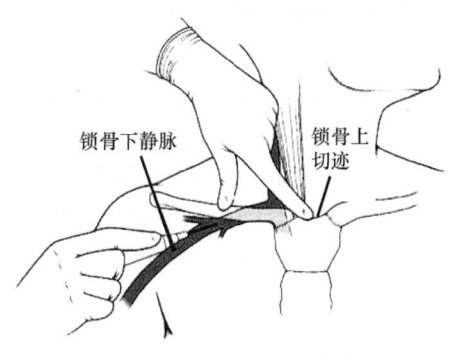

图4-12 锁骨下静脉下路穿刺

2. 穿刺点 患者头部转向左方45°角,在胸锁乳突肌前缘深部可触及颈动脉的搏动。在右锁骨上5~6cm处,约相当于甲状软骨水平入针,与皮肤成20°~30°角向胸锁关节外三指宽处穿入(图4-14)。穿刺针连接注射器,边进针边抽吸,如无血回流,更换方向再刺,直至抽到回血。患者同时做Valsalva试验可帮助穿刺。为避免损伤,一般采用静脉穿刺系统的细针穿刺。

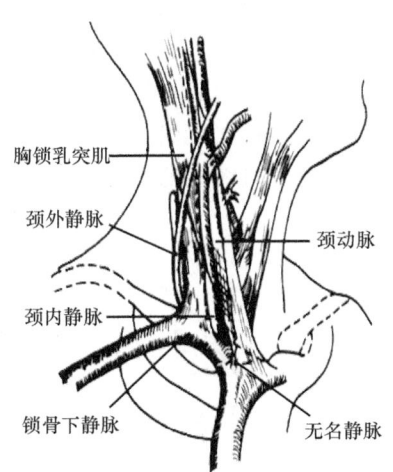

图4-13 颈内静脉解剖示意图

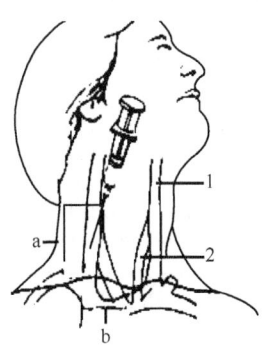

图4-14 颈静脉穿刺点
1. 颈内静脉;2. 颈内动脉
a. 穿刺点至右锁骨缘间距5~6cm;b. 穿刺点与右胸锁关节间距三横指

3. 适应目标血管 适应目标血管:①上腔静脉;②右心房、右心室、肺动脉;③下腔静脉系(肾、肾上腺、精索内静脉等);④肝静脉;⑤两侧髂静脉。

【肘前静脉】

1. 局部解剖 最为常见的肘前静脉为贵要静脉、肘正中静脉、头静脉。贵要静脉起于手背静脉网的尺侧,转至前臂尺侧,沿肱二头肌内侧上行至臂中部,穿深筋膜注入肱静脉,它与前臂内侧皮神经关系密切,经贵要静脉穿刺或注射时,针头或漏液的刺激可损伤内侧皮神经,引起肱二头肌和肱肌反射性的痉挛,可造成持续性较长时间的前臂屈曲。头静脉起于手背静脉网的桡侧,转至前臂前面,沿肱二头肌外侧上行至肩部,穿深筋膜注入腋静脉,其与前臂外侧皮神经分列在肱二头肌两侧。肘正中静脉为一短粗的静脉干,变异多,在肘窝处连接头静脉和贵要静脉。并与深静脉以交通支相连,故位置较固定,为皮肤静脉穿刺常用部位。

2. 穿刺点　肘前静脉插管选择血管的顺序为贵要静脉、肘正中静脉、头静脉。贵要静脉管径最粗,且在置管体位下为导管头部到位最直、最短的途径。头静脉进入腋静脉处形成的角度较大,有小分支与颈外静脉或锁骨下静脉相连,在臂部上升段还有狭窄,最易引起置管困难,可导致无菌性机械性静脉炎。

3. 适宜目标血管　常作为 PICC 或 PORT 置管。

（邹建伟　李　波）

第二节　穿刺方法

1953 年 Seldinger 发明了经皮穿刺插管技术,改变了切开显露血管后穿刺插管的诸多不便,具有简便、安全又容易操作的优点,且并发症大为减少,更容易被患者接受。

【传统 Seldinger 技术】　扪及动脉搏动,确定动脉或静脉穿刺部位。用尖角解剖刀刺开皮肤 3~5mm,用血管钳进入皮肤切口对皮下组织做钝性分离。穿刺针纵轴与皮肤夹角成 30°~45°角斜行进针,有带针芯的穿刺针穿透血管前后壁,拔出针芯,缓缓向外拔针,至见回血,即向针鞘内插入导丝至血管腔内,插入足够长度的导丝后退出针鞘。压迫血管穿刺点,将带有扩张管的鞘管沿导丝旋转插入血管。拔出导丝和扩张管,鞘管留置于血管腔内。经鞘管侧臂注入肝素生理盐水,防止鞘管内血栓形成。至此即可经此通道进行各种介入插管操作(图 4-15)。

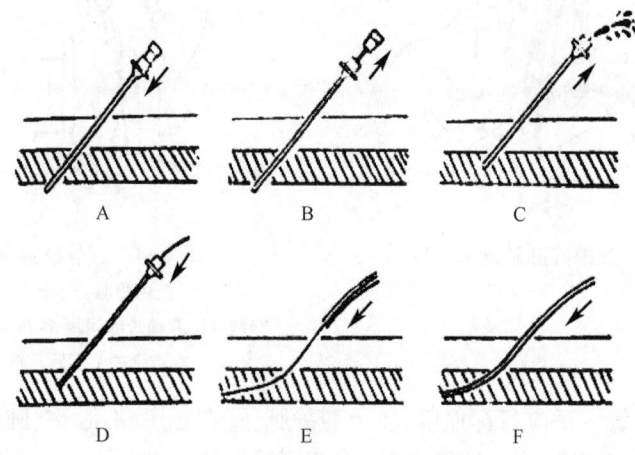

图 4-15　Seldinger 法

A. 穿刺血管前后壁;B. 退出针芯;C. 退针见血喷出;D. 插入导丝;E. 退针、引入导管;F. 退出导丝造影

【改良 Seldinger 技术】　Driscoll 于 1974 年提出改良法(图 4-16),使用不带针芯的穿刺针直接经皮穿刺,当穿刺针穿过血管壁(不必穿过后壁),即可见血液从针尾喷出,再引入导丝,然后引入导管完成造影。这一方法的主要优点是避免穿透血管后壁,一次穿刺成功率高,并发症少,对桡动脉、腋动脉穿刺更有利。

【静脉穿刺法】 静脉穿刺可用上述与动脉类似的穿刺针和穿刺方法,但由于静脉压力低,穿刺针刺入静脉时无喷血仅缓慢冒血,有时不太确切。用改良穿刺针套上注射器,进行前后壁穿刺后边退针边抽吸,或进行前壁穿刺,边进针边抽吸,抽至血流通畅时,即可插入导丝。

【注意事项】 动脉穿刺针深入皮下后,可能会发生几种情况:①未见血液从针座处外溢或未能抽入注射器内,可缓慢将针头退至皮下,可能在中间见到喷血,否则重穿。②穿刺后见针座处血流不畅,其色暗红,则表明针已穿入静脉,也需退出针头,稍加压迫后

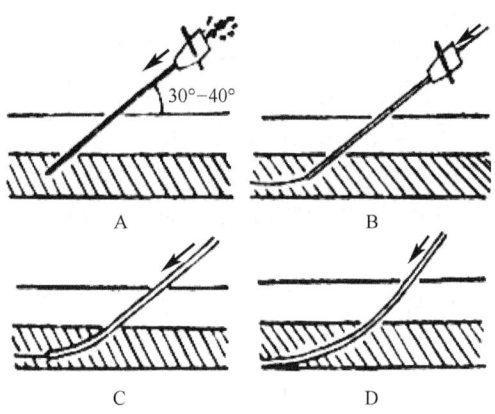

图 4-16 Driscoll 穿刺法
A. 穿刺针进入血管;B. 引入导丝;C. 退针、引入导管;
D. 退出导丝造影

重穿。③动脉穿刺时针座处血流不畅,其色鲜红,表示针孔未完全在血管腔内,应将穿刺针稍向里或外移动,使之完全进入血管,如未入血管,则退出穿刺针,稍压片刻后重穿。④如为鲜红色血液从针座处喷出送入导丝通畅,即为穿刺成功。⑤如血液喷出顺利,但导丝送入有明显阻力,无法送入,则多为针的尖端顶在血管后壁,此时应将导丝退出,穿刺针稍向后移动,并注意使针的斜面向上,也可压低针尾,即可见血流喷出,再送入导丝。

(邹建伟 李 波)

第三节 插管操作技术

【插管技术分类】 插管技术是血管性介入放射学最基本、最关键的技术,分为非选择性插管术和选择性或超选择性插管技术。

1. 非选择性插管术 动脉穿刺成功后,引入导丝、导管,将导管放在主动脉内后进行造影或治疗。

2. 选择性或超选择性插管技术 将导管插至某一脏器血管主干,如主动脉的第一级分支(肾动脉、腹腔动脉、肠系膜上下动脉等)称为选择性插管,导管插入主动脉二级分支以上则称超选择性插管。

【寻找血管分支】 导管在主动脉内寻找靶血管时,常需上、下、左、右、前、后移动,一旦导管头进入血管分支,就会停顿,如果继续推移导管,导管头可能进一步进入血管分支,也可能由于血管较细,或者血管开口方向与导管移动方向不一致,使导管头一跳而过。此时需耐心地再回到原处,在导管头要跳离前,固定导管,注入少量对比剂,即可发现血管分支。但是,导管头在触及粥样硬化斑块时,也表现为一跳而过现象。因此,要寻找血管分支,必须掌握以下环节。

1. 熟悉正常血管解剖 动脉系统在人体内的位置、分支部位、角度与走向具有相对固定性。术者应熟悉靶血管在体内的相对高度与开口方向,如支气管动脉常在气管分叉附近,腹腔动脉在 T_{12} 至 L_1 水平,肠系膜上动脉在腹腔动脉以下 0.5~2cm,肾动脉在 L_1~L_2 水平,肠系膜下动脉在 L_3 水平,支气管动脉与肾动脉向侧方开口,腹腔动脉朝腹

侧开口等。

2. 了解解剖变异 人体血管常有各种解剖变异,术者按正常解剖部位寻找靶血管而未找到,或按常规造影后发现表现异常,应想到解剖变异,如支气管动脉开口可以迷走地发自锁骨下动脉、胸廓内动脉等,也可能为左右共干,即右侧支气管动脉可能与左侧合成一干发自主动脉的左侧,反之亦然。又如肝固有动脉一般分为左、右两支供应肝脏左、右半肝,但在做造影时,可能发现右半肝缺乏血管分支,这时应想到肝右动脉起自肠系膜上动脉的可能。

3. 选择合适导管 主动脉上发出的血管分支多达40余支,除了分支的形态、角度各异外,其管径从1~10mm不等,只有导管头的粗细、形状合适才能插入靶血管,如支气管动脉通常粗2mm,因此导管头必须缩细到1.5mm左右才容易插入,腹腔动脉多向足侧方向发出,因此用罗氏(Rosch)肝型导管就容易插入。而用猎人头导管就难插入;不少腹腔动脉先向腹侧前进,以后又向足侧前进,这时Cobra导管也比较容易插入,偶尔此动脉也会先向头侧发出,再向足侧走,在这种情况下,由于Cobra导管的第一弧向下,就不易插入,往往一跳而过,需改用猎人头导管。有时术者需在操作台上临时对导管进行塑形,以利插管。

4. 转动投照角度或体位 当患者仰卧于造影台上,分叉的血管可能前后重叠,致使插管方向难辨。以前常采用转动患者体位的方法,如患者在仰卧位做髂内或髂外动脉插管时,取左侧抬高位可使右侧髂内、外动脉的分叉角增大,反之亦然。由于目前DSA机具有旋转功能,很少采用转动患者的方法,而采用改变投照角度的方法展示血管的分叉角度来帮助插管。

5. 造影观察 造影观察也称对比剂探路,即当导管头在靶血管的常见部位附近,而找不到靶血管时,可在其血流近端处快速注入少量对比剂,观察对比剂去向,借以发现靶血管。如在主动脉弓处找左颈总动脉开口,此法常用。有时因为不明确导管进入到哪支血管,也需注入对比剂观察确定,如在寻找支气管动脉时,经常会将导管插入肋间动脉,注入少量对比剂后,可从血管形态走向来确定。

【基本插管方法】

1. 导管头方向的识别 在选择性和超选择性插管前术者需要识别导管头在血管腔内的方向。插管时患者常取仰卧位,透视下容易分辨导管头的左右方向,但要分辨导管头的腹背侧方向,需先将导管头指向左或右,再结合术者转动导管的方向才能确定。如现将导管头部指向患者的右侧,这时将导管做顺时针方向旋转,导管头就指向腹侧,继续顺时针方向旋转就指向左侧,再旋转就指向背侧。同理,当导管头指向右侧时,做逆时针旋转,导管头从右侧转向背侧,再向左转动。

2. 导管成形的110原理 导管均有一定形状,否则难以进入插管的靶血管。以单弯导管为例,当它在主动脉内选择性插管时,它的弯曲段靠在主动脉的某一侧壁,成为力的支点,当导管弯曲段膝部至导管头的距离恰为主动脉宽度的110/100时,导管头最易送入主动脉的血管分支。如过短,导管则游离在主动脉内,不可能进入血管分支;过长时,导管几乎与血管平行,也不可能进入血管分支,这是110原理之一(图4-17);110原理之二:导管弯曲后所成的夹角必须使导管头至导管干的垂直距为主动脉宽的110/100。如角度太小或太大,均不能使导管远侧臂弹入血管分支。

【导管与导丝的运用】

1. 导管的进退操作 当导管与导丝在一起时,只需做短距离导丝或导管的进退时,如将导管固定,可以进退导丝,而将导丝固定,则在左手配合下可进退导管。旋转导管时最好能同时做短距离的进退,旋转要慢,以免扭力不能及时传到导管头部。为了加强扭力,在转动导管时,可插入导丝,否则导管会扭曲。

2. 导管的交换 术中换导管时,术者将交换导丝经导管插入血管,以边进导丝边退导管的方式,将导管退出,再将另一导管沿导丝送入。

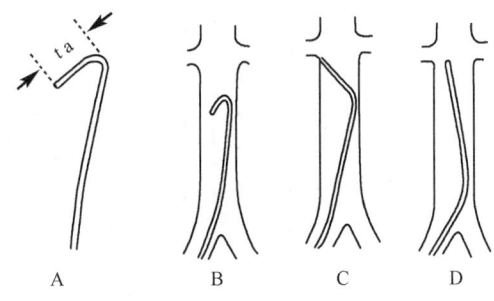

图 4-17 导管 110 原理之一

A.导管远侧臂长应是主动脉宽的 110/100; B. 远侧臂过短; C. 远侧臂符合 110 原理; D. 远侧臂过长; ta. 远侧臂段

3. 导丝与导管的协同作用 为使插管顺利进行,术者必须十分熟悉导丝结构、导管弧度以及它们之间的协同作用。当导丝插入导管头部时,导丝头部的柔软段并未能使导管头端的弧完全打开,因此仍保持其一定的弧度,而导丝的非柔软段已将此导管体部弧撑直,如果继续推进导丝,导丝的柔软段即从导管尖端伸出导管的第一弧,逐渐将此弧撑直,表明导丝的柔软段和非柔软段的不同结构对导管的不同影响。

【选择性和超选择性插管的基本方法】 选择性和超选择性插管的基本方法大致可归纳为五种。在实际操作中,熟练掌握基本插管技术,并灵活联合使用插管方法,不仅可以有效地完成插管程序,减少插管并发症的发生,同时可以大大减少术者操作过程中的辐射量。

1. 导管伸展位插管法 此法多使用向头侧分支的血管,如颈部血管,也适用于水平分支的血管,如肾动脉。任何形状的导管经股动脉插入时,其弧都被打开,其臂伸展。根据 110 原理,它不可能保持插入前的形状,如 J 形导管的导管头已不是指向足侧,而是伸展后指向头侧。猎人头导管和 Davis 导管则仍按其原形指向头侧,只是更伸直些。这些导管插入向头侧或水平方向分支的血管时,只要朝头侧方向插入即可,故又称顺向插管法或顺插法。当这些导管口达到靶血管时,弹性记忆使导管弹入靶血管。

2. 导管屈曲位插管法 向足侧分支的血管往往不能用导管伸展位直接插入,此时要先将导管方向转向与血管方向一致时才能插入。假如用 J 形导管插腹腔动脉时,需先将导管头插入肾动脉口,继续插入时,导管弧恢复原形,并退出肾动脉,导管头转向足侧。当导管到达腹腔动脉时,按 110 原理导管弹向腹腔动脉,但是并不深入,如继续插入导管,导管头反而离开腹腔动脉,导管向患者主动脉头侧推进。为了将导管插入腹腔动脉,必须再将导管拉回,待导管头进入腹腔动脉,继续拉回导管,导管可再深入腹腔动脉。故此法也称逆向插管法或逆插法。但导管插入的深度一般不超过远侧臂的长度,除非细导管配合适当的导丝,可再插入下一级分支。

如用罗氏肝型导管,当导管进入主动脉之初,导管也是伸展位,这时不易插入腹腔动脉,必须在主动脉弓内成形后,退回导管时才能钩入腹腔动脉,这时的导管已恢复成原来的屈曲型,故也属屈曲位插管(图 4-18)。

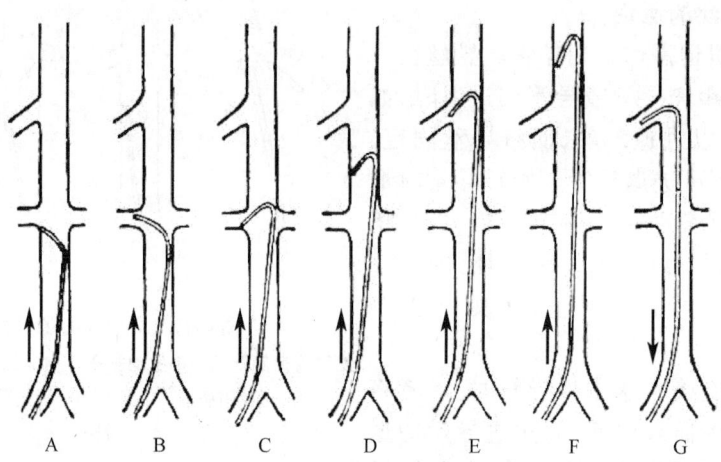

图 4-18 导管伸展位与屈曲位插管法

A. J形导管从股动脉插入主动脉时呈伸展位；B. 达肾动脉即弹入该动脉；C. 继续插进导管，其头部反而退出；D. 导管退出后呈J形；E. 达腹腔动脉时导管头弹入该动脉；F. 继续插进导管，导管头退出；G. 拉回导管时导管头又进入腹腔动脉

3. 导丝引导法 是当导管到达靶血管开口但不能深入时，可选用较长导丝预先送入靶血管远端分支内，然后推送导管沿导丝进一步深入（图4-19）。导丝辅助的选择性插管或超选择性插管，主要受导丝特性影响，如导丝柔顺性、跟进性、头端形状等。

临床实际工作中，遇到较迂曲的血管时，可先用"J"形超滑导丝尽可能深入靶血管，一方面借助导丝引导作用，另一方面依靠导丝的支撑力"绷直"血管。然后固定导丝，沿导丝推送导管即可超选择性插入靶血管。该方法对术者双手（或术者与助手间）协同能力要求较高，导丝固定过紧或过松均可导致操作失败，同时术者导丝选择操作也应轻柔，切忌粗暴硬性操作。

4. 导管更替法 有时某一导管只能插入一级分支血管，如要插入二级分支，则需换另一种形状导管，此称导管更替法（图4-20）。第二种导管并不能代替第一种导管独自进入第一级分支，它是在第一种导管进入第一级分支基础上传入二级分支的，因此，要用交换导管的方法才能完成。

5. 共轴插管法 是采用外径不同的导管互相套合使用的一种技术，是将较粗的导管插入某一级分支，套在内侧的较细导管可通过粗导管进入下一级血管。临床工作中，因患者血管解剖变异和靶血管分支情况的不同，术者需选择各种导管以配合完成理想的插管程序。选择性插管尤其是超选择性插管时，随着靶区血管分支迂曲，操作变得更为复杂，常规选择性导管也因远端操控性较差等原因无法完成插管程序，如果硬性操作或者操作时间过长，均会导致血管痉挛、血管损伤等并发症的发生，为此使用共轴导管法不仅可以避免插管并发症的发生，同样可以使靶区作业范围扩大，靶区操作也可更为精细、精准。

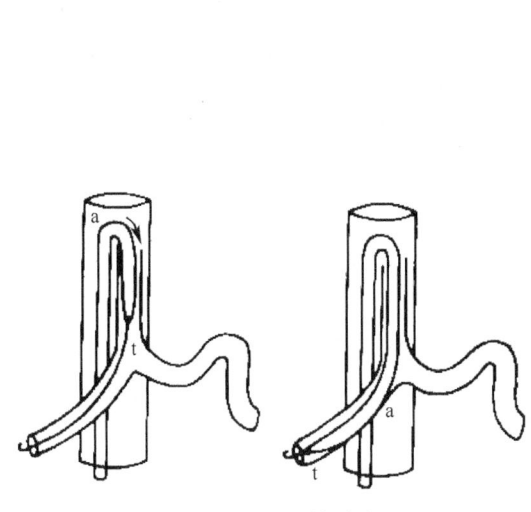

图 4-19　导丝导引法

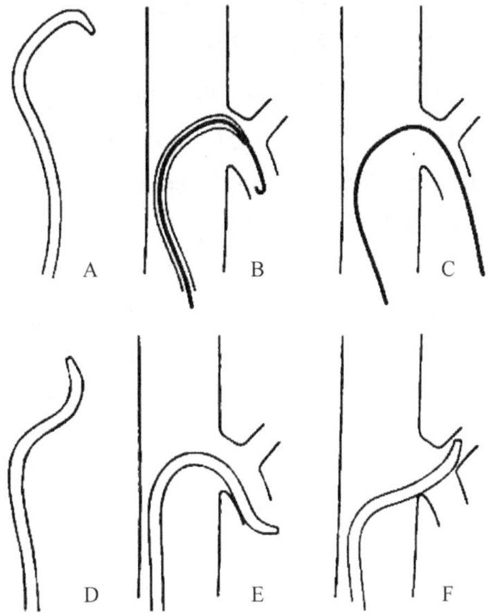

图 4-20　导管更替法
A. Cobra 导管；B. Cobra 导管插至腹腔动脉；C. 通过导管插入交换导丝，退出导管；D. 反弧导管；E. 反弧导管插入腹腔动脉，退出导丝；F. 回拉导管时，导管进入胃左动脉

【特殊插管方法】

1. 成袢技术（loop technique）　是 1973 年由 Waterman 首先采用的一种特殊插管方法，也有称之为沃氏袢（Waterman's loop），最早用于胃左动脉。导管成袢技术常规是用 Cobra 导管进入一支血管，如髂动脉、肾动脉、肠系膜上动脉或腹腔动脉等成袢，再进入靶血管内，曾是一种非常实用的超选择插管方法。随微导管与导引导管的问世，这一方法已很少再用。现仅介绍髂动脉内成袢法。

（1）成袢方法：将 Cobra 导管放至主动脉分叉处，其头部指向对侧髂动脉，导丝通过导管进入对侧髂总动脉，导管沿导丝插入 10~12cm，再将导丝抽回到分叉处，将导管和导丝一起推入做顺时针方向旋转，最初导管可能再进入几厘米，但当导管在主动脉内成袢后，导管头就从对侧髂动脉内退出，再插入导管时，导管袢向头侧移动，导管头退入主动脉内，然后抽拉导管，对靶血管按屈曲位插管法插管。

（2）袢行导管的操作：所有导管操作都要在透视下进行。当导管在穿刺部向外抽出时，导管头就进一步向选择性血管分支内推进，而当导管从穿刺部向内插入时，导管头却从选择血管内退出。

（3）导管的撤出：通常成袢导管可以直接抽拉而撤出，但偶尔撤管时导管头可能深入小血管，这种情况对于有的血管，如胃左动脉是无损害的，而对于其他血管如肾上腺静脉或小的肾内静脉或动脉，就会引起严重的情况，甚至损伤。这时，应将导管远段放在较大的血管内，并在透视下拔管比较安全，既防止血管损伤，又防止导管扭结。

2. 贯穿插管法　是指将导丝导管从人体体表一处插入体内，在体内生理性管腔行走一段距离后，穿出进入另一管腔内，从而完成介入诊疗操作的一种特殊插管技术。该法最早见于非血管性经肾盏、肾盂、另一肾盏引出，目前特别适用于处理某些血管性疑难病例时，如布-加综合征的介入治疗。

以下腔静脉阶段闭塞为例，从股静脉插管进下腔静脉，导丝和造影导管通过了闭塞段，但是球囊导管无法通过闭塞段，可以将通过闭塞段的导丝经颈静脉引出，拉紧贯穿于股静脉-腔静脉-颈静脉的导丝，球囊导管很容易通过闭塞段。

导丝在血管内可以贯穿的部位和脏器还包括：①经皮经肝进入肝静脉、右心房、上腔静脉、颈静脉引出；②经左侧股动脉进入主动脉、动脉导管、肺动脉、右心室、右心房、上腔静脉、右侧股静脉引出；③经左侧肱动脉进入左锁骨下动脉、主动脉、右侧髂动脉、右侧股动脉引出。

3. 几种特殊导管的使用方法

（1）猪尾巴导管使用法：猪尾巴导管主要用作主动脉造影，动脉插管时需与 J 形导丝配合使用，J 形导丝从导管插入通过猪尾巴圈时，圈即被打开，状似钩形导管，转动导管引导导丝通过主动脉弓可进入降主动脉。

猪尾巴导管头端缩细，缩细的近端有多个侧孔，如果导管冲洗时用力不够，肝素盐水即从侧孔流出，而不流向导管尖端的缩细处，因而该段导管有形成血栓的可能，此时如果做主动脉弓造影，会将血栓冲出，造成脑血管梗死的可能。

卷曲的猪尾巴导管在做造影时，可能发生猪尾巴环弹开，引起意外的选择性血管造影。如冠状动脉或 Adamkiewicz 动脉显影时，有时会导致严重的后果。因此，造影前要注意导管环是否打开，尤其是薄壁的头端缩细的猪尾巴导管，在退出导丝后导管环不易重新形成，打开环的导管尖可能指向某一血管，从而造成选择性注射对比剂。即使是环不打开导管也需注意导管尖端应放在椎间隙水平，不要放在椎体中部水平，同时避免将导管尖指向主动脉的后壁，因为肋间动脉与腰动脉通常起自主动脉的后侧壁，在椎体中部水平。

（2）Simmons 导管使用法：有些导管成袢状，袢的两臂较长，插入血管后明显失去其原来形状，必须采用一些方法使其恢复原形，才能作选择性插管。这类导管包括罗氏肝型导管、脾型导管及 Simmons 导管。

Simmons 导管有三型，即Ⅰ、Ⅱ、Ⅲ型。它们都有较长的、开袢状的两个弧与两个臂，Ⅰ型的远侧臂长 3.6cm、Ⅱ型的远侧臂长 6.4cm、Ⅲ型的远侧臂长 8.4cm。选用哪一型导管是根据主动脉弓的直径来决定的，即导管远侧臂的长度应至少比要插管的血管水平处主动脉的宽度稍长。

Simmons 导管常用左锁骨下动脉处成形法来恢复其插入前的原形，即将 Simmons 导管头插向左锁骨下动脉开口处，用"J"形导丝通过导管插至左锁骨下动脉。再把导丝抽回至降主动脉，这时再推进导管，就可使导管恢复原形。如果导管头部推进不够，没有进入左锁骨下动脉内，它就会弹回到主动脉。如果导管头部推入左锁骨下动脉过远，再推入导管就会引起它进一步向前而完全进入该动脉。完成这一技术的最好方法是将导管头轻轻地向前推入，使之进入这一血管，如果导管推入血管太多，则可把它拉回，然后重新操作，直至将它在主动脉内再成袢。

（3）Rosch 导管使用法：Rosch（罗氏）导管有肝型、脾型两种，即 Cook 公司导管中的 RH 和 RS 两种，分别用于肝动脉和脾动脉插管。这种导管有两个弯曲，不在一个平面。当它插入股动脉后，它的第二弧被撑直，而第一弧的远侧臂较短，不易进入血管分支，所以往往要放到主动脉弓处,使第二弧的弧峰在弓顶处,将导丝退至弧峰近端。如为 RH 导管则做顺钟向旋转,RS 导管则做逆钟向旋转,使第二弧的远侧臂转入降主动脉内,这时退回导管可见导管已恢复原形。继续回退至腹腔动脉处,导管头端很容易进入该动脉。进入后,RH 导管做逆钟向旋转,RS 导管做顺钟向旋转,再配合患者的呼吸与导丝的引导,导管即可分别进入肝动脉和脾动脉。

(邹建伟　李　波)

第四节　血管造影方法和技术

【概念】　运用经皮穿刺技术通过四肢、颈部的外周动脉插入造影导管,将导管头端插入主动脉的一级分支,注入对比剂做造影称为选择性动脉造影;进一步将导管插入主动脉的二级分支做造影称为超选择性动脉造影。同样将导管经外周静脉插入可行选择性和超选择性静脉造影,根据对比剂流动方向的不同,可将静脉造影分为顺行(向心性)和逆行(离心性)两种。采用经皮肝穿刺技术可将导管插入门静脉系统做造影称为直接门静脉造影;选择性腹腔动脉、脾动脉或肠系膜上动脉造影均可在静脉相后期显示门静脉系统称为间接门静脉造影(经动脉门静脉造影)。于注射对比剂前注入作用于血管的药物以改善造影质量者称为药物性血管造影。

【造影设备与原理】　造影时除了已经进入靶血管的造影导管外,还需要使用造影设备:数字减影血管造影机和全自动高压注射器。而数字胃肠道 X 线造影机虽然具有数字减影功能,但仅能进行简单的外周血管造影。

1. 数字减影血管造影机

(1) 设备:包括 X 线发生器、影像增强器或平板探测器、高分辨力摄像管、对数增幅器、模/数转化器、图像处理及存储器、数/模转化器、电视监视器等部分。

(2) 基本原理:即利用电子计算机处理数字化的影像信息,将受检部位注射对比剂前和注射对比剂后的数字化图像的数字信息相减,获得不同数值的差值信号,再经数模转换成不同灰度的模拟图像,以达到消除骨骼和软组织影像,而使注射了对比剂的血管单独显影。根据发生变化的物理学变量如时间、能量、深度等,可进行不同的减影处理。时间减影法是目前最常用的减影方法,易因运动而致配对减影不准确,致使影像模糊,因此造影时需要患者控制呼吸。

(3) 常用 DSA 功能

1) 路图技术(road map):实际上是一种实时的时间减影技术。主要是为术者在进行选择性插管时提供一种血管影像的路标。具体操作是先以导管在靶血管内的自然透视影像作为基础蒙片,然后经导管推注少量对比剂至血管中,记录血管显影最清晰的透视图像,将此两幅图像相减即获得实用蒙片。在以后操作过程中再以此实用蒙片为背景进行影像处理,即可在透视状态下获得血管的影像,便于为术者提供血管的大致位置、形态及走向(图 4-21)。如今随着 3D-DSA 的应用,不仅可以获得 2D 的路图图像,还可获得 3D 路图图像,而且图像质量更高。

2) 旋转 DSA:是一种三维图像采集方法。具体方法是,在注射对比剂前,位于 C 型臂两端的 X 线球管与探测器围绕检查部位做 180°旋转曝光,收集蒙片图像的数据,然后在注射对比剂的

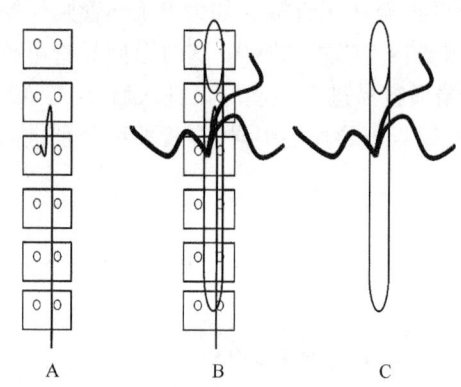

图 4-21 路图原理示意图

A. 导管位于靶血管内自然透视图,仅见 X 线下可显影的椎体和导管,此图为基础蒙片;B. 于靶血管内推注造影剂,记录下最清晰的透视图,此时,椎体、血管及导管皆可显影。

然后将图 a、图 b 相减,结果仅剩可显示血管的实用蒙片的数字信号,对其采用类似 CT 图像的重建技术,甚至功能影像,其质量已接近或达到双螺旋 CT。这项新功能可以帮助介入医生在介入导管室更好地诊断、制订诊疗方案,及时评估介入治疗的效果和判断有无并发症的发生。对于该功能的称呼目前尚不统一,各公司分别将这项技术命名为:类 CT、C 臂 CT、Cone-CT、Dyna-CT 等。

过程中,C 型臂重复上述动作,再次旋转 180°曝光,采集造影数据,然后获取减影图像。此过程中受检者始终保持静止,X 线球管与探测器同步运动,获取图像为血管三维图像。

3) 步进 DSA:为长段血管造影的跟踪摄影,其主要操作步骤为控制床面移动速度;分段采集血管造影图像,然后经计算机减影后拼接后重新连成长段血管,并实时显示 DSA 图像。该项功能主要用于双下肢血管病变的诊疗,其特点为一次造影便可以显示整个双下肢血管,利于病变血管的显示及对正常变异的识别,尤其适用于不宜多用对比剂的患者。

4) 类 CT 功能:利用旋转 DSA 所获得,可以获得类似 CT 断层及三维重建的图像,

2. 高压注射器 高压注射器不但要求能够与曝光时间同步,确保在短时间内按设置要求将对比剂注入血管内,高浓度显示目标血管,形成高对比度影像,使检查成功率提高;而且能够控制血管造影时对比剂的总量、流速和保障被检者的安全。

(1) 高压注射器的种类:高压注射器的种类很多,按传动方式分为两种基本类型:气压式和电动式高压注射器。目前多用程控电动式高压注射器,它是以电动泵为动力,设有电动抽液、分级注射。它能同步曝光、超压和定量保护剂报警系统,直接控制注射速度,是目前理想的高压注射器。按性能可分为压力型注射器和流率型注射器两类。压力型注射器是以调节压力来控制造影剂注入的速度,缺点是不能显示对比剂的流率,也无流率保护装置。流率型注射器由调节流率来控制造影剂注射速度,具有压力限度保护装置。但注射对比剂时不能显示压力,如果流率选配不当时,注射压力可超过最大限度,有击穿心壁或血管的危险。

新型的高压注射器采用微机处理技术,借助计算机自由编制注射程序,自动调节压力保证单位时间内的流速,使用时只需选定好每秒的流速和流量即可。适用于各种型号的导管,可以满足心血管造影的各种要求。

(2) 高压注射器的基本结构和功能:由注射针筒及注射头、推动和控制系统、支持固定部分和附属件等组成。可以将其固定在墙壁、天花板、治疗台、推车和移动架上。通过控制系统调节压力和(或)流率来控制造影剂的注入速度。目前电动式高压注射器的控制面板上操作均为按键式,数字显示注射量,指示灯显示工作状态。在控制台上能控制注射速度、注射压力和注射剂量,并能准确显示各个数据。

(3) 高压注射器的工作特点

1) 一次吸药液,分次注射。

2) 心电同步:注射可受心电信号的控制(ECG 控制)并与其同步;既能使注射在心动的

每个周期进行一次,也能在同一相位上开始、同一相位上结束,即所谓"心电门控心血管造影",使造影更安全、有效。

3)程序控制:注射速度在注射过程中可以是恒定的,也可以事先人为地预置注射速率曲线。即注射速度在不同时刻可以改变,机器还设有压力保护系统。当压力过大等异常情况下,即自动停止注射。

4)独立结构:注射头是一个独立部分,可以自由转动改变方位和角度,便于吸抽药、排气,并可最大限度地接近患者,以便于注射。

【造影方法】

1. 静脉法 DSA(IVDSA) 凡是经深、浅静脉穿刺途径置入导管或套管针注射对比剂行 DSA 者,即称之为 IVDSA。

2. 动脉法 DSA(IADSA) 由于 IVDSA(实际上是指非选择型 IVDSA)存在一些不可克服的缺点,如经静脉注入对比剂的浓度和用量虽然很大,但仍不能明显提高感兴趣区碘浓度,以及图像的对比分辨率和空间分辨率,经动脉穿刺插管注射对比剂(IADSA)完全可以克服 IVDSA 的缺点。IADSA 根据导管先端或注射对比剂的部位不同,也可分为非选择性和选择性两种。经股动脉或肱动脉穿刺成功后,采用 Seldinger 法逆行性置入导管至主动脉。如将导管先端置放于主动脉的某受选分支(如腹腔动脉或肾动脉)开口处近端 2cm,并注射对比剂作顺行性造影者,称之为非选择性 IADSA;如将导管先端进一步深入插进主动脉某受选分支之主干内或主干之分支内,如肝总动脉或肝右动脉,并注射对比剂行 DSA 检查者,称之为选择性或超选择性 IADSA。有时,选择性 IADSA 亦可采用顺行性穿刺插管技术。

3. 造影方法的选择原则 临床工作中应根据不同部位和不同疾病的诊断要求,正确合理的选用最适宜的造影方法。

主动脉和其主干疾病首选非选择性 IADSA;腔静脉、右心室和肺动静脉疾病首选选择性 IVDSA;左心室、冠状动脉和各脏器动脉首选非选择性 IADSA;主动脉弓上,主动脉的二级以下分支和四肢血管首选选择性或超选择性 IADSA。

【造影技术】 为达到好的造影效果,在启动高压注射器进行造影前术者应根据造影血管粗细及血流流速设定对比剂的流速、流量和注射压力,同时还应考虑导管因素,即以同样的压力注射,导管越长,流速越小;导管内径越小,流速越小,反之则流速越大,有侧孔导管较仅有端孔的流速大。对比剂的黏稠度也是影响流速的因素之一,黏稠度越高,流速越小,反之则大。同样浓度对比剂的黏稠度又受温度的影响(表4-1)。由于导管的制作材料不同,各种导管在一定长度、内径和形状的范围内,有一定的最大流速限制,为了加大流速而无限制地提高注射压力只会损坏导管。一般导管外包装上有该导管最大流速和压力说明,表4-1 仅供临床使用时参考。

表4-1 导管最高流速表

导管	管径(F)	长度(cm)	最大流速(ml/s)	最高压限(psi)	管径(F)	长度(cm)	最大流速(ml/s)	最高压限(psi)
有8~12 各侧孔的猪尾导管	4.0	65	19	1200	3.0	100	14	1200
	4.0	90	17	1200	6.0	100	19	1200

续表

导管	管径(F)	长度(cm)	最大流速(ml/s)	最高压限(psi)	管径(F)	长度(cm)	最大流速(ml/s)	最高压限(psi)
有8~12各侧孔的猪尾导管	5.0	65	32	1200	7.0	100	30	1200
	5.0	90	29	1200	8.3	100	43	1200
无侧孔导管	4.1	40	18	1200	5.0	70	15	1200
	4.1	65	14	1200	5.0	65	14	1200
	4.1	100	10	1200	5.0	125	10	1200
	4.1	125	8	1200	6.0	65	21	1200
	5.0	65	15	1200	6.0	100	17	1200

注：表为 Cook 公司产品数据，造影剂 100% Oxilan 300、室温 25℃。

主要靶动脉造影的技术参数见表 4-2。

表 4-2 常规动脉造影参数

造影靶动脉	造影剂速度(ml/s)	造影总剂量(ml)	摄片速度(帧/s)	摄片时间(s)
椎动脉	4	6	3	12
颈内动脉	5	8	3	12
颈处动脉	4	7	3	12
锁骨下动脉	8~10	20	2	10
支气管动脉	1~2	4	2	8
腹腔动脉	6~10	60	2~3	22
肝固有动脉	3~8	40	3	22
胃左动脉	4~6	30	2~3	22
脾动脉	5~8	60	2~3	22
肠系膜上动脉	5~8	40	3	22
肠系膜下动脉	5	30	2~3	22
肾动脉	7	10~20	3	12
髂内动脉	6~8	20	2	10
股动脉	6~8	20~30	2	20~25

（邹建伟　陈　珑　李　波）

第五节　动脉穿刺点处理

【常规处理】　自从 1953 年介入医生开始使用 Seldinger 技术进行经皮动脉穿刺以来，穿刺点持续手工压迫法(manual compression, MC)被认为是动脉穿刺点止血的标准方法，即在导管鞘拔除动脉后采用手工压迫后宽胶布或弹力绷带固定的方法对股动脉穿刺点进行止血。

具体操作：造影诊断或治疗后拔出导管，拔管时先用左示、中、环指分别放在皮肤穿刺点、血管穿刺点及血管穿刺点的头侧，右手抽出导管后，左手立即压紧。开始时可以压迫稍重，阻断血流。3min后就应稍许放松，按压10～15min后，顺次慢慢放松示指、中指、无名指。如无出血，用纱布覆盖后，再用绷带包扎或者沙袋压迫。患者穿刺侧肢体保持6～8h伸直不动，24h内卧床，以后可起床活动。观察期内注意穿刺处局部有无出血或血肿，注意血压、脉搏的变化，防止内、外出血。注意穿刺远端肢体皮色、温度、感觉等。

手工压迫法是传统的动脉穿刺止血方法，经多年的临床实践证明是行之有效的方法，但比较耗费时间，术后需要长时间卧床，增加了患者的不适感，如疼痛、失眠和排尿困难等，易出现迷走神经反射，如心动过缓、血压降低、恶心等症状，而且止血效果受到压迫实施者的经验技巧和患者的配合程度的影响。还被认为增加了并发症如出血（包括血肿），尽管多数情况下为轻微血肿，假性动脉瘤、感染、动静脉瘘及动静脉血栓形成的危险，特别是对于依从性比较差的患者，应用大直径导管治疗以及应用抗凝药或抗血小板药的患者，MC往往局部的穿刺并发症较多，增加了患者住院的花费。患者需要长时间卧床和穿刺肢体的制动给患者带来不便和痛苦，也给护理工作增加负担。

【其他止血方法】 动脉穿刺点的其他止血方法有机械性压迫法、止血贴辅助压迫法、经皮动脉闭合装置等。

1. 机械性压迫法 为了改进传统的人工压迫的方法，发明了机械压迫方法（如Femostop、Comp- ressar、或者Clamp-Ease）的方法对股动脉穿刺点进行止血。器械的方法节省了人力，但在血肿发生率上与人工方法类似，而且，它们并没有明显减少术后卧床时间及患者的痛苦。常见的压迫器，包括机械压迫器、绑带式压迫器与腰带式压迫器（图4-22、图4-23）等。

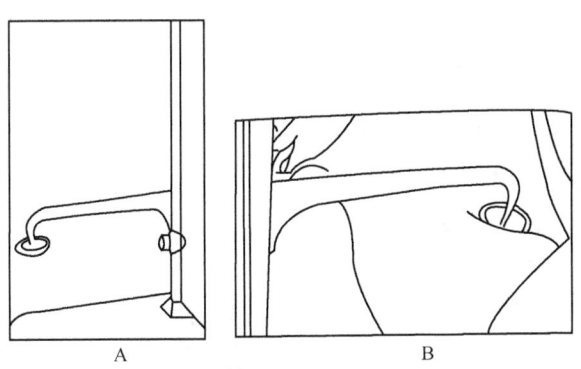

图4-22 机械压迫器
A. 压迫架；B. 压迫情况

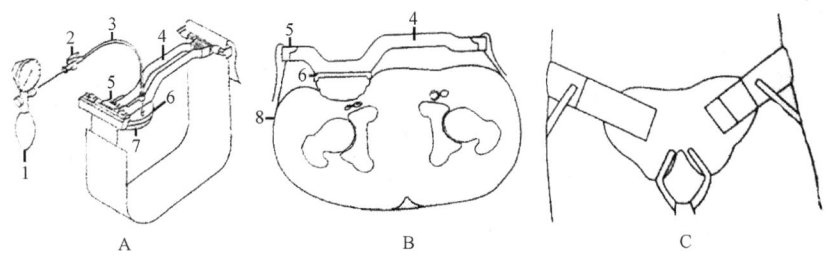

图4-23 绑带式与腰带式压迫器
A. 绑带式压迫器；B. 腰带式压迫器；C. 腰带式压迫器使用状态示意
1. 压力泵；2. 开关；3. 压力管；4. 压力弓；5. 腰带锁；6. 支撑环；7. 压力球；8. 腰带

2. 止血贴辅助压迫法 止血贴最早是战场上用于临时止血。动脉鞘拔出后将贴膜直接贴到皮肤上，能更快地促进血栓形成，提高压迫止血的效果。其作用机制是止血贴膜内含促进止血和凝血过程的亲水混合物，主要包括壳聚糖乳酸盐(带正电荷)，其通过吸附血小板(带负电荷)至穿刺道，穿刺道暴露的胶原蛋白引起血小板快速反应，从而加速血小板聚集，并启动内源性凝血机制，引起凝血级联反应，最终达到止血效果(图4-24)。常见的产品有V+PAD、AnsCare Pad、Neptune Pad等。其优点是无异物留置体内，使用简单，可应用到股动脉以外的其他动脉穿刺点，如肱动脉。缺点是仍需辅以4~10min手工压迫。

3. 经皮动脉闭合装置 20世纪90年代，经皮动脉闭合装置(arterial puncture closing devices，APCD)被推出，其最基本的假设是使用动脉闭合装置可以在股动脉鞘拔除后加速股动脉的止血时间。使用血管闭合器不必压迫血管或只需最小的压迫即可达到快速止血，期望减少并发症和使患者可以尽快出院。并且不受持续抗凝的影响。此技术的应用是未来动脉止血发展方向。它可以缩短止血时间和卧床时间。在此基础上，减轻了患者的痛苦和医疗护理的强度，国内外已广泛应用。股动脉血管闭合器潜

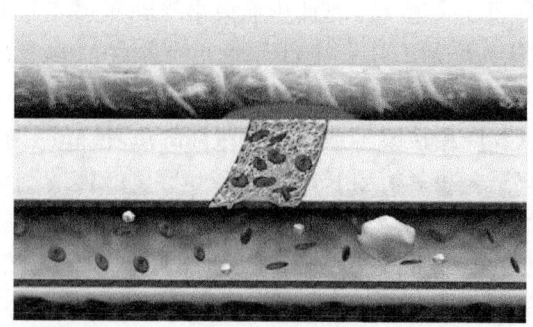

图4-24 止血贴使穿刺道内血栓形成示意图

在的优势为：减少患者卧床时间、迷走反应和不适感，增加患者的舒适性，减少医生和护士的持续监护时间和工作负担。

血管闭合器的工作原理因使用的器械不同而不同。主要是提供胶原蛋白介导的血管闭合和由缝合介导的血管闭合。

在经皮股动脉穿刺后造成动脉损伤，其自然愈合的过程是由于血液与暴露的动脉壁平滑肌和胶原蛋白接触后，导致血小板黏附、激活，聚集形成血细胞凝集块修补破损的动脉。所谓胶原蛋白介导的血管闭合装置是通过在动脉壁缺损处提供大块的胶原蛋白，扩大了上述自然愈合的效应。红细胞和血小板黏附在该类闭合装置所提供的纤维网中，血小板在与胶原蛋白接触后，通过释放反应开始聚集，形成血栓。增大的血栓达到了机械填补血管破口和组织管道的效果。此类闭合器以Angio-Seal为代表(图4-25)。Angio-Seal有一个用于固定在动脉壁内侧的可吸收的锚块，通过一根可吸收的线和胶原蛋白栓子相连。将胶原蛋白填充到穿刺道内。胶原蛋白促进局部血栓形成，同时胶原蛋白栓子膨胀可机械性的封闭动脉穿刺口。另一种常用的是Duett。Duett用分别含有胶原蛋白和凝血酶的溶

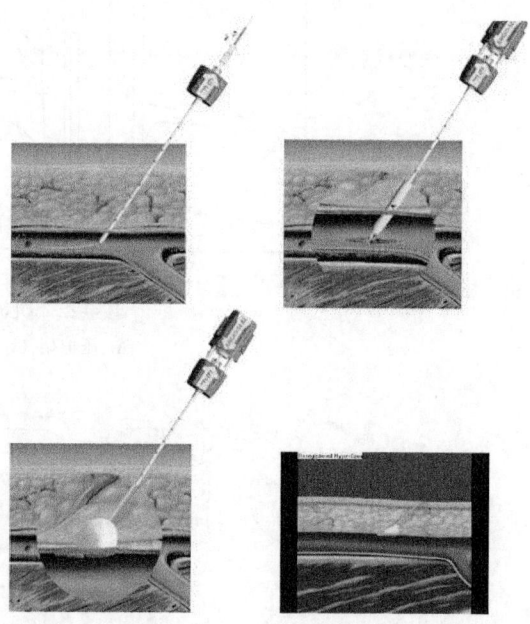

图4-25 Angio-Seal封闭动脉穿刺口示意图

液作栓塞剂,前端有一个球囊,在动脉壁内侧充盈球囊后在穿刺道内注入栓塞剂,最后撤去球囊。其优点是血管内不残留异物。Matrix VSG 和 Duett 相似,通过前端带球囊的导管将可吸收性水凝胶通过一种合成的聚合体来形成封堵栓子。

缝合介导的装置采用的是类似外科手术局部缝合的方式闭合动脉破口。在开放的动脉切口的手术修补中,每隔 1mm 进行缝合,闭合装置则没有必要达到这样的缝合强度,单一缝合适用于 6F 导管鞘(8F 外直径),相当于缝合 4.1mm 切口,8F 和 10F 装置切口长度分别为 5.3mm 和 6.3mm,一般进行 2 次缝合。该类闭合器主要以 Perclose 为代表。运用该类器械可缝合较大的动脉穿刺口。有报道运用多次缝合技术可缝合宽达 24F 的动脉穿刺口。其他还有 X-press、EVS、SuperStitch 等。用 SuperStitch 可以在动脉穿刺处缝合 1~2 针。

APCD 与 MC 相比较,其能明显缩短血栓形成时间(从 20~33min 缩短到 4~8min),明显缩短下床活动时间(从 4h 缩短到 10~20min)。因缩短患者卧床时间和术后住院时间,患者的舒适度和满意度有明显的提高。基于以上优势使许多介入手术可在门诊完成,术后无需住院观察。有较多报道显示在运用较大直径动脉鞘管的手术中,运用 APCD 避免了传统的动脉外科切开,减少创伤。

和手工压迫相比较,运用 APCD 穿刺并发症明显下降,在运用抗血小板药物的患者中穿刺并发症发生率有更明显的降低。APCD 在快速形成血栓的同时并不增加穿刺点局部并发症的发生率,局部血肿、出血、假性动脉瘤、输血发病率与 MC 相同,但下肢动脉栓塞的发生率较 MC 高,并发症的外科手术干预率也高,穿刺点的感染率增高。因此,在使用前强调学习曲线对减少并发症的重要性。目前,这些器械在不断地处于改进、完善中。

(邹建伟　李　波)

第六节　常见并发症及其防治

经皮穿刺血管造影术的常见并发症:穿刺相关并发症、置管相关并发症、对比剂相关并发症等。有些并发症的发生可以通过规范操作而避免,有些并发症的发生是难以避免的。预防并发症的意义远大于处理并发症。

【穿刺相关并发症】

1. 穿刺部位出血、血肿及假性动脉瘤　文献报道股动脉穿刺点处局部血肿的发生率为 0.26%,腋动脉穿刺点处的发生率为 0.68%。发生血肿的常见原因:①反复多次穿刺引起的血管损伤;②使用 8F 以上导管鞘;③拔管后压迫不当;④术中肝素尚未代谢完全或中和;⑤患者凝血功能障碍。如果血肿在动脉穿刺处与动脉腔相通,则可形成假性动脉瘤,收缩期血流从动脉内流出到血肿腔内,舒张期则可回流到动脉内。体检时局部有搏动性肿块,伴收缩期血管杂音即可诊断,血管超声多普勒有确诊价值。较小的假性动脉瘤可采用压迫瘤颈的方法处理。较大或压迫无效者可采用超声下瘤腔注射凝血酶法,但应避免注入动脉管腔造成动脉血栓的形成。目前请外科行假性动脉瘤切除和动脉修补术机会极少。颈部血肿或假性动脉瘤有压迫气管、颈内动脉造成窒息、颅内缺血的可能,应尽快处理。

预防血肿或假性动脉瘤的关键是准确的动脉穿刺技术和有效压迫止血方法。使用血管闭合装置能够减少出血性并发症,对于凝血功能障碍、术中肝素化、导管鞘较粗的患者可考虑使用。

2. 动静脉瘘 穿刺造成动脉与邻近静脉管壁缺损交通,动脉血液进入低压静脉腔中,即形成动-静脉瘘。动-静脉瘘和假性动脉瘤一样,多在拔出鞘管后数小时至数天内出现,诊断依据是在穿刺区域听到连续性血管杂音。动静脉瘘直径小于2mm,停用抗凝血酶制剂同时及时压迫止血往往有效。合并假性动脉瘤的动静脉瘘有破裂的危险,尤其大于8F鞘管形成的动静脉瘘,以及动静脉血分流量大,长期不愈合导致静脉曲张,常需要外科修补。经手术发现,股动-静脉瘘与穿刺部位过低并同时穿透了邻近的小静脉分支有关,也有股静脉走行异位于股动脉上方,鞘管自静脉穿入动脉,其预防在于准确的穿刺技术。

3. 腹膜后血肿 股动脉穿刺时,若穿刺点在腹股沟韧带以上,穿刺位置过高越过股骨头上缘,尤其动脉前、后壁穿透或损伤时,出血或血肿则可上延至腹膜后引起腹膜后血肿,并且不能有效压迫止血。此时一般出血量大,早期难以发现,往往等到血压下降(<90/60mmHg),快速补液后血压仍不能维持时,才引起怀疑;若有贫血貌、血红蛋白或血细胞压积降低伴穿刺侧下腹部疼痛或压痛,则基本可确诊。腹部超声发现腹膜后积血敏感度低于CT诊断,CT诊断更具有确诊价值。腹主动脉至股动脉造影最具有诊断价值,更重要的是有大血管带膜支架的植入治疗机会,并给外科手术提供定位。一般治疗处理应立即给予升压药,在腹股沟韧带上方高位动脉穿刺点处压迫止血,同时鱼精蛋白逆转肝素化、扩容和配血、输血。立即请外科行动脉修补缝合止血。也有术中及时发现使用外周血管球囊堵住出血部位止血成功的报道。腹膜后血肿植入带膜支架是快速有效的方法,但远期再狭窄率高。小动脉穿孔可以使用弹簧圈止血。

4. 血管迷走反射 表现为血压降低、心率进行性减慢、面色苍白、出汗、打呵欠、恶心和呕吐。股动脉最为常见,占3%~5%,而桡动脉相对少见。可在穿刺血管时发生,也可在拔管压迫时发生。一旦发现应紧急处理:若血压正常(>90/60mmHg),以心率减慢为主,可给予阿托品0.5~1mg静脉注射;若有血压降低(<90/60mmHg),则可先给予多巴胺5~10mg静脉注射,1~2min内可重复使用,并给予静脉内输注维持直至血压升至90/60mmHg时并平稳恢复到导管检查前水平,再逐渐减量,直到血压正常为止;同时给予快速补液如生理盐水或5%葡萄糖盐液(非5%葡萄糖)3~5ml/min,并抬高双下肢增加回心血量;必要时需多巴胺5~10mg/(kg·min)维持较长时间(常大于24h)静脉滴注。血管迷走反射一般为良性过程,但在严重瓣膜病和冠心病患者,若因处理不积极而引起血压过低可能会出现不可逆的严重后果,甚至死亡。预防主要是针对病因:①导管检查前消除患者的紧张和焦虑,并给予镇静剂如地西泮10mg肌内注射;②穿刺血管应充分局麻,无疼痛刺激;③拔管前应充分扩容,充分局麻无痛,同时行心电、血压监测;④拔管后1~2h内特别是10min内应密切观察心率、血压、面色、出汗与否等变化,以及时发现和处理血管迷走反射。

5. 下肢深静脉血栓形成或急性肺动脉栓塞 在股动脉穿刺点压迫止血时压迫点不准确压迫了股静脉,尤其在缺乏有效的抗血小板抗凝血酶制剂使用时,长时间压迫并且卧床,容易形成深静脉血栓。突然的下肢活动导致下肢静脉血栓脱落导致肺栓塞,肺动脉栓塞面积大时可以导致猝死。预防措施是避免长时间压迫股静脉,尽量减少卧床时间。

6. 其他 空气栓塞、淋巴管瘘、气胸、血气胸、乳糜胸等多见于颈内静脉穿刺或锁骨下静脉穿刺。

【置管相关并发症】

1. 导管扭结 导管在血管内扭结比较少见,多发生在利用"S"形导管插管或反双弯导管成袢技术插管时,旋转不当或不用透视监视,盲目推进导管而致成袢扭结。一旦发生扭结,可以向前推进导管,但尽量避免盲目后拉,以防扭结越拉越紧,先缓慢将扭结推进至血管腔较宽的升主动脉,并透视观察清楚导管扭结的方向、导管尖深入的长度和扭结的松紧,再试行用下列方法松解导管。

（1）导丝解结法：导管形成扭结后只要不盲目强行后拉或前推导管,扭结一般较松动。这时可将丝芯较硬的导丝尾端轻轻插入导管大结处,以增大导管打开时的力矩。再配合顺时针或逆时针方向旋转,一般的扭结都能松开（图4-26）。如不能松解,可固定导丝,试着抽出导管。这时由于导丝硬头端的支撑作用,可以防止导管的结打得更紧,随着导管的回抽,结也随之松解（图4-27）。

（2）导管尖端制动解结法：导管扭成结后,辨清导管尖端方向,轻轻旋转并推进导管,使尖端嵌入主动脉的某一分支,再进一步推进导管,使扭结松解（图4-28）。

（3）钩拉解结法：从对侧血管插入钩形导管或偏曲导丝,使其尖端钩住扭结的导管环节,轻轻后拉钩形导管或偏曲导丝,同时推进扭结的导管,扭结即可松解（图4-29、图4-30）。

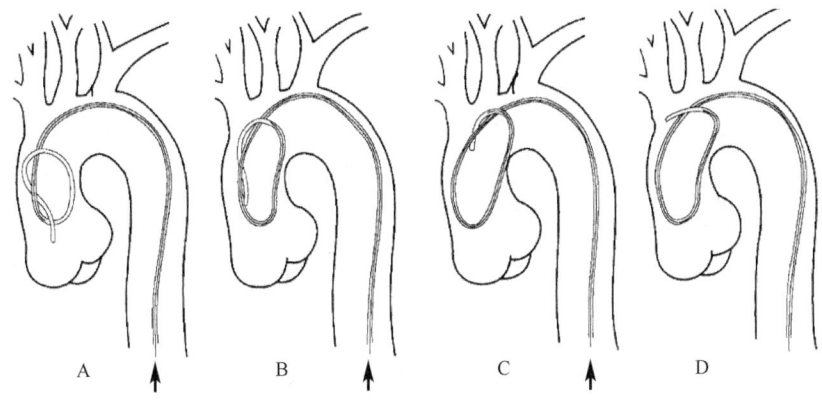

图4-26 导丝解结法之一
A. 导管成结,插入导丝硬头端；B、C. 固定导管,继续插入导丝；D. 结解开

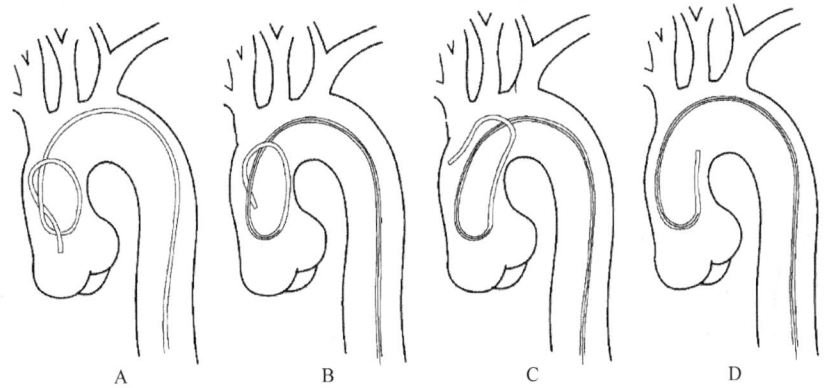

图4-27 导丝解结法之二
A. 导管成结；B. 插入导丝硬头端；C、D. 固定导丝,回抽导管,使结解开

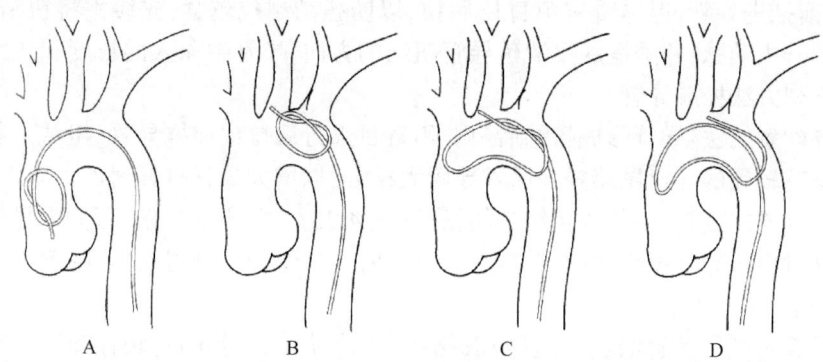

图 4-28 导管尖端制动解结法

A. 导管成结；B. 导管尖抵在动脉壁上；C. 再推进导管使结圈增大；D. 导管结解开

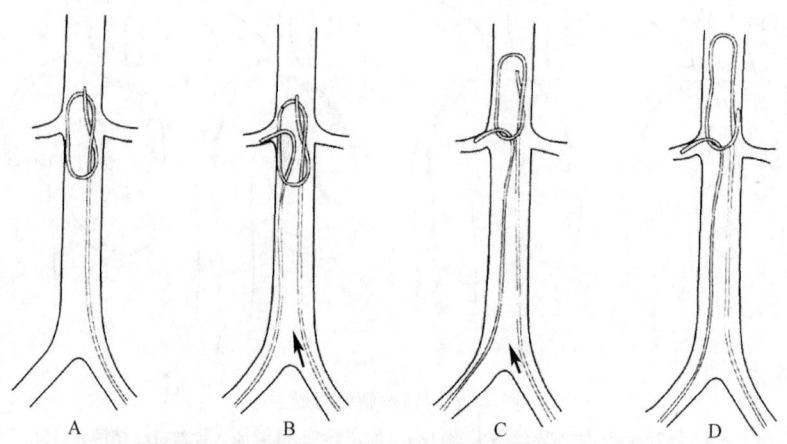

图 4-29 钩形导管解结法

A. 导管成结；B. 对侧放入钩形导管；C. 钩形导管制动，插入导管；D. 继续插入使结解开

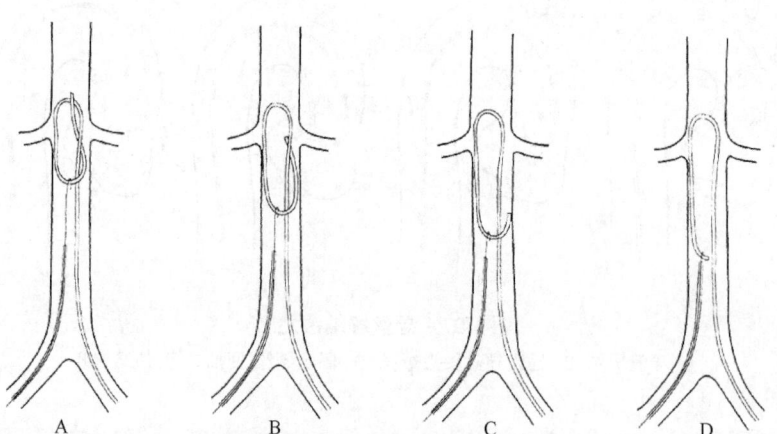

图 4-30 钩形导丝解结法

A. 钩形导丝拉住导管结；B. 钩向下拉；C. 继续下拉；D. 结松开

2. 血管痉挛　是较为常见的一种并发症，导丝、导管反复刺激血管或在血管腔内停留时间过长以及多次穿刺、导管过粗、血管本身有粥样硬化等病变均可引起，表现为血管变细、中断、血流速度减慢和血液黏稠度增加。血管痉挛多为暂时性的反应，通常停止操作后可自行缓解。若停止操作后血管痉挛仍然存在，应及时使用解痉药物，如利多卡因、妥拉苏林等。血管痉挛的严重后果在于可以继发血栓形成，特别是发生在脑血管时，可以导致脑血栓等严重并发症。

3. 血管内膜剥离　血管退变、扭曲或纤维化、导管太硬、形状不合适及操作不当而直接损伤血管内膜；或导管尖端紧贴血管壁时用力抽吸，使血管内膜剥脱，对比剂进入血管内膜下，或形成动脉夹层。表现为对比剂成截断状，且消退迟缓，动脉腔狭窄。内膜剥离的后果取决于剥离的范围与部位。脑、心、肾的血管即使是最轻的剥离也是严重的，腹腔动脉或肝动脉则相对良性，而肠系膜上动脉可能有严重后果。一旦发生内膜剥离需根据情况处理。

4. 血栓形成或栓塞　多由于导管在血管内停留时间过长，形成于导管表面的小血栓在拔除导管时堆积于血管穿刺口，再被血流冲击到远处，引起栓塞。其次是导管插入靶动脉过深，阻断血流引起血栓形成。另外，操作导管或导丝过程中，不慎撞落粥样硬化斑块也可引起栓塞。其预防方法是如果导管在血管内停留时间太久（如导管留置），拔除导管到穿刺口处时经导管推注 3000~4000U 的肝素。如为静脉插管时可增至 10 000~15 000U。导管尖端在靶动脉内插入过深的表现是注射对比剂后消退缓慢，这时需要将导管略向后退。如发现有栓塞体征如穿刺点远侧动脉搏动减弱或消失，肢体发凉，疼痛等症状时，应采取热敷、镇痛、局部或动脉内注射血管解痉剂利多卡因和血管扩张剂妥拉苏林等措施，如情况没有改善，应动脉给予尿激酶 2000U 每小时持续灌注，仍不能好转者应立即行动脉造影，以便明确血栓部位，采取有效处理措施，以免延误时间过长，造成肢体坏死。

5. 血管穿孔或破裂　导丝或导管在有阻力时强行插入、对比剂注射压力过高、使用端孔导管造影可造成血管穿孔或破裂。表现为再次造影时血管中断，断端模糊，对比剂外溢。其后果可因破裂血管的大小和出血量多少而异。出血量少时，仅发生局部血肿，出血量大时，可出现休克甚至死亡。要根据临床症状和造影结果及时准确的判断，对于大的血管破裂要立即进行外科手术修补。

【对比剂相关并发症】

1. 对比剂变态反应　对比剂变态反应与剂量及浓度无明显关系，且反应出现迅速，与已知过敏反应相似。其表现均是释放以组胺为代表的各种生物活性介质，引起一系列过敏样症状，甚至死亡。特异性反应按严重程度可分为轻度、中度及严重反应三种。

对比剂引发组胺等释放的方式：①对比剂的物理-化学性状直接刺激或损伤细胞；②对比剂是一种补体激活物质，可能是通过替代途径激活补体而产生 C3a、C5a 和 C2a，引起组胺释放等反应；③有机碘对比剂，特别是离子型对比剂可具有半抗原性，和蛋白质结合后可以成为一种完全抗原而引起免疫应答，产生 IgE 抗体，使机体处于致敏状态。当对比剂再次进入人体后，便和吸附在肥大细胞上的 IgE 抗体结合，引起脱颗粒而释放组胺，产生Ⅰ型超敏反应，即过敏反应。初次接触对比剂的人也可能产生过敏反应，这可能是对比剂和其他某种抗原的抗体有交叉反应。

为预防对比剂变态反应可在注射对比剂前 10~15min 使用皮质类固醇及抗组胺药物。一旦发生了对比剂变态反应应立即处理。

常规处理：①停止注射对比剂；②保持呼吸道通畅：有资料显示过敏所致死亡 40% 是因

为呼吸代偿失调所致,故气道通畅尤为重要;③吸氧:根据有无肺部疾病,给予不同流量氧气,氧流量的调整应根据血气情况而定;④保持静脉通畅,及时给予液体治疗;⑤肾上腺皮质激素的使用可减少延迟复发的症状。

对症处理:①轻度反应,立即停止注药,安慰患者不要紧张,张口深呼吸,根据症状可给予止吐药、H_1和H_2受体阻断药,必要时肌内注射地塞米松、抗组胺类药物治疗,多在短时间内治愈。②中度反应,表现较危急,虽多较短暂,但仍应及时处理。除采取上述措施外,将患者置头低足高位,吸氧,观察患者的血压、脉搏和心率变化,如血压下降合并心动过缓,用0.125~0.15mg异丙肾上腺素缓慢静脉注射;如血压下降伴呼吸困难者可用氨茶碱0.125g静脉注射。如出现喉头水肿、喉痉挛、支气管痉挛及肺水肿时,应及时给予肾上腺素0.5~1.0mg皮下注射,地塞米松20mg静脉注射,异丙嗪25mg肌内注射。③重度反应,除采取以上措施外,立即停止检查并进行抗过敏、抗休克处理,同时通知急诊科、麻醉科配合抢救;呼吸循环停止者应立即进行心肺复苏术;脑水肿可用甘露醇对症处理;出现休克者立即静脉注射肾上腺素0.5~1.0mg,补充血容量;有惊厥者,予以抗惊厥等对症治疗,采用抗过敏、补充血容量等治疗手段,促进排泄。

2. 对比剂肾病 含碘对比剂有一定的肾毒性,严重时可以导致对比剂肾病(CIN),其后果不能低估。近年来CIN的发生率逐年上升,是医院内获得性急性肾功能不全第3位最常见的原因,占所有的急性肾功能不全的10%。

CIN定义为使用对比剂之后48h内,血清肌酐浓度与基线相比升高25%,或绝对值升高44.2μmol/L(0.5mg/dl)以上,并持续2~5日。发病机制复杂,可能为多种因素相互作用,最可能的机制是肾小管缺血和直接肾小管毒性综合作用。对比剂导致一过性肾血流量增加,随后是较长时间的血管收缩。一氧化氮、前列环素和髓质内皮系统相互作用导致血管舒张与收缩之间失衡。CIN患者中大多数肾功能损害为轻度和一过性,但仍有高达30%的患者有一定程度的持续性肾功能损害。如果患者有多种合并症、持续多系统受累,则死亡率更高。

CIN危险因素包括原有肾脏疾病、糖尿病肾损害、血容量降低、持续低血压、对比剂量大、高龄和高血压等。对高危患者应加以识别,并采取一些必要的预防措施是降低CIN的最有效方法,包括:①增加血容量,推荐高危患者以生理盐水静脉滴注,速度大约为1ml/(kg·h)。一般于术前6~12h开始至术后12~24h;②确定是否有必要进行造影,使用最小有效剂量(如用双平面血管造影等);③选择对比剂:对于原有肾功能不全或高危患者,低渗对比剂比等渗对比剂更好;④有研究显示慢性肾功能不全患者使用N-乙酰半胱氨酸后CIN发生率降低。对于已经明确的CIN目前尚无有效的药物治疗,较为严重的肾功能损害时,治疗与其他原因所致的急性肾衰竭相同。

(邹建伟 李 波)

第五章 血管造影诊断

第一节 血管性病变的血管造影诊断

【概述】 血管造影是通过向血管内注射对比剂，并经 X 线快速连续摄影以显示对比剂在血管内流动形态、分布及血流动力学变化的造影方法，其可以从血管的形态学及血流动力学两方面揭示血管性病变的异常表现。至今其仍是显示血管解剖和相关血管性病变的金标准。

血液流动的方向是由大动脉至小动脉，然后流经各实质脏器的毛细血管网，最后经静脉回流，参见示意图 5-1。血管造影实际观察的就是对比剂随着血液流动的过程。根据对比剂进入血管后，在血管所处位置的不同时期，可将整个动脉血管造影分为动脉期、实质期（毛细血管期）以及静脉期。正常情况下三个期并非截然分开，彼此之间有一定重叠，如动脉晚期图像往往与实质早期的重合，而实质晚期又与静脉早期有所重合。理解对比剂在血管内的流程，有助于理解一些血管性疾病的血流动力学变化，以及肿瘤性病变所伴随的血管病变的造影表现和特点。

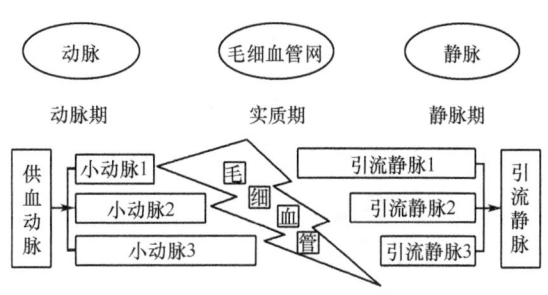

图 5-1 血流动力学模式图

血管造影时需要观察的主要内容包括血管的形态学变化（管径、轮廓、对比剂有无溢出），血管的位置（有无推压、移位），血流动力学变化（对比剂的流速、动静脉循环时间即从动脉显影到静脉开始显影之间的时间、侧支循环情况）。

常见的血管性病变有：血管破裂、出血、血管痉挛、血管狭窄及闭塞、血栓形成、动静脉畸形、动静脉瘘、动脉瘤、动脉夹层、大动脉炎、静脉曲张。

【造影表现】

1. 血管破裂、出血 血管破裂、出血时直接的病理基础就是血液经破裂口溢出血管外，溢出的血液在 X 线下是不能显影的，但是对比剂是能够在 X 线下显影的，注射到血管内的对比剂同样会伴随着溢出的血液流到血管外，因此血管破裂出血时，造影所能观察到的唯一直接征象就是对比剂溢出到血管轮廓之外（图 5-2）。当出血较多时，聚集在病变血管周围的出血便会形成血肿。因此，血管造影时可表现为由于血肿的"占位效应"，所造成的血管被推压移位的间接征象。但只有间接征象仅表明病变血管曾经有过出血，并不代表患者正处在活动性出血期。

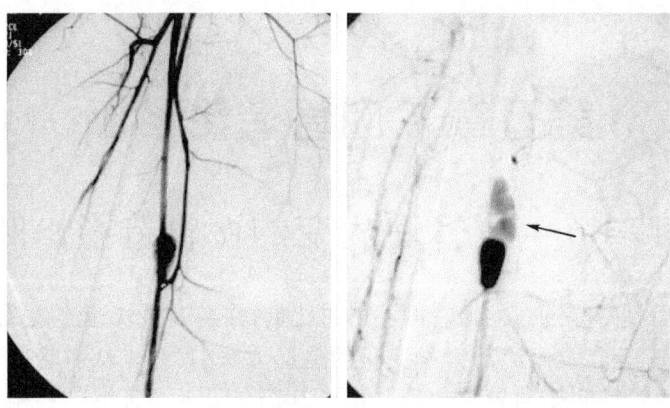

图 5-2 下肢刀刺伤至股深动脉损伤,对比剂外溢(黑箭)

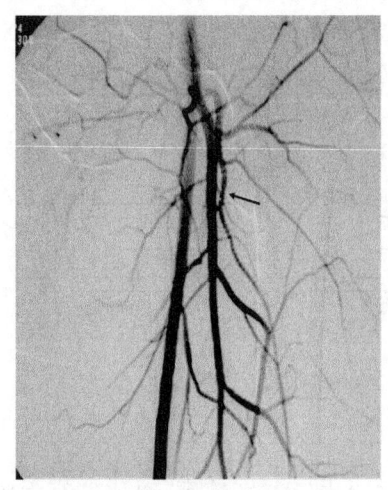

图 5-3 插管后引起血管痉挛
(黑箭),血管呈"串珠"样改变

2. 血管痉挛 主要是由于血管受到外力、化学性等因素刺激后(如插管过程中导管、导丝的刺激,出血后血液中化学物质的刺激)产生的一过性的,血管节段性痉挛性收缩。主要造影表现为血管边缘呈串珠样改变(图5-3),严重时可出现局限性的血管狭窄。通常情况下这种改变是一种功能性的改变,是可恢复的。

3. 血管狭窄及闭塞 是一种直接的血管造影征象,常见引起血管狭窄及闭塞的原因有动脉粥样硬化、血栓形成、血管栓塞、肌纤维发育不良、大动脉炎、外伤、占位病变压迫等。不同病因引起的血管狭窄及闭塞造影表现不尽相同,但基本的血管造影表现为血管管腔狭窄,狭窄段之前和之后的管腔均有不同程度的扩张(图5-4A)。血管闭塞则表现为血管在或不在不规则狭窄的基础上突然中断,慢性血管狭窄或闭塞可见到侧支循环形成(图5-4B,图5-4C),而急性血管闭塞则侧支循环往往不能及时形成。

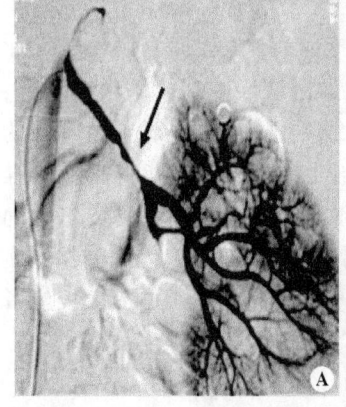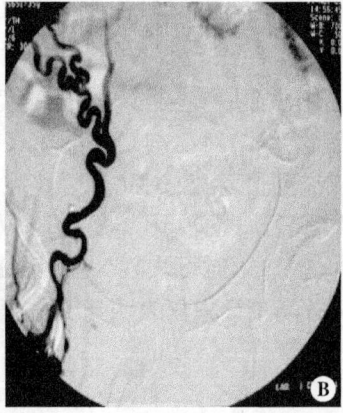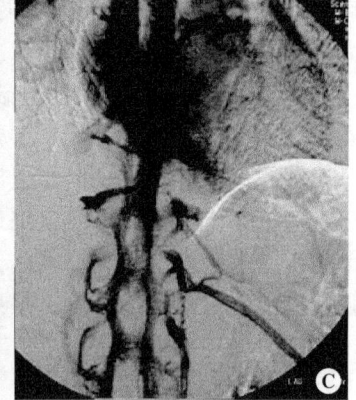

图 5-4 血管狭窄及血管闭塞后侧支循环造影显示图
A. 左肾动脉狭窄(黑箭),狭窄前后段血管扩张;B、C. 下腔静脉闭塞后腹壁静脉(B)及椎旁静脉代偿扩张迂曲(C)

4. 动脉瘤 是一种血管壁的局限性异常扩张性病变或是连通于血管腔的囊肿性病变，根据其瘤壁的结构成分可分成真性动脉瘤、假性动脉瘤。真性动脉瘤是动脉壁局限性的向外膨隆、扩张，动脉瘤瘤壁结构与正常血管壁的结构一样，也包括内膜、中膜和外膜，好发于颅内动脉及腹主动脉。假性动脉瘤是动脉破裂出血后血肿被周围组织包裹形成的血腔，其与出血动脉相沟通，早期瘤壁可由血管外膜或仅由血管周围纤维组织构成，多见于外伤或感染后，晚期瘤壁可由少许内皮细胞覆盖。

动脉瘤的血管造影唯一的直接征象是：突出于血管腔外不同形态的对比剂浓集影。此对比剂浓集影被称之为瘤影，发出此动脉瘤的血管被称之为载瘤动脉，瘤影与载瘤动脉的交界处被称之为瘤颈。瘤影、瘤颈以及载瘤动脉都是造影中应该关注的内容。动脉造影时应尽可能清晰地显示出瘤颈的切线位，从而为后续的治疗提供更多的信息。根据造影情况可大致判断动脉瘤是否发生过破裂：未破裂动脉瘤的瘤影外形往往较光滑。造影中，如动脉瘤正处于破裂状态，则直接征象同样是瘤腔内对比剂外溢；如果动脉瘤曾经发生过破裂，则在造影中可观察到瘤影边缘毛糙或有尖刺状突起，动脉瘤周围血管痉挛等间接征象（图5-5）。假性动脉瘤造影时常可见瘤颈、瘤腔内对比剂排空延迟。

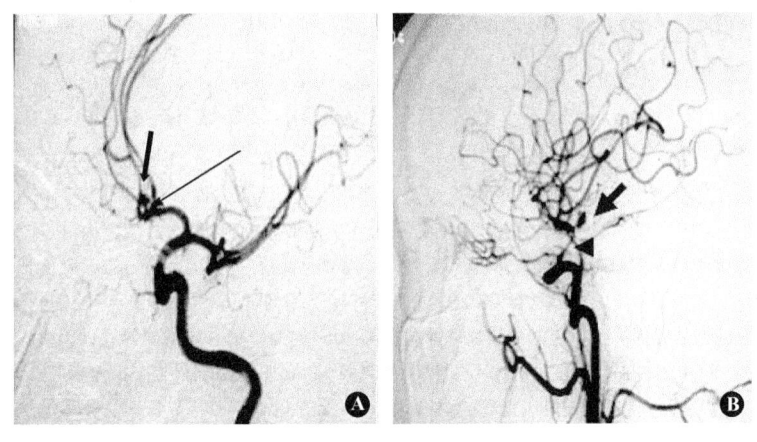

图 5-5 动脉瘤造影表现

A. 前交通动脉瘤，可见动脉瘤瘤体（黑箭）和瘤颈显影（细长黑箭）；B. 后交通动脉瘤，可见动脉瘤瘤体（粗黑箭）和载瘤动脉-颈内动脉痉挛、血管管径变细（黑箭头），瘤影形态不规则，有尖角状突起，此动脉瘤呈发生过破裂

5. 动脉夹层 是动脉内膜破损，导致高压血液冲入血管壁，造成内膜掀起，中膜纵行撕裂，血液在血管壁间流动，最后形成真假两个血管腔。真腔为原有的动脉管腔，其往往被扩张的假腔压缩，管腔狭窄；而假腔为撕裂的血管壁，其内血流缓慢，甚至血栓形成，有时假腔内的血栓会脱落栓塞至下游血管。如果假腔顺血流方向继续撕裂至血管壁外层，血液溢出至血管壁外，局部为纤维组织包裹，则形成了突出于血管壁外的假性动脉瘤。动脉夹层好发于胸主动脉、椎动脉颅外段及颈动脉，亦可见于肾动脉（图5-6）。动脉夹层的病因包括血管壁先天发育异常（如肌纤维发育不良、马方综合征等）、外伤及医源性损伤等。

中、小血管夹层的血管造影主要有两种特征性的表现，主要由内膜撕裂的严重程度，被掀起内膜片的位置，以及夹层病变的不同进展时期而决定。一种典型的表现为可见狭窄的血管真腔;血流缓慢、对比剂滞留的假腔,以及位于真假腔之间的呈低密度的内膜片。而另一种血管夹层的常见表现为:局部血管管腔狭窄(为显影的、被压缩的真腔血管)、管壁不规则,并伴之有狭窄后局部血管扩张或是假性动脉瘤形成。此征象被称之为"线-珠征","线"是指狭窄的血管,而"珠"是局部扩张膨大或假性动脉瘤形成的血管影像;对于此类患者的治疗不能仅认为患者存在动脉瘤,而忽视了血管狭窄的病理机制,如果选择介入治疗,则应从狭窄段血管开始治疗,而非仅仅治疗假性动脉瘤。如果能看到同时显影的真腔、假腔及被掀起的内膜片,可明确诊断夹层动脉瘤(图5-6)。CTA及MRI显示真、假腔更具有优势,MRI T_1 加权图像上由于假腔内血流缓慢或血栓形成,往往能在假腔内显示高信号的慢血流或血栓(图5-7)。

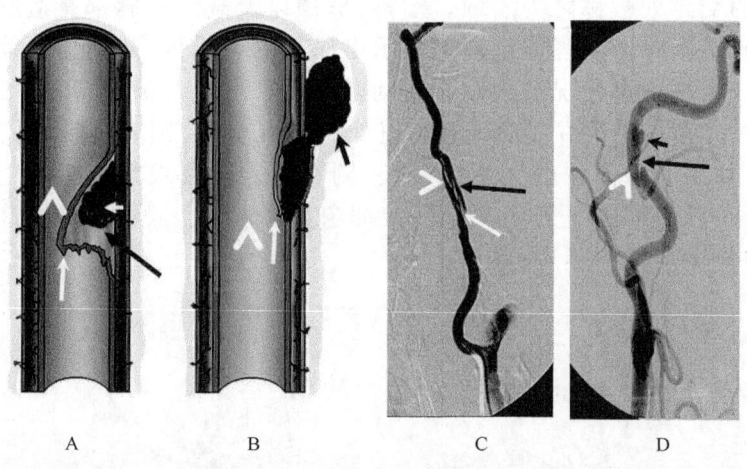

图 5-6　血管夹层模式及造影图细长黑箭为血流方向

A. 内膜片(长白箭)掀起,可见狭窄的真腔(白箭头)及扩大的假腔(粗长黑箭),假腔内可见血栓形成(短白箭)。对应血管造影图C低密度的内膜片(长白箭),狭窄的真腔(白箭头)及血流缓慢,对比剂滞留,密度增高的假腔(粗长黑箭);B. 假腔继续撕裂造成血管外壁受损,假性动脉瘤形成(短黑箭),而假腔内由于血管壁间血肿,血栓形成及掀起的内膜片被前向血流冲击、向血管壁方向贴附等共同因素作用,假腔此时反而不易显影。因此在造影图D中,仅可见狭窄的真腔(白箭头),狭窄远端突出血管腔外的假性动脉瘤(短黑箭)显影。而假腔(粗长黑箭)反而不易显影,仅见此处的血管腔狭窄。这种表现称之为线-珠征

主动脉夹层将在第十章的第一节进行详细的描述。

6. 动静脉畸形　可见于神经系统、四肢及内腔脏器等各个部位。由图5-1我们可以了解血液流动的大体方向,而动静脉畸形最主要的大体病理特点是存在于动脉和静脉之间的畸形血管团(图5-8),此时血液并不按正常的循环方向进行流动,而是经动脉直接流入畸形血管团,然后直接经静脉引流。由于畸形血管团内的压力低,因此流入血管团内的血流量大,而周边正常组织的供血会相对不足,产生畸形血管团的"盗血"征象。因此,畸形血管团、增粗的供血动脉和粗大的引流静脉就构成了动静脉畸形的三大直接征象(图5-9)。畸形血管本身的占位效应,以及由于畸形血管团内的相对低压造成的动静脉循环时间缩短和"盗血"现象则为血管造影的间接征象。

7. 动静脉瘘　可作为一个独立的疾病存在(如硬脑膜动静脉瘘),但也可以是其他疾病的伴随征象(如肿瘤侵犯周围血管)。动静脉瘘的病理特点为供血动脉与引流静脉发生了直接的沟通、短路(图5-8)。由于血液直接经低压的动静脉瘘口处进行回流,因此会有大量的血液经供血动脉直接流入引流静脉。故其血流动力学改变与动静脉畸形相似,血管造影也表现为增粗的供血动脉和粗大的引流静脉;同时可见血管内的对比剂直接经瘘口由动脉流向静脉,

使瘘口显影。增粗的供血动脉、粗大的引流静脉以及瘘口直接显影是动静脉瘘动脉血管造影的直接征象(图5-10)。与动静脉畸形的血流动力学类似,到血液大量流入瘘口时,同样存在"盗血"这一间接征象,表现为流向周围正常组织的血流量减少。实际上在某些特殊类型的疾病中,动静脉畸形和动静脉瘘是可以同时存在的,如脑内的某些血管畸形病变。

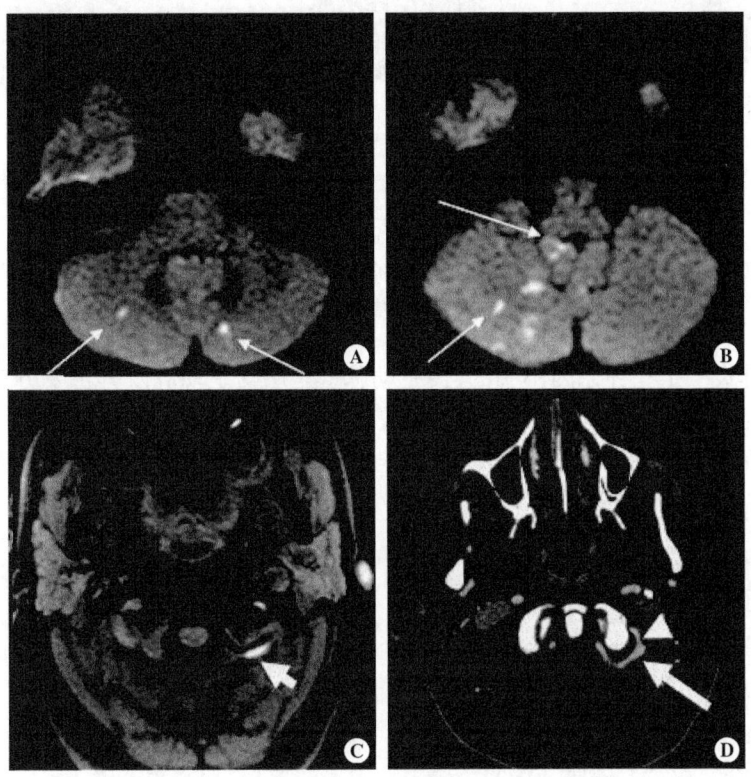

图5-7 左椎动脉夹层致小脑梗死

A、B. MRI DWI 图见小脑散在栓塞源性脑梗死,散在点状的高信号弥散受限区域(细长箭);C. MRI T_1 加权图像可见左椎动脉 V3 段血管壁长条状高信号(短白箭),为夹层假腔内的血栓或慢血流表现;D. CT 轴位增强影像可见左椎动脉 V3 段局部管腔狭窄(箭头)。狭窄后局部高密度影突出于血管轮廓外(长白箭),类似血管造影的线-珠征显示。此患者考虑为夹层内血栓脱落至小脑栓塞源性脑梗死

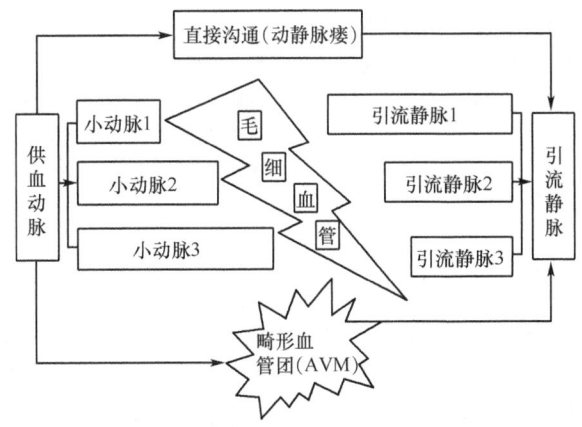

图5-8 正常血流及动静脉瘘、动静脉畸形血流模式图

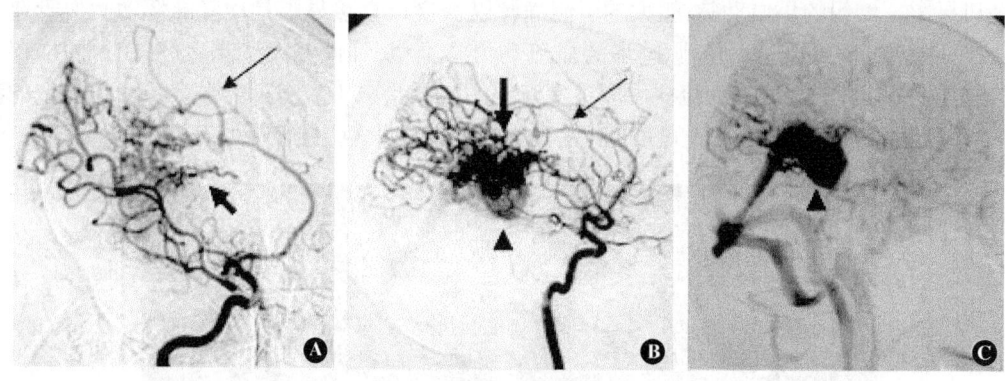

图 5-9 脑动静脉畸形造影表现

可见增粗的供血动脉(细黑箭),畸形血管团(粗黑箭),以及粗大的引流静脉,引流静脉严重扩张呈静脉瘤样改变(黑箭头)

8. 大动脉炎 是一种原因不明的、侵犯动脉壁全层的主动脉及其主要分支动脉炎。其诊断要结合临床病史及实验室检查指标,多数的血管造影表现为动脉管腔狭窄和狭窄后扩张,少数患者表现为动脉管腔扩大或动脉瘤样扩张。动脉的扭曲和延长也是大动脉炎的一个特征性表现(图 5-11)。

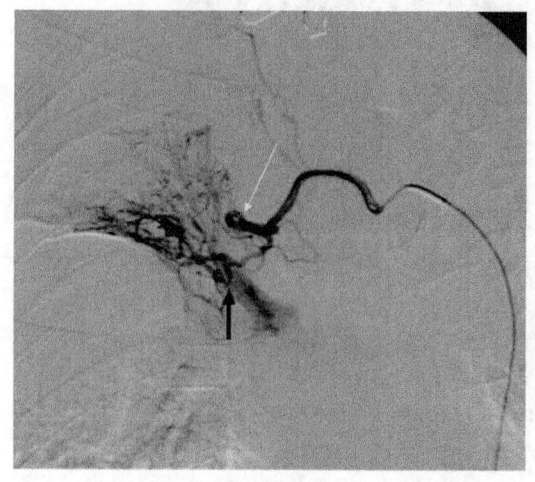

图 5-10 支气管扩张咯血患者的右支气管动脉造影

可见支气管动脉增粗、迂曲(白箭),其末梢分支血管直接与肺静脉形成瘘,使肺静脉显影(黑箭)

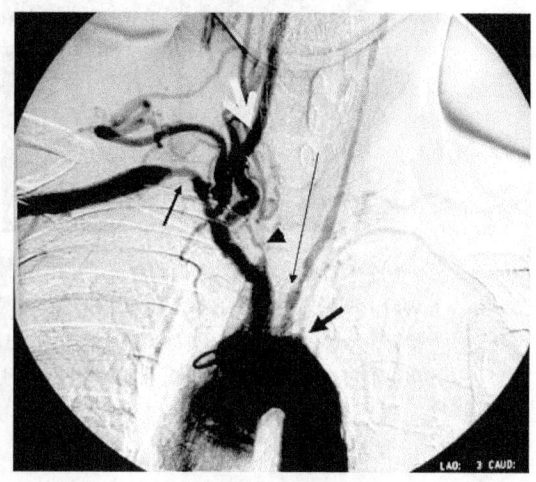

图 5-11 大动脉炎主动脉弓血管造影表现

见左锁骨下动脉严重狭窄,呈细线样(短粗黑箭);左颈总动脉狭窄,管壁毛糙(细长黑箭);右颈总动脉狭窄、闭塞,呈鼠尾状(黑箭头);右锁骨下动脉可见不规则的多发狭窄(黑箭);脑部血流主要靠代偿增粗、迂曲的右椎动脉供应(白箭)

9. 血栓形成 可发生于动脉和静脉。当血栓形成完全阻塞血管时,血液在局部血管腔内停止流动,血管造影仅见对比剂流动中断的表现,根据血栓的形态,血管闭塞端可表现为"杯口状"或"鼠尾状"。造影出现血管闭塞时需要结合临床和其他影像学表现才能诊断为血栓形成。如果是急性闭塞,多无侧支循环形成;若是慢性闭塞,则可以看到较多的侧支循环血管(图 5-12)。如果是血管腔内部分性血栓形成,则造影可以表现为管腔狭窄,对比剂流速减慢,对比剂滞留于血管腔内,同时可见血栓引起的充盈缺损,以及对比剂绕行所形成的"双轨"征。

10. 静脉曲张 是指由于静脉回流压力高,或静脉作为侧支循环承受过多血流所致的静脉长期过度充盈,而产生的静脉迂曲扩张。静脉曲张见于腹壁及下肢浅静脉,亦可见于精索静脉、卵巢静脉及食管胃底静脉等内腔脏器静脉。血管造影可显示静脉曲张的程度、范围;可以明确有无解剖变异、血栓形成和血管破裂。静脉曲张的血管造影表现为静脉明显扭曲、伸长,管腔明显扩张,扩张的静脉呈蚯蚓状或串珠状,对比剂在扩张的静脉内流速减慢(图5-13)。

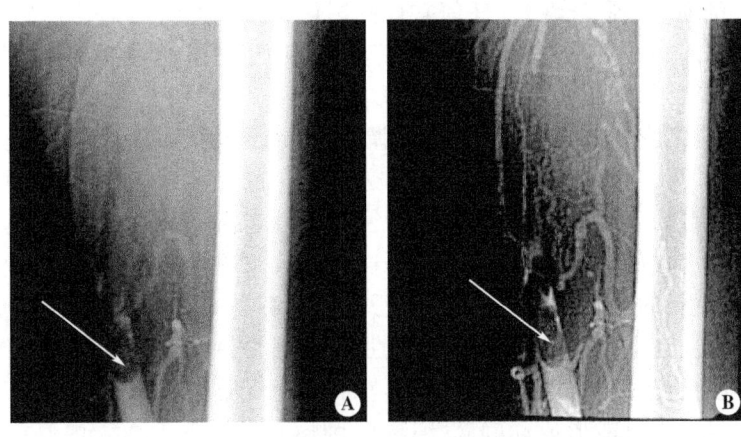

图5-12 静脉顺行造影图提示股静脉血栓形成

闭塞端呈杯口样(白箭),造影晚期可见周围迂曲增粗的浅静脉代偿显影(B)

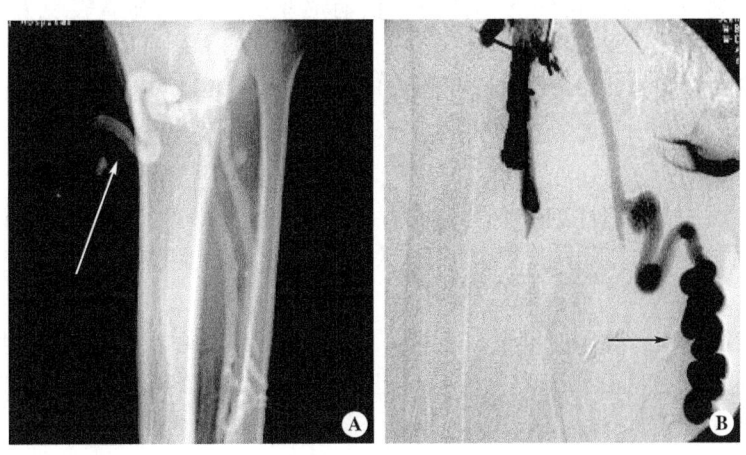

图5-13 静脉曲张造影表现

A. 下肢静脉顺行造影见小腿浅静脉曲张(白箭);B. 股静脉逆行造影见大隐静脉曲张(黑箭)

(陈 珑)

第二节 肿瘤性病变的血管造影诊断

【概述】 由于血管造影存在一定的创伤性,所以一般情况下其并不作为肿瘤性病变的首选影像检查方法,但是在诊断不明确时,血管造影仍有其一定的应用价值。此外,其可以帮助医者进一步判断病变的部位、数目、血流动力学情况以及有无癌栓形成,从而为肿瘤性病变的治疗提供重要的信息。

【恶性肿瘤的血管造影表现】 任何常规的影像学检查反映的都是病变的大体病理变化,简要了解疾病的病理生理演变及大体病理表现有助于更好地理解其恶性肿瘤的血管造影表现。

肿瘤本质上是细胞失去对其生长的正常调控,导致异常增生而形成的新生物。而恶性肿瘤则具有异行性高、生长迅速、局部浸润和远处转移的生物学特性。由于恶性肿瘤生长迅速,因此需要丰富的血液供应,肿瘤的血管往往比较丰富;但是由于生长迅速,所以肿瘤血管又往往难以发育成熟,所以其血管杂乱、通透性大;尽管生长迅速,但肿瘤血管的发育仍然跟不上肿瘤生长的速度,这必然又导致恶性肿瘤容易坏死,因此恶性肿瘤往往其中央区域缺血坏死明显。由于恶性肿瘤具有侵袭性,因此恶性肿瘤往往侵犯周围组织导致其形态不归整、边界不光整;而肿瘤周围血管又容易被肿瘤侵犯表现为血管僵直、破溃;如果动脉及静脉同时受累,则可能形成动静脉瘘;同时肿瘤晚期可发生血管内癌栓及血行转移。恶性肿瘤的血管造影表现如下。

1. 动脉拉直、推移征 肿瘤体积增大到一定程度,都会产生占位效应,其主要表现为供血动脉或邻近动脉及其分支移位、拉直,有时呈弧形包绕肿瘤表现为"抱球征"(图5-14、图5-15)。

2. 动脉不规则僵直或中断 由于肿瘤将动脉包绕并侵犯血管,使动脉壁变得不规则呈僵硬状态。严重者血管完全浸润,管腔小时,表现为对比剂在血管内滞留(图5-14)。

3. 肿瘤血管 由于恶性肿瘤血管多发育不完全,所以肿瘤血管表现为管径不均匀,排列紊乱,同时可能出现局部增粗、粗大,完全失去了正常动脉血管均匀逐级变细的特点(图5-14、图5-15)。

4. 血管湖征 由于肿瘤血管发育不全,其血管内壁仅由单层内皮细胞衬附,且细胞间隙大,而肿瘤血管又往往在局部异常扩张。因此,造影时动脉期会出现对比剂呈湖样聚积,消失缓慢(图5-14、图5-15)。

5. 恶性肿瘤染色 在血管造影的实质期,由于对比剂积累在肿瘤的间质间隙或滞留在小的血管腔内,使肿瘤密度明显高于周围组织即为肿瘤染色。恶性肿瘤由于生长迅速,其中心区域往往会发生缺血性坏死,因此恶性肿瘤染色往往不均匀,肿瘤周围密度高,中间密度低或密度不均(图5-14)。

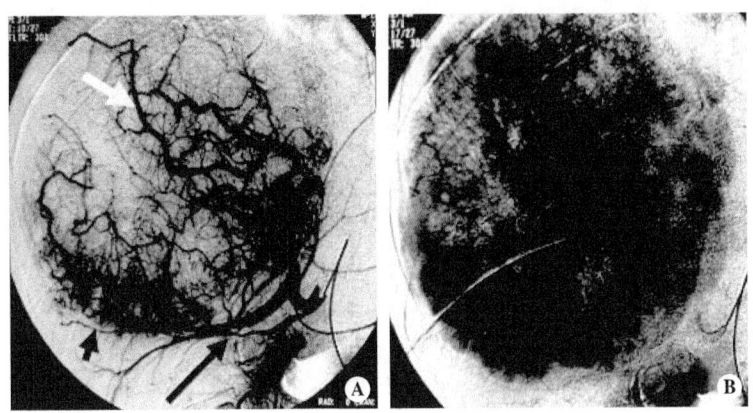

图 5-14 原发性肝癌血管造影图

动脉期(A)可见肝动脉被推压,呈弧形移位,显示抱球征(长黑箭);肿瘤包绕动脉并侵犯血管,使动脉壁变得不规则、僵硬(白箭);肿瘤血管排列紊乱,失去正常血管逐渐分级变细的特点(短黑箭)。实质期(B)见明显恶性肿瘤染色,肿瘤内部染色不均

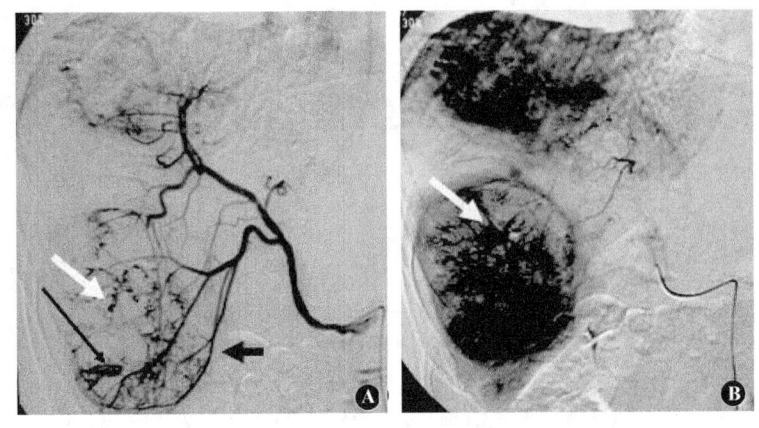

图 5-15 转移性肝癌血管造影图。动脉期(A)可见肝动脉分支被推压,呈弧形移位,显示抱球征(粗黑箭);肿瘤血管异常增粗,失去正常血管逐渐分级变细的特点(细黑箭),并可见动脉期对比剂于肿瘤内局部聚集(白箭),于实质期亦不消散

6. 动静脉瘘 由于血管受累侵犯,在造影的动脉期即可见静脉提前显影,在肝脏恶性肿瘤的血管造影中最常见的为肝动脉-门静脉瘘,亦可见肝动脉-肝静脉瘘(图 5-16)。值得注意的是动静脉瘘为恶性肿瘤的常见血管造影表现,但并不是只有恶性肿瘤才会出现动静脉瘘,少数良性病变,如肝血管瘤的动脉造影也可以出现肝动脉-门静脉瘘。

7. 血管内癌栓 表现为造影过程中血管腔内的充盈缺损、对比剂滞留或管腔闭塞(图 5-17)。血管内癌栓是恶性肿瘤独有而具有特征性的造影表现。

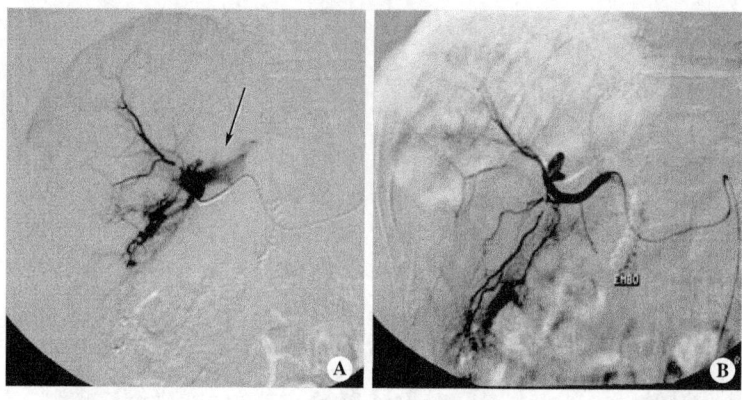

图 5-16　胃癌术后肝转移患者,肝动脉造影显示肝动脉门静脉瘘

微导管选择至肝右动脉造影(A),在动脉早期即可见门静脉右支(白箭)显影。微导管超选择至瘘口处栓塞瘘口后再次血管造影(B),瘘口封闭,门静脉不再显影,此时可见肝右叶下极的异常肿瘤染色

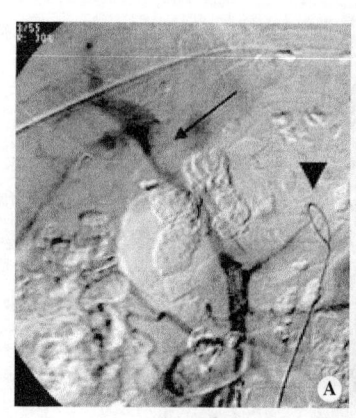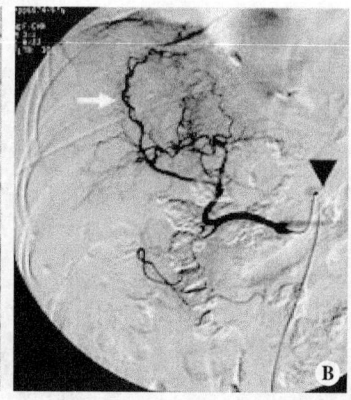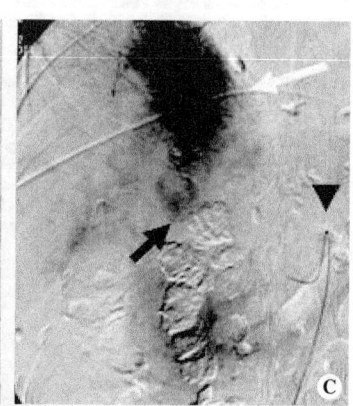

图 5-17　肝癌间接门静脉造影及动脉造影

间接门静脉造影(A)可见门静脉右支充盈缺损(细黑箭),提示门静脉癌栓形成;同一患者肝动脉造影动脉早期(B)可见不规则的肿瘤血管(细短白箭);肝动脉造影实质期(C)可见异常肿瘤染色(粗长白箭)及门静脉内癌栓的肿瘤染色(粗黑箭),提示此门静脉癌栓亦由肝动脉供血。注意各图导管(黑箭头)的形态及位置,图 A 导管位于肠系膜上动脉内行间接门静脉造影,图 B、C 导管位于肝总动脉内行动脉造影

【**良性肿瘤血管造影表现**】　良性肿瘤由于生长相对缓慢,因此血管发育相对成熟,肿瘤对血管的侵犯也较少发生;同时良性肿瘤内部细胞排列相对整齐,较少发生类似恶性肿瘤那样因快速生长而导致的供血不足致肿瘤细胞坏死的现象。良性肿瘤的血管造影表现如下。

1. 供血血管无增粗　良性肿瘤生长缓慢,多无供血血管的异常增粗表现(图 5-18)。

2. 血管推移征　肿瘤的占位效应使其周围的血管发生弧形移位,但与恶性肿瘤不同,其仅表现为占位效应,而被推移的动脉血管无被侵犯的迹象(图 5-18、图 5-19A)。

3. 肿瘤染色　富血管的良性肿瘤在造影的毛细血管期可出现肿瘤染色。同样由于良性肿瘤内部无坏死区域,因此与恶性肿瘤染色不同的是,良性肿瘤的肿瘤染色大多均匀,且边缘清晰光整(图 5-18B),但此点并不绝对,如果良性肿瘤内部出现坏死组织同样亦可表现为肿瘤内部染色不均一。

4. 肿瘤血管 良性肿瘤的供血血管发育相对完全，类似正常血管的逐级分支变细，无恶性肿瘤的突然迂曲增粗表现。而对于一些绒毛状或乳头状腺瘤可出现较多的新生血管，在血管造影的实质期可出现对比剂聚集，亦可出现早期静脉引流。

5. 动静脉瘘 良性肿瘤较少侵犯肿瘤周围或肿瘤内部血管，因此动静脉瘘发生的概率小，但并非绝对。

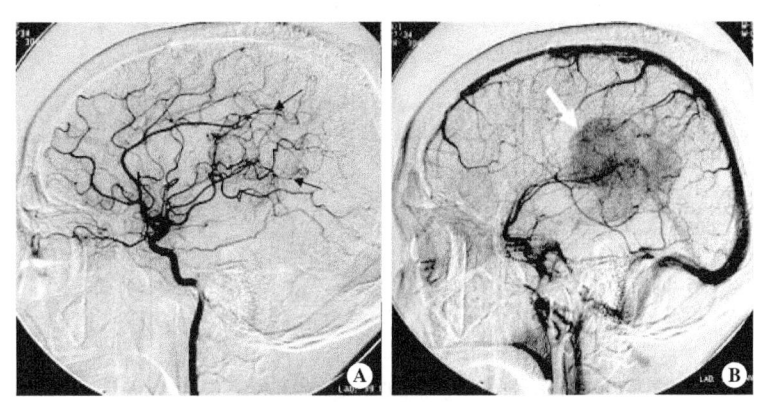

图 5-18 脑膜瘤血管造影表现
A. 造影动脉期显示边缘光滑、走行柔和、轻度呈弧形移位的肿瘤血管（黑箭）；
B. 造影实质期见边缘规则，内部均匀一致的肿瘤染色（白箭）。

肝血管瘤是一类比较特殊的疾病，迄今为止，关于肝血管瘤的归属问题仍存在争论。在早期研究中，多数学者将肝血管瘤归类于肝脏的良性肿瘤。但现在越来越趋向于将其纳入到静脉发育畸形疾病中。因此将其单列进行介绍。肝血管瘤的血管造影表现如下。

1. 供血动脉轻到中度增粗 尽管对于肝血管瘤的供血动脉是否增粗仍存在一定争议，但大多数研究表明肝血管瘤的供血动脉仍有一定程度的增粗，尤其是巨大的肝血管瘤。

2. "爆米花样"血管湖及肿瘤染色 在血管瘤边缘可见类似"爆米花"样或"浆果样"血管染色，其病理上是一些扩大的异常血窦（图 5-19），此为肝血管瘤的特征性造影表现。

3. 半弧形分布的血管湖 肝血管瘤动脉期即可见病变区域内呈半弧型分布的血管湖，一直持续到造影晚期。血管瘤中心区域病理上为团状的纤维增生组织，因此血管瘤中心表现为无血管、无对比剂充盈。而血管瘤边缘的异常血管可快速被对比剂充盈，其成环形或"C"形排列，此种半弧形分布的血管湖是肝血管瘤的另一个特征性的造影表现（图 5-19B）。

4. 对比剂排空延迟 肝血管瘤内异常扩张的血窦在注射对比剂后 1~2s 即可显影，但由于此类异常血管壁无肌肉组织，因此对比剂排空延迟，有时对比剂在血管湖里滞留时间可长达 20s 之久。所谓"早出晚归"征象，此表现在 CT 及 MRI 增强扫描中同样可以显示。

5. 动静脉瘘 部分肝血管瘤造影可见肝动脉门静脉瘘或肝动静脉瘘。有学者认为这也是支持肝血管瘤为静脉畸形的证据之一。

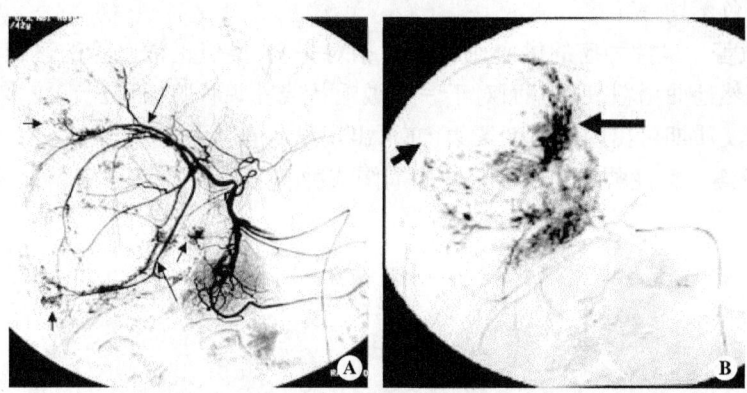

图 5-19 肝血管瘤血管造影图
A. 造影动脉期,可见血管瘤周围血管被推压移位呈弧形走行(细长黑箭),但血管走行自然,无僵直及突然增粗迂曲改变。同时在血管瘤周边区域可见提早显影的小点片状的,如"爆米花"状,或"树枝挂浆果"状的血管湖显影(细短黑箭);
B. 造影实质期晚期,仍可见"爆米花"状血管湖或肿瘤染色显示(粗长黑箭),对比剂排空延迟。同时肿瘤中心及外侧区域内无肿瘤染色,整个血管瘤的实质期染色呈特征性的半弧形或 C 形

(陈　珑)

第六章 基本介入诊疗技术

第一节 经外周静脉中心静脉置管术

【概述】 经外周静脉中心静脉置管术(peripherally inserted central catheter, PICC)是从外周静脉穿刺插管,将导管头端送至上腔静脉内的技术。该技术的应用减少了频繁静脉穿刺的痛苦,保护了患者外周静脉,减轻了医护人员的工作负担,目前已在临床广泛应用。

【器械】 PICC 穿刺包,内含 20G 穿刺针、导丝、刀片、撕脱鞘。PICC 管套装,内含中心静脉导管、接头和肝素帽,PICC 管是由硅胶材料制作而成,长度为 60cm,具有高生物相容性和放射显影的特性(图 6-1)。

【技术与方法】 根据穿刺静脉能否肉眼所见,可分为直视下置管和影像设备引导下置管。前者是选择肉眼所见的表浅静脉进行穿刺。后者可在 B 超、X 线透视引导下,通过观察屏幕上显示的间接血管影像进行穿刺。

PICC 置管通常在患者肘窝部的贵要静脉、肘正中静脉、头静脉中任选一条。贵要静脉粗直,静脉瓣较少,常作为首选(图 6-2)。直视下穿刺选择弹性及显露性好的血管,影像设备引导下则选择肉眼不易观察到的贵要静脉。穿刺方法有一步法和 Seldinger 改良法,前者是将外鞘管和穿刺针为一体穿入血管,而后者则用中空的穿刺针穿刺血管,再引入导丝,退出穿刺针,再引入撕脱鞘。本节主要介绍透视下经外周静脉中心静脉置管术。

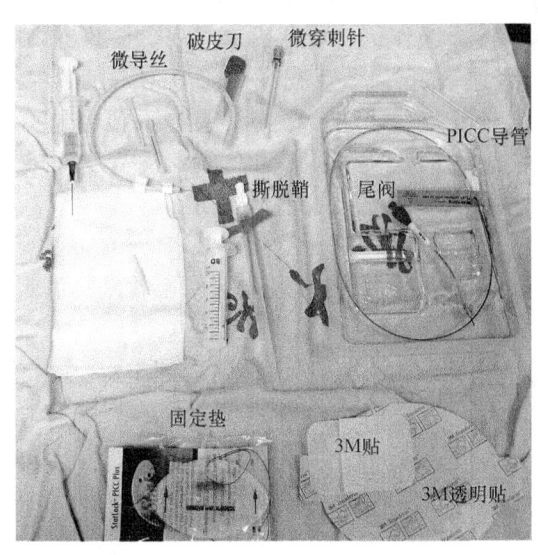

图 6-1 PICC 穿刺套件及穿刺包组成

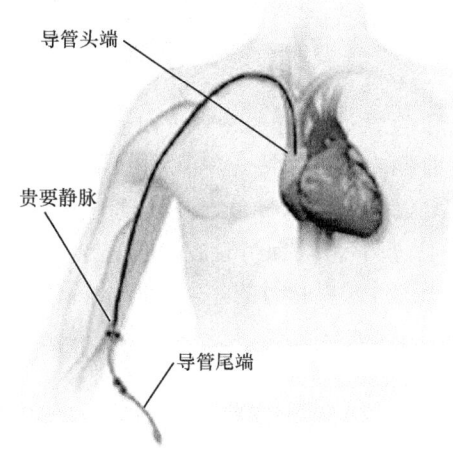

图 6-2 经贵要静脉置入 PICC 示意图

操作步骤:①穿刺器械的准备,冲洗穿刺针、导管、撕脱鞘等;②测臂围,于肘上 7cm 处测量,便于监测可能发生的并发症,如渗漏、上肢静脉血栓形成等;③上臂近腋窝处扎止血带使静脉充盈,便于穿刺;④肘上两横指穿刺区域消毒,铺洞巾,通过手背留置针推注少量造影剂,透视下充分显示上臂静脉。首选贵要静脉,次选肘正中静脉,头静脉为第三选择,必要时选择肱静脉。尽量避开静脉瓣,确定穿刺点,以 1% 利多卡因局部浸润麻醉;⑤穿刺置管静脉,穿刺针方向与静脉走行一致,30°~45°角穿透静脉前壁,见回血后松开止血带,引入导丝,退出穿刺针后用刀片切开穿刺点皮肤,置入撕脱鞘;⑥置入导管,退出鞘内扩张管,往鞘内匀速、缓慢送入导管,当导管进入肩部时,嘱患者将头转向穿刺侧,下颌靠肩,以防导管进入颈静脉。透视下观察导管头端到达理想位置(多以上腔静脉与右心房交界处为标准,见图 6-3),退出撕脱鞘和导管内芯;⑦连接固定导管,刀片切断多余长度的导管,外露长度 5cm 为宜,连接导管尾端和接头,旋上肝素帽,10ml 注射器回抽见血后,用肝素水脉冲式冲洗导管,用固定装置将导管固定于皮肤,以不影响患者肘关节活动为佳。

【临床应用】 PICC 管在临床应用范围较广,如需要长期静脉营养的患者,或者手术前后需要长期化疗的患者,都需要一条长期、可靠的深静脉输液通路。

适应证:①需要长期静脉输液,但外周浅静脉条件差,不易穿刺成功者;②需反复输入刺激性药物,如化疗药物;③长期输入高渗透性或黏稠度较高的药物,如高糖、脂肪乳、氨基酸等;④需要使用压力或加压泵快速输液者,如输液泵;⑤需要反复输入血液制品,如全血、血浆、血小板等;⑥需要每日多次静脉抽血检查者。

禁忌证:①患者身体条件不能承受插管操作,如凝血机制障碍、免疫抑制者慎用;②已知或怀疑患者对导管所含成分过敏者;③既往在预定插管部位有放射治疗史;④既往在预定插管部位有

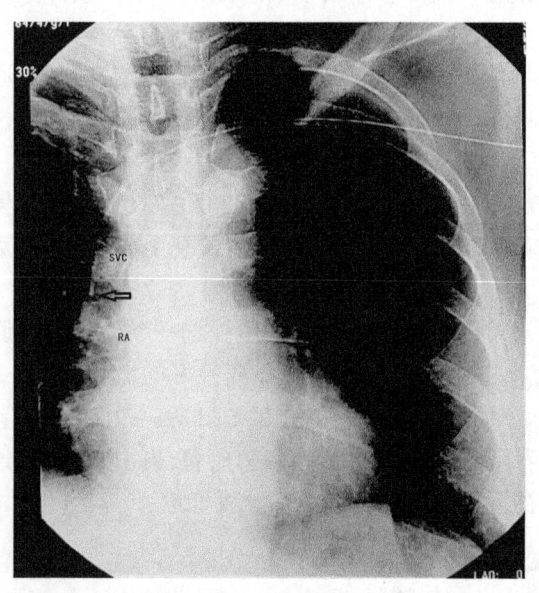

图 6-3 导管头端理想位置图
箭头所示为导管头端

静脉炎和静脉血栓形成史、外伤史、血管外科手术史;⑤局部组织因素,影响导管稳定性或通畅者。

PICC 置管入后的日常维护:导管放置后一般每周进行术后护理,包括术后并发症的观察,对导管进行冲洗,保持管腔通畅,防止导管堵塞,保持导管的长期可用性。

【并发症】 置管时的并发症有:送管困难,导管异位,误伤动脉、神经,局部出血、血肿。置管后的并发症有:静脉炎,导管感染,静脉血栓形成,导管堵塞,穿刺点渗血、渗液,导管脱出异位,导管断裂少见。

在操作过程中,必须熟悉解剖结构,观察仔细,操作规范,这样才能将并发症的发生率控制在最低限度。

(朱晓黎)

第二节 经导管血管内灌注术

【概述】 经导管动脉内药物灌注术(transcatheter arterial infusion,TAI)是通过导管经动脉注入各种不同的药物到病变的组织或器官,以达到疗效高而不良反应轻的治疗效果。TAI 实施简单,适应证广且疗效显著,是血管内介入放射治疗应用最广泛的技术之一。

【基本原理】 药物的疗效除主要与其自身的药理作用和病变对其的敏感性有关外,病变区的药物浓度(相对于外周血浆药物浓度而言)和药物在一定的浓度下与病变的接触时间等因素也对疗效产生重要影响。而不同的给药方式将对上述因素产生作用。采用经静脉给药的方式时,药物均经静脉回流至右心室、肺循环,再经左心室泵出分散至全身(包括病变区)。此过程的早期药物在各脏器的分布量主要取决于其血流量。而后再根据药物的代谢和分布特点,主要分布于肝、肾、肺或皮肤等脏器。靶器官的药物浓度主要与外周血浆药物浓度平行。欲提高靶器官的药物浓度,只有增加药物注射量及注射速度。通常,药物不良反应与其用量及外周血浆浓度成正比,而对一些药物而言,增加药物剂量以增强疗效,同时又要求减少药物的毒副作用的矛盾几乎无法通过常规给药途径解决。

TAI 的基本方法是经皮穿刺,动脉内插管至靶动脉,再以等量于静脉给药的药物剂量甚至较小的剂量动脉内灌注,就能使靶器官药物浓度提高和通过各种方法延长药物与病变的接触时间,而外周血浆药物浓度并不增加,达到提高疗效和减小不良反应的目的。其基本原理简述如下。

1. TAI 的药代动力学特点 药代动力学(pharmacokinetics)主要是通过数学模型来研究药物在体内的分布等动态变化的规律性。药代动力学研究表明,药物经由静脉注入后可有 I 相和(或) II 相分布。分布 I 相指在药物分布达到平衡之前的一段时相。此时药物的分布是由局部血流量决定的,器官供血量大时,药物在局部分布就多。而 TAI 是经由供血动脉给药,药物首先进入靶器官,其分布 I 相较静脉注药有了极大改变,使靶器官药物分布量不受血流分布的影响,成为全身药物分布量最大之所在。假如某器官的血流量占全身的 10%,经静脉注射时 I 相的药物分布量约占 10%,以同样的药量和注速在靶动脉内灌注,瞬间局部药物分布量可较前者提高约 10 倍。分布 II 相又称为快速再分布相,出现于注药后数分钟至数小时。它除受器官血量灌注量的影响外,尚受药物的脂溶性和蛋白结合性影响。一般来说,在此时相 TAI 给药的靶器官药物分布量亦较静脉给药方式多,这就是 TAI 的优势所在。

外周血浆的最大药物浓度(C_{max})和血浆药物浓度-时间曲线下面积(AUC)为药代动力学研究的重要参数,其值过高将增加药物的毒副作用发生的机会,过低则影响疗效。TAI 时由于靶器官的首过代谢(特别在肝脏)和首过提取作用,使 C_{max} 和 AUC 较以同等的量和注速经静脉注射者降低,可达到提高疗效和减少药物毒副作用的目的。

TAI 时减少靶器官的血流量能提高其药物接受量。根据药代动力学模型,TAI 时靶器官接受的药量可用下列公式表示:R_t = 1+表面总体清除率/肿瘤血流量。

R_t 为靶器官药物接受量。表面总体清除率表示除靶器官以外的机体组织对药物的清除程度。肿瘤血流量可视为靶器官的血流量,1 为常数。在表面总体清除率已确定的情况下,欲提高 R_t 值,只能通过减少靶器官血流量才能达到。由此产生动脉阻滞化疗性 TAI 的概念。实验表明,采用减少靶器官血流(如球囊导管阻塞和可降解微球阻塞)的方法,可进一步提高局部药物接受量 6~7 倍。同时 C_{max} 和 AUC 值变小,血药浓度在一定时间呈缓升和缓降的曲线。这可使靶器官的药物浓度在较长时间内保持比其他部位高 13~15 倍。

2. 首过效应 首过效应(frst pass effects)主要指药物第一次通过靶器官时被提取和代谢的现象,也包括一些其他效应。大多数药物在肝脏进行代谢,首过效应在肝动脉内药物灌注时表现十分明显。临床研究表明药物的肝首过提取率最高可达 0.9,而 AUC 较静脉注射减少 50%。其他组织的药物接受量明显减少,相应药物不良反应明显减低。动物实验表明,以小剂量 5-FU(5mg/kg)24h 匀速进行灌注时,肝静脉和外周静脉血中测不到 5-FU,药物几乎完全被肝脏提取和代谢。

而对于一些其他器官,如盆腔脏器、脑等,因不是药物代谢的主要场所,药物首过提取和代谢能力不如肝脏等强,但仍较非靶器官药物浓度高得多。动物实验在狗的髂动脉分叉处灌注顺铂,并与静脉给药比较。1~2h 后,TAI 组膀胱黏膜、肌肉和其他盆腔组织的药物浓度较静脉给药组高 8 倍,而心、肝和肾组织的药物浓度两组无明显差别。

药物经静脉注射后经漫长的途径到达靶器官时,已有相当数量的药物与血浆蛋白或脂质结合,而使具有生物活性的游离药物量减少,从而降低药效。顺铂经静脉注射后 2h,98% 与血浆蛋白结合,仅 2% 的游离药物发挥抗癌作用。TAI 时药物直接在靶血管内注入,路途短,到达靶器官时的药物蛋白结合率较静脉给药低得多,药物效价可提高 2~22 倍,疗效提高 4~10 倍。此种效果也应归因于首过效应。

目前常用的溶栓药物,如尿激酶进入血液与纤溶酶原结合,并将其激活,再与纤维蛋白结合,才将其溶解,而且是非选择性的。静脉给药后,与血栓表面的纤维蛋白结合,逐渐将其溶解。因血栓形成后局部血流量明显减少,药物与血栓的接触面积十分有限,溶栓效率较低。其又可溶解血液中其他纤维蛋白原,使凝血功能下降,大剂量用药时可导致出血。溶栓药物在局部血栓内灌注则可发挥首过效应,优先溶解血栓中的纤维蛋白,提高溶栓效率并减少用药剂量。即使使用与静脉溶栓相同的剂量,全身不良反应亦明显减少。

药物通过 TAI 时的首过效应能达到提高疗效和减低不良反应的效果,某些因全身用药时不良反应大而使用受限的药物采用动脉给药方式则可安全使用。

3. 层流现象 由于药液的比重与血液不同,通常相对密度较小,当药液进入血管后不能很快与血液混合,特别在卧位给药时,药液常在血柱的上层流动,优先进入向人体腹侧开口的血管或优先分布于靶器官的腹侧部分,即为层流现象。此现象亦可出现在静脉注射时,但药物在较长的流程中,特别到达肺循环后已充分与血流混合,并不影响药物在靶器官的分布。而在动脉内给药时,导管已深入靶动脉,药液流程短与血液难以快速混合,层流现象的影响则较大。已有临床报道证明,在颈内动脉给药时,由于患者处于仰卧位,药液的比重较血液小,所以药物可优先进入眼动脉,可造成黄斑受损,并在进入颅内动脉后药物较优先分布于大脑前动脉供血区。

克服层流现象的方法有:采用脉冲式注射泵,使药物小团状注入血管,使药液在短暂的时间内取代血液而充满血管;或使导管端与靶器官之间有较长的距离,使之在较长的流程中与血液混合;或使药液与血液相对密度接近;或使药物注射时采用坐位或立位。

在某种情况下亦可利用层流现象,有目的的使药物优先流入靶器官,如在胰腺癌、胃癌等化疗药物动脉内灌注治疗中,将导管置于胸主动脉下段注药,因腹腔动脉干在腹主动脉的腹侧开口,漂流于腹主动脉前方的药液可优先进入靶血管。

目前对 TAI 的药代动力学研究尚不如传统给药方式那么深入和成熟,需进一步研究,为 TAI 疗法提供更坚实的理论基础。

【器械】 TAI 技术所需器械分为常规和特殊两类。

1. 常规器械 常规穿刺、插管器械与选择性血管造影所使用相同。常用 TAI 器械有同轴导管系统(微导管系统)、灌注导管等。

2. 特殊 TAI 器械 全植入式导管药盒系统(图 6-4)、药物注射泵、脉冲式注射泵和球囊阻塞导管(occlusive balloon catheter)。球囊阻塞导管外形同已塑形的常规选择性导管,内为双腔,其中一侧腔与导管端部的乳胶球囊相通。当导管插入靶动脉后,经侧腔注入稀释的造影剂球囊充盈,阻断血流;再经主腔注入药物。由于无血流冲刷和稀释,局部药物滞留时间更长,浓度更高。

【技术与方法】 常规采用 Seldinger 技术插管,导管选择性插入靶动脉后应先行动脉造影,以了解病变的性质、大小、血供是否丰富、侧支血供等情况。然后进行必要的超选择性插管即可开始 TAI 治疗。穿刺途径主要有股动脉、腋动脉、锁骨下动脉、肱动脉和桡动脉等。经股动脉穿刺操作方便、成功率高,主要用于短期的 TAI。经腋动脉和锁骨下动脉穿刺难度大、技术

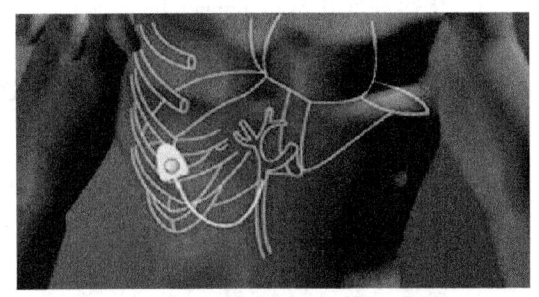

图 6-4 经肝动脉全植入式导管药盒示意图

要求高,因不影响患者行走,可保留导管用于长期持续性间断性 TAI。TAI 的主要方式如下。

1. 一次冲击性 TAI 一次冲击性(one shot)TAI 是指在较短时间内,通常为 30min 至数小时将药物注入靶动脉,然后拔管结束治疗的方法。适用于恶性肿瘤化疗、溶栓治疗等。其特点为操作迅速、并发症少、护理简单。但因药物与病变接触时间较短及不能多次重复给药,疗效可受影响。为提高疗效,现在药物配制和灌注方法上有较多改进。

2. 动脉阻滞化疗(arterial stasis chemotherapy) 本法包括一系列使靶血管血流减少后再行 TAI 的方法,目的是进一步提高病变区药物浓度和延长药物停留时间,减少正常组织的药物接受量,提高化疗性 TAI 的疗效。

(1) **球囊导管阻塞法**(balloon occlusion arterial infusion,BOAI):是将专用的球囊阻塞导管插入靶血管,然后用稀释的造影剂膨胀球囊使其阻断动脉血流,再行化疗药物灌注的方法。与常规 TAI 方法比较,BOAI 可提高靶器官药物浓度数倍至十倍,且能延长药物滞留时间。BOAI 主要用于肝、肾、盆腔和四肢恶性肿瘤的治疗。

(2) **动脉升压化疗灌注**(hypertension chemotherapy):是利用肿瘤供血动脉对血管活性物质反应不良的特点,先灌注小剂量升压药物使正常组织血管收缩,血流量减少,而肿瘤血管床被动性扩张,血流量相对增加,再行化疗药物灌注的方法。可达到提高肿瘤区的药物浓度,保护正常组织的目的。常用的药物为血管紧张素 II (angiotensin II,AT-II)。

3. 长期药物灌注(long term arterial infusion) 长期 TAI 是相对于一次冲击性灌注而言,导管留置时间较长,一般在 48h 以上,灌注可为持续性或间断性,适用于肿瘤的姑息性治疗、胃肠出血的止血治疗和溶栓治疗等。

(1) **普通导管留置法**:即用常规动脉造影器械和方法插管至靶动脉,造影明确诊断及确定导管位置正确后,在穿刺部位用缝线或固定盘固定导管,再行灌注治疗。由于股动脉

插管时患者行动不便,因此长时间的灌注者可经肱动脉、腋动脉或锁骨下动脉插管。每次灌注后需用肝素生理盐水封管,即用5~10ml生理盐水,每毫升含肝素125~250U,快速注入导管并立即关闭开关,防止血液倒流入导管造成血细胞凝集块阻塞。灌注期间应常规给予适量的抗凝剂和抗生素,预防穿刺部位血栓形成和感染。本方法的主要缺点是置管时间有限,患者行动不便,心理压力大,护理工作较繁重并可能产生局部血栓形成、感染、导管阻塞或脱位等并发症。

(2) 经皮导管药盒系统植入术:见第七章第六节。

4. TAI结合栓塞治疗 TAI常与动脉栓塞术配合治疗脏器恶性肿瘤,常用的方法有以下两种。

(1) 化疗性栓塞术(chemoembolization):主要是将携带化疗药物的微囊或微球注入肿瘤供血动脉内,在肿瘤供血动脉栓塞的同时化疗药物缓慢释放,并长时间在瘤组织内保持较高的浓度。而且在化疗药物的作用下,肿瘤细胞对缺血、缺氧更加敏感,两者的协同作用可明显增加疗效。化疗药物缓慢释放有助于保持肿瘤区的有效药物浓度,而外周血药浓度则降低,不良反应减少。目前化疗性栓塞的概念已泛化,包括所有栓塞物与化疗灌注同时应用或先后注入,或者碘化油与化疗药物混合组成乳剂后注入等治疗方法。主要用于肝癌、胃癌、盆腔恶性肿瘤等。

(2) 血流重新分配术(blood flow redistribution):当导管不能超选择性插入肿瘤供血动脉和肿瘤有多重血供时,先将非靶血管或多余的肿瘤供血动脉栓塞,使肿瘤血供由单一血管提供并防止药物灌入非靶器官,以提高药物灌注效率和减少并发症。如肝动脉灌注时,导管端部不能超过胃十二指肠上动脉时可先将其栓塞,防止药物分流其中。对有副肝动脉的肝癌灌注时,先将副肝动脉栓塞再行治疗。盆腔肿瘤由双侧髂内动脉供血者可先行一侧栓塞,使肿瘤血供由另一侧提供,单侧灌注即可对肿瘤整体治疗。此类栓塞旨在改变血流分布,不预期使肿瘤或非靶血管供血区域缺血,同时为防止非靶器官的缺血,多采用不锈钢圈作动脉干的栓塞。

【临床应用】 经导管血管内灌注术使药物能高浓度进入病变区,从而提高对局灶性病变的治疗效果,减少药物的毒副作用。目前临床上常用于治疗恶性实体瘤,动脉痉挛、狭窄或闭塞引起的缺血性病变,血管内血栓形成的溶栓等。亦可用于治疗难治性局灶性炎症,如化脓性骨髓炎、急性坏死性胰腺炎等。

【术后反应及并发症】 术后发生低热、恶心、呕吐、轻度腹痛与腹泻等反应,一般不需特殊处理,数日后便会消失。化疗药引起的全身毒副反应如恶心、呕吐、脱发和白细胞下降等,予以对症处理。溶栓主要并发症为出血,其发生率为17%~38%,多发生于穿刺部位、消化道和中枢神经系统等,故在治疗过程中应密切监测凝血功能各项指标,严格掌握溶栓剂量。

(张宏文)

第三节 经导管血管内栓塞术

【概述】 经导管血管内栓塞术(transcatheter embolization, TAE),系指经导管向靶血管内注入栓塞物质,使之闭塞,从而达到预期治疗目的的一种技术。其作为传统的介入放射学三大支柱技术之一(血管内药物灌注术和血管内成形术),在临床实践中得到了广泛的应用。目前已成为临床上治疗各种出血、某些血管性疾病、富血供肿瘤和部分器官功能亢进的一种重要的方法。

【基本原理】 TAE之所以能对某些血管性疾病起到治疗作用,主要基于以下机制:①通过导管向靶血管内注入栓塞剂使靶血管血流部分或完全闭塞,造成病灶或靶器官缺血坏死;②直接阻塞或破坏异常的血管床和通道,使血流动力学恢复正常或形成人为腔道;③阻塞血管使远端压力下降或直接堵塞破裂的血管以利于止血;④用栓塞剂填塞异常的血管腔,以防止其破裂出血并达到治疗目的。

血管被栓塞后主要在三个方面产生作用:靶血管、靶器官和局部血流动力学。但真正影响程度则取决于诸多因素,如栓塞水平、栓塞程度、栓塞剂类型和数量、栓塞的途径和方法、靶器官本身的状态等。阻塞靶血管使肿瘤或靶器官造成缺血坏死;阻塞或破坏异常血管床、腔隙和通道使血流动力学恢复正常;阻塞血管使之远端压力下降或直接从血管内封堵破裂的血管以利于止血,以及用栓塞物填塞异常突出的血管腔(动脉瘤),以防止其破裂出血。

1. 对靶血管的影响 预计被栓塞的血管称之为靶血管。栓塞剂对靶血管的影响与其性质有关。

一般固体栓子对血管壁的结构不产生破坏。液性栓塞剂,多通过化学破坏作用损伤血管内皮,并使血液有形成分凝固破坏成泥状,从而淤塞毛细血管床,并引起小动脉继发血栓形成。

栓塞后血管是否再通,主要因素:① 栓塞物是否可被吸收;② 能对靶血管造成严重伤害的栓塞剂,如无水乙醇等,栓塞后血管较难再通;③栓塞的靶血管为终末血管,缺乏侧支循环,栓塞后不易再通,反之易再通;④ 靶器官栓塞后大部坏死,则血管难再通,少或无坏死者多可再通。

2. 对靶器官的影响 被栓塞血管的供养器官和肿瘤或血管本身统称为靶器官。

(1)靶器官缺血、坏死:①重度大部分缺血坏死,并伴随功能丧失和随后的萎缩吸收或液化坏死;②中度靶器官部分坏死,可伴有器官功能的部分丧失;③轻度靶器官缺血,但不产生坏死,且缺血可通过侧支循环血供代偿而恢复。

(2)不同栓塞水平对靶器官的影响:栓塞水平是指栓塞剂到达或闭塞血管的位置,对于经动脉栓塞,通常包括主干、小动脉和末梢和广泛性栓塞;对于静脉则有主支和区域性栓塞之分。①毛细血管栓塞:又称为末梢性栓塞,指直径1mm以下的血管被栓塞(图6-5)。②小动脉栓塞:指使用相应大小的颗粒栓塞剂栓塞直径1~2mm的动脉(图6-6)。③主干栓塞:指使用相应大小的栓塞物栓塞器官供血动脉的主干或主支,其直径通常>2mm(图6-7)。④广泛栓塞:又称为完全性栓塞,指靶血管支配范围内的毛细血管、小动脉和主干均被栓塞的情况,可造成靶器官的广泛坏死(图6-8)。⑤静脉栓塞:经动脉插管进行栓塞术,通常难以将靶细胞的静脉一并栓塞。对静脉病变的栓塞治疗需插管入静脉进行。静脉的解剖和血流动力学特点决定了静脉栓塞不同于动脉栓塞。其特点为,在正常情况下除肝的门静脉以外其他静脉均为向心性血流,回流血管的直径逐渐增大,欲对其进行栓塞,最令人担心的是栓塞物(剂)是否会无法停留于局部而被血流冲走,进而造成肺梗死。所幸的是只有极少数的病情需要进行这样的栓塞。而在病理情况下局部静脉的血流方向往往是逆流的,如曲张的精索静脉和卵巢静脉,但需谨记逆流的血管直径仍比较大。基于上述特点,静脉栓塞常用大型栓塞物和(或)无水乙醇、鱼肝油酸钠等,一般不宜采用颗粒栓塞剂。静脉主支栓塞的主要目的改变为其血流方向,静脉分支的区域性栓塞则以破坏异常静脉为目的,一般用于治疗静脉曲张或合并出血。

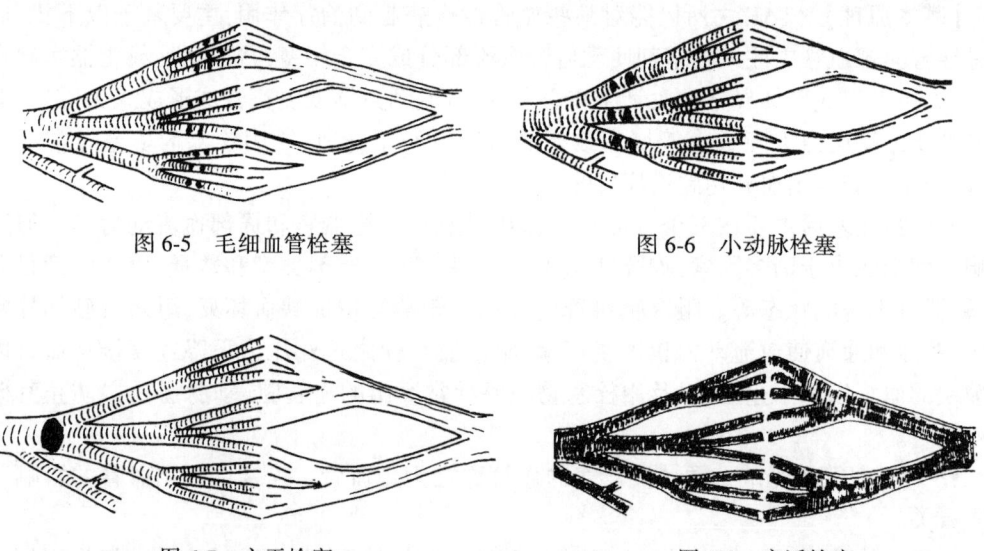

图 6-5 毛细血管栓塞　　图 6-6 小动脉栓塞

图 6-7 主干栓塞　　图 6-8 广泛栓塞

(3)栓塞程度对靶器官的影响:栓塞程度是指在小动脉栓塞时靶血管所属分支闭塞的比例,或可表述为栓塞后靶血管血液减少的程度。临床上常用小部分(<40%)、部分(40%~60%)、大部分(61%~95%)和完全(>95%)栓塞来描述栓塞程度。

栓塞术的不完全清除特性:在大多数情况下,即使靶血管已被认为达到完全性栓塞,但通常难以造成靶器官类似外科手术切除式的完全坏死(清除),因潜在的侧支循环的存在,使得部分器官或肿瘤组织得以残存。与外科的完全性切除术比,这就是栓塞术所具有的不完全清除特性。

血管门残留现象是不完全清除特性的一个重要的临床表现。所谓"血管门"是指器官的动静脉等进出处,如肝门、肾门等;而肿瘤供养动脉进入肿瘤的部位可称为"肿瘤门"。

"残留现象"形成的主要原因如下:①器官和肿瘤的插入式供血方式,供血动脉树枝状分布是该现象发生的解剖基础;②假性完全性栓塞;③肿瘤或血管门区的组织附近常有较多的其他供血动脉途径;④由于器官和肿瘤本身血供较为复杂,常有明显的或潜在的多个血管门。

3. 对局部血流动力学的影响　血管一旦被栓塞,局部血流动力学会随之产生改变,了解这些有益于理解栓塞术的作用、结果和并发症等。

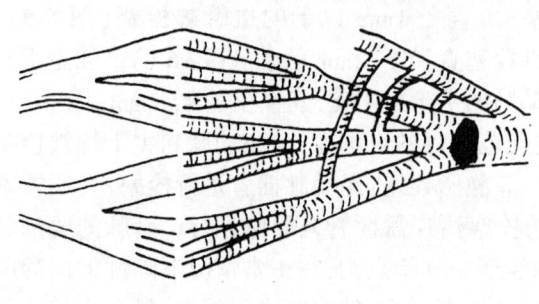

图 6-9 侧支循环形成

(1)局部血供改变:局部血供中断或明显减少,潜在的侧支通路开放对靶器官供血。

(2)栓塞后血流重分布:对于二重血供的器官,如头面部、胃十二指肠、盆腔等,对其一支或一侧动脉主干的栓塞,很快可由另一支或对侧动脉增粗供血(图 6-9)。

（3）纠正异常的血流动力学改变（图6-10，图6-11）。

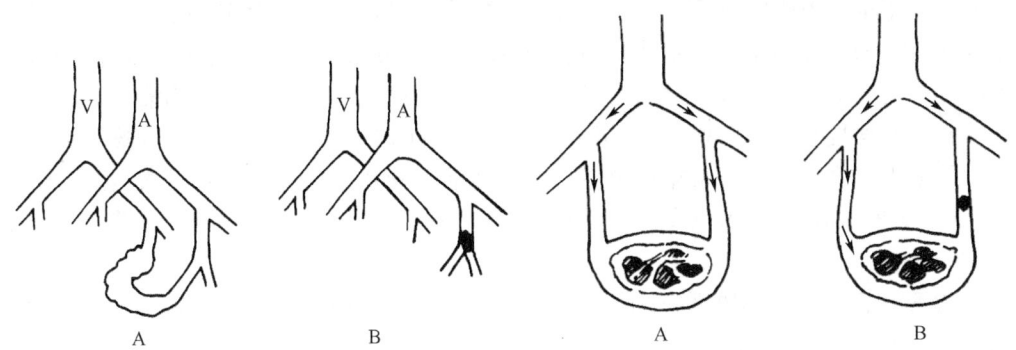

图6-10　纠正分流盗血
A. 分流盗血的动静脉瘘；B. 栓塞后分流消失

图6-11　纠正异常的血流动力学改变
A. 正常血流；B. 栓塞后血流由一侧供给

（4）止血作用：出血是指血液由破裂的血管中溢出。栓塞术是通过直接用栓塞剂堵塞破裂的血管，或将出血动脉近端栓塞，使之压力下降并继发局部血管痉挛性收缩或继发性血栓形成而达到止血的目的。

【栓塞材料】　对栓塞物的要求：①能顺利通过导管注入或送入血管内，起到相应的栓塞作用；②无毒或低毒；③无抗原性；④人体组织相容性良好，不引起排异或严重异物反应；⑤无致畸和致癌性。

具体栓塞材料见第二章第七节。

【技术与方法】

1. 血管造影诊断　血管造影的任务有：①明确病变的诊断；②明确靶动脉的血流动力学改变；③术后造影评估。

2. 靶血管插管　超选择性靶血管插管。

3. 选择栓塞剂原则　根据靶血管直径选择适当大小栓塞剂；根据治疗目的选择作用不同的栓塞剂。

4. 释放栓塞剂

（1）低压流控法：在不阻断血流的情况下注入栓塞剂，由血流将其携带至远端靶血管将其栓塞。使用该方法时要求注射时不造成反流为准。

（2）阻控法：是将靶血管用球囊导管或导管端部嵌入靶血管使血流暂时阻断，然后注入栓塞剂将其栓塞。使用该方法可防止血流稀释栓塞剂，防止反流。

（3）定位法：将栓塞物精确地放置于预定的靶血管局部造成栓塞。该方法主要用于大型栓塞物的释放（GDC、弹簧钢圈、可脱球囊）。

5. 栓塞程度的监测和控制　目前对术中栓塞程度和范围的监测，缺乏实时量化监测的有效手段。一般认为可见流速变慢时栓塞程度达30%～50%，明显减慢时达60%～90%，造影剂呈蠕动样前进或停滞则栓塞程度约达90%以上。注意：宁可注入偏少再追加，而不可过量。

【临床应用】　栓塞术应用范围可大体地分为以下几方面。

1. 止血　用于治疗各种病因引起的血管出血，尤其是外伤、手术并发症等引起的血管损伤。栓塞术止血迅速有效且复发率低，目前已可作为许多疾病急症止血的首选方法，如支气管扩张大咯血，外伤性出血、产后大出血等，尤其是患者状况较差，不能耐受手术治疗时。

2. 治疗血管病 主要有动静脉畸形（AVM）、动静脉瘘（AVF）、动脉瘤和静脉曲张。

3. 治疗富血供肿瘤 对于富血供肿瘤，栓塞术可起到根治性治疗、姑息性治疗和辅助性治疗作用。根治性栓塞治疗是指通过栓塞术达到肿瘤完全消失或明显缩小并且在相当长的时期稳定，如少数良性富血性肿瘤（肝海绵状血管瘤、子宫肌瘤、肾错构瘤等）。姑息性治疗多是针对恶性富血供肿瘤，多合并化疗进行。目的是达到最大程度的肿瘤坏死缩小，同时又要最大限度地保护存瘤器官功能。术前辅助性栓塞治疗适于体积较大、血供丰富较复杂、预计术中出血多、手术难度大的良恶性肿瘤，如肾癌、肝癌、盆腔肿瘤、脑膜瘤、鼻咽血管纤维瘤等。

4. 器官灭活 是应用栓塞剂，栓塞某些器官的终末动脉或毛细血管，使之出现不同程度梗死、机化，从而达到临床治疗目的的治疗方法。主要用于脾大、脾功能亢进等脾病变和相关的血液病。栓塞治疗严重肾萎缩并发肾性高血压、大量蛋白尿，以及异位妊娠等均属此类。

5. 血流改道 亦称血流重分布，此类治疗的目的多不针对疾病本身。除了为长期动脉内药物灌注做准备外，还可用于：①在动脉栓塞时，有难以越过的分支，先将分支栓塞再行治疗，如肝动脉栓塞难以越过胃十二指肠动脉时；②对某种术后可能出现并发症的预防措置，如腹主动脉和髂动脉瘤用带膜支架隔离术前先栓塞肠系膜下动脉以防止Ⅱ型内瘘形成；③纠正静脉血流方向，治疗静脉曲张。如精索静脉曲张和盆腔静脉淤血综合征的治疗。

【术后反应及并发症】 经导管血管内栓塞术既是血管内介入治疗的一种重要方法，又是一个微创的过程。任何组织、器官的栓塞或多或少都会引起机体的病理生理变化。术前的充分准备、术中规范的操作及术后合理的处理，可减轻术后反应的程度，降低并发症发生率。

1. 栓塞反应 指靶器官栓塞后出现的症状和体征，其表现及程度与使用栓塞剂的类型、栓塞水平、程度和不同靶器官有关，大部分对症处理后可恢复。轻者可无明显症状和体征，重者可出现以下反应，称之为栓塞后综合征。

（1）疼痛：栓塞后靶器官缺血，造成器官损伤，释放致痛物质或局部肿胀刺激包膜引起。主要取决于栓塞程度和栓塞水平，栓塞程度越大，越接近毛细血管水平，疼痛越重。一般持续1周，疼痛严重者可用镇痛剂。但对于严重且时间较长者，应排除发生并发症的可能。

（2）发热：常发生在实质性脏器栓塞术后，可能与坏死组织释放的致热物质有关。体温一般为38℃左右。坏死组织越多，体温越高，持续时间越长。38℃以下可不予药物处理。但对于高热且时间较长者，应排除发生并发症的可能。

2. 并发症 栓塞术后并发症指靶器官栓塞后出现的症状和体征，轻者可通过恰当的治疗好转，重者可致残或致死，应引起高度重视，尽量避免其发生。

（1）栓塞后综合征：为其主要反应，表现为疼痛、发热、消化道反应、肝肾功能损害等，多为一过性反应。其中最重要的是疼痛，虽然此类反应通过一段时间可自行缓解，但患者易由此对栓塞治疗产生恐惧感，并且不利于术后恢复。对症处理仍是主要方法。

（2）过度栓塞引起的并发症：指栓塞程度和范围过大，尤其是在使用液态栓塞剂和过量使用颗粒或微粒栓塞剂时。其后果是造成大范围组织坏死，引起相应的脏器损伤，严重者致脏器功能严重障碍甚至衰竭。所以术中掌握栓塞程度及正确选择栓塞剂类型是十分重要的。

（3）误栓：指非靶器官或血管的意外栓塞。其后果与被误栓器官的重要性和误栓程度有关，如颈外动脉误栓至颈内动脉可导致偏瘫、失语等功能丧失，甚至死亡。提高操作技术水平和在有经验的专业医生指导下进行栓塞可减少其发生(图6-12)。

(4) 感染:可发生于所用器材和栓塞剂污染及手术室消毒不严的情况下,栓塞后组织坏死亦可发生感染,常发生在实质性脏器。

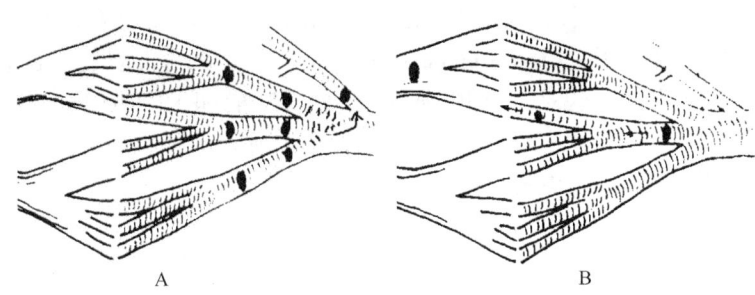

图 6-12 误栓情况
A. 反流性误栓;B. 顺流性误栓

(崔红凯)

第四节 经皮经腔血管内成形术

【概述】 经皮经腔血管成形术(percutaneous transluminal angioplasty,PTA)是利用经皮血管穿刺技术,通过扩张引导到病变血管段的球囊,使狭窄或闭塞的血管再通以达到恢复血流的目的。有时这一技术也被称为球囊血管成形术(balloon angioplasty)。

【基本原理】 目前公认的 PTA 治疗机制为"有控制的损伤"理论,即通过球囊扩张形成的对动脉壁的压力,超过了含有斑块的血管壁的抗张强度来重建血管生理腔隙的直径。PTA 后和治愈过程的组织学分析表明,球囊扩张引起的主要的病理学变化是发生在内膜和中层。扩张后最初内皮层磨损,暴露了破损的内弹力层,血小板在 10min 内聚集在损伤的内膜上,30min 内血小板细胞脱颗粒(degranulation)。1 周时,新生内膜开始形成,1~2 个月损伤表面完全再内皮化,而内弹力层的修复此时并没开始。中层是由弹性蛋白、胶原、蛋白和肌纤维组成。球囊扩张后的中层过度延展,导致中层各种成分的广泛破坏,同时也失去弹性。特别是肌细胞的损伤和永久过度延展。弹性纤维的延展和破碎也在这时发生。经过 3 日,来自损伤和死亡肌细胞的碎片被清除。在第 1 周的末期,中层以肌纤维母细胞浸润的形式重建中层,以此基础上发生新的肌细胞形成和胶原增生。这一过程持续 3~6 个月。球囊充分的扩张到中层的破裂仅存留质膜保护血流通过。这种情况下中层由瘢痕修复愈合。

【器械】
1. 球囊导管 球囊的直径应与被治疗血管的直径相适应。直径的测量位置应选择在病变的末端或以对侧血管为参考。球囊直径选择应根据病变血管的具体情况而定,一般情况下,考虑到扩张后动脉壁会发生弹性回缩,球囊扩张直径应超出血管直径的 10%~20%;但有时也可选择小于标准的球囊,尤其是血管壁钙化明显、管腔严重狭窄、闭塞者,以减少 PTA 后动脉内膜夹层发生的概率。

2. 其他器材 包括导引导管、导丝、压力泵等。

【技术与方法】 PTA 可用于全身周围血管病变,基本原则相同,具体疾病的操作技术可能存在其特殊性。

1. 术前评估和准备　PTA 介入治疗前的诊断应包括一次完整的血管解剖评估,如对于下肢动脉病变应该包括主动脉下端、髂、股动脉国一直达到足背动脉和脚掌弓的 CTA 或 MRA 检查,以分析病变及其流入、流出道。应详细询问患者的病史和进行体格检查,包括无痛行走距离的确定和踝肱指数(ankle brachial index,ABI)。患者常规进行心电图的检查以除外心脏疾病。实验室检查包括血常规、尿常规、肝肾功能和出凝血时间。当计划施行肾动脉和髂动脉的 PTA 时,推荐进行血型检查,因为存在血管破裂的危险性。一般在局麻下进行,但对于不合作、疼痛难耐患者,可予以全麻。

2. 操作步骤

(1) 穿刺插管:常采用 Seldinger 法穿刺插管。根据不同病变血管选择不同的穿刺插管途径及方向。动脉病变通常选用经股动脉逆行穿刺,也可采用顺行穿刺。上肢动脉也是常用途径,如桡动脉、肱动脉、腋动脉等。静脉病变除经股静脉途径外,尚可经颈静脉、锁骨下静脉、腋静脉等。此外,为了能进入门静脉必须经皮经肝穿刺门静脉、经颈静脉由肝静脉穿刺门静脉、经皮经脾穿刺脾静脉等,部分布-加综合征患者只能经皮经肝穿刺才能进入肝静脉。

(2) 血管造影:在进行 PTA 前需进行诊断性血管造影。通常将诊断性造影导管(一般选用 4F 或 5F 猪尾巴导管)置于病变段血管的近心端(动脉造影)或远心端(静脉造影)进行造影,以明确狭窄部位、长度、程度及局部侧支血管的情况。动脉病变造影时,特别要注意其流出道的情况,尤其是髂股动脉病变时。血管造影时除注意血管形态学改变,还要观察血流动力学变化包括监测局部的血管内压力。

(3) 通过导丝:导丝通过狭窄或阻塞病变是实施球囊扩张成形术的前提。在导丝的引导下将引导导管抵近病变,可在 DSA"路图技术"引导下,尝试将导丝通过狭窄的血管病变。在较短的病变中,导丝配合使用锥形尖端的直头导管或椎动脉造影导管穿过阻塞病变;在较长的阻塞病变中有时导丝不能正确进入远端血管腔内,而在内膜下层的夹层中前行,这时可有意从动脉的内膜下层穿过动脉的阻塞段,直到导丝达到远端动脉腔又重新通畅的部位。这一技术现已被称为内膜下穿刺技术(但这种技术在颈动脉、椎基底动脉以及颅内动脉是禁用的)。这样,腔外间隙被扩大成为一新的腔道。但有时导丝并不能回到远端血管的真腔内,一旦意识到此种情况,则需要重新撤回导丝再试图进入真腔或远端真腔血管,避免在远端血管造成过长的夹层损伤。

但较长的阻塞病变,不管是常规 PTA 还是内膜下通过技术治疗都不理想,往往需要支架置入以维持球囊扩张后的血管腔。

(4) 球囊扩张:球囊扩张前首先必须使球囊导管能到达病变血管,这往往是 PTA 最关键的步骤,一般可经导管交换超硬导丝后置入球囊导管使之直接通过病变血管并进行扩张,有时需要用预扩张导管对狭窄段血管进行预扩张后再引入球囊导管(图 6-13)。进行球囊扩张前,应先注入肝素 3000~5000U。根据血管造影

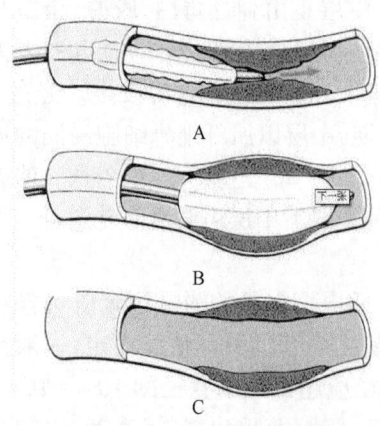

图 6-13　球囊血管成形术示意图
A. 通过导丝将球囊导管置入血管狭窄段;B. 充盈球囊,反复扩张狭窄段血管;C. 扩张后显示血管狭窄消失

情况,将球囊定位于狭窄段的中心,如血管狭窄段较长,可先扩张一端,然后逐步扩张狭窄段全段,目前可尽量选择长球囊导管。在 X 线透视下将稀释后造影剂用球囊充胀枪或手推注射器加压缓慢充盈球囊,每次扩张时间根据病变所在部位不同而异,一般为 15~20s,少数可以持续 5min 或更长(如 PTA 后的再狭窄、血液透析的分流通道或支架内的狭窄),间隔 3~4min,连续扩张 3~5 次,直至球囊切迹变浅或消失,则为扩张成功。

球囊扩张操作注意事项:①球囊膨胀前应准确定位,并固定球囊导管,以防球囊膨胀时移位,影响扩张效果;②注意缓慢加压,预防球囊过快膨胀导致血管破裂;③注意球囊的额定压力,不要超过球囊的爆破压,以防球囊破裂;④球囊在没有完全排空前禁止来回抽动,以防内膜夹层形成甚至血管破裂。

(5)效果评估:PTA 术后可通过导管鞘注射造影剂再次造影和监测血管内压力来评估扩张的效果。一般成功的标志是,再次造影显示狭窄段血管扩张,血流通畅,局部侧支循环消失和无夹层、无远端栓塞;或监测血管内压力显示狭窄段两端压力差下降或消失。不宜过分追求影像学的完美,只要病变两端压力差小于 10mmHg 或残留狭窄小于 30% 即可。

(6)退出球囊导管:在 PTA 成功后完全排空球囊,缓慢退出球囊导管,拔去导管鞘,压迫穿刺点。

3. 术后处理

(1)穿刺部位处理同一般血管介入治疗,因术中应用了较多抗凝剂,压迫止血时间要足够(建议 15~20min),检查无活动性出血后,局部加压包扎。有时可将导管鞘留置 24h,即可减少穿刺部位发生血肿的可能性,又可为术后血管急性闭塞的处理提供方便。

(2)术后应用低分子肝素 24~72h,其后应用阿司匹林等抗血小板凝聚药物 3~6 个月。

(3)术后常规监护生命体征。

(4)术后没有特殊情况可以不用抗生素类药物预防感染。

(5)术后定期对患者复查,包括临床症状、体征、影像学检查(彩色多普勒超声、CTA、MRA 等)。

【临床应用】

1. 适应证 PTA 在动脉主要用于肢体动脉、肾动脉、肠系膜动脉、冠状动脉和颈动脉狭窄的扩张。在静脉中主要用于股髂静脉、上腔静脉、下腔静脉、锁骨下静脉、颈内静脉,支架内狭窄及透析通道狭窄的扩张。在考虑 PTA 适应证时,需要考虑血管病变病理类型,形态学改变及病变的长短、位置,以及患者一般情况。一般来说,进行外科旁路移植术的患者血管病变比较严重,如严重钙化、长段病变,并且耐受外科手术。PTA 适合单一病变、短段狭窄病变,特别是不耐受外科手术的患者。

2. 禁忌证 PTA 的禁忌证包括被扩张的病变存在活动的炎症、败血症、不能纠正的凝血功能障碍(凝血功能障碍和治疗后的凝血酶原时间小于 40% 即为禁忌证)和近期的外科吻合口狭窄。

【术后反应及并发症】

1. 常规血管介入相关并发症 导丝导管断裂、血管穿孔、内膜撕裂,多由操作不当而引起。为此,提高术者的操作水平及经验、使用更安全的器材等可减少这类并发症的发生。一旦发现血管穿孔,可用球囊导管扩张压迫穿孔部位以止血,必要时行外科手术治疗。

2. 远端栓塞 髂动脉球囊血管成形术及支架术后偶尔可以见到远端动脉的栓塞。如果小腿有 1~2 支血管通畅,血栓沉积在小腿部的血管可以不必处理。但是,如栓塞造成小腿部缺血,就必须采取抗凝及取栓等治疗措施。较大动脉的栓塞,如股浅动脉或股深动脉的栓塞,有时需要外科治疗。溶栓治疗可以试用,但栓子一般不易溶解。

3. 球囊破裂 使用前应了解该球囊导管额定的爆破压,充盈球囊时应缓慢,切忌用猛力突然加压。若术中发现球囊呈偏心性、葫芦状变形,应及时更换新球囊导管。

4. 出血 若术中使用较大量的肝素,穿刺部位血肿发生率较高。压迫止血时间要较其他介入诊疗长,也可采用次日拔除导管鞘及有效的局部加压预防血肿的发生。对于巨大血肿可采用局部穿刺抽吸和局部理疗的方法促进其吸收消散,如出现局部血管、神经压迫症状时可考虑外科手术清除血肿。

5. 动脉夹层 可能由于在插管过程中导丝或导管操作不当,导管过硬或过粗,导丝进入破损内膜下、球囊持续扩张过程中球囊移位等情况下所致。表现为造影剂段性滞留,消失延迟,血管腔变狭窄,血管边缘充盈缺损。应立即停止导管、导丝操作,将导管或球囊导管退至大血管内,恢复血流。轻度内膜剥脱一般能自行缓解。中重度动脉夹层,尤其是重要脏器及肢体血供动脉必须及时处理,可通过动脉夹层部位植入裸支架或带膜支架以改善远侧血流,恢复血供。如果出现急性血管闭塞可行溶栓治疗,必要时行外科血管旁路移植术。

6. 再狭窄问题 PTA虽然具有较好的疗效,但是扩张后再狭窄的发生率较高,平均发生率约为30%。再狭窄多发生在PTA后数月至1年之内。主要原因是球囊扩张部位内膜纤维细胞增生的结果。扩张的机制表明,成形术是一种损伤血管壁成分的机械治疗方法,术后必然会引起一系列修复反应,这就成为再狭窄的病理学基础。因此,球囊扩张的结局具有两重性。内、中膜局限性撕裂造成了血管腔的扩大,血流灌注得以恢复;同时内、中膜撕裂也成为纤维组织增生导致再狭窄的原因。

再狭窄的其他原因除原有病变的进展外,还有血管壁的弹性回缩理论和重塑形(remodeling)学说。前者理论认为,球囊成形术后内皮细胞和中膜损伤较轻,内膜纤维增生轻微,再狭窄是由于血管壁的弹性回缩。后者认为血管壁的血管平滑肌细胞(vascular smooth muscle cells,VSMC)增生、迁移、凋亡,细胞外基质增多与堆积,使血管壁细胞重排,管壁各层比例及形状发生改变即血管重塑形。该学说认为血管内膜增生在再狭窄中起的作用较小,再狭窄主要是血管壁重塑形导致血管内弹力膜内血管面积的减少所致。

为了减少再狭窄,可采取以下措施:

(1) 再次PTA。

(2) 改进设备和器材:已研制成新型材料的球囊,如切割球囊、载药球囊等。

(3) 药物治疗:减少、预防和治疗PTA进程中和PTA后出现的血管痉挛、血小板黏附、血栓形成和内膜纤维细胞增生。常用药物为阿司匹林、肝素、硝苯地平(心痛定)、硝酸甘油及正在试用的前列腺素、血栓素合成酶抑制剂等。

(4) 新技术的应用:

1) 激光血管成形术:理论上激光血管成形术可与球囊血管成形术配合应用,称之为激光辅助球囊血管成形术(laser-assisted balloon angioplasty)可以提高PTA疗效。但此技术仍处于研究开发阶段,有许多技术问题需进一步解决。

2) 动脉粥样斑块切除术:利用机械方法将动脉粥样斑块清除的方法,主要适用于血管高度狭窄或完全闭塞,具体见有关内容。

3)内支架植入术:见本章第六节。

(赵 卫)

第五节 非血管腔道成形术

【概述】 非血管管腔是指人体内消化道、胆管、气道、泌尿道、输卵管及鼻泪管等非血管组织的中空性器官。当这些管腔发生狭窄、阻塞或瘘时,会引起吞咽困难、黄疸、呼吸困难等相应的临床症状。过去除了外科手术,缺少有效的微创治疗手段。随着介入器材的发展,各种球囊导管和支架研制成功,并不断更新换代。非血管管腔成形术就是利用球囊导管或支架等器材治疗各种原因引起的管腔狭窄、阻塞或瘘等病变,恢复管腔形态,改善患者症状,甚至达到治愈的目的。

【基本原理】 非血管管腔成形术,分为球囊成形术和支架成形术。球囊成形术均用球囊导管扩张,通过呈放射状的扩张力使狭窄段横向扩张,可以使瘢痕等撕裂,如食管手术后狭窄的球囊成形术。支架成形术通常指将金属丝编织成的圆柱形支撑管,放在狭窄的腔道处,通常用于球囊扩张无效或不适合扩张的病例。也可在球囊扩张后直接使用支架,防止扩张后的弹性回缩及肿瘤快速生长再次发生狭窄堵塞等。

【器械】

1. 球囊扩张导管 球囊扩张导管具有一定的扩张力、良好的抗压性和柔韧性。临床常用食管球囊扩张导管的球囊直径有多种规格,从 12~40mm 不等,常用 15mm、20mm 及 25mm 直径的球囊。球囊长度为 3~10cm,常用 4cm、6cm 长度的球囊。在贲门失弛缓症患者可选用直径 35mm 及 40mm 的专用大球囊扩张导管。

2. 支架 非血管管腔的支架多为金属材质,根据植入部位的不同,形状有所差异,大多为圆筒状,如食管支架、胆管支架、气道支架、肠道支架等。目前临床上应用的金属支架,主要有两种(图 6-14):一种是镍钛记忆合金支架,另一种是医用铂金不锈钢丝支架,即"Z"形支架。

另外,根据不同的治疗需要研发出其他类型的非血管支架(图 6-14)。

(1) 覆膜支架:用尼龙、硅胶等医用高分子材料覆盖于支架表面,可防止肿瘤从支架网眼内长入。也因为膜的覆盖,临床上可用于治疗食管气管瘘、结肠直肠瘘等,消除异常通道,创造瘘口愈合的机会。

(2) 可回收支架:用于需要临时支架治疗的病变,多为良性狭窄或良性瘘,放置数周或数月后,通过钩拉支架上端的尼龙线,使支架上口收缩,用套管鞘将其套入回收。

(3) 防反流支架:多用于存在"生理阀门"的病变,如贲门、十二指肠乳头等处的病变。在支架远端有一瓣膜式隔绝膜,食物或胆汁可沿生理运动方向通过,但不能反流,可以模拟生理的阀门机制。

(4) 可携带^{125}I粒子的放疗支架:在支架的表面携带有放射性粒子^{125}I,用于治疗恶性狭窄病变。在扩张管腔的同时,对支架周围的恶性肿瘤组织产生放疗的作用,使肿瘤缩小,取得更好的临床效果。

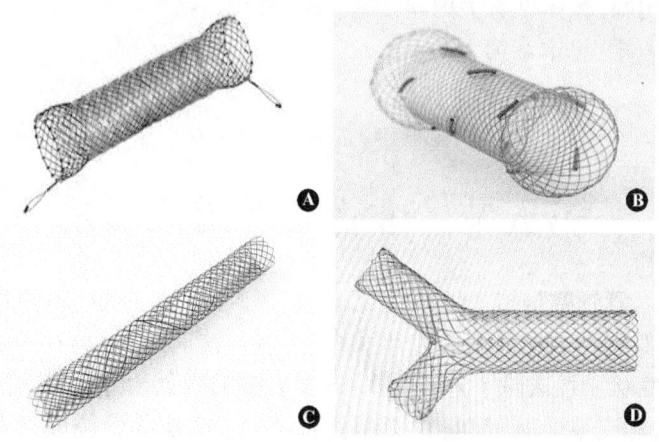

图 6-14 各种类型支架

A. 可回收食管支架；B. 携带^{125}I粒子食管支架；C. 胆管支架；D. Y形气道支架

3. 输送器 根据支架释放的方式不同，输送器可分为推送式和捆绑式（图 6-15）。

推送式输送器前端装载支架部分为三层结构，最内层为带有橄榄头的内芯，中间层为被压缩的支架，最外层为中空的套管，内芯和套管将支架牢牢地包裹在中间。释放时只需固定内芯，后撤套管，支架就被逐步释放出来。

捆绑式输送器构造相对简单，是将支架用丝线捆绑在输送器前段，丝线的尾端置于输送器后端，释放时拉动丝线，即可释放支架。

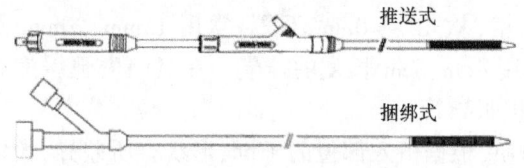

图 6-15 推送式和捆绑式输送器

【技术与方法】 术前必须详细了解患者的病史资料，仔细阅读影像学检查，明确病变的性质，严格、正确掌握适应证，这远比掌握支架释放技术重要得多。

球囊扩张成形术主要用于治疗管腔的良性狭窄病变，有时也用于恶性狭窄的扩张治疗，扩张的主要目的是为了胃镜进一步检查明确病变性质（如食道恶性狭窄引起胃镜不能插入时）或者在支架释放前需要预扩张。扩张前先置入导管至狭窄上方，造影明确狭窄位置。经交换导丝引入球囊导管，将球囊置于狭窄的中心位置，充盈球囊进行扩张（图 6-16）。

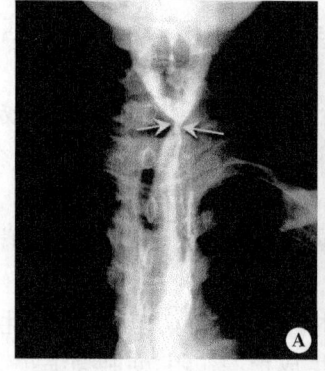 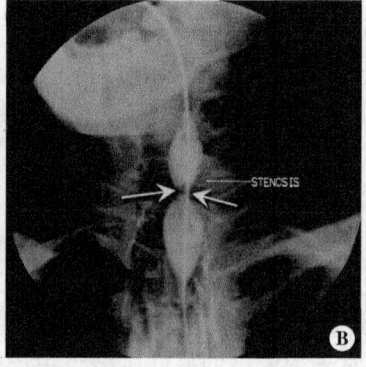 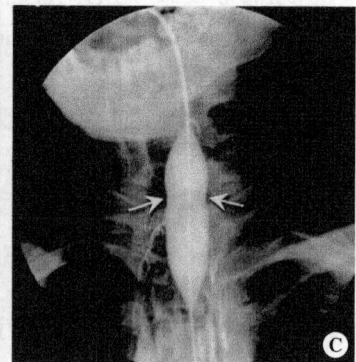

图 6-16 食管球囊扩张成形术

A. 造影显示食管上段狭窄；B. 将球囊置于狭窄中心；C. 球囊充盈后切迹基本消失

支架成形术对于良恶性病变都有治疗意义,根据支架植入的时间不同分为临时支架和永久支架。操作方法和球囊扩张成形术相似,导丝通过狭窄段后,将支架中心置于狭窄中心,缓慢释放即可。该技术的关键是根据不同的病变选择合适的支架,包括支架的大小、形状、柔顺性、长度(支架上端超出狭窄段 20mm,下端超出狭窄段 10mm)、是否覆膜。对于良性狭窄或瘘等病变,可选择临时覆膜支架,数周或数月后取出。对于恶性狭窄或肿瘤侵犯导致的瘘,需植入永久支架。

【临床应用】 适应证和禁忌证:根据病种的不同,不同部位的非血管管腔成形术其适应证与禁忌证也各有分别。具体见相应章节。

【术后反应及并发症】 具体见第十一章第十三节。

(赵 卫)

第六节 血管内支架植入术

【概述】 血管内支架植入术是指在影像设备的引导下,配合穿刺针、导管、导丝及其他特殊介入器械,对存在病变的血管(如狭窄、闭塞、动脉瘤等)植入内支架,以保持或恢复血管通畅的一种介入治疗手段。

血管内支架之父 Dotter 在 1964 年提出血管内放置支架的设想,并于 1969 年在动物实验中证实支架可以嵌入血管壁,同时保持较长时间的血流通畅。此后,内支架植入术的研究不断深入,无论是支架的结构、材料,还是释放方式等方面都有了很大的进展。1983 年该项技术正式应用于临床患者,至今有 20 多年,已日趋成熟,逐步用于治疗各种血管病变,取得了显著的临床效果,同时其血管通畅时间也逐步延长。

【基本原理】 金属支架按照其膨胀方式可以分为自膨式和球扩式,因此根据其膨胀方式不同,治疗血管病变的原理略有区别(详见第二章第六节)。

自膨式金属支架:支架释放后,在病变的血管腔内发生不锈钢丝的弹性膨胀或具有形状记忆功能的镍钛合金在设定温度膨胀,达到一定程度后,支架不再膨胀,以一定的支撑力贴合在血管壁上,同时血管壁也对支架产生一定的弹性回缩力,两者之间达到平衡,保持或恢复血管腔通畅,血流顺利通过。

球扩式金属支架:先用球囊将支架扩张到预定的直径后再将其释放,然后类似于自膨式支架的原理支撑已扩张的血管,保持或恢复血管腔通畅,血流顺利通过。

【器械】

1. 金属支架 由于金属支架种类很多,结构、性能有所差别,适用于不同患者。因此,在选择支架时应注意以下原则。

(1) 根据患者病灶情况、经济情况以及操作者经验而定。

(2) 尽量选用柔顺性较好、表面光滑度高的支架。

(3) 支架口径应略大于病变血管正常段口径,支架长度应能覆盖整个病变段。

(4) 对病灶较硬或由钙化斑块所致的狭窄,宜选用球囊扩张型支架如 Express 支架、Palmaz 支架。

(5) 跨关节的血管病变尽量不用支架。

(6) 颈动脉病变慎用球扩式支架。

（7）对于腔静脉病变一般选用 Z 形支架。

（8）各种动脉瘤（包括腹主动脉瘤、Ⅲ型主动脉夹层、假性动脉瘤）覆膜支架进行治疗。

2. 其他配套血管介入器材 穿刺针、导管鞘（包括长导管鞘）、多种形态的导管及不同直径、长度的导丝（包括长硬交换导丝等）。

3. 球囊导管及压力泵 根据病变段血管的直径和长度选择不同大小及长短的球囊导管，同时球囊导管、导管鞘要与内支架相适应。以 Palmaz 内支架为例，直径 4~9mm 的支架应选择 5F 的球囊导管和 6~7F 的导管鞘；而直径 8~12mm 的支架应选择 7F 的球囊导管和 9~10F 的导管鞘。不同长度和直径的球囊扩张力不同，一般短球囊导管扩张力大于长球囊导管。

4. 导引导管 常用于冠状动脉及肾动脉 PTA 及支架置放术，具有定位准确的优点，也可借用肾动脉导引导管作为经股动脉行对侧下肢动脉成形术的导引器械。

5. 其他器材 为到达病变部位，常需要一些辅助器材，如微创穿刺系统、定向穿刺针（如 Rups-100）等。血管压力测量仪，如有创测压器。

【技术与方法】

1. 常规操作 穿刺股动脉，留置导管鞘，送入血管造影导管，先行选择性血管造影，进一步明确血管狭窄或闭塞的部位、范围和长度。如放置静脉支架，则经穿刺股静脉或颈内静脉途径进行，步骤与动脉支架术相仿。造影明确病灶情况后，利用导丝和导管的相互配合技术，通过血管狭窄或闭塞段，交换入球囊导管先行病变血管球囊扩张成形术（PTA）。如用球扩式支架，则可不行 PTA。

2. 植入内支架 根据血管病变性质及 PTA 后造影情况决定是否植入支架。如需植入，则选择合适的内支架，经交换导丝送入血管支架释放系统，抵达病变部位后释放支架。然后将支架释放系统撤出（图 6-17）。

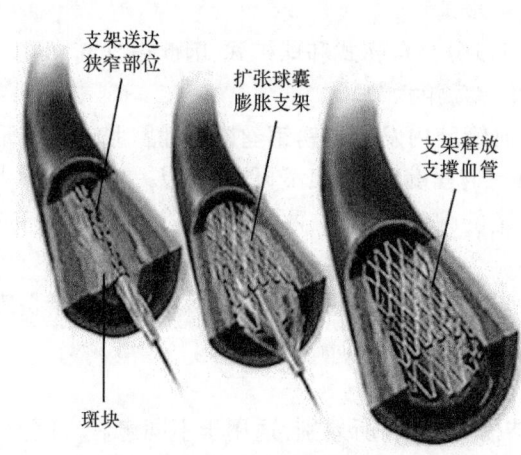

图 6-17 球囊扩张式支架释放示意图

注意事项：①要注意不同支架的释放操作有所区别，仔细阅读产品说明书后方可操作；②自膨式支架放置后可自行膨胀至预定直径，球扩式支架需要充盈球囊将支架扩张到预定直径；③支架直径通常应较病变部位正常动脉直径大 15% 左右；④整个操作过程注意肝素化，预防血栓形成；⑤支架植入后仍有狭窄者，可用球囊导管再扩张；⑥支架释放过程中，要密切观察支架的位置，如有位置不合适需要调整者，应及时调整，部分类型的支架（如 Wallstent）在完全释放之前还可以回收重新放置。

3. 植入支架后 沿导丝重新送入造影导管，再次进行选择性血管造影，以评估内支架植入治疗效果，观察血管支架的通畅情况。如造影满意可结束操作，拔出导管和导管鞘，局部压迫止血 15~20min，加压包扎。如术中肝素用量大，可考虑延迟拔除导管鞘，以免局部发生血肿。造影若考虑有远端栓塞情况，可留置造影导管 2~3 日，泵注尿激酶溶栓。

4. 术后处理 患者术后平卧 24h，穿刺侧肢体制动 12h。观察血压、脉搏及双足背动脉搏动等情况。

术后皮下注射低分子肝素如速碧林或克赛4000U,每12小时1次,疗程5日;继续口服肠溶阿司匹林0.3g,每日1次,3个月后改为0.1g,每日1次,长期服用;氯吡格雷75mg,每日1次,疗程3个月;还可应用对外周动脉有扩张作用药物,如前列地尔(凯时)或马来酸桂哌齐特(克林澳)等。

出院前及出院后1个月、3个月、6个月和12个月应行多普勒超声检查血管支架及血流通畅情况,下肢病变者需测定踝肱指数,必要时行血管造影检查。

【临床应用】

1. 适应证

(1) PTA术后出现并发症或不成功者,如内膜撕裂、血管内膜夹层形成等。当PTA后残留狭窄程度超过30%时或病变两端的压力梯度>10mmHg需要置入支架。

(2) 重建血管通道或纠正血流动力学异常,如门静脉高压患者在肝内肝静脉和门静脉间建立通道,可起到肝内门体静脉分流的作用。

(3) 治疗各种动脉瘤,预防或消除动脉瘤破裂的危险,也可用于动脉夹层的治疗,封闭瘘口,闭合假腔。

(4) 其他:颅内宽颈动脉瘤GDC栓塞之前预先植入支架可防止弹簧圈移位;治疗搭桥血管的再狭窄;血液透析患者动静脉内瘘的狭窄、闭塞等。

2. 禁忌证

(1) 绝对禁忌证:严重心功能不全、大动脉炎活动期、严重末梢血流障碍、未生长发育成熟者禁用。

(2) 相对禁忌证:病变血管流出欠通畅者,如腘动脉分支完全闭塞,此时在股动脉、腘动脉植入内支架要非常慎重。门静脉血流缓慢时。病变位于关节处。病变部位动脉壁广泛致密钙化时。

【术后反应及并发症】

1. 术后反应 主要表现为支架植入后综合征,是指腔内治疗术后以延迟性发热和血液成分改变为主要特点的综合征。约80%患者出现上述征象。具体表现如下。

(1) 发热:一般为38~39.7℃,持续4~10日,没有感染迹象及证据。体温超过38.5℃,可应用非甾体类退热药物对症处理。

(2) C反应蛋白升高:40~341mg/L(4~34.1mg/dl),一般不需特殊处理,但需密切随访,一旦移植物感染可能需要手术治疗。

(3) 白细胞升高:一般在$(9.8~29.5)×10^9$/L。其余血液成分改变以血红蛋白和血小板明显降低为主,术后第3日降至最低水平,1个月后逐步恢复正常。少数患者出现血胆红素升高现象,血红蛋白降低与出血量非正相关,原因可能与手术出血、放射线照射、介入器材对血液成分的破坏有关。血红蛋白低于70g/L或血小板低于$8.0×10^9$/L需成分输血。症状较轻者予以小剂量泼尼松口服5~7日,3次/日,一般2周内恢复。

2. 并发症

除了PTA的并发症,还可能有:

(1) 支架移位或血管壁破裂:支架直径小于正常段血管直径时,可出现支架移位;支架直径过大则可能出现血管壁破裂。因此,支架直径的选择要注意控制在正常血管直径的110%~120%。

(2) 血管损伤:①血管壁穿通,如在扭曲的血管中植入柔顺性差的支架则可能出现。

因此,要尽量选用柔顺性好的支架。②动脉破裂,少于1%的髂动脉支架患者可能出现病变处的动脉破裂,主要是病变过于严重。可表现为持续性的局部疼痛,同时可伴有迷走反应所致的血压下降及心率缓慢。可首先采用球囊导管及闭塞球囊扩张止血,然后采用外科手术或植入覆膜支架闭塞破裂口。

(3) 支架内急性血栓形成或远端血管血栓栓塞:发生原因为术中操作时间过长,抗凝药物剂量不够。在内支架植入术前,一般应经导管注入肝素4000~5000U(即全身肝素化),以防止血栓栓塞。如果操作时间较长,可每隔1h追加2000U肝素。

(4) 支架感染:多在术后10~14日出现,与穿刺部位皮肤感染、手术时间长、局部反复穿刺有关。可表现为局部疼痛、发热、血培养阳性等。避开感染的皮肤进行穿刺、减少穿刺次数、严格消毒、术后预防性应用抗生素等可以达到预防的目的。

(5) 其他:支架移位或植入位置欠佳导致动脉分支梗阻、末梢栓塞,邻近支架上下端血管痉挛等。

【支架再狭窄及预防策略】 大多数支架后再狭窄都出现在术后6个月以内。局部血管的病变程度、患者的全身状况对再狭窄的发生有重要影响。患者合并有糖尿病、高脂血症等都会加重再狭窄的发生。另外,手术操作过程包括手术技术、所选用球囊的材料、直径大小、充盈压、持续时间等都与再狭窄的发生有关。

术后再狭窄的相关研究有很多,但其形成机制至今仍未完全明了。目前普遍认为,支架术后再狭窄是血管对成形术所致动脉壁损伤后过度的组织修复反应,其发生主要包括三个方面:新生内膜增生,凝血激活、血栓形成和血管重塑。

1. 新生内膜增生 血管成形术后,内皮细胞受损剥脱,但很快就从损伤边缘向损伤区移动并再生修复。损伤数小时即可开始再内皮化过程,通常至6~10周后结束。再内皮化过程受损伤程度影响,如果内皮细胞损伤过度,内皮化过程可能进展缓慢或不能达到完整的内皮化。血管成形术后血管内皮化是形成有效新生内膜并防止再狭窄发生的重要因素。完整的内皮细胞屏障可以抑制平滑肌细胞及细胞外基质的过度增生,还可以避免血液成分,主要是血小板与内皮下胶原作用而促进凝血、形成血栓和因此而产生的一系列机体反应。更重要的是正常的内皮细胞还分泌多种细胞因子,调节多种平衡,在再狭窄的预防中起重要的作用。

2. 凝血激活及血栓形成 血管成形术后,形成附壁血栓。血栓的形成不仅可造成血管的急性闭塞,而且为平滑肌细胞内迁提供了框架。在此过程中产生多种因子发生作用。血小板产生血小板衍生生长因子(PDGF)与中膜平滑肌细胞的激活和迁移有关。

3. 血管重塑 正常血管壁在机体发生病变,如出现粥样斑块时,可以代偿性扩大,管壁组织成分重新排列,以维持管腔的通畅。而在血管成形术球囊扩张时,血管外膜部分被过度扩张,导致局部管壁组织暂时或永久损伤,而降低其代偿功能;损伤修复过程血管壁细胞重排,主要是血管中膜平滑肌细胞向内膜下迁移和增殖,细胞外基质合成增加,管腔比例和几何形状也发生改变。有研究发现,大多数远期的支架后再狭窄都是由于血管重塑引起的。

目前对于支架再狭窄的预防主要通过口服抗血小板、抗凝药物,控制血糖及血脂,定期随访及早期二次干预等方法,但总体预防效果并不满意。近年来应用最广泛的方法是涂布抗增生药物的洗脱支架和血管内照射支架。

(杨维竹 林 立)

第七节 经皮穿刺活检术

【概述】 经皮穿刺活检术(percutaneous biopsy)是在影像成像设备的引导下,利用穿刺针经皮穿刺脏器或组织获取细胞学或组织学材料,以明确病变性质的一种特殊的病理学检查技术。随着循证医学和肿瘤治疗学的不断发展,疾病的诊断不能单靠临床和影像学诊断,在患者外科手术、化学药物及放射等治疗前,获得明确的病理诊断,才能制订出针对疾病正确有效的治疗方案。目前采用的影像引导方式包括X线透视、超声、CT、MR等。尽管导向方式不同,但基本的操作方式大同小异,本节仅介绍CT导向下的经皮穿刺活检术。

【器材】

1. 活检针 活检针基本上分为三大类,抽吸针、切割针和骨钻针,适用于不同部位的活检需要。抽吸针一般仅用于细胞学检查,而切割针和骨钻针能够用于组织学的检查。

(1)抽吸针:针细,管径小于18G,多数为20~25G,柔韧性好,对组织损伤小,标本通常只能用于细胞学检查,如千叶(chiba)针。负压抽吸法作为细胞学活检的代表,当活检针穿刺进入病灶后,将针芯取出,连接注射器,与注射器一起一边抽吸一边向病变内穿刺,再来回提插并抽吸2~3次。

(2)切割针:针较粗,可获得较多的组织标本,目前常用的18G和20G的切割针对组织损伤较小,并发症较少。切割针的结构为内芯前端有一凹槽,当凹槽部分进入活检部位后,组织陷入凹槽内,推动针外套管,将陷入凹槽内的组织切割下来。目前临床常用的切割针有两种:凹槽式切割活检针和圆柱式切割活检针,前者切取的组织断面为半圆形,而后者为圆形,获取的组织量为前者两倍。近来采用的自动弹簧式活检针,又称活检枪,其内装置了前、后两组弹簧,能够产生强有力的高速弹射,可在1/30s内完成切割取材,提高穿刺效率和活检标本的质与量,如Bard Magnum活检针(图6-18)和Biopince活检针。这种活检方法具有快速准确、安全可靠、高质量和高效率取材的优点,是一种简便有效的操作方法,目前已得到广泛应用。Biopince新型活检枪的规格为18G,针长10、15、20cm,内径1.0mm。其外套针尖为三面凹槽,凹槽锋利有刃,并设计一个抓手,内套管亦可切割,为独特的双切割设计,可配用同轴活检鞘多次同轴活检,取样深度有13、23、33mm可供调节,切割标本为长0.78cm圆柱状组织芯,比传统18号活检枪半圆柱组织芯大0.29cm,是活检枪明显的进步(图6-19)。

(3)骨钻针:又称环钻针,如Achermann针。该针管径较大,主要用于硬化性骨组织病变的穿刺活检。由外套针和实心内针组成。内针长于外套针,外套环钻针针头部有一定长度的锯齿形、螺旋形或切口形槽口以获取组织标本。使用时,将内针旋转固定于外套针内,当套针进入病变组织后,退出内针,旋转外套针,利用外套针头端的特殊结构获取病变组织标本。

2. 套管针 带有针芯的中空管(图6-20),主要用于建立病灶与外界之间的活检通道,活检枪可通过套管针反复进入病灶内,进行同轴穿刺取材,可多次取材获取足够的标本量,同时,避免了因增加取材量而反复穿刺,降低穿刺并发症。这种同轴活检术目前最常用的活检方式,操作方便,安全性高。

3. 定位器 常用的定位器有立体定向仪及栅格定位尺。前者用于颅脑病变的介入性诊断与治疗,后者用于除颅脑外的其他部位。使用时,把栅格定位尺用胶布固定在病变相应的皮肤表面,再行 CT 扫描。根据 CT 图像上所示的截点,选择最合适的穿刺点和进针路径(图 6-21),再用光标定层面,就可以在皮肤上画出最准确的穿刺点。目前具有立体定位功能的导航系统已经开始应用于临床。

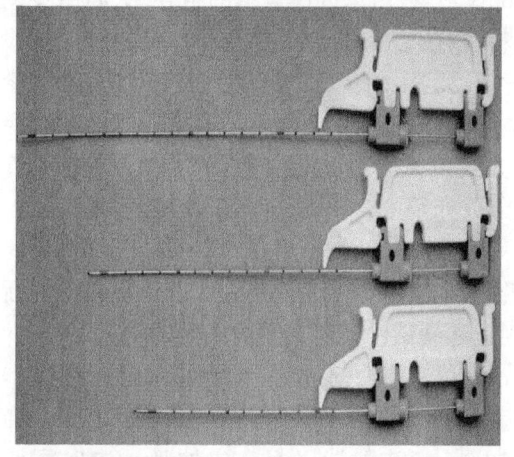

图 6-18 Bard Magnum 活检针

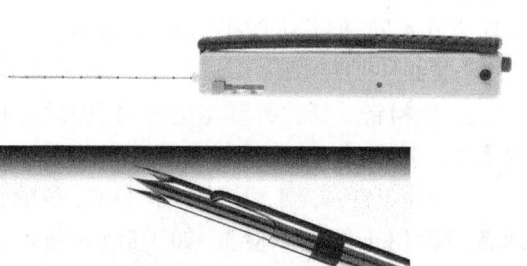

图 6-19 Biopince 活针

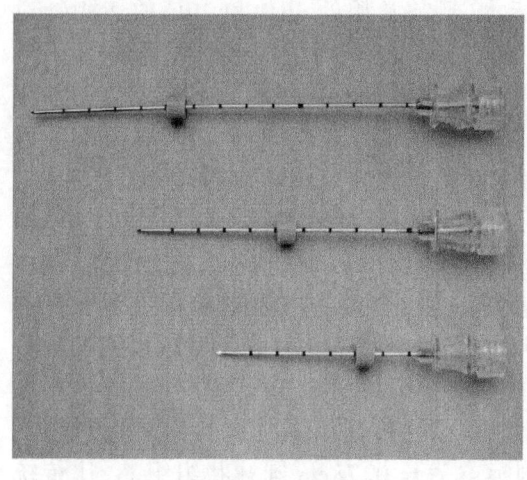

图 6-20 套管针

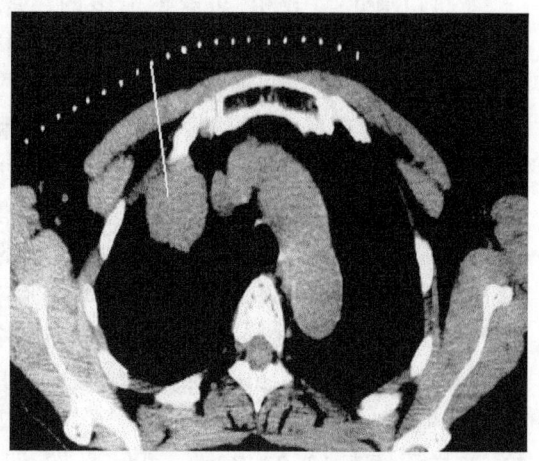

图 6-21 CT 扫描确定最佳穿刺点和进针路径(白线)

【技术与方法】

1. 体位 根据病变的位置,患者取仰卧位、俯卧位或侧卧位,同时也要考虑患者的舒适性。

2. 确定穿刺点 根据术前 CT、MRI 片,针对病变进行扫描,选择最佳穿刺层面后,在体表上放置定位尺,进行数层 CT 扫描,若病变大,层厚取 5mm,若病变直径小于 1.5cm,层厚取 3mm,确定穿刺点,并在体表标记。穿刺点选择的原则不仅要考虑到病变的距离最短,而且还要充分考虑避开病变周围血管、神经、重要脏器及坏死区域。

3. 选择活检针 根据病变的类型、大小、与穿刺点的距离及周围组织的关系选择适合的活检针。

4. 穿刺进针 在 CT 图像上测量穿刺点到病变的距离和角度,制定穿刺方案,了解进针的方向、角度和深度。穿刺点常规消毒、铺巾、1% 利多卡因局部麻醉。胸腹腔病灶活检时,患者平静呼吸,吸气末或呼气末屏气迅速进针,若病变距离穿刺点较远、病变直径小于1.5cm或者通过皮下肌肉组织较多时,尽量采用分次进针。针位于体内时,让患者平静呼吸,尽量避免咳嗽。到达预定深度后,再经CT扫描确定针尖是否位于病变内。

5. 标本取样 CT扫描确定针尖在病变内理想位置后进行切割或抽吸/旋切获取标本。将病变组织分别进行涂片和放入10%甲醛溶液中固定、送检病理。

6. 术后观察 CT扫描确定有无出血、气胸等并发症。如无不适,门诊患者观察30~60min后方可离开。

【临床应用】 经皮穿刺活检术已经广泛应用于诊断各系统、各器官的病变。最常用于胸部、腹部和肌肉骨骼病变的检查。

1. 胸部 主要用于常规影像检查难以定性的疾病,通过穿刺活检获取病理组织,明确病理性质及类型,此项技术在对胸部疾病的诊断中得到广泛的应用。

(1)肺部孤立性病变的鉴别诊断,尤其是怀疑肺癌时;当病变位于肺周围区,支气管镜则无能为力,这类病例宜做穿刺活检。

(2)肺部多发病变。

(3)肺良性病变的诊断。

(4)胸壁、纵隔病变的诊断。

(5)胸腔积液、胸膜肥厚性病变伴肺内实变的定性诊断。

不宜应用的情况包括:①严重肺气肿、肺纤维化、肺心病患者,或心肌梗死患者;②凝血机制障碍;③肺内血管性病变;④不能合作,剧烈咳嗽和躁动者。

2. 腹部 主要用于肝、肾、胰腺或腹腔内的肿块或炎性病变,影像学检查无法确定其病理性质。

(1)肝脏局灶性或弥漫性结节的鉴别诊断;肝脏良恶性肿瘤的定性诊断;肝脓肿、炎症及肝硬化的确诊。

(2)肾病的诊断,分型和鉴别诊断;肾脏实质性和囊实性肿块的鉴别;肾脏良恶性肿瘤的定性诊断。

(3)胰腺癌与胰腺炎的鉴别诊断。

(4)腹部其他脏器或腹腔内良恶性肿瘤的诊断。

不宜应用的情况包括:①明显出血倾向;②患有严重心、肺、脑、肾疾病和全身衰竭的患者。

3. 肌肉骨骼 主要用于常规影像难以诊断的肌肉骨骼系统疾病。

(1)原发性软组织和骨骼肿瘤。

(2)原发性和继发性骨肿瘤的鉴别。

(3)骨肿瘤和炎性病变的鉴别。

(4)内分泌代谢性病变。

不宜应用的情况包括:无绝对禁忌证,相对禁忌证是未治愈的出血性体质。

【并发症】 经皮穿刺活检术是安全有效的微创检查方法,但可能会引起某些并发症。

1. 气胸 是胸部病变穿刺活检的并发症之一,亦可见于上腹部膈区病变和胸椎病变的穿刺。少量气胸时,不需外科处理,严密观察对症处理,可自然吸收。大量气胸时,需急诊处理。

2. 出血和血肿 多见于胸部穿刺(表现为咯血或血胸)和腹部穿刺(表现为腹腔积血、肉眼血尿等),少量出血可自行停止。术前完善患者血细胞分析、凝血常规测定检查,对有出血倾向的患者应采取有效的预防措施或治疗措施控制病情后,再行穿刺活检术。

3. 胆汁性腹膜炎和胆汁漏 表现为右上腹剧烈疼痛伴肌紧张。一般情况下,经皮肝胆囊、胆管和胆管周围病变穿刺活检,很少发生胆汁性腹膜炎或胆汁漏。

4. 肿瘤针道种植 发生率甚低。

5. 胰腺炎 较为罕见,但对有慢性胰腺炎病史的患者则须谨慎。

6. 神经损伤 主要见于脊柱病变的穿刺活检,发生率 1% ~ 2%

(杜 勇 李 杨)

第八节 经皮穿刺引流术

【概述】 经皮穿刺引流术是在影像系统(X 线、CT、超声等)的导向下,利用穿刺针、导丝、引流导管等介入器械对人体内积聚的异常液体(脓液、囊液、血肿、积液)或者管腔梗阻导致的正常液体积聚(如阻塞性黄疸、梗阻性肾盂积水等)进行抽吸、引流的一种微创治疗技术。

根据液体引流的方向采用不同结构的引流管,将经皮穿刺引流术分为以下三类。

1. 经皮穿刺外引流 将异常液体或正常体液引流出体外,临床最常用,也是最简单的引流方式,所用的引流导管多为直径 8.5 ~ 12F 的猪尾导管,这种导管末段有 3 ~ 6 个侧孔,盘曲成猪尾状。置入脓腔或腔道梗阻近端,可以充分的引流出脓液或积聚的液体。

2. 经皮穿刺内引流 将异常液体(正常体液)引入体内的正常腔道,如胆汁引流入十二指肠,肾盂积水引流入膀胱。这种引流方式是将引流管通过腔道的狭窄段,将积聚的液体引入到正常的腔道内,是一种最接近生理状态的引流方式,所用导管也称为内涵管(endoprosthesis),若采用金属支架跨过梗阻段,称为金属支架成形术,也是内引流的一种方式。

3. 经皮穿刺内外引流 这种引流管除了尾段有多个侧孔外,在引流管主体上也有多对侧孔,当内外引流管跨过梗阻段后,其在梗阻段上方的侧孔可以将液体引流至尾段侧孔,流入正常腔道,也可以将梗阻段上方的液体引流出体外。

对于人体内积聚的异常液体,主要采用经皮穿刺外引流方式治疗。对于人体内正常液体的聚集,如胆管梗阻和输尿管梗阻,主要采用经皮穿刺内引流方式治疗,也可以采用经皮穿刺外引流或内外引流的方式治疗。

经皮穿刺引流通常在带有 C 臂的 X 线透视机、DSA 机、CT、B 超导引下完成,由于 B 超和 CT 都是断面成像,对于穿刺点的定位和穿刺路径的选择有优势,但是在操作过程中,实时监控导丝、导管的置入不如带 C 臂的 X 线透视机直观。

【器械】

1. 穿刺针 用于经皮穿刺引流术的穿刺针常用的是带针芯的金属套管针,套管头端平钝,针芯尖锐,稍长于套管。金属套管针的直径有 18G ~ 23G,长度 10cm 和 15cm 两种最常用,套管针表面多标有刻度,方便掌握穿刺进针的深度。如 Chiba 针和 Trocar 针(图 6-22、图 6-23)。

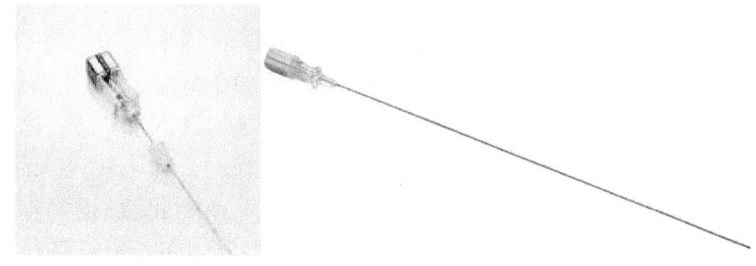

图 6-22 Chiba 针,由套管和针芯组成

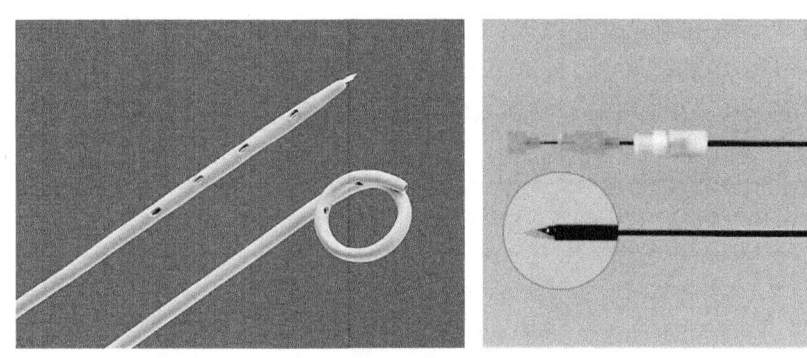

图 6-23 Trocar 针(引流管与穿刺针一体组合)

2. 导丝 用于穿刺引流术的导丝有 0.018in 的金属微导丝,可以通过 23G 的穿刺针,引导 5F 的三层套管鞘。另外,当 5F 的套管鞘置入后,可以引入 0.035in 和 0.038in 的亲水导丝,做进一步引流管的置入。

3. 经皮穿刺套件 临床常用者包含了 22G 的 Chiba 针,0.018in 的导丝和三层同轴套管鞘(图 6-24)。使用经皮穿刺套件的目的是能够将 0.038in 的导丝置入到体内待引流的腔道。因为引流管需要 0.038in 的导丝支撑才能通过经皮穿刺的途径置入体内。

4. 引流管 从引流管的功能和外形上区分,用于经皮穿刺引流术的引流管有多种(见第二章第三节)。例如,用于外引流的除了常用的猪尾状引流管,还有导管头段成蘑菇状的引流管;用于内引流的除了常用的两端均有侧孔的双猪尾引流管,还有两端为直头的内涵管;用于内外引流的 Cook-Cope "襻"状胆管引流管和远端成"7"字形的 Ring 胆道引流管。内外引流管的远端和中部均有侧孔,中部的侧孔在阻塞段之上,远侧的侧孔在阻塞段之下,胆汁可以从中部的侧孔向远侧段引流,也可向导管的近端引流至体外。引流管的直径从 6～14F 不等,最常用的是 8.5F 的外引流管。引流管的长度从 25～45cm 不等。

5. 固定装置 引流管的远侧段在体内腔道中盘曲,有防止导管滑脱的功能,为了进一步固定导管,防止滑脱,可以借助于体表的固定装置固定导管,较为理想的固定装置为蝶形粘贴。

【技术与方法】

1. 术前准备 血常规、凝血功能检查,尤其重视血小板、凝血酶原时间(PT)、国际标准化比值(INR)。根据 B 超、CT 检查,确定穿刺点,选择合适的穿刺路径,避开重要脏器和大血管及占位性病灶,对于 CT 检查需要做对比剂增强扫描,能够更好的显示腹部脓腔、肝内扩张的胆管、实质脏器内的囊肿等结构。操作前,还需要核对介入操作器械是否完备。

2. 经皮穿刺引流技术

(1) Trocar 穿刺法：Trocar 针的远侧端是带有菱形的锋利针尖，将引流管套合在 Trocar 针上，组合成套管针，经皮直接穿刺脓腔或囊腔（图 6-24），这种操作采用的套管针是将引流管套在长的穿刺针上，针尖和引流管的远侧端进入脓腔后，固定穿刺针，推送套在 Trocar 针表面的套管，由于套管远端是猪尾状设计，当导管进入脓腔后自然盘曲成猪尾状，确认引流管远侧引流段（带侧孔段）均进入预定腔道，退出穿刺针，体外固定引流管。这种穿刺方法，不需要导丝引导，可以用于浅表的、穿刺路径简单、体积较大的脓腔或囊腔的外引流。

(2) Seldinger 穿刺法：一般是指经皮动脉穿刺所用的技术，包含了"穿刺-进导丝-退针-进导管"的技术步骤，在非血管介入中，穿刺体内的腔道，也采用此种技术。而用 21G 以上的细针（Chiba 针）穿刺成功后，置入 0.018in 导丝，退出穿刺针，引入同轴三层导管鞘（Neff Set），能够将 0.038in 的导丝交换入体内腔道，从而为置入外引流管作准备。

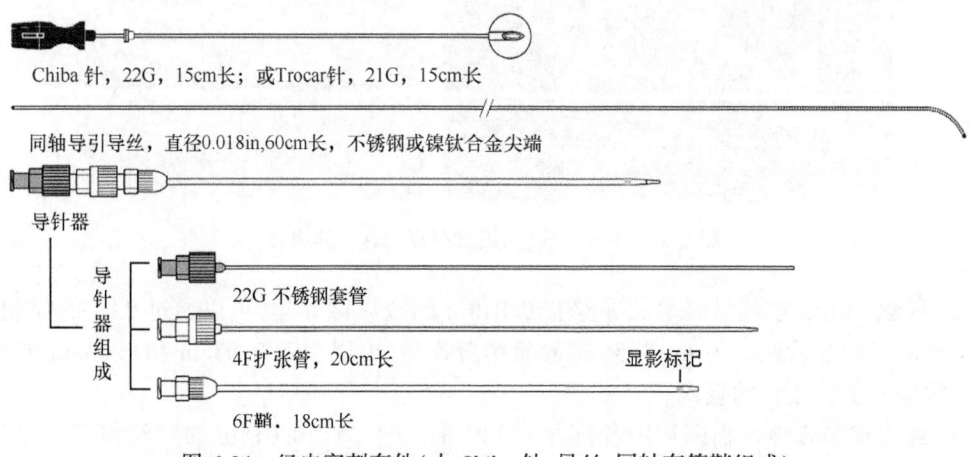

图 6-24　经皮穿刺套件（由 Chiba 针、导丝、同轴套管鞘组成）

3. 术中注意事项　导管置入后，造影应尽量少使用对比剂，如果注入造影剂量过多，压力过大，容易导致腔道内的细菌逆行入血，引起菌血症和败血症。因此，在造影前尽量多抽吸出腔道内积聚的液体，降低腔道内的压力。

对于脓肿的穿刺，多采用 18G 的穿刺针，可以方便的抽吸到脓液和置入导丝。对于胆管或肾盂的穿刺，多采用更细的 21G 穿刺针，以减少肝脏和肾脏实质血管的损伤，并且允许调整穿刺方向。

4. 术后注意事项　穿刺引流后，患者需要卧床休息 6h，测量血压、脉搏，询问穿刺部位的疼痛情况。注意引流管内流出液体的颜色和引流量，每日记录，如果引流量出现异常的减少或增多，都需要在 X 线透视下复查导管是否在位，以及注入少量造影剂，观察导管有无折曲和移位。注意体温、白细胞计数的变化，导管周围有无渗出等情况。

【临床应用】　经皮穿刺引流或抽吸术是非血管介入中常用的技术，具有损伤小、见效快的特点，临床应用广泛。

1. 脓肿、囊肿的经皮抽吸引流　人体内深部组织的脓肿、囊肿、血肿、积液的治疗，清除这些异常的积液是关键，而传统外科手术创伤大，对于部位深在的病变，手术难度也高。而通过经皮穿刺，置入引流管能够将这些异常积聚的液体引流出体外，一样达到很好的疗效。临床上常见的病变如肝肾囊肿、膈下盆腔脓肿、脊柱旁脓肿等，均可以采用经皮穿刺引流术进行治疗。为避免切开，目前临床多采用 Seldinger 穿刺技术达到置管引流的目的(图6-25)。导管置入成功后，还可以将抽吸的液体做细胞、细菌、生化等检查，明确病变性质，指导抗生素的使用。还可以通过引流管注入硬化剂、抗生素或者化疗药物进行治疗。

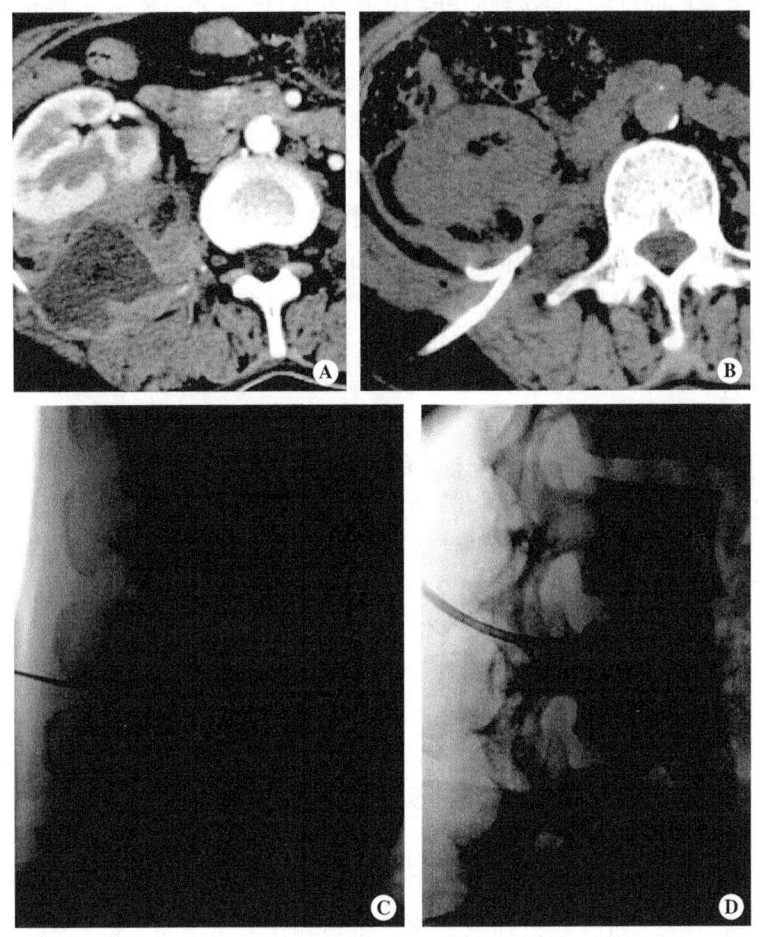

图 6-25　腰椎旁脓肿经皮穿刺引流术
A. CT 检查显示腰椎旁脓肿；B. 引流后脓肿明显缩小；C. Seldinger 穿刺，置入导丝；D. 置入 8.5F 引流管

2. 阻塞性黄疸　各种原因导致的肝内、外胆道梗阻可采用经皮穿刺引流技术，将淤积的胆汁引流至体外或十二指肠内，这种微创的治疗方法已成为胆管恶性梗阻的姑息性治疗和阻塞性黄疸减压的有效方法(详见第十一章第七节)。

(1) 外引流：经皮肝穿刺肝内胆管，采用 Seldinger 技术，在导丝的引导下，将多侧孔引流管置入梗阻段上方的扩张胆管内，胆汁引流至体外，降低胆道内压力，缓解黄疸。阻塞性黄疸的外引流近期疗效满意，并发症少，但长期导管外引流使胆汁丢失而引起水电平衡失调，也可因引流管与体外相通，容易发生胆管感染以及引流管阻塞。单纯外引流主要用于胆管梗阻段无法通过，不能行内引流；外科手术前的临时性胆管减压；或者是患者病情较重，不适宜长时间的介入操作，先行外引流减轻症状等情况。

（2）内外引流和内引流：在上述外引流操作的基础上，或经皮穿刺肝内胆管造影后，能够将导丝通过胆管的梗阻段，进入十二指肠，从而引导内外引流管跨过胆管梗阻段，引流管头端置于狭窄远端的胆管内或十二指肠内，胆汁即可经引流管的侧孔流入梗阻远端的胆管，进入十二指肠内；也可以通过梗阻段上方的侧孔，胆汁流向体外，为内外引流。如果关闭体外的引流管即可达到内引流的目的。内引流避免了外引流中胆汁丧失的不足。留置内外引流管通常是临时性的，要达到长期的内引流，目前多采用金属支架或放置内涵管的方式。

3. 梗阻性肾盂积水 输尿管结石、特异性炎症、输尿管肿瘤、膀胱癌、后腹膜原发性或转移性肿瘤、盆腔的恶性肿瘤等多种疾病可以导致上尿路梗阻性肾盂积水。上尿路梗阻导致肾盂积水，肾盂、肾盏的体积扩大，压迫肾实质导致肾组织萎缩，引起肾功能的永久性损害，因此，一旦发生尿路梗阻性肾积水，需要尽早处理。而经皮穿刺肾盂引流术也称为经皮肾穿刺造瘘术(percutaneous nephrostomy, PCN)。与上述胆管梗阻时相同，输尿管梗阻引起的肾盂积水，PCN 后的引流方式也分为外引流和内引流。详细操作技术见第十二章第五节。

PCN 的成功率高，并发症少，是治疗尿路梗阻的有效方法，使一些患者免于手术，一些不能手术的肿瘤患者得到姑息治疗。

【并发症】 经皮穿刺引流术用在不同的部位，其出现并发症的概率各不相同，总的来说，由于是经皮穿刺实质脏器或腔道，共有的并发症可能会出现：出血、感染、菌血症等。由于穿刺路径的选择不当，也有可能出现气胸、血胸；由于导管放置不到位或穿刺路径经过了大的静脉血管(如门静脉)或动脉血管，导致血性引流内容物；外引流管放置后，导管周围出现渗漏；导管无意中被拔出导致脏器的损伤；导管折曲导致闭塞或引流不畅。

（杨正强）

第九节　经皮穿刺造瘘术

【概述】 经皮穿刺造瘘术，是指某些阻塞性疾病或神经系统疾病导致人体内的自然腔道无法完成传输功能，造成食物或体液无法正常传输或异常滞留，在各种影像设备的引导下，以穿刺针经皮肤穿刺入空腔器官，置入造瘘管，通过建立体内外的人工通道部分代替体内自然腔道以实现传输功能的微创性操作。其在人体的应用主要包括胃造瘘、肾造瘘及膀胱造瘘等(肾造瘘详见经皮穿刺引流术)。

经皮胃造瘘术(percutaneous gastrostomy, PG)是指经腹部皮肤穿刺放置胃造瘘管，营养液通过造瘘管直接输注到胃内，给予营养支持的方法。1979 年 Sacks 和 Glotze 首先报告了经皮胃造瘘术的临床应用，1986 年 Brown 提出用锚钩作胃固定术大大减少饲管的移位、脱落，之后许多学者对其作了改进，使经皮胃造瘘术日趋成熟。传统外科造瘘术一般在全麻下进行且并发症及死亡发生率较高，临床已较少应用。经皮造瘘术因其操作简单、安全、有效且费用较低，临床上得到了广泛应用。

【器械】 经皮胃造瘘术整套器材主要包括：18G 血管穿刺针或活检穿刺套针、0.038inch 泥鳅导丝及超硬导丝、系列扩张管(最大径应大于 PG 饲管)、单弯导管、"T"形固定器、可撕脱导引鞘、PG 饲管、外固定盘等(图 6-26)。

【技术与方法】

1. 术前准备

（1）结合 CT 等影像资料，了解肝脏、横结肠和胃的解剖关系。

（2）了解全血细胞计数，血凝时间。

（3）术前 12h 禁食、禁水。

（4）签署术前知情同意书。

（5）术前 10min 静脉推注胰高血糖素 1mg 以降低胃肠张力。

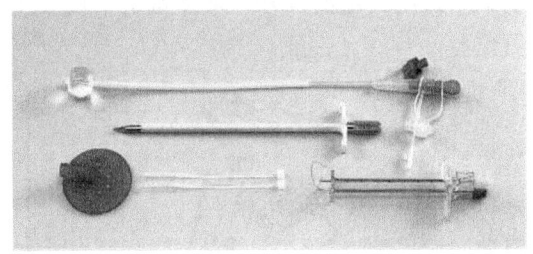

图 6-26 造瘘管常用套件：PG 饲管，可撕脱导引鞘，外固定盘，"T"形固定器

（6）头颈部肿瘤及肺不张患者应予静脉基础麻醉。

2. 操作方法

（1）胃腔准备：首先将患者平躺于 DSA 床上，予口服利多卡因胶浆行局部麻醉，透视下运用导丝导管技术将单弯导管经鼻插至胃腔，注入对比剂证实导管位于胃腔。再注入气体约 800~1000ml，使胃腔明显扩张，正侧位上证实胃前壁紧贴腹壁。国外有报道应用气颗粒使胃腔扩张。也可使用胃镜经口插入到胃，注气（图 6-27），以利于确定皮肤穿刺点。

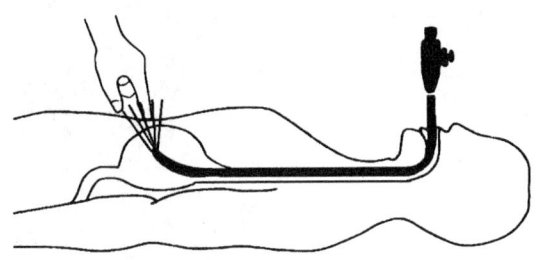

图 6-27 胃镜法胃造瘘术：胃注气后，使用胃镜光源引导，确定经皮穿刺点（造瘘点）

（2）皮肤准备：穿刺部位选择在左上腹部，肋弓下腹直肌鞘外侧，透视下可见充气胃轮廓及胃体中央，确定穿刺部位后常规消毒手术野皮肤，以紫药水做 2 或 3 个穿刺点标记，一个为造瘘口，余者为"T"固定器穿刺点（有学者用一个锚定点完成造瘘过程）。然后行局部浸润麻醉或行静脉基础麻醉。

（3）锚定术：透视下手持穿刺针选择最垂直、最短的距离，向扩张的胃体的中远段以迅速有力动作穿刺胃壁。针刺入胃腔后有突破感及气体喷出的征象，随后透视下注入少量对比剂，如胃黏膜显示，即可证实穿刺针位于胃腔内。将"T"形固定器经导丝从穿刺针外鞘中送入胃腔，拔出穿刺针。外提固定器的丝线，使"T"形小棒紧贴胃前壁并使其与腹壁相贴，丝线固定在体外的固定盘上，丝线锚定以患者无明显疼痛感为宜（图 6-28）。同法用另一"T"型固定器在相距 2cm 处的胃的中点附近，将胃壁与腹壁固定（图 6-29）。

（4）置造瘘口：在两个固定点之间，切一 5mm 左右小口，用组织钳钝性分离皮肤及皮下组织。手持穿刺针，与腹壁成约 45°向扩张的胃底方向穿刺腹壁及胃前壁，若准备将造瘘管置于十二指肠内，则指向幽门方向，然后注入少量造影剂，透视下证实针尖位于胃腔内，插入导丝拔出穿刺针。沿导丝置入扩张器，逐级扩张穿刺道。成功后引入可撕脱导引鞘。将 PG 饲管通过可撕脱导引鞘引入胃腔内。拔出导丝，缓慢后拉 PG 饲管丝线，使 PG 饲管头端成猪尾状。经 PG 饲管尾端回抽到胃内容物或注入造影剂证实在胃腔内后，即可拔出撕脱导引鞘。外用固定盘将 PG 饲管固定于皮肤上，连接引流袋，拔去经鼻插入胃腔内的单弯导管。

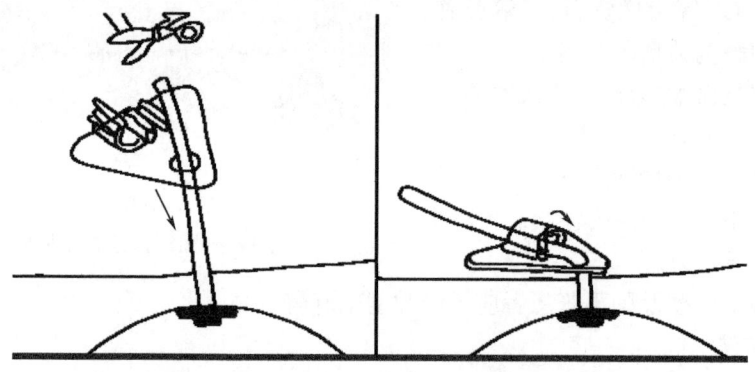

图 6-28　外固定盘将"T"形固定器固定于皮肤

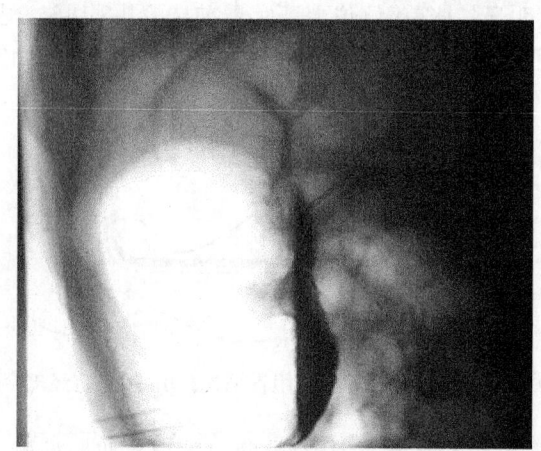

图 6-29　锚定器将胃壁与腹壁紧密固定

（5）拆除锚钩：胃造瘘术 1~2 周后窦道既形成，胃壁与腹壁粘连，且造瘘管固定，此时可消毒固定器丝线，并将其剪断，使"T"形固定器脱落入胃内并经肠道排出。

3. 术后护理　胃造瘘术后 12~24h 后再次注入造影剂观察，若无胃内容物漏出至腹腔，则可进饮食，去除引流袋，平时用塞子关闭管口，保持清洁干燥。每次注入食物后应当用盐水冲洗，防止食物潴留于造瘘管内引起堵塞。

【临床应用】

1. 适应证

（1）由于神经功能紊乱，头颈部、肺部及食管的良恶性疾病引起的不能经口摄入维持营养的病人。

（2）慢性小肠阻塞性疾病的减压处理。

（3）胃肠运动功能障碍的患者。

2. 禁忌证

绝对禁忌证：

（1）无法纠正的出血或出血倾向。

(2) 腹膜后穿孔。

(3) 无合适穿刺路径,如胃大部切除术后,残胃腔小且位于肋弓之后;肝左叶肥大且位于胃前方,或者横结肠位于胃前方等有碍经前腹壁穿刺。

相对禁忌证:

(1) 大量腹水。

(2) 严重的门静脉高压造成腹内静脉曲张。

(3) 侵及胃壁的炎症、肿瘤或感染。

(4) 严重的胃食管反流。

【并发症】

1. 腹膜炎 多数发生在术后更换饲管时,在未确认头端位置的情况下,即注入营养液而漏入到腹腔内所致,少数为造瘘成功后饲管的移位。发生腹膜炎时,应在透视下经饲管注入稀释的温热碘水造影剂证实是否有腹腔漏。一旦发现,应采用导丝引导重新将饲管置入到位并固定,或更换饲管。腹膜炎用抗生素治疗多可痊愈,严重者需要手术治疗,注重饲管的固定和护理是减少此类并发症的重要措施。

2. 胃肠道出血 术中出血与穿刺不当有关,术后出血可能与胃饲管损伤血管以及患者本身存在的某些基础疾病有关,可通过动脉栓塞予以治疗。

3. 造瘘口外渗 主要由于大量腹水经造瘘口的外渗,可更换饲管或拔出导管后局部加压覆盖。

4. 瘘口周围感染 常为瘘口护理不当所致,随着造口师专业化护理的增多,此类并发症的发生率将大大降低。

5. 饲管移位、迂曲及梗阻 可在透视下通过导丝重新调整饲管或更换饲管。每次注入营养液后用生理盐水冲管可减少梗阻或堵塞。

(邹建伟)

第十节 经皮穿刺消融术

【概述】 经皮穿刺消融术(percutaneous ablation)是在影像设备的引导下,利用穿刺针向病灶注入无水乙醇、抗肿瘤药物等使病灶发生坏死,或在病灶内插入(射频)电极、(微波)天线、(冷冻)探头等,通过局部加热或冷冻破坏病灶的方法。前者称为化学消融,后者称为物理消融。1986年Livaraghi等报道临床应用经皮穿刺注射无水乙醇(percutaneous ethanol injection, PEI)治疗小肝癌取得明显疗效。1990年Rossi等首先提出了采用间质性热疗经皮消融肝脏肿瘤的可行性。1998年美国FDA批准Endocare公司研制的氩氦刀(Endocare Cryocare surgery sysm)应用于临床。目前,以上技术均在临床广泛应用。

一、经皮穿刺注射无水乙醇消融术

经皮穿刺注射无水乙醇(percutaneous ethanol injection, PEI),即经皮穿刺将无水乙醇注入肿瘤组织内使肿瘤组织脱水、凝固性坏死,蛋白质变性,实现消灭肿瘤组织的目的。

【设备与器械】

1. 设备

（1）超声：超声为最常用的影像引导手段，具有简便、灵活、操作方便、实时成像等特点。超声下可以清晰地显示穿刺针的位置及无水乙醇在病灶内的弥散情况。但对于特殊部位如肺组织显像受到局限。

（2）CT：可用作所有部位 PEI 的引导手段，具有定位准确的优点，能清楚准确地显示穿刺针的位置并显示无水乙醇在病灶内的弥散情况。CT 图像可以与术后复查图像对比，评价疗效。

2. 器械　20~22G 穿刺针。

【技术与方法】　患者超声或 CT 定位后，局部皮肤消毒、铺巾、麻醉。在超声或 CT 引导下穿刺病灶（图 6-30），当穿刺针到达肿瘤内预定部位后拔出针芯。用 5ml 注射器抽取 95%~100% 无水乙醇，接于穿刺针尾端，回抽无血后缓慢注入，观察乙醇在肿瘤内弥散情况。如穿刺针回抽有血液时，前后调整穿刺针的深度，直至回吸无血时缓慢注药。当注药过程中阻力增加时后退穿刺针，边退针边注入药物，直至药物在病灶内分布均匀。肿瘤超过 2cm 时应选择不同的部位进针注药。注射结束后，经穿刺针尾端缓慢注入利多卡因，边注药边退针，避免因乙醇的外溢引起疼痛。

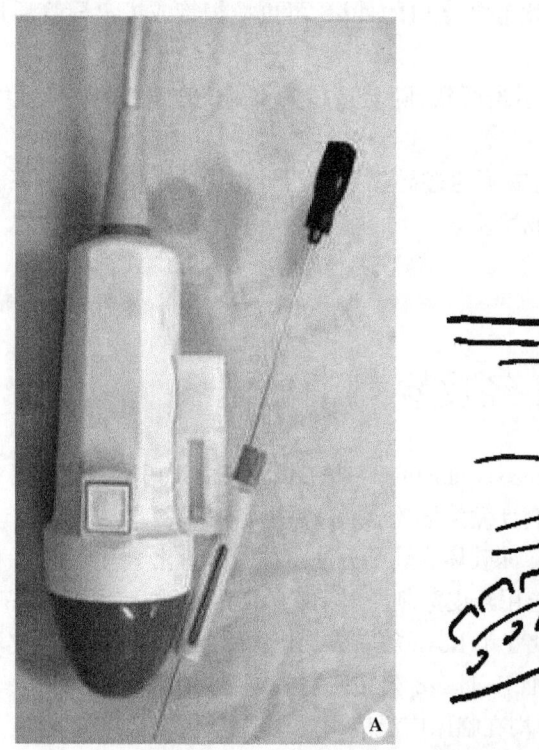
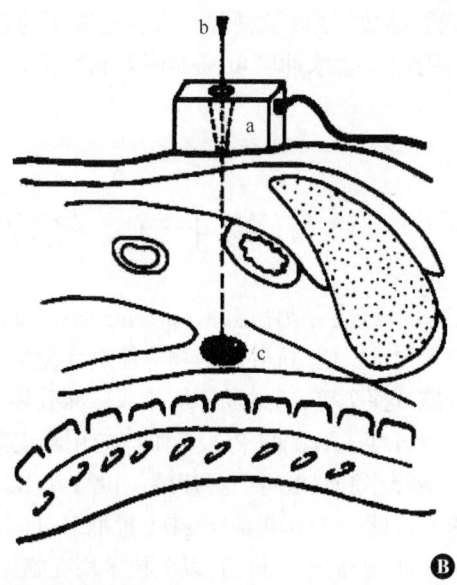

图 6-30　超声导引下穿刺示意图
A. 超声导引探头及穿刺针；B. 超声导引下穿刺深部肿瘤行无水乙醇消融示意图

乙醇注射量依肿瘤大小而异，病灶小于 2cm，一般注射 2~5ml，大于 5ml 时每次注入 10~30ml，每周注射 2 次，4~6 次为一个疗程。

【临床应用】 PEI主要适合于直径小于3 cm的结节性肝癌,癌组织相对松软,周围肝硬化组织相对硬,乙醇容易在病灶内均匀分布,一次注射使可以小肝癌的70%发生坏死。

1. 适应证 ①直径小于3cm的原发性肝癌或肝脏转移瘤而无法进行手术或动脉内化疗栓塞术的患者。有包膜的小肝癌疗效最好,浸润生长或转移性肝癌疗效相对欠佳。②肝内多个病灶,无法进行动脉内化疗栓塞治疗或治疗效果不满意者。③肝内病灶大于3 cm,经动脉内化疗栓塞治疗后肿瘤坏死不完全者,或肿瘤血供复杂,无法进行肝动脉栓塞术或栓塞效果不满意者。

2. 禁忌证 ①病灶数目多,超过三个,或肿瘤占据肝面积超过60%,呈浸润或弥漫性生长者。②中等量或大量腹水。③肝功能不全,肝功能为Child-Pugh C级。④门静脉癌栓。⑤凝血机制异常。

【并发症】 腹痛是常见的并发症,主要为无水乙醇经穿刺通道外溢至腹腔引起。当单次乙醇注射量超过50ml时,可出现高热。此外,还可出现肝肾功能一过性异常。严重并发症较少见(不足5%),主要为:①肝脏和腹腔出血。②肝脓肿。③高胆红素血症。④肝段梗死。⑤肝、肾功能不全甚至衰竭。

【疗效评价】 直径小于2cm的Child A级肝癌患者PEI治疗后5年生存率达41%~60%,与手术切除相近。但如果肿瘤直径大于3cm特别是存在瘤内间隔时,可引起乙醇弥散不均匀,这种情况下乙醇无法向肿瘤被膜外组织弥散,无法对肿瘤周围肝组织消融形成一个有效的安全边缘,从而无法消灭周围的卫星病灶。PEI复发率高,小于3cm的病灶复发率为33%超过3cm的病灶复发率为43%。

二、经皮穿刺射频消融术

经皮穿刺射频消融术(percutaneous radiofrequencyablation,RFA)常作为根治性治疗小肝癌、肝癌TACE后局部残留病灶的控制以及肝癌患者等候肝移植时减慢肿瘤生长速度等情况下的治疗方法。近年射频消融治疗术已经成为逐渐替代经皮无水乙醇注射消融术的首选方法。其工作原理为:通过射频波/交变电流波,引起组织内极性分子的震动摩擦,产生热能,细胞内温度升高,并逐渐向外周传导,引起局部组织间质加热。当温度超过60℃时,肿瘤细胞迅速发生蛋白变性并凝固坏死,从而达到治疗肿瘤的目的。

【设备与器械】

1. 影像引导设备 与PEI一致,主要为超声和CT。

2. 射频发生器 目前常用的射频设备有RITA、COOL-TIP机型。前者为多极针,可以消融范围相对较大的病灶,后者带有水循环电极冷却系统,可以避免消融过程中出现组织"碳化"。

【技术与方法】 以COOL-TIP机型为例。操作步骤:连接设备电源,建立冷循环水道,在患者双侧大腿上部外侧贴负极板;开启射频发生器开关,病人仰卧位,连接射频针;常规备皮、消毒、铺巾、局麻,必要时全麻;超声或CT引导下穿刺病灶,射频电极的尖端置于病灶内;打开射频发生器开关,将射频输出调节为最大状态消融,时间设定为12min。消融结束后进行针道升温(图6-31)。如果病灶范围过大,单次消融不彻底,可调整针尖位置对病灶叠加消融,消融范围以超过病灶边缘1cm为宜(图6-32)。新近应用于临床的CT智能导航系统为RFA穿刺的准确、安全提供了一定的保证(图6-33)。

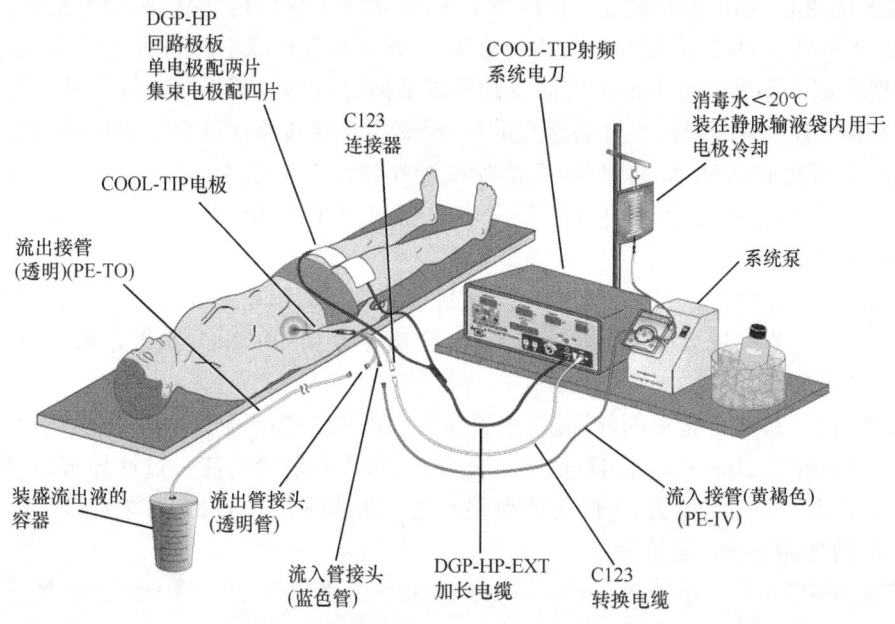

图 6-31 射频消融基本设备与工作原理

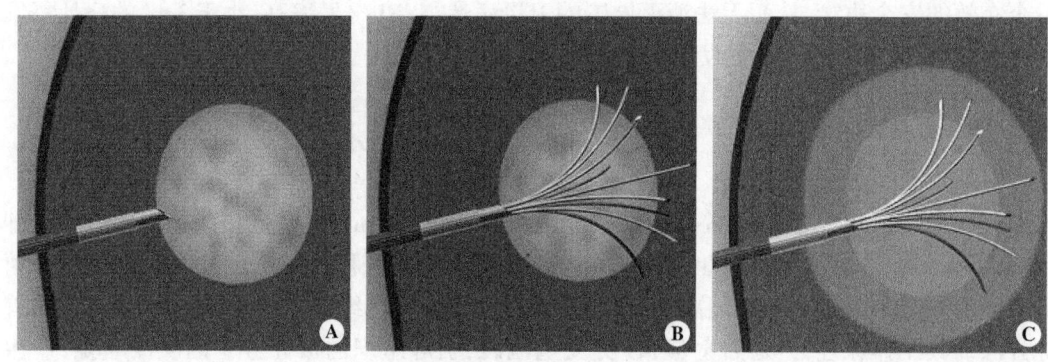

图 6-32 RFA 消融示意图(以 RITA 机型为例)
A. 进针;B. 打开伞状电极针;C. 射频消融

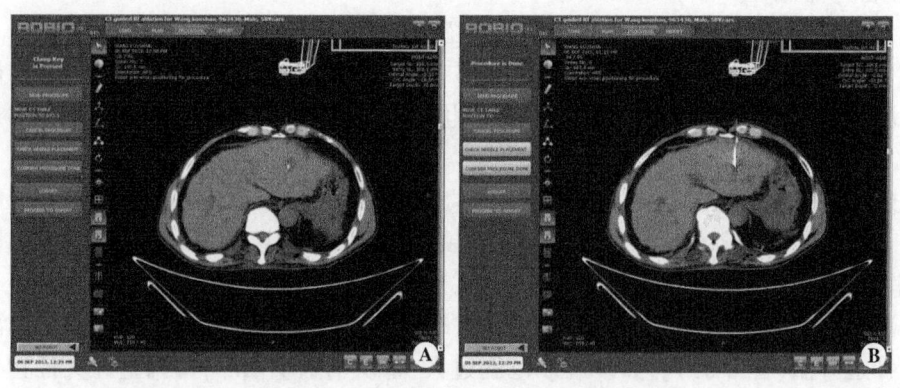

图 6-33 CT 智能导航系统穿刺示意图
A. CT 扫描后通过智能定位系统对肝脏深部病灶进行穿刺路径设计;B. 经设计路径完成肝肿瘤 RFA

【临床应用】

1. 肝癌射频消融治疗

（1）适应证：直径小于3cm的小肝癌或原发灶已经根治的肝内转移瘤；肝癌术后复发或者残余小结节；大肝癌经肝动脉插管栓塞化疗术后的补充治疗；无肝外肿瘤。

（2）相对禁忌证：肿瘤边缘距主要胆管距离小于1cm，应避免引起迟发性胆管狭窄；严重的黄疸、腹水、凝血功能障碍或者有急性感染的患者；严重的肝肾功能损害和弥漫性肝癌患者；妊娠、安装心脏起搏器和不能配合的患者。

2. 肺癌的射频消融治疗

（1）适应证：无法手术切除的非小细胞癌；肺内转移性肿瘤；单侧肺的肿瘤个数不大于3个，直径不大于3.5cm；位置离主要的血管或气管大于1cm；血小板大于100 000/ mm^3，INR不大于1.5。

（2）禁忌证：有肺癌切除史；肺功能分级>2级；没有器官功能储备。

3. 其他肿瘤的射频消融治疗 目前 RFA 已经应用于骨肿瘤、乳腺癌、肾癌、肾上腺肿瘤的根治或姑息性治疗。

【并发症】 常见并发症为：发热、出汗、虚脱。其中肝癌的并发症主要为：肝区疼痛、恶心呕吐；肝功能的损害。偶可出现黄疸、腹水；出血、感染、腹膜炎、梗阻性黄疸；血气胸、膈肌损伤甚至穿孔；肿瘤针道种植转移；损伤邻近器官，导致胆囊、胃肠道穿孔等严重并发症。肺癌的并发症主要为气胸、血气胸、出血等。

三、氩氦刀冷冻消融术

氩氦冷冻消融治疗的原理：应用高压氩气在1min之内将针尖温度降至-140℃，使肿瘤组织速冻为较规则的冰球，然后采用高压氦气使冰球解冻为40℃左右，在冷冻-复温的过程中达到摧毁肿瘤的目的(图6-34)。

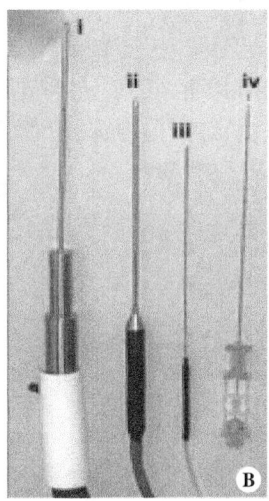
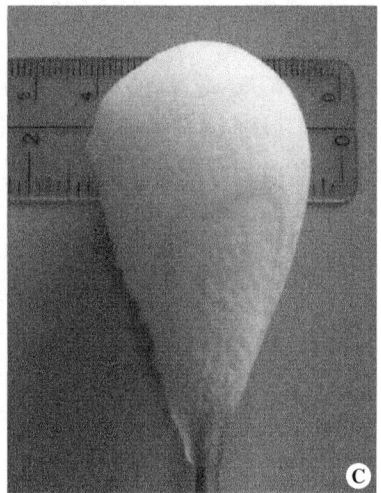

图6-34 氩氦冷冻消融治疗的原理

A. 氩氦冷冻发生器；B. 不同规格冷冻刀；C. 冷冻刀尖端产生的冰球

【设备与器械】
(1) 影像引导设备。
(2) 与 PEI 一致,主要为超声和 CT。
(3) 冷冻消融系统:常用的设备有氩氦超低温手术系统。

【技术与方法】 阿托品 0.5mg 或 654-2 10mg,联合吗啡 10mg 或呱替啶 100mg 术前基础麻醉;依据病变部位患者采取仰卧位或俯卧位,超声或 CT 扫描确定进针位置和方向,局部消毒铺巾,超声或 CT 引导下插入带针芯穿刺针,将针尖穿刺进入肿瘤底部后拔出针芯,引入金属导丝后再拔出穿刺针,通过导丝经皮引入导管鞘后抽出内芯,将氩氦刀顺着导管鞘插入肿瘤内并固定,根据肿瘤区域将导管鞘外撤 3~5cm,开启氩氦刀冷冻系统电脑主机,刀尖区域在 1min 之内降至 -140℃以下,持续冷冻 15~20min,使冰球范围超过肿瘤边缘 1cm 以上。开启氦气系统直至将温度加热到 40℃以上再重复一次冷-热循环。结束后用明胶海绵及止血生物胶填塞穿刺道止血。

【临床应用】

1. 适应证 ①不能耐受常规手术切除的Ⅰ,Ⅱ,Ⅲa 期实体肿瘤患者;②身体状况可以承受局部减负荷的Ⅲb,Ⅳ实体肿瘤患者;③原发癌已经较好控制或较为局限的转移性实体瘤。

肝癌:①肝脏肿瘤直径不大于 5cm,数目不超过 3 个,肝功能分级为 Child A 或 Child B 级;②肿瘤直径大于 5cm 大肿瘤需先行 TACE 治疗或用多刀组合冷冻;③肿瘤位于大血管边缘或肝门部位,直径不大于 5cm,手术有困难或风险较大者。

肺癌:①肿瘤直径不大于 5cm,数目不超过 3 个,肺功能良好;②肿瘤直径大于 5cm 大肿瘤需先行 TAE 治疗或用多刀组合冷冻;③肺部恶性肿瘤晚期姑息性治疗。

2. 禁忌证 ①全身状况差,明显恶病质;②出凝血障碍及严重的心肺功能障碍;③肿瘤全身广泛转移伴大量胸腹水者。

【术后反应及并发症】

1. 术后反应 术后大多有反应性发热。

2. 并发症
(1) 肺癌:咳嗽,咯血,发热,胸闷胸痛,气胸,皮下气肿,胸腔积液,皮肤冻伤。
(2) 肝癌:术中出血,术后出血,肌红蛋白血尿,肝胆管损伤,胆瘘。皮肤冻伤及肝功能轻度损伤。胸腔积液,肝脓肿。气胸,肠管瘘。

(刘瑞宝)

第七章 特殊介入治疗技术

第一节 下腔静脉滤器植入术

【概述】 下腔静脉滤器(interior vena cava filter,IVCF)是为了预防下肢深静脉、下腔静脉系统血栓脱落引起肺动脉栓塞而设计的一种保护装置。在我国,未经治疗的肺栓塞已成为致死性心血管疾病的第三大病因,死亡率高达25%~30%。75%~90%的栓子来源于下肢和髂静脉,血栓脱落,随着回心血流进入到肺动脉及其分支造成肺动脉血管栓塞性疾病。如何阻断脱落的血栓,20世纪50年代以前的近一个世纪,主要采用下腔静脉阻断术,有较高的病死率。1967年,Mobin-Uddin首先将网状滤网放入下腔静脉,并发症发生率较高。Kimray-Greenfield(KG)滤器于1973年首次报道,KG大大提高了滤器置入后下腔静脉通畅率,逐步被临床接受。近年来,滤器设计的不断完善和改进,滤器的品种增多,滤过效果提高,明显降低了肺动脉栓塞的发生率,下腔静脉滤器置入术越来越广泛的运用于临床。

【器械】 下腔静脉滤器可分为临时性、永久性与可回收性。临时性滤器为LGT Tempofilter Ⅱ(LGT-TFⅡ);永久性滤器包括Greenfield不锈钢滤器,(kimray-greenfield filter,KGF)、Greenfield钛合金滤器(titanium greenfield filter,TGF)、鸟巢式滤器(bird nest filter,BNF)、Simon镍钛合金滤器(simon nitionl filter,SNF)和Trap ease filter(TEF)等;可回收性滤器兼可作临时性和永久性置入,包括Antheor临时滤器(antheror temporal filter,ATF)和Gunther郁金香滤器(gunther tulip filter)等。将常用的滤器进行简介。

1. 临时性滤器 LGT Tempofilter Ⅱ(LGT-TFⅡ),通常经右侧颈内静脉置入,滤器与留置管相连,留置管的上端与埋在皮下的橄榄状锚索相连。LGT-TFⅡ设计置入时间为6周,需要取出滤器时,局麻下做小切口分离出锚索,将锚索、留置管和滤器一起撤出即可。

2. 永久性滤器

(1) Greenfield Filter(GF):新一代GF有两种,一种为Titanium Greenfield filter(TGF),由6条带钩脚的钛合金丝制成;另一种为Stainlessteel Greenfield Filter(SGF),由6条带钩脚的不锈钢丝制作而成。两者外观、形态相同,均为锥形,锥顶至锥底的高度TGF为47mm,SGF为44mm。两者置入方法相似,均可经双侧股静脉、右侧颈内静脉为入路;适用于下腔静脉直径<28mm、下腔静脉无弯曲者。输送系统较粗,通过15F外鞘管置入。

(2) 鸟巢式滤器(bird nest filter,BNF):BNF设计独特,其滤过作用是通过4根长25cm、直径0.18mm的细丝编织成网状结构来完成,通过两套V形支杆锚定在腔静脉内,释放后呈鸟巢状(见图7-1)。由于锚定支杆两个游离腿间的最大展开直径为60mm,BNF尤为适于下腔静脉直径大于28mm者,甚至可达42mm;对于血管迂曲患者,亦可选用。滤器通过12F的外鞘置入。

(3) 西蒙镍钛合金滤器(simon nitinol filter,SNF):SNF由镍钛合金丝构成,具有热记忆性,结构分为锥形和伞形两部分;滤器长度为 3.8cm,伞部直径为 28mm(图 7-2)。通过 9F 的导管鞘置入,可经股静脉、颈内静脉以及肘前静脉多种途径释放。

(4) Trap Ease Filter(TEF):TEF 由镍钛合金管经激光镌刻而成,侧位呈梭形,俯视及仰卧呈六角星形(图 7-3)。TEF 可经双侧股静脉、颈静脉及肘前静脉置入;置入外鞘直径为 8F,在目前使用的永久性下腔静脉滤器中外径最细,释放方法简便。TEF 在复张不全时支撑力较弱,不宜用于下腔静脉内已有血栓、下腔静脉管径变细的病例。

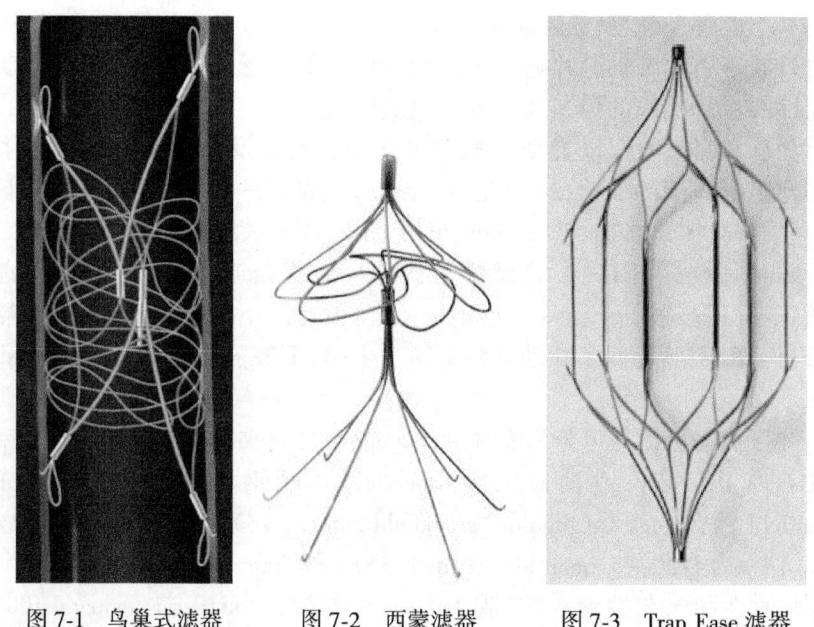

图 7-1 鸟巢式滤器　　图 7-2 西蒙滤器　　图 7-3 Trap Ease 滤器

3. 可回收性滤器

(1) Antheor 滤器(antheror temporal filter,ATF):ATF 由六根 Phynox 合金条弓形对称排列制作而成,释放后呈橄榄形,俯视及仰视呈六角星形。长 50mm,直径 31mm。ATF 外鞘管外径为 9F,ATF 一般于置入后 1 周内取出,最长不得超过 2 周。适用于血栓长度不超过 5cm 急性下肢深静脉血栓,经介入溶栓治疗估计在 1 周左右可以完全溶解的病例。

(2) Gunther 郁金香滤器(gunther tulip filter,GTF):GTF 由不锈钢丝制成,滤器释放后呈"带钩的郁金香"(图 7-4),外鞘管为 10F,可经股静脉或颈内静脉置入。置入后 10 日内可经颈静脉由专用回收器(gunther tulip retrieval set)取出。不取出则成为永久性滤器。

(3) OptEase 滤器(optEase filter,OEF):OEF 的置入方法同 TEF,置入后 12 日内可经一侧股静脉由鹅颈或其他圈套器结合导引管取出。

(4) Aegisy 滤器:本滤器可经两侧股静脉置入。置入后 2 周内可经股静脉取出,取出方法同 OEF(图 7-5)。

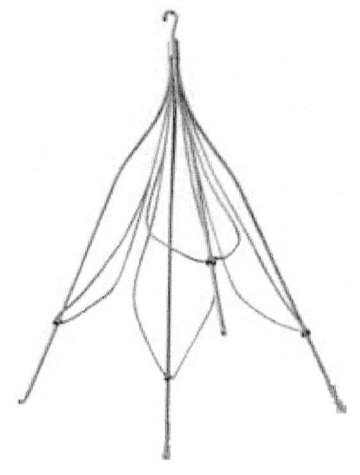

图 7-4 tulip 滤器

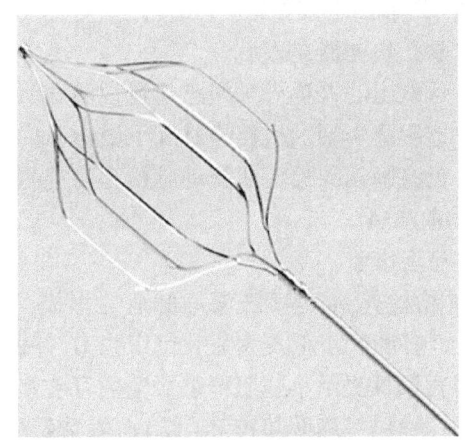

图 7-5 Aegisy 滤器

【临床应用】

1. IVCF 置入术的适应证

（1）绝对适应证

1）已经发生肺动脉栓塞或下腔、髂、股、腘静脉血栓形成的患者有下述情况之一者：①存在抗凝治疗禁忌证者；②抗凝治疗过程中发生出血等并发症；③充分的抗凝治疗后仍复发肺动脉栓塞和各种原因不能达到充分抗凝者。

2）肺动脉栓塞，同时存在下肢深静脉血栓形成者。

3）髂、股静脉或下腔静脉内有游离血栓或大量血栓。

4）诊断为易栓症且反复发生肺动脉栓塞者。

5）急性下肢深静脉血栓形成，欲行经导管溶栓和血栓清除者。

（2）相对适应证（主要为预防性滤器置入，选择需谨慎）

1）严重创伤，伴有或可能发生下肢深静脉血栓形成，包括：①闭合性颅脑损伤；②脊髓损伤；③下肢多发性长骨骨折或骨盆骨折等。

2）临界性心肺功能储备伴有下肢深静脉血栓形成。

3）慢性肺动脉高压伴高凝血状态。

4）高危险因素患者，如肢体长期制动、重症监护患者。

5）高龄、长期卧床伴高凝血状态。

2. 禁忌证

（1）绝对禁忌证：慢性下腔静脉血栓、下腔静脉重度狭窄者。

（2）相对禁忌证：①严重的大面积肺动脉栓塞，病情凶险，已生命垂危者；②伴有菌血症或毒血症；③未成年人；④下腔静脉直径超过或等于所备用滤器的最大直径。

3. IVCF 取出术适应证

（1）临时性滤器或可回收滤器。

（2）滤器置入后时间未超过说明书所规定的期限。

（3）造影证实腘、股、髂静脉和下腔静脉内无游离漂浮的血栓和新鲜血栓或经治疗后上述血管内血栓消失。

(4) 预防性置入滤器后,经过其他治疗已不需要滤器保护的患者。

4. IVCF 取出术禁忌证

(1) 永久性滤器置入后。

(2) 可取出滤器置入时间已超过说明书所规定的期限。

(3) 造影证实腘、股、髂静脉和下腔静脉内仍有游离漂浮的血栓或较多新鲜血栓。

(4) 已有肺动脉栓塞或肺动脉栓塞高危患者(如易栓症)。

5. 术前准备

(1) 患者准备

1) 体格检查:如为下肢深静脉血栓形成,则需检查并记录双下肢肤色、皮温、足踝、小腿、膝及大腿周径,小腿及大腿软组织张力,并做 Homans 试验(腓肠肌挤压和足过伸时小腿后部疼痛),阳性提示小腿肌群静脉窦内存在血栓。

2) 辅助检查:患肢超声和(或)血管造影检查了解 DVT 的范围、程度和性质。必要时作增强 CT 和 CTA 检查,以明确肺动脉栓塞情况。凝血功能和肝肾功能测定包括凝血酶原时间(PT)和国际标准化比值(INR)、纤维蛋白原(FIB)、活化部分凝血活酶时间(APTT)、凝血酶时间(TT)、D-二聚体检测(参考值:0~0.256 mg/L)、肝功能、肾功能和血常规检查。

3) 术前常规准备:穿刺部位备皮,与患者其家属沟通,签手术知情同意书。

(2) 器械准备:猪尾巴多侧孔导管及单弯导管,超滑导丝,交换导丝;导管鞘(应与滤器输送装置相匹配)。不同种类或规格的下腔静脉滤器及输送装置配备 2~3 种。心电监护装置、氧气等设备。

(3) 药物准备:肝素钠注射液(12500U/支)1~2 支,对比剂 50~100ml,溶栓剂如尿激酶 20 万~100 万 U 及各种急救药品。

【技术与方法】

1. IVCF 置入步骤

(1) 选择入路:IVCF 一般经健侧股静脉置入,但在双侧髂股静脉均有血栓或 IVC 内存在血栓时,可从一侧颈内静脉或肘前静脉置入。

(2) IVC 造影:所有 IVCF 置入前均需作 IVC 造影,以了解其形态、管径、有无血管迂曲、腔内血栓、解剖变异(重复 IVC、左侧 IVC 等)等(图 7-6)。

(3) 确定双肾静脉开口的位置:滤器一般放置于右肾静脉开口下缘以下的 IVC 内,但造影时肾静脉水平或其下 4cm 的 IVC 内存在血栓时,滤器应置放在肾静脉水平之上。

(4) 选择滤器:滤器的选择宜根据患者年龄、病程、IVC 形态及直径、血栓大小及游离程度而定。年轻患者和新鲜或较短的血栓推荐选用临时性或可回收滤器。

(5) 置入操作:先置入滤器输送鞘,然后将滤器经输送鞘缓缓送入,X 线透视下反复核对肾静脉位置无误后,缓缓后撤输送鞘直至滤器弹开、释放(图 7-7)。

(6) IVC 造影复查:置入滤器后,行血管造影复查观察滤器形态、有无倾斜及倾斜角度、滤器顶点与肾静脉之间的距离。对置入的可回收滤器,需仔细观察分析滤器取出钩与 IVC 壁的距离,以距离>5mm 较为理想,提示取出成功率高。

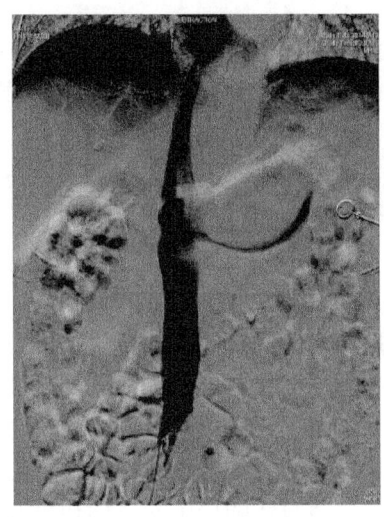 

图 7-6　IVC 造影　　　　图 7-7　IVCF 置入

2. IVCF 取出步骤

（1）确定滤器取出途径：可回收滤器须根据滤器取出钩的位置确定是经股静脉还是经颈内静脉取出。

（2）IVC 造影：临时性或可取出滤器在取出前均须行下肢静脉和 IVC 超声或造影，评估滤器取出的风险。如下肢静脉和（或）IVC 内仍存在较多游离血栓，对临时性滤器而言，可适当延长滤器置入的时间，也可考虑替换成可回收滤器或永久性滤器；对可回收滤器，则可考虑放弃取出，使之成为永久性滤器。

（3）取出滤器：对于临时性滤器，直接将与滤器相连的留置管拉出体外即可。对于可回收滤器，需经专用回收鞘、导引管、鹅颈圈套器或三叶形圈套器取出。

（4）检查滤器：观察滤器是否完整、有无折断；滤器内的血栓量及性质，必要时留取标本送病理检查。

（5）IVC 造影复查：取出滤器后行血管造影复查观察 IVC 管壁是否光滑、血流是否通畅、对比剂有无滞留，评估 IVC 壁有无损伤。

3. 注意事项

（1）在选择滤器时，应尽量选择临时性或可取出滤器，以降低由于滤器长期置入引起 IVC 阻塞的概率。

（2）滤器置入前需行腔静脉造影明确双肾静脉开口及髂静脉分叉位置，若肾静脉水平或其下 4cm 范围内有血栓，滤器应放在肾静脉水平之上。

（3）滤器的选用应灵活运用，下腔静脉直径不超过 28mm，可选用 GF、SNF 及 TEF，如大于 28mm 时，可选用 BNF。儿童和青少年放置滤器时需慎重。

（4）可回收滤器取出前行超声或造影检查，如果发现 IVC 内仍有较多的新鲜血栓，则应暂时放弃取出滤器的计划，以避免滤器取出术中发生致命性肺动脉。

（5）可回收滤器置入时间如超过规定的期限，一般不宜取出，以避免取出困难、撕脱覆盖滤器的新生内皮而导致的 IVC 内膜损伤。

（6）可回收滤器的取出钩如嵌顿在 IVC 内膜内，取出滤器非常困难。术前造影评估尤显重要，必要时可做多角度 IVC 造影。任何情况下均不应强行拽出滤器，以避免 IVC 管壁撕裂伤而导致大出血。

4. 术后处理

（1）术后取平卧位,穿刺肢体制动 6~12h,并观察生命体征的变化（如颈静脉穿刺入路,应注意观察有无出血、气胸）。

（2）IVCF 置入后,宜进行抗凝、溶栓、机械性血栓清除等综合性治疗。一方面可缩短病程、提高治疗成功率,另一方面也可防止或减少 IVC 阻塞的发生。

（3）对已经发生肺动脉栓塞的患者,在置入 IVCF 后,应对肺动脉栓塞进行积极治疗,以期开通肺动脉,缓解患者症状,防止肺动脉高压和肺源性心脏病的发生。

（4）对永久性滤器置入（含可回收滤器未取出）者,如无抗凝禁忌,推荐长期口服抗凝剂如华法林片,定期复查凝血功能并调整华法林用量,使 PT 的 INR 值维持在 2.0~3.0。长期口服抗血小板药物,如阿司匹林、硫酸氢氯吡格雷片等 3~6 个月。

（5）应分别在滤器置入后 1、3、6 个月时各随访 1 次,拍摄腹部 X 线平片,并在滤器置入 6 个月时作顺流性 IVC 造影和（或）超声检查,之后每年随访 1 次。随访主要观察内容为滤器形态、位置及 IVC 血流状况。

【并发症】

1. 穿刺点出血 多数滤器鞘管较粗,且患者接受抗凝及溶栓治疗,可加强穿刺点的压迫止血。

2. IVC 阻塞 常发生在大量血栓脱落陷入滤器时,也可能为滤器引发的 IVC 血栓形成、血液回流受阻,临床表现为 IVC 阻塞综合征。对于高凝状态的患者,滤器置入后需加强抗凝。对有症状的 IVC 阻塞的处理方法同下肢 DVT 的介入治疗。

3. 肺栓塞和肺栓塞复发 坚持抗凝可能会避免或减少肺动脉栓塞再发生。肺动脉栓塞再发的处理方法同肺动脉栓塞的治疗。

4. 滤器放置位置不对或变形 常因下腔静脉形态变异或腔内血栓等原因,如对血流或血栓滤过效果无影响,可不做特殊处理。

5. 滤器移位 滤器向足侧移位一般无临床意义,向头侧移位包括肾静脉受阻或漂移至心房、心室甚至肺动脉内,可以设法使用介入方法或外科手术取出。

6. 滤器折断 若滤器折断后不会引起构件脱落与游走、滤器位置稳定、不会出现刺破血管等其他并发症时,可在规范抗凝前提下严密定期观察,否则,应设法经介入或外科手术将滤器取出。

7. 穿透下腔静脉壁 可能与腹主动脉搏动有关,慢性穿孔一般不会引起大出血,常无需处理;伴腹膜后出血时,可视出血程度分别予以保守或外科手术治疗;如引起腹主动脉穿孔、肠壁损伤时,通常需外科手术治疗。

8. 静脉炎 可能与损伤及感染有关。

（周　石）

第二节　经颈静脉肝内门-体静脉分流术

【概述】　经颈静脉肝内门体分流术（transjugular intrahepatic portosystemic shunt, TIPS）是控制肝硬化门静脉高压及其并发症的微创介入手术,于肝静脉和门静脉之间经建立人工分流通道,使门静脉血流通过分流道汇入体静脉,从而降低门静脉压力。TIPS 的外科学基础是限制性的侧侧门-腔分流术,它既保持了门静脉向肝性血流灌注、维护肝功能,又缓解了门静脉高压,对防止食管胃底静脉曲张所致的消化道大出血、顽固性腹水、肝肾综合征、布加综合征等具较好的治疗作用。TIPS 集介入穿刺、球囊扩张、支架植入、腔道成形、介入栓塞等微创技术于一体,可"一站式"的完成门静脉系统测压、分流、断流、限流等操作,亦可视患者的具体情况选择单纯的分流或断流性或"组合式"治疗;同传统外科门腔分流术与断流术相比,TIPS 具有创伤小、并发症少、适应证宽、良好的可重复性等特点。对于内科和内镜治疗不能控制的大出血,以及外科不考虑手术治疗而无介入治疗禁忌证的患者,TIPS 甚至是唯一的选择。

早在 1969 年 Rosch 提出经颈门体分流的构想,经反复的动物实验后由 Richter 于 1988 年正式用于临床。TIPS 从诞生发展到今天,历经过高潮与低谷,成功与教训兼而有之,人们对其认识也褒贬不一。通过几代人的不懈努力、介入设备与器械的更新改进,以及合理地把握适应证及恰当的术后处理,使得既往困惑人们的并发症问题已明显改观,目前尚无某项技术能将 TIPS 完全取而代之。

【器械】 TIPS 介入手术器械主要包括穿刺系列、扩张分流道用球囊、血管内支架及常规导管、导丝、栓塞材料等。

(1) 目前市售的 TIPS 穿刺系列主要有两种:COOK 公司的 Rups-100 和 OPTIMED 公司的 TIPS-1000,前者穿刺针尖小、损伤小,后者可以在用超声导向(图 7-8)。

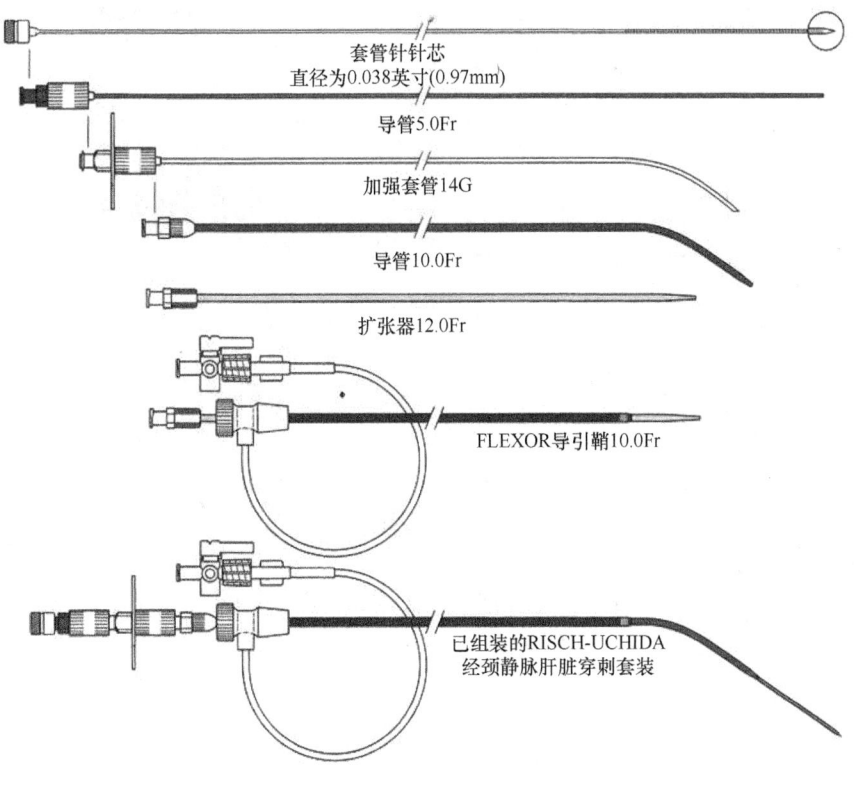

图 7-8 Rups-100 穿刺系统

(2) 球囊导管,要求直径 6~10mm、长度 40~60mm。

图 7-9　GORE VIATORR 支架

(3) 裸支架或覆膜支架(图 7-9),直径 6~12mm、长度 50~100mm。

【技术与方法】　TIPS 是外周介入诊疗技术中风险较高的操作之一,其过程相对繁琐、较为复杂,简要归纳为如下主要步骤。

(1) 经皮颈内静脉穿刺:患者取仰卧位,头略左偏,常规消毒铺巾,以右胸锁乳突肌外缘为穿刺点,局部麻醉,做皮肤横切口(约 3mm)并扩张皮下组织,穿刺针指同侧乳头方向 45°进针 2~5cm,穿刺颈内静脉成功后扩张穿刺通道,引入 TIPS 穿刺系统至肝静脉并测压。

(2) 经肝静脉向门静脉穿刺:根据患者影像学资料或门静脉间接造影结果调节穿刺引导器方向并估计穿刺深度,自肝静脉穿刺门静脉成功后引入导管至门静脉主干行门静脉造影及压力测定。

(3) 开通分流道:在导丝引导下用可控球囊导管充分扩张分流道的肝静脉端、肝实质段及门静脉端,根据分流道情况和所测门静脉压力选择置入相应支架进行分流(图 7-10)。

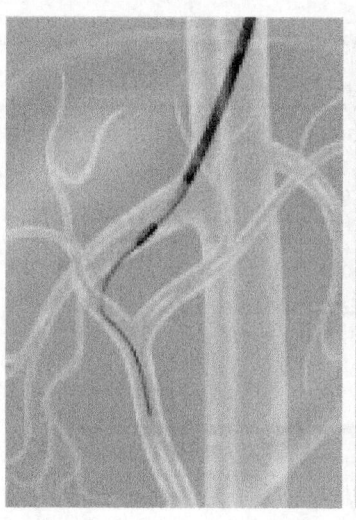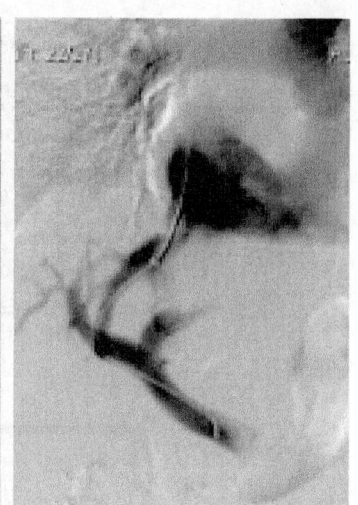

图 7-10　分流道的开通

(4) 侧支循环栓塞(必要时):根据患者门静脉造影情况插管至侧支循环血管,经导管栓塞可减少患者再次出血风险,常用栓塞剂包括硬化剂、弹簧圈、明胶海绵、无水乙醇等。

(5) 重复门静脉测压并造影了解分流情况。

(6) 术毕拔出导管及鞘组,局部穿刺点常规压迫。

【临床应用】　目前 TIPS 主要用于门静脉高压性消化道大出血的二级预防和治疗,同时还适用于顽固性腹水、肝性胸腔积液、肝肾综合征、肝肺综合征及布加综合征等。TIPS 技术无绝对禁忌证,但部分疾病容易引起并发症而被视为相对禁忌。

1. TIPS 适应证与禁忌证

表 7-1 为 TIPS 适应证与禁忌证。

表 7-1 TIPS 适应证与禁忌证

适应证	相对禁忌证
➤ 食管胃底曲张静脉出血	➤ 心脏病变
· 急性食管胃底静脉曲张出血	· 心力衰竭
· 预防性食管胃底静脉曲张再出血	· 心脏瓣膜功能衰竭
· 异位曲张静脉	· 右心或左心压力升高
· 食管胃底曲张静脉出血的二级预防	➤ 肝脏病变
· 门静脉高压性胃病	· 肝功能进行性衰竭
➤ 腹水	· 重度或难以纠正的肝性脑病
· 顽固性腹水	· 肝脏多囊性病变
· 肝肾综合征	· 肝脏原发或继发巨大占位
· 肝性胸腔积液	· 不利于建立支架通道者
· 脐疝	· 门静脉系统广泛血栓形成
· 布加综合征	· 重度或难以纠正的凝血功能障碍
· 静脉闭塞性疾病	· 难以控制的全身感染或败血症
· 门静脉部分血栓形成	· 难以解除的胆道梗阻
· 恶性肿瘤相关门脉高压	· 呼吸衰竭
· 肝移植术前	· 肾衰竭
· 外科或其他治疗后症状复发	· 合并败血症者

2. TIPS 术前评估

(1) Child-pugh 评分：Child-pugh 评分(表7-2)已广泛用于 TIPS 术前评估。无论是急诊还是择期手术,Child-pugh 评分可有效预测 TIPS 术后病死率。肝功能受损越严重,预后越差,病死率越高。随着综合治疗与 TIPS 技术的充分融合,部分肝功为 Child C 级的患者 TIPS 术后肝功得以改善,减少了对肝移植的需求。

表 7-2 Child-Pugh 评分表

分值	1分	2分	3分
胆红素(μmol/L)	<34.2	34.2~51.3	>51.3
白蛋白(g/L)	>35	28~35	<28
PT 延长值(s)	<4	4~6	>6
腹水	无	轻度	中重度
肝性脑病	无	1~2 期	3~4 期

注：Child-Pugh 肝功能分级：5~6 分，A 级；7~9 分，B 级；10~15 分，C 级

(2) MELD(model for end-stage liver disease)评分：经回归分析筛选肌酐、胆红素、INR 和肝硬化病因为预测因子。其换算公式为：MELD 评分 = 9.6×ln(肌苷 mg/dl) +3.8×ln(胆红素 mg/dl)+11.2×ln(INR)+6.4×(病因：酒精性和淤胆性肝硬化取 0，其他取 1)，结果取

四舍五入后的整数。

3. TIPS 术后处理

（1）严密监测生命体征，注意观察穿刺点有无渗血、血肿等。

（2）术后预防性使用广谱抗生素 2~3 天。

（3）保持大便通畅，对于肝功能欠佳或有肝性脑病先兆患者及时给予保肝、抗肝性脑病药物治疗。

（4）抗凝治疗，术后 3 个月内抗凝治疗有助于减少短期内分流道狭窄发生，但长期抗凝治疗尚缺乏足够依据。

（5）TIPS 术后患者需定期复查分流道功能。门静脉血管造影及门体梯度压（portal-systemic-gradient，PSG）测定是 TIPS 术后评估的金标准，但这一技术的有创性限制了其临床广泛应用。超声检查是目前常用的分流道功能评估手段，大多数研究以分流道流速降低（流速低于 50~60cm/s 认为是明显的分流道狭窄）作为判断分流道功能的指标。其他指标还包括肝动脉、门静脉内流速变化等。目前尚无满意的单一指标，常需多个指标协同判断，且较多依赖操作者经验。TIPS 术后半月内应行第一次超声检查，以评估分流道功能及确立基线。术后第 1 年内每 3 个月行血常规、肝功、凝血功能、腹部彩超检查，第 6、12 个月行门静脉造影。第 2、3 年，每 6 个月 1 次腹部彩超，有必要时随访造影检查。

【并发症与处理对策】 TIPS 术后危及生命的严重并发症如腹膜内出血、肝动脉撕裂和右心衰竭等较少见，文献报道为 0.6%~4.3%。最常见的两大并发症为肝性脑病和再狭窄，分述如下。

1. 肝性脑病 肝性脑病是 TIPS 术后主要并发症之一。高龄、低蛋白血症、感染、既往有肝性脑病史或有肝性脑病先兆是 TIPS 术后发生肝性脑病危险因素，其发生率与术前肝功级别呈明显正相关。TIPS 术后肝性脑病多出现在术后 1~3 个月间，文献报道发生率为 5%~35%，但多为 Ⅰ、Ⅱ 期，TIPS 术后较少发生 Ⅲ、Ⅳ 期的脑病。PSG 下降超过 12mmHg 使肝性脑病的发病率显著增大，PSG 减少 25%~50% 即可显著降低再出血风险。因此，术前对肝功能评估并严格选择患者，术中分流量的控制，术后保持大便通畅、保肝、降血氨治疗可有效地减少肝性脑病的发生。没有必要过度担心肝性脑病而放弃 TIPS 治疗，反而因门静脉高压及其并发症带来更大风险。

2. 分流道狭窄或闭塞 分流道狭窄的影响因素可能为支架安放位置不佳使支架成角、抗凝药物应用不当、支架内血栓形成、分流道胆汁漏出的刺激、支架内假性内膜增生阻塞等诸多因素构成，应对措施除合理选择支架及其安放位置之外，还应注重抗血栓治疗，监测血常规及凝血功能。术后 5~10 日是急性血栓发生期，药物选择初为低分子肝素，之后以口服抗凝剂维持。既往 TIPS 术后分流道狭窄发生率可高达 30%~70%，成为排斥 TIPS 治疗的主要原因。近来新型的覆膜支架使分流道血流与肝组织隔离，阻止胆汁向分流道漏出或肝组织向分流道内过度生长，明显降低 TIPS 术后分流道狭窄率，术后分流道原发通畅率及长期通畅率得以显著改善。

3. 肝功能损害 TIPS 使部分患者的门脉向肝血流被分流，肝脏供血略受影响，部分患者会出现肝功能损害加重。TIPS 术后肝功能指标的变化常在 3 个月内恢复正常。TIPS 术后进行性肝功能恶化或肝性脑病需注意避免肝动脉-门静脉瘘。TIPS 术后高胆红素血症也可能是胆管-静脉瘘，或红细胞流经支架破碎溶血。覆膜支架可以有效防止瘘的形成，光滑的内腔表面也减少了溶血。

4. 感染 TIPS 相关感染的发生率为 1%~2%，多为胆管或肺部感染，术前予以口服抗生素清洁肠道，预防性使用广谱抗生素可有效减少此类并发症发生。

5. 腹腔内出血 与术中穿刺损伤肝包膜、误穿肝外门静脉有关，发生率低。穿刺针损伤肝包膜较常见，患者一般可耐受，引起严重腹膜内出血的比例为 1%~2%。若未经导管行扩张处理，常规止血治疗有效，一般不需要特殊处理，必要时可行介入栓塞止血。

6. 胆管损伤 与穿刺时损伤肝内胆管相关，表现为胆管出血，发生率极低，对症治疗多可缓解，或密切观察多可自行消失。

7. 心脏压塞 为 TIPS 过程中操作损伤右心所致，发生率极低；术中谨慎操作，避免动作粗暴，如有发生，轻者可予以严密观察，重者应在影像引导下心包引流。

8. 胰腺炎 TIPS 术后胰腺炎极为罕见，据我们的经验发生率约 0.5%，与术中穿刺相关。应注意患者既往有无胆管结石、慢性胰腺炎病史等，如有发生则予以对症处理。

总之，TIPS 诊疗应当遵循："术前认真评估、严格把握指征，正确认识优缺、合理选择术式，熟练技术操作、注重术后处理"的原则。但 TIPS 与其他诊疗方式一样，并发症问题在所难免，维护分流长期通畅、获得理想的远期疗效仍是必须面对的挑战。

（李 肖）

第三节 血栓清除术

【概述】 血栓清除术是指采取经皮经腔非药物方法将血管内的血栓粉碎成微粒和（或）抽吸出体外的治疗方法，包括经皮抽吸血栓清除术（percutaneous aspiration thrombectomy，PAT）或以经皮机械血栓清除术（percutaneous mechanical thrombectomy，PMT）为主，快速清除血栓或减少血栓体积的综合性介入治疗方法，近年来，相关技术不断发展，其中将机械碎栓与药物溶栓相结合的药物机械偶联溶栓术（percutaneous pharmacomechanical thrombolyasis，PPMT）在国内外的应用日趋广泛。同单纯性血栓溶解疗法相比具有如下优点：①操作时间短，可快速清除血栓或减少血栓体积，疗效快；②溶栓剂用量少；③并发症少。介入性血栓清除术对清除动脉、静脉和血液透析通道内的急性血栓是一种日趋成熟的技术，既可与血栓溶解等疗法联合使用也可单独使用。

【器械】

1. 经皮抽吸血栓清除术导管 PAT 装置较为简单，使用注射器经薄壁大腔导管抽吸清除血栓，导管直径一般选择 6~11 F，4 F 或 5 F 导管常用于膝以下血管内血栓的抽吸。常见的有 Xtract aspiration catheter、3Flow aspiration catheter、Fetch2 aspiration catheter（图 7-11）等。

2. 经皮机械血栓切除术装置 PMT 装置较为复杂，需使用各种机械装置来粉碎（microfragment）、去除（remove）和溶解

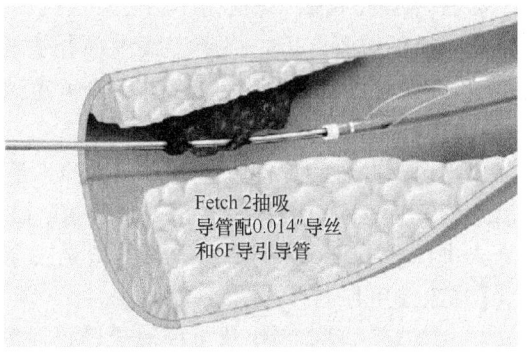

图 7-11 Fetch2 抽吸导管示意图

(lysis)/液化(liquefaction)血栓。目前常用的包括流变血栓清除导管、旋切血栓清除装置、超声辅助溶栓导管等。

【技术与方法】

1. 术前准备

(1) 充分而全面的评价患者的病情,包括原发病情况、体检、相关化验检查结果、有无其他有关的伴发疾病或禁忌证,严格掌握介入去栓治疗的适应证。

(2) 向患者和家属介绍实施介入清除血栓术必要性、简要操作过程、并发症及其处理,签署介入手术知情同意书。

(3) 术前 4h 禁食禁水。

(4) 必要时术前 30min 肌内注射地西泮 10mg。

(5) 建立静脉通道。

(6) 按每 500ml 等渗盐水加 5000IU 肝素的浓度配置肝素等渗盐水备用。

2. 入路选择

(1) 外周动脉的入路多选择股动脉、肱动脉。肺动脉的入路多为股静脉或颈静脉。

(2) 四肢静脉血栓形成常用的入路包括腘静脉、股静脉及右颈内静脉。

(3) 透析道血栓形成时,如果是自体动静脉瘘,可选择在引流静脉的无血栓区域内穿刺,而大多数人造透析道都可以直接穿刺。

3. 操作方法 介入血栓清除术的操作根据每一种器械的不同而有所差异,但是作为术者有些原则是必须遵守的。

(1) 术前必须熟知所使用器械的性能特点、操作步骤及注意事项,根据病变部位和性质选择合适的器械,术中严格按照产品使用指南中的操作规范进行。

(2) 术前仔细检查产品包装,严禁使用过期或包装破损的器械。

(3) 术中认真准备器械,仔细检查各部件的连接,做好各管腔冲洗,尤其是冠状动脉和脑动脉内的操作,务必保证排气完全彻底。

(4) 目前常用的血栓清除导管均切忌导管头端塑形,以免损坏器械。

(5) 目前常用的血栓清除导管基本都可以通过导丝进行操作,安全性较以往大大增加,但仍然需要谨慎操作,切忌快速用力推进或后撤导管,以免损伤血管或器械。

(6) 目前常用的血栓清除导管只能用于快速粉碎及抽吸血栓,而非用于扩张血管,不能作为 PTA 导管使用。

4. 手术停止指征 一般情况下,经过机械去栓器械重复 2~3 次操作后,血管开通率可以得到明显的改善。但是临床实践中往往去栓不完全,考虑可能有如下原因:血栓形成超过 14 日或血栓已机化;存在血管内基础病变,如动脉粥样硬化、内膜增生;血栓形成范围较长,器械不能完全到达。

出现以下几种情况即可停止介入去栓术治疗:①由于上述原因导致重复 2~3 次介入去栓后造影复查显示管腔内没有进一步改善。②造影复查显示血管腔内血栓已被完全清除。③介入去栓器械遇到普通造影导管导丝无法穿通的血栓。④出现严重并发症。

【临床应用】

1. 适应证 目前常用的血栓清除导管或器械除了 Straub 系统中的 Rotarex S 导管可以用于急慢性血栓和动脉粥样硬化斑块以外,其他器械均仅适用于 2 周以内的急性血栓。包括:①透析用人工血管或动静脉瘘血栓;②四肢动脉、深静脉及人工血管移植物血栓;③中心静脉血栓;④肺动脉栓塞;⑤冠状动脉血栓;⑥部分脑血管血栓。

2. 禁忌证 ①抗凝治疗禁忌的患者;②出血性疾病;③移植物或透析道内感染;④严重肝肾功能损害;⑤外周静脉血栓性静脉炎;⑥严重贫血;⑦插管操作有把栓子带到正常循环的风险和导管不易操作时。

【并发症】

1. 血管壁损伤 由于血栓清除导管通过闭塞血管造成的血管内膜剥脱、血管穿孔和动静脉瘘以及部分器械本身由于设计上的原因造成的血管壁损伤。大多数较小的血管壁损伤可以自愈,较大的损伤,如造影复查发现的夹层或对比剂少量外溢,可通过球囊扩张、裸支架或覆膜支架置入来覆盖。极少数严重损伤,如出现生命体征不平稳则需要外科手术治疗。

2. 静脉瓣膜损伤 造成损伤的原因同上,早期诊断、早期治疗以及尽量采用顺行穿刺途径治疗,如同侧腘静脉或股静脉,有助于保护静脉瓣膜功能并改善患者的预后。

3. 栓塞 同样大小的栓子栓塞不同直径和脏器的血管影响不同。微小栓子栓塞肺动脉和外周动脉产生的组织缺血风险较低,但对其他内脏动脉的影响却较明显,对神经系统血管则是灾难性的。PMT治疗透析道、四肢深静脉和肺动脉血栓时,很容易发生肺动脉栓塞,人体自身的纤溶系统有能力溶解肺动脉中反复发生的微小栓子而不至于对机体产生明显影响。而大面积肺栓塞的后果非常严重,文献报道未经治疗的大块肺栓塞死亡率可达25%~30%。

为了防止栓塞可以采取以下措施:①清除血栓过程中缓慢、逐步地推进导管,以避免大血栓的横断阻塞;②应用血管远端保护装置来阻挡脱落的大块血栓;③置入腔静脉滤器预防致死性肺栓塞,但应严格掌握适应证。

4. 血栓复发 导致血栓复发的原因主要包括:①抗凝不足、血栓残余、血管壁损伤、亚急性/慢性血栓引起的血管炎症、流入/流出道狭窄、纤维蛋白降解产物或者在PMT过程中持续的对静脉壁的损伤都可以导致迅速扩展的血栓形成,尤其在低流出量的状态下。②存在引起高凝状态的因素或基础病变,如缺乏蛋白质S或蛋白质C或抗凝血酶Ⅲ(AT-Ⅲ)、存在抗磷脂抗体或其他自身免疫性疾病、恶性肿瘤、某些血液系统疾病及雌激素水平过高等。

针对上述引起血栓复发的原因,可采取下列措施:①在PMT术中肝素抗凝,术后口服华法林及抗血小板聚集药物;②以球囊扩张成形术解决流入、流出道狭窄,保证有足够的血流量;③对残余附壁血栓造成管腔狭窄大于30%时,行支架植入术;④使用导引导管或长血管鞘,减少血管壁损伤;⑤全程治疗导致患者高凝状态的基础病变。

5. 溶血 高速旋转或高速液体喷射的器械工作过程中可以发生创伤性溶血,产生的游离血红蛋白可以导致贫血和肾脏毒性损害。临床所见的溶血反应多数表现为一过性的(24h以内),没有明显的临床后遗症。对儿童和严重贫血、低氧血症、低血循环量、肾功能不全的患者应用PMT治疗需要慎重。确实需要治疗者预防性进行尿液碱化有助于减轻肾脏毒性,或者选用超声辅助溶栓治疗。

6. 血液丢失 使用文丘里效应的液体流变学导管和需要抽吸的导管,都存在不同程度的血液丢失。儿童和贫血的患者尤其需要注意。术中必须随时注意观察灌注和抽出液体容量的平衡,术后随访血细胞容积水平进行评价,一般情况下,抽吸去栓和液体流变学去栓术引起的失血应控制其出血总量一次操作不超过200ml。

(楼文胜)

第四节 心脏大血管异物取出术

【概述】 经皮心脏大血管异物取出术(transcatherter arterial infusion, TAI)是通过导管或取异物钳经外周血管将心脏大血管中的异物取出技术。随着血管性介入技术、血流动力学监测、经血管透析和深静脉置管等在临床的广泛开展,所用的导管、导丝和一些特殊器械可能断离而脱落在心脏大血管内,或介入栓塞材料的误栓等,造成医源性心脏大血管内异物。既往大多依赖外科手术将异物取出,但创伤大,而介入法取出异物成功率高,风险很小,是处理医源性心脏大血管内异物的首选方法。

【器械】
1. **取异物导管** 基本结构主要由外套管和抓捕器组成,常用的取异物导管有以下几种:
(1) 蟹钳状导管:适用于大血管内或分枝血管内较细的条索状异物。

(2) 圈套导管:其头端网套分单环、螺旋网篮样、三环和四环四种,后两者较前两种更易套住异物,适宜于大血管和心腔内操作,能从游离端夹住条索状或长度小于4cm的其他异物,此类导管适用于抓取具备游离端的异物,如子弹状尼龙、血管内支架等异物,对于无游离端的异物无效。现常用单环的鹅颈抓捕器(图7-12)和三环抓捕器(图7-13)两种。

(3) 爪状类导管:适合用于取泡沫样异物和分支血管内条索状异物,但不宜在心腔内操作,因其头部用4根尖锐钢丝组成,易损伤腱索和瓣膜,操作时需轻柔小心。此类导管适用于抓取无游离末端的异物。

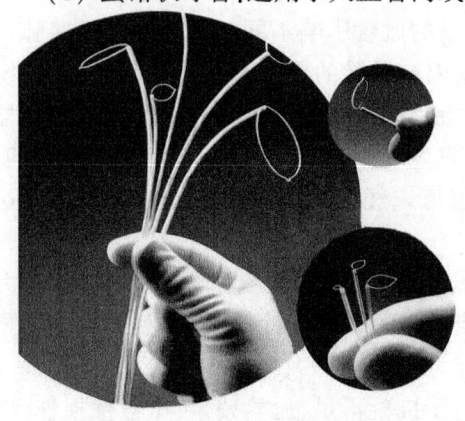

图7-12 鹅颈抓捕器
伸出外套管后呈90°弯曲,与血管腔相适应,更易捕获异物

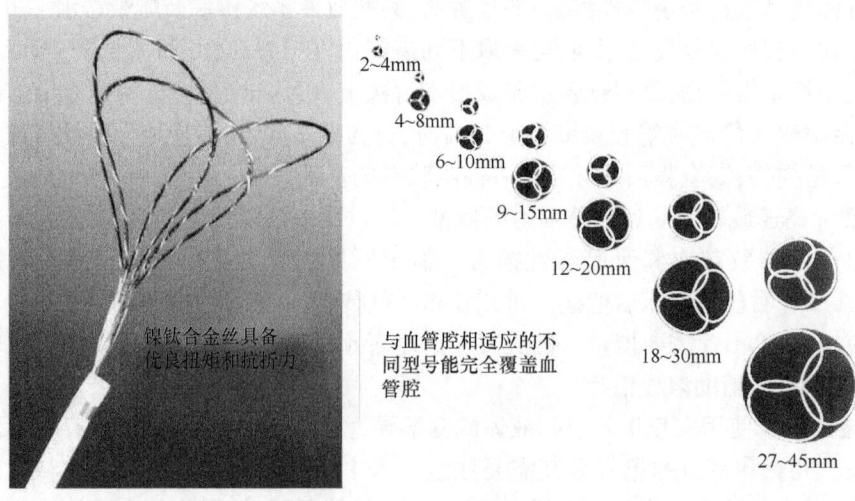

图7-13 三环抓捕器

2. **取异物钳** 包括内镜取异物钳和心内膜活检钳等,均有取异物成功的报道,但对表

面光滑、质地较硬的异物不易取出。有人主张采用蚊式取异物钳，适用于从颈内静脉根部取出上腔静脉和右心房内异物。

3. 其他 如急需取出异物，又无现成备用的取出异物导管，可将260cm长导丝对折后插入8F导管，做成袢状套圈谨慎使用（图7-14）。有时球囊导管也可作为取异物的工具。

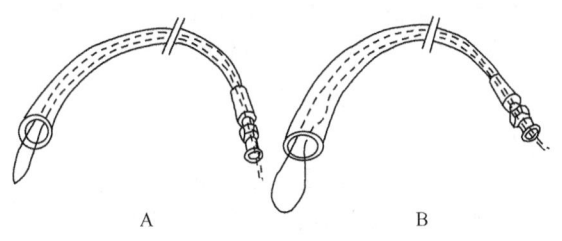

图7-14 简易袢状套圈
A. 导丝折叠后插入导管内；B. 使用时将导丝尖端收入套管内

【技术与方法】 异物取出术技术和器械的选择要因人而异，但仍有一些总的原则。首先充分了解患者的病情，异物的性质、形态、大小，遗留的时间，在心脏大血管腔内的位置，可能随血流的移位，以及存留位置的心脏大血管解剖，异物与相邻管壁的关系，是否并发血栓形成等。

任何取出术在开始之前，应选择合适的入路及相应大小的鞘套。动脉系统内的异物，常规选用股动脉插管，根据异物的位置采用逆行或顺行方式取出。静脉系统或肺循环内的异物取出术，采用颈内静脉或股静脉插管。进入血管以后，应采用标准的血管造影技术引导相应的器械到达异物部位。从技术上来说，在以下两种情况下可捕获异物：物体的一端游离或两端均紧邻管壁。对一端游离的异物一般使用圈套导管，在一定限度下，采用更多的套圈要比单个套圈更快的抓住异物，尤其是在物体显影不佳影响操作的情况下。对于无游离端得物体，有两种可行的方法：一种是先游离异物，有多种器械可游离物体，如J形导丝、猪尾巴导管或转向导丝；另一种是绕着物体周围形成一个套圈，由于这种方法烦琐，应优先采用先使一端游离的方法。具体操作方法如下。

穿刺血管后置入大管径血管鞘，送入取异物导管到达异物易于套取的一端，异物在血管腔内的游离端透视下常可见随血流而搏动，推出抓捕器，在透视下推拉旋转抓捕器及调整导管位置，使异物的预定捕捉端进入抓捕器，固定抓捕器推送外套管，使抓捕器收进外套管而套住异物（图7-15）。

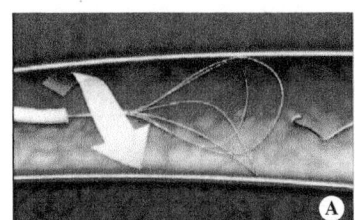 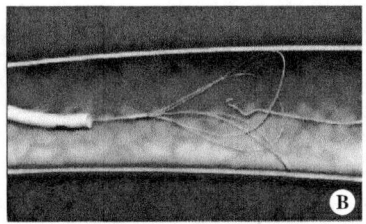 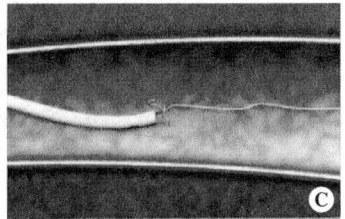

图7-15 三环圈套器套取异物
A. 旋转推进抓捕器至异物套取端；B. 固定抓捕器；C. 推送外套管套紧异物

如固定外套管而后拉抓捕器常不能套住异物，活动导管及多角度透视证实异物被稳定套住，锁紧取异物导管尾端的抓捕器锁钮，透视下缓慢后撤取异物导管，牵拉异物到血管鞘内，随鞘一起退出。如异物不能顺利后撤进入血管鞘，可将其牵拉至股动脉、股静脉等血管表浅处或相对易于外科手术部位，行外科手术血管切开取出异物。

其他取异物方法有以下几种。

1. 配合套圈法　当有些透X线的塑料输液管,在X线透视下无法显示,虽经超声定位,但在送入取异物导管时,避免将异物移动至更难取的部位,可采用从两个部位送入两根圈套导管,分别放在异物的远近端,按先后的顺序两人操作,移动收紧操纵杆,以提高圈套的成功率。

2. 咬钳法　其器械有心内膜、胃黏膜活检钳,食管、支气管、泌尿道内镜取物钳及蟹钳状取异物钳。金属活检钳只适用于上腔静脉及右心房内异物,由于其顶端咬片距离短,只适用于体积较小的异物,如电极片及较硬的细条索状异物。但该钳弯曲度僵直,操作过程中易损伤心血管内部结构,适用于分支血管内条索状异物。

3. 球囊导管法　当异物在末梢动脉时可用球囊导管进行取物,操作时将球囊导管插至异物远端使球囊充盈,然后抽出导管,使异物与带囊导管一起拉出。

【临床应用】

1. 适应证　①各种离断而遗留在心脏大血管腔内的血管介入器材和静脉留置导管等;②移位的心脏大血管内植入物,如内支架、栓塞弹簧和球囊、封堵器等;③临时滤器的取出和心脏起搏电极的更换等。

异物可造成异位栓塞、诱发血栓、影响循环功能、损伤心脏大血管壁、继发感染、心率失常甚至猝死等,故胸腹主动脉、上下腔静脉和心脏内异物一般应及时取出;较小的异物存留在血管分支者,只要对机体不产生明显影响,如停留在胃十二指肠动脉、髂内动脉、肝脾和肾的段动脉内或在侧支循环丰富的动脉内,如尺、桡动脉等,可密切观察,暂不处理。并且此类异物经介入处理往往十分困难,必要时可手术取出。

2. 禁忌证　①遗留异物与心脏大血管壁紧密粘连嵌顿不能分离,强行牵拉取出可能造成心脏大血管壁损伤破裂者;②异物遗留时间长,并发有大量血栓形成,取出异物可能使血栓脱落而继发远端血管栓塞引起严重后果者;③异物已造成心脏大血管壁穿孔者,介入取出异物可能引起大出血,宜行外科手术取出;④有锐利突起的异物,介入取出过程中不能保证避免其突起损伤血管者,如分节段内支架;⑤其他血管内介入禁忌证。

【并发症】

1. 血管、心壁及心内结构(瓣膜、腱索、乳头肌)损伤　选择适当的取异物器械,正确判断异物特点,透视下仔细观察,谨慎操作可避免。

2. 血栓栓塞　异物诱发的血栓脱落可致远端血管血栓栓塞,动脉及左心异物可致体循环栓塞,静脉及右心异物可致肺循环栓塞。全部操作应在肝素化下进行,必要时溶栓。对已形成大量血栓的异物应避免介入取异物。

3. 心律失常　对心腔内异物及肺动脉异物行介入取出时,导管等对心壁的刺激可能诱发心律失常,甚至心室颤动和心脏骤停,应按心导管操作规程进行预防和处理。

4. 感染　严格无菌操作,并给予抗感染处理。

5. 穿刺点或穿刺通道的出血　特别大的异物或者弹片需借助外科切开取出。

(游　箭)

第五节　经皮穿刺放射性粒子植入术

【概述】　放射线治疗包括外放疗和内放疗两种,外放疗是指利用各种加速器或放射性核素产生的高能 X 线或 γ 射线,对人体内部肿瘤进行照射。内放疗是指将放射源密封后,放入肿瘤组织内或放入人体的天然腔内进行照射,内放疗又称组织间放疗或近距离治疗。

传统外放疗在恶性肿瘤治疗中具有十分重要的作用,主要表现为:①单纯放疗可完全治愈某些肿瘤,如鼻咽癌;②术前放疗可提高手术切除率及术后生存率;③术后放疗既消灭残存病灶,又提高局部控制率和存活率;④姑息性放疗延长了患者生存期,提高了患者的生活质量。

但在临床实际应用中传统外放疗也暴露许多缺陷:①正常组织的耐受剂量较低,限制放疗剂量的提高;②在放射分隔间期,细胞放射亚致死损伤及潜在致死损伤的修复,降低了恶性肿瘤的放疗疗效;③处于不同周期的细胞对放射敏感性不同,一次放疗只能有效杀死处于放射敏感期的细胞;④多次放疗之后肿瘤血管床受到破坏,乏氧细胞明显增多,肿瘤放射敏感性降低;⑤放疗后期肿瘤内存活的克隆源细胞加速再群体化,降低了放射治疗的敏感性。

组织间近距离放疗始于 20 世纪初,但由于当时生产的放射性核素均释放高能光子,难以进行防护,加之没有精确的立体定位系统、治疗计划系统和质量验证系统,临床应用受到了极大限制。20 世纪 80 年代后期随着新型放射性 ^{125}I 粒子的研制成功,以及 B 超、CT 导引下精确定位系统和计算机三维治疗计划系统的出现,同时由于放射源密封工艺水平不断提高,使得放射源的临床应用有了安全保证,使得放射性粒子种植治疗肿瘤得到了迅速推广。与传统外放疗相比,组织间近距离放疗具有并发症少、创伤小、安全、有效等优点,且可以在有效保护正常组织的前提下最大限度的持续杀死肿瘤细胞。目前,^{125}I 粒子组织间植入治疗已成为早期前列腺癌的首选治疗方法,在其他肿瘤治疗方面也显示其良好的治疗效果。

【放射性粒子植入治疗机制】 用于组织间放疗的放射源有许多种,如 ^{125}I、^{103}Pd、^{192}Ir、^{90}Y 等。最适合用于粒子近距离治疗的放射源必须满足:①在组织中有足够的穿透力;②易于放射防护;③半衰期不要过长;④易制成微型源。由于 ^{125}I 放射源半衰期较长,发出的纯 γ 射线有很强的生物学杀伤效应,而且在局部产生处方剂量后,外周组织中迅速衰减,有利于杀伤肿瘤细胞而保护正常组织,因此成为目前临床最常用的放射性粒子。

^{125}I 粒子(图 7-16)照射致细胞死亡的敏感部位主要是细胞核内的染色体 DNA,细胞受照射后产生的各种生物学效应包括:①亚细胞损伤,特别是染色体畸变;②加速失去分裂能力细胞分化;③延长细胞周期或延迟有丝分裂;④使肿瘤细胞丧失增殖能力等。

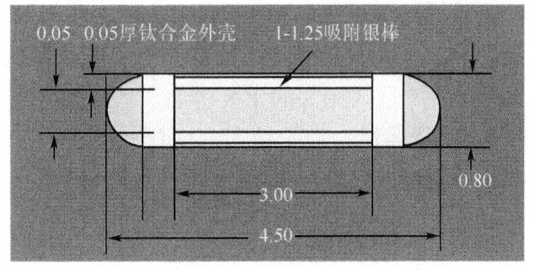

图 7-16 ^{125}I 粒子示意图

【器械】

1. 放射性粒子 ^{125}I 密封粒子,外壳为钛合金封闭。粒子呈圆柱状,长 4.8mm,圆柱直径 0.8mm。其半衰期为 60.2 日,能量为 27.4~31.5keV X 线及 35.5keV γ 射线,初始剂量率 7.7cGy/h,放射性辐射射程为 1.7cm,但 80% 的计量在 1.0cm 之内。

2. 放射性粒子植入治疗计划系统(treatment plan system, TPS) 是为临床提供准确穿刺途径、安全照射剂量及计划验证等功能的计算机软件系统。术前它可以与 CT、MRI 等影像设备相链接,获取肿瘤断层信息并行三维重建,根据肿瘤体积确定放射粒子的剂量;术中

TPS 系统可提供准确的穿刺路径确保手术安全;术后通过复查的影像资料再次与 TPS 系统进行图像链接、重建,对比,评价粒子植入分布是否符合术前 TPS 系统规划的要求。

3. 粒子植入辅助设备 粒子植入枪(图 7-17)、植入针(图 7-18)、施源器、模板等,粒子植入可在 B 超、CT、B 超联合 CT 辅助下及外科手术直视下进行。

4. 防护装置 铅罐、防护屏、防护衣(如铅衣)、防护眼镜、铅手套等。

图 7-17 转盘式粒子植入枪

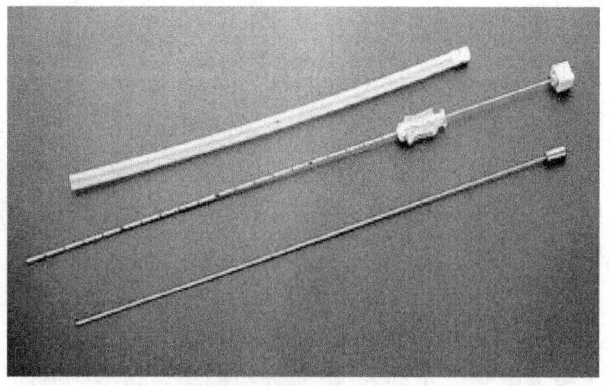

图 7-18 粒子植入针及顶针

【技术与方法】

1. 术前计划 植入前,将影像学图像(CT、MRI、彩超等)传送到三维治疗计划系统,设计将予以实施的治疗计划:根据患者的影像资料定义靶体积;确定处方剂量;使用 TPS 得到理想的剂量分布(包括肿瘤及正常组织);计算粒子强度和数量;确定植入粒子的方法;订购粒子。

2. 在 CT 导引下进行粒子植入 根据剂量分布要求,选用均匀分布或周缘密集、中心稀疏布源方法进行植入操作。建议粒子针一次性插植完成,减少粒子植入时术者接受剂量。推荐使用笔式植入枪,后退式植入粒子,间距 1~1.5cm。

3. 质量验证 植入粒子时,用 TPS 进行剂量优化。优化剂量要求:①正确勾画实际肿瘤靶区;②重建核算植入针及粒子数;③计算靶区放射性总活度;④调整粒子位置,纠正不均匀度,保护靶区相邻的重要器官。

4. 质量评估 粒子植入后必须进行质量评估,包括两项内容:粒子数及剂量重建。

(1) 植入后行 CT 扫描并进行三维重建,确认植入的粒子数目。

(2) 植入后根据粒子植入部位和 CT 检查结果,用 TPS 计算靶区及相邻正常组织的剂量分布,根据评价结果必要时补充治疗。

(3) 评估参数:①处方剂量(PD)的靶体积(V)百分比,常用 V_{200}、V_{150}、V_{100}、V_{90} 等,如 V_{100} >95%,即 95% 的靶区接受 100% 的 PD;②靶区达到处方剂量的百分数(D),常用 D_{100}、D_{90}、D_{80},如 D_{90} =128Gy,即靶区 90% 的体积得到 128 Gy;③靶体积比(TVR)= 给予处方剂量的总体积/肿瘤的总体积,应为 1.5~2.0,理想的 TVR=1。

(4) 评估方法:①等剂量曲线:用以表达空间信息、剂量信息,进行剂量分析。临床常用 100%、90%、80%,甚至 110%、150% 等剂量曲线;②剂量-体积直方图(DVH):表示靶区及周围正常组织某剂量区所含体积的百分比;③剂量均匀参数(DHI):靶区内 100%~150% PD 区域,为剂量均匀体积。此外尚有剂量不均匀度(DNR)和微分剂量体积直方图(D-DVH)。但前三种是必须在治疗病例中总结的内容。

(5)评估参考指标:①靶区的剂量适形:靶区剂量D_{90}>匹配周缘剂量(mPD),即有90%的靶区所受照射剂量超过处方剂量,提示植入质量很好;②平均外周剂量(mean peripheral dose,MPD):表示靶体积表面的平均剂量,应为PD;③适形度:PD的靶体积与全部靶体积之比;④植入粒子剂量的不均匀度最好不超过20%PD。术前计划中若有超高量区,用减少植入粒子数来解决;⑤正常组织受量。

5. 根据质量评估结果,必要时补充其他治疗。

【临床应用】 适应证:①部分实体肿瘤根治性治疗,如前列腺癌。在美国,^{125}I放射粒子永久性植入已成为前列腺癌的标准治疗手段(图7-19);②恶性实体肿瘤放疗后复发、放疗局部补量或因内科禁忌无法实施外放疗者;③恶性实体肿瘤因外科禁忌无法手术者;④与化疗相结合作为肿瘤综合治疗措施;⑤局部进展难以用局部治疗方法控制,或有远处转移的晚期肿瘤,但因局部病灶引起严重症状者,为达到姑息治疗目的,也可行粒子植入治疗;⑥术中肉眼或镜下残留或切缘距肿瘤太近(<0.5cm);⑦恶性骨肿瘤,尤其是脊椎骨肿瘤为减少并发症、缓解疼痛可行粒子植入;⑧需要保留重要功能性组织或手术将累及重要脏器的肿瘤;⑨患者拒绝进行根治性手术的病例;⑩预防肿瘤局部扩散或区域性扩散,增强根治性效果的预防性植入。

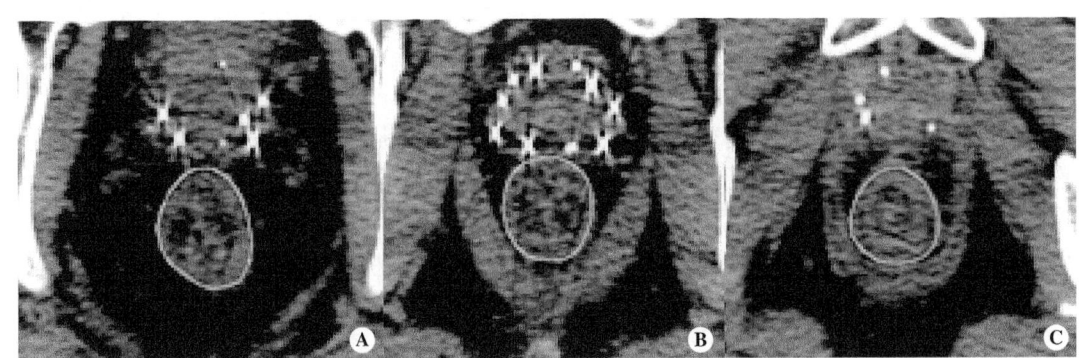

图7-19 经会阴^{125}I粒子植入治疗前列腺癌

禁忌证:①恶病质无法耐受本手术者;②严重出血倾向者;③严重糖尿病者;④空腔脏器慎用;⑤肿瘤内部坏死液化严重或囊性肿瘤者。

【并发症】

(1)穿刺部位出血:一般为少量渗血,局部压迫加压包扎可止血,如出血量较大,可通过穿刺针套填塞明胶海绵条止血,术后辅助静脉滴注止血药,如云南白药、立止血等,并密切监测生命体征,如有活动性出血,必要时可选择动脉插管寻找出血动脉予以栓塞止血。

(2)气胸、血气胸:发生率与胸部穿刺活检相近,气胸发生的原因主要有患者的不配合、老年人肺功能差,以及反复多次穿刺和穿刺时间过长等。另外,气胸的发生率与病灶的大小及深浅也存在明显关系。病灶越小气胸发生率越高,特别是病灶远离胸膜或局部无胸膜增厚、粘连以及有阻塞性肺部疾病的患者发生率较高,这是因为病灶较小时,活动度较大,而穿刺针上下移动又容易损伤邻近的肺组织。另外,病灶离胸壁越远,而穿刺针损伤的肺组织就越多,也就越容易产生气胸。也有研究表明肺气肿患者的气胸发生率较高。降低气胸发生率的措施:①术前有肺部感染的患者要控制好感染后再行穿刺;②选择合理的卧位,指导患者采取舒适的体位;③术前训练患者在平静呼吸、屏气,这是减少并发症的关键所在;④在穿刺过程中当患者疼痛剧烈和剧烈咳嗽时,应退针至皮下待缓解后再行穿刺;⑤穿刺针在体内留置时间不宜过长。

(3) 空腔脏器粒子植入多由金属带膜支架带入病灶,偶可发生局部穿孔、瘘管形成,与肿瘤组织受放射线照射后发生坏死、脱落有关,术前治疗计划制订时应充分考虑肿瘤组织照射剂量及正常组织的耐受剂量,避免放射热点存在,该并发症发生后经保守治疗多可好转,少数患者需手术处理。

(4) 粒子脱落、移位、丢失:术后 CT 扫描可及时了解粒子分布情况及植入粒子数量,发现粒子丢失或移位,应及时补救。手术时避免将粒子植入位置过于边缘化、植入病灶坏死液化部位可有效防止该并发症的发生。

(5) 盆腔脏器粒子植入治疗可引起性功能障碍、尿道刺激症状、直肠炎,大多数症状轻微,通过药物治疗可有效缓解,少数可发生严重并发症,如尿道坏死、尿失禁、直肠溃疡、肠瘘等。

(6) 胰腺肿瘤粒子植入治疗可发生胰瘘,发生率约为 10%,胰瘘发生后应采用保守治疗,大量静脉输液,应用抑制胰腺分泌的药物,如奥曲肠肽等。

(高 斌)

第六节 血管内导管药盒系统植入术

【概述】 经皮血管内导管药盒系统(port catheter system, PCS)植入术是经皮穿刺将留置管置入靶血管内,并通过皮下隧道与埋植在皮下的药盒连接,建立动脉或静脉长期的血管内给药途径的介入技术,从手术 PCS 植入术发展而来。由于临床用药方式、途径的多样化,以及部分患者外周静脉穿刺困难,需要采用这种方式的患者日益增多。该手术简单、安全、方便,在临床已逐渐推广使用。

【器械】

1. 穿刺针 行动脉穿刺为 18G 空芯针,其优点为一刺入动脉内即可喷血,快速确认已进入血管内。静脉 PCS 植入术,采用外裹撕脱鞘的穿刺针。穿刺成功后可不用导丝,退出穿刺针后直接送入留置管,最后可将针鞘撕脱。经颈静脉行门脉 PCS 植入术时则需要相应的 TIPSS 配套的长穿刺针。

2. 导管 根据靶血管的不同可选择不同形状的导管,但导管直径必须与留置管匹配,以能刚好紧密连接为佳。

3. 导丝 一般都用亲水膜的交换导丝,直径多为 0.035in 和 0.038in,长度根据具体操作要求而定。

4. 隧道针 为一锥形钝头的金属杆,用以将留置管从穿刺点引至皮囊。

5. 导管药盒系统(PCS) 一般由三部分组成,药盒、连接装置和留置管(图 7-20)。

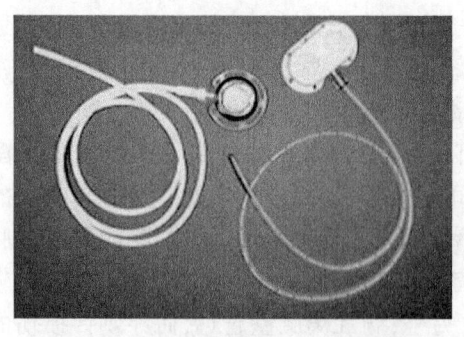

图 7-20 导管药盒系统(单腔和双腔)

6. 药物注射泵 持续性 TAI 需要一台有适当注射压力和注速均匀的泵。泵的注射速率多在 1~99ml/h 范围内无级可调。现有一种一次性便携式橡胶弹力药物注射泵,十分适于 TAI 的进行。该泵为人工合成橡胶制成一紧缩的囊袋。外延的塑料管有一限流阀门。将药物经胶囊的尾端注入后,胶囊充满药液膨胀起来,靠其弹力将药液经管道注出,限流阀门则以一定的流速(0.5~250ml/h)通过药液。如注入 100ml 药液,以 2ml/h 注速,可注射持续 50h。患者可携带该药泵边注射治疗边进行日常生活,治疗可在门诊进行。特别适用于长期持续性动脉内化疗。

7. 脉冲式注射泵(gianturco-wallance pulser) 是为打破药液在血液中因相对密度不同而造成的层流现象而设计的。层流现象可造成药液分布不均,引起并发症。该泵在动脉舒张期喷射性注药,药液呈小团状注出,主要用于脑 TAI。实验和临床研究均显示其能使药物分布更均匀,提高疗效,减少并发症。

【技术与方法】 经皮血管内导管药盒系统植入术根据血管入路,可分为动脉途径和静脉途径。前者包括锁骨下动脉和股动脉途径。后者包括颈内静脉、锁骨下静脉、股静脉及门静脉等。下面仅对常用的左锁骨下动脉导管药盒系统植入术进行介绍,主要是穿刺血管的方法不同,剩余步骤相似。

操作步骤:一般选用左锁骨下动脉,穿刺点在左锁骨下窝内,即锁骨中外 1/3,下约 2.5cm 处。常规消毒术野,做一 0.5cm 小切口。用 18G 无芯穿刺针,向内上方穿刺锁骨下动脉。穿刺见喷血后,即送入导丝。跟进导管,超选入靶动脉后可行首次化疗灌注或化疗性栓塞。治疗结束后通过交换导丝,透视下将导管撤出,将留置管沿导丝送入,一般要预留导管端以距离理想位置 1~2cm 为宜,以防后期操作和患者起立后导管位置的后移造成脱位。在穿刺点的下方做一纵行皮肤切口达皮下组织,长度以能容纳药盒为准。向切口内侧钝性分离,做一皮下囊腔,用以容纳药盒。用隧道针经皮囊进入穿刺点处。将留置管连接于隧道针并引至皮囊。用蚊式钳夹住留置管近穿刺点的一端,将药盒的连接头套入留置管,剪去多余的留置管,将药盒与接头旋紧。试注射肝素盐水,证实导管是否通畅和接口是否漏水。透视下观察留置管端位置满意后,缝合皮肤切口(图 7-21)。

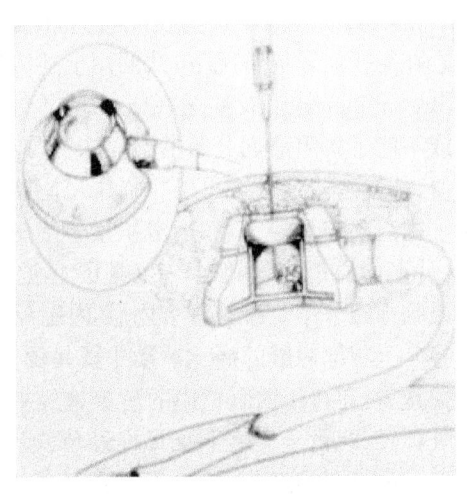

图 7-21 全植入式导管药盒系统

【临床应用】 动脉系统内药盒植入术适合于各种实体性肿瘤长期的姑息性治疗,特别适合于肝癌和肝转移瘤等的长期化疗灌注。另外,还适合于长期、规律性碘油栓塞的各种实体性肿瘤的姑息性治疗。

静脉系统内药盒植入术,分为腔静脉系统和门静脉系统。腔静脉系统内药盒植入适合于恶性肿瘤的全身化疗,如肺癌、乳腺癌、胃癌等。门静脉系统内药盒植入则适合于:①少血型肝转移瘤经门静脉化疗;②原发性肝癌行动脉-门静脉联合化疗或栓塞,动脉闭塞需行门静脉化疗或栓塞;③经门静脉输入非化疗性药物,如干扰素、胰岛素、营养素和胰源性激素等以营养肝细胞,治疗肝疾病;④经门静脉行肝血窦内细胞移植,如胰岛细胞、肝细胞等。

【并发症】

1. 气胸 多发生在锁骨下动静脉穿刺,与穿刺技术不当有关。建议采用空芯穿刺针,一旦其进入胸膜腔即可观察到有气泡冒出，可迅速撤针避免伤及脏层胸膜。少量气胸多不需处理，大量气胸需行胸腔闭式引流。特别要注意迟发性气胸，因不易立即觉察，可形成重大并发症。

2. 切口延迟愈合或裂开 其原因早期主要是药盒留置囊腔过小导致切口张力太大，术中渗血较多引起；晚期多由于患者消瘦，皮肤变薄，营养状况差所致。

3. 管端移位 多与置管技术不当有关，个别因肿瘤过度增大所致。可将局部皮下切开，松解药盒导管的连接，重新插入导丝，更换留置管使其重新到位。

4. 导管阻塞 与注药结束后导管内回血密切相关。一旦阻塞，PCS 即作废，可局部切开将其拔除。

5. 靶血管闭塞 与管端对靶血管的刺激和注入刺激性药物过浓、量过大有关（如丝裂霉素、平阳霉素等）。

（朱晓黎　沈　健）

第七节　腹腔神经丛阻滞术

【概述】 经皮穿刺腹腔神经丛阻滞术起始于 1919 年，当时 Kappis 仅依赖于体表骨性标志在无任何导向情况下，试图用上述方法制止上腹部顽固性疼痛，1977 年 Thompson 及以后 Brown、Patt 等用 X 线透视或 B 超导向的方法来穿刺腹腔神经丛，但均因阻滞点准确性欠佳或不能了解阻滞剂分布情况而未被临床广泛采纳。自 CT 问世后，由于其定位精确，操作简便，故使本治疗方法得以在临床广泛展开，至 1983 年止，文献中已有 1712 例临床应用报道。国内起步虽晚，但亦逐步积累了临床应用经验。

【基本原理】 内脏具有感觉及感觉的传入纤维，这种传入纤维的细胞体存在于脊神经节或脑神经节中。参与许多内脏-内脏反射、内脏-躯体反射及内脏器官感觉及内脏痛觉的传导。上腹部内脏的痛觉冲动主要是由交感神经内的传入纤维传导，其痛觉纤维传导的典型径路为：起自于内脏壁内的游离神经末梢，沿动脉分支行至腹主动脉，经椎前神经节进入内脏神经，穿行于交感干及其神经节，经白交通支、脊神经节至脊神经节；内脏神经的感觉神经元位于脊神经节内，其中枢突经后根入脊髓，在脊髓与躯体运动神经元及植物性前神经元联系形成反射弧；与脊髓丘脑束的神经元联系，形成上升径路。因此，对顽固性剧烈的内脏器官疼痛，可用中断痛觉径路的方法来消除疼痛，如将供应脏器动脉的神经切断、切除或毁坏一定部位的交感干神经节、切断几个脊神经后根或切断脊髓丘脑束。

CT 导向下腹腔神经丛阻滞术，就是基于中断痛觉反射弧的目的来达到治疗上腹部器官，如肝、胰、胃等良恶性病变所致顽固性疼痛的方法。

腹腔丛（plexus coeliacus）又称太阳丛（plexus salaris），为不成对的神经丛，位于 12 胸椎及第 1 腰椎上部水平，上与胸主动脉神经丛连续，下与肠系膜上丛及腹主动脉丛相连。腹腔丛在小网膜及胰的后侧，膈内侧脚及主动脉的前侧，左右肾上腺之间，包绕于腹腔动脉及肠系膜上动脉根部的周围。此丛从两侧的内脏大、小神经，腰上部交感神经节的分支及右迷走神经腹腔支所组成。有时左侧迷走神经的腹腔支也加入其中，丛内的左右两个神经节称为腹腔神经节（ganglion coeliaca）。自腹腔丛及腹腔神经节发出分支，形成多数次级神经丛，随腹主动脉的分支，分布于各脏器。成对的丛有膈丛、肾上腺丛、肾丛、睾丸或卵巢丛；不成对的有腹主动脉丛、肝丛、脾丛、胃上丛、胃下丛,肠系膜上丛及肠系膜下丛。胰腺主要为脾丛所支配。

腹腔神经节有时可有解剖变异,主要为大小和数目的变异,其数目可为1~5个,平均直径约2.7cm,可变异为1 5~4.5cm,有时在高分辨薄层扫描的CT片上发现这些结构。

【适应证与禁忌证】 适应证:①胰腺癌、慢性胰腺炎、肝脏肿瘤、肾上腺转移和克罗恩病(morbus crohn)引起的上腹部持续性疼痛;②肝癌栓塞前的神经阻滞,以防止患者因疼痛不能耐受栓塞治疗;③肺癌、乳腺癌等肿瘤的上腹部转移引起的疼痛。

禁忌证:癌肿累及躯干如骨骼、肌肉、腹壁淋巴结并引起疼痛者。

【技术与方法】

1. 术前准备

1)术前对患者详细说明治疗过程,消除患者恐惧,以取得合作。

2)术前不使用任何镇静药和镇痛药,以免妨碍对阻滞的判断。

3)检查出凝血时间:要求患者凝血时间正常,血小板计数 $0.80×10^9$/L 以上。

4)碘过敏试验阴性,如为阳性,则需在脱敏治疗后,使用非离子对比剂,术前应做好抗过敏抢救准备工作。

5)术前建立静脉通道,对体质极差、血压偏低者,术前术中应补液,以防阻滞术中及术后的低血压反应。

6)如患者术前已对哌替啶或吗啡等镇痛剂成瘾,故需放弃阻滞治疗。

2. 操作方法

(1)阻滞剂配制及穿刺器械准备

1)阻滞剂:阻滞剂可为苯酚式乙醇。由于苯酚刺激性较大,故目前已不使用。根据笔者一组动物实验表明,50%以上的乙醇浓度均可造成神经元及神经纤维不可逆性的损伤,其受损程度与乙醇浓度无关,而与乙醇在腹腔丛内分布是否均匀密切相关。故选用较低浓度的乙醇既可对腹腔神经丛造成不可逆性损伤,亦可减轻因乙醇浓度过高而造成对邻近器官组织的损害及对患者的刺激反应。为减轻因注射乙醇而引起的疼痛反应和增强阻滞效果,阻滞剂内一般均加入长效局麻剂如 0.75% 布比卡因,其一次性使用极量不能超过 200mg,阻滞剂内另一成分为含碘造影剂,它的作用在于了解针尖的位置和阻滞剂在腹腔神经丛内的分布情况,100ml 阻滞剂的配制可按 6:3:1 的比例制成,即用无水乙醇 60ml、0.75% 布比卡因 30ml、60% 泛影葡胺 10ml 混合而成,此时的乙醇浓度为 60%。阻滞剂使用量一般根据患者耐受情况和在腹腔动脉周围分布情况而定,总量为 30~60ml。

2)器械:穿刺针、连接管、直尺、消毒碗。

(2)CT导向下穿刺操作技术

1)腹侧穿刺技术

A. 患者仰卧于CT检查床上,根据CT定位片扫描从第11胸椎椎体开始,向足侧扫描,扫描层厚5~10mm,依次向下至第2腰椎中部。

B. 当CT图像显示层面在腹腔动脉干和肠系膜上动脉之间时,选择从腹主动脉前缘至皮肤垂直线与皮肤的交点作为进针点,并测量此直线的长度,即为进针深度。

C. 嘱患者屏气,将针垂直于腹主动脉方向快速插入腹腔,到达预定深度,手感到血管搏动且抽吸无血时,可注入20%泛影葡胺1~2ml,如对比剂位于腹主动脉前方及两侧,直接紧靠腹腔动脉干上下,则证明穿刺部位及深度正确。如穿刺针位于主动脉壁内或膈肌脚内应回撤穿刺针。

D. 经穿刺针直接注入 0.75% 布比卡因溶液 5ml,若患者疼痛明显缓解或疼痛消失,且无并发症出现,可作永久性阻滞。缓慢注入 60% 乙醇阻滞剂,若患者感到心慌、恶心等难以忍受时,可停止注射。使用阻滞剂总量一般为 30~60ml。

E. 从第 11 胸椎平面向足侧行 CT 扫描,以了解和记录阻滞液在腹腔神经丛内分布的范围。

F. 术后严密监护 2~4h。

2) 经背侧穿刺技术

A. 患者取俯卧位,CT 定位扫描方向及方法同于腹侧穿刺,穿刺分别从两侧腰椎横突旁进行,针尖方向指向腹主动脉侧壁,穿刺过程中应避免损害肾脏,此时可用 CT 扫描监测。

B. 当两侧针尖抵达腹主动脉侧壁时可每侧注入 20~30ml 阻滞剂。

C. 注射完毕后,行 CT 扫描以了解阻滞剂分布情况。

3. 注意事项 当注射乙醇时,由于阻滞剂可弥散至膈肌,背部肌肉和神经等可引起疼痛,少数患者难以耐受,故加入局麻剂后可明显缓解上述症状。

注射阻滞剂后引起一过性低血压可在部分患者观察到,同时可伴有心率增快,这与交感神经阻滞后,上腹部器官血管扩张致血容量相对不足有关。低血压状态般不超过 24h,仅通过加快输液即可纠正患者低血压状态。

由于交感神经被阻滞后,副交感神经兴奋性相对增强,引起肠蠕动增强,故术后患者可出现轻度腹泻,一般数日内即可恢复正常。

鉴于阻滞剂内含有浓度为 60% 的乙醇溶液,对无饮酒习惯的患者,在注入阻滞剂后可出现颜面潮红、头昏等醉酒现象,均为一过性反应,数小时后可自行恢复正常,无需特殊处理。

【并发症】 CT 导向下腹腔神经丛阻滞术是一种相对安全的治疗方法,由于其定位准确,穿刺针纤细,一般无严重并发症出现。

常见并发症:瘫痪、单侧肢体麻痹、化学性腹膜炎、一过性血尿、椎间盘损伤等。

(李 智)

第八章 头颈部疾病

第一节 颅内动脉瘤

【概述】 颅内动脉瘤是由于动脉血管壁局部缺陷和血管腔内压力增高的情况下形成的脑血管瘤样突起。多发病于中年,女性发病率稍高。

颅内动脉瘤的病因:①先天性动脉瘤,占80%~90%;②动脉硬化性动脉瘤,占10%~18%;③感染性动脉瘤,占0.5%~2%;④外伤性动脉瘤,占0.5%。

颅内动脉瘤一般分为"瘤体"和"瘤颈"两部分,瘤颈连接载瘤动脉和瘤体,没有瘤颈的动脉瘤为梭形动脉瘤。光镜下动脉瘤壁由内膜胶原纤维与外膜构成。电镜下动脉瘤壁为基膜增厚和各层结构间的松离现象。多数动脉瘤体的直径为0.5~1.0cm。动脉瘤体直径大于2.0cm、小于2.5cm的为大型动脉瘤,直径超过2.5cm的为超大型动脉瘤。大型或超大型动脉瘤内会出现附壁血栓。多数动脉瘤会逐渐增大并破裂出血,形成蛛网膜下隙出血、脑内出血和脑室内出血。

颅内动脉瘤好发于颅底动脉环及主要分支,大部分位于颅内动脉前循环,最常见的位置为颈内动脉后交通动脉、前交通动脉、大脑中动脉分叉部、颈内动脉分叉处、颈内动脉眼动脉段。少部分位于颅内动脉后循环,常见于基底动脉顶端、小脑后下动脉起始部等。有部分动脉瘤可发生于脑动脉的远端分支。多发性颅内动脉瘤约占5%。

【临床表现】 未破裂颅内动脉瘤大多无临床症状,少数大型或超大型动脉瘤以及特殊部位的动脉瘤可出现局灶性症状。颅内动脉瘤一旦破裂可产生突发的非局灶性症状。随着病情的进展可出现脑血管痉挛症状。

1. 非局灶性症状 起病突然,可无明显诱因。颅内动脉瘤破裂出血主要表现为蛛网膜下隙出血,出血量大者可表现为颅内血肿和出血破入脑室。

(1) 剧烈头痛:为最常见症状或首发症状,有暴发性发作的特点。

(2) 喷射状呕吐:常为剧烈头痛的伴发症状,与一般恶心呕吐不同,这种呕吐有喷射状的特点。

(3) 意识障碍:常为较短暂的意识障碍,可逐渐有所恢复。如发生动脉瘤再次破裂,则意识障碍的程度可加重。

(4) 脑膜刺激征:为常见临床症状,主要表现为颈项强直、Kernig征阳性。

(5) 血压升高:与颅内高压和血液中儿茶酚胺增高有关。

2. 局灶性症状 较为常见的有颈内动脉后交通动脉瘤引起的同侧动眼神经麻痹,前交通动脉瘤引起的视神经和视交叉压迫导致视力和视野的损害。

3. 脑血管痉挛症状 脑血管痉挛可使脑血流急剧下降,甚至出现缺血,表现为虽然出血停止但临床症状进行性加重。放射性核素显像可见脑血流量(CBF)明显下降。

病情分级主要按Hunt-Hess分级标准:

Ⅰ级:无症状或轻微头痛。

Ⅱ级:中-重度头痛、脑膜刺激征、脑神经麻痹。

Ⅲ级:嗜睡、意识不清、轻度局灶性神经体征。
Ⅳ级:昏迷、中-重度偏瘫、早期去皮质强直或自主神经功能紊乱。
Ⅴ级:深昏迷、去皮质强直、濒死状态。

【辅助检查】 颅内动脉瘤的诊断主要由 CTA、MRA 和 DSA 作出,腰穿、CT 和 MRI 可作为辅助诊断。

1. CT 扫描 为蛛网膜下隙出血的首选检查方法,应在起病后 24h 之内进行。Fisher 分级:Ⅰ级,蛛网膜下隙未见出血;Ⅱ级,蛛网膜下隙弥散性薄层出血(<1mm);Ⅲ级,蛛网膜下隙弥散性出血(>1mm);Ⅳ级,蛛网膜下隙厚层出血和(或)脑内及脑室内出血。

2. CTA 能够清晰显示动脉瘤和周围血管的相互关系,敏感性和特异性均非常高。是蛛网膜下隙出血怀疑颅内动脉瘤时的首选筛查方法,在一定程度上可以作为脑血管造影的替代。但对于细小穿通支的显示不良,必要时仍应行脑血管造影。

3. MRA 无需使用对比剂的无创检查方法,可显示脑动脉瘤与载瘤动脉的关系。

4. 脑血管造影 是一种创伤性特殊检查方法,对于颅内动脉瘤具有确诊意义,特别是 3D-DSA 由于其出色的密度分辨和空间分辨能力,可以获得动脉瘤的位置、大小、形态、数目、瘤颈状况、动脉穿支情况、代偿供血情况等极具临床价值的信息。通常应行双侧颈内动脉和双侧椎动脉造影。一般应在出血 6h 后尽早行造影检查以免延误治疗。尽可能采用等渗非离子型对比剂。

脑血管造影既要起到充分暴露动脉瘤解剖位置的作用,同时要揭示载瘤动脉一旦闭塞,其周围血管的代偿供血能力,如颈内动脉瘤检查时除了行患侧颈内动脉造影观察动脉瘤全貌,应压迫患侧颈总动脉先后行健侧颈内动脉和同侧椎动脉造影以观察前交通动脉和后交通动脉的代偿供血能力。检查顺序应先行目标血管的造影检查,然后行相关血管的造影检查。脑血管造影仍可出现假阴性,其原因为:①载瘤动脉痉挛;②微小动脉瘤无法显示;③动脉瘤腔内血栓形成致使对比剂无法进入瘤腔;④造影质量差。

5. 腰穿 可发现高压的血性脑脊液,但此检查可增加动脉瘤再次破裂风险,甚至有导致发生脑疝的风险,应谨慎使用。

【常规治疗】 颅内动脉瘤的传统治疗方法为外科手术治疗。动脉瘤颈夹闭术是其中的标准方法,根据不同部位的动脉瘤使用各种类型的动脉瘤夹将瘤颈夹闭而保持载瘤动脉通畅,以达到治疗目的,即将动脉瘤隔离于血液循环之外。这种方法适用于解剖部位较易暴露位置的瘤颈较窄的囊状动脉瘤,如后交通动脉瘤、大脑中动脉分叉处动脉瘤。宽颈动脉瘤的夹闭术较为困难,易产生并发症。颈内动脉眼动脉段动脉瘤、前交通动脉瘤以及后循环动脉瘤由于解剖位置较难暴露,手术难度大,风险高。此外,手术治疗动脉瘤需去除颅骨骨瓣。

神经内镜辅助和锁孔手术治疗颅内动脉瘤的创伤比传统开颅手术要小,但应用范围仍受到一定限制。

动脉瘤壁加固法是在无法行动脉瘤颈夹闭术的情况下为防止动脉瘤破裂所采取的措施,但不能完全防止动脉瘤破裂。

【介入治疗】
1. 适应证
(1) 手术难以到达部位的动脉瘤。
(2) 窄颈囊状动脉瘤。

(3) 一些宽颈和梭形动脉瘤。
(4) 符合外科开颅手术条件者。

2. 禁忌证

(1) 微小动脉瘤,一般直径小于2mm的动脉瘤不适合行介入治疗。
(2) 动脉重度硬化扭曲,微导管无法进入动脉瘤腔。
(3) 濒临死亡者。
(4) 凝血功能严重障碍。
(5) 严重心、肝、肾功能障碍。

3. 术前准备和器械选择

(1) 术前准备:①择期栓塞术前进行常规全面检查,包括血细胞凝集常规、肝肾功能、心电图、电解质、胸片以及血、尿、粪等的常规检查;②急诊栓塞术前应行血细胞凝集常规、肝肾功能、心电图检查;③治疗前应完成全脑血管造影、CT扫描和TCD检查;④静脉全身麻醉术前准备;⑤保留导尿;⑥预防脑血管痉挛用药。

(2) 器械选择:①选择性脑血管造影相关器械;②6F和8F导引导管;③动脉加压冲洗装置;④颅内动脉瘤栓塞专用微导管以及与之相配套的微导丝;⑤宽颈动脉瘤保护装置(保护球囊和辅助支架);⑥各种型号的可解脱微弹簧圈(电解脱、水解脱、机械解脱);⑦专用电解脱器。

4. 介入治疗方法

(1) 麻醉:颅内动脉瘤栓塞通常使用静脉全身麻醉。
(2) 插管及栓塞技术

1) 微弹簧圈栓塞术。微弹簧圈包括电解微弹簧圈、水解微弹簧圈和机械解脱微弹簧圈。其中最电解微弹簧圈(GDC)较常用。GDC由三部分组成,近段是175cm的不锈钢丝,为输送装置;中段为3cm的较为柔软的不锈钢丝,两段之间有一铂金标记;远段为铂金微弹簧圈,极其柔软,具有弹性记忆,经专用解脱器可与中段相分离,是填塞入动脉瘤腔和封闭动脉瘤颈的关键所在。水解微弹簧圈是利用水的压力解脱微弹簧圈,机械解脱微弹簧圈是利用机械手柄解脱微弹簧圈。

整个栓塞过程必须在充分肝素化状态下完成,如遇术中动脉瘤破裂出血则应立即用鱼精蛋白中和肝素,如操作过程顺利则应每小时按患者体重追加肝素用量直至治疗结束,然后等待肝素自然衰减。

通常使用股动脉入路置入6F动脉导管鞘,必要时可选择肱动脉或颈动脉入路。导引导管在导丝导引下置入目标侧颈内动脉或椎动脉。颅内动脉瘤栓塞专用微导管在微导丝引导下经导引导管送入。选择动脉瘤颈暴露最为清晰的投照位置为栓塞治疗工作位,在Roadmap技术导引下,将微导管缓慢匀速地放入动脉瘤腔,通常应避免微导丝进入动脉瘤腔以免刺破动脉瘤,微导管头端应悬浮于动脉瘤腔不能触及动脉瘤壁。整个置管过程导管鞘与导引导管之间、导引导管与微导管之间和微导管与微导丝之间均应不间断地以肝素生理盐水冲洗以防血栓形成。

微导管精确到位后撤出微导丝,微弹簧圈则可经微导管进入动脉瘤腔进行栓塞治疗。首个微弹簧圈的选择非常重要,直径应略小于动脉瘤的宽径,通常使用3D空间构型的弹簧圈,弹簧圈应比较舒展地自然盘曲于动脉瘤腔内并部分经过瘤颈口部,确认微弹簧圈完全进入动脉瘤腔后应经导引导管造影以便最终确认载瘤动脉通畅,此时方可启动解脱动作。无论何种解脱模式,完成解脱动作后均应在透视监视下缓慢撤出输送装置,若动脉瘤腔内的弹簧圈不随之移动则证明是真性解脱,反之,若弹簧圈随着输送装置的移动同步移动则为假性解脱,应将弹簧圈重新填塞入动脉瘤腔并再次重复解脱动作直至完成真性解脱。依上述步骤逐个将微弹簧圈填塞入动脉瘤腔,填塞过程中微弹簧圈的直径和长度应逐渐减小,每次解脱前均应经导引导管行造影检查确认载瘤动脉通畅。当造影发现对比剂不再进入动脉瘤腔,动脉瘤颈不再显影时可终止栓塞治疗。结束栓塞治疗后应将微导丝重新插入微导管,在微导丝配合下顺畅安全地将微导管撤出动脉瘤,最后经导引导管撤出体外(图8-1、图8-2)。

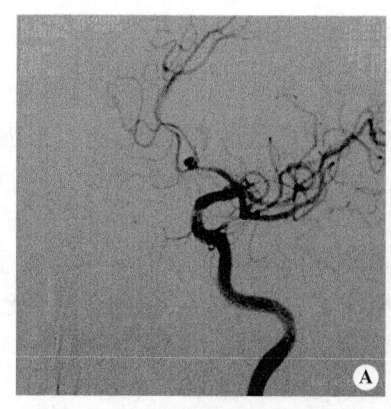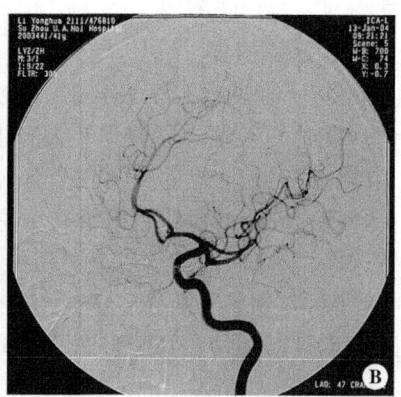

图 8-1　前交通动脉瘤栓塞前后造影

A. 造影显示前交通动脉瘤图；B. 栓塞术后造影显示动脉瘤消失,前交通动脉保持通畅

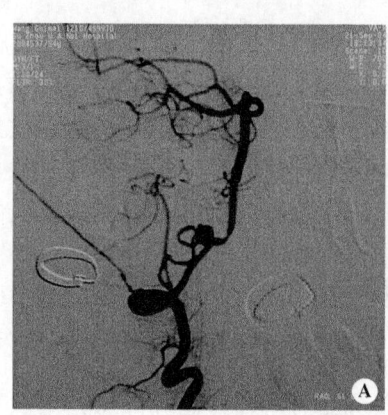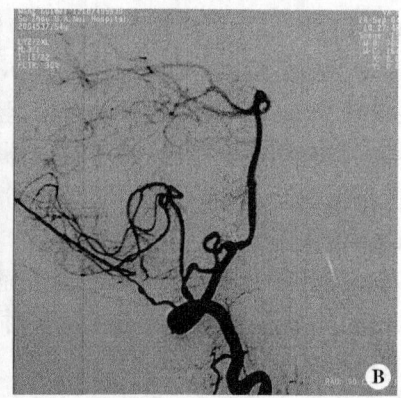

图 8-2　小脑后下动脉瘤栓塞前后造影

A. 造影显示小脑后下动脉起始部动脉瘤；B. 栓塞术后造影显示动脉瘤消失,椎动脉和小脑后下动脉保持通畅

2)支架或球囊辅助栓塞技术。对于宽颈动脉瘤及部分梭形动脉瘤,微弹簧圈难以稳定地停留在动脉瘤腔内,载瘤动脉必然会被堵塞,因此经典的栓塞方法无法使用于此类患者。特殊柔软的动脉瘤颈保护支架放置于瘤颈部位使原先宽大的瘤颈成为许多小的瘤颈,微导管从支架的网眼进入动脉瘤腔进行填塞微弹簧圈的操作,这种情况下一般不要求进行致密填塞。也可用不可解脱的球囊导管对宽颈动脉瘤的瘤颈进行暂时性的堵塞以便经微导管能在动脉瘤腔内稳定地填塞弹簧圈。

3)Onyx栓塞技术。是一项新的治疗方法,这种快速聚合型液态栓塞材料有望进一步提高动脉瘤腔填塞程度,欧洲多中心Onyx研究已展开,研究对象多为巨大动脉瘤或复杂动脉瘤。

5. 术后处理

（1）栓塞术后应立即行脑部 CT 扫描以排除栓塞术中出血。

（2）保持血压稳定。

（3）若栓塞术前已有较大量出血,可考虑栓塞术后行脑池冲洗引流。

（4）待肝素自然中和后,每 12 小时皮下注射低分子肝素 0.4ml,连续 3 日。

（5）持续每天服用拜阿司匹林 100mg。

（6）术后 3 个月、半年、1 年复查 CTA 或 DSA。

6. 并发症

（1）动脉瘤术中破裂:为最严重的术中并发症,一旦发生,致残率和死亡率极高。主要原因为:①微导丝和微导管刺破动脉瘤;②微弹簧圈戳破动脉瘤或过度填塞;③动脉瘤自发破裂。因此,微导丝和微导管的操作必须非常轻柔,特别是微导管进入动脉瘤腔时应高度谨慎,选择微弹簧圈的尺寸要根据动脉瘤的大小和形态高度个体化。若微弹簧圈戳破动脉瘤,切忌将微弹簧圈收回,应继续填塞直至完成栓塞。若微导丝或微导管刺破动脉瘤则应立即用鱼精蛋白中和肝素并终止栓塞术,寻求神经外科帮助。动脉瘤自发破裂为假性并发症。

（2）脑血管痉挛:蛛网膜下腔出血本身就是脑血管痉挛的直接病因,与治疗相关的脑血管痉挛主要是由于操作手法欠精细,操作时间过长。抗脑血管痉挛药物的使用应贯穿整个治疗过程,必要时可给予 3H 治疗(高血容量、高血压、高稀释度)。

（3）脑血栓形成:由于动脉瘤栓塞术后禁止进行溶栓治疗,因此若发生脑血栓形成后果极为严重,预防重于治疗。同轴导管系统不间断冲洗和充分的全身肝素化对预防脑血栓形成至关重要。同时应避免由于导管操作导致动脉管壁斑块脱落或动脉瘤腔内血栓脱落。

（4）载瘤动脉栓塞:微弹簧圈移位或未能完全进入动脉瘤腔即被解脱是造成载瘤动脉栓塞的主要原因。这种情况一旦发生很少能将微弹簧圈取出。

（5）动脉瘤复发:主要因为动脉瘤颈或动脉瘤腔未被致密填塞,术后随着血流的不断冲击,弹簧圈被压缩形成残腔。因此,动脉瘤的致密填塞和术后血压的有效控制对预防动脉瘤复发非常重要。同时,栓塞术后应加强定期复查,一旦发现动脉瘤复发可再次施行栓塞治疗或者外科手术治疗。

7. 疗效评价 血管腔内弹簧圈栓塞治疗的并发症较外科夹闭组在统计学上显示显著降低。2004 年美国采用血管腔内栓塞治疗颅内动脉瘤的数量首次超过了神经外科手术夹闭颅内动脉瘤的数量。血管内介入栓塞治疗颅内动脉瘤的并发症发生率为 4% 左右,死亡率为 2% 左右。

（刘一之）

第二节　脑动静脉畸形

【概述】 脑动静脉畸形(CAVM)是一种胚胎早期(约 3 周时)脑血管发育异常所致的先天性血管畸形。由存在于动静脉之间的杂乱扩张的血管构成,这些杂乱血管并无正常毛细血管的结构和功能,对正常脑血流产生影响。CAVM 的发生率男性明显多于女性,有明显的家族性发生倾向。

由于 CAVM 病灶中动静脉之间缺乏毛细血管结构,动脉血直接流入静脉,血流阻力骤减导致局部脑动脉压下降 脑静脉压增高 由此产生一系列血流动力学变化和病理生理过程。由于动静脉畸形的血液经动脉直接流入静脉,缺乏血管阻力,局部血流量增加,血液循环速度加快,这种血流改变会引起"脑盗血"现象。由于动脉血直接流入静脉内,使动脉内压大幅度下降,供血动脉内压由正常体循环平均动脉压的90%,降至45.1%~61.8,而静脉内压上升,引起病变范围内静脉回流受阻而致静脉怒张、扭曲。动脉压的下降以及"脑缺血"现象,使动脉的自动调节功能丧失,致使动脉扩张,以弥补远端脑供血不足。动脉内血流的冲击致使动脉瘤形成,以及静脉长期怒张、扭曲,形成巨大静脉瘤。这都是动静脉畸形破裂出血的因素。静脉内血流加快,血管壁增厚,静脉内含有动脉血,手术时可见静脉呈鲜红色,与动脉难以区别,这称之为静脉的动脉化。随着动静脉的扩张,盗血量日益增加使病变范围逐渐扩大。

CAVM可发生在颅内的任何部位。80%~90%位于幕上,以大脑半球表面特别是大脑中动脉供应区的顶、颞叶外侧面最为多见,其次为大脑前动脉供应区的额叶及大脑内侧面。幕上病变多由大脑中动脉或大脑前动脉供血,幕下AVM多由小脑上动脉供血或小脑前下或后下动脉供血。回流静脉依其病变的部位分别汇入矢状窦、大脑大静脉、鞍旁静脉丛、岩窦、横窦、直窦、岩上窦等。

畸形血管团的大小不一,悬殊很大,小者脑血管造影不能显示,只有在术后病理检查时才能发现。大者病变直径可达8~10cm以上,可累及两个脑叶以上,占大脑半球的1/3~1/2或广泛分布在一侧或双侧大脑或小脑半球。

1996年凌锋将动静脉畸形分为以下六型:①终末小血管团型,②穿支供血型,③动静脉直接瘘口型,④伴有动脉瘤的动静脉畸形,⑤伴有静脉瘤的动静脉畸形,⑥经颅外动脉与静脉窦直接交通。这种分法对神经介入治疗具有重要指导意义。

【临床表现】 首发症状通常出现在10~40岁,也可发生在任何年龄。颅内出血是最常见的症状,大多数病人为首发症状,发生率为52%~77%。出血的高峰年龄较颅内动脉瘤为早;出血多位于动静脉畸形的动静脉通路的远端扩张的静脉因此程度较轻;早期再次出血发生率低;脑血管痉挛发生率低。主要表现为脑内血肿(最常见)、蛛网膜下腔出血和脑室内出血。体力活动与动静脉畸形出血之间无明确关系。Spetzler等发现,CAVM出血危险性以及出血后血肿的大小与病灶大小成反比。

癫痫是浅表CAVM的主要临床表现,发生率为28%~64%。CAVM确诊年龄越小,以后发生癫痫的可能性越大;畸形血管团越大发生癫痫的可能性越大;发生于顶叶的CAVM癫痫发生率最高。

头痛是CAVM常见症状,可见偏头痛、局部头痛和全头痛。头痛对诊断CAVM并无特异性。CAVM破裂前可能有半数的患者出现头痛。

神经功能缺损可以是一过性的也可以是进行性的。主要表现为感觉运动功能障碍,神经功能缺失的原因是由于动静脉短路的存在,病灶周围脑组织处于低灌注状态,导致局部甚至全脑供血不足。除了畸形血管盗血作用外,病灶不断扩大对邻近脑组织的压迫;静脉动脉化、血栓形成等因素导致静脉压升高;反复出血对脑组织的破坏等也起了一定作用。

智能障碍(精神发育迟缓)可见于巨大型脑动静脉畸形患者,严重的盗血引起脑的弥漫性缺血和皮质发育障碍、胶质增生和皮层萎缩。

颅内杂音见于部分患者,有时为患者的自我感觉,有时可在听诊时发现。

【辅助检查】 CAVM的诊断主要依靠磁共振成像(MRI)和脑血管造影(CAG),CT扫描和经颅多普勒超声(TCD)也有所帮助。

1. 磁共振成像 MRI 对 CAVM 具有极高的诊断正确率,可以显示畸形的供血动脉、畸形血管团、引流静脉、出血情况和占位效应等,即使是隐匿型 AVM 也能被发现。CAVM 中的快速血流无论在 T_1 加权或是 T_2 加权图像上均显示为无信号阴影(流空效应),流空效应是其典型表现。此外,MRI 对于判断畸形血管团与脑部功能区的关系也具有重要意义。但是,MRI 无法了解畸形血管的动静脉循环时间(需要结合脑血管造影检查),同时 MRI 也不能区别无信号区是供血动脉还是钙化(需要结合 CT 扫描)。

2. CT 扫描 脑动静脉畸形破裂前 CT 扫描表现较为典型,平扫表现为异常密度病灶(高密度、混杂密度或低密度),形态不规则,可见钙化灶。无病灶周围脑水肿现象,偶有轻度占位效应,增强扫描可见团块状强化。颅内出血后 CT 扫描可见位于脑实质、蛛网膜下腔或脑室系统的高密度影。

3. 经颅多普勒超声(TCD) TCD 作为一种无创检查手段可作为脑血管造影前的筛选手段,对于大型 CAVM 评估手术及介入治疗的风险(脑灌注压突破)、术中监护以提高手术的精确性和安全性、术后疗效判断和动态随访均具有重要临床意义。

4. 脑血管造影 诊断 CAVM 最重要的方法是选择性脑血管造影,可以显示静态和动态的脑动静脉畸形的全貌,对 CAVM 的诊断和治疗具有决定性的作用(图 8-3)。并非所有的 CAVM 都能被脑血管造影发现,大约 10% 的患者由于病灶微小或为隐匿型 AVM 或为血栓闭塞 AVM,脑血管造影可无阳性发现。为了显示脑动静脉畸形的静态全貌(供血动脉、畸形血管团和引流静脉)和动态全貌(血流动力学的变化),对 CAVM 患者应进行全脑血管造影,即双侧颈内动脉、双侧椎动脉,对于累及脑膜者还应进行双侧颈外动脉造影。

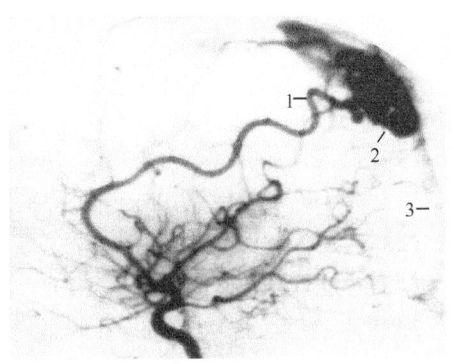

图 8-3 CAVM
1. 供血动脉;2. 畸形血管团;3. 引流静脉

脑血管造影可见增粗的一根或多根供血动脉,杂乱无章和迂曲的畸形血管团,提前显影的扩张的引流静脉和静脉窦(图 8-4)。供血动脉、非供血动脉以及畸形血管团内可以发现动脉瘤,引流静脉也可见瘤样扩张。较大型的畸形血管团周围可发现对比剂充盈不良(脑盗血现象)。对比剂流经畸形血管团的动静脉循环时间对于介入治疗极为重要,实施介入治疗时需要进行微导管造影以确定精确的动静脉循环时间(图 8-5)。

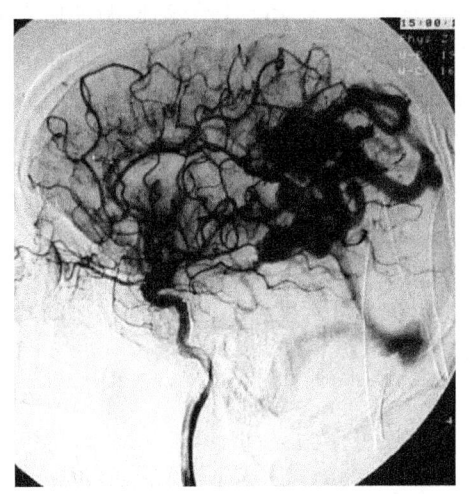

图 8-4 多根供血动脉,杂乱的畸形血管团,扩张并提前显影的引流静脉和静脉窦

【常规治疗】 CAVM 的治疗目的是防止出血、清除血肿、改善盗血和控制癫痫。治疗指征是出血、难治性癫痫和进行性神经功能缺失。

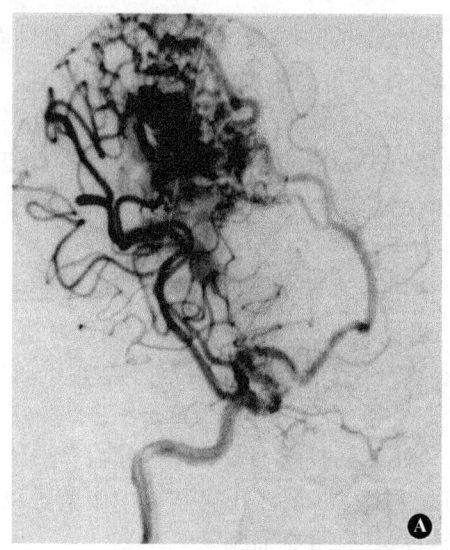 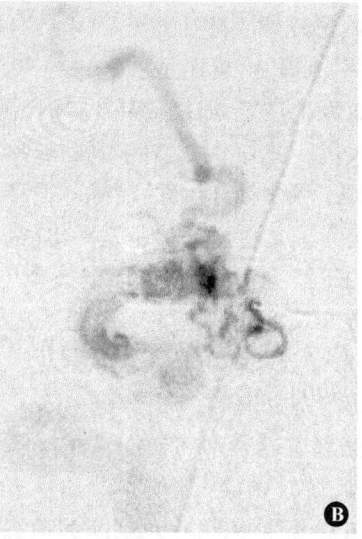

图 8-5　CAVM 的选择性及超选择性造影
A. 颈内动脉造影显示的 CAVM；B. 微导管于畸形血管团内造影所显示的 CAVM

1. 内科治疗

（1）调节日常生活,控制血压,避免剧烈的体力活动和情绪波动,保持大便通畅。

（2）对于已发生的脑出血应保持生命体征稳定,进行脱水、止血、降颅压。

（3）药物控制癫痫发作。

（4）对症处理。

2. 手术治疗　自从 Dandy 开始运用手术切除的方法治疗 CAVM 以来,该方法仍然是首选方案。随着手术和麻醉技术的进步,已能做到完全切除病灶,甚至病灶位于功能区附近,死亡率和致残率都很低。手术时机的选择主要根据患者病情,即威胁患者生命。手术并发症主要有颅内出血、脑实质损害、静脉闭塞性充血、癫痫等。

3. 立体定向放射外科治疗（stereotactic radioneuosurgery）　该治疗目的是使畸形血管的管壁产生炎性反应而增厚,使血栓形成和管腔闭塞,最终 CAVM 闭塞。目前主要有 γ 刀、X 刀和质子刀。与外科手术相比具有无创伤性并发症、安全性高和治疗时间短的优势,但放射治疗引起畸形血管完全闭塞的时间远远长于手术切除,因此引起的并发症通常是迟发性的,主要有病灶完全消失前颅内出血和放射性脑损伤。

【介入治疗】

1. 适应证

（1）高流量的 CAVM,分次介入栓塞治疗可逐步减少分流程度,使正常脑部供血动脉的自动调节功能逐渐恢复,降低正常灌注压突破的风险。

（2）位于脑功能区的大型 CAVM。

（3）位于手术难以到达的深部 CAVM,介入栓塞治疗可作为立体定向放射外科治疗的前期工作。

2. 禁忌证

（1）微导管无法到达畸形血管团。

（2）微导管造影证实病灶为穿支供血,区域性闭塞试验出现神经功能缺损。

(3) 全身状况差,不能耐受介入治疗。

(4) 患者拒绝治疗。

3. 术前准备和器械选择

(1) 术前准备:①血、尿、粪常规检查,血凝常规检查和输血常规检查。②肝、肾功能检查和心电图检查。③完善的 DSA、MRI/MRA 和 CT/CTA 检查。④穿刺部位备皮。⑤留置导尿管。⑥术前半小时给予镇静药物。⑦术前按全身麻醉要求禁食。⑧按甲级手术规定组织术前讨论并报医务处审批。⑨按规定患者或其指定受托人签署知情同意书。

(2) 相关器械:①微导管:一般使用 MagicMP 导管,微导管头段直径为 1.8F(容纳 0.012 微导丝)、1.5F(容纳 0.009 微导丝)和 1.2F(容纳 0.007 微导丝)。②目前最常用的是氰基丙烯酸正丁酯(NBCA),具有在血液中快速聚合的特性,在不含离子的 5% 葡萄糖注射液中不发生聚合,碘苯酯可调节 NBCA 的凝固速度。NBCA 栓塞后再通率低,是一种永久性栓塞材料。NBCA 操作难度大,有粘管危险。③具有不粘导管特性的最新型栓塞剂 Onyx,主要有 Onyx 18,Onyx 20 和 Onyx 34。这种栓塞剂可以缓慢推注使其更好地弥散于畸形血管团内,与 NBCA 相比具有更好的可控性。但是这种栓塞剂的溶剂二甲亚枫可引起严重脑血管痉挛和血管坏死,且其血管毒性与此溶剂的注射剂量和注射速度有关。因此推注 Onyx 时须非常缓慢,同时钽粉的混合有助于栓塞术中的良好观察。

4. 介入治疗方法

(1) 麻醉:可采用全身麻醉。对于能合作的患者,可采用神经安定麻醉加穿刺部位局部浸润麻醉以便于栓塞过程中观察患者的意识状态以及进行必要的功能闭塞试验。

(2) 插管技术:通常经股动脉入路,采用 Seldinger 法于股动脉置入动脉导管鞘,先用造影导管行全脑血管造影,全面了解病变的各种信息。实施全身肝素化后运用单弯导引导管在导丝帮助下直接插入靶血管,导管鞘侧臂和导引导管尾部的 Y 阀侧臂均连接加压输液通路以防止血栓形成。1.2F、1.5F、1.8F 等漂浮导管经蒸汽塑型后由导引导管送入,在血流冲击或微导丝导引下,微导管经供血动脉进入畸形血管团。行病灶内微导管造影术以了解更为精确的动静脉循环时间,为 NBCA 的配比提供准确依据。必要时应行功能试验,即从微导管内注入硫喷妥钠 30~50mg 后检查有无神经功能缺失,若有缺失则放弃栓塞,若无缺失则可行栓塞。

(3) 栓塞技术:NBCA 的浓度直接关系到 NBCA 凝固的速度,是整个治疗的关键之一。浓度过高则凝固速度太快,不仅栓塞剂在病灶内弥散不好而且易发生粘管并发症,浓度过低则凝固速度太慢,易发生引流静脉栓塞甚至静脉窦栓塞。理想的浓度是使 NBCA 有足够的时间在畸形血管团内弥散,既不使静脉窦发生栓塞,又不使导管粘住。栓塞术中神经介入医师主要根据微导管位置和微导管造影所提供的动静脉循环时间决定配置 NBCA 的浓度。微导管进入畸形血管团进行栓塞尽管每次栓塞的体积不大但比较安全。动静脉循环时间越短所需 NBCA 的浓度就越高,一般而言纯 NBCA 加钽粉仅用于瘘口栓塞,20%~50% 浓度的 NBCA 是较为常用的。NBCA 浓度目前还无法与动静脉循环时间准确对应,灵活掌握 NBCA 浓度的选择需要临床经验的积累。注入 NBCA 时当发现栓塞剂停止弥散或栓塞剂返流或引流静脉出现栓塞剂时应停止栓塞立即撤出微导管。以同样的方法逐根栓塞其他供血动脉,通常一次栓塞的供血动脉不要超过 3~4 根,一次性栓塞的范围不要超过 30%,大型的 AVM 须经多次栓塞才能达到治疗目的。栓塞高流量动静脉畸形时为防止发生正常灌注压突破,可采用控制性低血压技术,将血压降至原水平的 2/3,栓塞术后可根据具体情况持续降压 24~72h。(图 8-6,图 8-7)

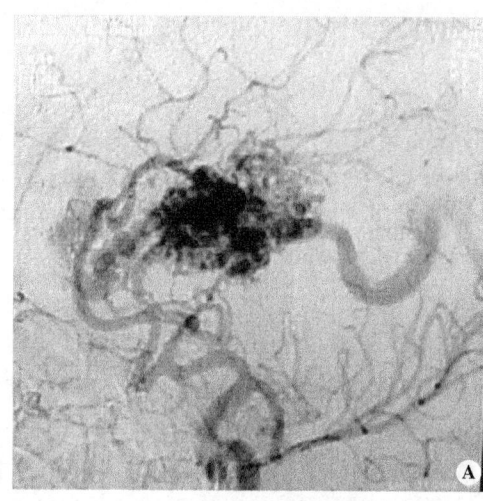
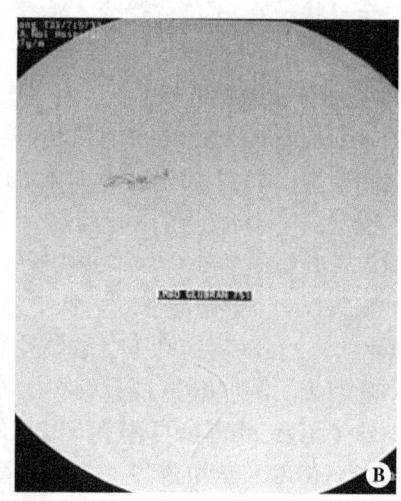

图 8-6 CAVM 栓塞前后造影
A. 栓塞术前颈内动脉造影显示的 CAVM；B. 径微导管注射栓塞剂

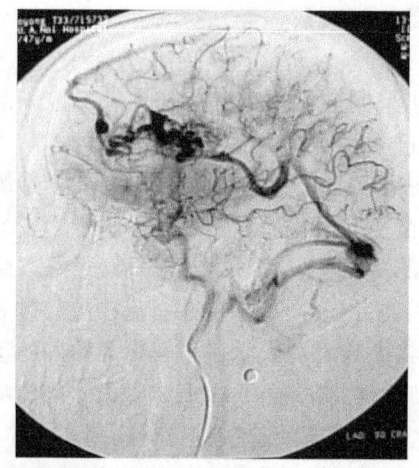

图 8-7 栓塞后畸形血管团明显缩小，引流静脉通畅

Onyx 使用时需调整 EVOH 和 DMSO 的配比以制成不同的浓度，适用于不同结构 AVM 的治疗。Onyx 18 是低粘滞度的配方，适用于 CAVM 的栓塞，Onyx 34 多用于栓塞流量较高的 AVF。Onyx 具有非粘附性，它这种非粘附特性可避免微导管与血管的粘连，使微导管撤出更容易且安全。另外 Onyx 对病灶渗透力强，组织病理评估显示可永久栓塞 80 μm 的微血管。Onyx 的不利因素主要是有机溶剂 DMSO 的血管毒性。待微导管准确、稳定到达畸形血管团内并经造影证实后可启动栓塞治疗，栓塞前 Onyx 胶须用震荡器连续震荡 20 min 以上，用特制 1.5 ml 空针（黄色）抽吸 DMSO，以 0.16 ml/min 缓慢推注 0.25 ml 充填微导管。再用特制 1.5 ml 空针（白色）抽吸 Onyx 18 或 Onyx 34 胶进行栓塞治疗。推注 Onyx 胶时应尽量缓慢，速度应不超过 0.16 ml/min，使 Onyx 胶在畸形血管团内充分弥散，每支供血动脉的注胶时间是 15~60 min，发现微导管头端有返流时，应停止注射，等待 1~5 min 后再继续注射。返流超过 1.5~2 cm 或等待超过 5 min 时应及时拔管。如一次栓塞畸形血管团面积较大（特别是大型 AVM 闭塞 50% 以上），术后控制性降低血压以防止正常灌注压突破。

5. 术后处理 控制性低血压是指在栓塞术前将血压降至原水平的 2/3，栓塞术后可持续降血压 24 至 72 小时，防止正常灌注压突破。

6. 并发症 并发症发生率为 5%~10%，死亡率为 1%。主要并发症有（1）误栓：与操作技术有关。微导管准确到位，熟练的 NBCA 注射技术，清晰显影的 DSA 设备，区域性功能试验可使误栓并发症的发生率降至最低。

（2）正常灌注压突破：主要发生在多支供血动脉、高流量和大型 AVM 栓塞术后，控制性低血压技术和严格限制一次性栓塞的范围有助于防止发生正常灌注压突破。

(3) 引流静脉栓塞和血栓形成:应防止远离畸形血管团的静脉流出道被栓塞,术后维持适当时间的肝素化和服用阿司匹林有助于防止发生血栓形成。

(4) AVM破裂:多由微导丝次破所致,应注意微导丝尽量不要超越微导管特别是在畸形血管团内,操作微导管和微导丝动作要轻柔,一旦发生AVM破裂通常需要神经外科干预。

(5) 粘管和断管:撤管不及时、供血动脉痉挛和动脉过度扭曲是造成次并发症的三大原因,发生粘管、断管并发症后应视具体情况给予抗凝治疗或外科手术处理。

(6) 迟发性血栓形成:供血动脉远端栓塞后,近端正常小分支血流变慢,血栓形成。栓塞术后维持数小时肝素化可预防并发症的发生。若并发症已发生可考虑采用动脉内溶栓治疗。

7. 疗效评价　由于影像学诊断技术的提高,使许多未破裂出血的CAVM(包括癫痫发作、头昏、头痛,甚至无症状)患者被发现,占所有CAVM的一半以上。对这些患者的治疗策略存在很大争议。近年来一些大样本的临床资料却显示,侵袭性治疗对CAVM患者所造成的严重不良事件要高于出血本身的危害。

多变量分析表明:既往出血史、单根引流静脉和畸形血管团的弥散程度这三个危险因素与出血关系密切。病灶的大小与出血的危险性呈负相关关系,即病灶越小出血的可能性越大。Foster等发现,首次出血的患者中,在以后四年中将有25%再次出血,第二次出血患者,一年内再次出血率为25%。首次出血死亡率为10%,第二次出血死亡率为13%,第三次出血死亡率为20%。积极治疗发生CAVM破裂出血的患者已基本达成共识。

血管内栓塞治疗可完全闭塞部分CAVM,完全闭塞率达5%~27%。特别是对于供血动脉数目少的小型CAVM,完全闭塞率较高。对于高分值的大型CAVM,尤其是存在多支穿支动脉供血者,很难通过血管内栓塞完全治愈,但是通过栓塞CAVM大部分病灶后,使其变成有利于手术的小型CAVM,甚至使无法治疗的病变,结合手术完全切除,明显提高了CAVM的解剖治愈率,同时降低了手术并发症。栓塞可使CAVM平均缩小63%,通过术前栓塞治疗,AVM大小均有不同程度的缩小。正是由于是这些高分值的AVM影响病变的完全切除率,导致较多的术后并发症。

(刘一之)

第三节　颈内动脉海绵窦瘘

【概述】　颈内动脉海绵窦瘘(carotid-cavernous fistula,CCF)是颈内动脉海绵窦段动脉壁或其分支破裂与海绵窦形成异常的动静脉直接交通。并大多为外伤性(80%)。CCF最常见的病因为脑外伤引起的颅底骨折,损伤海绵窦段的颈内动脉及其分支。

【临床表现】　大部分患者具有明显的颅脑外伤病史,少部分患者可以是自发性的。

(1) 颅内杂音:为最常见的症状,杂音连续不断,夜间尤甚,是患者最难以忍受的症状。压迫同侧颈总动脉可使杂音减轻甚至消失。

(2) 搏动性突眼,超过90%的CCF患者有此症状。主要是由于海绵窦血压升高,眼静脉回流受阻,甚至出现眼静脉反向血流,眶内组织水肿充血致使眼球明显突出。一侧CCF可以出现双侧搏动性突眼、对侧搏动性突眼。对于不经眼静脉回流的CCF可以无此症状。

(3) 球结膜水肿和充血海绵窦内压力升高,使眼眶内、眼结膜、视网膜等部位静脉充血、组织水肿。球结膜外翻引起眼睛闭合困难,可引起暴露性角膜炎和角膜溃疡(图8-8)。

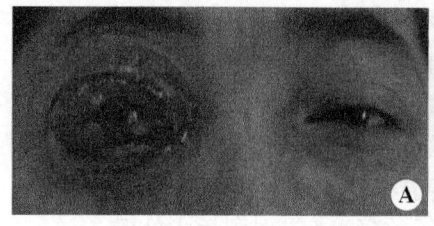
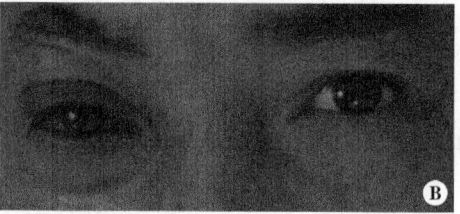

图 8-8　CCF 患者患眼治疗前后对比

A. 治疗前右眼结膜水肿充血,眼球外凸;B. 治疗后眼结膜水肿消退,充血减轻,眼球回缩

(4) 眼球运动障碍:最常见为展神经麻痹,其次为动眼神经麻痹,患者可出现复视。

(5) 视力障碍,大部分患者出现视力减退,甚至失明。视力减退的原因可以是视网膜缺血、出血和视神经直接受损,也可以是由于角膜溃疡,继发性青光眼也是重要原因。

(6) 头痛无特异性,随着病情变化症状可减轻。

(7) 神经系统功能障碍:CCF 向皮层静脉引流时,引起皮层静脉淤血,可产生精神症状、偏瘫、失语等,向颅后窝引流时可引起小脑、脑干充血水肿,危及生命。

(8) 鼻出血不多见,常由于伴有假性动脉瘤破裂,出血来势凶猛,可因窒息和失血性休克导致死亡。

【辅助检查】　CCF 的诊断除了依靠典型的临床表现外,脑血管造影(CAG)是最重要的检查方法,CT 扫描也可提供帮助。

1. 选择性脑血管造影　脑血管造影是诊断颈内动脉海绵窦瘘最重要的手段,通常采用经股动脉途径。靶血管应包括双侧颈内、外动脉和椎动脉。造影可显示瘘口供血情况、脑盗血情况、静脉回流情况以及代偿供血情况。这些信息对制订和实施治疗方案具有重要临床意义。

患侧颈内动脉造影可以见到海绵窦提早显影,对比剂浓密往往掩盖瘘口的确切位置和瘘口大小(图 8-9)。但造影可清楚观察引流静脉的方向以及数量,同时瘘口以远颈内动脉及其分支的显示情况和脑实质相染色的显示情况则反映了盗血的程度。引流方向最为常见的是通过眼上静脉向面静脉引流和通过岩下窦向颈内静脉引流。还可见通过眼下静脉、岩上窦、基底静脉、外侧裂静脉、皮层静脉及蝶顶窦引流。在瘘口较大的 CCF 造影时通常可见到程度不等的盗血现象,有时可以显示为完全盗血,即瘘口以远的颈内动脉及其分支完全不显影。

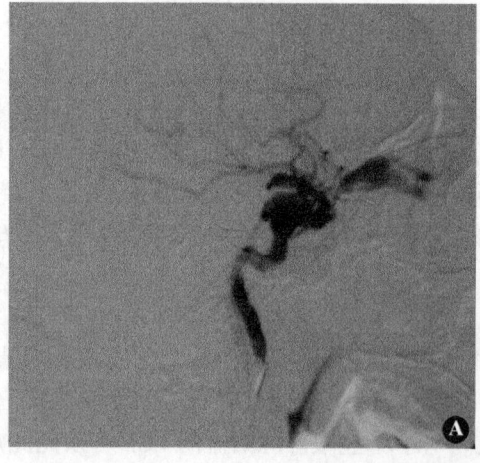
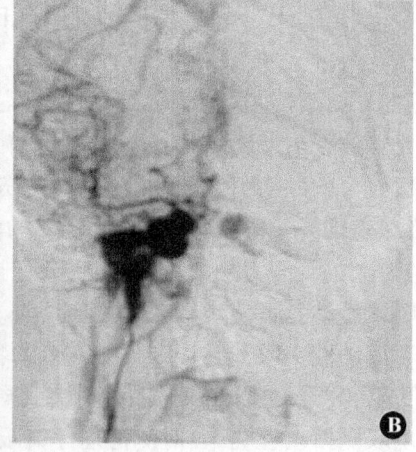

图 8-9　CCF 的选择性造影

A. 颈内动脉造影见海绵窦段对比剂浓集,眼睛脉明显增粗,提前显影;B. 后前位造影无法观察到瘘口

压迫患侧颈总动脉行同侧椎动脉造影被用来检查代偿供血能力和观察瘘口,在后交通动脉发育良好的情况下,可以观察到对比剂通过后交通动脉进入颈内动脉,由于通过后交通动脉的对比剂量较少且部分对比剂流向颈内动脉远端,因此逆向充盈海绵窦的对比剂可以比较清晰地显示瘘口的位置(图8-10A)。压迫患侧颈总动脉行对侧颈内动脉造影用于观察前交通动脉代偿供血的潜力(图8-10B)。代偿供血情况的了解为能否在无法闭塞瘘口的情况下闭塞患侧颈内动脉主干提供依据。

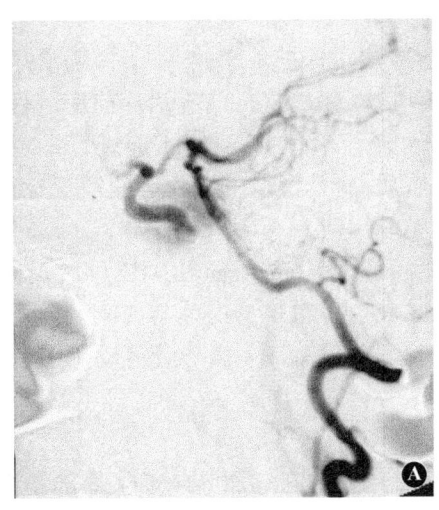 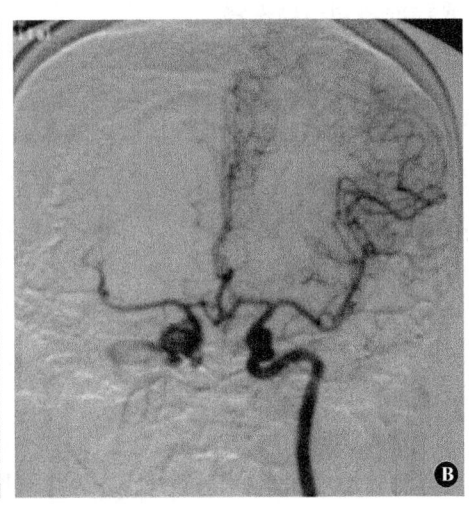

图8-10 CCF前后循环代偿试验

A. 椎动脉造影(压迫患侧颈总动脉可见瘘口位置);B. 健侧颈内动脉造影(压迫患总动脉)可见前循代偿良好

外伤性颈内动脉海绵窦几乎都是颈内动脉与海绵窦直接相通。但一些自发性的CCF供血复杂,可以是颈内动脉脑膜支、颈外动脉参与供血。因此颈外动脉造影也是不可缺少的,目前自发性的CCF已归为硬脑膜动静脉瘘的海绵窦瘘型。

鉴于CCF血流速度快、血流量大,造影时应增加图像采集密度,一般不低于6帧/s。

2. CT扫描 可以对CCF的诊断起辅助作用。主要显示为:①眼上静脉增粗;②眼眶内肌肉弥漫性增厚;③眼球突出;④鞍旁密度增高;⑤眼球边缘模糊;⑥皮质和脑干引流时可显示水肿。

【常规治疗】

1. 颈动脉结扎术 早在1809年Travers就开展了结扎患侧颈总动脉治疗CCF,无论结扎患侧颈总动脉或者颈部颈内动脉,临床效果都不理想,且可以造成脑缺血,特别对侧支代偿供血不良者。目前这种方法已基本弃用。

2. 孤立术 1933年Hamby和Gardner开展了结扎颈内动脉颅内段和颈段的手术,将瘘口孤立。孤立术同时封闭瘘口的两端提高了治愈率,同时防止了从对侧大脑半球或椎基底动脉盗血,减少了脑缺血的发生。与单纯颈动脉结扎相比孤立术具有明显的优势。但孤立术还是可能引起脑缺血,同时结扎眼动脉时少数患者可能出现视力下降,手术可能损伤脑组织。

3. 开颅海绵窦直接栓塞术 这种手术只有在经动脉或静脉途径的介入治疗均告失败,引流静脉主要通过皮层静脉引流时才使用。

【介入治疗】

1. 适应证

(1) 外伤性颈动脉海绵窦瘘(TCCF)。

(2) 经动脉途径栓塞失败,且回流方向为眼静脉或岩窦者为经静脉途径栓塞治疗的适应证。

出现下列情况时应视为急诊栓塞的适应证:①大量鼻出血;②由于盗血,继发缺血性脑卒中;③视力急剧下降;④脑内出血、蛛网膜下腔出血;⑤以皮层静脉回流为主;⑥蝶窦内假性动脉瘤。

2. 禁忌证 不能耐受介入手术或有重要脏器功能不全的患者。

3. 术前准备和器械选择

(1) 术前准备:①对于眼球突出,眼睑外翻着应注意保护角膜;②对于择期治疗的患者应进行 Matas 试验,即压迫患侧颈总动脉,每日 2~3 次,每次 30min;③治疗前应进行全脑血管造影、CT 扫描和 TCD 检查,全面了解病变情况,制订治疗方案;④术前进行常规全面检查,包括血细胞凝集常规、肝肾功能、心电图、电解质、胸片及血、尿、粪等的常规检查;⑤禁食;⑥保留导尿;⑦预防脑血管痉挛用药;⑧术前镇静用药。

(2) 相关器械:①6F 或 8F 导引导管;②Magic-BDPE 或 Magic-BDTE 可脱球囊导管;③1、2、3 号可脱球囊,可充盈对比剂分别为 0.3ml、0.7ml 和 0.5ml;④等渗对比剂;⑤Magic 3F/2F 导管;⑥钨丝微弹簧圈;⑦Tracker10 或 18 微导管,Excel14 微导管等动脉瘤栓塞用微导管;⑧GDC 等可脱弹簧圈。

4. 介入治疗方法

(1) 经动脉途径栓塞:大多数情况下可采用神经安定麻醉加穿刺部位局部浸润麻醉,以便于栓塞过程中观察患者的意识状态以及进行必要的球囊闭塞试验(BOT 试验)。对于昏迷患者及不能配合手术的患者可采用全身麻醉。

1) 采用可脱球囊导管栓塞时,先运用交换导管技术将 8F 导引导管送入患侧颈内动脉。在体外将选定型号的球囊安装于 Magic-BD 导管顶端,以配置好的等渗对比剂充盈球囊,观察球囊安装的可靠性,检查球囊有无泄漏。检查完毕将球囊内的等渗对比剂抽净后从 8F 导引导管送入微导管。在 Road-map 导引下将微导管送至瘘口附近,微微充盈球囊,看到球囊突然改变方向时表示球囊可能已经进入海绵窦,此时应保持微导管稳定并进一步充盈球囊,同时经导引导管注入对比剂观察瘘口和颈内动脉情况,若球囊充盈后颈内动脉仍保持通畅,无论瘘口是否完全消失均表明球囊导管已进入海绵窦。此时可按球囊规格充盈球囊,并在瘘口消失后解脱球囊。若一个球囊无法彻底栓塞瘘口,可以按上述方法放置第 2 个甚至第 3 个球囊直至瘘口完全闭塞(图 8-11)。

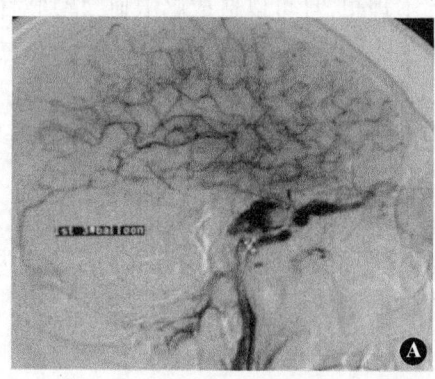 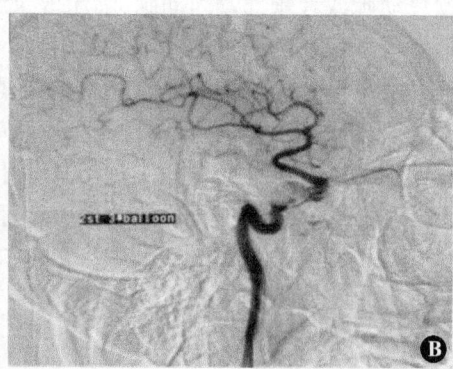

图 8-11 CCF 球囊栓塞术后造影

A. 放置第一枚可脱球囊后造影,瘘口部分闭塞;B. 放置第二枚球囊后造影,瘘口完全闭塞,颈内动脉保持通畅

对于因瘘口过小或角度问题微导管无法进入海绵窦,以及因瘘口过大球囊进入了海绵窦无法解脱等情况,在代偿供血良好的前提下可考虑闭塞瘘口处的颈内动脉。这种情况下应将第一个球囊放置于瘘口处颈内动脉主干,解脱前应进行对侧颈内动脉和同侧椎动脉造影以观察瘘口封闭情况,是否存在栓塞远端颈内动脉颅内段盗血现象,证实瘘口被完全封闭后解脱球囊,然后在第一个球囊近端的颈内动脉主干放置第二个保护球囊。

2)采用微弹簧圈栓塞时,可选择游离弹簧圈和电解弹簧圈,前者较经济,后者昂贵但更安全。将6F导引导管置入患侧颈内动脉,选用Magic3F/2F导管或Tracker10或18微导管,Excel14微导管,运用Road-map技术在微导丝配合下将微导管送入海绵窦。通过微导管将弹簧圈逐个填塞入海绵窦直至将瘘口闭塞后撤出微导管。

整个栓塞过程应全身肝素化。栓塞完毕后以鱼精蛋白中和肝素,10min后拔出导管鞘,压迫止血。

(2)经静脉途径栓塞:麻醉同前,①经眼上静脉途径眼眶上缘中内1/3处为穿刺点,穿刺成功后置入导管鞘,将微导管经眼上静脉送入海绵窦,经微导管将弹簧圈送入海绵窦进行栓塞。②经岩窦途径通常采用经股静脉入路,也可采用经颈静脉入路。穿刺股静脉或颈静脉后置入导管鞘和导引导管。经导引导管将微导管经岩上窦或岩下窦送入海绵窦,微导管准确到位后使用弹簧圈进行栓塞直至瘘口闭塞。

栓塞结束后均需行对侧颈内动脉和椎动脉造影观察瘘口闭塞情况。栓塞过程应全身肝素化,手术完毕后应以鱼精蛋白中和肝素,拔除导管鞘压迫止血。

5. 术后处理

(1)术后应拍摄头颅正侧位片了解球囊位置,以便对照。

(2)对于完全盗流的患者应采用控制性低血压,防止正常灌注压突破。值得注意的是在完全盗血的情况下如果患者并无脑缺血的症状或体征,往往意味着代偿供血良好。

6. 并发症

(1)穿刺部位局部血肿:由于采用可脱球囊栓塞需用8F的导管鞘,对穿刺部位血管损伤较大,若压迫不确切可造成局部血肿甚至假性动脉瘤。

(2)球囊过早脱落:可脱球囊与微导管之间的连接是脆弱的,Magic-BDTE导管前端的球囊仅需20g的力就能解脱,即使是Magic-BDPE导管前端的球囊也只需40g的力就能解脱。因此,可脱球囊微导管的任何操作都必须非常轻柔并且置于严格的透视监视之下,尤其是带有球囊的微导管在颈内动脉做回撤动作时必须格外小心。球囊一旦脱落于海绵窦外的颈内动脉将造成脑栓塞的严重后果。

(3)假性动脉瘤:主要是由于海绵窦内的球囊缩小过快形成。无症状者可先行观察无需处理。出现症状时可考虑用弹簧圈栓塞。

(4)脑神经瘫痪:因海绵窦内血栓形成或栓塞材料直接压迫造成,以展神经瘫痪最为多见。

(5)正常灌注压突破:只有在慢性高血流量的海绵窦瘘患者存在长时间严重盗血,损伤了正常脑血管的自动调节功能,当瘘口被闭塞时血流瞬间改道,引起正常灌注压突破。控制性低血压可防止此并发症的发生。

7. 疗效评价 经股动脉途径可脱球囊栓塞瘘口,是目前最常用、最有效、最经济的治疗方法,此方法治疗CCF的解剖治愈率高达90%以上。采用微弹簧圈栓塞瘘口解剖治愈率同样达到90%以上,安全性高于可脱球囊栓塞治疗,但由于手术费用远高于可脱球囊栓塞治疗,因此通常作为可脱球囊栓塞治疗的补充和替代。经静脉途径栓塞通常是无法经动脉途径治疗时的选择。

（刘一之）

第四节 硬脑膜动静脉瘘畸形

【概述】 硬脑膜动静脉瘘（dural arteriovenous fistula,DAVF）是硬脑膜内颅内外供血动脉与颅内静脉和静脉窦的异常交通。约占脑血管畸形的15%，可发生于硬脑膜的任何部位，以横窦、乙状窦和海绵窦最多见。

1995年Cognard对DAVF提出了新的分类，有助于了解病变的危险程度。

Ⅰ型：静脉引流入静脉窦，血流为顺行，无明显临床症状，较为安全。

Ⅱ$_a$型：静脉引流入静脉窦，但静脉窦内血流有逆流。Ⅱ$_b$型：静脉引流入静脉窦，但血流在窦内逆流至皮层静脉。Ⅱ型患者有10%的可能出现脑内出血。

Ⅲ型：静脉直接引流入皮层静脉，但无静脉扩张，颅内出血的发生概率为40%。

Ⅳ型：静脉直接引流入皮层静脉并伴有静脉瘤样扩张，颅内出血概率为65%。

Ⅴ型：静脉引流入脊髓的髓周静脉。50%患者出现进行性脊髓损伤。

【临床表现】 DAVF因其供血动脉的流量、流速和引流静脉方向的不同，临床症状复杂多样。

1. 搏动性耳鸣 与心跳相一致的搏动性耳鸣是最常见的临床症状，夜间尤为明显。横窦、乙状窦和海绵窦区DAVF次症状最为多见。

2. 颅内杂音 接近50%的患者可听到连续不断的颅内杂音，与心跳同步，压迫同侧颈总动脉可使杂音减轻。

3. 头痛 约50%患者主述为头痛，主要是颅内压增高及扩张的血管对脑膜的刺激所致。

4. 颅内压增高 由于静脉窦压力增高、继发性静脉窦血栓形成及硬脑膜下静脉湖的占位效应影响了颅内静脉回流和脑脊液的吸收，造成了颅内高压。可产生脑积水、视神经乳头水肿和继发性视神经萎缩。

5. 颅内出血 出血来源是扩张的引流静脉或静脉瘤破裂，死亡率为20%。

6. 中枢神经功能障碍 正常颅内静脉回流受阻，局部脑组织淤血、肿胀，扩张静脉的占位效应导致了中枢神经功能障碍，可出现运动、语言、感觉、癫痫、共济失调、精神症状以及视野缺损等症状。

7. 脊髓功能障碍 见于颅后窝DAVF向脊髓静脉引流时，正常脊髓静脉引流受阻，导致椎管内静脉压升高，脊髓缺血，产生脊髓功能障碍。

8. 眼部症状 海绵窦区DAVF向眼静脉引流时可以出现类似于CCF的眼部症状，可导致误诊。

9. 心功能不全 高流量的DAVF可引起心功能不全。

【辅助检查】

1. 全脑血管造影 经股动脉入路脑血管造影为诊断DAFV的唯一可靠方法，鉴于DAVF供血动脉的复杂性，造影范围除双侧颈内、外动脉，双侧椎动脉外还应包括双侧甲状颈干和肋颈干。由于DAVF的血流速度很快，图像采集密度应该更大，通常不低于10帧/秒。

脑血管造影必须全面了解供血动脉情况（数量、危险吻合）、瘘口情况（具体位置、大小、类型）、引流情况（方向、流量）和脑盗血情况（图8-12~图8-14）。可见迂曲增粗的供血动脉和引流静脉，供血动脉有时可见动脉瘤形成，引流静脉也可出现瘤样扩张。引流静脉和静脉窦提前显影且静脉窦循环时间延长。向皮层静脉引流时可见皮层静脉扩张。瘘口盗血严重时危险吻合在造影时很难被发现，应引起高度警惕。脑盗血情况的确定对评估栓塞术后出现正常灌注压突破的危险性至关重要。

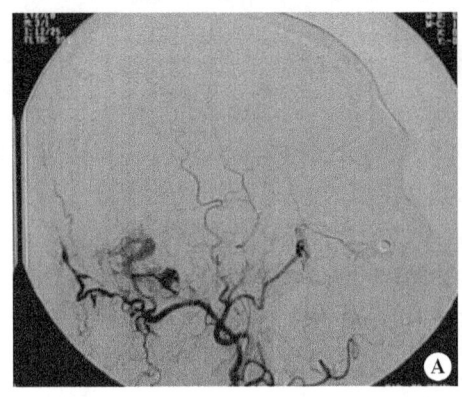
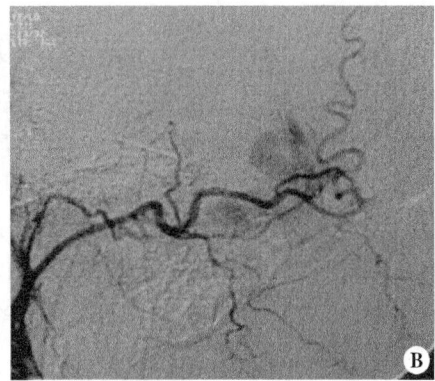

图 8-12　DAVF 颈外动脉分支造影

A. 右侧颈外动脉造影显示枕动脉供血之瘘口以及引流静脉；B. 左侧颈外动脉造影显示枕动脉供血之瘘口和引流静脉

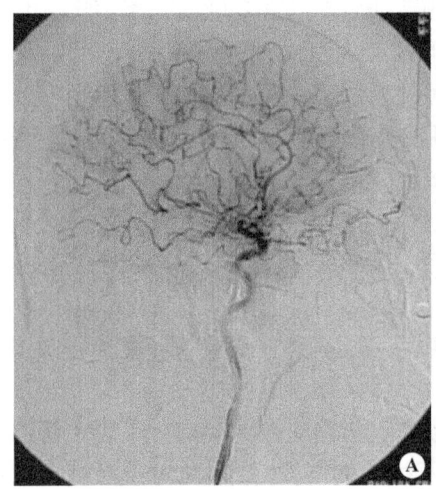
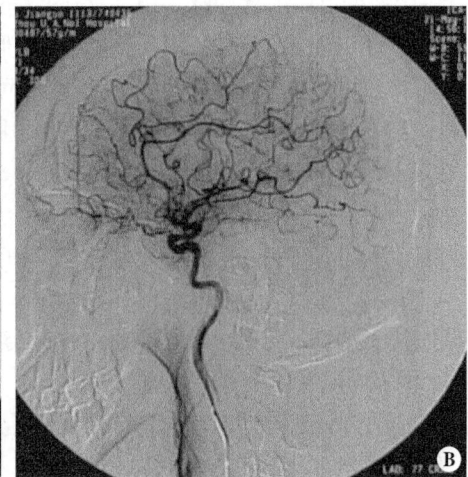

图 8-13　DAVF 颈内动脉造影

A. 右侧颈内动脉造影未见瘘口显示；B. 左侧颈内动脉造影未见瘘口显示

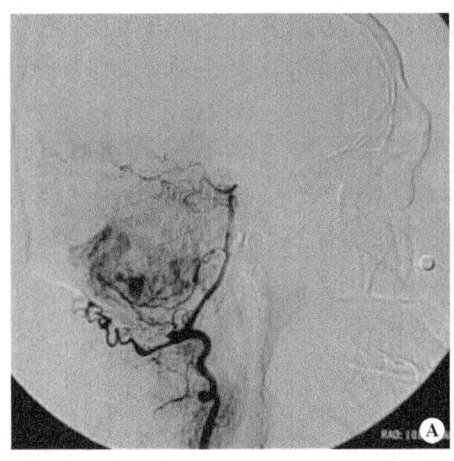
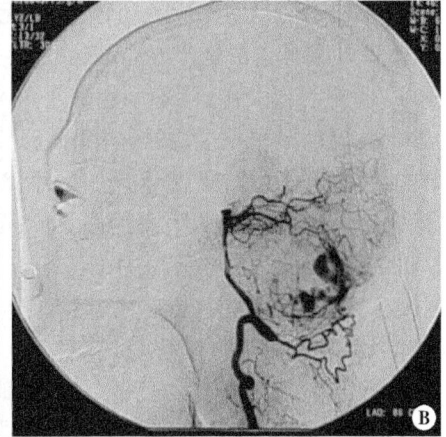

图 8-14　DAVF 椎动脉造影

A. 右侧椎动脉造影显示枕支供血的动静脉瘘；B. 左侧椎动脉造影显示肌支供血的动静脉瘘

微导管超选择性供血动脉造影可以得到精确的瘘口处动静脉循环时间,为介入栓塞治疗提供帮助,同时微导管造影也有助于发现常规造影难以发现的供血动脉是否存在危险吻合。

2. CT 和 CTA　此类检查只能提示血管病的存在但不能作为定性诊断依据。对于无软脑膜静脉引流者 CT 可无异常发现。存在软脑膜静脉引流的患者 CT 扫描可发现颅骨内板血管沟扩大、硬膜窦异常扩大、脑积水、脑白质密度降低、蛛网膜下腔出血和硬膜下血肿等征象。增强 CT 扫描可见增粗增强的血管影和脑膜异常增强。CTA 虽然能显示异常增粗的供血动脉、扩张的引流静脉和静脉窦,但对于瘘口情况和危险吻合则显示不佳。

3. MRI 和 MRA　与 CT 扫描相比,MRI 和 MRA 的分辨率明显提高,特别是能显示静脉窦血栓形成、静脉窦闭塞和静脉窦血流变化。MRA 对于细小的供血血管和流速缓慢的血管显示不清。

【常规治疗】

1. 动脉压迫法　海绵窦区病变可采用颈动脉压迫法,降低动脉压力促进病变处血栓形成。横窦-乙状窦区病变可压迫枕动脉。但是存在软脑膜静脉引流或颈动脉狭窄者不能采用此方法。

2. 手术治疗　手术治疗的适应证:①出血形成颅内血肿压迫脑组织;②病变伴有软脑膜静脉引流或已形成动脉瘤样扩张,存在破裂可能;③有颈内动脉或椎动脉颅内分支供血者;④DAVF 与 CAVM 并存者。手术方式包括引流静脉切断术、畸形病变切除术、静脉窦切除术、静脉窦孤立术和静脉窦骨架术等。

3. 放射治疗　立体定向放射治疗仅作为栓塞治疗或手术治疗后的辅助治疗,也可用于栓塞治疗或手术治疗存在禁忌证者。此项治疗的主要缺点是起效慢和可产生放射性脑损伤。

4. 其他　观察对于 Cognard Ⅰ 型无临床症状者,不必立即治疗,可给予临床观察。DAVF 有自行血栓闭塞而自愈的可能。

【介入治疗】　除颅前窝区病变外,所有部位的硬脑膜动静脉瘘均可采用血管内栓塞治疗。由于随着病变的进展可导致一系列可能危及生命的并发症,因此对于已有临床症状者一经确诊应尽早治疗,这些临床症状包括颅内出血、难以忍受的颅内血管杂音、进行性神经功能障碍、颅内占位效应和颅内高压等。

根据 Cognard 分型:Ⅰ 型先行颈动脉压迫,无效者可用经动脉栓塞术;Ⅱ$_a$ 型先行经动脉颗粒栓塞术,无效者可用 NBCA 栓塞或经静脉栓塞;Ⅱ$_a$+Ⅱ$_b$ 型可经动脉栓塞、手术切除静脉窦和经静脉栓塞;Ⅲ~Ⅴ型具有侵袭性,可采用血管内介入治疗、手术治疗、放射治疗和综合治疗。

根据病变部位:横窦-乙状窦区病变,以介入+手术联合治疗效果最佳;天幕区病变联合治疗优于手术治疗,手术治疗优于介入治疗;海绵窦区病变介入治疗最佳,且经静脉途径优于经动脉途径;颅前窝区病变手术治疗最佳;脑凸面-上矢状窦区手术与介入疗效接近,由于软脑膜静脉引流多见,适于手术治疗。

根据临床症状:临床症状轻且无软脑膜静脉引流者可随访观察。临床症状加重或出现软脑膜静脉引流症状应进行治疗。

1. 适应证

(1) 以颈外动脉供血为主,供血动脉与供应颅内的正常血管无危险吻合,或虽有危险吻合,但微导管超选择性插管可成功避开危险吻合。

(2) 以颈内动脉或椎动脉的脑膜支供血,微导管超选择性插管可以成功避开供应正常脑组织的动脉。

（3）静脉窦阻塞且不参与正常脑组织引流。

（4）CognardⅢ～Ⅴ型存在软脑膜静脉引流。

2. 禁忌证

（1）以颈外动脉供血为主，供血动脉与供应颅内之正常血管存在即使使用微导管超选择性插管也无法成功避开危险吻合。

（2）以颈内动脉或椎-基底动脉供血，微导管超选择性插管无法成功避开供应正常脑组织的动脉。

（3）受累静脉窦参与正常脑组织引流。

3. 术前准备和器械选择　与CAVM的栓塞治疗相同。

4. 介入治疗方法

（1）麻醉：与CAVM栓塞术相同。

（2）经动脉途径插管及栓塞技术：①6F导引导管插入靶动脉（颈外动脉、颈内动脉或椎动脉甚至甲状颈干和肋颈干），经导引导管插入微导管，利用血流冲击或微导丝导引将微导管插置尽量靠近瘘口处，经微导管行超选择性供血动脉造影。若确定无危险吻合，可经微导管注入栓塞材料。若无法确定是否存在危险吻合，应行功能试验，经微导管注入普鲁卡因50mg，检查有无神经功能缺损，阳性为有神经功能缺损，应放弃栓塞。阴性为无神经功能缺损，可行栓塞治疗。②对于瘘口较小的情况可选择PVA颗粒进行栓塞，瘘口大流速很快的情况可选择弹簧圈或球囊封堵漏口，有时放置弹簧圈后瘘口可能未完全闭塞，但血流速度已大为减缓，此时再用NBCA栓塞可达到很好效果。NBCA栓塞可用于几乎所有的DAVF患者，与栓塞CAVM不同，由于DAVF的流速明显快于CAVM，且DAVF不存在畸形血管团，栓塞时无需考虑NBCA的弥散问题，因此通常使用中等甚至高浓度的NBCA（67%以上），应该在Road-map监视下进行栓塞。治疗全过程需全身肝素化，栓塞完毕后应行脑血管造影确认栓塞效果，可用鱼精蛋白中和肝素，撤出导管及导管鞘并压迫止血（图8-15～图8-18）。③近年来采用onyx作为栓塞材料显示可一次性闭塞瘘口，但需注意确保无颅内外危险吻合存在，同时应缓慢栓塞。

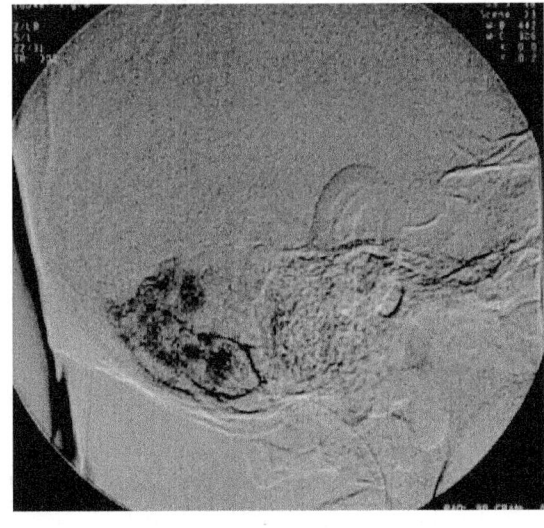

图8-15　微导管造影瘘口清晰显示

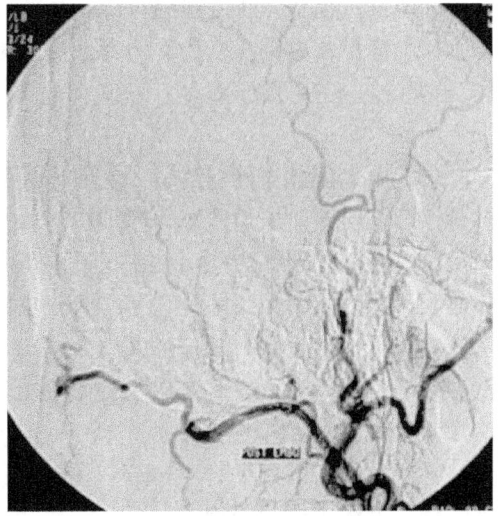

图8-16　栓塞后造影瘘口消失

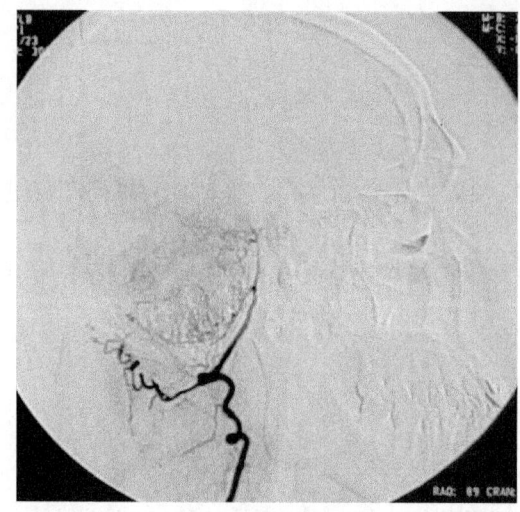

图 8-17　栓塞后椎动脉造影瘘口消失　　　　图 8-18　栓塞后椎动脉造影瘘口消失

(3) 经静脉途径插管及栓塞技术

1) 经股静脉(或颈静脉)入路:双侧穿刺,通常行右侧股静脉穿刺并置入 8F 静脉导管鞘。将导引导管经股静脉、下腔静脉插至颈内静脉,也可选择一侧颈内静脉穿刺并置入导管鞘,插入导引导管。根据手术方案将所需的微导管经导引导管送入目标静脉窦。根据目标静脉窦的不同采用不同的路径:颈内静脉→岩下窦→海绵窦路径;颈内静脉→乙状窦路径;颈内静脉→乙状窦→横窦→窦汇→上矢状窦路径。左侧行股动脉穿刺置入 5F 动脉导管鞘,引入造影导管用于术中脑血管造影。

2) 经眼上静脉入路:主要用于海绵窦区 DAVF 的治疗,插管技术与经眼上静脉入路治疗 CCF 相同。

5. 术后处理　控制性低血压是指在栓塞术前将血压降至原水平的 2/3,栓塞术后可持续降血压 24~72h,防止正常灌注压突破。

6. 并发症

(1) 静脉栓塞:静脉窦栓塞时,若误将引流正常脑组织的静脉栓塞,可导致脑静脉梗死。

(2) 静脉窦壁穿破:微导丝刺破静脉窦壁引起出血,以岩下窦破裂最常见,应轻柔操作,若微导丝实在无法通过岩下窦,可选颈内静脉→面静脉→眼上静脉路径或直接穿刺眼上静脉。

(3) 眼上静脉血栓:栓塞时栓塞材料反流进入眼静脉可使眼部针状加重,可用激素和抗凝治疗。栓塞时压迫眼球可预防此并发症。

(4) 脑灌注压突破瘘口的瞬间闭塞导致血流急剧改道,从而使长期处于低灌注状态的脑血管床短时间内无法适应急剧增加的血流量,产生脑灌注压突破。术前、术中和术后严密控制血压是防止此并发症的关键。

7. 疗效评价　DAVF 本质上是静脉源性的,无论是手术治疗还是介入治疗,静脉入路治疗效果优于动脉入路治疗。

除了颅前窝区(手术治疗最佳)和海绵窦区(介入治疗最佳),其他区域的 DAVF 联合治疗的疗效远优于单一治疗。

(刘一之)

第五节 脊髓血管畸形

【概述】 脊髓血管畸形(spinal arteriovenous malformation)是指发生在脊髓、椎管内、脊柱和椎旁的血管性病变。脊髓血管畸形发病率较低,占脊髓疾病的3%~11%,男性多于女性,好发年龄为20~60岁。临床症状严重,致残率很高。

脊髓血管畸形的病因尚未明了。可能是在先天性血管发育异常的基础上,由于外伤或静脉血栓形成等后天因素导致发病。

根据病变部位和影像学表现可将脊髓血管畸形分为以下几种。

1. 椎管内血管畸形(髓内动静脉畸形、脊膜内髓周动静脉瘘和硬脊膜动静脉瘘)

(1) 髓内动静脉畸形(spinal cord arteriovenous malformations):病灶完全位于脊髓内,由脊髓前动脉和(或)脊髓后动脉供血,脊髓深部有畸形血管团,多支静脉引流。供血动脉可以既供应畸形血管又同时供应正常脊髓,该病多见于青少年。

(2) 脊膜内髓周动静脉瘘(perispinal arteriovenous fistulas):病灶位于脊髓表面,不累及脊髓实质。此类病变是脊髓前动脉和(或)脊髓后动脉与静脉在脊髓周围形成的直接交通,血液向髓周静脉引流,可见于脊髓的任何节段。

(3) 硬脊膜动静脉瘘(spinal dural arteriovenous fistulas):主要位于神经根近端的硬脊膜上,由脊膜动脉供血,在硬膜表面与静脉形成直接交通,引流方向为硬膜外静脉丛、髓周静脉和蛛网膜下冠状静脉丛等。该病好发于中老年男性。

2. 混合型椎旁血管畸形(Cobb综合征、Osler-Weber Rendu综合征) 此型又称幼稚型血管畸形,指一些先天性复杂型血管畸形,较少见,多见于幼儿和青少年,发病率无性别差异。病变常累及髓内、髓外、椎体、椎旁结构,呈多节段侵犯。

3. 椎体血管瘤 位于椎体内的海绵状结构的血管瘤,可以由脊髓动脉或椎体骨穿支动脉供血,可以见到引流静脉。

Bryan将脊髓血管畸形分为两个主要类型:Ⅰ型,髓外病变。病灶位于脊髓表面蛛网膜下腔内,未累及髓内结构。此种病变多见于胸、腰段脊髓,是最常见的脊髓血管畸形,多见于成年男性。Ⅱ型,髓内病变。病灶主要位于髓内,但通常都累及髓外。病变好发于上胸段和颈段脊髓,发病率无性别差异,多见于年轻时发病。

【临床表现】 脊髓血管畸形好发于20岁左右的年轻人。

1. 功能障碍 多数患者表现为进行性加重的脊髓压迫症状。疼痛、感觉异常和感觉倒错是最常见的初始症状。约1/3的患者早期表现为下肢无力。10%的患者初期症状为括约肌功能障碍。约2/3的患者早期可出现步态障碍。约50%患者下肢同时出现上、下运动神经元损害表现。

2. 出血 椎管内蛛网膜下腔出血为最常见的症状,有时也可见硬脊膜外腔、硬脊膜下腔和髓内出血。表现为突发的腰背疼痛、截瘫、感觉障碍和括约肌功能障碍等。急性出血导致的死亡率为20%左右,出血后1个月之内再次出血率为10%,1年内再次出血率为40%。

3. 疼痛 疼痛可以是根性疼痛,也可以是非根性疼痛。根性疼痛占15%~20%。疼痛与体位变化关系不明显。

4. 各种类型脊髓血管畸形的临床特点

(1) 髓内动静脉畸形:①多见进行性运动感觉功能障碍;②脊髓蛛网膜下腔出血伴截瘫。

（2）脊膜内髓周动静脉瘘：进行性加重的不对称性根-脊髓综合征，可无蛛网膜下腔出血，可能发生截瘫。

（3）硬脊膜动静脉瘘：①男性多发；②50岁以上多见；③起病缓慢；④最多见为圆锥综合征，也可表现为马尾症状和截瘫。

（4）混合型椎旁血管畸形：①Cobb综合征：脊髓症状，包括神经根刺激症状和脊髓压迫症状；表皮症状，表皮血管瘤，皮温升高；脊柱症状，椎体骨或椎旁血管瘤导致脊髓受压。②Osler-Weber Rendu综合征：神经功能障碍；反复出血病史，尤其是不明原因的鼻出血；皮肤-黏膜血管瘤；脊髓血管瘤；椎体血管瘤：一般可无临床症状。侵袭性生长的椎体血管瘤可出现进行性脊髓功能障碍。

【辅助检查】

1. CT检查　CT平扫时可见脊髓内血肿和钙化影。增强扫描可见脊髓内或脊髓表面扩张的血管。CT检查的诊断价值不如MRI和DSA检查。

2. MRI检查　对此病具有很高的诊断价值。通常情况下，T_1加权像病灶呈低信号，T_2加权像病灶呈高信号或混杂信号。供血动脉、引流静脉和动静脉瘘在MRI图像上均呈典型的流空信号。即使是血管造影检查难以发现的隐匿型血管畸形，MRI也经常能发现病灶。MRI图像特点为：病灶位于髓内，病灶范围小，T_1加权像上呈混杂信号，T_2加权像上呈高、低不等的同心圆；无或轻微占位效应，无明确的供血动脉和引流静脉。

3. DSA检查

（1）髓内动静脉畸形：诊断髓内动静脉畸形最重要的方法是选择性脊髓血管造影，可以显示静态和动态的髓内动静脉畸形的全貌，对髓内动静脉畸形的诊断和治疗具有决定性的作用。并非所有的髓内动静脉畸形都能被血管造影发现，隐匿型AVM血管造影可无阳性发现。

为了显示髓内动静脉畸形的静态全貌（供血动脉、畸形血管团和引流静脉）和动态全貌（血流动力学的变化），对髓内动静脉畸形患者应进行全面精细血管造影，即超选择性插管应覆盖病灶上下两个椎体，左右成对的血管应逐一探查，不可遗漏。

脊髓血管造影可见增粗的一根或多根供血动脉，迂曲的畸形血管团，提前显影的扩张的引流静脉。供血动脉以及畸形血管团内有时可以发现动脉瘤，引流静脉也可见瘤样扩张。较大型的畸形血管团周围可发现对比剂充盈不良（脊髓盗血现象）。对比剂流经畸形血管团的动静脉循环时间对于介入治疗极为重要，实施介入治疗时需要进行微导管造影以确定精确的动静脉循环时间。

血管内介入栓塞治疗适合于血管造影有以下表现者：①供血动脉增粗明显且扭曲度小；②沟联合动脉较短；③高血流量；④畸形血管团上下方有侧支循环。

（2）脊膜内髓周动静脉瘘：选择性脊髓血管造影是诊断脊膜内髓周动静脉瘘最重要的方法。血管造影必须全面了解供血动脉情况（数量、扩张程度）、瘘口情况（具体位置、大小、类型）、引流情况（方向、流量）和脊髓盗血情况。可见迂曲增粗的供血动脉和引流静脉，供血动脉有时可见动脉瘤形成，引流静脉也可出现瘤样扩张。由于瘘口的血流速度很快，图像采集速度应该比髓内动静脉畸形血管造影时更大。微导管超选择性供血动脉造影可以得到精确的瘘口处动静脉循环时间为介入栓塞治疗提供帮助。

根据血管造影可将其分为三型：

Ⅰ型：单支纤细的供血动脉，单支扩张不明显的引流静脉，瘘口小，血流速度缓慢。

Ⅱ型：多支扩张迂曲的供血动脉，单支扩张迂曲的引流静脉，且可能出现静脉瘤样扩张,瘘口血流速度较快。

Ⅲ型:多支明显增粗迂曲的供血动脉和引流静脉,引流静脉呈瘤样扩张,瘘口大,血流速度极快。

(3) 硬脊膜动静脉瘘:由于硬脊膜动静脉瘘可发生于胸、腰和骶段的任何位置,因此血管造影应包括肋间动脉、腰动脉和髂动脉。血管造影的意义不仅在于观察瘘口位置、血流速度和引流静脉特征,更重要的是可以明确脊髓前动脉与供血动脉的关系为血管内栓塞治疗提供安全保障。

血管造影可见单支或多支比较纤细的供血动脉供应瘘口,瘘口一般较小,血流速度缓慢,引流静脉明显扩张。

根据静脉回流特点可分为三型:

Ⅰ型:血流向硬膜静脉或硬膜外静脉丛引流,引流方向正常。

Ⅱ型:血流同时经硬膜外静脉丛和髓外静脉逆流入蛛网膜下腔静脉。

Ⅲ型:血流经蛛网膜静脉引流入冠状静脉丛。

(4) 混合型椎旁血管畸形:本病较为少见。Cobb 综合征(节段性血管畸形)是一种先天疾病,特点为畸形血管呈节段性侵犯皮肤、肌肉、椎体和脊髓。血管造影应作为确诊的依据。血管造影可显示分布于皮肤、软组织、椎体和脊髓的多发的 AVM、血管瘤和 AVF。Osler-Weber Rendu 综合征(先天性出血性毛细血管扩张症)可伴发脊髓动静脉畸形和皮肤及黏膜多发血管瘤,血管造影可显示多部位的血管畸形和血管瘤。

【常规治疗】 脊髓动静脉畸形手术治疗并发症发生率高达 15%~28%,血管内介入治疗应为首选方案。髓周动静脉瘘Ⅰ型或Ⅱ型病变位于脊髓背侧应首选外科手术治疗,Ⅲ型若血管内介入治疗失败可考虑手术治疗。硬脊膜动静脉瘘若病灶供血动脉不同时供应脊髓可行手术切除。

【介入治疗】

1. 髓内动静脉畸形 栓塞治疗原则:避开主要功能动脉,有计划地逐步减慢畸形血管团的异常血流,减少出血危险,改善脊髓功能。

(1) 适应证:①脊髓前动脉明显扩张;②沟联合动脉较短;③病灶上、下的脊髓前动脉正常;④多支沟联合动脉参与病灶供血。

(2) 术前准备和器械选择

1) 术前准备:①血、尿、粪常规检查,血细胞凝集常规检查和输血常规检查;②肝、肾功能检查和心电图检查;③完善的 DSA、MRI/MRA 和 CT/CTA 检查;④穿刺部位备皮;⑤留置导尿管;⑥术前半小时给予镇静药物;⑦术前按全身麻醉要求禁食。

2) 相关器材:①微导管一般使用 MagicMP 导管,微导管头段直径为 1.8F(容纳 0.012in 微导丝)、1.5F(容纳 0.009in 微导丝)和 1.2F(容纳 0.007in 微导丝);②栓塞材料目前最常用的是 PVA 颗粒和氰基丙烯酸正丁酯(NBCA),由于正常脊髓前动脉的直径为 340~1100μm,而沟联合动脉的直径为 80~200μm,因此,PVA 颗粒的大小应选择 150~250μm 较为恰当。PVA 颗粒栓塞较为安全,但存在复发的可能。NBCA 具有在血液中快速聚合的特性,在不含离子的 5% 葡萄糖注射液中不发生聚合,碘苯酯可调节 NBCA 的凝固速度。NBCA 栓塞后再通率低,是一种永久性栓塞材料,但有可能栓塞正常脊髓供养动脉,导致脊髓功能永久性损害。NBCA 操作难度大,有粘管危险。

(3) 介入治疗方法

1) 麻醉:可采用全身麻醉。对于能合作的患者,可采用神经安定麻醉加穿刺部位局部浸润麻醉，以便于栓塞过程中观察患者的意识状态，以及进行必要的功能闭塞试验。

2）插管技术：通常经股动脉入路，采用Seldinger法于股动脉置入动脉导管鞘，先用造影导管行全脊髓血管造影，全面了解病变的各种信息。实施全身肝素化后运用单弯导引导管在导丝帮助下直接插入靶血管，导管鞘侧臂和导引导管尾部的Y阀侧臂均连接加压输液通路，以防止血栓形成。1.2F、1.5F、1.8F等漂浮导管或颅内动脉瘤栓塞微导管经蒸汽塑形后由导引导管送入，在血流冲击或微导丝导引下，微导管经供血动脉接近或进入畸形血管团。行病灶内微导管造影术以了解更为精确的动静脉循环时间，为NBCA的配比提供准确依据。

3）栓塞技术（图8-19、图8-20）：①经脊髓后动脉途径的栓塞安全性较高。②必须经脊髓前动脉栓塞时，应注意选择供血动脉扩张增粗，较少扭曲，沟联合动脉较短，血流速度快且直接注入畸形血管团的栓塞路径。当畸形血管团上下有正常的脊髓前动脉或侧支循环丰富的情况下栓塞的安全性得以提高。③NBCA的浓度直接关系到NBCA凝固的速度，是整个治疗的关键之一。浓度过高则凝固速度太快，不仅栓塞剂在病灶内弥散不好而且易发生粘管并发症，浓度过低则凝固速度太慢，易发生引流静脉栓塞。理想的浓度是使NBCA有足够的时间在畸形血管团内弥散，既不使静脉发生栓塞，又不使导管粘住。栓塞术中神经介入医师主要根据微导管位置和微导管造影所提供的动静脉循环时间决定配置NBCA的浓度。动静脉循环时间越短所需NBCA的浓度就越高，20%~50%浓度的NBCA是较为常用的。NBCA浓度目前还无法与动静脉循环时间准确对应，灵活掌握NBCA浓度的选择需要临床经验的积累。注入NBCA时当发现栓塞剂停止弥散或引流静脉出现栓塞剂时应停止栓塞，并立即撤出微导管，栓塞过程中NBCA不能出现反流，否则有可能出现正常脊髓供血动脉被永久性栓塞的后果严重。

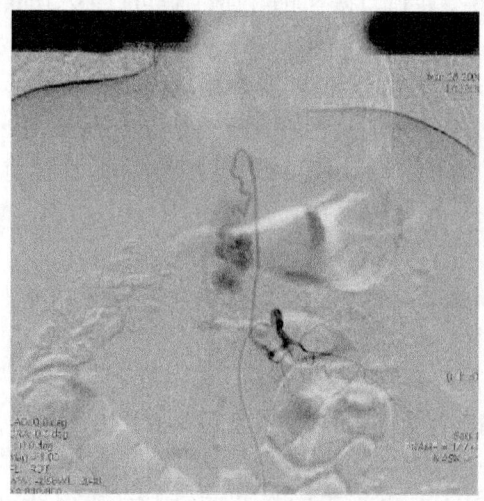 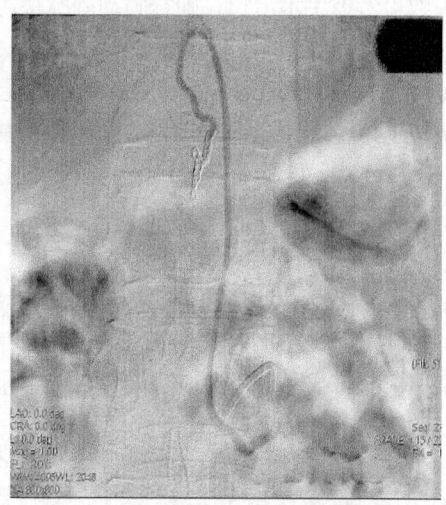

图8-19 造影显示髓内动静脉畸形　　图8-20 栓塞术后造影显示畸形血管团消失

PVA作为栓塞材料时应与对比剂混合使用，不可选择直径小于100μm的颗粒，因为小于100μm的颗粒将会栓塞沟联合动脉，即使脊髓前动脉主干通畅，脊髓也将缺血。尽管PVA颗粒栓塞较NBCA栓塞更为安全，但在栓塞过程中同样应严密观察，栓塞材料不能反流。

（4）术后处理：术后应注意甘露醇和激素的使用。低分子肝素和阿司匹林的使用有助于防止静脉血栓形成。

(5) 并发症

1) 误栓:可导致永久性截瘫,是最为严重的并发症。与操作技术有关。微导管准确到位,熟练的 NBCA 注射技术,清晰显影的 DSA 设备可使误栓并发症的发生率降至最低。

2) 引流静脉栓塞和血栓形成:应防止远离畸形血管团的静脉流出道被栓塞,术后维持适当时间的肝素化和服用阿司匹林有助于防止发生血栓形成。

3) AVM 破裂:多由微导丝刺破所致,应注意微导丝尽量不要超越微导管特别是在畸形血管团内,操作微导管和微导丝动作要轻柔,一旦发生 AVM 破裂通常需要神经外科干预。

4) 粘管和断管:撤管不及时、供血动脉痉挛和动脉过度扭曲是造成次并发症的三大原因,发生粘管、断管并发症后应视具体情况给予抗凝治疗或外科手术处理。

2. 脊膜内髓周动静脉瘘的血管内介入治疗 栓塞治疗原则:闭塞瘘口,保留供血动脉和引流静脉。

(1) 术前准备与器械选择:与髓内动静脉畸形的血管内介入治疗相同。

(2) 介入治疗方法

1) 麻醉:与髓内动静脉畸形的血管内介入治疗相同。

2) 插管技术:与髓内动静脉畸形的血管内介入治疗相似。微导管应尽可能抵达瘘口位置。

3) 栓塞技术:①栓塞技术的选择取决于髓周动静脉瘘供血动脉、引流静脉的形式和扩张程度。Ⅱ型和Ⅲ型应首选血管内栓塞治疗。Ⅰ型应首选手术治疗;②栓塞材料通常选择 PVA 颗粒、NBCA 胶、可脱球囊和微弹簧圈;③对于瘘口较小的情况可选择 PVA 颗粒进行栓塞,颗粒直径应根据供血动脉直径和瘘口大小选择,原则上宜大不宜小,以避免堵塞引流静脉导致严重并发症。瘘口大流速很快的情况可选择弹簧圈或球囊封堵漏口,有时放置弹簧圈后瘘口可能未完全闭塞,但血流速度已大为减缓,此时再用 NBCA 栓塞可达到很好效果。NBCA 栓塞可用于几乎所有的 DAVF 患者,与栓塞 CAVM 不同,由于 AVF 的流速明显快于 AVM,且 AVF 不存在畸形血管团,栓塞时不需考虑 NBCA 的弥散问题,因此通常使用中等甚至高浓度的 NBCA(67% 以上),应该在 Road-map 监视下进行栓塞。治疗全过程需全身肝素化,栓塞完毕后应行血管造影确认栓塞效果,可用鱼精蛋白中和肝素,撤出导管及导管鞘并压迫止血。

4) 并发症:①静脉流出道阻塞:PVA 颗粒直径过小或 NBCA 浓度过低都可导致引流静脉栓塞,造成破裂出血的严重并发症;②粘管:NBCA 浓度过高且撤管不及时易导致粘管。

3. 硬脊膜动静脉瘘的血管内介入治疗

(1) 术前准备与器械选择:与髓内动静脉畸形的血管内介入治疗相同。

(2) 介入治疗方法

1) 麻醉:与髓内动静脉畸形的血管内介入治疗相同。

2) 插管技术:通常行肋间动脉和腰动脉造影,发现供血动脉时需确认有无脊髓前动脉与之共干发出,采用微导管技术进入供血动脉,确保超越脊髓前动脉并抵达瘘口附近。

3) 栓塞技术:①栓塞材料通常选择 PVA 颗粒、NBCA 胶和微弹簧圈;②栓塞应在瘘口处和引流静脉起始部,以避免再通。

4) 并发症:误栓,主要是误栓脊髓前动脉,可导致截瘫。

(刘一之)

第六节　脑血栓形成

【概述】　脑血栓形成主要包括颅内动脉血栓形成和颅内静脉窦血栓形成。

颅内动脉血栓形成是由于血管结构改变、血液高凝状态和血液停滞等因素造成动脉血管内血栓形成,管腔闭塞,闭塞血管所供应的局部脑组织缺血缺氧,最终导致局部脑梗死。一旦发生脑梗死,死亡率很高,颈内动脉系统脑梗死的死亡率可达到45%。椎基底动脉系统动脉闭塞的死亡率更高。动脉粥样硬化和高血压是脑血栓形成的最重要原因。

颅内静脉和静脉窦的正常循环是脑血液流通和稳定供应的重要保障,颅内静脉窦血栓形成是缺血性脑血管病的一种类型,由于缺乏相应的流行病学资料,颅内静脉窦血栓形成的发病率仍不确切,近年来文献认为其发病率为5.5%~30%,死亡率高达10%~20%。此病的病因目前尚不完全明了,可能与下列因素有关:①血管壁病变,如炎症、外伤、过敏反应等;②血流动力学改变,如低血压、心脏疾病等;③血液成分改变,如真性红细胞增多、血液黏滞度增加、血小板增多等;④内分泌紊乱,如长期服用类固醇激素、长期服用避孕药物等;⑤静脉窦空间改变,如静脉窦狭窄、肿瘤压迫静脉窦等。

颅内静脉血栓形成可发生于脑的浅静脉、深静脉和静脉窦。由于浅静脉、深静脉和静脉窦之间吻合丰富,代偿能力强,因此颅内静脉血栓形成时可能症状轻微,但一旦失代偿则病情急剧恶化,可危及生命。浅静脉血栓形成多见于额叶和枕叶,深静脉血栓形成多见于大脑内静脉和大脑大静脉,静脉窦血栓形成最多见于上矢状窦。

【临床表现】

1. 脑部供血动脉血栓形成

(1) 颈内动脉血栓形成:病变对侧肢体运动功能和感觉功能障碍,可伴有失语,可出现精神症状。

(2) 大脑中动脉血栓形成:对侧肢体偏瘫和感觉障碍,上肢更重。可引起颅内压增高,甚至昏迷。

(3) 大脑前动脉血栓形成:对侧肢体偏瘫和感觉障碍,下肢更重。可引起精神症状,排尿障碍。

(4) 椎基底动脉血栓形成:可有眩晕、耳鸣、复视、皮质盲、会厌功能障碍、共济失调、交叉性瘫痪、四肢瘫痪等表现。

(5) 大脑后动脉血栓形成:偏身感觉障碍,阅读、学习能力、空间分辨能力障碍。

2. 静脉窦血栓形成　颅内压进行性增高。突发神经系统局灶损害,类似动脉性脑卒中。进展迅速的神经系统局灶性损害。位于皮层位置的局灶性脑出血,伴有颅内高压。突发头痛,与蛛网膜下腔出血和短暂性脑缺血发作类似。突眼或头面部静脉曲张等。这是由于颅内静脉经眼静脉和板障静脉等引流所致。

【辅助检查】

1. 脑部供血动脉血栓形成

(1) CT检查:缺乏发现早期脑缺血的能力,但可作为疾病早期鉴别出血性脑卒中和缺血性脑卒中的好方法。随着病程的进展,CT检查可发现梗死区域的低密度病灶。

(2) MRI检查:在早期诊断缺血性脑卒中方面具有明显优势,特别在"缺血半影区"的判断中具有重要临床意义。梗死发生6h之内,常规MRI检查即可出现T_1与T_2延长,MRA可显示闭塞的血管。弥散成像(DWI)对于脑缺血急性期特别敏感,表现为高信号。灌注成像(PWI)可显示缺血性脑卒中超急性期缺血中心血供不足。DWI 和 PWI 可在缺血性脑卒中超急性期的诊断中判断出已经坏死的区域和尚可以拯救的"缺血半影区"。

(3) DSA 检查:一种创伤性检查方法,但检查可准确显示闭塞的血管,同时可以判断可能的代偿情况以及预后,若需要进行动脉内接触性溶栓治疗,脑血管造影应及早进行。颈内动脉系统血栓形成可分为三型(Theron,1989)。Ⅰ型:颅内或颅外动脉闭塞,但颅底动脉环及豆纹动脉未累及;Ⅱ型:皮层动脉闭塞但未累及豆纹动脉;Ⅲ型:闭塞动脉累及豆纹动脉。基底动脉血栓形成可表现为主干闭塞及远端分支不显影(图 8-21)。

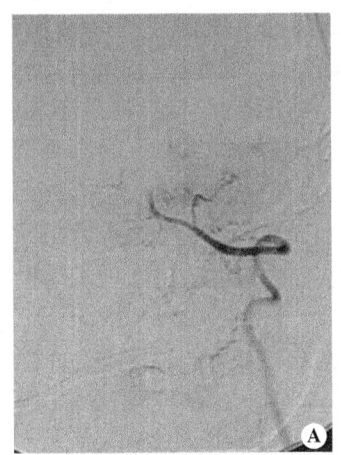 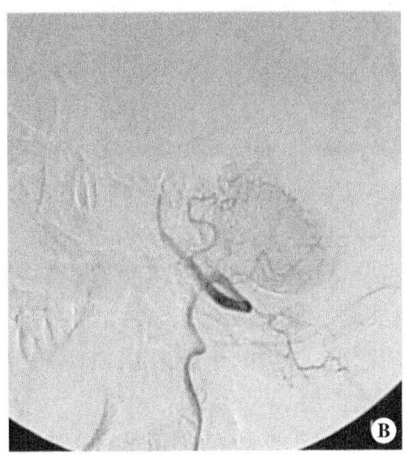

图 8-21 基底动脉血栓形成造影

A. 基底动脉血栓形成(后前位)基底动脉主干及分支不显影;B. 基底动脉血栓形成(侧位)基底动脉主干及远端分支不显影

2. 静脉窦血栓形成

(1) CT 扫描矢状窦血栓形成时 CT 增强扫描表现为特征性的空三角征。横窦血栓形成时 CT 增强扫描显示为横窦区的高密度影。CT 扫描可以起到排除许多与静脉窦血栓形成有类似临床表现的疾病,还可以发现脑静脉血栓形成的病因(图 8-22A)。

(2) MRI 成像可以直接显示脑静脉内血栓,并能反映血栓的病理基础和演变过程,是诊断脑静脉窦血栓形成的首选方法(图 8-22B)。

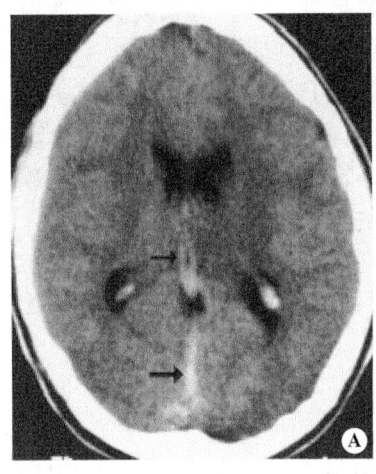 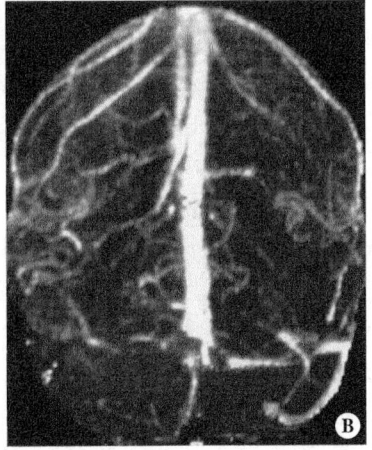

图 8-22 静脉窦血栓形成 CT、MRI 表现

A. CT 平扫显示大脑内静脉(小箭头)消失和直窦(大箭头)内高密度血栓影。丘脑和基底节区水肿;
B. MRA 显示右侧横窦和乙状窦,提示血栓形成。

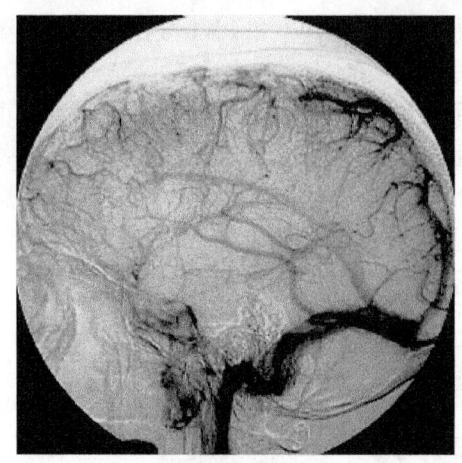

图 8-23　DSA 造影上矢状窦未显影，
提示血栓形成

(3) 脑血管造影脑血管造影(DSA)诊断准确率可达 75% 以上。表现为单个或多个静脉窦闭塞，颅内正常引流受阻，毛细血管期表现为明显滞留，正常循环时间明显延长。颅内静脉改道经眼静脉或板障静脉等非正常途径引流(图 8-23)。

正常情况下，脑动脉期、毛细血管期和静脉期各为 2.5~3s，全脑循环时间为 7.5~9s。静脉窦血栓形成的患者全脑循环时间可延长至 11s 以上，甚至超过 20s。其中动脉相的时间延长不明显，而静脉期可延长达 8s 以上。

【常规治疗】

1. 脑部供血动脉血栓形成

(1) 改善血液循环：可采用扩容措施，常用药物有低分子右旋糖酐。同时可使用扩血管药物，如罂粟碱、复方丹参注射液等。增加脑血流量，帮助建立侧支循环。

(2) 抗凝治疗：在排除脑出血和出血倾向的前提下，可使用肝素或低分子肝素进行抗凝治疗以防止血栓扩展。

(3) 静脉溶栓治疗：在脑血栓形成发病 4.5h 之内可静脉内使用 rt-PA，按 0.85mg/kg 体重计算总剂量，总剂量的 20% 采用静脉推注(10min)，80% 采用静脉滴注(1h)。若发病超过 3h 则不可在静脉途径使用 rt-PA。此时可采用静脉滴注尿激酶(2 万单位溶于 10% 葡萄糖 500ml 内)。

(4) 调控血压、血糖、血脂：血压的调控非常重要，过高易发生脑出血，过低则易导致脑组织灌注不足。值得注意的是，调控血压的过程应该是平缓的，任何使血压迅速变化的调控都是十分危险的。糖耐量低是脑血管疾病的危险因素之一，必须对高血糖采取调控措施。降血脂的药物以及功能锻炼均能起到调控血脂的作用，从而降低血液的黏滞程度。

(5) 脑水肿的防治：脱水药物和利尿药物的联合使用可有效防治致命性脑水肿，甘露醇和白蛋白联合呋塞米治疗脑水肿的临床疗效是肯定的。激素类药物如地塞米松的应用可起到稳定细胞膜和溶酶体膜的作用。

(6) 脑神经活化药物：胞磷胆碱、ATP 等药物可改善脑代谢，预防脑梗死后痴呆。

(7) 手术治疗：由于脑血栓形成的治疗时间窗非常短暂，手术作为急诊治疗措施临床意义不大。通常只能作为后续治疗手段应用于临床。主要的手术治疗有颈动脉内膜剥脱术、颈外动脉-颅内动脉搭桥术、颞肌瓣脑表面贴敷术、去骨瓣阵压术等。

2. 静脉窦血栓形成　抗凝治疗：包括使用肝素或低分子肝素进行全身抗凝治疗。虽然抗凝治疗在临床应用较早且目前对于某些患者仍然作为首选治疗方法，但无证据显示单纯全身抗凝治疗具有显著的临床效果。

【介入治疗】

1. 脑部供血动脉血栓形成

(1) 适应证：①年龄小于 80 岁；②具有明显且逐渐加重的神经功能障碍，CT 排除出血性脑卒中和其他明显的颅内疾病；③CT 检查脑内无低密度病灶；④颈内动脉系统发病时间在 6h 之内，椎基底动脉系统发病时间在 12h 之内；⑤血细胞凝集检查无出血倾向,无出血性疾病;⑥部分因为房颤或其他原因引起的脑栓塞;⑦无严重心脏、肝脏、肾脏功能不全。

(2)禁忌证:①颅内动脉瘤、脑动静脉畸形、脑肿瘤或可疑的蛛网膜下腔出血;②CT扫描发现颅内出血;③血细胞凝集检查发现出血倾向或患者有出血性疾病;④无明显神经功能障碍或临床表现很快出现明显改善;⑤单纯感觉障碍或共济失调;⑥超过治疗时间窗;⑦已出现严重神经功能损害,明显的脑水肿、脑肿胀、颅内高压、脑疝等;⑧2个月内有颅内或脊柱手术史;⑨治疗前收缩压>200mmHg,或舒张压>120mmHg;⑩血管造影显示近段大血管完全闭塞。

(3)术前准备和器械选择:

1)术前准备:①详细询问病史,规范全面的体格检查;②脑部CT扫描;③血细胞凝集检查;④心电图检查;⑤必要的血压控制,镇静;⑥签署知情同意书。

2)器械准备:①6F动脉导管鞘,5F猪尾巴导管、H1导管和6F导引导管;②微导管及与之相配的微导丝。

(4)介入治疗方法:通常采用局部麻醉,必要时可采用气管插管下全身麻醉。

1)使用猪尾巴导管行主动脉弓造影,然后使用H1导管依次行双侧颈总动脉、颈内动脉、锁骨下动脉、椎动脉造影。了解各血管情况,包括是否存在狭窄、有无动脉夹层、有无血管闭塞以及侧支循环的代偿情况等。

2)确定目标血管后,应换用导引导管进入目标血管近心端,再将微导管和微导丝系统通过导引导管尽可能接近血栓形成部位,甚至应进入血栓段进行接触性溶栓(图8-24A)。

3)若血管过于扭曲,微导管无法到达血栓部位,可在主要闭塞动脉近段主干内灌注溶栓药物。

4)溶栓过程应不断经导引导管造影以决定继续溶栓或终止溶栓(图8-24B、图8-25)。

5)溶栓过程中应密切监护患者的生命体征,若临床症状加重应判断是否存在出血的可能,必要时应行CT扫描,一旦确认脑内出血,应立即停止溶栓治疗并中和肝素,视出血情况给予内科处理或手术处理。

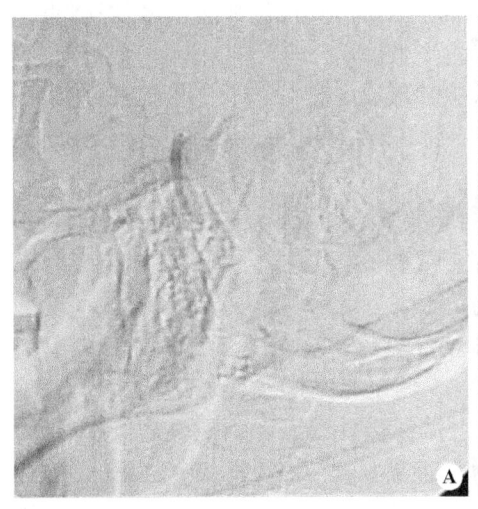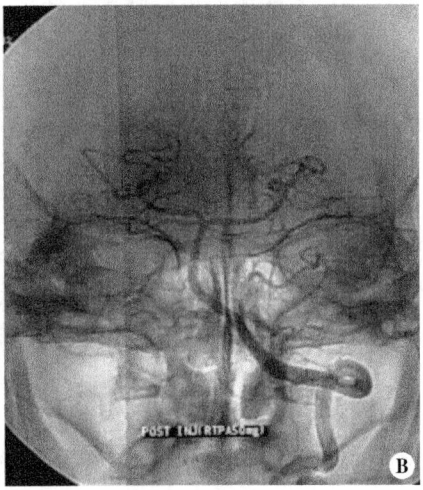

图8-24 基底动脉血栓形成的动脉内溶栓

A. 微导管位于基底动脉血栓部位,灌注rt-PA进行接触性溶栓治疗;B. 溶栓成功后,基底动脉主干及远端分支重新显示(后前位)

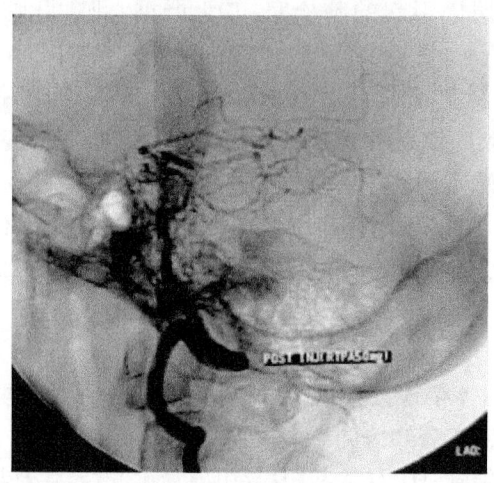

图 8-25 溶栓成功后基底动脉主干及远端分支重新显示(侧位)

6) 使用 rt-PA 作为溶栓药物时,以 0.85mg/kg 体重计算总剂量,以每分钟 1mg 的速率经微导管灌注。同时 24h 之内应尽量避免使用阿司匹林和静脉内给予肝素。必须使用肝素(如防止深静脉栓塞形成),剂量不得超过 10 000 国际单位,并由皮下注射给药。

7) 尿激酶的使用剂量一般不超过 100 万 U,溶栓开始时可给予 5 万 U 快速灌注,然后以每分钟 1 万 U 的速率经微导管灌注。

8) 溶栓结束血管再通后若发现动脉狭窄可以行急诊血管内支架置入术。

(5) 术后处理:①抗凝和抗血小板治疗,防治急性闭塞;②扩张血容量,改善梗死区域周边的脑血流灌注;③防治脑血管痉挛,通常使用钙离子通道拮抗剂;④若无临床症状恶化,也应于溶栓术后 24h 复查 CT 扫描。

(6) 并发症:①脑实质内出血,这是溶栓治疗最危险的并发症。脑实质内出血是脑梗死的自然进程,动脉内溶栓可以加速这一机制的转化。溶栓后出血与以下两个因素有关:首先是时间因素,从发病到血管再通的时间越长,出血的可能性越大。其次是溶栓药物剂量因素,溶栓药物剂量越大则出血的风险越高;②溶栓过程中形成新的栓子造成终末动脉血栓形成发生梗死;③血管穿孔或夹层形成。

(7) 疗效评价:溶栓治疗可以开通闭塞动脉,恢复脑血流,限制梗死范围扩大,抢救缺血半影区。临床疗效与时间窗直接相关,对于血栓负荷量大的患者(通常指血栓长度超过 8cm)溶栓效果不理想,应考虑采用机械开通技术。完全再通的患者临床预后要明显好于未通者。

2. 静脉窦血栓形成

(1) 适应证:①进行性颅内压增高伴有神经功能障碍;②脑血管造影(DSA)证实存在静脉窦闭塞,CT 或 MRI 显示静脉窦血栓形成;③静脉梗死性出血 2 周之后;④近期无外科手术史;⑤无出血倾向;⑥无重要脏器功能严重不良。

(2) 禁忌证:①双侧颈内静脉完全闭塞;②血栓形成超过 1 个月;③溶栓有可能造成大块血栓脱落导致肺动脉栓塞引起非梗死;④内科治疗症状好转;⑤儿童患者有明显侧支循环建立。

(3) 术前准备和器械选择

1) 术前准备:①详尽了解病史;②全面的影像学检查(DSA、CT、MRI),全面了解病变情况,制订治疗方案;③血细胞凝集常规检查;④重要脏器功能检查;⑤术前禁食;⑥保留导尿;⑦预防脑血管痉挛用药;⑧术前镇静用药。

2) 相关器械:①5F 动脉导管鞘,6F 静脉导管鞘;②6F 导引导管;③0.035 亲水膜导丝;④微导管(与颅内动脉瘤栓塞术相同的系列);⑤微导丝(与微导管配套的系列)。

(4) 介入治疗方法:鉴于导丝在静脉窦内操作会导致患者剧烈头痛,且静脉窦溶栓治疗时间较长,故应采用全身麻醉。①双侧穿刺,通常右侧行股静脉穿刺并置入 6F 静脉导管鞘,左侧行股动脉穿刺置入 5F 动脉导管鞘。②行动脉途径脑血管造影,对颅内血液循环状态做出评估,明确静脉窦血栓形成的部位及范围。③经股静脉途径将 6F 导引导管插入颈内静脉,导引导管应尽可能靠近血栓。使用 0.035 亲水膜导丝或微导管穿过血栓段,来回抽拉将血栓捣碎后,使用尿激酶进行溶栓。④术毕行脑血管造影确认溶栓效果。肝素自然中和后撤出导管及导管鞘并压迫止血。术后6h给予低分子肝素抗凝3日,然后调整为口服华法林持续6个月(图8-26、图8-27)。

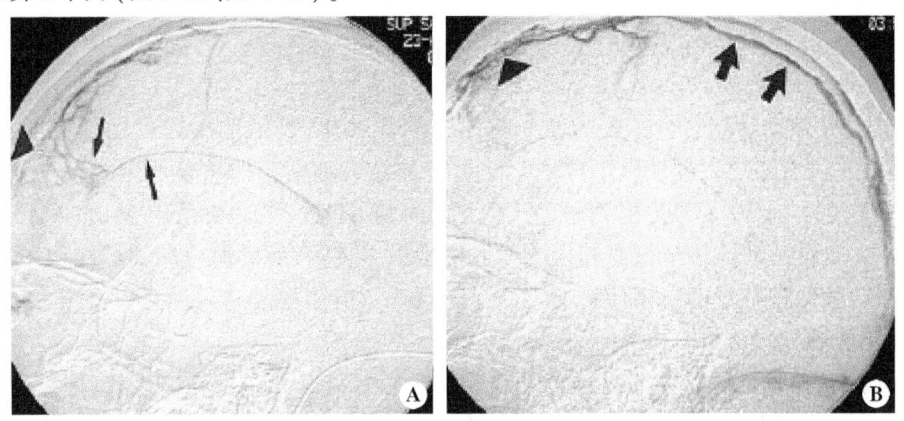

图8-26 静脉窦血栓形成造影

A. 上矢状窦侧位静脉造影显示上矢状窦血栓形成和双侧横窦闭塞。流经上矢状窦的血流经髓静脉流至下矢状窦。(小箭头为下矢状窦,三角箭头为微导管位置);B. 尿激酶溶栓后显示上矢状窦部分恢复顺行血流,仍可见长条状充盈缺损,提示残存血栓(箭头)(三角箭头为微导管位置)

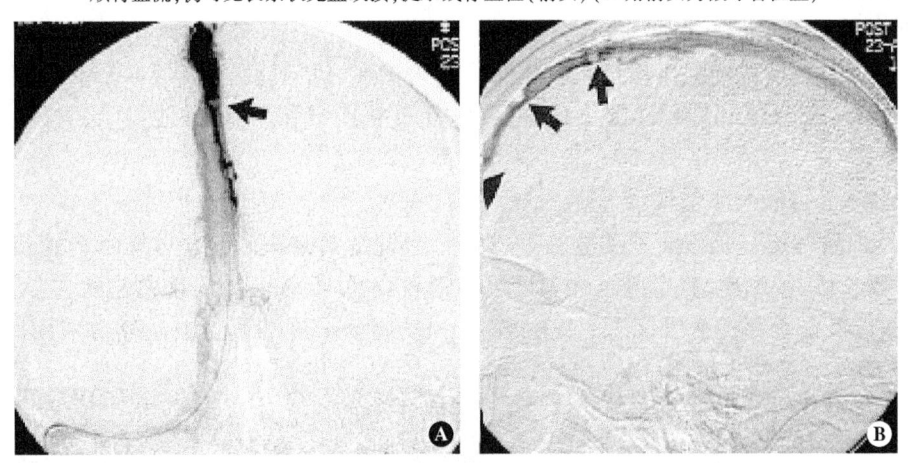

图8-27 血栓摘除术后微导管(三角箭头)造影

显示上矢状窦形态明显改善,仅残存微小血栓(箭头所示)。

(5) 术后处理:微导管置于静脉窦内溶栓灌注尿激酶超过100万U若血栓仍然存在,可将微导管留置在静脉窦内持续灌注尿激酶(2万~3万U/h),总量可用至400万U尿激酶。尿激酶溶栓过程中动态监测血细胞凝集状态的变化,纤维蛋白原低于1g应立即中止溶栓治疗。若侧支循环代偿良好,脑动静脉循环时间正常。则无需进行溶栓治疗,只需要口服抗凝治疗即可。

(6) 并发症:①静脉壁或静脉窦壁穿破主要见于使用导丝或微导管对血栓进行机械性操作时损伤静脉壁或静脉窦壁,可造成出血;②出血溶栓过量可激活全身纤溶系统,出血可见于颅内也可见于其他系统。特别是溶栓治疗前有出血性梗死的病变,即使使用Tpa结合肝素抗凝也会增加颅内出血的可能。

(7) 疗效评价:抗凝治疗对于一些静脉窦血栓形成的患者仍是首选治疗,但无证据表明抗凝治疗具有显著性效果。小剂量长时间静脉窦内灌注尿激酶临床疗效较好,且大大降低了静脉内大剂量使用尿激酶导致的出血危险。采用机械方式先将静脉或静脉窦内的血栓捣碎再使用尿激酶溶栓效果更佳,但增加了静脉或静脉窦壁刺破导致出血的风险。

(刘一之)

第七节 颈动脉狭窄

【概述】 颈动脉狭窄最主要的原因是动脉粥样硬化,其他的病因有动脉夹层、肌纤维发育不良、放射治疗等。颈动脉粥样硬化性狭窄是导致脑梗死的主要原因之一。狭窄部位以颈内动脉起始部最常见,也可见于岩段和海绵窦段。自1990年Mathias首先使用Wallstent支架对颈动脉狭窄行血管内支架成形术以来,各种颈动脉支架陆续应用于临床,同时各种颈动脉保护装置的应用使得血管内支架置入术变得更加有效而且安全可靠。

【临床表现】

1. 无症状性颈动脉狭窄 大部分颈动脉狭窄患者可以无明显临床症状,但这并非意味着没有发生缺血性脑卒中的危险,狭窄大于75%时,第1年的脑卒中发生概率为4%左右。

2. 症状性颈动脉狭窄 临床症状取决于动脉狭窄的程度,侧支循环代偿的情况,动脉粥样硬化斑块的稳定性等因素。在有短暂性脑缺血发作(TIAs)的患者,症状出现后1年内出现缺血性脑卒中的概率为10%左右,随后5年内发生缺血性脑卒中的概率为30%左右。

【辅助检查】

1. 颈部彩色多普勒超声检查 敏感性可高达90%,但不能区分严重狭窄和闭塞。

2. CTA 敏感性和特异性都很高,可以区分重度狭窄和闭塞,并能显示粥样斑块的钙化和溃疡。

3. MRA 可能会高估狭窄程度。

4. 脑血管造影 是诊断颈动脉狭窄或闭塞的最重要方法。造影可显示血管狭窄的部位、狭窄段长度、狭窄率、狭窄处远端和近段的管腔直径、管壁有无溃疡引起的龛影、有无动脉瘤存在以及是否存在血管闭塞(图8-28)。颈动脉狭窄度的测量方法通常采用NASCET法,所有DSA设备均自带测试软件自动测量。

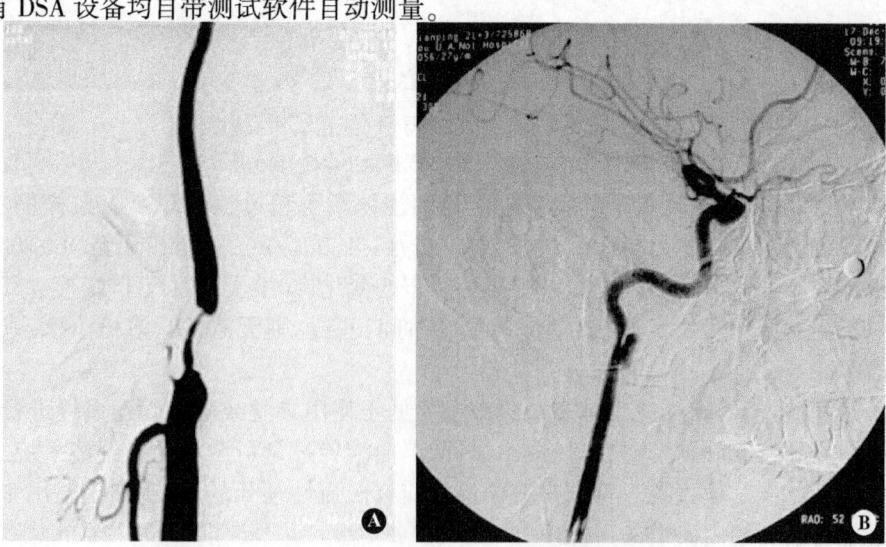

图8-28 颈动脉狭窄的血管造影
A. 颈内动脉起始部高度狭窄图;B. 颈内动脉颈段假性动脉瘤形成合并狭窄

【常规治疗】

1. 内科药物治疗 通常使用双抗疗法,即使用氯吡格雷和拜阿司匹林;对于高血脂患者同时使用调脂治疗,通常使用阿托伐他丁。对于未达到手术治疗和介入治疗指征的患者应首先采用正规内科药物治疗。

2. 颈动脉内膜切除术(CEA) CEA手术于1953年首次应用于临床已经历了半个多世纪,在治疗颈动脉狭窄和预防缺血性脑卒中方面取得了显著的临床疗效。在欧美国家已经成为一种常见手术。但CEA手术需要全身麻醉,创伤相对于颈动脉支架置入术而言是比较大的。

【介入治疗】

1. 适应证 ①颈动脉狭窄大于70%;②与狭窄有关的脑实质缺血;③与狭窄有关的神经系统症状;④狭窄段无严重溃疡性斑块;⑤血管壁无明显钙化;⑥CT或MRI显示无新近发生的梗死灶;⑦3周之内无严重脑卒中发生;⑧无严重神经功能缺损;⑨无严重全身器质性疾病。

2. 禁忌证 ①严重神经功能缺损;②严重全身器质性疾病;③严重出血倾向;④狭窄段存在重度溃疡和钙化斑块;⑤狭窄度小于50%。

3. 术前准备和器械选择

(1) 术前准备:①术前应完成所有必需的辅助检查项目,明确狭窄部位的所有重要参数;②血、尿、粪常规检查,血细胞凝集常规检查和输血常规检查;③肝、肾功能检查和心电图检查;④术前3日开始每天服用拜阿司匹林300mg,波利维75mg;⑤穿刺部位备皮;⑥留置导尿管;⑦术前半小时给予镇静药物;⑧按甲级手术规定组织术前讨论并报医务处审批;⑨按规定患者或其指定受托人签署知情同意书。

(2) 器械选择:①支架的选择治疗颈动脉狭窄所用的支架一般为自膨式金属支架,目前常用的有Wallstent、Precise、Protege等。这些支架都具有良好的柔顺性、适度的横向自膨胀力和良好的射线下可视性。现在所有的颈动脉支架均为快速交换系统,与0.014微导丝配合使用可以更加方便地进行操控。支架的直径应与颈总动脉的直径一致,长度应比狭窄段长度长出1~2cm。②扩张球囊的选择对于高度狭窄的病变为了使支架输送装置能安全顺畅地通过狭窄段,使用球囊预扩张是必要的,球囊预扩张应遵循小球囊和低压力的原则,通常选用直径为4mm的球囊,扩张压力为10atm。对于支架置入后进行后扩张应谨慎为之,应选择直径恰当的球囊,不应一味追求影像学的完美表现。③颈动脉保护装置的选择颈动脉保护装置是用来收集支架置入和球囊扩张过程中从狭窄部位脱落下的斑块,从而防止远端梗死的发生。但不得不提及的是保护装置本身通过狭窄段时依然存在斑块脱落的风险。选择保护装置应使其直径与狭窄段远端2cm处的血管直径保持一致。

4. 介入治疗方法

(1) 麻醉:通常采用局部麻醉,必要时可采用静脉全身麻醉。

(2) 插管技术:经股动脉入路置入8F导管鞘,先使用造影导管在导丝配合下选择性进入目标侧颈外动脉主干,然后再使用导管交换技术将导引导管放置到目标侧颈总动脉。

(3) 颈动脉保护装置的使用:在路图示踪下将保护装置通过狭窄段,一般可将保护伞放置于岩段。保护伞一旦打开则不可在血管腔内移动。值得注意的是,并非所有时候都必须使用保护装置(图8-29、图8-30)。

(4) 球囊与扩张:对于狭窄度超过90%的高度狭窄病变,小球囊预扩张是必需的。扩张

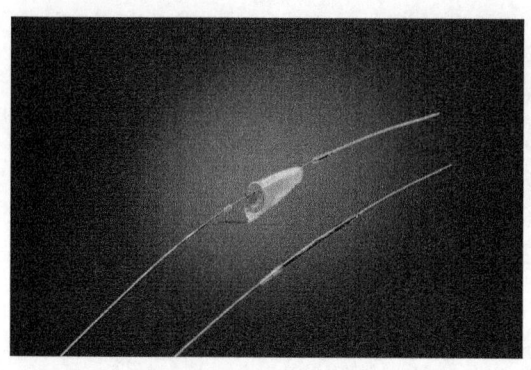

图8-29 颈动脉保护装置图

时必须注意心率和血压的变化，阿托品对于预防和治疗由于刺激颈动脉体引起的迷走神经反射而导致的心率和血压剧烈下降效果肯定。

（5）支架的置入：在路图示踪下，沿着微导丝将选定型号的支架轻柔均匀地送达狭窄部位，根据支架两端的标记将支架放置于狭窄段并使支架两端超出狭窄段两端各5mm。稳定输送器缓慢均匀释放支架。支架释放后撤出支撑杆，然后经导引导管造影已确认支架位置和开放情况（图8-31、图8-32）。

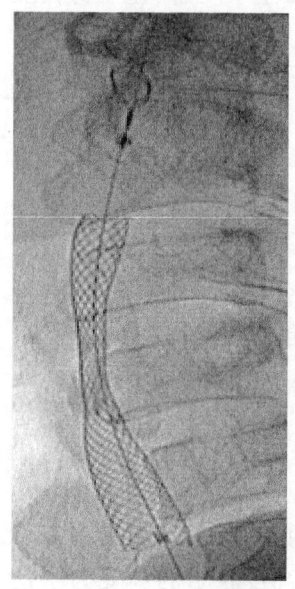

图8-30 颈动脉保护装置与支架

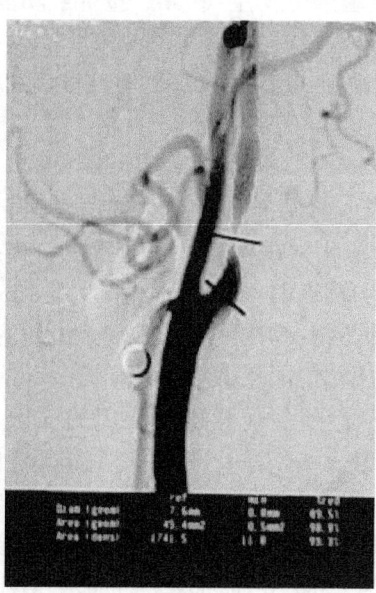

图8-31 颈内动脉起始段狭窄

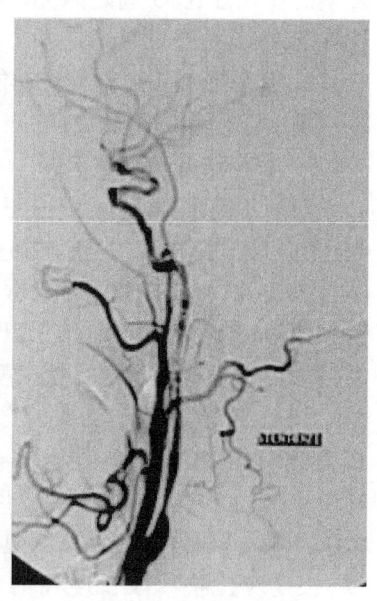

图8-32 支架置入术后

（6）球囊后扩张：一般情况下可以不进行后扩张，当支架膨胀不满意时可以使用后扩张球囊进行适度扩张。需要注意的是后扩张可以造成支架网眼对斑块的切割从而形成栓子，因此后扩张应在颈动脉保护伞的保护下进行较为安全。此外过度后扩张也可造成支架损坏（图8-33）。

5. 术后处理

（1）头颅CT扫描：支架置入完成后应立即行头颅CT扫描，以确认有无颅内出血。

（2）严格控制血压：颅内出血是颈动脉支架置入术最严重的并发症，对于高度狭窄的病变，球囊扩张或支架置入后血流量瞬间剧增，若血压得不到有效控制，将造成过度灌注，引发致命性颅内出血。控制血压是术中和术后最重要的措施之一。当然控制血压不应机械地理解为将血压降得越低越安全，血压过低将引起脑灌注不足甚至诱发心肌梗死。

（3）抗凝：支架置入术后应采用低分子肝素进行抗凝治疗。

（4）抗血小板：支架置入术前所服用的波利维和拜阿司匹林，在支架置入术后应继续服用一段时间。

6. 并发症

（1）心率和血压下降：由于颈动脉窦受到刺激，可以出现心率和血压的变化，通常情况下阿托品可缓解症状，若血压持续下降，可使用多巴胺。

（2）急性脑缺血：对于一侧颈动脉闭塞另一侧颈动脉高度狭窄的患者，进行球囊扩张时暂时阻断了颅内血液供应导致急性脑缺血。可出现一过性黑矇、呼吸困难、胸闷等症状，因此球囊扩张时间要短，尽量避免多次扩张。可嘱患者咳嗽或拍打其心前区。

（3）血栓形成和斑块脱落：球囊扩张和支架置入均可能导致血栓形成和斑块脱落，术前抗血小板药物的使用，术中充分肝素化，保护装置的使用和术中小剂量使用尿激酶可有效预防此并发症。

（4）再狭窄：与冠状动脉支架置入术后2年内的再狭窄率高达30%相比，颈动脉支架置入术后2年内再狭窄率在5%以下。放射治疗、球囊扩张和手术搭桥均可治疗再狭窄。

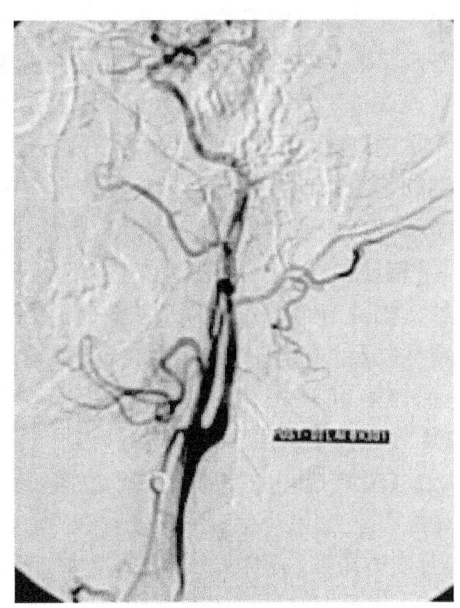

图8-33 球囊后扩张后狭窄段管径明显增大

（5）再灌注损伤和颅内出血：是最致命的并发症，一旦发生后果严重。因此，预防此类并发症的出现比治疗更为重要。严格而有效地控制血压成为最重要的手段，钙离子通道拮抗剂的使用使这种控制成为可能，这种血压的控制将贯穿术前、术中和术后。

7. 疗效评价 据国内外大宗病例报道，支架置入术的技术成功率高达97%以上。国际颈动脉支架置入研究小组(the International Carotid Stenting Study, ICSS)在国际上进行了一项随机、多中心对照试验，该试验将近期出现的症状性颈动脉狭窄患者随机分为两组，分别行支架置入术与内膜剥脱术，短期(120日)的研究结果表明，支架组发生致残性脑卒中的概率是4.0%，CEA组是3.2%(HR 1.28;95% CI 0.77~2.11)，两者之间没有显著性差别。

（刘一之）

第八节 头颈部动静脉畸形

【概述】 头颈部软组织动静脉畸形是一团状发育异常的血管，内含不成熟的动脉和静脉，动静脉之间存在不同程度的直接交通，没有毛细血管。畸形血管团内有动静脉瘘形成，尤其瘘口大者，病灶内血流阻力降低，血流量增大，造成供血动脉增粗、增多、扭曲，并窃取大量邻近正常组织供血（即为"盗血"现象），以满足病灶的高流量血供。回流静脉主要为颈外静脉和颈内静脉，其内压力增高、流速加快，随之逐渐扩张，形成静脉动脉化。头颈部动静脉畸形可以分为软组织动静脉畸形和颌骨中央性动静脉畸形，其中后者以往称为颌骨中央性血管瘤。

【临床表现】 头颈部软组织动静脉畸形主要表现为界限不清的软组织膨隆，表面皮肤颜色正常，或伴毛细血管扩张，或暗红色，邻近下方有扩张的淡蓝色静脉。触诊可及搏动，听诊可闻及吹风样杂音。病变后期，特别是在颈外动脉结扎术后，头颈部的正常皮肤和黏膜由于病变的"盗血"而发生缺血性溃疡或坏死、颈静脉怒张、上腔静脉压力增大并致心界增宽，出现心衰。自缺血性溃疡或坏死处可发生难以控制的出血，常使患者急诊救治。颌骨中央性动静脉畸形临床上主要表现为反复、少量的口腔内自发性出血或难以控制的急性牙槽窝出血。急性出血主要发生在儿童替牙期，可以因牙松动拔牙引起，亦可由乳恒牙的交替或误诊手术所致。出血也可发生在颌骨、牙发育完成之后。急性出血前多有反复牙周围渗血的先兆，也可以大出血为首发症状，多伴有牙松动。病变可仅限于颌骨内，也可伴发周围软组织的动静脉畸形。由于该出血凶猛及难以控制，常有出血致死的报道。如果临床怀疑颌骨高流速血管畸形，严禁取病检进行诊断。

【辅助检查】 头颈部动静脉畸形根据临床表现往往可以做出一个适当的诊断，影像检查的目的是为制定合理治疗方案提供更确切的信息，如病变的位置、病变的范围、病变的血流特性以及与周围重要解剖结构的关系。CT 本身的信息不足以明确高流速血管畸形的诊断，而 MRI 和 DSA 在明确诊断方面，具有特异性的诊断价值；但在显示颌骨内病变范围、位置、周界和大小方面，CT 较 MRI 和 DSA 更直观和清晰。

1. CT 扫描 头颈部软组织动静脉畸形在增强 CT 上可见粗大或迂曲的血管影显示以及病变的明显强化，患侧颈静脉较对侧提前显示。颌骨动静脉畸形表现为下颌骨内的融骨性吸收，骨皮质完整；而伴发软组织动静脉畸形的病例，在 CT 上表现为骨皮质呈穿凿样改变。

2. 磁共振成像 头颈部软组织动静脉畸形在 MRI 的 T_1 和 T_2 加权像上均表现为低信号，其中夹有明显的流空效应。颌骨动静脉畸形在 MRI 上表现为骨髓腔内不均匀的信号强度，T_1 及 T_2 加权像表现为低信号影。如果伴发周围软组织的动静脉畸形，则在 MRI 上显示为不规则的蜂窝状流空血管巢及曲张的营养血管，或仅见不规则曲张异常的流空血管影。

3. DSA 血管造影能进一步明确动静脉畸形的诊断并清楚地显示其详细的血管构筑，是制定治疗措施必须要进行的检查。检查包括两侧的颈外动脉、两侧颈内动脉和两侧椎动脉。颈外动脉结扎术后动静脉畸形复发的患者，还需进行甲状颈干的造影。头颈部软组织动静脉畸形的特征性 DSA 表现包括：团状、结节状畸形血管巢；增粗、增多的供应动脉；早现、扩张的引流静脉。由于畸形血管巢内血液流速增加、流量增大，供应畸形血管巢的供应动脉增粗，可为单支或多支，供养动脉的来源与畸形血管巢的部位有关。位于颅面上 1/3 和鼻背部软组织的动静脉畸形，供血来自颈内动脉，其余一般都来自颈外动脉。畸形血管巢的引流静脉明显增粗、迂曲，在动脉相与畸形血管巢同时显影。伴高流量动静脉瘘、范围大的动静脉畸形，大量的血液进入动静脉畸形病巢内，造成病变远端血管显示不清，即为"盗血"现象。

颌骨动静脉畸形的 DSA 表现为颌骨内在动脉早、中期出现的异常血管团（又称"静脉池"），并持续到静脉晚期。下颌骨的动静脉畸形，供应动脉主要为上颌动脉的下牙槽动脉；上颌骨内动静脉畸形供应动脉主要来自上颌动脉的上牙槽后动脉。

【常规治疗】 头颈部动静脉畸形的治疗目的包括：①完全治愈动静脉畸形；②栓塞缩小病灶，控制并发症的发生；③栓塞缩小病灶，以利于手术切除。传统外科手术方法是将动静脉畸形切除，必要时进行血管重建。但如不完全切除可造成病变复发，并可加重病情而且使介入治疗受限。

【介入治疗】 介入栓塞治疗是头颈部动静脉畸形的首选治疗手段，它应在局部急性出血得以控制的前提下进行。控制局部急性出血的措施包括：①局部压迫；②表面破溃处缝合；③颈外动脉的暂时结扎。该过程中严禁采取颈外动脉永久性结扎的方法进行止血，这是因为该方法不仅不能达到永久止血的目的，而且还会促进病变的快速增长并阻止了进一步栓塞治疗的进行。如果发现出血可能误入呼吸道并影响呼吸道的通畅，应尽早采取预防性气管切开术。

1. 适应证 头颈部动静脉畸形均适合行介入治疗。

2. 禁忌证 供血的颈外动脉与颈外动脉或椎基动脉分支存在危险变异而超选择插管无法避开者。

3. 术前准备和器械选择 病人准备同脑动静脉畸形。常用的栓塞材料有NBCA、PVA类微球、弹簧圈和无水乙醇等。宜根据病变的范围、栓塞目的、回流静脉出现的早晚和侧支循环情况以及术者的经验选择相应的栓塞剂。

4. 介入治疗方法

（1）操作过程在插管全身麻醉下进行。

（2）常规行全脑血管造影DSA检查,并分别行颈内动脉、颈外动脉及椎动脉造影,详细了解供血动脉、瘘口位置、引流静脉及类型。

（3）将导引导管或造影导管引至颈外动脉的责任血管内。

（4）微导管同轴超选择进入到异常血管团内,栓塞前造影显示的只能是异常血管团和回流静脉,而供应动脉不显示,这说明微导管位于异常血管团的中央（图8-34）。

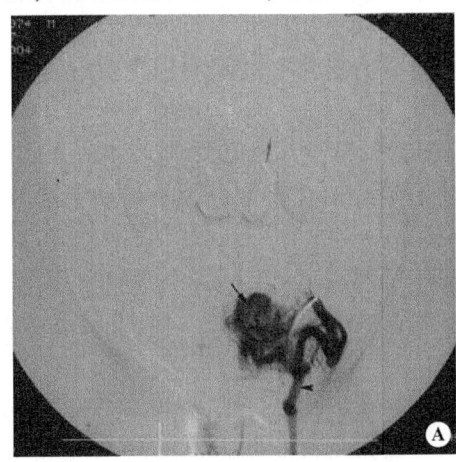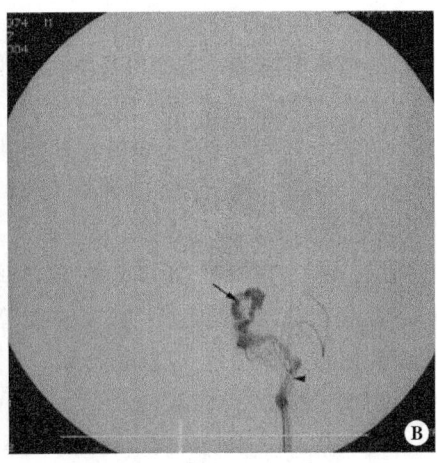

图 8-34 左口底区动静脉畸形,微导管准确置位
A. 左舌动脉造影侧位像显示左口底部异常血管团（箭头）和回流静脉（短箭头）；B. 通过舌动脉进入异常血管团的微导管造影显示的仅有血管团（箭头）和回流静脉（短箭头）,供应动脉未有显示

（5）血管内途径不能完成输送器的准确置位时,可选择直接穿刺的方法达到异常血管团的中央（图8-35）。

（6）注射无水乙醇前,静脉推注凯时、地塞米松和信法丁

（7）经到位的输送器推注无水乙醇,每一次推注后需等待10~15分钟后再次行造影,根据造影情况判断是否再次推注以及推注多少。无水乙醇一次用量需低于每公斤体重1ml,每次总量小于50ml。

（8）颌骨中央性动静脉畸形的单囊型,需首先直接穿刺到达颌骨中央释放弹簧圈降低病变的流速,然后注射无水乙醇

（9）术后动脉造影,了解异常血管团是

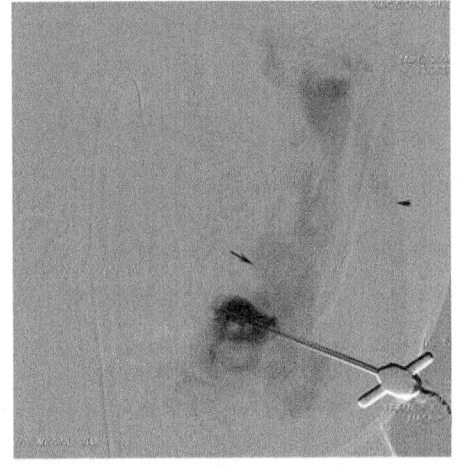

图 8-35 左下颌骨中央性动静脉畸形穿刺造影
局部穿刺针准确置位经过颏孔的穿刺针到达病变内部,经过穿刺针的直接造影可见异常血管团和回流静脉显示

否完全闭塞

2. 术后处理

（1）穿刺部位加压包扎。

（2）全身麻醉患者苏醒后行常规神经系统检查,观察有无神经缺失体征,特别注意观察视力情况以及有无面瘫发生,有则对症处理。

（3）严密观察患者的生命体征,检测血压、心率、呼吸、瞳孔、意识、语言、感觉和运动等。

（4）消肿和预防感染 术后静脉滴注地塞米松和抗菌素 2~3 天。

3. 并发症的预防及处理

（1）组织坏死 其原因有:① 栓塞微导管未能到达异常血管团中央、在供血动脉内便行栓塞;② 采用局部穿刺进行栓塞时,病变破裂、造影剂积聚,无水乙醇未能弥散;③ 注射无水乙醇后,未能耐心等待 10~15 分钟后便开始再次注射,注入量过多并返流入动脉;④ 采用压迫回流静脉的方法降低病变流速过快时,无水乙醇发生逆流入供血动脉。为防止组织坏死,术中一定需将微导管或穿刺针置于异常血管团的中央。

（2）误栓或意外栓塞:误栓可导致相应的神经功能障碍。其原因主要有栓塞剂通过"危险吻合"栓塞了供应正常的脑组织的动脉。

（3）心肺功能意外:无水乙醇栓塞动静脉畸形时,部分无水乙醇流入肺动脉,肺动脉的毛细血管痉挛,并导致肺动脉压力升高,会发生心源性心律不及以及心肺功能意外。应采取分次、少量推注无水乙醇的方法。

（4）暂时性血红蛋白尿:主要出现在大剂量使用无水乙醇栓塞的病例中。无水乙醇进入血液循环系统后直接破坏红细胞、血小板等。导致大量血红蛋白入血,并通过肾脏排泄。临床中观察到尿液成深红色或酱油色。

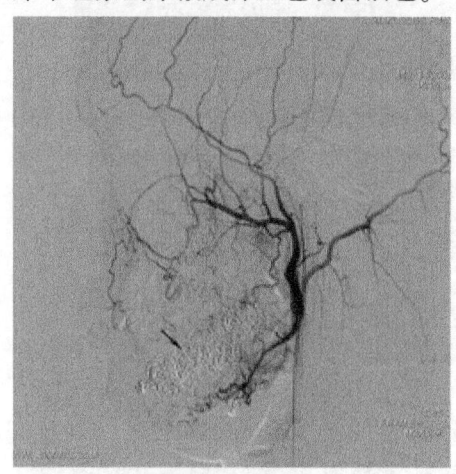

图 8-36　下颌骨动静脉畸形的无水乙醇加弹簧圈栓塞

栓塞后 2 年,左颈外动脉主干血管造影的侧位像显示左下颌骨内异常血管团及回流静脉完全消失

（5）无水乙醇过敏:表现为推注少许无水乙醇后即出现全身皮肤大范围红斑,伴明显搔痒,静脉推注地塞米松可明显改善过敏症状。出现过敏后应立即中止无水乙醇注射并视病情轻重予相应脱敏、镇静、吸氧、抗休克治疗。

4. 栓塞术后的疗效评估　成功的头颈部动静脉畸形的无水乙醇栓塞,对于局限性的病变可以达到根治的目的;对于晚期的弥散性病变,可以达到控制病变发展以及缓解临床症状的目的。临床表现为栓塞后局部搏动消失,表面的紫红色泽变暗,动静脉畸形所引起的膨隆明显改观,局部的皮温下降以及扩张的回流静脉复原。栓塞治疗后一年,二年和三年的随访造影显示,异常血管团完全消失,可以作为头颈部动静脉畸形的首选治疗（图 8-36）。

（范新东　苏立新）

第九章 胸部疾病

第一节 原发性肺癌

【概述】 原发性支气管肺癌(简称肺癌),是最常见的肺部原发性恶性肿瘤。多在40岁以上发病,发病年龄高峰为60~79岁。男女患病率为2.3:1。肺癌的病因和发病机制迄今尚未明确,但种族、家属史与吸烟等对肺癌的发病均有影响。

肺癌病理上按解剖学部位可分为两型:①中央型肺癌,发生在段支气管以上至主支气管的癌肿称为中央型,约占3/4,以鳞状上皮细胞癌和小细胞未分化癌较多见;②周围型肺癌:发生在段支气管以下的肿瘤称为周围型,约占1/4,以腺癌较为多见。按组织学分类主要依据细胞分化程度和形态特征分为鳞状上皮细胞癌、小细胞未分化癌、大细胞未分化癌和腺癌。

【临床表现】 肺癌的临床表现与其部位、大小、类型、发展的阶段、有无并发症或转移有密切关系。有5%~15%的患者于发现肺癌时无症状。当病情发展到一定程度时,常出现以下症状:①刺激性干咳;②痰中带血或血痰;③胸痛;④发热;⑤气促。当肺癌侵及周围组织或转移时,可出现相应症状,如声音嘶哑、胸膜腔积液、上腔静脉梗阻综合征表现等。

【辅助检查】 肺癌的早期诊断十分重要,对高发癌肿区或有高危险因素的人群宜定期或有可疑征象时,可进行防癌或排除癌肿的有关检查。相关检查包括以下几种。

1. 影像学诊断 胸部CT可以进一步验证病变所在的部位和累及范围,也可大致区分其良、恶性,是目前诊断肺癌的重要手段。MRI检查对肺癌的临床分期有一定价值,特别适用于判断脊柱、肋骨及颅脑有无转移。骨扫描和PET-CT检查主要用于诊断肺癌骨转移或纵隔淋巴结转移时。

2. 经皮穿刺活检 一些影像学难以明确性质的病变,通过活检取得细胞学、组织学资料可做出定性诊断和鉴别诊断,对于治疗方案的选择、制定及治疗后的随访、预测预后等方面具有重要意义。

3. 痰找脱落细胞检查 作为初筛,痰细胞学检查的阳性率与病理科的水平高低、肿瘤的类型及送标本的次数(以3~4次为宜)等因素有关。

4. 纤维支气管镜检查(简称纤支镜检) 对明确肿瘤的存在和获取组织供组织学诊断均具有重要的意义。

5. 胸腔镜或开胸手术探查 若经痰细胞学检查、支气管镜检查和针刺活检均未能确立细胞学诊断,则考虑胸腔镜或开胸手术探查。

6. 其他检查 癌相关抗原,如铁蛋白、癌胚抗原(CEA)、神经特异性烯醇化酶(NSE)、细胞角蛋白片段19(CYFRA21-1)等检查对于发现肺癌均缺乏特异性,但可作为肺癌评估的参考。

【常规治疗】
1. 外科治疗 最有效的治疗方法。手术治疗的效果取决于病期和肿瘤组织类型。早期患者肿瘤切除后长期生存率高,一期术后5年生存率高达75%,晚期肺癌术后平均生存期为6个月至1年。

2. 放射治疗 不适合手术或有手术禁忌证的患者大多可以接受放射治疗。对非小细胞癌,可采用根治性放疗、姑息性放疗、术前放疗和术后放疗。对小细胞肺癌则应结合全身化疗。

3. 化学治疗 肺癌治疗中的重要治疗方法,适用于所有肺癌,特别是不适于手术或放疗的病例及小细胞癌。化疗可为手术、放疗创造条件,补充局部治疗的不足,延迟或减少术后局部复发和转移。肺癌的药物治疗包括化疗和分子靶向药物治疗(EGFR-TKI 治疗)。化疗分为姑息化疗、辅助化疗和新辅助化疗,具体选择应当充分考虑患者病期、体力状况、不良反应、生活质量及患者意愿,避免治疗过度或治疗不足。应当及时评估化疗疗效,密切监测及防治不良反应,并酌情调整药物和(或)剂量。

4. 其他治疗方法 包括生物治疗、光动力学治疗及中西医结合治疗均可用于肺癌。

【介入治疗】 肺癌的介入治疗包括针对肿瘤本身的治疗和相关并发症的治疗,前者有支气管动脉灌注化疗和栓塞术、化学和物理消融术、经皮放射性粒子植入术等,后者有内支架植入术治疗肺癌导致的上腔静脉综合征、气管狭窄等。

1. 支气管动脉灌注化疗和支气管动脉栓塞术 肺癌的血液供应主要来自支气管动脉,通过导管技术,将导管插入支气管动脉进行局部动脉内灌注化疗,使化疗药物在肿瘤局部的浓度大大提高,加强对肿瘤细胞的杀灭作用,同时减少全身的毒副反应。在灌注化疗后可用明胶海绵等栓塞材料栓塞肿瘤供血动脉,进一步切断了肿瘤的营养,加强了抗肿瘤作用。在肺癌并发大咯血经内科止血无效的情况下,支气管动脉栓塞术(bronchial arterial embolization,BAE)更是最佳的适应证(图 9-1)。尽管肺癌的动脉灌注化疗(bronchial arterial infusion,BAI)已有近 30 年的历史,但由于缺乏大样本的多中心随机对照研究,无与其他学科治疗进行比较的客观数据,目前尚未得到普遍认可,目前仅限于非小细胞癌无法手术或拒绝手术及接受全身化疗者。

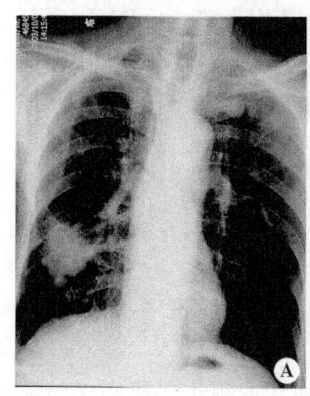
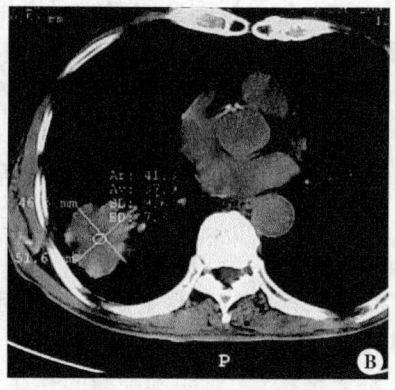
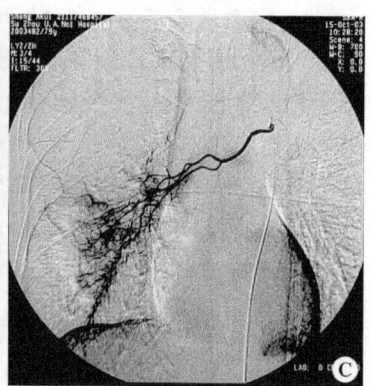

图 9-1 右下肺癌患者

A. 胸部平片正位可见右下肺见类圆形肿块影;B. CT 可见肿块境界清楚,邻近胸膜部分牵拉改变;C. 选择性右下支气管动脉造影可见主干明显增粗,肿瘤血管明显增多,不规则增粗,并可见血管包绕征象。

支气管动脉灌注化疗近期效果虽然不错,但受化疗药物及治疗次数的限制,远期疗效有待提高。进一步提高疗效的方法目前主要是综合治疗,如周围型肺癌支气管动脉灌注可配合全身化疗和肿块直接穿刺注药或射频消融、粒子植入等局部治疗。支气管动脉灌注化疗治疗与放疗及外科手术治疗相结合,可提高疗效。另外还可以结合生物治疗,以提高全身免疫治疗,来控制肿瘤的发展。

2. 经皮穿刺瘤内注射药物治疗 经皮穿刺瘤内注射药物治疗是在 CT 引导下将穿刺针

穿刺进入肺部肿瘤内，局部注射化疗药物、无水乙醇等，通过药物的直接作用杀伤肿瘤细胞。此种方式的优点是操作简便，定位准确，直接杀灭肿瘤细胞，效果肯定，安全，不良反应少。但由于药物弥散不均匀等因素，治疗过程中往往需要多点、多次注射才能达到较好效果。同时也有局部疼痛、气胸等不良反应和并发症。

3. 射频、微波、氩氦刀物理消融术 射频、微波是通过高热而氩氦刀通过冷冻技术对肿瘤进行消融治疗。

适应证：①不能手术的非小细胞型周围型肺癌；②转移性肺癌，单侧肺内病灶少于4个，单个病灶小于5cm者；③肺功能差或合并全身其他疾病，不能耐受手术者；④放化疗或其他治疗效果不佳者；⑤手术探查的补救；⑥减瘤综合治疗；⑦姑息治疗缓解症状。

禁忌证：①严重肺气肿、肺纤维化者；②病灶靠近肺门或纵隔大血管者；③肺内多发转移者；④重要脏器功能严重衰竭者，如心脏、肝脏、肺脏及肾脏受累患者。

（1）治疗方法：治疗时在CT（或B超）引导下经皮穿刺将消融电极穿入到肿瘤区内（图9-2），在短时间在局部产生70~100℃的高温或-20℃以下低温灭活肿瘤细胞。这些方法的优势是在治疗范围内不会为组织内的间隔所阻断，肿瘤杀灭较完全，同时其治疗效果不受肿瘤组织类型和癌细胞增殖状态的影响。

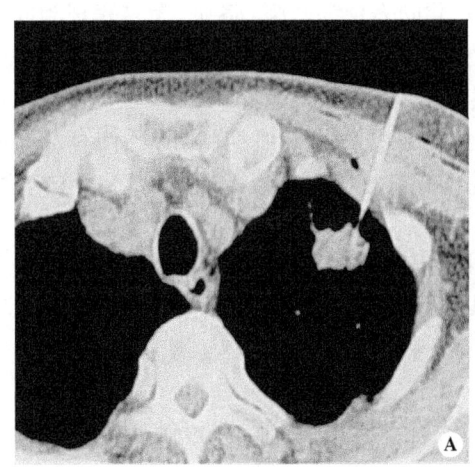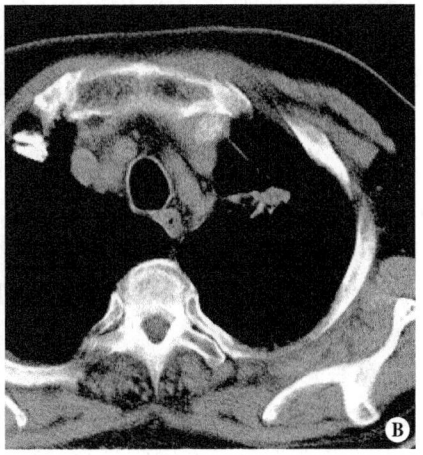

图9-2 左上肺癌患者

A. 可见射频针位于瘤体内；B. 为术后3个月复查可见瘤体缩小。

（2）疗效评价：消融治疗的病灶大小一般要在5cm直径以下，直径3cm以下的肿块治疗效果较为肯定。有报道可与局部手术切除的疗效相媲美，尤其适合于单发的转移性肿瘤。其并发症主要为气胸、支气管胸膜瘘等。

4. 经皮放射性粒子植入术 在CT引导下经皮穿刺将放射性粒子永久性植入瘤体内，持续低剂量内照射直接杀死肿瘤，而周围正常组织损伤轻微，是肺癌治疗的一种新的手段。与常规放疗相比，治疗方便，对周围组织损伤小。与手术相比，适应证广、创伤小、恢复快，可最大限度地保留肺功能。但治疗时需进行多针、多次穿刺，气胸等并发症较多，其治疗效果也还待进一步研究。此种治疗适用于肿瘤直径小于5cm，病灶不超出3个的肺癌患者。对于手术后、化疗、放疗后肿瘤复发或外照射治疗因剂量不足而效果不佳或失败的病例，进行放射性粒子永久性植入治疗具有较大的临床意义。

5. 上腔静脉金属内支架植入术 上腔静脉金属内支架植入术主要用于肺癌侵犯上腔

静脉,引起上腔静脉狭窄、闭塞,导致上腔静脉综合征。具体治疗方法将在第十章介绍。

6. 气管支架置入术治疗肿瘤压迫所致的气管狭窄 气管支架置入术主要用于治疗肿瘤压迫所致的气管狭窄,具体内容在第三节详细介绍。

(朱晓黎)

第二节 咯 血

【概述】 咯血是指喉以下呼吸道出血,经口腔咯出。咯血根据咯血量分为痰血、小量、中等量和大咯血,后者是临床常见急症。

【病因】 肺部病变直接侵犯肺血管壁或肺血管本身病变导致破裂都可引起咯血。引起大咯血的主要病因有支气管扩张症、肺结核、原发性肺癌、肺部化脓性疾病等,其次还有尘肺、曲霉菌病、囊性纤维化、肺部血管结构不良等。血栓栓塞引起肺梗死和左心衰竭(尤其是继发于二尖瓣狭窄)是咯血较少见的原因。原发性支气管腺瘤和肺动静脉畸形虽罕见,但却可引起严重出血。偶然在月经期间会引起来源不明的咯血。

【临床表现】 咯血是多种疾病的表现,其共同表现为咳嗽、咯血,大多表现为间隙性大口咯血,24h 量达 300ml 以上时可从口鼻急性喷出大量血液。当一次咯血量达 1500ml 时,即可发生失血性休克。急性大咯血可能发生气道阻塞从而窒息死亡。咯血的临床经过难以预料,有时少量的血痰即可是致死性大咯血的先兆。除咯血症状外,还伴有不同原发病变的临床表现,如支气管扩张症有反复发作的咳嗽、脓痰等,肺结核有低热、乏力、消瘦、盗汗等。

咯血必须与呕血和鼻腔、口腔或鼻咽部出血流入气管支气管相鉴别。尽管做全身和重点检查,还会有 30%~40% 的病例咯血原因找不到。咯血原因不明的患者一般预后良好,通常在 6 个月内出血症状消失。

【辅助检查】

1. 血液学检查 可帮助提示感染性疾病或合并感染、白血病、过敏性疾病或寄生虫病等可能。从血红蛋白量及红细胞计数的变化还可推断出血的程度。

2. 痰液检查 有助查找到一些致病原,如细菌、真菌、寄生虫卵及肿瘤细胞等。

3. 胸部 X 线检查 常可及时发现肺部病变,如肺结核、肺炎、肺脓肿、支气管扩张、肺部肿瘤、慢性支气管炎、尘肺等而做出诊断,可作为常规检查项目。

4. 胸部 CT 检查 对肺门、纵隔病灶及肺内微小病灶,胸部 CT 检查具有独特的优势;而对于支气管扩张的诊断,由于安全无创,胸部 CT 已基本取代了以往的支气管碘油造影。但对于活动性大咯血患者,胸部 CT 一般应在咯血稳定后进行。

5. 支气管镜检查 对咯血病因不明,或经内科保守治疗止血效果不佳者,可在咯血期间施行支气管镜检查,目的在于发现病因,为外科手术、支气管动脉栓塞术的实施提供依据,同时也可对出血部位直接进行局部止血治疗。应当强调,咯血期间进行支气管镜检查具有一定的危险性,应做好必要的抢救准备,在操作过程中应给予吸氧并做心电监护,以减少并发症的发生。

6. 血管造影 选择性支气管动脉造影和肺动脉造影不仅可以发现病变,明确出血部位,而且可以为进一步的介入治疗提供依据。

7. 其他 如磁共振检查、放射性核素扫描、右心导管检查等亦可为明确咯血的原因提供帮助,可视病情需要做相应选择。

【常规治疗】 (1)镇静、休息:小量咯血无需特殊处理,仅需休息、对症治疗。中量以上咯血需卧床休息,患侧卧位或平卧位。对精神紧张、恐惧不安者,应解除其顾虑,必要时可给予少量镇静药。咳嗽剧烈的大咯血者,可适当给予镇咳药,但禁用吗啡,以免过度抑制咳嗽引起窒息。

(2)加强护理,密切观察:中量以上咯血者,应定时测量血压、脉搏和呼吸。鼓励患者轻咳,将血液咳出,以免滞留于呼吸道内。保持呼吸道畅通,保持大便通畅。

(3)大咯血患者应开放静脉,备血,必要时补充血容量。

(4)药物治疗:包括各类止血药、缩血管药物、皮质类固醇等。

(5)气管镜止血:经药物治疗无效者可考虑通过硬质气管镜清除积血并止血。包括冷盐水灌洗、气囊导管止血和激光冷冻止血。

(6)手术治疗:对于反复大咯血经积极保守治疗无效,24h 咯血量超过 1500ml 或 1 次咯血量达 500ml,有引起窒息先兆而出血部位明确且无手术禁忌者,应考虑急诊手术止血。

(7)大咯血窒息的处理:保持呼吸道畅通,足高头低位,拍背;用开口器打开口腔,将舌拉出,迅速清除口腔及咽喉部积血,气管插管或切开,吸氧,适当应用呼吸兴奋剂。

【介入治疗】 大咯血内科保守治疗效果极差,病死率为 50%~100%。自从 1974 年 Remy 首先应用 BAE 治疗大咯血取得满意临床效果后,经过 20 多年不断发展完善,现已成为控制大咯血的有效治疗方法。

1. 支气管动脉解剖 支气管动脉解剖变异较大,可分为九型,最常见的为Ⅰ~Ⅳ型,约占 92.2%。Ⅰ型:左右侧各 1 支;Ⅱ型:左侧 1 支与右侧 1 支共干,右侧 2 支;Ⅲ型:左侧 2 支,右侧 1 支;Ⅳ型:左侧 2 支,右侧 2 支,其中各有 1 支共干,见图 9-3。

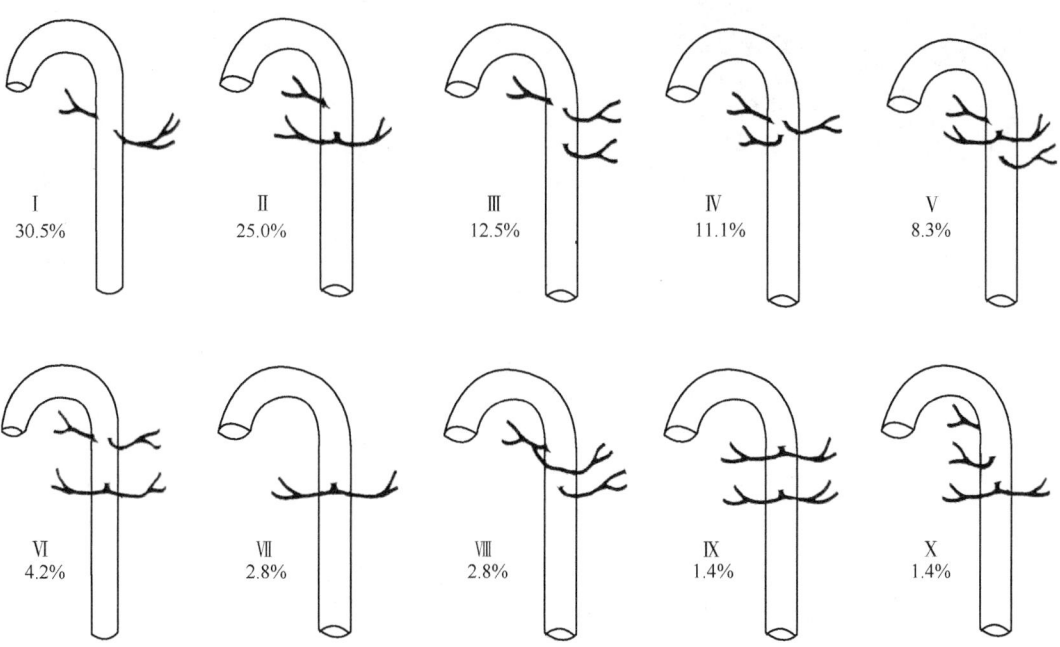

图 9-3 支气管动脉常见解剖图

2. 适应证 BAE 的适应证广泛,包括:①急性大咯血危及生命,暂时不具备手术条件者(即使急诊手术,病死率也很高);②反复咯血内科治疗无效,肺功能低下不宜手术切除者;③咯血经手术治疗复发者。

3. 禁忌证 ①严重凝血功能障碍患者;②恶病质,肝肾心功能严重损害者;③导管不能牢固地插入支气管动脉内;④支气管动脉与脊髓动脉有交通,导管不能避开脊髓动脉。

4. 术前准备和器械选择

(1) 术前患者准备:做好患者思想工作,使其精神放松,积极配合;做碘过敏试验;备皮等。术前常规 X 线或 CT 检查以准确定位是栓塞治疗成功与否的关键。

(2) 器械选择:常用的普通造影导管有 4F~5F 的 Cobra、RLG、Shepherd Hook 等,超选择性插管使用 SP、Progreat、Tracker 等微导管。

5. 介入治疗方法 首先在 DSA 下以 Seldinger 技术穿刺股动脉,引入猪尾巴导管行主动脉造影,观察双侧支气管动脉位置及异常血管和血管变异情况,确定活动性出血位置。再引入 5FCobra 导管至 T5、T6 水平,选择性进入患侧支气管动脉造影。

(1) 支气管动脉造影表现:咯血病变区血管造影表现与原发疾病有关,但基本表现相似。对比剂血管外渗为直接征象,间接征象包括供血支气管动脉扩张,分支血管增多(图9-4),病灶区血管呈网状、丛状分布,支气管动脉-肺动脉或肺静脉、支气管动脉发育畸形、瘤样扩张等。一些病例的咯血病灶不是支气管动脉供血或是多支动脉供血。因此,应仔细检查相应的肋间动脉、锁骨下动脉、胸廓内动脉及甲状腺颈干等。为减少盲目寻找和避免遗漏,可以先行胸主动脉造影。若上述体循环分支均未见异常,应考虑到肺动脉出血可能。

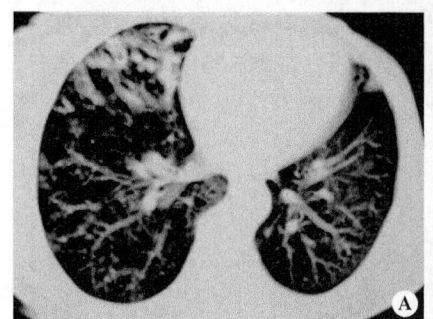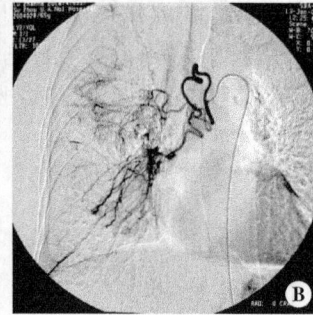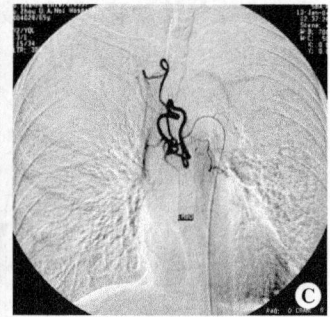

图9-4 反复支扩咯血25年患者

A. CT 可见右下肺支气管扩张,双轨征出现;B. CT 右下支气管动脉造影可见主干明显增粗,末梢血管明显增多,不规则增粗;C. 可见行支气管动脉栓塞后,异常增粗、增多血管消失,咯血症状明显好转。

(2) 选择适当的栓塞物质和药物:栓塞时应根据不同病因选择明胶海绵、PVA、Embosphere、微弹簧钢圈、药物微囊等不同栓塞物质。目前普遍以 PVA 或 Embosphere 为主(直径 250~710μm),这种颗粒不易吸收,注射方便,但直径小于 250μm 的颗粒会造成支气管管壁的坏死。支气管动脉瘤、蔓状血管瘤选用小号不锈钢圈有利于病变血管永久性闭塞,但对于其他病变而言,小号钢圈栓塞不够彻底,远端易形成侧支循环而复发。当遇到支气管动脉肺动脉瘘,则应选用大颗粒 PVA,少量的栓塞剂进入肺动脉支一般不会引起明显的并发症,但若是支气管动脉肺静脉瘘则会引起严重并发症,所以后者应用较粗海绵条或大钢圈。单纯栓塞止血对出血病因无治疗作用,原发性肺癌所致咯血可选用载药微球(直径 200~300μm),兼止血和抗癌双重作用。导管不能稳定地固定在支气管动脉内和不能避开明确的脊髓前动脉是早期技术失败的两大原因。在5F导管选择性插管后再引入3F微导管行超选择性插管,即使十分弯曲的支气管动脉也可通过,且管头更接近病灶,尽可能超越可见和不可见的脊髓动脉,因为已有大量资料表明,即使栓塞时未见到供应脊髓及大神经的动脉,术后仍有脊髓损伤症状的发生。

6. 并发症 除动脉插管所致常见并发症和异位栓塞外,部分患者可有低热、肋间疼痛、胸骨后烧灼感及吞咽困难,主要是由于肋间动脉及纵隔血管缺血所致,一般无需特殊处理,吞咽困难者应进流质饮食。由于微导管的使用及动脉造影技术的进一步提高,原先常见的脊髓损伤(横贯性脊髓炎)现已明显减少,一旦发现有脊髓缺血症状应早使用血管扩张剂如烟酰胺、低分子右旋糖酐、丹参等改善脊髓血液循环,同时应用地塞米松或甘露醇脱水治疗以减轻脊髓水肿,只要治疗及时,绝大部分是可以恢复的。

7. 疗效评价 BAE止血效果确切,即时止血率为75%~100%,但复发率较高为10%~41.8%。使用永久性栓塞剂和全面彻底的栓塞所有出血动脉有助于降低复发率,但永久性栓塞剂价格偏高。早期复发(<30日)往往是可吸收栓塞物质逐渐被吸收,使血管再通或未被栓塞的小动脉扩张及侧支循环建立等因素所致(极少数2周内复发者可能是栓塞得不够彻底)。中晚期复发通常是原发疾病未能控制,如支气管扩张、真菌、结核等。从这个角度来看,BAE仅仅是姑息性对症治疗。对于药物无法控制的局限性病灶,应尽可能外科切除,对不能承受手术患者,BAE可以重复进行。

(朱晓黎)

第三节 气道狭窄及气道瘘

一、气道狭窄

【概述】 气道狭窄是指气管、隆突、左右主支气管及中间段支气管的狭窄或阻塞,即中心气道狭窄。中心气道本身病变阻塞管腔或管外压迫可导致中心气道狭窄或阻塞,出现严重的呼吸困难,甚至窒息死亡。气道本身病变或者术后、放疗后可引发气道瘘,进一步加重呼吸困难。中心气道狭窄严重影响患者通气-换气功能,必须及时处理,以改善患者的通气状况。

【病因】 气道狭窄大体上可分为良性狭窄和恶性狭窄两种。国外文献报道最常见的良性狭窄是插管后狭窄,在我国,支气管内膜结核也较常见。气管支气管良性肿瘤少见,其他原因还包括吻合口狭窄、Wegner肉芽肿、克罗恩病、纵隔良性肿块或纤维化牵拉压迫、先天性病变、气管软化症、复发性多发软骨炎、气管支气管淀粉样变性等。恶性狭窄最常见的原因是邻近部位(如食管、纵隔、甲状腺等)原发或转移瘤侵及气管支气管,其次是支气管肺癌,可以引起气管支气管腔外压迫或腔内阻塞。

【临床表现】 气道狭窄最常见的表现有吸气性呼吸困难、咳嗽、喘息,还可见咯血、阻塞性肺炎、肺不张等,严重时,患者呼吸肌极力呼吸代偿,吸气时可见"三凹征",临床表现为胸骨上窝、锁骨上窝和肋间隙明显凹陷。患者多伴干咳及高调吸气性喉鸣。根据这些症状并结合病史,诊断气道狭窄并不困难。

【辅助检查】 严重的气道狭窄可导致呼吸衰竭而危及患者生命。及时诊断,明确病变的程度,并选择适宜的治疗方法,往往十分重要。

1. 胸部 X 线 胸部透视和普通胸片有时可显示气管或主支气管狭窄性改变,有助于 X 线下操作定位。

2. 气管或食管造影 可明确气道狭窄部位、范围、程度以及气管瘘的位置、大小、形状和类型,具有重要的诊断价值。

3. 胸部 CT 既可明确病变性质,也确定病灶位置、程度与范围。CT 三维重建的气管-支气管图像,可直观地显示病变的长度、形态、狭窄的程度以及病变与周围血管的关系,特别对于远端气道的通畅情况及远端肺组织是否存在病变提供依据。此外,CT 上可对病灶及相关气道的直径、长度做出精确测量,有利于设计个性化的治疗方案。

4. 支气管镜 是诊断中心气道狭窄和气道瘘最为重要的一种检查方法。支气管镜可直接观察气道病变,狭窄程度,并可进行活检定性诊断。口服亚甲蓝后再行支气管镜检查更方便发现瘘口。

5. 肺功能检查 有助于评价肺脏基础状况,判断介入手术治疗的安全性,选择麻醉的方法及手术中需采取的相应的气道处理措施。

【常规治疗】 内科治疗以缓解症状、改善通气量,可应用给氧、气管插管或气管切开。对于局限性狭窄患者可行手术治疗,对由肉芽组织阻塞气管腔的病例,可由气管镜清除肉芽组织或切开气管在直视下刮除肉芽组织,使通气顺利;对由邻近器官肿物长期压迫而气管壁软化所致的狭窄,在解除压迫的基础上,用肋骨片外撑固定软化区,克服狭窄;对狭窄区太长,不适宜做切除病变行对端吻合术者,可在气管内置管,通过造口引出体外,以解除气管梗阻,确保呼吸通畅。在治疗过程中应重视抗感染治疗。因感染可加重气管梗阻程度,增加治疗困难,亦可引发气管完全梗阻等危险。

【介入治疗】 介入治疗包括对于良性狭窄可采用球囊扩张的方法,而对于恶性狭窄主要通过透视下或联合气管镜植入金属气管支架以改善气管梗阻症状。

1. 适应证 目前气管支架主要适应证为:①恶性气管、支气管狭窄;②不能或不愿手术的良性气管、支气管狭窄;③炎症或结核导致的气管、支气管狭窄;④气管、支气管软化症;⑤气管、支气管-胸胃瘘食管支架置入不能堵瘘者;⑥心肺移植术后气管吻合口狭窄等;⑦婴幼儿隔膜型气管狭窄可用球囊扩张治疗,不适宜支架置入。

2. 禁忌证 心肺功能衰竭、出凝血机制严重障碍者;狭窄累及声门的高位气道狭窄。

3. 术前准备和器械选择 介入治疗前还是有必要行气管镜和 CT 检查,这样,不仅可以了解狭窄的原因,还可以观察气管腔内情况和显示气管支气管树的三维结构,测量气管直径,评价狭窄远端气管情况,同时能显示病灶或病变气管远端肺组织充气情况。

4. 介入治疗方法

(1) 气管球囊扩张成形术的操作要点是,球囊内的压力通常由低向高依次递增,其压力可选择 3~5 个大气压,每次球囊保持膨胀状态的时间为 1~3min,随即将球囊全部排空,可反复充填球囊,一般每次操作可重复 1~10 次。若球囊放气后气管直径增大不明显,可在 1~2 周后再行球囊扩张。扩张过程中应特别注意的是,在置入球囊导管之前应先置入一通气导管,尤其是扩张气管狭窄时,以免扩张球囊过程中造成患者窒息。另外,如果瘢痕组织较硬,扩张时应逐渐增加气囊压力,防止出现较大的裂伤,造成气管的撕裂伤,甚至出现气管-食管瘘。

(2) 气管支架置入技术包括两种,一种是在 X 线透视监控下用介入器械来完成,这种方法是在 X 线透视监控下,将支架置入器导管沿导丝插到狭窄部位后释放支架(图 9-5),此法安全、定位准确,狭窄较严重者,纤维支气管镜不能通过时,较容易取得成功。另一种方法是经纤维支气管镜完成,可以直接观察气管内壁情况,同时能对原发病变进行局部治疗,但狭窄严重致纤维支气管镜不能通过时往往造成操作失败。如有条件者应将两种方法结合应用可取得满意结果。

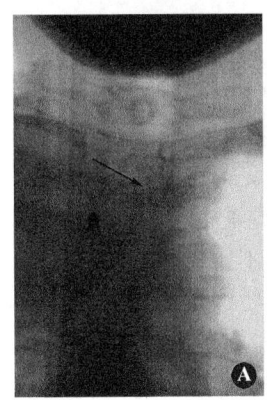 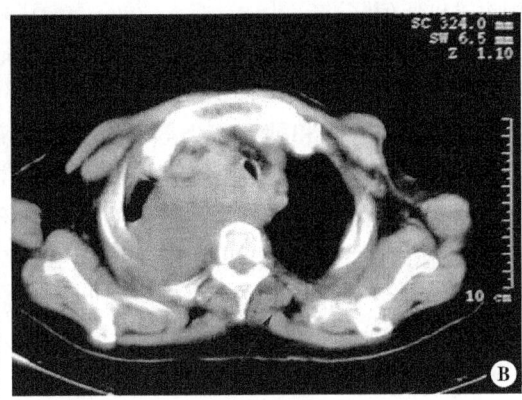 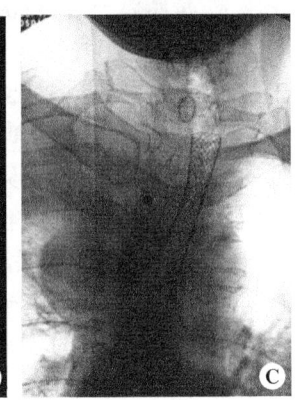

图 9-5 乳腺癌纵隔转移所致呼吸困难患者

A. 胸部 X 线片可见主支气管受压左偏;B. CT 可见右上纵隔肿块压迫主支气管;C. 行气管支架置入后,气道恢复正常,呼吸困难症状明显好转

(3) 气管支架操作技术

1) 术前准备:详细了解病史,仔细观察影像学检查资料(胸部平片、断层、CT、MRI 等),判断狭窄的性质、位置、长度、程度和两端正常段的直径;对于气道瘘患者务必行食管或气管造影,明确瘘的位置、大小、类型。根据气管支气管狭窄和瘘的影像学特点,设计个体化气道支架。通常,首选镍钛记忆合金支架。气道支架直径一般为 12~20mm,长度宜超过阻塞近、远端 0.5~1.0cm。完善实验室检查,包括血常规、出凝血时间、血气分析等,并向患者及家属解释操作目的、方式、预期效果、可能出现的并发症及所需的费用,取得患者和家属的签字同意。

2) 器材准备:器材包括血管造影导管(C3)与加强超滑导丝麻醉、气管镜、气管插管器械、金属内支架、局部或全身麻醉器材、对比剂及急救药物,以及一些辅助器械,如牙托、吸痰器、供氧设备、气管切开包等。

3) 方法步骤:术前建立静脉通路,肌内注射阿托品 0.5mg,地西泮 10mg,必要时肌内注射盐酸哌替啶 50~100mg。用 2% 利多卡因雾化吸入和咽喉部局麻,对于高度焦虑或无法配合者还可给予全身麻醉。将支气管镜或眼镜蛇导管分别置于狭窄两端或瘘口位置,在 X 线透视下设置体表金属标志。通过支气管镜活检孔或导管引入加强型超滑支撑导丝,退出支气管镜或导管。根据狭窄程度和病变的软硬度决定是否需要进行气道狭窄的球囊扩张,以便金属支架顺利通过与扩张。将装有支架的输送器沿导丝送入气道。X 线透视下按照体表标志定位、释放。退出输送器及导丝。X 线透视或支气管镜检查支架位置是否合适,必要时用异物钳调整支架位置。

4) 注意事项:术中予以高流量给氧,必要时给予面罩正压并监测血氧饱和度、心率、血压、呼吸等生命体征。麻醉要充分,减少对支气管黏膜的刺激。放置支架过程中,将短暂完全阻塞气道,操作应快速、轻柔,尽可能缩短操作时间。一旦出现血氧饱和度低于 90% 时,应立即停止操作,给予面罩人工通气。放置支架时,患者用力吸气将使气管上下移动,影响支架的准确定位。可通过面罩给予纯氧正压通气数分钟后,再推注短效的肌肉松弛剂和镇静剂,减轻呼吸运动对定位的影响。狭窄段距声门较近时,置入支架后易造成局部水肿,带来进食或发音困难,严重时会导致呼吸困难甚至窒息。

5. 术后处理 术后密切观察呼吸、咳嗽、咳痰情况和可能出现的并发症,应常规给予雾化吸入、抗感染、止血及镇咳等对症治疗。

6. 并发症 气管内支架成形术效果明显,并发症少,解决气管梗阻症状立竿见影。对于技术操作熟练者,支架放置过程中的并发症很少见。常见并发症包括:支架移位、再狭窄、支架断裂、出血、气管支气管穿孔、气胸和肺部感染等。支架移位常见于非金属支架,金属支架发生明显移位少见。支架置入后,一定程度肉芽组织形成是常见的,随着时间进展,气管黏膜层和肉芽组织会长入支架腔内,但一般不会造成气管梗阻,不需要特殊处理,偶尔可见炎性息肉形成,这往往需要在内镜下行激光切除术。支架再狭窄不常见,一旦发生,治疗很困难。球囊扩张支架断裂的并发症也较罕见,但假如发生,则需要把支架取出。支架突入血管是最严重的并发症,可以引起气管间歇或大量出血,往往需要外科手术处理。

7. 疗效评价 绝大多数患者支架植入后主观症状如呼吸困难、喘鸣等可立即得到改善,在支架植入后2周内,主观症状可得到持续改善。对良性疾病所致的狭窄,气管支架置入术可解决外科术后所造成的再次狭窄而无法手术治疗的麻烦,但是恶性狭窄如不辅以后续抗肿瘤治疗,支架在3~6个月内可出现再狭窄。

二、气 道 瘘

【概述】 各种原因所致气管与食管、气管与胸膜腔之间形成异常通道称为气道瘘。

【病因】 气管-食管瘘有先天性和后天性两种,并可分为气管-食管瘘和支气管-食管瘘。先天性异常通常在新生儿即可发现,但是前一类型可直到青少年甚至成年才被明确诊断。引起后天性气管和食管异常交通的最常见原因是食管癌,某些病例可在术后或放疗后发生。后天性气管-食管瘘也可由气管导管气囊压迫气管、外科手术创伤、钝性损伤和异物引起。

气管胸膜腔瘘常发生于慢性脓胸的脓液腐蚀邻近肺组织后穿破支气管,或因肺内病灶直接侵袭胸腔或破溃至胸膜腔形成瘘管,也有因胸腔穿刺或手术切除脓腔感染造成。支气管残端瘘(也称支气管胸膜瘘)是肺叶或肺段切除术后支气管与胸膜腔相互沟通而形成的瘘管。

【临床表现】 先天性气管-食管瘘大部分病例有长期喂奶呛咳史或咳嗽史,常咳出食物颗粒,偶尔合并支气管扩张。后天性气管-食管瘘常有典型的呛咳、痰呈恶臭味、胸痛。此外,相关的肿瘤、创伤或医源性的病史有助于气管瘘的诊断。气管胸膜腔瘘患者常有咳嗽、反复感染、发热症状。

【常规治疗】 先天性气管-食管瘘者原则上应尽早手术治疗。后天性气管-食管瘘、气管胸膜腔瘘内科治疗应常规禁食,行肠内营养,对症支持、抗感染治疗。传统治疗支气管残端瘘的主要方法是胸腔引流,或采用支气管镜注入医用胶封堵支气管残端瘘,但多适用于瘘口较小(<0.3cm),漏气时间短,且残端无感染的患者。

【介入治疗】 介入治疗主要适用于后天性气管-食管瘘、气管胸膜腔瘘。

对于术后气管-食管瘘瘘口较小者可以采用经鼻-瘘口置入瘘腔引流管行脓腔外引流,同时置入十二指肠营养管给予营养支持。对于瘘口较大者术后3周之内给予十二指肠营养管营养支持,3周以后可置入食管覆膜支架,有脓腔形成者同时联合脓腔外引流。

介入治疗气管胸膜腔瘘的关键技术是即刻置入胸腔引流管,充分冲洗引流脓腔,防止脓液进入健侧肺组织内加重肺部感染;以特殊覆膜气管(支气管)支架完全封堵瘘口,既能够隔绝气道与胸膜腔-脓腔的交通,又可以阻断脓胸与正常气道和肺组织的通路。

(朱晓黎)

第四节 食管狭窄与食管瘘

一、食管狭窄

【概述】 食管狭窄一般是指食管良恶性疾病或并发症引起食管腔狭窄。

【病因】 食管狭窄可分良性狭窄和恶性狭窄两种。良性狭窄又分为先天性狭窄与后天性狭窄,前者在临床上十分罕见,多于幼年时发病,常需要手术治疗;后者以瘢痕性狭窄最为多见。瘢痕性狭窄的常见原因:①损伤性食管狭窄(外伤性、误服);②食管炎(消化性、反流性)引起狭窄;③手术后食管狭窄。此外,良性狭窄还包括相对少见的良性食管肿瘤和贲门失弛缓症;恶性狭窄多见于食管恶性肿瘤或纵隔、肺恶性肿瘤侵犯食管。

【临床表现】 食管狭窄常见的早期症状有吞咽哽噎感、异物感、灼烧感,咽部干燥和紧缩感,胸骨后疼痛、背痛或上腹部疼痛,在食管某一部位有食物停滞感等。这些症状均为非特异性,对于瘢痕性良性狭窄常因有明确的病史,诊断相对容易,而对于无明确诱因者出现上述症状则需要引起重视。

食管癌引起的狭窄,常表现为进行性吞咽困难。开始时在进食固态食物时有哽噎感,以后半流质、流质饮食也发生进食困难。食管下端梗阻患者可发生上端扩张,食物可潴留于此引起呕吐。其他症状包括:持续性胸背部疼痛、声音嘶哑、呛咳、贫血、脱水、消瘦、恶病质及癌转移至其他脏器引起的症状。恶性食管肿瘤侵犯气管后常可引起食管-气管瘘,常表现为饮水或进食后呛咳、反复肺部感染等症状。

【辅助检查】 常规检查早期诊断包括食管拉网细胞学检查,主要用于食管癌普查,目前诊断常用食管镜检查与黏膜活检病理诊断。

影像学诊断包括:X线食管钡餐或泛影葡胺造影,该方法是诊断食管狭窄最简单、实用的有效方法,常与食管镜检查与黏膜活检病理诊断联合达到定性、定位和定型的诊断。CT能获取三维结构的横断面解剖图像,能清晰地显示食管与周围脏器的毗邻关系,对于恶性食管狭窄可以显示食管是否外侵、临床分期及手术方式选择很有帮助。MRI检查正逐步应用于食管,因其具有多断面方向扫描的特点,在恶性肿瘤引起的食管狭窄显示肿瘤大小、范围、是否侵及邻近组织脏器及有无转移等方面能比CT提供更多信息。超选择性食管造影是一种有创性检查,主要用于介入治疗前确定肿瘤供血血管情况。

【常规治疗】 良性狭窄以内科对症支持治疗为主,内镜下球囊扩张治疗目前也较常用。恶性者根据病因不同以及病变的不同阶段,采取相应的保守、手术、放疗、化疗和中医中药等综合治疗。

【介入治疗】 食管狭窄的介入治疗已成为一种有效的治疗方法,对于良性狭窄可以通过食管扩张或可回收食管支架治疗达到治愈;对于恶性食管狭窄,食管支架在缓解症状,改善生活质量和延长生存期方面显示了明显的优越性。

1. 食管扩张成形术

(1) 适应证与禁忌证

1) 适应证:①食管癌术后吻合口狭窄,术后半年以上者应做活检,以除外食管癌复发;②食管瘢痕性狭窄,如化学腐蚀、反流性食管炎、外伤性食管瘢痕狭窄等;③贲门失弛缓症。

2) 禁忌证:①食管吻合口狭窄,经证明为肿瘤复发者;②食管手术后3周内,吻合口狭窄者;③食管灼伤后的急性炎症期;④重度高血压、冠心病、肺功能严重不全者。

(2) 术前准备和器械准备

1) 术前准备:①术前行食管稀钡或泛影葡胺造影结合胃镜、黏膜活检,明确诊断,并确定狭窄部位及性质,以确定采用何种扩张方式;②术前6h禁食水;③常规做心电图及出凝血时间检查;④术前向患者解释操作中可能发生的问题,以得到患者充分的配合和理解,必要时可给予镇静剂;⑤术前10min肌内注射山莨菪碱10~20mg,以减少消化道分泌,便于操作和防止分泌物反流入气管内;⑥术前口服利多卡因凝胶麻醉咽部,检查口腔,取出义齿。

2) 器械准备:球囊导管与导丝是主要器械,根据术前造影片,观察食管内径的宽度与狭窄长度,来选择适当的球囊导管。普通良性狭窄选择直径18~25mm球囊导管,对于贲门失弛缓症患者则需选择36mm球囊导管;对于内镜显示有明显金属吻合器外露者,可选择探条扩张。

(3) 治疗方法:①安置牙垫;②在X线透视下,尽可能将内置导丝的导管通过狭窄段送达胃腔内,退出导丝,沿导管注入对比剂,了解狭窄部位的情况;③沿导管送入超硬导丝,退出导管,透视下将球囊导管沿超硬导丝将球囊部位送至狭窄部位,调整最佳体位,使球囊中心位置处于最狭窄处,然后稀释76%的泛影葡胺,向导管内注入(即增大压力),使球囊扩张。透视可见球囊逐渐膨胀,球囊压迹由深逐渐变浅。此时根据患者疼痛反应情况,来升压或减压。一般维持压力3~5min,然后减压,往复3~5次。切勿盲目极度扩张,导致食管破裂;④在扩张过程中,使球囊的中心位置处于最狭窄处是关键,由于食管黏膜光滑,可使充盈后的球囊导管上下滑动,降低扩张效果;⑤扩张结束,将球囊导管与导丝一起拔出,患者口服少许泛影葡胺造影以观察食管有无破裂,嘱患者术后禁食,可少许饮用冰水,减少食管出血。

(4) 术后处理:由于扩张术后,狭窄部位的纤维环断裂,可引起局部水肿和出血。术后使用止血剂和抗生素。患者进食采用流质—半流质—普食,逐步过度饮食的方法,不能急于进热硬食物。每次扩张治疗时间可根据病情进展来进行。

(5) 并发症及处理:①食管黏膜出血为常见并发症,一般较少出现严重出血,术后常规止血治疗可预防术后出血;②食管穿孔发生率低,常与扩张过度有关。穿孔严重者需植入覆膜支架;③再狭窄,反复扩张无效者常需植入可回收支架。

(6) 疗效评价:良性狭窄多数患者扩张有效,对于扩张无效者可采用自膨式可回收支架治疗。

2. 食管内支架植入术

(1) 适应证与禁忌证

1) 适应证:①不能手术且伴有严重吞咽困难的食管癌患者;②食管癌并发食管-气管

瘘;③食管癌术后复发;④肺癌、转移性肿瘤侵及食管致严重梗阻;⑤良性食管狭窄:吻合口部及炎症后的难治性狭窄、贲门失弛缓症扩张无效者。

2) 禁忌证:① 严重恶病质;② 接近会厌的高位狭窄。

(2) 术前准备和器械准备:①术前准备同食管扩张术;②器械准备,支架的选择目前支架种类繁多,大致分为管状支架和金属支架,后者又分为带膜及不带膜支架。带膜支架有利于保护肿瘤、减少出血及穿孔的形成。尤其是自膨式支架具有柔软性,并且边缘光滑,又有可通过胃镜回收的优点。恶性食管狭窄一般植入不可回收支架,良性狭窄者则需植入可回收支架。

(3) 治疗方法:① 安置牙垫;② 在 X 线透视下,尽可能将内置导丝的导管通过狭窄段送达胃腔内,退出导丝,沿导管注入对比剂,了解狭窄部位的情况及长度,确定支架使用的长度(支架长度比病变长度上下各长 2 cm);③沿导管送入交换导丝,退出导管,将选好的支架放入支架置入器中,把置入器沿导丝送入食管,当支架通过狭窄段后,到达预定释放部位后,透视下释放支架,将置入器连同导丝一同轻轻拖出体外(图 9-6);④完成支架植入术后,立即口服少许加入温水稀释泛影葡胺造影以观察支架开放及食管通畅情况;⑤对于可回收支架:支架置入后 4 周可行支架回收术,术前 2 h 缓慢饮用冰水 500~1000ml,然后在 X 线透视下或胃镜直视下用专用回收鞘及回收钳或钩,咬住支架上端牵拉,回收机织型支架。

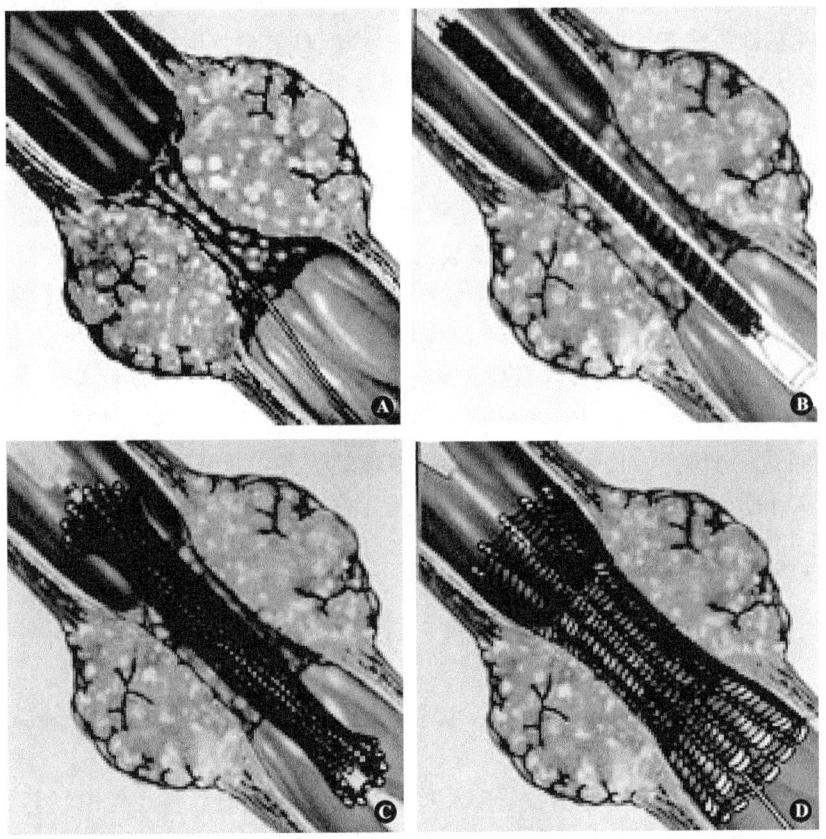

图 9-6　食管支架释放示意图

A. 导丝导管配合,使导丝通过狭窄段;B. 沿导丝引入支架释放器;C. 保持内鞘不动,后退外鞘,缓慢部分释放支架;D. 支架释放后,取出释放器,支架自行膨胀狭窄段。

(4) 术后处理:①置入支架术后至少禁食 6h,然后进食流质饮食,24h 后可进食半流质饮食,禁食冰冷食物。对于食管-气管瘘或食管上端扩张严重者则需复查泛影葡胺造影后显示食管支架与食管壁贴壁良好后才能进食。②术后当日给予抗生素预防感染。③术后有胸骨后疼痛、恶心、呕吐者,给予止吐、止痛等对症治疗。④术后适当饮食指导,禁食大块粗纤维食品、过冷食物。⑤术后定期随访,恶性狭窄需配合其他治疗。

(5) 并发症及处理

1) 胸骨后疼痛及异物感:一般无需处理,1 周后多自行缓解或对症处理。术后口服复方卡那液,可缓解疼痛。对于支架张力过高引起的剧烈疼痛,可对症使用镇痛药物。

2) 食物嵌塞。合理饮食指导是预防食物嵌塞的关键,一旦发生可用内镜取出食物。

3) 反流性食管炎。主要发生于食管下端支架植入后,使用带防反流瓣的支架可以预防,一旦出现可用抑酸药物控制。

4) 支架移位。与选择支架不当、支架类型、释放技术、早期饮食不当和患者剧烈呕吐有关。一旦滑入胃内可用内镜取出。

5) 支架置入术后再狭窄。食管内支架置入术后组织反应较其他部位明显,食管本身的收缩和蠕动与支架张力相互作用,支架两端与柔性的食管产生切割力,造成食管的机械损伤,促使局部组织增生,进而引起狭窄,此种表现在瘢痕体质患者中尤其突出。目前,对于恶性狭窄或癌性复发的患者主张支架置入后放化疗抑制肿瘤生长或置入带内照射粒子支架,良性再狭窄则应注意选择合适尺寸的防反流支架,使其良好贴壁。

6) 术后大出血:近期致命出血原因:支架成角导致大出血,原因是支架长度过短,顺应性差,随着癌组织生长,导致支架与食管壁成角,尤其是贲门癌和食管下段癌术后吻合口上下管腔曲度增加时,同时合并心脏大血管搏动和呼吸运动致使支架和食管壁摩擦出血,严重者可导致大血管破裂和生命危险。远期致命出血原因:术后放疗导致大出血。

7) 支架并发食管瘘:发生原因为支架成角,肿瘤破坏食管壁并坏死脱落,支架与大血管摩擦和术后放疗所致。选择顺应性好的支架,待支架与食管壁充分贴壁进食是预防的关键。

(6) 疗效评价:良性食管狭窄单纯球囊扩张术近期效果良好,吞咽困难缓解率可达 100%,但中远期效果差、可重复性强,故在治疗中需反复多次。对于反复扩张无效者可考虑可回收覆膜支架。对恶性食管狭窄的患者,置入覆膜支架是有效的,食管支架近期疗效甚佳,而中期疗效有待进一步观察。85% 以上患者吞咽困难症状可立即得到缓解,但其再狭窄发生率较高,新近应用的放射性粒子食管支架在有效缓解食管梗阻的同时,对局部肿瘤有一定的内照射治疗作用,可有效缓解肿瘤生长,但其粒子排布与局部照射剂量仍在进一步研究中。

二、食 管 瘘

【概述】 各种原因所致食管与气管、食管与纵隔、食管与大血管之间形成异常通道称为食管瘘。

【病因】 食管-气管瘘与气管-食管瘘相同。后天性气管-食管瘘也可由气管导管气囊压迫气管、外科手术创伤、钝性损伤和异物引起。常见原因有肿瘤侵犯或食管癌、贲门癌、肺癌等手术引发的严重并发症,包括食管-气管瘘、食管-纵隔瘘、食管-胸腔瘘、食管-胃吻合口瘘、胸腔胃-气道瘘等。瘘所致的顽固性肺部感染及进食障碍是食管癌患者的主要死亡原因。

食管-胃吻合口瘘是食管癌或贲门癌手术后常见并发症,其发生率为 2.5% ~ 6.4%,死亡率高达38.1%~53.6%。其发生时间与发生原因有一定关系。早期瘘：<3日，多因手术操作不当、吻合口封闭、不严吻合器械失灵等，其发生率约为10%；中期瘘：术后4~14日食管或胃壁小的坏死穿孔、缝线感染，组织愈合能力低下，其发生率为80%；晚期瘘：术后2周，常系局部缝线慢性感染形成吻合口周围小脓肿。

胸腔胃-气管（主支气管）瘘或是一种罕见病，或是一种未被广泛认识的常见疾病，近年对本病刚刚认识。食管癌趋向于广泛切除颈部或弓上吻合，因食管癌手术切除胃上提胸腔后，食管癌切除不彻底，术后肿瘤复发或对原食管床残留癌组织放射治疗，食管耐受放射剂量高达6000cGy，而胃的耐受量仅为3000~4000cGy，实施食管的放射剂量严重损伤胃，胃壁穿破，胃酸腐蚀气管或继发感染而损伤气管壁，出现胸腔胃气管瘘，胃内的胃酸、消化液等溢出进入气道和肺内，严重刺激肺引起化学性、腐蚀性、消化性肺炎，并继发严重、顽固性感染，预后极差。

【临床表现】 食管-气管瘘临床表现与气管-食管瘘相同。食管-纵隔瘘一旦形成，往往合并纵隔脓肿，患者可于短期内死于顽固性纵隔感染、大出血或形成新的纵隔-气管瘘。食管-胃吻合口瘘临床表现：①消瘦、乏力、精神萎靡；②体温升高：38.5~39.8℃；③含有胃内容物的引流液（穿刺抽吸液）；④代谢紊乱：水+电解质+营养衰竭；⑤合并肺部炎症。胸腔胃-气管（主支气管）瘘常因胃酸刺激气道出现烧灼样刺激性呛咳，平卧位加重，进食后加重，患者强迫坐立位。

【常规治疗】 食管-气管瘘、食管-纵隔瘘、胸腔胃-气管（主支气管）瘘等内科治疗应常规禁食，行肠内营养，对症支持、抗感染治疗。外科手术修补困难大，患者常因全身衰竭死亡。

【介入治疗】

1. 适应证 介入治疗主要适用于食管-气管瘘、食管-纵隔瘘、食管-胃吻合口瘘、胸腔胃-气管（主支气管）瘘。

2. 治疗方法

（1）气管-食管瘘：对于瘘口较小者可以采用经鼻-瘘口置入瘘腔引流管行脓腔外引流，同时置入十二指肠营养管给予营养支持。对于瘘口较大者，术后3周之内给予十二指肠营养管营养支持，3周以后可置入食管覆膜支架（图9-7），有脓腔形成者同时联合脓腔外引流。

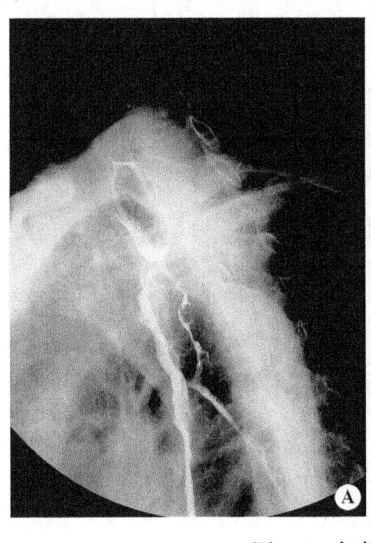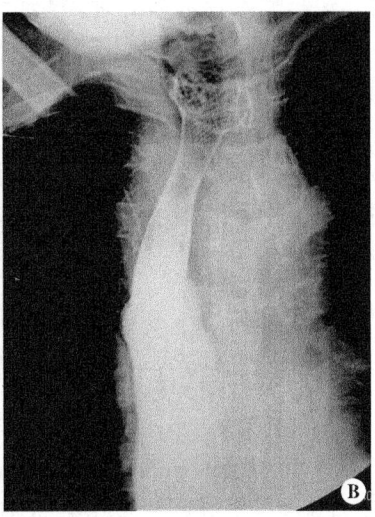

图9-7 气管-食管瘘患者

A. 水剂造影后可见对比剂沿吻合口瘘口流入支气管内；B. 置入覆膜支架后气管瘘消失

(2) 食管-纵隔瘘：关键技术是经鼻腔插入 5F 直头侧孔导管,通过食管瘘口进入纵隔脓腔,交换于脓腔内,经导管抽吸脓腔内容物送细菌培养。经导管造影确认导管头端位于脓腔下极,并反复利用抗生素生理盐水冲洗脓腔后,外固定导管,保留导管便于连接负压鼓负压抽吸引流。同时经口腔、食管狭窄段进入胃腔,经造影证实导管位于胃腔内,交换加强导丝,沿导丝送入食管支架递送系统,于原病变下方 20mm 处开始缓慢释放支架,支架上端至少位于瘘口上 30~40cm,支架覆盖引流管。食管狭窄严重而支架递送系统无法通过时,可使用直径 10mm 的球囊导管预扩张狭窄段。复查造影了解支架膨胀程度和食管通畅情况,有无对比剂外溢等现象。也可经引流管注入对比剂后行胸部薄层 CT 检查,确定脓腔的具体位置、大小以及与周围脏器的毗邻关系。

(3) 食管-胃吻合口瘘：介入治疗术前准备：①实验室检查：血常规、肝功能、肾功能、电解质、心电图、传染病抗体等；②食管造影：了解瘘口的部位、大小、正常段食管长度、管径等；③胸部薄层 CT：进一步了解瘘口的部位、大小、胸腔及肺部情况；④加强营养：肠内营养静脉滴注营养药物,肠外营养,三管法(空肠营养管、胃降压管、经鼻脓腔引流管)；⑤纠正水电解质紊乱,对症处理；⑥器械准备：支架、导管、导丝、开口器、引流管。

介入治疗方案：①空肠营养管、胃减压管、经鼻脓腔引流管置入；②食管-胃吻合口瘘专用封堵内支架—蘑菇状覆膜内支架即专用吻合口堵瘘支架(韩氏内支架)。

(4) 胸腔胃-气管(主支气管)瘘：介入治疗以专用的覆膜内支架经气道封堵瘘口。胸腔胃-气管瘘以管状覆膜内支架封堵治疗,胸腔胃-主支气管瘘以分支型覆膜内支架封堵治疗。支气管置管灌洗肺部炎症和有效消炎抗感染治疗。

3. 术后处理 对于行脓腔引流者,术后根据脓腔大小使用 10~50ml 抗生素生理盐水经引流导管反复缓慢冲洗回抽脓腔,直至回抽脓腔液体不混浊,然后注入甲硝唑注射液或阿米卡星 0.29 与生理盐水混合液 5~15ml,保留 30min 后连接负压抽吸,也可反复冲洗后直接负压抽吸,1~2 次/日。观察引流液的颜色、混浊程度,记录 24h 引流量。适时经引流管造影观察脓腔缩小程度,待引流管下段脓腔完全闭锁后及时调整引流管位置。使其下端位于尚未闭锁的脓腔下段,直至引流物消失脓腔闭锁、引流管完全拔出。待患者体质恢复,积极治疗原发肿瘤。支架植入者术后处理需禁食直至造影确认瘘口完全封堵后,才可开始进食。余处理食管狭窄支架植入类似。

4. 并发症及其处理 与食管支架植入相似。

5. 疗效 食管或气管覆膜内支架封堵食管瘘是一种行之有效的方法,支架置入方便,疗效肯定；及时置入食管或气管覆膜内支架封堵瘘口,可有效控制呛咳、感染,对合并局部脓肿者同时联合脓腔冲洗引流可有效改善感染症状,促进瘘口愈合。

(朱晓黎)

第五节 肺动静脉畸形

【概述】 肺动静脉畸形(pulmonary arteriovenous malformation,PAVM),是一种较为少见的疾病,即在肺动脉和肺静脉间形成了异常沟通或称"短路",它们仅仅是简单的解剖结构异常联结,通常包括供血动脉或数条引流静脉,以及动静脉之间异常的血管团。肺动静脉畸形是典型的先天发育异常所导致的疾病,但亦有报道在极少的情况下由创伤、血吸虫病、感染性病变和肿瘤等原因引起。

PAVM 与另一种疾病——遗传性出血毛细血管扩张症(hereditary hemorrhage telangiec, HHT)密切相关,约 70%的 PAVM 患者同时被诊断有 HHT,而 50%的 HHT 患者至少有 1 处 PAVM 存在。

【临床表现】 PAVM 引起临床症状有以下种机制:①PAVM 是心外的右向左分流,会导致不同程度的血氧含量下降;②PAVM 破裂导致致命的咯血和(或)胸腔积血;③PAVM 的存在破坏了正常肺组织毛细血管的过滤功能,从而导致异位栓塞而引起严重的症状。

临床上最多见、最显著的症状是神经系统症状,系由血栓、菌栓等避开正常肺组织滤过作用,通过 PAVM 而造成的颅内异位栓塞所致。常表现为脑梗死、短暂脑缺血发作和脑脓肿。同时合并的红细胞增多症可以加重上述症状。脑脓肿也是一个常见症状,口腔正常菌群是导致脑脓肿的重要原因。其他一些较少见的中枢神经系统症状还有周期性偏头痛、视觉改变和癫痫发作。

【辅助检查】 诊断 PAVM 的方法很多,现将目前临床常用的较敏感的 PAVM 辅助检查方法综述如下。

1. 纯氧试验 纯氧试验敏感性高,对有临床意义的诊断率接近 100%,而且简单易行、价格低,目前是临床上首选的筛检方法。

2. 胸部 X 线摄影 胸部 X 线摄影简便易行、敏感、无创又经济,目前作为 PAVM 的一线筛选检查。

3. 超声心动图声学造影 超声心动图声学造影诊断有临床意义的 PAVM 的敏感性几乎为 100%,甚至能发现很小的没有临床意义的 PAVM,同时因为它是无创的,目前广泛地被应用。

4. 肺灌注放射性核素扫描 肺灌注放射性核素扫描是诊断 PAVM 的一种敏感性很高的方法,能确定病变的部位和范围,并能测定分流分数。

5. 螺旋 CT 和超高速 CT 是诊断 PAVM 的一种有效手段。3D 螺旋 CT 采用表面阴影显示法可以从各个角度显示血管结构,准确性高。临床上常用于治疗后随访。

6. MRI 是一种无创的检查方法。相位对比电影序列是磁共振技术中诊断 PAVM 最准确的方法,可明确病变部位、形态、累及的范围。目前不作为诊断 PAVM 的一线方法。

7. 肺动脉造影 可明确 PAVM 的部位、形态、累及的范围及程度,特别是进行超选择动脉造影时敏感性可达 100%,目前仍是诊断 PAVM 的金标准。因为是有创性的检查,故主要用于治疗前确诊 PAVM 和作为介入治疗的组成部分,而治疗后随访时一般不用该方法。

【常规治疗】 传统认为不是所有的 PAVM 都需要治疗,只有那些病变进行性增大的、发生了矛盾性栓塞的,以及有症状的低氧血症患者才有必要治疗。但近来的研究发现很多无症状的或病变很小的患者也可发生严重的神经系统并发症,如脑卒中、脑脓肿等,因此也有主张所有供血动脉直径≥3mm 的 PAVM 患者无论有无症状都应治疗。治疗目的是改善缺氧症状,预防脑卒中、脑脓肿、咯血等严重并发症的出现。目前治疗的方法有外科手术、药物治疗和介入栓塞治疗等方法。其中介入栓塞方法是目前治疗 PAVM 首选方法,只有栓塞失败者才选外科手术治疗。

【介入治疗】

1. 适应证 适用于供血动脉直径≥3mm 的所有 PAVM 的患者,包括弥漫型 PAVM。后者行栓塞治疗后虽然不能明显改善缺氧症状,但能显著降低脑卒中、脑脓肿、咯血等并发症的发生率。

2. 禁忌证 ①严重凝血功能障碍患者;②恶病质、肝肾心功能严重损害者。

3. 术前准备 术前仔细的辅助检查及正确诊断非常重要。

4. 器械选择 包括常规肺动脉造影导管、导丝、8F导管鞘。栓塞物质选择一般来说,依据肺动脉血管造影所提供的有关栓塞必要的形态学信息,选择适用的可脱球囊或弹簧钢圈进行栓塞治疗。一般供血动脉直径为3~4mm的PAVM使用弹簧钢圈;供血动脉直径4~9mm的通过可脱球囊或血管封堵器(AVP)治疗;直径超过9mm的通过单纯使用弹簧钢圈、AVP或特大的可脱球囊治疗。

5. 方法及步骤 治疗一般选股静脉为穿刺点,常规进行右心导管术及选择性肺动脉主干造影,采用多体位电影摄像,明确PVAM的位置、大小、滋养动脉的数量、直径。根据造影显示的位置,换用端孔导管或微导管,经过导管导丝交换,使导管尖端选择性进入滋养动脉,释放栓塞物质。再次造影显示血流阻断或造影畸形血管内血流明显减少,血流缓慢,结束手术(图9-8)。

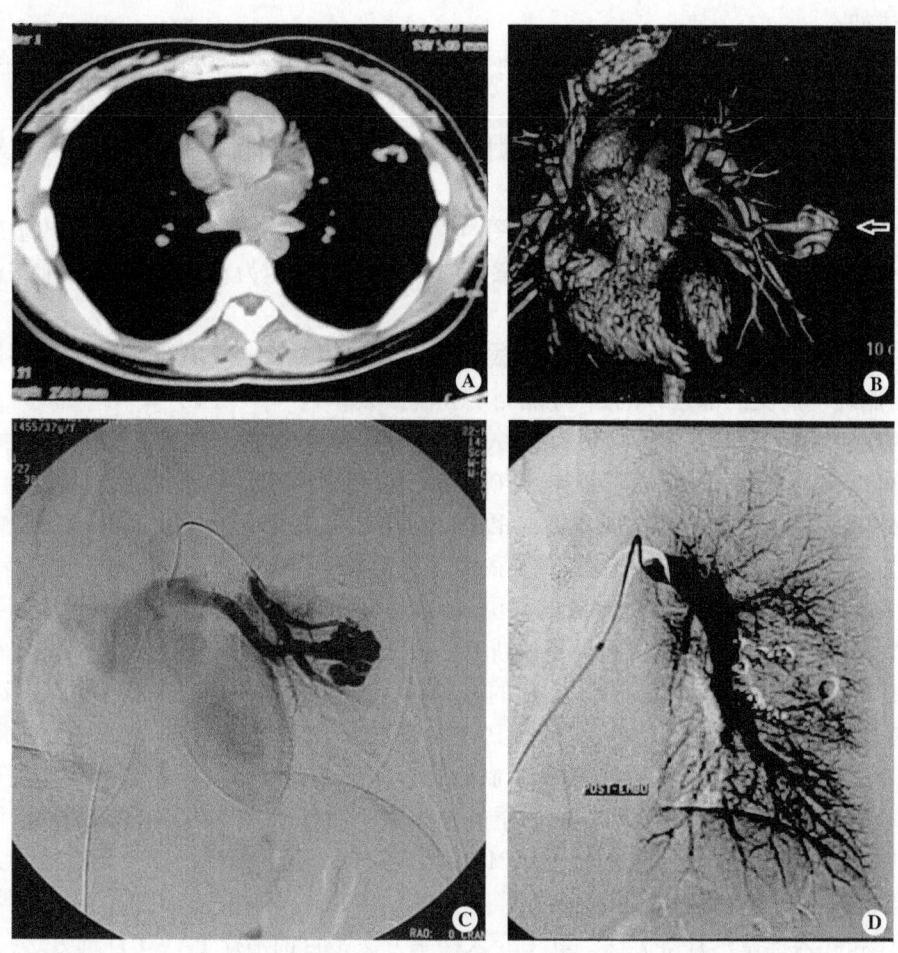

图9-8 肺动静脉畸形患者

A. CT扫描可见左肺舌叶异常肿块影;B. 三维CTA重建后可见明确的畸形血管团(白箭头所示);
C. DSA造影证实病变供血肺动脉;D. 分别予以栓塞后,肺动脉主干造影显示畸形血管团消失

6. 术后处理 PAVM 治疗后应定期随访。一般于治疗后 1 个月和 1 年时各随访一次,以后每隔 3~5 年随访一次,以便观察有无再通,有无新的 PAVM 生成以及原有的小 PAVM 是否增大。对上述已确定为的 PAVM 患者随访时应首选纯氧试验、CT 或磁共振。患者怀孕后病变常常增大,易合并肺动脉出血、脑卒中等,所以也需要定期随访。

7. 并发症

(1) 自陷性胸膜炎:在栓塞后的第 1 周出现,大多数开始于第 1 个 48h。胸膜炎持续数日,并可有轻度发热。

(2) 空气栓塞:空气栓塞多出现在导管内楔入弹簧钢圈并反复牵拉,造成空气被引入弹簧内。这种现象更多地出现在栓塞直径 3~4mm 的小 PAVM 时。引起的症状包括感觉异常,绞痛或暂时性血管造影异常,持续时间短。可通过给予面罩吸氧,静脉内给予阿托品缓解,全部改变均为可逆的。

(3) 器械栓塞:部分原因是由于操作,在动脉瘤的滋养动脉中移动时脱离球囊,球囊随后滚动至远端动脉分支处。并出现相应症状。

8. 疗效评价 近来有研究表明,介入栓塞 PAVM 治疗的成功率为 95% 以上。随访发现栓塞治疗不仅明显改善缺氧症状,提高血氧分压(弥漫型除外),而且可明显降低脑卒中、脑脓肿等并发症的发病率,疗效是可靠的。缺点是栓塞后可以再通,可能跟栓塞物的大小、放置的位置不合适有关。再通后仍可行再次栓塞治疗。

(朱晓黎)

第六节　急性肺动脉栓塞

【概述】　急性肺动脉栓塞(pulmonary embolization, PE)是指发病时间较短,一般在 14 日以内,新鲜血栓堵塞肺动脉者。若发病时间超过 14 日,在 3 个月以内者,为亚急性 PE。它是由于内源性或外源性栓子堵塞肺动脉主干或分支引起肺循环障碍的临床和病理生理综合征,其发病率仅次于冠心病及高血压,死亡率居第 3 位,仅次于肿瘤及心肌梗死,但长期以来由于对该病的防治缺乏足够的重视,尤其基层医院经常漏诊、误诊。血流淤滞、静脉损伤和血液高凝状态等因素综合作用易引起血栓形成,血栓脱落后可导致 PE 栓子的脱落,常与血流突然改变有关,如久病术后卧床者突然活动或用力排便等。PE 的栓子多来源于下肢深静脉也可来自盆腔静脉或右心(图 9-9)。

【临床表现】　PE 的临床表现无特征性,症状的频度和程度很不一致,取决于肺血管阻塞的范围,原有心肺功能状态以及是否发展为肺梗死。小的血栓栓塞可无症状,栓塞的症状往往在数分钟内突然出现,而梗死的表现则需数小时。症状常持续数日,取决于血细胞凝集块溶解的速度和其他因素,但症状通常逐日减轻。慢性、复发性栓塞的患者可在数周、数月或数年内逐渐出现慢性肺心病的症状和体征。无梗死的 PE 可引起呼吸困难,气促为持续性,常为显著的特征;亦可表现为明显的焦虑不安。严重肺动脉高压可引起胸骨后不适,可能因肺动脉扩张或由于心肌缺血所引起。发绀通常仅见于大范围栓塞者。位于外周肺的小栓塞虽可引起梗死,但不引起肺动脉高压。

无肺梗死者肺部体检通常正常。有时听到哮鸣音,尤其原有心、肺疾病者更为明显。肺梗死的其他表现包括咳嗽、咯血、胸痛、发热及肺实变或胸腔积液体征,可能有胸膜摩擦音。

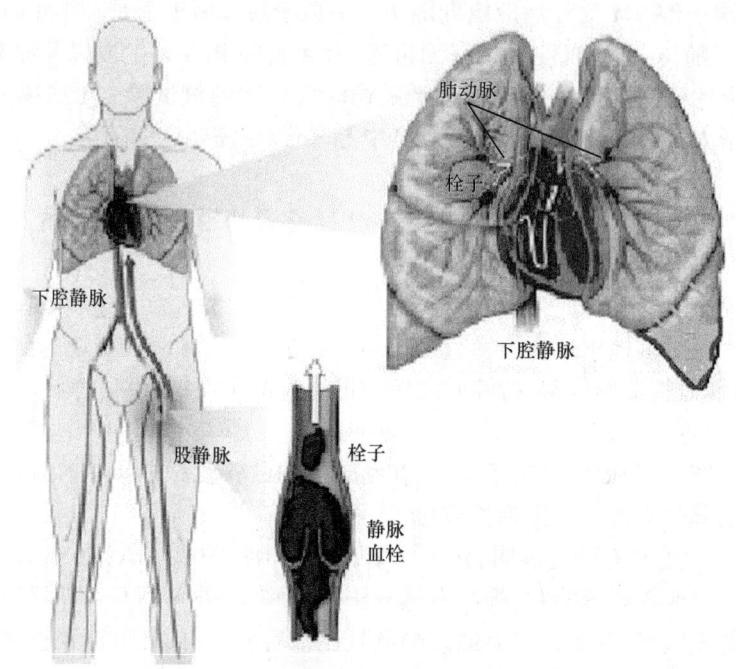

图 9-9　PE 发生机制示意图

来源于上下肢或盆腔的深静脉血栓脱落后,栓子经腔静脉回流入右心房,并经右心室到达肺动脉各级分支

【辅助检查】

1. 常规实验室检查　血清酶检查缺乏敏感性和特异性,对诊断帮助不大。急性 PE 和肺梗死者出现血清 LDH 升高、胆红素升高和 ACT 正常的三联征者<15%。PE 后血纤维蛋白降解产物(如 D-二聚体)往往增多。

2. 心电图　常见的心电图改变是 QRS 电轴右偏,第 I 导联 S 波变深>115mm,第 III 导联出现 Q 波和 T 波倒置,右心前区导联 T 波倒置,顺钟向转位,完全性或不完全性右束支传导阻滞,肺性 P 波。

3. 胸部 X 线片　可有多发性浸润、胸腔积液、横膈升高。

4. CT 检查　螺旋 CT 和超高速 CT 是近年发展起来的影像学新技术,增强扫描可以直接显示肺血管。CT 对中央型 PE 诊断的敏感性、特异性均为 100%。对累及肺段者,敏感性平均为 98%(91%~100%),特异性平均 97%(78%~100%)。其最大的优点是无创、诊断率高,对急症尤为有价值。增强 CT 检查目前已经可以替代常规肺动脉造影,可以作为一线检查方法(图 9-10)。其缺点是不能提供血流动力学资料,对肺段以下的外围 PE 诊断有困难。

5. MRI　常规采用自旋回波和梯度回波脉冲序列扫描,对主肺动脉和左、右肺动脉主干的栓塞诊断有一定价值。在没有 CT 设备时,MRI 可以作为二线检查方法用于诊断。

6. 肺通气/灌注扫描　文献报道其敏感性在 95% 以上,特异性在 90% 以上。多种影响因素如胸肺疾病、肺动脉不全梗阻等都是产生假阴性、假阳性的主要原因。

7. 肺动脉造影可确诊　以选择性肺动脉造影效果最好,有条件者可行血管造影,图像更清晰。目前血管造影仍是诊断 PE 的"金标准"。诊断的两项主要标准是肺动脉分支的动脉内充盈缺损和完全阻塞(图 9-10)。

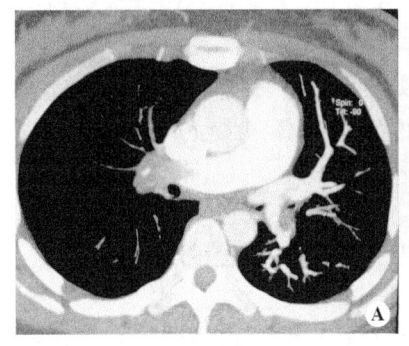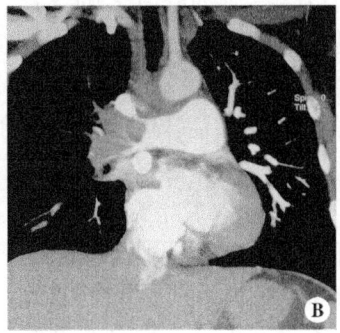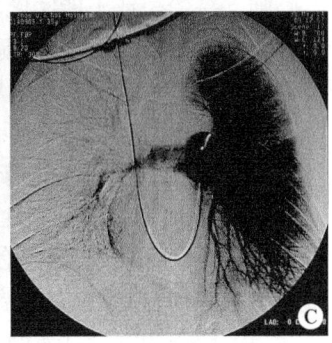

图 9-10　右肺动脉栓塞患者

A. 增强 CT 显示右肺动脉内无强化的低密度血栓；B. CTA 冠状位重建清楚显示右肺动脉主干栓塞；
C. 肺动脉造影显示右肺动脉中下段主干内可见明显充盈缺损，远端分支消失。

8. 其他　确定是否存在髂股静脉栓塞性疾病的诊断性检查，有助于 PE 的诊断，尤其是经抗凝治疗后仍有复发栓塞征象者或抗凝治疗有禁忌而需考虑下腔静脉阻断手术者。

【预防】　鉴于治疗上诸多限制，预防 PE 极为重要。预防措施的选择及其强度依据易造成静脉血流淤滞和血栓栓塞的临床因素而定。

静脉血栓栓塞的预防治疗包括低剂量未分馏肝素（LDUH）、低分子量肝素（LMWH）、右旋糖酐注射、华法林、间歇性气囊压迫（IPC）和逐步加压弹性袜。阿司匹林对一般手术患者无预防静脉血栓栓塞作用。

【常规治疗】

1. 急救治疗

（1）一般治疗：PE 发病后的 1~3 日内最危险，患者应收入监护病房，连续监测血压、心率、呼吸、心电图和动脉血气等。

（2）对症治疗：①镇静止痛；②治疗急性右心功能不全；③抗休克治疗；④改善呼吸。

2. 抗凝治疗

目的在于：①预防肺动脉血栓的周围出现血栓延伸；②抑制由血栓所致的神经、体液因素的分泌；③阻止静脉血栓的进展。

抗凝治疗的初期使用 LMWH，以后用华法林维持。LMWH 使用绝对禁忌证：脑出血、消化系统出血的急性期、恶性肿瘤、动静脉畸形。相对禁忌证：既往有出血性疾病，未治疗的重症高血压，产后 2 周以内的大手术、活组织检查。LMWH 在肝脏代谢、尿中排泄，合并重症肝肾疾病时应减少用量。

3. 溶栓治疗　急性 PE 的治疗其最终目标是去除血栓，近年来采用的溶栓治疗方法安全且有效。

溶栓治疗的适应证：①广泛型急性 PE；②非广泛型急性 PE 合并重症心肺疾病，抗凝疗法无效；③深静脉血栓形成。

溶栓治疗的禁忌证：①消化性溃疡伴有出血；②近期脑血管疾病或脑脊髓术后；③颅内肿瘤等。

【介入治疗】　PE 治疗的目的包括：①度过危急期；②缩小或消除血栓；③缓解栓塞引起心肺功能障碍；④防止再发。PE 介入治疗主要包括导管内溶栓、导管血栓捣碎术、局部机械消散术、球囊血管成形术、腔静脉滤器置入术等。

1. 适应证　①急性大面积 PE；②血流动力学不稳定；③溶栓疗法失败或禁忌证；④人

工心肺支持禁忌或不能实施者;⑤具有训练有素的导管操作者;⑥尤其对心源性休克或右心功能不全患者,介入治疗是应考虑的紧急救治方法。

2. 禁忌证 主要同溶栓禁忌证,包括2个月内的脑出血、头颅手术、10日以内的大手术、重症高血压、活动性出血、难以控制的血液疾患、重症肝功能不全、肾功能不全、妊娠、分娩10日以内。

3. 术前准备和器械选择

4. 介入治疗方法 急性PE的介入治疗安全性较高、技术难度不大,是一种有效方法,有着广阔的研究前景,但仍有待于进一步的补充与完善,特别是碎栓、吸栓的导管装置还有待于改进和创新。PE介入治疗主要包括以下几个方面。

(1) 导管内溶栓:肺动脉内局部用药特别是小剂量时可减少出血并发症,但局部治疗的不利方面是需要通过肺动脉导管,故现已多采用外周静脉给药方法。

(2) 导丝引导下导管血栓捣碎术:可采用猪尾导管、clot buster、Hydrolyser 导管及改良的 hydrolyser 导管,结果发现在 PE 的治疗中,这四种装置均有效。猪尾导管虽然较简便,但同其他三种装置比较而言,它相对费时、粉碎栓子的效果弱。

(3) 局部机械碎栓术(amplatz thrombectomy device, ATD):是一种机械性的血栓切除装置,利用再循环式装置可以将血栓块溶解成 $13\mu m$ 的微粒。应用 ATD 进行的肺动脉血栓切除术适用于致命性 PE、循环低血压者、不伴低血压的急性右心扩张者、有溶栓禁忌证者,其最适于中心型栓子,对新鲜血栓有较好疗效且无需完全溶解血栓。

(4) 球囊血管成形术:通过球囊扩张挤压血栓使得血栓碎裂成细小血栓,利于吸栓或溶栓。若急性 PE 合并肺动脉狭窄,球囊扩张还可使管腔扩大,必要时行支架置入术。

(5) 导管碎栓和局部溶栓的联合应用:用旋转猪尾导管破碎巨大血栓同时局部应用溶栓剂,48h 后肺动脉平均压明显下降,有效率为 60%,死亡率为 20%。经股静脉插管,经右心房-右心室到达双侧肺动脉,造影可显示肺动脉血供情况。发现血栓后可将导管置于血管内,将血栓捣碎,并用注射器反复抽吸,将血栓抽出,恢复肺动脉血流,对于较小肺动脉分支内血栓则无法碎栓抽栓,可经导管注入尿激酶接触溶栓。

(6) 此外,还有一些介入治疗的方法如电解取栓术、负压吸引取栓术等。

(7) 腔静脉滤器置入术(IVC):对深静脉血栓普通人群,目前不推荐系统使用 IVC。另一方面,当有抗凝绝对禁忌证和同时有高度深静脉血栓再发风险时可以使用 IVC,如近期有颅内手术或其他大手术。孕妇在分娩前几周可能有广泛的血栓形成,也可以考虑使用可回收 IVC。一旦使用抗凝剂是安全的时候,可回收 IVC 应该被撤走。

应严格掌握 IVC 的适应证和禁忌证,目前的研究表明 IVC 并未延长首次出现静脉血栓栓塞患者的生存率,而且虽然 IVC 可以减少 PE 的发生率,但并未降低 DVT 的复发率,因此安置滤器后应长期口服华法林,维持 INR 在 2.0~3.0。

随访并发症和远期疗效。安置滤器后可能出现下肢静脉淤滞、阻塞及滤器移行、脱落和静脉穿孔等并发症。

5. 术后处理 急性 PE 患者要求绝对卧床 2 周左右,术后需继续维持呼吸道通畅及必要的内科治疗。溶栓结束后 4~6h 测定 APTT,如 APTT 在基础值 1.5~2 倍以内,即给予低分子量肝素。对于溶栓治疗患者应密切观察并发症的发生情况,同时抗凝患者应注意差异和定期检测血细胞凝集指标以调整药量。直到 INR 达到目标值后才可逐步活动。保持大便通畅,避免剧烈咳嗽,避免挤揉下肢,特别是 DVT 患肢。临时滤器置入患者则需要掌握取出滤器的适应证和时机把握。

6. 并发症 溶栓、碎栓治疗主要并发症为出血、溶血性、出血性黄疸。溶栓疗法最重要并发症是出血,发生率为 5%~7%,致死性出血约为 1%。其他不良反应还可能有发热、过敏反应、低血压、恶心、呕吐、肌痛、头痛等。过敏反应多见于用链激酶患者。抗凝治疗并发症包括出血、肝素诱导的血小板减少症、肝素过敏反应和皮肤坏死。

7. 疗效评价 介入治疗急性 PE,其对象一般均为重症患者,临床大样本的报道少见。急性大面积 PE 采用导管血栓吸引术和导丝血栓破碎术有显著的临床疗效,对肺动脉造影确定诊断的急性大面积 PE 症患者实施血栓抽吸,术后肺动脉收缩压可明显下降,心每搏输出量增加,表明对有适应证的患者实施介入疗愈早,其生存率愈高。

发病初期病情重危的急性 PE 患者,如果能渡过急性期,其预后较好。早期导管介入性治疗对改善患者的状态和维持血流动力学的稳定有较大意义。

(朱晓黎)

第七节 胸腔积液、肺脓肿与脓胸

一、胸腔积液

【概述】 正常胸膜腔每天产生 100~200ml 胸液,由壁层胸膜产生,再经壁层胸膜小孔吸收。若由于全身或局部病变破坏了此种动态平衡,致使胸膜腔内液体形成过快或吸收过缓,临床产生胸腔积液(pleural effusion)。壁层胸膜小孔或与纵隔淋巴结之间的淋巴管阻塞或转移性纵隔淋巴结回流障碍,胸膜转移后渗出均可引起积液。

恶性胸腔积液最常见病因是肺癌,其次是乳腺癌。两者约占恶性胸腔积液的 75%,其余肿瘤约占 25%。

【临床表现】 年龄、病史、症状及体征对诊断均有参考价值。结核性胸膜炎多见于青年人,常伴有发热;中年以上患者应警惕由肺癌所致胸膜转移。炎性积液多为渗出性,常伴有胸痛及发热。由心力衰竭所致胸腔积液为漏出液。肝脓肿所伴右侧胸腔积液可为反应性胸膜炎,亦可为脓胸。积液量少于 0.3L 时症状多不明显;若超过 0.5L,患者渐感胸闷。局部叩诊浊音,呼吸音减低。积液量增多后,两层胸膜隔开,不再随呼吸摩擦,胸痛亦渐缓解,但呼吸困难亦渐加剧;大量积液时纵隔脏器受压,心悸及呼吸困难更加明显。恶性胸腔积液生长迅速,难以控制、抽液后反复增多是其重要特点,另一特点为血性胸腔积液。

【辅助检查】 胸腔积液量为 0.3~0.5L 时,X 线仅见肋膈角变钝;更多的积液显示有向外侧、向上的弧形上缘的积液影。平卧时积液散开,使整个肺野透亮度降低。液气胸时积液有液平面。大量积液时整个患侧阴暗,纵隔推向健侧。积液时常边缘光滑饱满,局限于叶间或肺与膈之间,超声检查有助于诊断。CT 检查能根据胸液的密度不同提示判断为渗出液、血液或脓液,尚可显示纵隔、气管旁淋巴结、肺内肿块,以及胸膜间皮瘤及胸内转移性肿瘤。CT 检查胸膜病变有较高的敏感性与密度分辨率。较易检出 X 线平片上难以显示的少量积液。胸腔积液的细胞学检查是诊断恶性胸腔积液的主要标准,其阳性率为 70%~80%。

【常规治疗】 胸腔积液为胸部全身疾病的一部分,病因治疗尤为重要。漏出液常在纠正病因后可吸收。渗出性胸膜炎的常见病因为结核病、恶性肿瘤和肺炎。

【介入治疗】 胸腔导管引流术加黏着剂使胸膜腔闭锁是介入治疗恶性胸腔积液公认有效的治疗方法。其机制是:导管将恶性胸腔积液引流后再注入黏着剂,引起反应性胸膜炎,是脏层壁层胸膜粘连和胸膜腔闭锁已阻止液体生成,又称为胸膜腔粘连术、胸腔闭锁术或胸膜腔硬化治疗。

1. 适应证与禁忌证
（1）适应证：①胸腔积液的细胞学检查阳性；②胸膜活检阳性；③化疗或激素治疗无效。
（2）禁忌证：①肿瘤阻塞支气管造成同侧肺不张；②充血性心力衰竭；③2周前曾行放疗。

2. 术前准备 根据X线及CT确定最佳穿刺点、测定凝血指标、术前4~6h禁食、镇静剂。器械准备包括18G穿刺针、安全性胸腔引流管针、28~32F引流管、闭式负压引流管、手术刀片等。胸膜黏着剂：抗生素（四环素、多西环素）、抗肿瘤药物（阿糖胞苷、博来霉素、PDD、MMC等）、其他（阿的平、生物制剂、滑石粉）。

3. 操作方法 穿刺点定位于第8或第9肋间。局麻下穿刺，抽取部分胸腔积液后，经穿刺针引入导丝，沿导丝扩张通道后，经导丝引入28~32F引流导管，引至胸膜腔最低部位，抽完积液，注入局麻药后，注入黏着剂加等渗生理盐水30~50mL，夹闭导管，转动体位使药物与胸膜腔充分接触。夹闭2h后，闭式胸腔引流。恶性胸腔积液，引流量<100ml拔管。其他注入黏着剂后数小时拔管。

4. 注意事项 ①反复转动体位使黏着剂分布均匀；②注入局麻减少疼痛；③穿刺肋骨上缘，动作迅速；④观察导管位置，防止导管脱出。

5. 并发症及处理 ①发热，对症处理；②局部疼痛，对症止痛；③气胸：少量气胸密切观察，气胸超过50%对症胸腔闭式引流处理。

6. 疗效评价 胸腔导管引流术加黏着剂使胸膜腔闭锁是介入治疗恶性胸腔积液公认有效的治疗方法。

二、肺脓肿与脓胸

【概述】 肺脓肿是由肺组织坏死而产生的局限性有脓液的空洞。同时伴有周围肺组织的炎症。病理过程以肺组织坏死为主要内容。脓胸是胸膜受致病菌感染，产生脓性渗出液聚于胸腔内所致。脓胸多为继发感染，常继发于肺部炎症，也可继发于肺部其他疾病，如支气管肺癌等。致病菌常为肺炎球菌、链球菌或金黄色葡萄球菌。

【临床表现】

1. 肺脓肿 急性期起病急剧，以厌氧菌感染引发的肺脓肿，则表现为腐败性恶臭痰，而以需氧菌感染引发的肺脓肿，则表现为非腐败性痰液。但总以咯吐大量脓液痰为特征。本病多发于青壮年，且男性多于女性。

2. 脓胸 急性期常有胸痛、呼吸急促、发热、脉搏加快。中毒症状重者，体温可高达40℃，白细胞计数增高，少数患者可以咯血。慢性期出现消耗性病容、贫血、低热等。脓胸的脓液可穿透胸壁，破溃后形成窦道，或向肺内穿破，形成支气管胸膜瘘，也可并发纵隔脓肿等。

【辅助检查】 血常规检查：急性期白细胞计数$(20~30)\times10^{12}$/L，中性粒细胞明显增高。慢性患者可无明显改变。

肺脓肿患者痰液恶臭，为厌氧菌所致。如无明显臭气，为需氧菌所致。

病变范围较小，且部位较深者，可无异常体征。病变范围较大，伴有大量炎症时，叩诊呈浊音或实音。听诊可闻呼吸音减低，或有湿性啰音。

X线检查：肺脓肿早期呈大片状密度增高的阴影。成脓期，可见圆形单个空洞，内有液平面。溃脓期，空洞壁变厚。恢复期可见纵隔向患侧移位，胸膜增厚。脓胸患者常有局限性胸膜增厚,形成脓腔者可见液平样改变。

痰涂片、痰培养检查,有助于确定病原菌及选择药物。

【常规治疗】 治疗原则为控制感染,急性肺脓肿经抗生素治疗多可治愈。10%～20%的患者需要手术治疗,最常采用的是肺叶切除术。脓胸则可采用穿刺抽脓、插管引流、开放引流及手术治疗。

【介入治疗】

1. 适应证 ①肺脓肿大于20mm的脓腔,内科治疗无效者;②肺脓肿侵及胸膜所致脓胸者;③有支气管胸膜瘘或脓气胸者。

2. 禁忌证 ①肺脓肿致命性大出血;②广泛肺组织坏死;③无安全穿刺通道。

3. 术前准备和器械选择 完备的影像学检查资料,观察脓肿或脓胸的位置,了解有无分隔,在胸部平片或CT上设计穿刺路径。穿刺点要选择脓肿的最低位置。术前做必要的实验室检查,如血常规、出凝血时间、血培养等。向患者及家属说明治疗经过。术前4~6h禁食。术前给予常规镇静剂。

药物:采用广谱抗生素或敏感抗生素,纤维蛋白溶解类药物,如胰蛋白酶、脂凝乳蛋白酶或尿激酶等。

器械包括:18G穿刺针、安全型胸(腹)腔引流三件套(含套管穿刺针、内针芯、引流管)、闭式负压引流袋及连接管、手术刀片、止血钳、固定碟型贴等。

4. 介入治疗方法 在X线或CT下定位。常规消毒、局麻后,用手术刀片在穿刺点皮肤做一与肋间平行的3~5mm的小切口。经切口用细长针试穿脓腔,抽到脓液后,改用引流套管针穿刺脓腔,拔出内套管针同时,推进外套引流管于脓腔内,见脓液流出后,将首次抽出的脓液送细菌培养,然后将脓液抽吸干净,用含有抗生素的生理盐水5~10mL冲洗脓腔和引流管,抽吸脓液,接负压引流袋,冲洗脓腔每日1次,直到肺脓肿或脓胸改善。对有分隔或小房的脓腔应注入尿激酶或胰蛋白酶以利于充分引流。

5. 注意事项 穿刺点应在肋骨上缘,以避免损伤肋间血管及神经。穿透胸膜时,动作要迅速,患者应屏气。穿刺路径应避开大血管、叶间裂、肺大疱和肺囊肿。引流过程中应经常透视观察导管位置及病灶消散情况,防止导管脱落并根据脓液的部位适当变换体位,定时冲洗导管,有利于引流。

拔管指征:引流管内无脓液抽出,复查X线脓腔基本消失;夹管数日后,患者体温正常,白细胞计数正常并无咳脓痰或胸痛等征象,方可拔管。

6. 并发症及处理

(1) 气胸:与穿刺方式、导管路径、患者年龄、术者经验等有关。少量气胸无需处理。严重者需要插管排气。

(2) 出血:穿刺过程中损伤较大血管。少量出血,一般无需处理,嘱患者卧床休息,避免剧烈咳嗽可自愈。若量大,则可使用垂体后叶素或止血药对症处理。

(3) 脓肿或脓胸复发:多为治疗不彻底,或基础疾病未控制,此外过早拔管也是原因之一。

7. 疗效评价 相比较外科手术,介入治疗可避免肺叶切除带来的手术创伤、肺功能丧失及术后一系列并发症;该方法创伤小,不限制患者活动,引流冲洗方便。目前,多数学者认为正规内科治疗1周后,临床和影像学检查显示肺脓肿或脓胸改善不明显者,应尽早施行经皮穿刺引流,但致命性大出血和广泛肺组织坏死除外。

(朱晓黎)

第十章 血管疾病

第一节 主动脉夹层

【概述】 主动脉夹层(aortic dissection,AD)又称主动脉夹层动脉瘤,是一种起病急骤,表现凶险,预后极差的主动脉疾病。本病多发生于50~60岁,男女之比为(2~3):1。临床上分急性期(2周以内)和慢性期(2周以后),急性期死亡率可高达70%,死亡主要原因是主动脉破裂或心脏压塞等。

其主要病因包括高血压、动脉粥样硬化、遗传因素和结缔组织代谢异常,以及外伤、妊娠、先天性心血管疾病等。在此基础上主动脉内膜破损,高压血流冲入血管壁,造成中膜撕裂,病变多位于中膜的中外1/3之间,形成真假腔。

【病理改变及分型】 主动脉夹层多发生于左锁骨下动脉远端的降主动脉,并沿主动脉长轴方向扩展,甚至累及腹主动脉及其分支,从而造成主动脉真假两腔分离,假腔和真腔的分隔是内膜,这个组织被称为内膜瓣。由于假腔流出道狭窄或缺如,使得假腔内压不断升高,真腔及其相应分支受压变窄,而引起血管破裂或相应组织器官缺血。沿着假腔流动的血液,可能会使内膜二度撕裂,通过这些二次撕裂口,血液可以重新进入真腔。有时假腔可参与腹腔脏器供血,甚至是某一器官的唯一血供来源。假腔也可形成附壁血栓,如附壁血栓较多,完全填塞假腔可以阻止夹层的扩展,减少破裂的可能。

主动脉夹层在组织学上主要可见主动脉中膜呈退行性改变,有弹力纤维减少、断裂及平滑肌细胞减少等变化,急性期,主动脉壁出现严重的炎症反应;慢性期,可见新生的血管内皮细胞覆盖于夹层腔内层表面。根据内膜破口部位和主动脉夹层动脉瘤累及的范围有以下两种分型。

1. Stanford 分型

(1) A型:内膜破口位于升主动脉、主动脉弓或近段降主动脉,扩展累及升主动脉和主动脉弓部,也可延及降主动脉甚至腹主动脉。

(2) B型:内膜破口常位于主动脉峡部,扩展仅累及降主动脉或延伸至腹主动脉,但不累及升主动脉。

2. DeBakey 分型

(1) Ⅰ型:内膜破口位于升主动脉,扩展累及腹主动脉。

(2) Ⅱ型:内膜破口位于升主动脉,扩展仅限于升主动脉。

(3) Ⅲ型:内膜破口位于主动脉峡部,扩展累及降主动脉(Ⅲa型)或达腹主动脉(Ⅲb型)。

Standford A型相当于DeBakey Ⅰ型和Ⅱ型,占主动脉夹层的65%~70%;而Stanford B型相当于DeBakey Ⅲ型,占30%~35%(图10-1)。

【临床表现】 主动脉夹层最主要的临床症状为突发性的胸背部和(或)腰腹部剧烈的放射性撕裂样疼痛。累及冠状动脉者,出现心肌缺血甚至心肌梗死;累及主动脉弓部三大分支者,可引起脑部及上肢供血不足。当病变累及腹主动脉分支如肠系膜上动脉、肾动脉时,则出

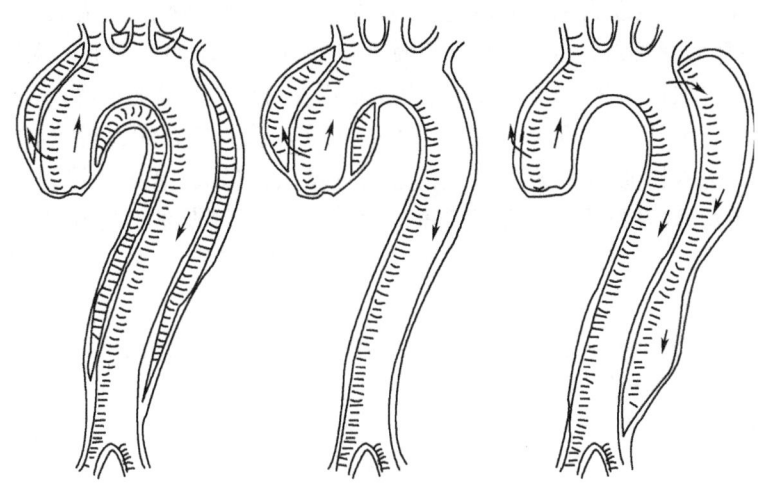

图 10-1 主动脉夹层分型
DeBakey 分型 Ⅰ 型(右)、Ⅱ 型(中)、Ⅲ 型(左)

现肠缺血、坏死或肾缺血,以及肾功能不全等表现;下肢血供受累时出现间歇性跛行、肢体发凉、脉搏减弱或消失等。若主动脉夹层破入左侧胸腔或腹腔,可表现为休克、胸腹部疼痛、呼吸困难等。

【辅助检查】

1. CT 血管造影(CTA) 在横断面 CT 增强图像上,可显示主动脉管径增粗,管腔内可见低密度条带状影(即内膜瓣)分隔主动脉腔。真腔通常受压变窄,动脉早期真腔内强化明显高于假腔;而在动脉晚期,由于真腔内的对比剂排空快,因此呈现假腔密度高于真腔密度的表现。假腔内常因附壁血栓的存在而出现低密度充盈缺损影。内膜瓣破口处通常位于主动脉夹层起始部的远心侧,并表现为内膜瓣连续性中断,真腔、假腔血液相通等。其破口大小不一,但多为 0.5~2.0cm。矢状面、冠状面及斜面重建 CT 图像可以清晰显示主动脉夹层范围,内膜瓣走行方向,内膜瓣破口与邻近头臂大血管的位置关系,并可进行真、假腔管径的测量。三维血管重建图像可以显示主动脉全长,对于明确主动脉夹层的分型和受累血管范围及程度很有价值(图 10-2)。

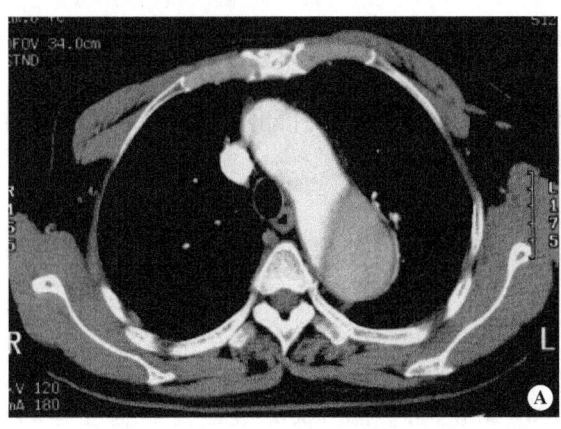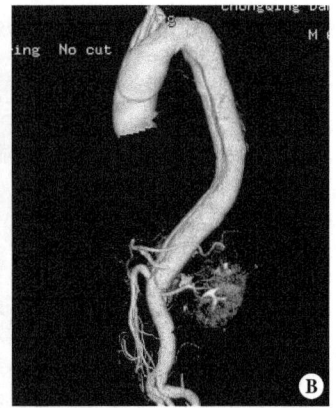

图 10-2 CTA 显示主动脉夹层 DeBakey Ⅲ 型
A. 主动脉左侧为夹层假腔;B. 三维重建显示夹层范围

2. 主动脉 DSA　表现为主动脉增宽,呈双腔影,真腔受压变窄,血流快;假腔宽大,血流慢,当 X 线与内膜瓣呈切线位时,可见内膜瓣破口处真腔血流涌入假腔。动脉晚期可以观察假腔内有无充盈缺损,假腔有无流出道,假腔是否参与重要脏器血供等。

【常规治疗】　对于急性期主动脉夹层,传统的观点认为应首先进行控制血压及镇痛等保守治疗。急诊手术指征:①主动脉夹层的进行性增大或破裂;②无法控制的疼痛;③进行性血胸或纵隔增宽,以及严重的内脏和肢体缺血。对于慢性期Ⅲ型主动脉夹层,目前比较一致的观点认为其手术指征为夹层动脉瘤形成,而且直径已大于 5cm,内脏和(或)下肢动脉严重缺血等。

1. 内科保守治疗　主要是对症处理,多采用降压药、止痛药等,同时严格制动,可减慢急性期患者夹层病变的扩展,提高生存率。有人报道对急性 Stanford A 型夹层动脉瘤患者,在发病 24h 的超急性期进行积极降压治疗,可提高生存率达 83%。但无法解决夹层病变的进展及分支血管缺血症状,而对慢性期患者的治疗意义不大。

2. 外科手术治疗　主要为:①切除包括内膜瓣撕裂口的病变段主动脉;②闭锁假腔;③行人工血管移植,恢复正常血运;④在内膜瓣开窗以降低假腔压力,增加真腔内血液灌注,从而缓解远端及分支缺血症状等。由于外科开放手术治疗主动脉夹层的并发症发生率及死亡率均较高,目前介入修复手术为首选术式。

【介入治疗】　介入治疗由于创伤小,恢复快,尤其适用于高龄以及全身情况差无法耐受传统手术者,具有良好的临床应用前景。其治疗方式主要有覆膜支架置入术和开窗术。

1. 覆膜支架置入术

(1) 治疗机制:通过人工血管覆膜内支架封闭内膜破口,阻断血液进入假腔,保持血流从真腔经过,使假腔内血栓逐渐形成。

(2) 适应证与禁忌证:DeBakey Ⅲ 型(Standford B 型)主动脉夹层,无绝对禁忌,只要是主动脉夹层动脉瘤未曾破裂的患者都可考虑腔内治疗,特别适用于老年人。

(3) 操作技术

1) 术前积极控制患者血压,尽量维持循环的稳定,在支架释放时,应控制性降压至 90mmHg 左右,以防支架释放困难或移位。

2) 左侧股动脉或肱动脉穿刺,行主动脉造影,然后标记近端破口及左锁骨下动脉和颈总动脉开口,明确真假腔关系,以及真腔狭窄部位、范围、破口位置、真假管径等。

3) 腹股沟区做皮肤切口,暴露股动脉并置入导管鞘以建立手术入路,将加硬导丝经主动脉真腔置入升主动脉。

4) 将选用的覆膜支架及输送系统用肝素盐水冲洗,并排出其中空气。沿超硬导丝将支架输送系统送至内膜瓣破口近心端。在透视下释放支架,以支架的覆膜部分覆盖内膜破口。

5) 支架置入后再行主动脉造影,观察支架展开情况、内膜瓣破口封堵情况以及主动脉弓重要分支血流情况。

6) 术毕拔管,缝合股动脉(图 10-3)。

(4) 术后处理:绝对卧床休息,严密监测心电、血压、心率、呼吸等生命体征变化,控制血压在 100~120mmHg。控制心率在 60~70 次/分。低脂饮食;稳定情绪;适量运动;每年复查一次 CTA,观察腹主动脉的直径有无变化。服用改善血管质量的药物:他汀类药物(辛伐他汀、阿托伐他汀、瑞舒伐他汀)改善动脉粥样硬化,肠溶阿司匹林抗血小板聚集。

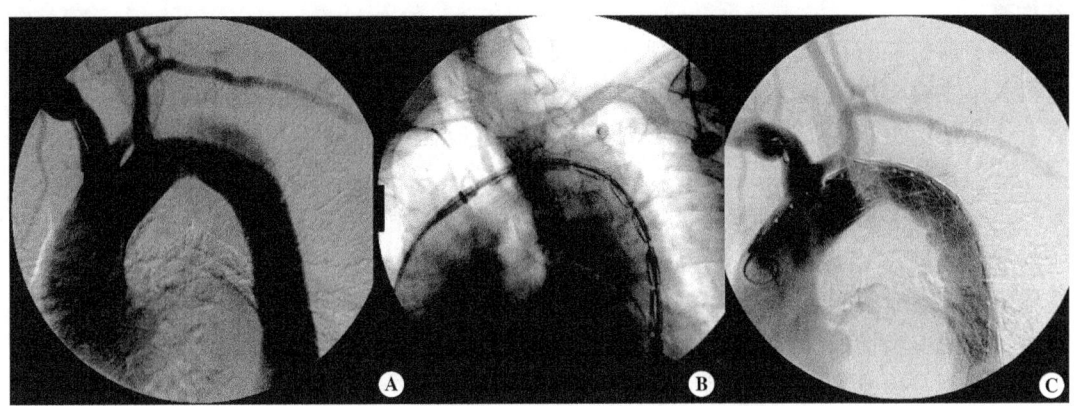

图 10-3　主动脉夹层(DeBakey Ⅲ型)腔内修复术

A. 主动脉造影显示夹层破口位于左锁骨下动脉开口以远 3cm 胸主动脉；B. 覆膜支架及输送系统进入主动脉弓、降主动脉处,定位；C. 释放支架后主动脉造影显示支架开放良好,破口封堵成功,左锁骨下动脉血流正常

(5) 并发症

1) 升主动脉夹层：升主动脉夹层无疑是最严重的并发症,最严重的结果是升主动脉夹层破裂,心脏压塞而导致死亡。其原因：①头端裸支架,覆膜支架头端的裸金属支架与主动脉壁紧密接触,随着动脉的搏动,两者会有一定程度的摩擦,可能造成新的破口；②术中操作,各种导丝、导管及输送器可能造成主动脉内膜的损伤；③支架选择过大,覆膜支架越大,其径向张力越大,可能造成主动脉损伤；④患者本身血管壁的条件,患者有结缔组织病时,其自身血管壁较脆弱,不能承受覆膜支架支撑。

2) 原发破口未完全封闭：有些术后内漏的患者,其假腔可长期保持通畅,其内可部分形成血栓,降主动脉直径受影响可增大亦可不增大。有些术后内漏患者内漏可消失,假腔内完全形成血栓。支架内漏是较为常见的并发症,内膜破口越大,离左锁骨下动脉开口越近,越容易产生内漏。即便将左锁骨下动脉开口完全封闭,也不能完全避免内漏。

3) 脑血管意外：有些患者可于术中发生脑梗死而导致偏瘫。发生严重并发症的患者可出现脑出血而死亡,多发生于术后血压较高的患者。术中脑梗死发生原因不明,可能与术中动脉硬化斑块脱落和术中控制性低血压有关。术后脑出血与高血压有关。主动脉夹层的患者往往合并高血压、动脉硬化。

(6) 疗效评价：介入治疗 Standford B 型主动脉夹层与传统手术相比具有微创的优点,缩短了手术时间和住院时间,有利于患者术后体质恢复,从而提高了患者术后生存质量。腔内修复术与传统手术治疗 Standford B 型主动脉夹层在远期疗效的比较还有待于进一步随访观察。

2. 介入开窗术

(1) 治疗机制：在夹层内膜瓣片上穿刺并球囊扩张开窗,然后远端内支架置入,人为地造成真假两腔的相通,从而减少假腔内压力,达到避免破裂、改善远端血供的效果。

(2) 适应证：不适合覆膜支架置入内膜瓣破口封堵的 DeBakey Ⅰ、Ⅲ型主动脉夹层,但假腔内应无或仅有少量附壁血栓。

(3) 禁忌证：①DeBakey Ⅱ型；②DeBakey Ⅰ、Ⅲ型假腔内大量血栓形成和近端有假性动脉瘤形成者。③髂动脉严重迂曲,双侧股动脉受夹层累及。④凝血机制障碍和肝、肾功能衰竭者。

(4) 器材准备:①心房间隔穿刺针:主要用于穿通真假腔之间的内膜瓣;②球囊导管:直径大小主要根据病变情况和术式及正常主动脉管径选择,一般选用12~16mm的球囊导管。③支架:直径可依已选用的球囊导管而定,长度应在4~6cm。

(5) 操作技术

1) 经未受夹层累及的股动脉穿刺,置入8~10F导管鞘,并送入超滑导丝越过拟行开窗术的穿刺部位,沿导丝送入房间隔穿刺针外套管,然后退出导丝,测真腔内压力,并将心房间隔穿刺针沿套管送至开窗部位。开窗部位应选择在夹层病变远端真腔狭窄处,这样既可提高穿刺的安全性,又可有效地缓解远端缺血症状。

2) 透视下将穿刺针尖方向调整至与内膜瓣相垂直的方向,然后逐步推进穿刺针,当有落空感或针尖已前行1.0~1.5cm时,经针芯注入对比剂,观察是否进入假腔。

3) 固定穿刺针并推送穿刺针外套管进入假腔,退出穿刺针,再将导丝沿套管送入假腔,送入造影导管,行假腔造影,并测假腔内压力。

4) 置换超硬导丝,送入球囊导管,球囊中心置于内膜瓣穿刺处,充盈球囊,反复扩张数次。

5) 撤出球囊导管,测量真假腔内压力,行主动脉造影,观察假腔内血流是否经内膜窗进入真腔。

6) 如分流不佳,应在内膜窗处留置非覆膜支架一枚,避免开窗口内膜瓣片的弹性回缩。

7) 术毕,拔管加压包扎。

(6) 并发症:①主动脉破裂:夹层的外壁薄,当内膜瓣开窗术中穿刺针损伤主动脉壁时,可能发生主动脉破裂出血。应立即实施外科急诊手术,修复破口。②远端动脉血栓栓塞:术中及术后可能出现假腔内血栓部分脱落,栓塞远端动脉。一旦发生应积极行PTA及局部动脉内溶栓治疗。

(7) 疗效评价:介入开窗术应用较少,从目前的报道来看,患者术后减压效果良好,症状有明显缓解,原本受损的内脏和肢体血供也得到恢复,而且术后并发症少。

(段鹏飞)

第二节 主动脉瘤

【概述】 主动脉瘤(aortic aneurysm)是指主动脉的局部或普遍扩张,主动脉直径大于正常直径的50%以上的病理性改变,90%的主动脉瘤发生于肾动脉水平以下。本病多见于老年男性,发病率为1.3%~2.7%,近来有增高趋势。此病凶险,一旦破裂病死率可高达50%~80%,主要病因为动脉的粥样硬化,其他有创伤、感染、梅毒、结核、先天发育不良、大动脉炎等。主动脉瘤多无症状,常为体检、手术及影像学检查时偶然发现。

主动脉瘤根据其结构可分为真性动脉瘤及假性动脉瘤。真性动脉瘤多为动脉粥样硬化所致,由于动脉壁血供障碍,使得管壁肌组织及弹力组织变薄、断裂,逐渐为纤维组织取代。在高压血流的冲击下,局部扩张形成动脉瘤,其形态多为梭形。假性主动脉瘤多为创伤所致,动脉受伤后,血液在局部软组织内形成局限性血肿,该血肿与动脉直接相通。血肿表层逐渐机化成纤维组织包囊,囊内衬有从动脉壁裂口缘延伸出来的内皮细胞,这样就形成假性动脉瘤,其形态多为囊状。

【临床表现】 腹主动脉瘤多无症状,常为体检、腹部手术及影像学检查时偶然发现,少数有较明显的脐周或中上腹痛。腹痛累及腰背部时,提示瘤体压迫或侵蚀椎体或后壁有较小破裂形成腹膜后间隙血肿可能。腹主动脉瘤压迫邻近组织器官时,可出现相应症状。瘤体内附壁血栓脱落入下肢动脉时,则发生下肢缺血。腹主动脉瘤破裂前多无先兆,若是腹痛加剧或突然出现腹部剧痛,则应警惕破裂。破裂到腹腔致严重出血性休克;致肠道出现消化道大出血;入腹膜后间隙有腰肋部肿块及皮下淤斑。体检时,脐周尤其是左上腹可扪及膨胀搏动性肿块,小至3cm,大至20cm以上,不活动,多无触痛及压痛。偶可扪及震颤,并有收缩期杂音。

【辅助检查】

1. 彩超、CT 及 MRI 可明确腹主动脉瘤的诊断,尤其是后两者,可显示主动脉瘤的部位、大小、瘤腔内血栓情况及邻近组织器官与主动脉瘤的关系等。CT 三维重建及 MRA 可更清楚地显示整个腹主动脉瘤及邻近血管的情况。

2. 血管造影 可显示主动脉瘤的部位、大小、范围、动脉壁情况、分支累及情况、侧支循环及与邻近组织器官的关系,是诊断及治疗的重要依据。但若瘤腔内有血栓时,则较难正确显示瘤体大小。

【常规治疗】 手术治疗,包括动脉瘤切除与人造或同种血管移植术,对于动脉瘤不能切除者则可做动脉瘤包裹术。目前腹主动脉瘤的手术死亡率低于 5%,但年龄过大,有心、脑、肾或其他内脏损害者,手术死亡可超过 25%。胸主动脉瘤的手术死亡率为 30%,以主动脉弓动脉瘤的手术危险性最大。动脉瘤破裂而不进行手术者极少幸存,故已破裂或濒临破裂者均应立即手术。凡有细菌性动脉瘤者,还需给以长期抗生素治疗。对直径大小为 5cm 以上的主动脉瘤均应进行择期手术治疗。对直径为 3~5cm 的主动脉瘤可以密切观察,有增大或濒临破裂征象者应立即手术。

【介入治疗】 由于此类患者大多数为 65 岁以上老人,常同时伴有其他疾病,多属手术高危患者,常无法耐受外科手术。1991 年 Parodi 等首次报道用支架移植物(endovascular stent-graft)治疗肾动脉以下的腹主动脉瘤获得成功,1994 年 Scott Chuter 成功地用分叉型覆膜支架,习惯称之覆膜支架,治疗远端瘤颈过短(宽)或累及髂动脉的肾动脉下腹主动脉瘤。此后随着支架及其输送系统的不断改进,该技术在世界范围内得到迅速推广。

1. 适应证 胸主动脉、腹主动脉的真假性动脉瘤及夹层动脉瘤。目前以降主动脉瘤和肾动脉以下的腹主动脉瘤应用较多。其他部分的动脉瘤尚缺乏一定数量的临床经验。

2. 禁忌证

(1) 输送路径血管严重迂曲、钙化或狭窄使输送系统无法通过,或支架复合体与主动脉瘤颈无法锚定。

(2) 同时并发感染性疾病或感染性动脉瘤。

(3) 瘤体累积重要脏器的供血血管。

(4) 支架置入后可能引起脊髓重要供血血管闭塞的降主动脉瘤。

(5) 肾动脉以下的腹主动脉瘤近端瘤颈小于 15mm。

(6) 严重肝肾功能不全或全身情况衰弱不能耐受手术者。

3. 术前准备和器械选择 完善各项术前实验室检查;术前行 CT、MRI 或超声,测量分析瘤体近、远端颈部血管内径和瘤体的长度等参数。做好抢救器械、药品及抢救人员等准备。腔内治疗是在严密的透视监视下进行,需高质量的 DSA 设备。此外需呼吸机、监护仪、抢救器材、内支架移植物释放系统等。

内支架移植物释放系统:①主动脉-主动脉系统,适用于中小腹主动脉瘤,有远端瘤颈的患者;②主动脉-双髂动脉系统,用于大腹主动脉瘤,无远端瘤颈或累及髂动脉者;③主动脉-髂动脉系统加股动脉-股动脉旁路,用于对侧髂总动脉闭塞而不宜使用主动脉-双髂动脉系统患者。

4. 介入治疗方法

(1) 局麻或全麻下暴露股动脉,穿刺股动脉置入导管鞘,经猪尾导管做主动脉造影,确定主动瘤的大小、累及范围并定位。

(2) 将覆膜支架系统置于腹主动脉合适位置,将收缩压控制在 9.33~13.33kPa(70~100mmHg),释放覆膜支架。

(3) 如为分叉形覆膜支架,尚需经对侧股动脉送入单肢支架输送系统并释放支架在主体支架接口内,主体接口与对侧单肢重叠约 1.5~2.0cm(图 10-4)。

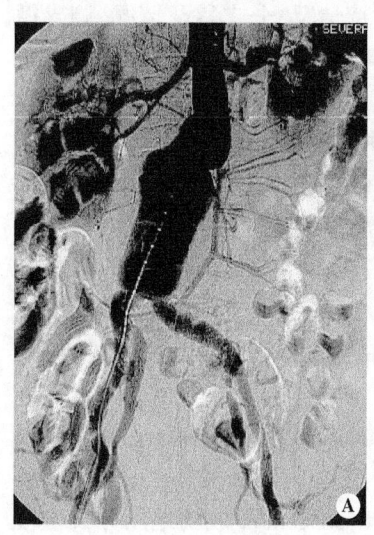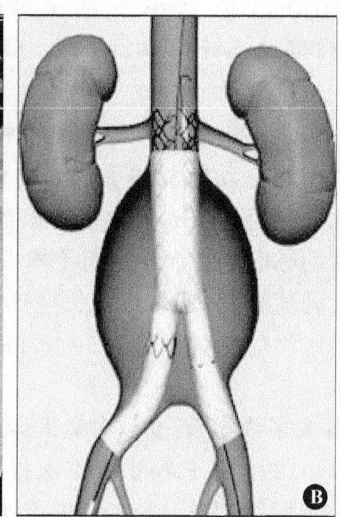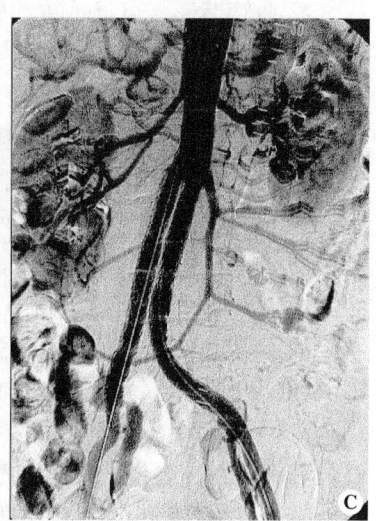

图 10-4 腹主动脉瘤腔内修复术

A. 下腹主动脉瘤主动脉造影表现;B. 内支架治疗示意图;C. 放置主动脉内支架后造影复查,显示动脉瘤隔绝

注意事项:①支架直径的选择比近端瘤颈直径大 15%~20%,对输送系统无法通过输送路径的病例可先行球囊扩张血管成形;②对低位的胸主动脉瘤放置支架复合体,当肋间动脉阻断后有引起截瘫的危险,应用时应慎重;③肾动脉下腹主动脉瘤放置覆膜支架时不应阻挡肾动脉开口。

5. 并发症

(1) 主动脉瘤内漏,发生率为 0%~44%。漏血部位可发生于支架-血管接口、支架-支架接口、瘤体分支动脉反流及人造血管膜渗漏等。其中以支架-血管接口处漏血最为多见。其原因与主动脉瘤没有被支架复合体完全隔绝、动脉瘤的解剖特点、支架选择及操作技术有关。约 70% 的内漏在 6 个月内通过血栓形成自行封闭,持续性内漏有导致动脉瘤增大破裂的危险,可先行血管内介入治疗,如无效需外科处理。

(2) 瘤体破裂、血管内膜损伤、血管穿孔或夹层动脉瘤。

(3) 支架移位、复合体皱缩。

(4) 截瘫或偏瘫、感觉异常,截瘫是降主动脉瘤腔内治疗最严重的并发症。

(5) 肾衰竭、感染、动脉栓塞。

(6) 移植后综合征:出现在血管内支架修复术后7日内,患者常感背部疼痛,但没有发热或白细胞计数升高等感染表现,可能与瘤腔内血栓形成有关,可口服吲哚美辛(消炎痛)处理。

6. 疗效评价 随着支架血管设计的不断完善和操作技术的改进,经皮腔内血管复合体置入术的成功率已有明显提高。由于经皮腔内血管内支架复合物置入术开展时间尚短,长期疗效仍在观察中,但一些短期、中期的随诊表明:与传统的手术相比该技术在创伤程度、失血量、操作时间、功能恢复等方面均具有明显优势,其无并发症的病例预后良好。

(段鹏飞)

第三节 周围动脉闭塞性疾病

【概述】 周围动脉的器质性疾病(炎症、狭窄或闭塞),或功能性疾病(动脉痉挛),都能引起动脉缺血性临床表现。多为动脉粥样硬化、大动脉炎、纤维肌发育不良、及其他病因如外伤、动脉扭转、肿瘤压迫、动脉或动脉周围炎、放疗后纤维化、血管内操作等,常继发急慢性血栓形成。动脉粥样硬化是周围动脉疾病最常见的原因,是全身动脉粥样硬化的一部分。本病多见于男性,发病年龄多在45岁以上,发生率有增高趋势。往往与其他部位的动脉硬化性疾病同时存在。周围动脉狭窄、闭塞性疾病的好发部位有:锁骨下动脉、主-髂动脉、股-腘动脉、胫-腓动脉等。

【病理机制】 高脂血症、高血压、吸烟、糖尿病、肥胖等,是动脉粥样硬化的高危因素。发病机制主要是内膜损伤及平滑肌细胞增殖,细胞生长因子释放,导致内膜增厚及细胞外基质和脂质积聚;动脉壁脂代谢紊乱,脂质浸润并在动脉壁积聚;血流冲击在动脉分叉部位造成的剪切力,或某些特殊的解剖部位(如股动脉的内收肌管裂口处),可对动脉壁造成慢性机械性损伤。主要病理表现为内膜出现粥样硬化斑块,中膜变性或钙化,腔内有继发血栓形成,最终使管腔狭窄,甚至完全闭塞。血栓或斑块脱落,可造成远侧动脉栓塞。

多发性大动脉炎病因迄今不明,多数学者认为本病是一种自身免疫性疾病,可能由结核杆菌或链球菌、立克次体等在体内的感染,诱发主动脉壁和(或)其主要分支动脉壁的抗原性,产生抗主动脉壁的自身抗体,发生抗原抗体反应引起主动脉和(或)主要分支管壁的炎症反应。多发性动脉炎为全层动脉炎,常呈节段性分布。早期受累的动脉壁全层均有炎症反应,伴大量淋巴细胞、巨细胞浸润,以外膜最重,中层次之。晚期动脉壁病变以纤维化为主,呈广泛不规则性增厚和僵硬,纤维组织收缩造成不同程度的动脉狭窄,内膜广泛增厚,继发动脉硬化和动脉壁钙化伴血栓形成进一步引起管腔闭塞。

肢体的缺血程度取决于病变侵犯的部位,形成狭窄的进程快慢,是否已有侧支循环形成等因素。当肢体处于休息状态时,减少的血流尚能应付低耗氧需要;当肢体运动和承受负荷时,耗氧量增加,即出现氧的供求矛盾,出现相应临床症状。

【临床表现】 根据狭窄闭塞动脉的部位不同,出现相应的肢体缺血的症状。

无名动脉或锁骨下动脉近端受累时,可出现患侧肢体发凉、麻木、无力。左锁骨下动脉近端受累时,由于患侧椎动脉压力下降,可致血液从椎动脉倒流,脑供血反流入左锁骨下动脉使脑遭受缺血损害,出现"锁骨下动脉窃血症",表现为患肢运动后脑部缺血症状加重甚至产生昏厥。

下肢动脉闭塞的最典型症状为间歇性跛行(intermittent claudication)。这是因肢体运动而诱发的肢体局部疼痛、紧束、麻木或肌肉无力感,肢体停止运动后,症状即可缓解,重复相同负荷的运动则症状可重复出现,休息后又可缓解。如疼痛出现于臀部、股部提示狭窄病变在主-髂动脉。临床上最多见的是股-腘动脉狭窄所致的腓肠肌的间歇性跛行。病情进一步发展,动脉严重狭窄以致闭塞时,肢体在静息状态下也可出现疼痛等症状,称为静息痛。多见于夜间肢体处于平放状态时,可能与丧失了重力性血液灌注作用有关,若将肢体下垂可使症状减轻,更严重时肢体下垂也不能缓解症状,患者丧失行走能力,并可出现缺血性溃疡。

主要体征为狭窄远端动脉搏动减弱或消失,血管狭窄部位可闻及收缩期杂音。单纯收缩期杂音提示血管狭窄,如出现连续性杂音则表明狭窄的远端舒张压很低,侧支循环形成不良。肢体缺血的体征包括肌肉萎缩,皮肤变薄、苍白、发亮,汗毛脱落,皮温降低,趾甲变厚。当肢体下垂时,可因继发性充血而发红。从肢体高位移向下垂位,到出现发红和静脉充盈所需时间与动脉狭窄程度和侧支循环状态有关。从肢体下垂到肢体转红时间>10s,表浅静脉充盈时间>15s,即提示有动脉狭窄。相反,如将肢体上抬成60°角,在≤60s时间内即出现明显的肢体苍白,也提示有动脉狭窄。严重缺血时因患者经常被迫使肢体处于下垂位而可出现水肿。缺血性神经炎可导致肢体麻木和腱反射减弱,晚期在骨凸出易磨损部位可见缺血性溃疡。

【辅助检查】

1. 血压测量 血压测量是诊断肢体动脉狭窄闭塞性疾病简单易行的方法。正常情况下,各节段血压不应有压力阶差,两侧肢体血压基本对称。肢体动脉狭窄闭塞时则病变侧血压明显较健侧低,一般两侧肢体血压压差>20mmHg 就有临床意义。踝部血压与肱动脉压之比,即踝肱指数(ankle-brachial index,ABI),正常值为0.9~1.3。低于0.8预示着下肢动脉中度狭窄,如果此比值小于0.5,则表明有严重狭窄、闭塞。

2. 彩超、CTA、MRA 为影像诊断的首选方法,可显示血管狭窄的部位、程度、范围、血流情况。

3. 动脉造影 动脉造影检查可直观显示动脉闭塞的确切部位和程度以及侧支循环形成的情况。对已有明显症状者宜行此检查为手术或介入治疗决策的选择作依据。

【常规治疗】

1. 保守治疗 主要是对患肢的精心护理,经常保持清洁,绝对避免外伤。不影响局部血流。有关导致动脉粥样硬化的危险因素更应积极治疗或禁戒,如调整饮食,控制体重,治疗高血压、高脂血症、糖尿病及戒烟等。

2. 药物治疗 药物治疗对肢体动脉狭窄所引起的缺血症状远不如对冠心病心绞痛有效,特别是血管扩张剂。对于严重肢体缺血的患者,长期用依前列醇(前列腺素12)静脉给药,可减轻疼痛并有利于缺血性溃疡的愈合。抗血小板药特别是阿司匹林对防止四肢动脉闭塞性病变的进展有效,但不能提高患者的运动耐受能力。抗凝药肝素和华法林(warfarin)对慢性闭塞性肢体动脉粥样硬化无效。同样,尿激酶、链激酶等也只能对急性血栓性血管闭塞有效,对慢性闭塞无效。多发性大动脉炎者,皮质激素类药物可抑制炎症、改善症状,使病情趋于稳定。

3. 手术治疗 血管旁路移植(bypass),有几种可供选择的手术,如同侧血管旁路移植、股-股动脉旁路移植等。手术的效果取决于狭窄的部位、范围和患者的一般情况。

【介入治疗】 目前大部分周围动脉狭窄闭塞病变的外科治疗方法已渐被更安全、有效的介入方法所取代,介入治疗方法主要有动脉溶栓、球囊血管成形术(PTA)、支架置入、血栓清除、动脉内膜下成形术等。

1. 适应证 一般认为在患肢活动或静息时有明显缺血症状者应行介入治疗。

(1)动脉溶栓:①新鲜血栓形成所致的周围动脉狭窄、闭塞;②PTA或支架术后出现的急性血栓形成。

(2)PTA:①短段狭窄或闭塞,无溃疡、无钙化;②跨狭窄压差>20mmHg;③血管搭桥术后吻合口狭窄或搭桥血管狭窄。

(3)支架:①有溃疡、严重钙化的狭窄;②PTA疗效不满意、失败的病例。

2. 禁忌证

(1)严重凝血功能障碍、低凝状态,出血性疾病。

(2)严重血液系统疾病。

(3)3周内有手术或外伤病史。

(4)3个月内有胃肠道大出血病史。

(5)大动脉炎活动期。

(6)严重高血压,血压高于220/160mmHg者。

3. 术前准备 了解病史及全面检查,测量血压,包括患肢、对侧健肢,血管超声检查,必要时行CTA或MRA检查。实验室检查出血、凝血时间及其他凝血参数,肝、肾、心功能。术前开始口服抗凝药物阿司匹林、皮下注射低分子肝素。除一般血管造影用介入器械外,根据术前诊断,配备相应治疗的介入器械,如溶栓导管、导引导管、超硬导丝、球囊导管、支架、血栓清除设备等。

4. 操作技术

(1)插管与血管造影:①锁骨下动脉病变:经股动脉穿刺插管,主动脉弓造影了解锁骨下动脉开口部病变及是否合并头臂干和颈动脉病变,然后做选择性锁骨下动脉造影,以确定病变狭窄、闭塞的程度及侧支循环情况。有时还需选择性椎动脉造影。②髂动脉病变:从健侧或病变较轻侧插管,两侧股动脉搏动均不能扪及者经锁骨下动脉或肱动脉插管,使用猪尾导管行主动脉下段及双侧髂动脉造影,了解病变部位、程度与范围,同时了解侧支血供情况,狭窄者测量跨狭窄段压力差。③股动脉及其以下病变:健侧股动脉插管,借助导丝辅助将导管插入患侧髂动脉,造影发现病变部位后,将导管选择性插入病变动脉近端,做局部血管造影,进一步了解病变部位、程度、范围和侧支血供情况。

(2)动脉溶栓:造影诊断明确后,将导管头部位于闭塞动脉内,尽可能靠近血栓或闭塞的位置。用导丝缓慢试探能否通过狭窄、血栓段,如导丝能进入血栓内则更换带侧孔的溶栓导管送入血栓内进行溶栓,可采用微量泵以连续灌注方法经导管注入尿激酶。使用溶栓导管者用脉冲喷射溶栓方法,其特点是使用溶栓导管脉冲-喷射出的高浓度溶栓药物,能渗透到血栓内,增加了药物与血栓的接触面积,加快了溶栓速度。溶栓期间需抗凝,检测凝血机制,及时调整剂量(图10-5)。

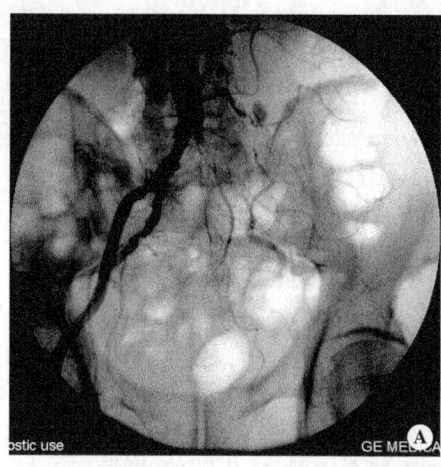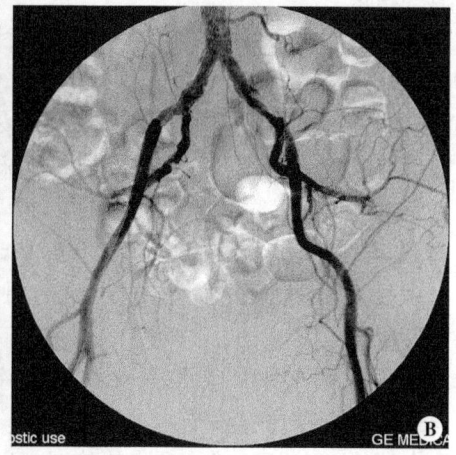

图 10-5 下肢动脉急性血栓溶栓治疗

患者,男,81 岁,左腿剧痛 4h 入院,下腹主动脉造影显示左侧髂动脉急性血栓(A);
导管插入左髂动脉开口,使用尿激酶 100 万 U 经导管灌注 8h 后复查,左髂动脉复通(B)

(3) 血栓清除:主要有流变血栓清除术、机械血栓清除等。流变血栓清除的原理是利导管头端向导管内高速喷射盐水所产生的负压效应运用高速流体冲刷、粉碎血栓,并经同一导管抽吸出血栓块使栓塞的血管再通。常用的设备有 RTC、Oasis 导管等。机械性血栓清除主要是利用导管头端金属片、螺旋刀或塑料刷等产生强大的涡流来机械性的粉碎血栓,使之变成微小颗粒,有的还通过负压经导管将血栓颗粒引出体外。常用的有 ATD、PTD、Straub 旋切导管等。这些血栓清除设备应用原则是导管头必须在血栓内工作,不能顶在血管壁的状态下工作,以免造成血管内膜损伤或穿孔。所以没有导丝引导的血栓清除设备宜在较直走向的血管内进行,弯曲走向的血管选用有导丝引导的血栓清除设备。

(4) PTA:对于锁骨下动脉狭窄者,股动脉置入 6F 导引导管,4F 直头导管在超滑导丝的引导下,穿过狭窄段血管,置换加硬导丝,沿导丝置入球囊导管于狭窄段;髂动脉病变者从患侧股动脉进路,通过"路径图技术(roadmap)"精确定位,将球囊导管置入狭窄段;股动脉中上段病变者,经健侧股动脉置入 6F 股动脉长鞘(翻山鞘)于患侧髂动脉,在导丝辅助下将球囊导管置于狭窄段。球囊选择长于病变段 1cm 左右,直径大于病变近端正常动脉 1~2mm,准确定位后予以扩张。术中需肝素化抗凝,即动脉内注入肝素 50U/kg,以后每延续 1h 增加首剂肝素量的一半(图 10-6)。

(5) 完全闭塞,导丝不能通过的周围动脉闭塞性病变,可采用内膜下血管成形术(subintimal angioplasty,SIA)。SIA 适用于较长段的下肢各级动脉内出现导丝不能通过的完全闭塞,而且闭塞段的两端管腔存在;合并心、肺、肝、肾等重要脏器疾病,外科手术耐受性差者;已行动脉旁路转流术,转流桥闭塞,但其近、远端动脉管腔存在者。导管导丝在动脉内膜下通过闭塞远端后需调整方向返回真腔并置入球囊导管逐步扩张,内膜下成形部分需置入支架(图 10-7)。

5. 术后处理 主要原则是抗凝、抗血小板。抗凝维持 48~72h 后,服用抗血小板药物 6 个月以上。

6. 并发症

(1) 动脉溶栓:并发症主要为出血,发生率为 17%~38%,多发生于穿刺部位、消化道和

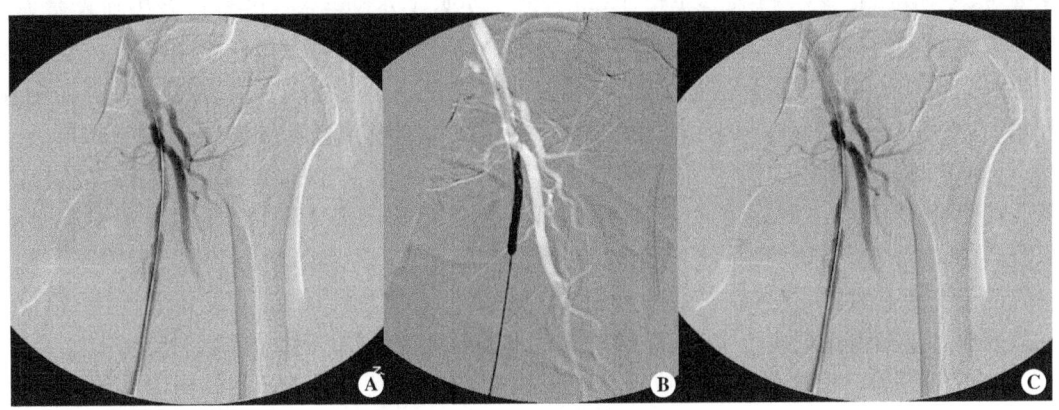

图 10-6　下肢动脉闭塞 PTA 术

A. 左髂外动脉造影显示股浅动脉起始部闭塞；B. 导丝通过闭塞段,使用 6mm×100mm 球囊扩张成形；C. PTA 后造影复查,左股浅动脉显示、通畅

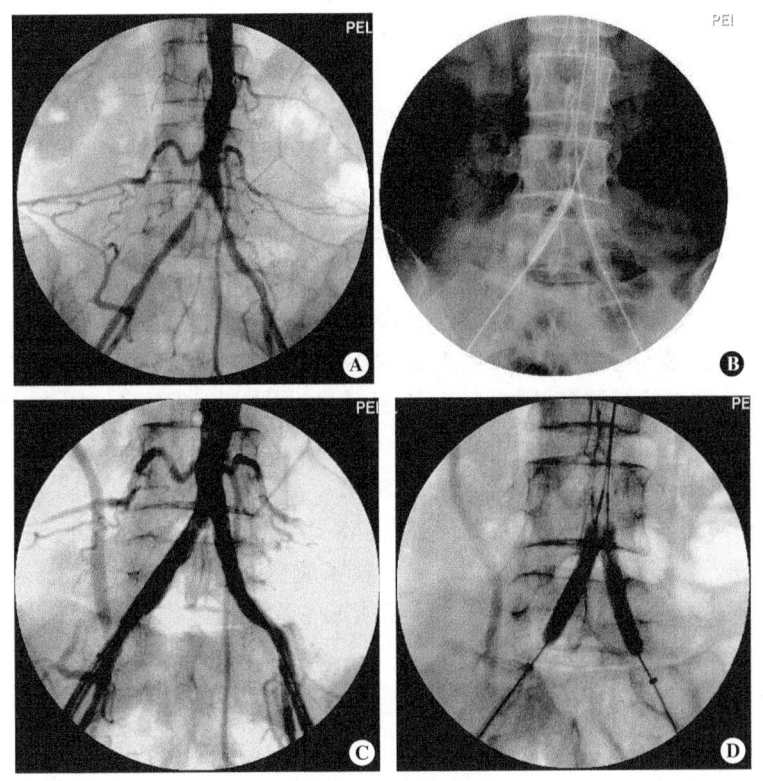

图 10-7　下肢动脉行球囊扩张、内支架术

A. 主动脉造影显示双侧髂动脉狭窄；B. 使用 10mm 球囊扩张成形；C. 支架放置后造影复查,双侧髂动脉通畅；D. 两侧同时放置球囊扩张型支架 12mm×60mm

中枢神经系统等,故在治疗过程中应密切检测凝血功能各项指标,严格掌握溶栓剂量。

(2) 血栓清除术并发症:①末梢血管栓塞,发生率高低取决于被粉碎血栓颗粒大小及抽吸率,术后辅以溶栓治疗,可大大降低末梢栓塞的发生率。②内膜损伤,流变血栓清除对血管内皮损伤程度比机械性血栓清除轻,应尽可能选用管壁接触式清除设备。③血管急性闭塞,溶栓和抗凝治疗。④血管夹层或穿孔,置入支架或外科手术。⑤溶血及失血性贫血,溶血以血红蛋白一过性增高为主要表现,一般于术后24~36h恢复至正常水平。其浓度随清除时间的延长及生理盐水用量的加大而增加,无需处理。失血性贫血多见于流变血栓清除术,它受压力梯度大小及抽吸液量影响。可采用缩小抽吸腔直径、减少抽吸量来防范。

(3) PTA:并发症发生率约为5%,主要有穿刺部位出血、血肿、血管损伤、远侧动脉栓塞等,再狭窄率为20%~30%,多在6个月内发生。肢体远端栓塞通常由于手术过程中病变局部脱落的血栓或粥样斑块的碎片等引起,一旦远端栓塞,立即行动脉局部溶栓或取栓治疗。

(4) 支架置入术:并发症发生率约为4%,主要为支架急性闭塞、支架位置不当、移位、机械变形。早期再狭窄率为12%,股腘动脉及腘动脉以下再狭窄率可高达30%。

7. 疗效评价 血栓介入治疗成功率一般为75%。血栓栓子和病程较短者血管完全开通率较高,导管选择与位置和溶栓疗效也有一定的关系,如溶栓导管置于血栓凝块内灌注,血管再通率一般在65%~85%,有的高达92%~100%。对于有固定性狭窄病变血管,约30%溶栓后可发生再闭塞,因此目前多提倡溶栓治疗联合PTA或血管腔内支架治疗,可取得更好的效果。

经皮腔内血管成形术和血管内支架置入术是治疗下肢动脉硬化闭塞性疾病中应用最早也是应用最广泛的介入治疗技术之一。单独应用PTA的技术成功率为92%,2年和5年的累积一期开通率分别为81%和75%。PTA后血管内支架置入术能提高PTA技术成功率和累积一期通畅率。较大动脉PTA和支架置入术后的远期疗效好于较小动脉的介入治疗;病变长度较短者疗效好于病变较长者。股腘动脉狭窄闭塞性病变单纯PTA后5年的累积一期开通率仅为38%~58%。该处长段狭窄(病变长>8cm)支架置入后2年累积一期开通率为60%~67%。

膝下小动脉病变应用长球囊PTA以来,这种球囊导管顺应了膝下动脉管腔"细长弯曲"的特点,减少了短球囊分段扩张后产生大量细小夹层或动脉破裂,近期疗效满意。有报道长球囊小腿动脉PTA术后进行为期0~54个月的随访,在随访期超过40个月的病例中,通畅率达62%。

有报道与外科的旁路手术相比较,在TASC Ⅱ C/D分级的患者中,SIA术后5年的症状缓解率为82.8%,明显高于外科旁路血管手术(68.2%)。通过对1989年到2008年发表的相关英文文献进行Meta分析显示,SIA治疗的技术成功率为85.7%(83.3%~87.7%),1年的通畅率和保肢率分别为55.8%和89.3%,说明SIA治疗可以作为周围动脉完全闭塞疾病的治疗选择。

(段鹏飞)

第四节 下肢深静脉血栓形成

【概述】 下肢深静脉血栓形成(lower extremity deep venous thrombosis,LEDVT)是临床上常见的血栓类疾病,自然预后差,发病率逐年上升。其中22%~29%的深静脉血栓形成患者可并发致命性肺栓塞(pulmonary embolism,PE)。LEDVT和PE合称为静脉血栓栓塞症(venous thromboembolism,VTE)。LEDVT如果在早期未得到有效治疗,血栓机化,常遗留静脉功能不全,称为血栓后综合征(postthrombosis syndrome,PTS)。

1. LEDVT 按照部位可分为三种类型 周围型:指股浅静脉下段以下的深静脉血栓形成。中央型:指髂股静脉血栓形成。混合型:指全下肢深静脉血栓形成(图10-8)。

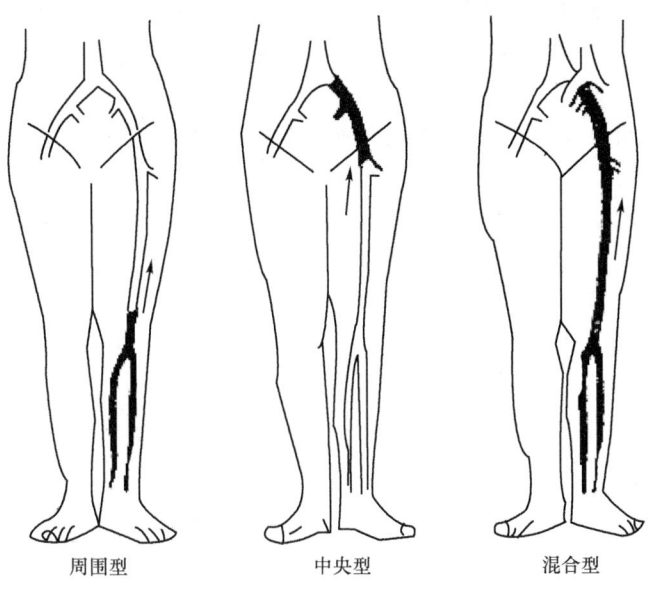

图 10-8 下肢深静脉血栓分型

2. LEDVT 的临床分期

(1) 早期:①急性期:发病后14日以内;②亚急性期:发病第15日至第30日;

(2) 慢性期:发病后30日以后;

(3) 后遗症期:出现 PTS 症状;

(4) 慢性期或后遗症期急性发作。

【病因】 本病与下列因素有关。

(1) 血管内膜损伤:静脉炎及经静脉介入诊疗导致静脉损伤。

(2) 血流淤滞:手术或重病卧床,心力衰竭,腹内压升高,静脉曲张。

(3) 血液高凝状态:应用雌激素,大手术后,大面积烧伤后,外伤,分娩,肿瘤,抗凝血酶Ⅲ、C蛋白或S蛋白的缺乏等。

(4) 外来压迫如转移性淋巴瘤、结肠癌、肺癌等,造成管腔狭窄并发血栓形成。

【病理及临床表现】 基本临床诊断特征包括疼痛、肢端肿胀、浅静脉怒张、体温升高等。疼痛多为程度不等的胀痛,伴有压痛,是血栓对静脉的刺激和血栓堵塞静脉使静脉扩张所致。肢体肿胀由静脉血不能回流,血液淤滞所致,伴有患肢浅静脉代偿性怒张。患者常有体温升高,多不超过38.5℃,伴脉搏加快和白细胞增多。血栓脱落可导致肺栓塞,髂股静脉血栓向上蔓延,会累及下腔静脉。

【影像学表现】

1. 彩超 可明确血栓位置及血流情况,具有高度的敏感性和特异性,为临床首选的检测方法。

2. CTA 和 MRA 可以准确显示血管的通畅程度、水平、位置、血栓形态,侧支血管开放的程度,以及外压病灶的性质。

3. 静脉造影 管腔狭窄或完全闭塞,见对比剂终止于闭塞处,并借曲张的侧支向近端回流。①顺行性造影:患肢远侧端扎一止血带,自远端浅静脉穿刺插入头皮针、导管针或留置针,以每秒1~2ml速率,注入对比剂。②逆行性造影:自健侧股静脉穿刺插管,插入4F~5F Cobra 导管至患侧深静脉内,以每秒3~3ml 速率,注入对比剂15~20ml。

【常规治疗】 深静脉血栓的传统治疗方法包括常规抗凝、系统溶栓治疗,常易遗留血栓后综合征。

【介入治疗】 介入治疗方法包括经导管接触性溶栓术、静脉成形术、血管内支架置入术、血栓清除术等,已成为治疗深静脉血栓最为有效的方法。经导管深静脉血栓内用药因具有能降低溶栓剂用量、减少出血并发症的发生且提高溶栓疗效的优点而逐渐成为治疗LEDVT 的首选术式。

1. 经导管局部溶栓术

(1)适应证:①急性期 LEDVT。②亚急性期 LEDVT。③LEDVT 慢性期或后遗症期急性发作。

(2)禁忌证:①伴有脑出血、消化道及其他内脏出血者。②患肢伴有较严重感染。③急性期髂股静脉或全下肢深静脉血栓形成,管腔内有大量游离血栓而未做下腔静脉滤器植入术者。

(3)入路选择

1)顺流溶栓:经股、腘静脉穿刺插管并保留导管进行溶栓,对股、髂静脉血栓疗效较好,但对腘静脉及小腿部深静脉血栓疗效不佳(图10-9)。其他顺行置管入路还包括小隐静脉、胫后静脉等。

2)逆流溶栓:①经健侧股静脉插管至患侧髂股静脉,保留导管进行溶栓,对髂股静脉血栓有一定的疗效,但插管到位率不高,可能损伤静脉瓣膜,对腘静脉及小腿部深静脉血栓疗效不佳。②经颈内静脉插管至患侧髂股静脉,插管到位率高,但亦会损伤瓣膜,疗效同上,且并发症较多。

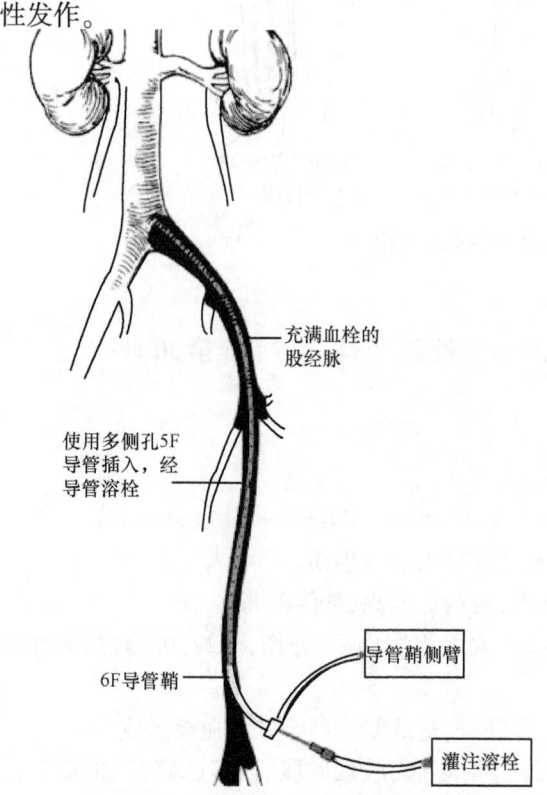

图 10-9 经腘静脉入路,插管溶栓示意图

(4)造影:造影能明确血栓的位置、范围、形态和侧支循环情况。

(5)置入溶栓导管:经造影导管送入超滑导丝、贯通血栓闭塞部位,然后交换为溶栓导管(多侧孔端孔导管)埋入血栓中进行接触性溶栓治疗。经静脉途径溶栓过程中,要定时复查造影,根据血栓溶解情况将导管头调整至血栓中,保持导管埋入血栓中。

(6)溶栓药物灌注方法:溶栓药物主要有尿激酶、rt-PA。溶栓导管置入患肢深静脉后一般首剂注入尿激酶25万U,然后经溶栓导管持续泵入尿激酶,造影复查如深静脉血流恢复,腔内充盈缺损消失,管壁较光滑,则拔去溶栓导管;如深静脉仍有充盈缺损,则留置溶栓导管继续溶栓至血栓溶解,疗程一般为5~7日。

(7) 并发症

1) 出血:主要表现为穿刺点出血或血肿形成,甚至严重为颅内出血。发生出血时,应视病情的严重程度减少或者停止肝素和尿激酶治疗;同时,测定纤维蛋白原和部分凝血活酶时间,予以相应的处理,必要时可适当使用止血剂。

2) 肺栓塞:经导管连续性溶栓治疗过程中,肺栓塞的发生率约为1%,置入下腔静脉滤器可有效预防肺动脉栓塞。

3) 感染:在保留导管的病例中较为常见,包括穿刺点局部感染和轻度发热,发热多自保留导管后的2~3日开始,原因可能为血栓溶解所致,也可能为保留的导管本身带有的致热源。定期换药,尽早拔除导管可使感染较易控制。

(8) 疗效评价:经导管溶栓治疗较全身溶栓治疗能降低溶栓剂用量,提高了血栓局部药物浓度,使药物较快渗透到血栓局部,减少出血并发症的发生,在较短时间内恢复下肢血液回流,保护了静脉瓣膜功能,减少了并发症。

综合文献报道溶栓治疗成功率为68%~100%,对于病程<4周的急性或亚急性血栓形成,其疗效优于慢性病程者,前者成功率可达88%,而后者为60%。但对静脉管腔机化再通不全导致的狭窄、闭塞常无明显效果。

作为综合性介入治疗中的一种方法,尽早结合采用机械性血栓消融、抽吸或其他血栓清除术,常可明显提高疗效、缩短病程,部分病例溶栓后需配合血管成形术及内支架置入术。

2. 经皮腔内血管成形术或支架置入术 溶栓后造影证实无血栓存在的静脉狭窄,可直接行球囊成形术。由于静脉血流缓慢,压力较低,腔内成形宜尽量充分扩张;当静脉狭窄度超过70%时,常有明显的血流动力学意义,此种情况下,球囊成形后宜及时置入内支架,以维持术后血管开通。Mewissen等比较了髂股静脉血栓形成局部溶栓辅助内支架治疗与单独局部溶栓治疗的1年血管通畅率,前者达74%,后者为53%,说明置入支架对预防溶栓后静脉血管再狭窄、维持血管长期通畅具有重要意义。

由于静脉壁较薄,肌层发育较差,弹性回缩和张力较低,管腔大小和外形受外力影响而变化,且静脉压较低,血流速度缓慢,因此内支架置入一般不用于腘静脉及小腿深静脉,以免支架变形、移位、阻塞。实际选择中,一般所用内支架的直径应比相应正常的髂股静脉或下腔静脉直径大10%~20%,这有利于内支架嵌入血管壁,促进内膜在短期内以多中心生长方式覆盖支架表面,对减少内膜过度增生、降低阻塞的发生率有重要的意义。支架长度应在完全覆盖病变的前提下越短越好,一般以远近两端超出狭窄段0.5~1.0cm为宜(图10-10)。

支架置入术中或术后除可能发生出血和肺栓塞外,还可能发生以下并发症:①置入部位急性或亚急性血栓形成,导致早期血管闭塞或狭窄。由于操作时间过长、局部血管内膜过多损伤及支架本身作为金属异物的刺激导致血栓形成,预防术后血栓形成的关键是术中将支架紧密贴合于血管壁上,并覆盖全部血管内膜撕裂或夹层部位;术后适宜抗凝治疗是减少血栓形成的重要措施。对发生血栓形成或血管闭塞者,应立即行局部溶栓或再次腔内成形。②支架位置不良和术后支架移位。如支架不能覆盖病变全程,可再置入另一枚支架。

3. 机械血栓清除术(percutaneous mechanical thrombectomy,PMT) 从机械原理区分,目前国内外临床使用的机械血栓清除装置主要有以下三种:机械旋转式、超声消融式和药物-机械偶联式。机械旋转式PMT在临床应用较早,包括ATD(amplatz thrombectomy device)和

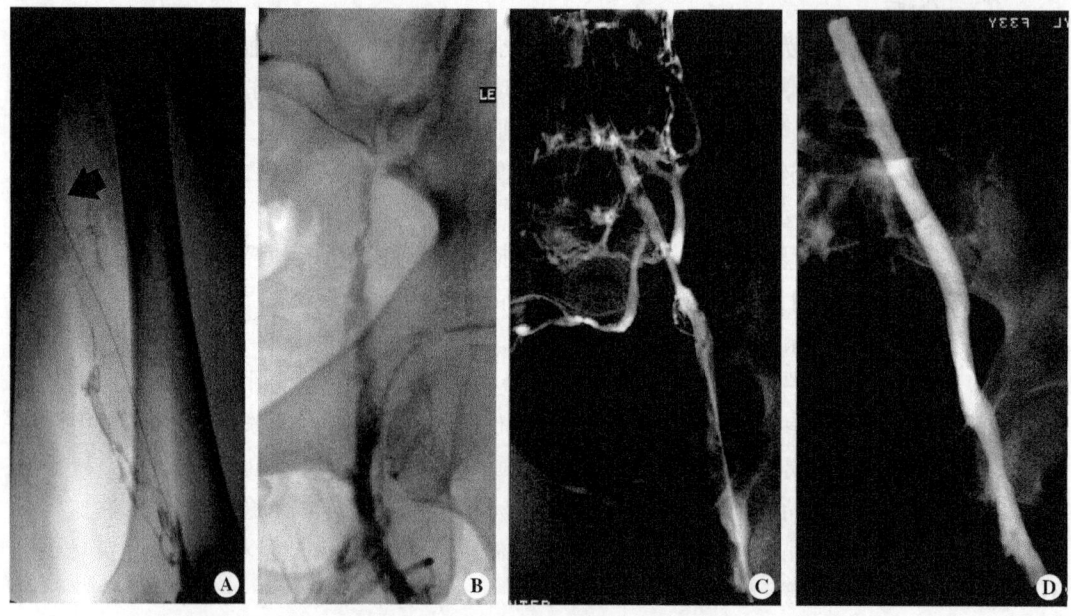

图10-10 下肢深静脉血栓置管溶栓后髂静脉成形术

女,26岁,左下肢深静脉血栓,左腘静脉入路,溶栓导管插入血栓内,箭头示溶栓导管头端(图A);溶栓24h后复查,髂股静脉部分显示(图B);溶栓28h后髂股静脉部分通畅,见髂静脉狭窄(图C);放置支架(wallstent 10mm×100mm)于左髂静脉后造影显示左下肢静脉通畅(D)

Trellis-8,工作原理基本为导管内装有与驱动轴相连的叶轮,高速旋转的叶轮在血管内产生强大的旋涡将新鲜的血栓吸入金属管并将其粉碎,再经侧孔排出。药物-机械偶联式血栓清除术自2006年以来在国外临床中逐渐得到应用,代表装置为AngioJet血栓清除系统(possis medical minneapolis,USA),由于该装置既可进行机械式血栓清除,又可经工作导管在血栓区域灌注溶栓药物,从而达到药物-机械联合血栓清除作用。

(段鹏飞)

第五节 下肢静脉曲张

【概述】 下肢静脉曲张是指下肢浅表静脉发生扩张、延长、弯曲成团状,晚期可并发慢性溃疡的病变。本病多见中年男性,多发生于从事持久站立工作、体力活动强度高,或久坐少动的人。欧美国家的患病率高达20%~40%。我国15岁以上人群中,患病率为8.6%,45岁以上为16.4%。静脉壁薄弱、静脉瓣膜缺陷以及浅静脉压力升高,是引起浅静脉曲张的主要原因。下肢静脉曲张其病理改变主要表现为管壁增厚,壁内纤维组织增多,弹性纤维消失以及平滑肌增厚、萎缩。下肢静脉曲张以大隐静脉发生率最高,亦有大小隐静脉同时发生曲张者,但单独小隐静脉曲张较为少见。Homans将大隐静脉曲张分为单纯性和继发性两类,前者指大隐股静脉瓣关闭不全所致,而后者指继发于下肢深静脉血栓后综合征或其他疾病者。

【临床表现】 主要临床表现为下肢浅静脉扩张、伸长、迂曲。如病程继续进展,当交通瓣膜破坏后,可出现踝部轻度肿胀和足靴区皮肤营养性变化,包括皮肤萎缩、脱屑、瘙痒、色素沉着、皮肤和皮下组织硬结、湿疹和溃疡形成。

【辅助检查】

1. 下肢深静脉通畅度试验（Perthes 试验）　用以测定深静脉回流的通畅情况。方法是在大腿用一止血带阻断大隐静脉主干，嘱患者用力踢腿或连续快速做下蹲运动。由于肌肉收缩，浅静脉血流应回流至深静脉使曲张静脉萎陷空虚。如深静脉不通畅或有静脉压力增高，静脉曲张程度不减轻，甚至加重。

2. 大隐静脉瓣膜和小腿穿通支静脉瓣膜试验（Trendelenburg 试验）　用以测定在大隐静脉和交通静脉功能不全瓣膜的位置。患者取卧位，下肢抬高，并自踝部向上按摩患肢，使静脉空虚。检查者用止血带压住近侧大腿部，然后让患者站立。当放开止血带时，大隐静脉迅速充盈，说明大隐静脉瓣膜功能不全；未放开止血带而小腿部大隐静脉在30s内迅速充盈，表明小腿穿通支静脉瓣膜关闭不全。

3. 多普勒超声检查是临床上评价下肢静脉瓣膜功能不全的常用手段。多普勒超声检查所获得的静脉解剖和瓣膜功能的信息有助于确诊静脉瓣膜功能不全。下肢静脉曲张患者行彩色多普勒超声检查应明确以下四个问题：①确定浅、深静脉系统是否开放；②识别浅、深静脉系统间的反流及其位置；③确定曲张段静脉的血流来源；④评价阻断曲张段静脉血流来源的价值。

4. 顺行或逆行静脉造影　也是评价下肢静脉瓣膜功能不全的常用方法。静脉造影虽可获取静脉的解剖信息，但它是有创的检查方法，而且并不一定能反映瓣膜的功能状况。

【常规治疗】　非手术治疗主要是穿弹力袜或用弹力绷带，使曲张静脉萎陷并促进回流。传统的大隐静脉高位结扎加剥脱术及小腿交通支结扎术是治疗下肢静脉曲张的经典手术。该术式疗效肯定，但创伤大，恢复慢，且遗留多个手术瘢痕。

【介入治疗】　介入治疗可通过静脉内射频、激光血管消融术或血管硬化术等的方法消融大隐静脉，以达到等同"剥脱"曲张静脉的目的。

1. 适应证　适用于早期、轻或中度下肢静脉曲张患者。通常，毛细血管扩张症或节段性静脉曲张是最佳的适应证。

2. 禁忌证　对重度曲张伴有长期下肢皮肤营养障碍者为相对禁忌。合并有下肢深静脉病变即为继发性下肢浅静脉曲张的患者为绝对禁忌，如为下肢深静脉血栓引起，可试行介入溶栓术。

3. 术前准备和器械选择　利多卡因、射频发生器、闭塞导管、光导纤维系统、硬化剂等。

4. 操作步骤

（1）静脉内射频血管消融术：用1%利多卡因溶液于整个大隐静脉周围行局部麻醉，并用小刀片在大腿远端的大隐静脉做一小切口。将6F或8F的导管插入大隐静脉内距隐-股静脉连接点1~2cm处。用手压迫腹股沟部，开启射频发生器。待静脉内温度达85℃并持续30s后，以约3.5cm/min的速度回撤导管。在回撤导管时将温度维持在80~90℃，平均约85℃。在回撤导管过程中，导管经过静脉属支或穿静脉流入孔时温度可暂时下降，此时宜减慢回撤速度将温度恢复至85℃，并使静脉属支或穿静脉流入孔闭塞。最后，用多普勒超声评价静脉闭合情况。远侧的曲张静脉属支可行手术切除或硬化治疗（图10-11）。

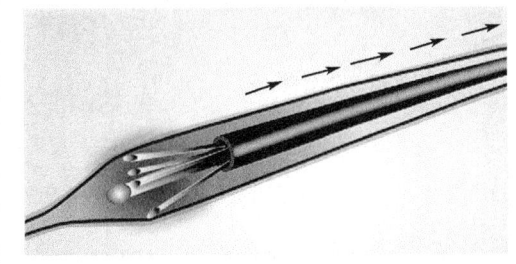

图 10-11　经导管静脉内射频消融术示意图
射频消融头静脉内温度达85℃并持续30s后，
以约3.5cm/min的速度回撤导管

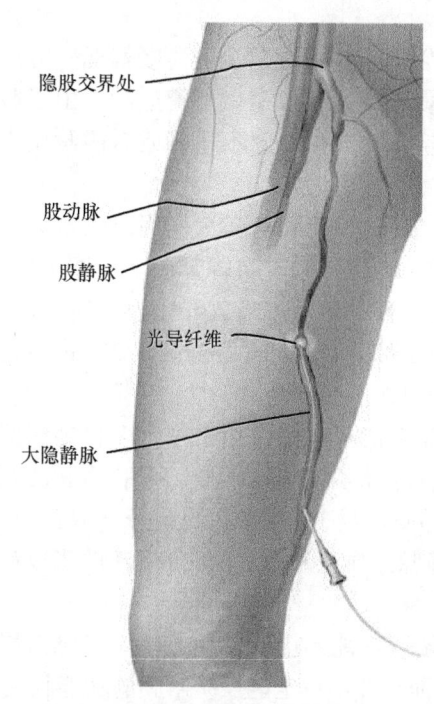

图 10-12　穿刺大隐静脉置入导管鞘,经导管鞘置入光导纤维

(2) 静脉内激光血管消融术:静脉内激光血管消融术于局麻下并在超声引导下进行。治疗范围仅限于直径在 2~8mm(仰卧位时)的大隐静脉。确定静脉功能不全的位置后,于膝关节平面穿刺入大隐静脉。置入单弯导管至隐股点下方约 3cm 处。经导管插入直径为 400~750μm、尖端裸露的光导纤维,其尖端置于隐-股静脉连接点下 1~2cm(图 10-12)。使用超声和透过皮肤所见到的红色激光束确定光导纤维尖端与隐-股静脉连接点的相对位置。用手压迫隐-股静脉连接点和红色激光束以保证光导纤维与静脉壁的最大接触面。采用二极管激光发生器,波长 810nm(diomed d15 diode laser, diomed inc)或 940nm (dornier med tech),经光导纤维沿大隐静脉行程释放激光能量,同时以 0.5~1cm/s 的速度回撤光导纤维(图 10-13)。推荐使用下列参数:在连续脉冲编码装置上以持续 1~2s 的激光脉冲释放 10~14W 的激光能量。这些参数产生的能量可致血管内皮和血管壁的热损伤,并向血管外膜扩展。大隐静脉激光消融术后,其曲张的属支可选择硬化治疗、静脉切除术、激光消融术或其他介入治疗。

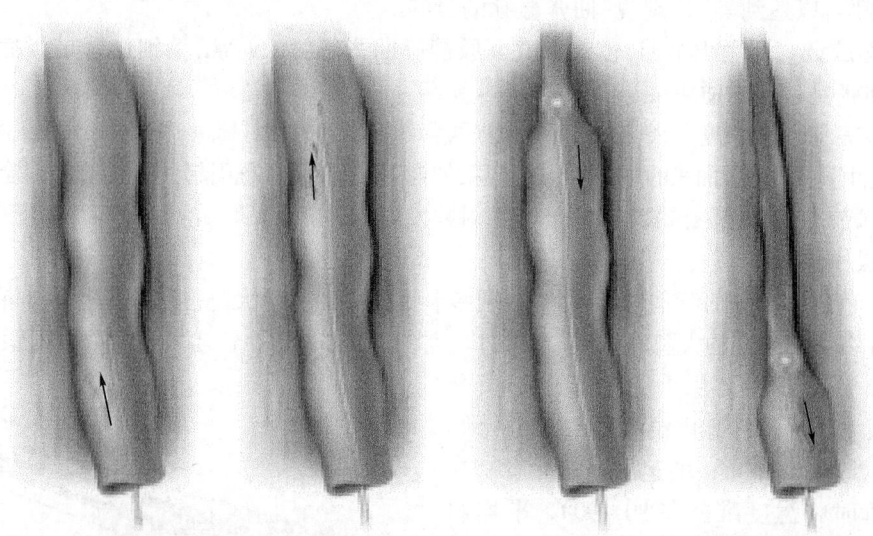

图 10-13　光导纤维沿大隐静脉行程释放激光能量,同时以 0.5~1cm/s 的速度回撤光导纤维

(3) 静脉内硬化剂注射术:多普勒超声引导下经导管静脉内血管硬化术治疗大隐静脉曲张是硬化治疗的一种新方法。其操作技术与上述射频或激光消融术相似。经导丝将多侧孔灌注导管置入大隐静脉,导管尖端置于隐-股静脉连接点下 1~2cm。患者取 Trendelenburg 体位(头低足高仰卧体位)排空静脉,用手压迫隐-股静脉连接点的同时注射硬化剂。

撤出导管后继续阻断静脉血流约2min。

5. 术后处理 术后穿弹力袜约7日,嘱患者可进行正常的日常活动,但避免剧烈运动。

6. 并发症 激光有穿破血管、烧伤皮肤和光纤断裂等危险,以及可能引起大隐静脉属支的血栓性静脉炎。

7. 疗效评价 静脉内射频血管消融术后2年的随访期内90%的患肢未见静脉反流,94%被治疗的静脉经多普勒超声检查未再显示。与传统外科治疗比较,术后疼痛、康复时间和治疗费用均明显降低。

(狄镇海 邹 容)

第六节 上腔静脉阻塞综合征

上腔静脉阻塞(superior vena cava obstruction, SVCO)是各种原因造成上腔静脉的管腔狭窄或完全闭塞性疾病,导致上腔静脉血液回流障碍,产生头颈部及上肢水肿的综合征。

【病因及病理】 上腔静脉阻塞(SVCO)的原因可分为良性和恶性两类。良性SVCO的原因目前尚不清楚,发生率较低,可能与先天性因素、感染、红细胞增多症及各种原因导致的血液高凝状态有关。其中,上腔静脉血栓形成相对多见,主要见于各种留置导管插入引起的血栓形成。恶性SVCO的发生率相对较高,常常作为胸腔内肿瘤的并发症之一,如肺癌、淋巴瘤、间皮瘤,也可为胸外肿瘤的浸润、压迫所致。据报道3%~8%肺癌的患者可出现SVCO,此病因占所有恶性SVCO病例的70%~80%。

由于上腔静脉阻塞,机体可出现下列方面的表现:①上腔静脉支配的区域及脏器组织淤血、水肿和缺氧;②侧支循环形成并开放其方向使血液绕过阻塞的静脉经奇静脉、胸内静脉、胸外侧静脉或椎静脉等回至上下腔静脉,再回至右心房。

【临床表现】 上腔静脉阻塞后,上腔静脉的血液回流障碍,从而导致相应组织器官的肿胀与水肿,可表现为头面部及双上肢肿胀。由于脑水肿,颅内压升高,常有头晕、头痛、恶心、呕吐、嗜睡及意识模糊、视力障碍等颅内压增高的症状。同时多伴有咳嗽、声嘶、呼吸急促,喜坐或立位,卧位时呼吸困难加重,严重者甚至端坐呼吸。除此之外,尚有原发病的症状。

查体可见双上肢凹陷性水肿,以双侧手臂肿胀最明显;头面部肿胀;如患者病史较长,可见前胸后背有轻中度静脉曲张;眼底镜检查可见双侧视神经乳头水肿。

【常规治疗】 SVCO的常规治疗除了对原发病的治疗,如对肿瘤的放疗、化疗外,还应包括对SVCO导致的上肢肿胀及颅内压增高进行对症处理,如用甘露醇或甘油酸钠脱水,如患者头痛严重,则需用止痛药进行镇痛治疗。应该指出的是,仅有部分患者因SVCO而危及生命,大部分患者随着病程的延长,侧支静脉血管的建立,上肢及颅内外肿胀及水肿的症状与体征将逐渐减轻。良性SVCO的患者,SVCO引起的症状及体征往往较轻,与侧支循环血管广泛建立密切相关。SVCO如合并血栓形成,症状及体征往往加重,因此,SVCO发生后可给予抗凝治疗防止血栓形成。外科旁路手术需要胸廓切开,创伤大,对于大多数恶性SVCO的患者不适行此手术,因为这些患者的预计生存期较短。

【介入治疗】 SVCO的介入治疗主要包括病变段球囊扩张术及支架成形术。

1. 适应证 良恶性SVCO的患者都是介入治疗的适应证。

2. 术前准备

(1) 常用器械:导丝、导管、导管鞘。导管通常需要4~5F单弯导管,做造影或闭塞段开通用。备用一根4~5F的猪尾巴导管用做造影。

(2) 特殊器械:单弯钢针或房间隔穿刺针,用作闭塞段上腔静脉开通。球囊导管(直径14~18mm),行PTA治疗用。支架(直径16~20mm),用于恶性SVCO或良性SVCO行单纯PTA治疗后疗效不佳者。球囊的直径应大于病变两端正常管腔直径的20%为宜。支架有编织支架、激光雕刻支架及"Z"形支架。

3. 操作技术

局麻下,经股静脉和(或)颈静脉插管行阻塞的上腔静脉单向或双向造影,观察阻塞的程度、长度、侧支循环血管情况及阻塞的远心端是否合并血栓形成。对于阻塞的上腔静脉为明显狭窄者,用导丝直接通过狭窄段,然后换入球囊导管行PTA治疗;对阻塞的上腔静脉为完全闭塞者,先用导丝及单弯导管探查是否有潜在的腔隙,如有潜在的腔隙,导丝可缓慢通过闭塞段,然后将导管跟进并通过闭塞段,造影证实导管头位于上腔静脉腔内,最终换入导丝并沿导丝换入球囊导管行PTA治疗。如闭塞段导丝不能开通,则应在多角度DSA透视下采用单弯钢针或房间隔穿刺针行闭塞段开通术。上腔静脉狭窄程度>50%者,应放置支架(图10-14)。如阻塞的上腔静脉的远心端合并有血栓形成,应先采用导管抽吸血栓或保留导管溶栓治疗后再行PTA和支架治疗。

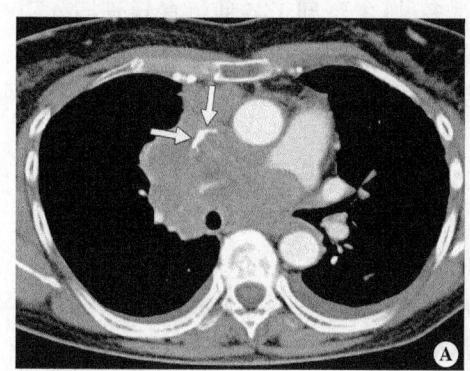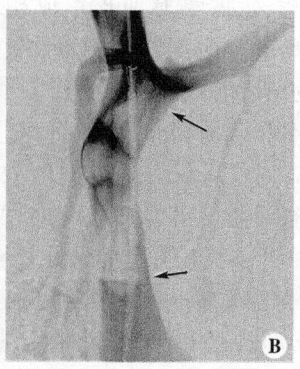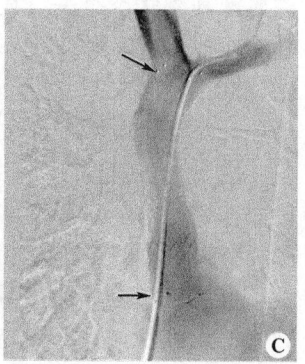

图10-14 上腔静脉综合征的介入治疗

71岁男性患者。A. 肺部肿瘤侵犯上腔静脉(箭头处);B. 造影显示上腔静脉受压,选择支架(COOK,16mm×8cm)覆盖病变段;C. 支架置入后上腔静脉血流通畅

4. 术后处理

支架放置后应采用充分而有效的抗凝治疗。充分即抗凝时间要足够长,通常应大于6个月;有效即抗凝药物的剂量要足够。

5. 并发症

(1) 肺动脉栓塞:肺动脉栓塞分为症状性和无症状性两种,前者发生率低,但危险大;而后者发生率高,但危险小。肺动脉栓塞的发生是由于阻塞的上腔静脉远端血管内的游离血栓,当上腔静脉阻塞段血管开通后,血栓随着血流漂浮到肺动脉所致。面积较小的亚段性肺动脉栓塞,患者常常无症状;较大面积的肺动脉栓塞患者表现为突发性胸痛、气短、发绀,平卧时症状加重;巨块型肺动脉栓塞患者呼吸急促、发绀、血压下降,常在30min内死亡。肺动脉栓塞发生后,应立即给予面罩吸氧,血压下降者应给予升压治疗,与此同时将一枚4F~5F猪尾巴导管直接插入肺动脉内行机械碎栓和药物溶栓治疗。

(2) 支架移位:支架移位至右心房或肺动脉已有些报道,主要原因是支架选用直径太小,支架放置后不能与血管壁形成相互作用力,支架随血液漂流入右心房或肺动脉。另外一个原因是支架释放时定位不准,同时在释放时支架前跳,造成支架移位。"Z"形支架发生移位的概率较编织形和激光雕刻形支架高。支架移位进入右心房或肺动脉后患者常无任何临床症状,可采用介入方法如异物抓捕器将其取出或外科手术将支架取出。

6. 疗效评价 良性上腔静脉阻塞行介入治疗后,由于上腔静脉系统的血液有效的流入右心房,患者的临床症状与体征得以完全或部分消失,发生再狭窄的机会少,预后好;恶性上腔静脉阻塞的预后不良,此与原发病的发展及预后密切相关,由于上腔静脉阻塞的病因为恶性转移、浸润及压迫所致,虽然阻塞的上腔静脉被开通后患者的临床症状与体征可短期内缓解,但恶性肿瘤的发展甚至常常可导致支架内的管腔再狭窄而引起症状与体征复发。同时,恶性肿瘤的发展常导致患者在不长的时期内死亡。

(狄镇海　邹　容)

第七节　肢体血管畸形和血管瘤

【概述】 血管畸形为一组由先天性血管发育异常而引起的疾病。以往临床上多以加定语的血管瘤命名该疾病。Mulliken 等的研究结果表明,真性血管瘤和血管畸形的组织学表现和其内皮的生物学特性有明显的差异,故将其分开命名分类。其中血管畸形主要包括动静脉畸形细血管性静脉畸形和动静脉瘘,最常见的为动静脉畸形。

真性血管瘤:发生于婴幼儿的皮肤表面,出生时无症状,1个月时出现临床症状,在第1年内生长最快,90%以上的儿童血管瘤在5~6岁时完全消退。增生期血管瘤组织学表现为显著的内皮细胞增生,血管瘤组织成分中含大量肥大细胞。消退期血管瘤组织学表现则相反。

血管畸形:发生在体表的血管畸形于出生时就出现病变,在体内者常难以发现,随着生长发育而长大,较多在中青年时病情加重,不可能自然消退。创伤和性激素水平的异常可造成其血流动力学改变而加重病损。血管畸形无内皮细胞增生现象,内皮细胞基膜为单层,内皮细胞不吸收脱氧胸腺嘧啶核苷,畸形组织内肥大细胞计数正常,病变组织成分为原始动脉、静脉、毛细血管和淋巴管或其组合。

【临床表现】

1. 肢体动静脉畸形 其临床症状与解剖部位、大小和其引起的并发症相关。AVM 主要引起盗血所致的局部缺血、充血所引起的心力衰竭等症状。

2. 肢体静脉畸形 主要包括肢体的表皮静脉畸形和肌肉静脉畸形。体表静脉畸形表现为突起于皮肤表面的质软肿块,压迫近端静脉或在一定体位时可膨胀,解除上述因素则可回缩,可伴溃疡和出血等。肌肉静脉畸形散在肌群中,部位深在,临床表现与一般静脉畸形稍有差别。其发病年龄多为 20~30 岁,主要造成肢体肥大,局部肿胀。可影响肌肉或相邻组织,导致疼痛。

3. 动静脉瘘 病因分为先天性或后天性原因。先天性动静脉瘘常累及许多的细小动静脉分支血管,因而瘘口都是多发性的,后天性动静脉瘘常由外伤或医源性操作引起,发生于中等以上的动静脉分支,瘘口往往单一。

临床常见患肢增长、增粗,皮肤温度增高,局部可闻及连续性血管杂音和扪及震颤,浅静脉怒张并可扪及搏动,少数可出现远端肢体溃疡。

【影像学表现】

1. 肢体动静脉畸形 动脉造影是诊断动静脉畸形的金标准,可见供血动脉代偿性增粗,畸形血管团管腔粗细不均,排列紊乱,血管团内对比剂排空迅速,染色时间极短,引流静脉扩张,显影时间提早。

2. 肢体静脉畸形 肢体静脉畸形造影表现为动脉早期供血动脉往往无明显增粗或稍增粗,动脉晚期即显示部分静脉畸形呈斑片状、小点状显影,随时间推移而扩大、变淡,其内可有间隔,引流静脉细小,常不能显示,对比剂排空明显延迟,排空时间可达数分钟。

3. 动静脉瘘 彩色多普勒超声显像检查主要显示瘘口近端动脉及静脉管径扩张,远端动脉及静脉管径则相对变细。彩色血流于瘘口处呈现五彩镶嵌血流。动脉造影可以明确瘘口的部位、大小、数目及附近血管扩张和侧支循环情况。动静脉瘘造影的表现为:组成瘘的动静脉常异常增粗、扩张和扭曲,部分扩张为瘤状。供血动脉通过瘘口直接注入扩张的静脉,静脉和动脉几乎同时显影。病变区无毛细血管床和畸形血管团。瘘口远端动脉变细或不显影。

【常规治疗】 儿童血管瘤因为其具有自限性,多不需要治疗。即使是血管瘤偶尔出血或发生溃疡,亦只需局部压迫或敷料包扎即可。重要部位的血管瘤可采用皮质激素或α干扰素治疗。

局限性先天性动静脉瘘手术治疗效果好,但多数先天性动静脉瘘由于动静脉之间的交通支多而且细小,病变范围广泛,有时累及整个肢体,因而治疗困难,切除不彻底。临床经验证明,对于绝大部分动静脉畸形病灶,单纯手术切除不仅存在着切除不完全、失血量大、术后易复发等特点,而且,因为手术常结扎供血动脉,使动静脉畸形的血供变得更为复杂,为后续的治疗增加了相当的难度。

后天性动静脉瘘一旦形成,由于动脉压和静脉压之间相差甚大,瘘口难以自行愈合,必须进行治疗,目前多采用手术治疗,但在某些部位手术难度较大。

【介入治疗】

1. 易经皮穿刺进入畸形血管者 治疗原则是在直接穿刺造影明确诊断后进行局部或经导管注入血管硬化剂类物,硬化剂主要用聚桂醇、无水乙醇和平阳霉素等。作用机制是使其内皮变性坏死,继而血栓形成,闭塞畸形血管腔。单纯供血动脉栓塞疗效欠佳,不宜采用。硬化剂中常加入少量碘油,碘油不对异常血管起直接损伤作用,其作为药物载体进入血管腔,缓慢释放药物,并且不易经引流静脉排出,可作为示踪剂在X线下观察。

2. 肌肉静脉畸形 可采用经导管硬化剂注入供血动脉。但肌肉静脉畸形常为多条血管供血,并且其供养肌肉的分支难以避开。

3. 动静脉畸形和动静脉瘘 主要采用栓塞术,栓塞可使邻近组织坏死者禁用。

(1) 插管途径:依赖于畸形血管部位,下肢宜采用股动脉穿刺途径,可顺行性插管,也可逆行性插管,但顺行性股动脉插管更常用。上肢宜用肱动脉穿刺途径。

(2) 插管成功后,首先要做动脉造影,以了解血管解剖和病变范围,证实畸形的类型和范围,然后决定栓塞哪些血管及栓塞方式。

(3) 栓塞剂:动静脉畸形应选择末梢性永久性栓塞剂,常用的栓塞剂有无水乙醇、鱼肝油酸钠、PVA微粒及医用组织胶等。从安全性、有效性和减少术后反应等方面考虑,采用PVA微粒较好,但应注意顺行性误栓。通常不宜直接采用钢圈栓塞畸形血管供养动脉。因术后侧支循环很快建立,难以取得良好效果,且堵塞了下次介入治疗的入路。只有使用微弹簧圈仔细栓塞末梢供养动脉才能控制侧支循环的建立。而在动静脉瘘则宜采用大型栓塞物金属圈、电解可脱离铂金圈和可脱离球囊等，封闭瘘口（图10-15）。

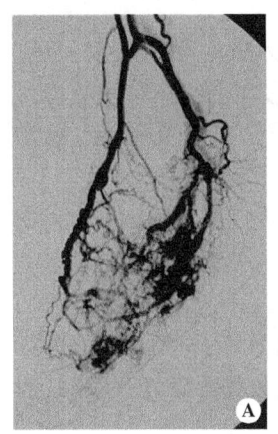 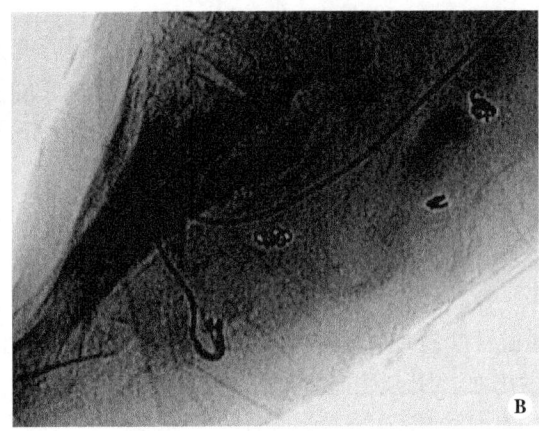 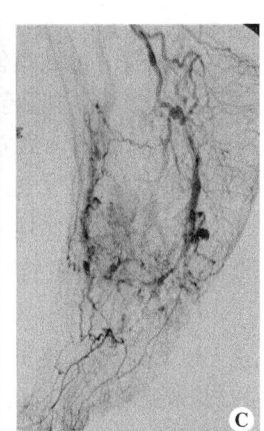

图10-15 下肢血管畸形的介入治疗

A. 下肢动脉造影显示左足部动静脉畸形；B. 使用微导管插入至足部畸形血管供养动脉末梢，仔细释放微弹簧圈；C. 栓塞后造影大部分畸形血管闭塞

（4）造影后应超选择至供血动脉进行栓塞，避免正常组织的受累。在投放栓塞材料前，导管顶端尽可能靠近畸形的供养血管，对动静脉瘘需栓塞其瘘巢，插管困难病例可用针直接穿入瘘巢后注入无水乙醇。

如疑有栓子反流栓塞正常血管可能时，则要用球囊导管或同轴导管方法进行栓塞，以减少并发症发生。对于较大的动静脉瘘可以在动脉端放带膜支架，将瘘口隔绝，且能保持动脉血流正常。

（5）术后1个月左右行造影复查，并对残留或新发生的异常血管进行栓塞。随后每2~3个月复查1次，必要时行补充栓塞。对于范围较大、血供复杂的即使行多次栓塞术，仍难以完全阻塞所有畸形血管，但可以缩小病变范围和减少其血流量，可能为后续的手术治疗打下基础。

4. 并发症

（1）皮肤改变：初期可出现局部皮肤红肿，病变区触及柔韧感。较重的不良反应表现为肢体局部明显红肿、发热，可持续2~4周，红肿缓慢消退，局部脱皮。严重者肿块在1个月内逐渐缩小，6个月内缩至最小程度。

（2）栓塞后疼痛：为常见并发症，可在栓塞后数小时出现，有时疼痛可持续较长时间，用镇痛剂即可缓解。

（3）肢体缺血坏死：往往是栓塞剂使用不当、栓塞剂反流、非靶血管误栓及栓塞面积范围过大所致。

（4）动脉血栓形成：主要发生在血流缓慢或严重血管痉挛者，应特别注意观察，必要时需溶栓治疗。

5. 疗效评价 栓塞可有效地控制畸形血管所致的出血，明显地减轻临床症状，对外科无法手术或手术困难者可明显达到姑息治疗目的，如栓塞后于48h内做切除术则可明显减少术中出血。

（狄镇海　邹　容）

第八节 四肢血管创伤

【概述】 四肢是创伤的好发部位，多由外科进行治疗。随着介入放射学的蓬勃发展，介入治疗在四肢血管创伤中的诊治地位日益突出，特别在动脉或静脉断裂、假性动脉瘤形成和动静脉瘘的诊治方面以其微创、高疗效而备受关注。骨盆骨折合并出血及假性动脉瘤临床常见，为本章介绍重点内容。

【病因】 创伤性血管损伤病因可分为：①火器伤；②锐利伤；③钝性伤；④医源性损伤和其他，如撕脱伤、绞伤等。其中钝性伤致血管损伤在我国较为常见。

【临床表现】

1. 出血 肢体主要血管断裂或破裂均有较大量的出血。开放性动脉损伤出血呈鲜红色，多为喷射性或搏动性出血。闭合性血管损伤时，损伤肢体常因内出血而显著肿胀，时间稍长者有广泛皮下淤血，有时形成张力性或搏动性大血肿。

2. 休克 出血较多者因血容量减少，可出现低血压并导致休克。

3. 肢体远端血供障碍 表现为肢体远端动脉（如桡动脉、足背动脉等）搏动消失甚或微弱。

【常规治疗】 临床上对于四肢血管创伤的患者，首先需控制出血，对严重开放性创伤，未控制住出血而导致失血性休克的患者，即刻对创口施行加压包扎，必要时使用气囊止血带止血。同时积极进行抗休克治疗，给予抗生素治疗预防感染。病情稳定后即送手术室进行血管探查手术。快速纠正骨、关节畸形，而后探查和修复损伤的血管。

【介入治疗】

1. 适应证

（1）四肢血管局灶性损伤，非完全性横断，导丝能经过损伤处，远端有流出道。

（2）四肢创伤引发的假性动脉瘤、动静脉瘘形成。

（3）骨盆骨折大出血。

（4）四肢动脉损伤外科修补术后吻合口狭窄。

2. 禁忌证

（1）动脉离断性损伤。

（2）管损伤处临近重要分支动脉（如临近椎动脉的锁骨下动脉损伤）。

3. 术前准备和器械选择

（1）术前应用镇静、止痛剂。因为外伤患者往往伴有剧烈疼痛或情绪反应激烈，采取镇静、止痛措施，让患者安静下来，有利于介入治疗。

（2）常规行血常规、凝血常规检查。

（3）根据X线、CT或B超等影像资料，判断可能出血的部位和严重程度，以便于首先插管至出血的血管。

（4）术前谈话，将手术的重要性、术中、术后可能出现的并发症和不良反应详细向患者家属讲明，在患者或家属同意后方能进行手术治疗。

（5）器械准备：导管、导丝、栓塞剂、覆膜支架、手术包和心电监护等。同时开放静脉通道，以便输液、输血等急救。

4. 操作步骤 对于急性出血，因大量失血或血肿压迫可使动脉搏动消失，穿刺定位困难，可做盲穿。血管损伤的造影表现为损伤部位对比剂外溢、假性动脉瘤、动静脉瘘和血流中断等。

对于骨盆外伤引起的出血,应先在腹主动脉分叉处造影,从整体上了解盆腔动脉的情况,再选择性进入髂内动脉及其分支,行二次造影明确出血部位和血供情况。对于局部出血应将超选择性插管置入出血动脉再行栓塞。骨盆外伤的广泛出血,可将导管置于髂内动脉主干,释放栓塞剂。栓塞后损伤血管处无明显对比剂外溢,扩容升压后生命体征稳定,表示栓塞成功。

对于假性动脉瘤,瘤腔和破裂口较小可采用经导管瘤内填塞术治疗,多采用不锈钢圈或电解可脱离铂金圈作为填塞材料;若阻断载瘤动脉不至于对远端器官造成严重缺血性损害时,可考虑行动脉瘤两端动脉干栓塞术;覆膜支架置入可将瘤腔与血管隔离(图10-16)。

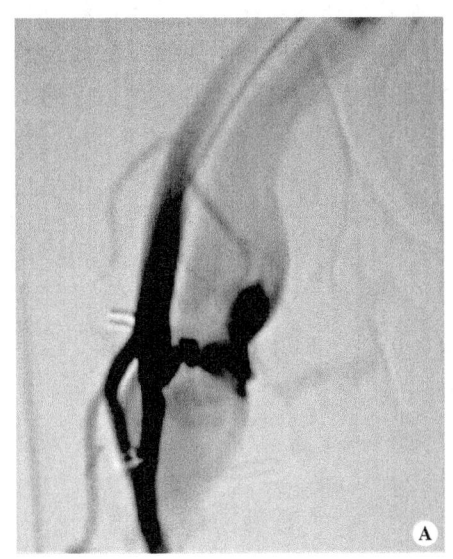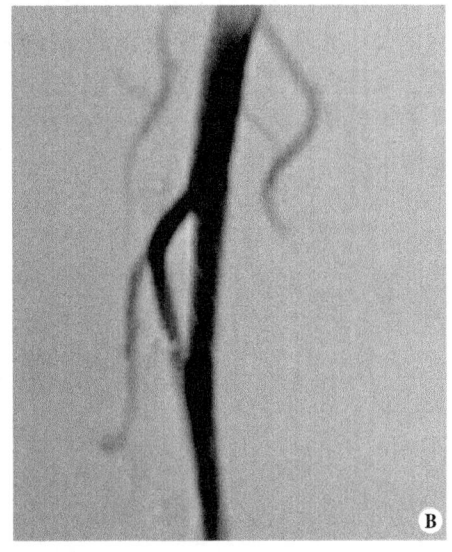

图10-16 外伤性动静脉瘘的介入治疗

患者女,86岁,有股动脉穿刺史(冠状动脉造影),右股动脉造影显示股浅动脉起始端股动脉-股静脉瘘(A);
放置覆膜支架 Wallgraft 8mm×20mm 后造影显示动静脉瘘封闭(B)

5. 术后处理

(1)密切关注病情变化,监测血压、脉搏等生命体征变化。

(2)补液、输血(根据血常规情况决定)、止血、抗感染、纠正电解质和酸碱平衡紊乱,加强支持和对症等治疗。

(3)治疗外伤所引起的骨折、脏器损害等。

6. 并发症及处理

(1)栓塞后再出血:有少数患者栓塞后出血停止,但术后又出现大出血,原因可能有三个方面:①栓塞了主要出血动脉,而一些小分支出血未注意到,术后随着血压平稳,小分支出血成主要问题。②栓塞剂再通,因为明胶海绵颗粒可以被吸收,血管再通,一般在2周左右,这种情况较少见。③在多发骨折患者,栓塞止血后,在搬动过程中,骨折端再次损伤血管,又出现大出血。

(2)栓塞后再次出血,仍然可以使用介入栓塞止血。对于较大的动脉出血,可以考虑使用弹簧圈栓塞,血管不容易再通;患者术后运送的过程中一定要小心,搬动动作要轻柔,以免再次大出血。

（3）穿刺部位血肿：是穿刺和插管最常引起的并发症，特别是大出血的患者；少数合并凝血功能障碍者，更容易出现，要加以重视。血肿不大时往往可以自行吸收，对患者影响不大。但血肿早期不要热敷，以免促进渗血，待术后 24~48h 后才可热敷。

（4）血管痉挛：是血管介入治疗中较常见的并发症，表现为肢体疼痛、缺血、麻木、皮肤苍白。主要是导管进出刺激动脉引起，这种并发症能导致血流速度减慢，如处理不及时可能导致动脉内血栓形成，继而造成肢体坏死。一旦发现立即采用 2% 利多卡因或罂粟碱 30mg 动脉注射，多可缓解。

7. 疗效评价　四肢血管损伤的患者全身情况往往较差，传统外科开放手术进行血管修复重建需在全麻下进行，术中如何迅速解剖出损伤血管并完成止血、修复，对血管外科医生而言仍是巨大挑战。随着介入治疗技术的发展，血管损伤的传统开放手术已经有相当一部分被腔内修复手术所取代。实践证明，腔内修复手术具有创伤小、手术时间短、操作简单、术后恢复快等优点，大大提高了血管损伤的救治成功率，但仍需严格遵循相应的适应症以确保介入手术安全有效。对于未成年患者、血管内径较细以及跨关节处血管损伤，选用覆膜支架应慎重。

（狄镇海　邹　容）

第十一章 腹部疾病

第一节 原发性肝癌

【概述】 原发性肝癌(primary heptic cancer,PHC)是指起源于肝细胞和(或)肝内胆管细胞的恶性肿瘤。其发病率逐年增长,已超过62.6万/年,居于恶性肿瘤的第5位;死亡接近60万/年,位居肿瘤相关死亡的第3位。我国是肝癌高发区,目前,发病人数约占全球的55%;在我国肿瘤相关死亡中肝癌仅次于肺癌,位居第2位。发病年龄、性别因地理位置不同而有差异,在高发地区,一般发病年龄较轻,多在30~40岁,在低发区,平均年龄为52~59岁;江苏启东和广州扶绥的发病率最高,男女性别之比为(3~5):1。值得注意的是,近十年来世界各地的发病率均有上升趋势。

【病因】 原发性肝癌的病因至今尚未确定。多数学者认为与多种因素综合作用有关。主要包括病毒性肝炎、乙醇等所致肝硬化、黄曲霉毒素、饮用水污染等。值得重视的是不少资料提示危险因素之间,如黄曲霉毒素与HBV有协同作用;以往未被认为是危险因素的糖尿病、高血压等与危险因素HBV感染之间也有协同作用,所以慢性糖尿病和高血压也被提升到原发性肝癌致病非独立危险因素的地位来研究了。

【分类与病理】 肝癌病理组织学主要分为肝细胞癌(HCC)、肝内胆管癌(ICC)和混合性肝癌主要病理类型以及其他少见类型。肝细胞癌占原发性肝癌的90%以上,是最常见的一种病理类型。其大体分型为:结节型、巨块型和弥漫型;瘤体直径<1cm称为微小癌,1~3cm称为小肝癌(我国的小肝癌标准是:单个癌结节最大直径≤3cm;多个癌结节数目不超过2个,其最大直径总和≤3cm),3~5cm称为中肝癌,5~10cm称为大肝癌,>10cm称为巨块型肝癌,而全肝散在分布小癌灶(类似肝硬化结节)称为弥漫型肝癌。

肝内胆管癌(ICC):较少见,起源于胆管二级分支以远肝内胆管上皮细胞,一般仅占原发性肝癌的不足5%。大体分型:可分为结节型、管周浸润型、结节浸润型和管内生长型。混合型肝癌:即HCC-ICC混合型肝癌,比较少见。原发性肝癌中还有些少见类型肝癌,如透明细胞型、巨细胞型、硬化型和肝纤维板层癌(fibrolamellar carcinoma of liver,FLC)等。

【临床表现】 原发性肝癌起病常隐匿,多在肝病随访中或体检普查中应用AFP及B型超声检查偶然发现,此时患者既无症状,体格检查亦缺乏肿瘤本身的体征,此期称之为亚临床肝癌。一旦出现症状而来就诊者其病程大多已进入中晚期。不同阶段的肝癌,其临床表现有明显差异。肝区疼痛、上腹肿块为中晚期肝癌的特征性体征,晚期肝癌或有肝硬化背景者可同时有黄疸、腹水、脾大、下肢水肿及肝掌、蜘蛛痣、腹壁静脉曲张等。肝癌晚期常出现很多并发症,常见的有:上消化道出血、肝性脑病、肝肾功能衰竭、巨大癌肿破裂出血及癌性胸腹水等,常危及生命。

【辅助检查】
1. 影像学诊断
(1) 超声显像:用于操作简便、直观、无创性和价廉,超声对肝脏病变的检查可列为首选,对肝细胞肝癌确诊率可达90%。超声血管造影可提高对原发性肝癌的诊断和鉴别诊断能力,目前在肝癌临床治疗前的初步诊断以及治疗后的随访中的应用越来越广泛。

(2) CT:CT检查能够很好反映肝脏病理形态表现,如病灶大小、形态、部位、数目及有无病灶内出血坏死、有无动静脉瘘等,从病灶边缘情况可了解其浸润性,从门静脉血管的癌栓和受侵犯情况可了解其侵犯性,CT被认为是补充超声显像估计病变范围的首选非侵入性诊断方法,目前螺旋CT可发现直径小于1cm的毫米级小病灶或卫星灶。通过CT血管重建显示肿瘤供血动脉的起源及走形。

(3) MRI扫描:磁共振成像(MRI)无射线损伤,而且由于其成像参数较CT多,所以在肝癌,尤其是早期肝癌的鉴别诊断及介入治疗后随访等方面更有价值,优于CT和US。

(4) 肝动脉造影:肝动脉造影作为创伤性检查,目前已不再作为单纯的诊断手段,但却是介入治疗前的必经程序,对肝内病灶可有更详细了解,如病灶的确切数目、大小及分布、肝动脉供血情况、有无瘘等。一个良好的肝动脉造影对于一名肝癌患者治疗方法的选择可能是决定性的。肝动脉造影除能了解肿瘤的大小、数目、分布、血供、周围浸润、有无肝静脉、下腔静脉、右心房癌栓等情况,以决定治疗方案外,还可经导管直接进行血管内介入治疗。

(5) 放射学核素显像:在肝癌的临床诊断方面核素显像、包括目前对早期肿瘤检出比较敏感的PET-CT对一些肝细胞癌也难以显示,所以临床应用不多。

2. 肿瘤标志物检测

(1) 甲胎蛋白(AFP)的检测:正常人血清中甲胎蛋白的含量尚不到20μg/L。原发性肝癌患者血清中AFP的阳性率为70%~80%。但有15%左右原发性肝癌患者血清中AFP始终不高,故AFP不高者不能排除原发性肝癌。除肝细胞癌AFP可显著升高外,妊娠、胚胎癌如睾丸癌、卵巢癌和极少数胃、胰、胆管、结肠直肠癌也可升高,但其绝对值不如肝细胞癌高。慢性肝炎、肝硬化亦可有一过性升高。

(2) 其他肿瘤标志物:目前在研究的很多,如DCP、GGTII、DR-70TM、TNF-α、α-L-岩藻糖苷酶(α-L-fucosidase,AFU)等,但敏感性和稳定性都有待进一步明确。

【临床诊断】 在实体瘤中,唯有HCC可采用临床诊断标准,主要取决于三大因素,即慢性肝病背景、影像学检查具有典型的HCC影像学特征及甲胎蛋白(AFP)的水平。

(1) AFP≥400μg/L,能排除妊娠、生殖系胚胎源性肿瘤、活动性肝病及转移性肝癌,并能触及肿大、坚硬及有大结节状肿块的肝脏或影像学检查有肝癌特征的占位性病变者。

(2) AFP<400μg/L,有乙型肝炎、丙型肝炎或肝硬化的病史,能排除妊娠、生殖系胚胎源性肿瘤、活动性肝病及转移性肝癌,并有两种影像学检查有肝癌特征的占位性病变或有两种肝癌标志物(DCP、GGTII、AFU及CA19-9等)阳性及一种影像学检查有肝癌特征的占位性病变者。

如果以上2项均不符合,则需要肝内外病灶的病理检查结果证实。

【分期与分级】 原发性肝癌的临床分型与分期对治疗的选择、预后的判断和科研资料的对比都有重要意义。在我国的原发性肝癌中,有80%~90%合并肝硬化,为此,不同于其他实体瘤可以较直接应用TNM分期。目前采用的是巴塞罗那临床肝癌(BCLC)分期(表11-1)与治疗策略,比较全面地考虑了肿瘤、肝功能和全身情况,并且具有循证医学高级别证据的支持,目前全球范围比较公认而广泛采用。

表 11-1 巴塞罗那分期标准（BCLC）

分期	PST	肿瘤情况	Okuda 分期	肝功能
StageA（早期肝癌）				
A1	0	单个肿瘤	I	无门静脉高压,胆红素正常
A2	0	单个肿瘤	I	门静脉高压,胆红素正常
A3	0	单个肿瘤	I～II	门静脉高压,胆红素不正常
A4	0	个数≤3个,单结节直径≤3cm	I～II	Child-PughA-B
StageB（中期肝癌）	0	大,多个结节	I～II	Child-PughA-B
StageC（晚期肝癌）	1～2	血管侵犯或肝外转移	I～II	Child-PughA-B
StageD（末期肝癌）	3～4	任何情况		Child-Pugh C

Stage A 和 Stage B：符合所有标准
Stage C：至少符合一项标准；PST：1～2 或血管侵犯或肝外转移
Stage D：至少符合一项标准；PST：3～4 或 Okuda III/Child-Pugh C

注：PTS(performance status test)：生活状态评分,PS 0：正常活动；PS 1：有症状,但几乎不影响下床活动；PS 2：白天卧床时间少于 50%；PS 3：白天卧床时间多于 50%；PS 4：完全卧床。Okuda 分期法是由 Okuda 等于 1985 年提出。它是目前应用最为广泛的、也是第一个将肿瘤情况与肝脏功能结合在一起的评分方法,它更是目前唯一一个提供了未加干预措施的各期肝癌患者生存期资料的评分方法

【常规治疗】 原则上外科治疗仍然是原发性肝癌根治性治疗的主要手段,包括外科切除和肝移植。首选外科切除治疗的适应证可参考 BCLC 分期标准,肝移植的适应证现多参照米兰标准：①单发病灶,直径<5cm；②多发肿瘤,病灶<3 个,单个病灶最大直径<3cm；③无血管侵犯；④无淋巴结或肝外转移。但是仅有不到 30% 的患者适合选择该种治疗。

传统的全身化疗有效率极低,不及 10%,现已少用。传统的放疗一般不用于肝癌的治疗,近几年发展起来的三维适形调强放疗,有资料显示对一些大肝癌和门静脉、下腔静脉癌栓有一定疗效。尽管很多分子靶向药物在其他肿瘤已临床应用,但在晚期肝癌治疗上仅有索拉非尼被批准用于肝细胞癌的分子靶向治疗,但其客观疗效还比较低,目前认为与肝动脉栓塞化疗术（TACE）相结合有助于提高疗效。

【介入治疗】 肝癌的介入治疗已有 30 多年历史,1979 年日本学者中熊健一郎用碘油栓塞治疗肝癌,开创了肝癌介入治疗的新纪元。20 世纪 80 年代后期在我国迅速推广,成为中晚期肝癌主要的治疗方法。

肝癌的介入治疗包括经血管和经皮直接穿刺两种治疗途径。经血管内治疗有三种方法：①经导管肝动脉灌注化疗（transcatheter arterial infusion,TAI）；②经导管肝动脉栓塞（transcatheter arterial embolization,TAE）；③经导管肝动脉化疗性栓塞（transcatheter arterial chemoembolization,TACE）。目前,TACE 是应用最广的方法,是不能施行根治性治疗的首选治疗方案。经皮直接穿刺局部治疗的方法包括以射频、微波、氩氦刀等为代表的物理消融治疗、以无水乙醇注射为代表的化学消融、以放射性粒子为代表的内放疗等。这些方法使得肝癌的微创综合治疗更趋全面和多样化。

1. 经导管肝动脉化疗栓塞术 经导管肝动脉化疗栓塞术（TACE）是中晚期肝癌最适宜的治疗方法。TACE 可显著提高肿瘤组织的药物浓度及阻断肿瘤的血供,化疗和栓塞两者

协同作用达到最有效的疗效。

TACE 治疗 HCC 的原理是基于肝癌独特的血供特点。肝癌病灶的血供 85%~90% 来自肝动脉,其余 10%~15% 来自门静脉,而非肝癌组织则主要(75%)由门静脉供血,肝动脉仅参与 25% 的供血。这使得通过肝动脉给药,尤其是超选择的病灶或肝段、亚段实施化疗栓塞可最大程度地杀灭肿瘤组织,同时还可最大程度地减少对正常肝脏的损伤。即使整个肝动脉被阻断,只要门静脉通畅,TACE 一般也不会导致肝功能衰竭。

目前 TACE 术中使用化疗药物与碘油的混悬液。正常肝组织内也可含碘油,但一般 3~4 周后会被清除。混有化疗药的碘油经肝动脉注射后,由于肝癌组织对碘油的虹吸作用,碘油很快沉积在肿瘤组织内,其分布弥漫但不均匀,以扩张的肝窦内较多。碘油可在肝癌灶中存留达一年以上。碘油因此成为 TACE 中常用化疗药物载体。目前一种新的化疗栓塞微粒(也称载药微球,如 DC-bead)已开始投入临床应用,并显示良好的临床应用前景。

(1) 适应证与禁忌证

1) 适应证:①不能手术切除的肝癌,瘤体占肝体积 70% 以下,肝功能为 Child A、B 级者。②癌块过大,可用栓塞治疗使癌块缩小,以利二期切除。③肝癌术后复发,不宜手术切除者。④肝癌未能完全手术切除者或考虑有残留病灶者。⑤肝癌破裂出血不适于行肝癌切除者。⑥行肝移植术前等待供肝者,可考虑化疗栓塞以期控制肝癌的发展。

2) 禁忌证:①肝功能属 Child C 级合并严重黄疸者。②严重心、肺、肾功能不全者。③严重凝血机制障碍有出血倾向或凝血酶原时间大于正常值 2 倍以上者。④肝癌体积占肝脏的 70% 以上者。⑤严重的代谢性疾病(如糖尿病)未予控制者。⑥大量腹水、全身状况差或恶病质。⑦碘过敏者忌用碘油栓塞。⑧广泛肝外转移者。⑨合并严重感染者。

(2) 术前准备

1) 对患者进行有关影像学检查和实验室检查,尤其需重视肝功能、肾功能和凝血功能检查及肝炎病毒标志物的检查。

2) 器械准备:使用肝动脉导管以及微导管等。

3) 常用化疗药物:丝裂霉素(MMC)、阿霉素类(ADM、THP)、铂类(DDP、Curb)、氟尿嘧啶(5-FU、FUDR)等。根据患者肝功能及全身情况、既往化疗栓塞及下一步的综合治疗计划考虑联合用药方案及用药剂量。

4) 常用栓塞剂:碘化油、明胶海绵颗粒、微球、无水乙醇及不锈钢圈等。

(3) 操作方法

1) 肝动脉造影:导管置于腹腔动脉或肝总动脉造影。造影图像采集应包括动脉期、实质期及静脉期,全面了解肝动脉的解剖形态、有无血管变异、肝实质肿瘤的部位、大小、数量、供血类型、有无动静脉瘘等情况,然后进行超选择插管和造影。为提高疗效、减轻化疗药物和栓塞剂对正常肝组织的损害,应尽可能行超选择插管至病灶供血动脉。对于严重肝硬化患者、门静脉主干及一级分支癌栓者,推荐经脾动脉或肠系膜上动脉造影行间接性门静脉造影,了解门静脉血流情况。

2) 肝动脉化疗性栓塞:导管头尽量置于肿瘤供养动脉实施化疗栓塞。每种药物一般需用生理盐水或 5% 葡萄糖液 150~200ml 稀释,经导管灌注药物的时间不少于 20min;超液化碘油与化疗药物充分混合成乳剂,在透视监视下经导管缓慢注入,用量一般不超过 20ml。然后可加用明胶海绵颗粒或其他栓塞微球。

3) 再次肝动脉造影:了解肿瘤病灶的栓塞情况,见图 11-1。

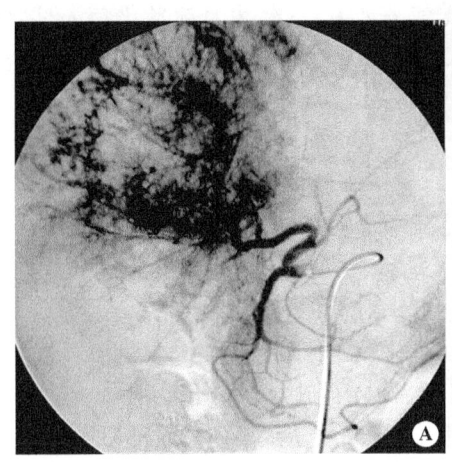 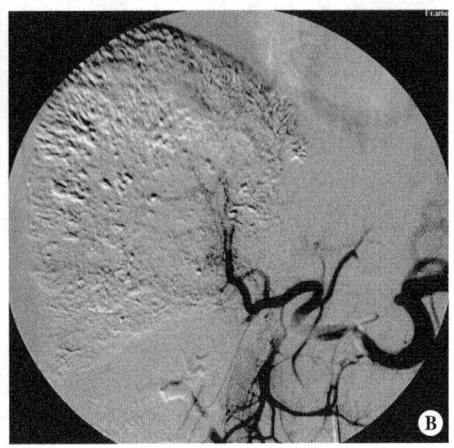

图 11-1 肿瘤栓塞
A. 右肝巨块型肝癌,肝固有动脉造影显示右肝肿块血供丰富,肿瘤染色;B. 经导管化疗栓塞术
(TACE)后,肝动脉造影显示肿瘤动脉被栓塞,浮雕影为碘油沉积影

(4) 肝癌合并症的治疗

1) 肝癌伴门静脉癌栓:肝癌伴门静脉癌栓的介入治疗分以下情况:①若只是门静脉 2 级及以远分支受侵,可进行常规化疗栓塞。②若门静脉主干被瘤栓完全阻塞,肝动脉栓塞属相对禁忌证,需视肝门附近有无较丰富侧支循环、瘤体占肝脏体积百分比、肝功能状况及有无严重食管静脉曲张等酌定。若有较丰富侧支血管、门静脉主干癌栓有丰富肝动脉供血者,而且患者肝功能 Child A 或 B 级者,可适度分期给予化疗栓塞。现已有研究支持三维适形调强放疗对门静脉癌栓有一定疗效,可直接选用。③若癌栓处于一侧门静脉分支、分叉处的主干开始受波及,此时为了维持正常侧肝叶的门静脉血流,可以经皮穿肝或经皮穿脾途径行门静脉内支架置放术,将支架置于正常侧门静脉分支和门静脉主干之间,可姑息性的延缓肿瘤阻断整个门静脉血流,疗效有限。

2) 肝癌伴门静脉高压的介入治疗:肝癌由于肝硬化病变,或肿瘤所致肝动脉-门静脉瘘、门静脉癌栓堵塞,均可发生门静脉高压,甚至出现消化道大出血。处理方法:①在介入治疗前 2 日及治疗后 3 日,每天皮下注射奥曲肽 200μg(100μg/次,每日 2 次),以降低门静脉压力。如肝癌病灶不在穿刺道上,亦可酌情行 TIPS 或 PTPE 以减轻门静脉压力,防止静脉曲张破裂出血。行脾动脉栓塞术也可减轻门静脉高压。②脾功能亢进:肝癌合并门静脉高压时,常伴有脾功能亢进,在 TAE 治疗同时可行部分性脾动脉栓塞术,以缓解脾亢症状。

3) 肝癌伴肝动脉-门静脉或肝动脉-肝静脉瘘:根据瘘的范围和程度,在治疗方法上可采用经肝动脉明胶海绵、微球、PVA、不锈钢圈、无水乙醇等栓塞瘘口。

4) 肝癌伴下腔静脉癌栓:若血管腔狭窄<50%,则按常规化疗、栓塞;若狭窄>50%,而且有下腔静脉阻塞的明显症状则可按继发布加综合征来处理,于狭窄部位植入金属内支架,保持下腔静脉的畅通,同时行肿瘤的经肝动脉化疗栓塞术。

5) 肝癌伴阻塞性黄疸:先行 PTCD 术或放置胆管内支架,使胆汁有效引流,黄疸减退,约需 2 周时间,肝功能好转后给予 TACE 治疗。

6) 肝癌伴肺转移:肝癌最常见的肝外转移部位是肺,对这类患者应以治疗肝内原发灶为主,尽可能控制肝癌病灶,同时对肺部转移灶采用多种方法综合治疗。包括:①经肺动脉药盒导管系统(PCS)连续化疗灌注;②支气管动脉一次性大剂量化疗灌注;③肺内转移灶≤3个的患者,可给予经皮肺穿刺消融治疗;④介入治疗间期酌情使用短程全身静脉化疗。

(5) 术后处理

1) 常规穿刺部位处理。

2) 予以保肝、支持、止吐、抑酸、镇痛等对症治疗3~5日。

3) 再次的间隔时间依随访而定,通常为1~3个月,若影像学检查肝肿瘤病灶内碘油沉积浓密,肿瘤组织坏死且无新病灶或无新进展,可暂不行TACE治疗。

(6) 并发症

1) 化疗栓塞综合征:TACE术后患者可出现恶心、呕吐、肝区闷痛、腹胀、纳差、乏力等症状,可给予支持疗法、止吐、吸氧、镇痛等处理。对于介入治疗后肿瘤坏死所致发热,可用酚咖片或吲哚美辛等解热药物退热。

2) 术中胆心反射:这是由于化疗性栓塞导致患者肝区缺氧、疼痛,刺激胆道血管丛的迷走神经所引起的一种严重不良反应,患者表现为严重胸闷、心率减慢、心律紊乱、血压下降,严重者可导致死亡。术前可给予阿托品或山莨菪碱预防,如术中患者出现MM样症状,可给予吸氧、静脉推注阿托品0.5~1mg、肾上腺素1mg,用多巴胺升血压等措施治疗。

3) 血细胞减少:化疗药物,或脾功能亢进可致白细胞、血小板或全血细胞减少。用升白细胞和血小板药物治疗,必要时给予输血。在TACE前或同时给予脾动脉栓塞术治疗脾功能亢进。

4) 其他少见并发症

A. 上消化道出血:可能系溃疡出血或门静脉高压性出血。前者按溃疡出血处理;后者给予止血药、抑酸药及使用降低门静脉压力的药物(如醋酸奥曲肽)。若系大量出血,需用三腔管压迫止血,或急诊内镜下注射硬化剂和(或)结扎曲张静脉团。仍不能止血时,急诊给予经皮肝穿刺行胃冠状静脉及胃底静脉栓塞术(PTVE)或TIPS手术。

B. 胆囊炎症、胆囊坏死穿孔:多是栓塞胆囊动脉所致。胆囊炎症可先采取保守治疗,如诊断胆囊坏死穿孔后应行外科手术。

C. 胆汁瘤和肝脓肿:一旦发现,立即行经皮肝穿引流和应用抗生素治疗。

D. 胰腺炎、胰腺梗死:多为栓塞剂经胃十二指肠动脉或脾动脉进入胰腺动脉分支所致。

E. 碘油异位栓塞:肝癌瘤内存在动静脉瘘,碘油可通过瘘进入肝静脉、下腔静脉引起肺动脉栓塞;若体循环与肺循环间有异常通道时,通过肝动脉肝静脉瘘进入肺循环的碘油可进入脑组织从而引起相应肢体功能障碍、失语、昏迷等严重神经症状。

血管系统并发症包括阿霉素心肌中毒、布加综合征等。泌尿系统并发症有肾衰竭。在栓塞肝门部、腹膜后淋巴结转移时可能会出现脊髓损伤,较罕见。

(7) 疗效评价:临床观察和实验室检查,前者指症状和体征的变化,后者包括AFP水平、免疫指标、肝功能和血常规等。

影像学检查主要了解肝肿瘤缩小和坏死程度及有无新病灶。B超和彩色多普勒超声简单易行,可观察肿瘤缩小情况,了解肿瘤病灶的血流情况。CT不但能显示肿瘤病变大小,而且能观察肿瘤内碘油沉积情况;MRI不仅能显示肿瘤的大小,还可以显示肿瘤组织坏死和存活情况。影像学随访检查常在TACE后1个月左右进行。选用何种影像学检查,依检查目的和患者的经济情况而定。根据临床观察、实验室和影像学检查结果,综合考虑患者的进一步治疗方案。

原发性肝癌的疗效评价标准有以下三种:①以肿瘤体积的变化作为衡量疗效的标准。完全缓解:可见肿瘤消失并持续1个月以上。部分缓解:肿瘤两个最大的相互垂直的直径乘积缩小50%以上并持续1个月以上。稳定:肿瘤两个最大的相互垂直的直径乘积缩小不足50%,增大不超过25%并持续1个月以上。恶化:肿瘤两个最大的相互垂直的直径乘积增大不超过25%。②以甲胎蛋白的含量变化作为衡量疗效的重要标准。③以治疗后生存期为衡量疗效的标准。它反映了治疗的终极效果,所以是最有价值的疗效标准。

2. 消融治疗 射频消融治疗(RFA)和微波消融(MWA):随机临床试验证实,两种消融术对于3cm以下的病灶具有根治率高、一次毁损率高、远期生存率高等特点,与外科手术同样被列为治愈性治疗手段。

(1)适应证与禁忌证

1)适应证:①单发肿瘤,最大直径≤5cm;或者肿瘤数目≤3个,最大直径≤3cm;②没有脉管癌栓、邻近器官侵犯;③肝功能分级Child-Pugh A或B,或经内科治疗达到该标准;④不能手术切除的直径>5cm的单发肿瘤或最大直径>3cm的多发肿瘤,射频消融可作为姑息性治疗或联合治疗的一部分。

2)禁忌证:①肿瘤巨大,或者弥漫型肝癌;②伴有脉管癌栓或者邻近器官侵犯;③肝功能Child-Pugh C,经护肝治疗无法改善者;④治疗前1个月内有食管(胃底)静脉曲张破裂出血;⑤不可纠正的凝血功能障碍及严重血象异常,有严重出血倾向者;⑥顽固性大量腹水,恶病质;⑦活动性感染尤其是胆道系统炎症等;⑧严重的肝肾心肺脑等主要脏器功能衰竭;⑨意识障碍或不能配合治疗的患者。

第一肝门区肿瘤为相对禁忌证;肿瘤紧贴胆囊、胃肠、膈肌或突出于肝包膜为经皮穿刺路径的相对禁忌证;伴有肝外转移的病灶不应视为禁忌,仍然可以采用消融治疗控制肝内病灶情况。

(2)术前准备

1)常规介入术前准备,影像学检查和实验室检查,尤其注意凝血功能情况。

2)设备、器械准备:包括消融设备、电极针等。治疗前检查消融设备是否处于工作状态、能否正常工作、电极或线路是否准备好等。

3)对于存在高危感染患者,应预防性应用抗生素。

麻醉方案应视情况选择穿刺点局部麻醉、静脉镇痛、静脉麻醉、硬膜外麻醉和气管麻醉等镇痛麻醉方式。

(3)操作方法:肝癌消融治疗可以经皮、经腹腔镜或开腹术中进行。现仅介绍经皮射融治疗方法。

1)根据病灶部位确定患者体位,进针深度及角度。

2)在超声/CT引导下,尽量选择先经过部分正常肝脏,再进入肿瘤。操作方法详见第六章第十节。

3)治疗结束前再次超声/CT全面扫描肝脏,确定消融范围已经完全覆盖肿瘤,并有0.5~1.0cm的安全消融边界,排除肿瘤破裂、出血、(血)气胸等并发症可能。

(4)术后处理:术后常规禁食、监测生命体征4h,卧床6h以上,注意监测血常规、肝肾功能等。并给予护肝、预防感染、镇痛、止血等治疗,预防并发症的发生。

(5)并发症:轻度并发症发生率约为4.7%,主要有发热、疼痛、皮肤浅Ⅱ烧伤、少量胸腔积液、少量气胸等;严重并发症发生率约为 2.2%,主要有感染、消化道出血、腹腔内出血、肿瘤种植、肝功能衰竭、肠穿孔等。充分的术前准备、严格操作规范、准确定位和减少消融次数是减少并发症发生率的重要方法。

1) 穿刺损伤:①穿刺出血,包括腹腔及肝脏出血;②血管损伤,包括形成动静脉瘘、假性动脉瘤、血栓、血管狭窄等;③气胸;④胆汁血症;⑤诱发肝脏破裂。

2) 烧灼损伤:①误伤肠管、胆囊、胆管、膈肌出现肠穿孔,胆囊穿孔或胆囊炎,胆管梗阻或"胆汁湖"形成,膈下炎症等情况出现;②电极板灼伤皮肤。

3) 肝功能衰竭:主要原因是治疗前肝硬化程度重,肝功能差;或者发生严重并发症(如感染、出血等)。预防和治疗:严格掌握适应证,肝功能 Child-Pugh C 级、大量腹水、严重黄疸等病例均为禁忌证;术后注意预防其他并发症的发生,预防感染,积极进行护肝治疗。

(6) 疗效评价:治疗后 1 个月复查肝脏三期 CT/MRI,或者超声造影,以评价消融疗效。

1) 完全消融(complete response,CR):肝脏三期 CT/MR 或者超声造影随访,肿瘤所在区域为低密度(超声表现为高回声),动脉期未见强化,见图 11-2。

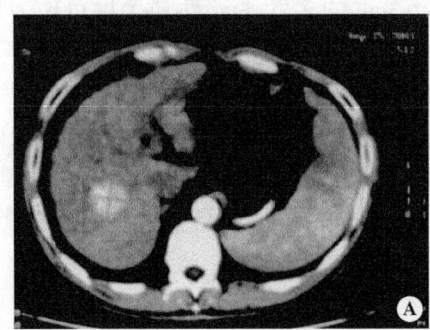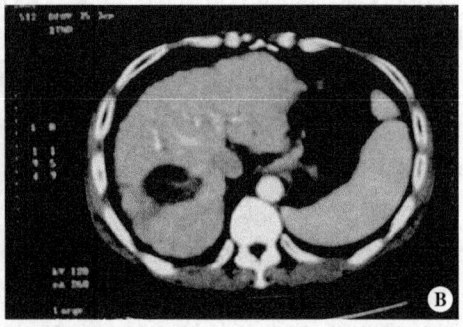

图 11-2　肝癌射频消融术

A. 术前增强 CT 显示右肝癌 3.5cm×3cm,病灶强化明显;B. 消融术后 1 个月 CT 显示原肿瘤区坏死、液化

2) 不完全消融(incomplete response,ICR):肝脏三期 CT/MR 或者超声造影随访,肿瘤病灶内局部动脉期有强化,提示有肿瘤残留;对治疗后有肿瘤残留者,可以进行再次消融治疗。若两次消融后仍有肿瘤残留,则确定为消融治疗失败,应该选用其他的治疗手段。

作为肝癌的一种局部微创治疗方法,对肿块较小的肝癌可获得手术治疗效果;对肿块数目较多、体积较大的原发性肝癌,也可提供有效而相对安全的治疗手段。

3. 化学药物瘤内注射　注射的药物主要包括无水乙醇、50%乙酸、高温生理盐水、放射性核素等。无水乙醇注射在 1983 年即有应用,最早适用于单发小肝癌,后推广到对瘤体较大的中晚期肝癌进行姑息性治疗。同时临床上有 10%~20% 病灶贴近肝门、胆囊、胃肠道等组织脏器,射频或微波等热消融治疗可能造成损伤,采取乙醇消融技术或与热消融技术连用,可以减少并发症的发生。禁忌证为病变侵犯胆管或肝内血管,或病灶位于浅表或邻近膈面,或有严重肝功能异常者。

操作方法为在超声或 CT 导引下,经皮穿刺至瘤体,将无水乙醇注入其内,操作简单,无需特殊设备。注射的量随肿瘤大小而定,一般以 10~15ml/cm 计算。由于乙醇弥散的不可控性及不均匀性,尤其是瘤内纤维隔影响乙醇弥散,应多点、多方向、多层面注射,平均每点 0.5~1ml。通常每周 1~2 次,1 个疗程为 4~6 次,也可根据患者的耐受情况而定。

乙醇消融并发症极少,轻微并发症为疼痛、短暂发热及醉酒,其次为针道转移,穿刺部位出血,重大不良反应为肝脏衰竭及死亡。其中严重并发症的发生概率不到3%。类似操作还可以注入其他化学药物,都取得一定临床治疗效果。

4. 肝癌的"个体化"治疗 由于肝癌易复发的特点,目前对肝癌的临床治疗一直在强调个体化的、序贯治疗,即根据每位患者的具体情况,先后选择适合患者本人的治疗方法,包括现有的多种治疗手段。

根据肝癌的肿瘤情况、肝硬化程度、肝功能状况、年龄及全身体能情况制定适合于每位患者不同的临床综合治疗方案。如对于无乙肝、肝硬化的肝癌患者,首选外科治疗;对于无法争取外科治愈性手术的肝癌患者,均可采用以介入为主的综合治疗;其中对于高龄肝癌患者(≥65岁)或肝硬化较重者,应超选择插管于肿瘤供养动脉,给予单纯化疗性栓塞;而对于TAE后随访时发现肝癌病灶内碘油沉积不完整,有碘油缺损,可在B超导引下进行热消融术或直接注射无水乙醇。介入治疗间隔期综合治疗:宜采用保肝、提高免疫力及中医扶正固本治疗。①抗病毒治疗:约85%肝癌患者有乙肝病毒感染、肝炎、肝硬化背景,TACE可激活乙肝病毒的复制,诱发或加重HBV相关性肝损伤,与TACE治疗相关的损伤形成叠加效应。TACE后发生HBV再激活的肝癌患者病死率较高。所以治疗期间HBV-DNA阳性者应积极抗病毒治疗。②提高免疫力措施:干扰素、胸腺肽、转移因子、白细胞介素-2、香菇多糖、保尔佳等。可单独或选用2~3种药物联合使用。③分子靶向治疗:单纯口服索拉菲尼治疗肝癌的疗效较低,与介入治疗(如TACE)相结合可提高临床疗效。

(管 生)

第二节 转移性肝癌

【概述】 肝转移瘤(metastases of liver,ML),又称转移性肝癌或继发性肝癌,是全身各脏器的恶性肿瘤转移至肝脏生长所致。肝脏是极为适宜于肿瘤细胞生长的器官,是最容易形成转移性肿瘤的器官之一。肝脏接受门静脉系统的血液灌注,因此,胃肠道肿瘤最易发生肝转移。依次为胃、胰腺、结直肠、胆囊、肾、卵巢;其余1/3多来自肺、鼻咽、乳腺、软组织等,但临床上尚有一些原发灶不明者。当发生肝转移时,患者往往首先由于肝转移而危及生命,以目前临床诊断技术和影像学检查水平而言,有肝转移者病情已属晚期。肝动脉是肝转移性肿瘤的主要供血血管,但大部分肿瘤结节边缘部可有门静脉血供的存在。

1. 肝转移瘤的转移途径 肿瘤转移至肝脏有三种方式。

(1) 直接蔓延:肝脏邻近器官的癌肿如胃癌、胆囊癌、胰腺癌、横结肠癌及十二指肠、右侧肾脏、右侧肾上腺的恶性肿瘤直接侵犯肝脏。

(2) 淋巴转移:消化系癌肿经肝门淋巴结循淋巴管逆行转移至肝脏,盆腔或腹膜后的癌肿倒流至肝脏,乳腺和肺部癌肿通过纵隔淋巴管转移至肝脏,胆囊癌沿胆囊窝的淋巴管转移至肝脏。

(3) 血源性转移:①经肝动脉转移:任何血行播散的癌肿均可经肝动脉转移到肝脏,如肺、乳腺、甲状腺、肾、肾上腺、皮肤的恶性肿瘤及黑色素瘤等。②经门静脉转移:凡血流汇入门静脉系统的脏器如食管下段、胃、小肠、结肠、直肠、胆囊、胰腺、脾脏部位的恶性肿瘤均可经门静脉而转移至肝脏。其他部位如子宫、卵巢、前列腺、膀胱和腹膜后肿瘤,也可通过体静脉与门静脉的吻合支经门静脉转移至肝脏,也可因这些部位肿瘤先侵犯门静脉系统脏器而后经门静脉至肝脏。

2. 病理学改变 肝转移瘤是肝内最常见的肿瘤,临床在确诊原发性肝癌时应注意排除转移性肿瘤。肝转移肿瘤的病理组织形态与其原发癌相似,较易识别;而胃、肠腺癌肝转移,有时难与胆管细胞癌区分;肿瘤组织细胞呈未分化或去分化者,如无原发癌病史,其来源较难判断。肝转移瘤可呈孤立的1~2个结节,但多为多发性、散在性或弥漫性结节。结节的大小不一、数目不等、可散布于肝的一叶或全肝,部分结节可融合成大团块状。有时转移瘤先在肝内某处发展形成一个较大的结节甚至形成肿块,再由后者经肝内门静脉支播散,形成多发性结节。

【临床表现】 继发性肝癌的临床表现与原发性肝癌相似,但因无肝硬化,常较后者发展缓慢,症状也较轻。早期主要为原发灶的症状,肝脏本身的症状并不明显,大多在原发癌术前检查、术后随访或剖腹探查时发现。随着病情发展,肿瘤增大,肝脏的症状才逐渐表现出来,如肝区痛、闷胀不适、乏力、消瘦、发热、食欲不振及上腹肿块等。晚期则出现黄疸、腹水、恶病质。也有少数患者(主要是来源于胃肠、胰腺等)肝转移癌症状明显,而原发病灶隐匿不显。

【辅助检查】

1. 实验室检查 大多数继发性肝癌患者肿瘤标志物在正常范围内,但少数来自胃、食管、胰腺及卵巢的肝转移癌则可有 AFP 的升高。有症状者多伴有 ALP、GGT 升高。癌胚抗原 CEA 升高有助于结直肠癌肝转移的诊断,阳性率高达60%~70%。

2. 影像学检查 在肝转移瘤的诊断中具有极为重要的作用与地位,几种方法各有不同的原理和特点,可以互相补充与互相印证。目前,肝脏肿瘤性病变的正确诊断和疗效评估,在极大程度上依赖于影像学检查。

影像学常显示实质性肝占位病变,多为散在或多发,大小相仿,超声检查可以显示 2cm 以上转移瘤,显像时可见"牛眼"征,且多无肝硬化声像;CT 表现为混合不匀等密度或低密度占位,典型的呈现"牛眼"征;MRI 检查肝转移癌常显示信号强度均匀、边清、多发,少数有"靶"征或"亮环"征;选择性肝血管造影的检测,可检出病灶直径的低限约为 1cm,多显示为少血管型肿瘤。

【常规治疗】 肝转移瘤的治疗应当结合原发病灶的治疗,目前的治疗方法有手术治疗和非手术治疗两大类。因肝转移瘤患者多不伴有肝硬化,所以对能手术切除的肝转移瘤,尤其是单发肝转移瘤,仍应考虑手术切除。但能够手术切除的不到20%。非手术疗法包括放疗、化疗、生物治疗和中医药治疗等,但总体疗效不理想,5年生存率不及30%。目前一些靶向药物的临床疗效较传统化疗药疗效有所提高。

【介入治疗】 介入治疗是重要的局部治疗方法,可以包容上述各种非手术疗法,是非手术治疗中疗效最好的一种,具有全身毒副作用相对较低、局部疗效确切、微创并可重复进行等优点,现在临床应用越来越广泛。介入治疗常用方法有:TACE、经皮消融治疗、放射性粒子植入、无水乙醇注射等。富血管肿瘤者首选 TACE,然后结合其他介入治疗,乏血管者宜用经皮消融治疗、放射性粒子植入等。

1. 适应证与禁忌证

(1) 适应证:①肝转移瘤手术前栓塞,以减少术中出血及扩散或使肿瘤缩小行二期手术切除;②肝转移瘤破裂出血;③原发肿瘤已无法根治或未能发现,肝转移不论是否合并肝外转移者的姑息性治疗;④原发肿瘤虽已切除,但肝内转移灶波及一叶以上或余肝代偿功能较差,肝内瘤灶无手术切除指征或虽有肝切除指征但患者不愿接受手术治疗的。

(2)禁忌证:①严重心、肺、肝、肾功能不全,全身状况极差,或有明显恶病质的终末期患者;②严重凝血机制障碍有出血倾向或凝血酶原时间大于正常值2倍以上者;③肿瘤占肝脏体积的70%以上者;④全身广泛转移者;⑤严重的代谢性疾病(如糖尿病)未予控制者;⑥合并严重感染者;⑦碘过敏者。

2. 介入治疗方法与技术 同原发性肝癌的介入治疗。

3. 疗效评价 介入治疗是肝脏转移瘤非手术治疗疗效中最好的一种方法。其疗效评价可从以下方面考虑:①患者生活质量的改善程度;②肿瘤的大小及血供状态变化;可通过B超、CT、MRI、血管造影等方法测定,它是判断疗效的重要指标;③病理组织学改变:治疗后的肿瘤病理组织学改变是判断疗效的最客观的指标。肿瘤组织细胞坏死越彻底,正常肝组织受累越小,则治疗越成功越有效。

4. 存在的问题及展望

(1)目前,临床常用介入治疗方法,无论是对原发性肝癌,肝转移性肿瘤,或是其他脏器的恶性肿瘤,总的来说是一种局部治疗。而恶性肿瘤性病变是一种全身性疾病,介入的局部治疗需要和全身的治疗有效地结合起来。

(2)目前的动脉血管栓塞治疗,无法使肿瘤完全而持久去血管化,肿瘤血供的复杂性和肿瘤自我生成血管的特性也使介入栓塞治疗或其他介入疗法很难彻底消除肿瘤的血供,需要把介入栓塞或去血管治疗与抑制肿瘤血管生成有效结合起来。

(3)介入治疗在对瘤灶进行治疗的同时,对肿瘤所在的脏器即肝脏也会带来不同程度的损害,而介入治疗常需多次或反复进行,对脏器损害也可能累次叠加,需要注意在提高疗效的同时,尽可能减少对机体的负效应,或促进受损功能的尽快恢复。

(4)肿瘤周边部是生长最活跃、最容易发生死灰复燃、介入治疗疗效不理想的部位,需要研究如何能彻底消灭周边部的肿瘤组织,以去除肿瘤周边部复萌的"土壤"。

(管 生)

第三节 肝血管瘤

【概述】 肝血管瘤是一种常见的肝脏良性肿瘤,包括硬化性血管瘤、血管内皮细胞瘤、毛细血管瘤和海绵状血管瘤。以海绵状血管瘤最多见。本病可发生于任何年龄但多数发现于成年人,尤以30~45岁居多。全肝各叶都可生长,其中以肝右叶多见。肝血管瘤的病因尚未明确,多认为与肝脏血管先天发育异常致血管海绵状扩张有关。

肝血管瘤大小不一,常位于右叶,90%为单发。肿瘤呈紫红色或紫蓝色,质多柔软,界清,切面呈网状。病理改变为肿瘤被覆结缔组织被膜,与周围肝组织分界清楚,由充满血液的血管囊腔构成,囊腔间有纤维性间隔,囊腔壁衬以扁平内皮细胞。肿瘤可发生纤维化、钙化及血栓形成,肿瘤的生长方式多数是通过瘤体本身的不断扩张血管腔而增大。瘤周组织肝窦被动扩张、淤血,肝细胞索受压、萎缩、纤维增生,故瘤周界限清楚,不像恶性肿瘤呈浸润性。一般瘤体本身不发生恶变。

【临床表现】 肝血管瘤多无明显临床症状,常在体检中发现。当血管瘤增至5cm以上时,可出现下列症状:①腹部包块:腹部包块有囊性感,无压痛,表面光滑或不光滑,在包块部位听诊时,偶可听到传导性血管杂音。②胃肠道症状:右上腹隐痛和(或)不适、食欲不振、恶心、呕吐、嗳气、食后胀饱等消化不良症状。③压迫症状:巨大的血管瘤可对周围组织和器官产生推挤和压迫。压迫食管下端,可出现吞咽困难;压迫肝外胆道,可出现阻塞性黄疸和胆囊积液;压迫门静脉系统,可出现脾大和腹水;压迫胃和十二指肠,可出现消化道症状。④肝血管瘤破裂出血:肝血管瘤破裂出血可出现上腹部剧痛,以及出血和休克症状。多为生长于肋弓以下较大的肝血管瘤因外力导致破裂出血。⑤Kasabach-Merritt综合征:血小板减少、大量凝血因子消耗引起的凝血异常。其发病机制为巨大血管瘤内血液滞留,大量消耗红细胞、血小板、凝血因子Ⅱ、Ⅴ、Ⅵ和纤维蛋白原,引起凝血机制异常,可进一步发展成DIC。

【辅助检查】 影像学检查(如B超、CT及MRI)是目前诊断肝血管瘤的主要途径。

1. 超声 简单易行而无创伤性,属首选影像学方法。B超可检出直径>2cm的肝血管瘤。典型表现为高回声占位,呈低回声者多有网状结构,密度均匀,形态规则,界限清晰。较大的血管瘤切面可呈分叶状,内部回声仍以增强为主,可呈管网状或出现不规则的结节状或条块状的低回声区。超声造影表现为动脉期于周边出现结节状或环状强化,随时间延长逐渐向中心扩展,此扩展过程缓慢,门静脉期及延迟期病灶仍处于增强状态,回声等于或高于周围肝组织。

2. CT CT平扫检查表现为肝实质内境界清楚的圆形或类圆形低密度病灶,少数可为不规则形。CT增强特征表现为:早期病灶边缘呈高密度强化与同层的腹主动脉一致;增强区域呈进行性向心性扩展;延迟(>5min)扫描病灶呈等密度充填,这种征象简称为肝血管瘤特有的对比剂"快进慢出"表现,有别于肝癌的"快进快出"的特有CT征象。

3. MRI 对本病具有特殊的诊断意义。典型的肝血管瘤在MR上有特征性的信号特征,即T_1呈弱信号,T_2呈高强度信号,且强度均匀,边缘清晰,与周围肝脏反差明显,被形容为"灯泡征"。

4. 肝动脉造影 肝血管瘤动脉造影是肝血管瘤最可靠的诊断方法之一。因为海绵状血管系由扩张的肝血管窦构成,对比剂进入肝血管窦后密度呈很高的染色,形似大小不等的"小棉球"或"爆米花",瘤体巨大的则出现"树上挂果"征。动脉期很早出现,持续时间长,可达20s甚至更长,即"早出晚归"征,非常具有特征性。巨型血管瘤同时还显示被推移的肝动脉。

【常规治疗】 肝血管瘤较小或无症状者大多不需要治疗,可长期随访。对有临床症状、生长迅速、肿瘤直径>4cm或不能排除肝癌者,应进行治疗。

目前肝血管瘤的治疗方法主要有外科治疗、介入治疗及放射治疗。治疗方法应根据肿瘤大小,患者的肝功能状况及全身情况而定。虽然外科手术是最直接和最彻底的一种手段,但手术创伤大,具有一定风险。

【介入治疗】 介入治疗创伤小,操作简便,安全可靠,近年来,肝血管瘤的治疗多首选介入治疗。常用的介入治疗有肝动脉栓塞术。

1. 适应证与禁忌证

(1) 适应证:①直径大于5cm,有明显不适症状;②肿瘤在短期内有明显增大倾向;③肿瘤有破裂可能者;④手术前介入治疗以缩小和硬化肿瘤减少术中出血;⑤肿瘤巨大或肿瘤生长在肝门区压迫胆管引起梗阻症状者,需综合运用胆管内支架治疗。

(2) 禁忌证:①肝肾功能衰竭;②有严重出血倾向;③碘过敏的患者。

2. 术前准备 患者术前准备无特殊。器械准备中,导管常为5F或4F RH管、Cobra管或 Yashiro 导管,有时使用 2.7F 或 2.4F 的微导管。特殊药物准备:肝动脉栓塞者使用碘化油和平阳霉素(pingyangmycin,PYM)的混悬液、碘化油和无水乙醇混悬液(两者比例 4∶1)或者栓塞颗粒。

3. 介入操作要点 肝血管瘤的治疗过程是先经肝动脉行血管造影,明确病灶位置和供血动脉来源,然后将导管超选择插入靶动脉,经造影证实肿瘤供血动脉位置准确无误后进行栓塞治疗(图 11-3)。手术中要注意以下事项。

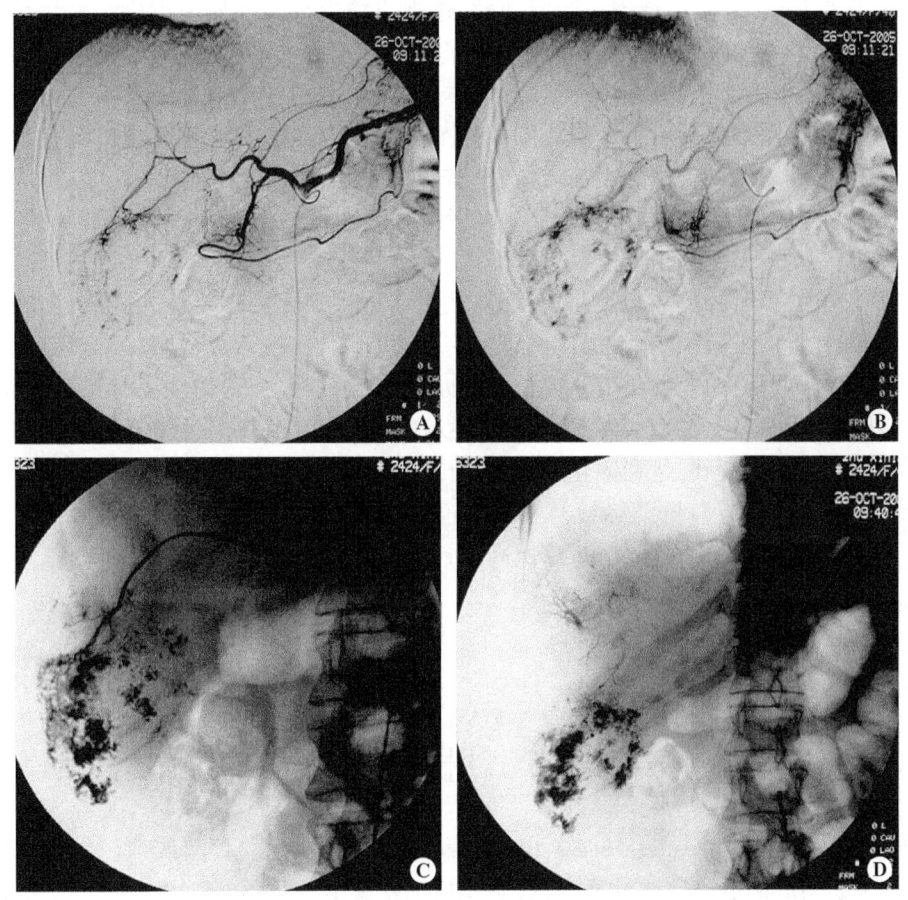

图 11-3 肝血管瘤,肝动脉造影
A、B. 动脉期显示右肝血管瘤边缘肿瘤染色,动脉后期染色进一步增加;C. 导管插入肿瘤供养动脉使用碘油栓塞;D. 栓塞后导管退出,碘油在肿瘤内滞留

(1) 导管尽可能将导管超选择插入肿瘤供血动脉内,有时需采用 SP 微导管达到超选择插管栓塞的目的。

(2) 在注入栓塞剂时最好用小于 5ml 注射器缓慢低压灌注,因肝血管瘤供血动脉一般无明显增粗,血流速度不快,快速注入栓塞剂常导致血窦内填充不完全、栓塞不彻底,并且栓塞剂有可能大量反流到非靶区造成非靶区组织严重损害和其他异位栓塞的后果。

(3) 直径大于 10cm 的肝血管瘤很难一次治愈,为减小并发症的发生,可分次栓塞治疗。

4. 介入术后处理

(1) 一般管理:主要是栓塞术后综合征的处理,同肝癌化疗栓塞后。

(2) 并发症和处理

1) 肝功能损害:一般栓塞术后 3 日内氨基转移酶均有一定程度升高,术后即可给予肝细胞膜稳定剂、肌苷、维生素 C 等进行护肝治疗。

2) 肝内小胆管损伤:为肝血管瘤栓塞术难以完全避免的并发症,轻者进行成小的梗死灶或胆汁湖,重者可由此形成肝脓肿;术后多观察患者体温和局部体征,术中尽量避免使用无水乙醇、硫代硫酸钠等作用太强的栓塞剂。

3) 胆囊损伤:导管头超选越过胆囊动脉,透视下缓慢注药可避免发生。发生后应及时消炎、利胆和镇痛等对症处理,严重者考虑手术。

4) 胃、十二指肠损伤:患者精神紧张、瘤体较大、术中用硬化剂量较大等都可引起胃及十二指肠的损伤,手术前后可给予胃黏膜保护剂,如奥美拉唑、雷尼替丁或口服氢氧化铝凝胶,服用对胃黏膜有保护作用的半流质饮食(如牛奶、豆浆等)有助于恢复。

5) 胰腺炎:常为反流异位栓塞所致。轻者对症处理,严重病例按急性胰腺炎处理,必要时手术治疗。

其他介入治疗:①经皮穿刺硬化剂、药物注射术是将硬化剂直接注入肿瘤,使肿瘤组织脱水固定,细胞蛋白质凝固变性,局部血管血窦内皮坏死,血栓形成,导致肿瘤坏死,发生纤维化,从而达到治疗目的。硬化剂主要包括无水乙醇、聚桂醇。药物主要有平阳霉素、博来霉素等,以平阳霉素最为常用。②经皮热消融术:微波或射频转化为热能而使周围组织凝结,使瘤体局部萎缩、变硬,达到固化肿瘤的目的,但临床应用较少。

【疗效评价】 经导管肝动脉栓塞术是目前肝血管瘤非手术治疗的一种有效方法。其优点在于适应证广,损伤小,恢复快,疗效高,可重复性强,其有效率为 80%~90%,可作为肝血管瘤的首选治疗方法。

(管 生)

第四节 肝 脓 肿

【概述】 肝脓肿(hepatic abscess,liver abscess,LA)是细菌、真菌或溶组织阿米巴原虫等多种微生物引起的肝脏化脓性病变,若不积极治疗,死亡率可高达 10%~30%。肝脏内管道系统丰富,包括胆道系统、门脉系统、肝动静脉系统及淋巴系统,大大增加了微生物寄生、感染的概率。肝脓肿分为三种类型,其中细菌性肝脓肿常为多种细菌所致的混合感染,约为 80%,阿米巴性肝脓肿约为 10%,而真菌性肝脓肿低于 10%。

肝脓肿病理改变为三层结构:中心为组织液化坏死区域,充满了坏死的组织细胞及白细胞形成的半液体残渣;坏死区域周围为中间层,由胶原纤维少的肉芽组织构成;外围为向正常肝组织移行区域,为伴有细胞浸润及新生血管的肉芽层。

【临床表现】

1. 症状 不规则的脓毒性发热,尤以细菌性肝脓肿更显著。肝区持续性疼痛,随深呼吸及体位移动而剧增。由于脓肿所在部位不同可以产生相应的呼吸系统、腹部症状。常有腹泻病史。

2. 体征 肝脏多有肿大,多数在肋间隙相当于脓肿处有局限性水肿及明显压痛。部分患者可出现黄疸。如有脓肿穿破至胸腔即出现脓胸,肺脓肿或穿破至腹腔发生腹膜炎。

【辅助检查】
1. 超声表现
（1）脓肿前期，病灶为不均匀，边界不清楚的低回声区，周围组织水肿可产生较宽的声圈。肝脓肿液化后，表现为边缘的无回声区，壁厚。
（2）脓肿内可随液化程度形成不同的回声表现，无回声区，细点状回声，分隔样回声等，可随活动出现浮动。吸收期内部无回声区明显减小或消失，脓腔残留物和脓肿壁呈混杂回声。B超还可发现胸腔积液或腹腔脓肿，肝内管道结构受压移位，肝内胆管扩张等表现。

2. X线平片 右膈抬高，运动减弱，囊腔内有气体时可见液平。

3. CT扫描 可见单个或多个圆形或卵圆形界限清楚或不清楚、密度不均的低密区，有些内可见气泡。增强扫描脓腔密度无变化，腔壁有密度不规则增高的强化，称为"环月征"或"日晕征"。

4. MR扫描 MR平扫示脓腔显示 T_1WI 为低信号，T_2WI 为高信号。脓肿壁的信号稍高于脓腔但低于正常肝组织，增强后脓肿呈环形强化，脓腔不强化，如果在脓腔内发现气体影，对诊断肝脓肿更有把握。

5. 实验室检查 白细胞及中性粒细胞升高尤以细菌性肝脓肿明显可达 $(20\sim30)\times10^9/L$，阿米巴肝脓肿粪中偶可找到阿米巴包囊或滋养体，酶联免疫吸附（ELISA）测定血中抗阿米巴抗体，可帮助确定脓肿的性质，阳性率为 85%～95%。肝穿刺阿米巴肝脓肿可抽出巧克力色脓液；细菌性可抽出黄绿色或黄白色脓液，培养可获得致病菌。脓液应作 AFP 测定，以除外肝癌液化。卡松尼皮试可除外肝包虫病。

【常规治疗】
1. 细菌性肝脓肿 是一种严重的疾病，必须早期诊断，早期治疗。①全身支持疗法：纠正水、电解质紊乱，纠正低蛋白血症，少量输血；②联合应用敏感抗生素；③手术切除或置管引流。

2. 阿米巴肝脓肿 属于特殊病原体感染。既往处理应注意：①病原治疗，早期可口服甲硝唑（灭滴灵）。抗生素或其他辅助药物。中期可口服联用静脉滴注的甲硝唑。晚期患者以静脉滴注药物为主。②加强对症支持治疗，对于重症患者，可考虑给予血浆、全血、白蛋白等药物应用。③当肝脓肿大于5cm 可考虑肝穿刺引流脓液。

【介入治疗】
1. 适应证与禁忌证
（1）适应证：已有液化区的单发或单房肝内脓肿及数目≤3 的多发肝脓肿。阿米巴脓肿药物治疗无效有混合感染者。
（2）禁忌证：①缺乏安全的穿刺途径；②脓肿尚未形成脓腔壁者；③完全分房的多房脓肿者为相对禁忌证；④凝血功能障碍者为相对禁忌证。

2. 术前准备
（1）引导设备：如 CT、超声、DSA、X 线机等。部位较深的小脓肿以 CT 导引较好。
（2）介入器材：①穿刺针：16～23G 穿刺针或 PTCD 套管针，选用标准根据脓液的黏稠度而定，21G 穿刺针损伤较小，比较常用。②引流导管：常用 8.5～12F PTCD 外引流管或其他专用引流管。

3. 介入操作方法与技术 见第六章第八节。
（1）Seldinger 穿刺法：对于脓肿的穿刺，多采用 18G 的穿刺针，可以方便的抽吸到脓液和置入导丝。引流管置入后,首先抽取脓液送检,行细菌培养和药敏试验检查。然后经引流管冲洗脓腔,吸尽脓液,造影证实引流管的侧孔段全部在引流区,在体表缝扎或用固定盘固定引流管,接上引流袋。

(2) Trocar 穿刺法(套管法):此法常用、简便。带针套管进入脓腔后,术者一手持针,一手将引流管推入,至引流管侧孔全部进入脓腔,即退出针管,固定引流管。

4. 术后管理

(1) 一般管理:引流管置入后,要嘱托患者及家属加强对引流管的护理工作以免脱出。每天用抗生素等渗盐水反复冲洗脓腔,直至洗出液不再混浊。当无脓汁或液体排出,且症状和血常规明显改善,则关闭引流管 2~3 日,无发热或疼痛症状出现时,可以拔管(图 11-4)。

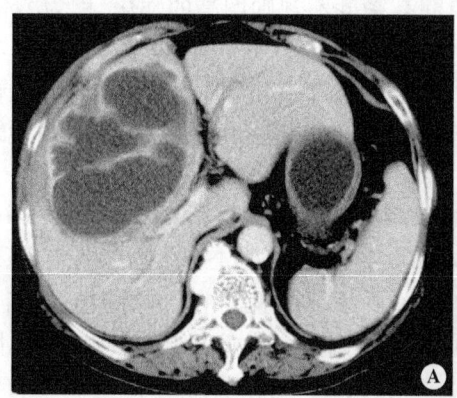 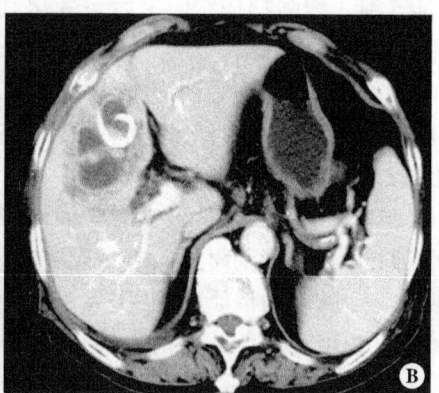

图 11-4 右肝脓肿 CT 表现
A. 引流前增强 CT 显示肝脓肿伴分隔;B. 引流 1 周后 CT 显示脓肿缩小

(2) 并发症及其防治:①穿刺损伤,如穿刺点出血、气胸、胆瘘、肝脏裂伤等;②脓肿溃破,破入腹腔,急性腹膜炎,需要外科紧急处理;③引流效果不佳,脓肿未改变或加重,必要时也要考虑外科切除;④继发新的感染,全身应用有效抗生素。

减少并发症发生的要点在于选择最佳穿刺引流途径(以避开肺、血管、胆管等)和清晰的术中影像导向。若脓肿位于肝包膜下且张力较高,选择穿刺道时最好经过少量肝实质、避开直接穿刺脓肿的最薄弱处,以免造成脓肿溃破。

【疗效评价】 直径 5cm 以上液化的单房肝脓肿的经皮穿刺外引流术治疗肝脓肿的成功率可达 100%,影响技术成功率和疗效的主要因素在于影像导向和穿刺术者的经验,以及对脓肿是否液化的术前判断。并发症的发生率除与上述因素有关外,还与脓肿的位置有关,肝门区位置深在的脓肿穿刺出血及新发感染的概率会增加。

(管 生)

第五节 门静脉高压

【概述】 门静脉的血流受阻、血液淤滞时,引起门静脉系统压力升高,导致食管胃底静脉曲张和呕血、脾大和脾功能亢进、腹水等,具有这些症状的疾病称为门静脉高压症(portal hypertension,PHT)。正常的门静脉压力为 1.27~2.35kPa(13~24cmH$_2$O),平均 1.76kPa

(18cmH$_2$O),比肝静脉高 0.49~0.88kPa(5~9cmH$_2$O)。门静脉高压时,门静脉压力增高至 2.9~4.9kPa(30~50cmH$_2$O)。

【病因及病理生理】 门静脉血流阻力增加是门静脉高压症的始动因素,根据阻力增加的部位可将门静脉高压症分为肝前型、肝型和肝后型。肝前型门静脉高压主要原因有门静脉先天性狭窄、血栓、门静脉海绵样变、癌栓、肿瘤压迫等;肝后型门静脉高压包括各种原因所致的肝静脉阻塞性疾病(Budd-Chiari 综合征)和肝小静脉闭塞病导致的肝淤血、缺氧,导致淤血性肝硬化;肝型门静脉高压主要由各型肝硬化(肝炎后肝硬化、酒精性肝硬化、中毒性肝硬化、血吸虫性肝硬化、胆汁性肝硬化等)引起。肝硬化是门静脉高压最常见的原因,在我国以乙型病毒性肝炎为肝硬化最常见原因。

各种原因导致肝硬化后,肝窦变窄,肝窦顺应性减少,再生结节压迫肝窦和肝静脉系统,同时窦后肝静脉流出道受阻,最终均可导致门静脉血液流入肝窦受阻,产生门静脉高压。由于成人门静脉系统缺乏瓣膜,造成血液的回流淤积,血流动力学发生变化,从而导致血管的扩张和扭曲。门静脉系统和体静脉系统之间存在侧支循环,常见的侧支循环路径包括:①胃底、食管下段交通支;②前腹壁交通支;③直肠下段、肛管交通支;④腹膜后交通支。门静脉高压时,大量门静脉血在未进入肝脏前就直接经交通支进入体循环,从而出现侧支循环静脉扩张、脾大和脾功能亢进、肝功能失代偿和腹水等。最为严重的是食管和胃连接处的静脉扩张,一旦破裂就会引起严重的急性上消化道出血危及生命。

【临床表现】 多数门静脉高压患者早期无症状,或仅出现食欲减退、乏力、体重减轻等;此主要与胃肠道淤血、分泌和吸收消化功能障碍、营养物质减少、肝病活动等有关。门静脉高压后期的表现如下。

(1) 肝功能损害引起肝性脑病的发生和内分泌变化:由于毒性物质未被肝脏解毒,出现性格和行为改变、意识障碍、昏迷等症状;由于雄激素转化为雌激素增加和雌激素灭活减少,可出现男性乳腺发育、蜘蛛痣、肝掌、体毛分布改变等女性化表现及性功能减退。

(2) 出现侧支循环开放和建立的症状和体征:食管下段及胃底静脉曲张逐渐加重,直至破裂出血导致呕血、黑便;直肠静脉丛曲张出现痔疮,破裂出血引起便血;脐周静脉曲张出现腹壁静脉显露或曲张。

(3) 腹水是门静脉高压症的常见症状,其原因主要为肝窦压过高、内脏高动力循环及外周循环相对不足导致肾脏水钠潴留、低蛋白血症、肝淋巴液生成过多等引起。

(4) 门静脉高压导致脾淤血、单核-巨噬细胞增生,引起脾大,多半有脾功能亢进;表现为血小板减少、白细胞减少、部分还伴有红细胞减少。

【常规治疗】 内科保肝、抗纤维化、处理腹水,以及针对肝炎等病因学的治疗;上消化道出血的预防和治疗内科主要有口服普萘洛尔,胃镜下食管下段曲张静脉套扎和硬化术。外科针对患者情况可采取脾切除、食管胃底静脉结扎及各种分流术;一些肝静脉型布加综合征和肝小静脉阻塞疾病最终需通过肝移植手术才能得以有效治疗。

【介入治疗】 介入方法治疗门静脉高压症的原则为降低门静脉压力,预防或治疗食管胃底曲张静脉破裂引起上消化道出血,消除腹水,治疗脾功能亢进。目前,介入治疗方法主要有经颈静脉肝内门体静脉分流术(transjugular intrahepatic portosystemic shunt,TIPS),经皮肝穿门静脉选择性食管胃底静脉栓塞术,部分性脾动脉栓塞术,经皮穿脾门静脉插管栓塞胃冠状静脉及门静脉狭窄阻塞开通术,经自发性脾-肾或胃-肾分流道途径行食管胃底静脉栓塞术等。

1. 经颈静脉肝内门体静脉分流术(TIPSS) 见第七章第二节经颈静脉肝内门-体静脉分流术。

2. 经皮肝穿门静脉选择性曲张食管胃底静脉栓塞术 经皮肝穿曲张静脉栓塞术(percutaneous transhepatic variceal embolization,PTVE)是经皮肤行肝脏穿刺至肝内门静脉分支,选择性地进行胃冠状静脉、胃短静脉插管造影,用栓塞材料闭塞血管,达到治疗曲张食管胃底静脉破裂出血的一种介入性治疗方法,1974年Lunderguist首先报道,是控制食管胃底静脉曲张大出血的一种有效的非手术止血方法,且简便,价廉。

(1) 适应证:确诊为食管胃底曲张静脉破裂出血者;有出血既往史,经血管造影或内镜检查有再出血的危险者;门静脉高压食管静脉曲张破裂出血,经血管加压素或垂体后叶素治疗,三腔气囊压迫等常规内科治疗失败者;手术后或内镜硬化剂注射止血治疗后再出血者;不能耐受急诊外科手术治疗的门静脉高压消化道出血者。

(2) 禁忌证:肝功能严重损害、肝功能衰竭;大量腹水;凝血功能差,且难以纠正;败血症或肝脓肿;肝血管瘤;门静脉主干狭窄或阻塞,门静脉血栓形成。

(3) 术前准备:调整机体的凝血功能,纠正严重的低蛋白血症,纠正血容量不足和水电解质平衡的紊乱,应用抗生素抑制肠道细菌,做心、肝、肾、肺功能检查和有关血管解剖情形的影像学检查(如门静脉系统CTA或MRA)等。

(4) 器械选择:21~22G穿刺针,0.016~0.018in导丝,COPE经皮肝穿套装,超滑导丝,5F造影导管(如Cobra导管),弹簧栓塞圈,明胶海绵,无水乙醇等。

(5) 操作方法:取右腋中线第7~9肋间穿刺,透视下定位右侧肋膈角的位置以避免穿入胸膜腔;透视下将穿刺针经皮肝穿入门静脉,交换导丝,应用造影导管选入门静脉造影,选择入曲张的胃冠状静脉及胃短静脉造影,并应用无水乙醇、明胶海绵、弹簧栓塞圈等栓塞。应用明胶海绵或弹簧圈栓塞肝内穿刺道,减少腹腔内出血(图11-5)。

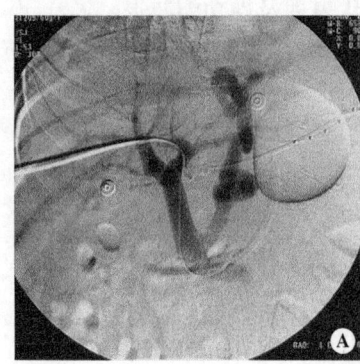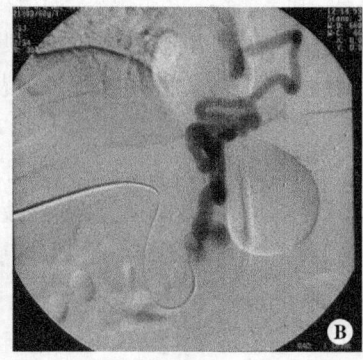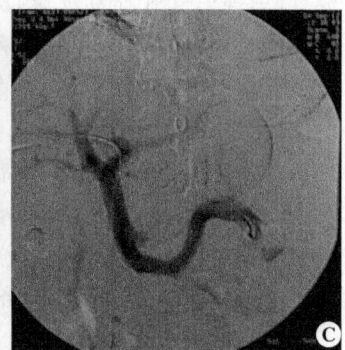

图11-5 门脉高压消化道大出血患者
A. 经皮经肝穿刺门脉分支;B. 通过门脉分支行胃冠状静脉造影提示静脉明显曲张;C. 栓塞后脾静脉造影显示曲张静脉消失

3. 部分性脾动脉栓塞术 通过栓塞部分脾脏减少脾动脉血流,降低门静脉压力,同时保留了脾脏免疫功能,因此更适用于伴有脾功能亢进的患者。脾功能亢进的介入治疗为达到非手术性脾切除目的,Maddison于1973年最先报道了应用脾动脉栓塞方法治疗脾功能亢进。目前,这一介入治疗技术已成为治疗各种原因所致脾亢的主要方法,并能达到部分降低门静脉压力的疗效。适应证、禁忌证及介入治疗方法见本章第八节。

4. 经皮穿脾门静脉插管栓塞胃冠状静脉及门静脉狭窄阻塞开通术

（1）适应证：TIPSS 或经皮肝穿刺道有肿瘤组织；肝内门脉狭窄或闭塞。

（2）禁忌证：大量腹水；凝血功能障碍；脾体积过小。

（3）操作方法：CT 或 MR 扫描确定穿刺点和深度，左 8～10 肋间隙腋中后连线中点为穿刺点，脾动脉造影显示脾静脉和脾门位置，21G Chiba 针对准脾门水平穿刺，边退针边注入造影剂，见脾静脉大分支显影后送入 0.018in 导丝至门静脉，退出穿刺针更换 5F 扩张管和 0.035in 超滑导丝，交换造影导管，门静脉造影后，选入曲张的胃冠状静脉造影并栓塞；如门静脉存在狭窄，可行球囊扩张和内支架置入；穿刺道以明胶海绵或弹簧圈栓塞。可同时行部分脾栓塞以防止出血和解除脾功能亢进。

5. 经球囊导管逆行经静脉栓塞术（balloon-occluded retrograde transvenous obliteration，BRTO） 主要适用于以胃底静脉曲张为主，存在影像学检查可以清晰显示的自发性脾-肾或胃-肾分流道的门静脉高压症患者。对于无接受外科分流术或 TIPSS 指征，或因门静脉阻塞性病变而无法进行分流的胃底静脉曲张患者，经自发性脾-肾或胃-肾分流道途径食管胃底静脉曲张栓塞术具有尤为重要的临床治疗意义。

（1）适应证：影像学检查（CT 或 MR 增强扫描、TIPSS 或经皮肝穿途径门静脉造影）可以清晰显示的自发性脾-肾或胃-肾分流道的门静脉高压症患者；确诊为食管胃底曲张静脉破裂出血，而以胃底静脉曲张为主、有出血既往史、经血管造影或内镜检查有再出血的危险者；门静脉高压症食管胃底静脉曲张破裂出血、经血管加压素或垂体后叶素治疗、三腔气囊压迫等常规内科治疗失败者；手术后或内镜硬化剂注射止血治疗后再出血者；不能耐受紧急手术治疗的出血者。

（2）禁忌证：严重的心、肝、肾功能不全，大量腹水、有出血倾向、败血症或肝脓肿。

（3）操作方法：经颈静脉或股静脉穿刺入路，5 F 导管选择入左肾静脉造影，在超滑导丝配合下寻找分流道开口，进行胃底区静脉超选择插管、造影，交换适合的封堵球囊导管，阻塞分流处血液，再行曲张静脉造影，显示曲张静脉及流入道，并估计栓塞硬化剂用量，经球囊导管注入适量无水乙醇，并应用明胶海绵和弹簧圈栓塞。此法可以重复进行治疗，且全部经静脉操作，安全可靠，效果令人满意，但需注意避免栓塞剂进入体循环造成误栓。

【疗效评价】 TIPSS 技术成功标准是：分流道成功建立，管腔内支架释放准确，膨胀程度达到目的要求，分流道通畅；一般技术成功率可达 95%～100%。TIPSS 近期疗效较肯定，中远期疗效不乐观，主要是术后分流道再狭窄率较高，术后半年狭窄率为 17%～46%，术后 1 年分流道狭窄和闭塞率高达 70%。可见 TIPSS 术后再狭窄问题已成为影响中远期疗效的主要问题。内膜增生是分流道狭窄的主要原因，术后行抗凝、分流道内照射等联合技术的应用，对预防再狭窄会起到积极作用。随着覆膜支架的应用，近几年 TIPSS 术后分流道的再狭窄率已有明显改善，3 年开通率可达 80%，从而使该技术再次焕发青春。

经皮经肝胃冠状静脉及胃短静脉栓塞术近期止血率和再出血率均优于药物和三腔气囊压迫止血，再出血率和死亡率优于内镜硬化剂治疗，提供择期手术的可能性已肯定。但由于不能从根本上降低门静脉压力，远期再出血率较高。

脾栓塞后一般在 3～10 日内白细胞、血小板显著升高。由于有降低门静脉压的作用，在控制曲张静脉出血方面也发挥了作用。部分性脾栓治疗脾亢疗效可靠，还能保持脾的部分功能。而且并发症少且轻，可作为手术切除的替代疗法。

脾栓塞与经皮肝胃冠状静脉及胃短静脉栓塞联合治疗，可降低消化道再出血的发生率。由于肝硬化的根本原因没有解决,各种介入治疗也只能是肝硬化导致并发症的姑息治疗,肝移植是治疗晚期肝硬化的最终出路。

(管 生)

第六节 布-加综合征

【概述】 布-加综合征(Budd-Chiari syndrome,BCS)是特指由多种原因导致的肝静脉开口和(或)其上、下段下腔静脉狭窄/闭塞而引起的以肝后性门静脉高压、下腔静脉高压为主要临床表现的一组综合征。1845年Budd最早描述了肝静脉血栓形成的肝大、腹水等临床表现;1899年Chiari详细描述了小肝静脉闭塞所致的类似临床症状,称为闭塞性静脉内膜炎。从而形成了最早的布-加综合征(Budd-Chiari syndrome,BCS)概念,即肝静脉血栓形成,进而出现肝静脉流出道受阻所产生的一系列临床表现。现在BCS的涵义明显扩展,目前多采用Ludwig提出的概念:发生在肝脏与右心房之间的肝静脉和(或)下腔静脉阻塞及其所产生的相应临床表现。

BCS是一种全球性疾病,其发病率、病因、疾病类型及临床表现等均具有一定的地域性。BCS高发于中国、日本、印度、南非等国家。本病以青年男性多见,男女之比为(1.2~2):1,年龄在2.5~75岁,以20~40岁为多见。国内以黄河、淮河流域,如河南、山东、江苏和安徽北部以及河北、东北等地为高发区。

1. 病因 肝静脉阻塞或下腔静脉阻塞多由于:①血液高凝状态(口服避孕药、红血细胞增多症引起)所致的肝静脉血栓形成;②下腔静脉先天性发育异常(隔膜形成,狭窄、闭锁);③癌肿侵犯肝静脉(如肝癌)或下腔静脉(如肾癌、肾上腺癌);④静脉受肿瘤的外来压迫;⑤毒素等。我国与英国、美国等西方国家以血栓形成病例居多,而在日本则1/3病例是由于肝段下腔静脉隔膜的畸形。在下腔静脉隔膜、狭窄或闭锁畸形,肝静脉可无开口,开口为血栓所堵,或开口通畅。即使肝静脉开口通畅,肝静脉血液回流也可因近端的下腔静脉阻塞而受障碍,从而引起下腔静脉高压和门静脉高压症等临床表现。

2. 病理与分型 目前尚无统一标准。

【临床表现】 依血管受累多少、受累程度和阻塞病变的性质和状态等临床表现殊不相同。可分为急性型、亚急性型和慢性型。

1. 急性型 多为肝静脉完全阻塞而引起,阻塞病变多为血栓形成。多始于肝静脉出口部,血栓可急剧繁衍至下腔静脉。起病急骤,突发上腹部胀痛,伴恶心、呕吐、腹胀、腹泻,酷似暴发型肝炎,肝脏进行性肿大,压痛,多伴有黄疸、脾大,腹水迅速增长,同时可有胸腔积液。暴发性者可迅速出现肝性脑病,黄疸进行性加重,出现少尿或无尿,可并发弥散性血管内凝血(DIC)、多器官功能衰竭(MOSF)、自发性细菌性腹膜炎(SBF)等,多数在数日或数周内可以因循环衰竭(休克)、肝功能衰竭或消化道出血而迅速死亡。腹水、肝大和迅速出现的MOSF,是本病的突出表现。

2. 亚急性型 多为肝静脉和下腔静脉同时或相继受累,顽固性腹水、肝大和下肢水肿多同时存在,继而出现腹壁、腰背部及胸部浅表静脉曲张,其血流方向向上,为Budd-Chiari综合征区别于其他疾病的重要特征。黄疸和肝脾大仅见于1/3的患者,且多为轻或中度。不少病例腹水形成急剧而持久,腹压升高,膈肌上抬,严重者可出现腹腔间隔室综合征(abdominal compartment syndrome, ACS),引起全身性生理紊乱。如腹压升至 25cmH_2O 和 50cmH_2O 时,则分别出现少尿和无尿。胸腔容积及肺顺应性下降,心排血量减少,肺血管阻力增加,出现低氧血症和酸中毒。

3. 慢性型 病程可长达数年以上,多见于隔膜型阻塞的患者,病情多较轻,但多有引人注目的体征,如胸腹壁粗大的蜿蜒的怒张静脉,色素沉着见于足靴区,有的出现慢性溃疡。此时临床需与单纯下肢静脉曲张或静脉瓣功能不全相鉴别。此型患者虽可有不同程度的腹水,但多数趋于相对稳定。尚可有颈静脉怒张,精索静脉曲张,巨大的腹股沟疝、脐疝、痔核等。食管静脉曲张常不能引起患者注意,多在突发呕血、黑便或发现脾大而就医时,经内镜或 X 线造影才被证实。此型患者肝肿大多不如亚急性者明显,且多为半肝大,但硬化程度有所增加,脾大多为中等程度,很少出现像肝内型门静脉高压症时的巨脾。

晚期患者,由于营养不良、蛋白丢失、腹水增多、消瘦,可出现典型的"蜘蛛人"体态。

【辅助检查】

1. 实验室检查 血液学检查,急性期病例可有血细胞比容和血红蛋白增高等多血征表现,血常规检查可有白细胞增高,但不具特征性。慢性型的晚期病例,若有上消化道出血或脾大、脾功能亢进者,可有贫血或血小板、白细胞减少。肝功能检查,急性型者可有血清胆红素增加,ALT、AST、ALP 升高,凝血酶原时间延长和血清白蛋白减少,慢性型病例,肝功能检查多无明显变化。腹水检查,若不伴有自发性细菌性腹膜炎,蛋白浓度常低于 30g/L,细胞数亦不显示增加。免疫学检查,血清 IgA、IgM、IgG、IgE 和 C3 等无明显特征性变化。

2. B 超 腹部 B 超可对多数病例作出初步正确诊断,其符合率可达 95% 以上。可在膈面顶部、第二肝门处探测肝静脉及下腔静脉阻塞的部位和长度以确定是否为隔膜型。急性 Budd-Chiari 综合征时肝大和腹水多是突出的表现。多普勒超声具有很高的诊断价值。因此,腹部超声探查是 Budd-Chiari 综合征应首选的、有价值的、非创伤性检查。

3. 肝静脉、下腔静脉、门静脉及动脉造影 血管造影是确立 B-CS 诊断的最有价值的方法,常用的造影有以下几种:①下腔静脉造影及测压;②经皮肝穿肝静脉造影(PTHV);③经皮脾穿刺门静脉造影(PTSP);④动脉造影。

下腔静脉造影及测压:从股静脉上行插管,经下腔静脉进入肝静脉开口,注射造影剂观察肝静脉是否阻塞。若为肝段下腔静脉阻塞,除从股静脉插管外,同时从前臂或颈静脉下行插管,经右心房至下腔静脉,上下同时注射造影剂造影,可显示阻塞的部位、长度和形态,肝静脉通畅情况和侧支循环情况,有助于手术适应证的决定和手术方法的选择。下腔静脉插管造影时可测下腔静脉压力。正常下腔静脉压力为 0.78~1.18kPa(80~120mmH_2O),肝段下腔静脉阻塞时上肢静脉压正常,下腔静脉压力在 2.94kPa(300mm H_2O)以上。单纯肝静脉阻塞时,尾叶代偿性肥大可压迫下腔静脉,下腔静脉造影时可见该段下腔静脉变狭。

4. CT 扫描 在 Budd-Chiari 综合征急性期,CT 平扫可见肝脏呈弥漫性低密度肿大且伴有大量腹水。CT 扫描的特异性表现是下腔静脉肝后段及主肝静脉内出现低密度的充盈缺损(60~70Hu)。增强扫描对 Budd-Chiari 综合征的诊断具有重要意义。注射造影剂后 30s,可见肝门附近出现斑点状增强(中心性斑点区),肝脏周围区域增强不明显,并且出现门静脉广泛显影,提示门静脉血液离肝而去。注射造影剂后 60s,肝内出现低密度带状影绕以边缘增强,或称之为肝静脉和下腔静脉充盈缺损,此种征象高度提示管腔内血栓形成,边缘增强是由于血管壁滋养血管显影所致。

5. 磁共振(MRI)显像 Budd-Chiari 综合征时 MRI 可显示肝实质的低强度信号,提示肝脏淤血,组织内自由水增加,MRI 可清晰显示肝静脉和下腔静脉的开放状态,甚至可将血管内的新鲜血栓与机化血栓或瘤栓区分开来;MRI 还可显示肝内侧支循环呈现的蛛网样变化,同时对肝外侧支循环亦可显示,因此可将 MRI 作为 Budd-Chiari 综合征的非创伤性检查方法之一。

6. 其他 如核素扫描、食管镜、肝活检等现临床较少应用。

【常规治疗】

1. 内科治疗 包括低盐饮食、利尿、营养支持、自体腹水回输等。对于起病 1 周内单纯血栓形成的急性期患者,可以用抗凝剂治疗,但大多数病例于血栓形成后几周或几个月才获确诊。传统上对于大多数病例,保守治疗虽可以赢得侧支循环形成的时间,但患者最后仍需手术治疗。布-加综合征患者,特别是晚期患者,常有顽固性腹水、严重营养不良。作为手术前的支持疗法,内科治疗可以改善患者全身情况,减少手术死亡率,有利于患者术后康复。慢性期可以手术解除下腔静脉和肝静脉的阻塞。解除肝静脉回流障碍比解除下腔静脉回流障碍更为重要,因肝静脉回流障碍引起的门静脉高压可导致肝功能的进行性损害、顽固性腹水和食管静脉曲张出血,对病者的生命威胁更大。

2. 外科治疗 术式包括隔膜撕裂术、下腔静脉-右心房分流术、肠系膜上静脉-右心房分流术、根治性手术等。

【介入治疗】 Equchi 在 1974 年首次报道了经皮穿刺血管腔内球囊扩张术成功治疗了一例下腔静脉膜性狭窄型布-加综合征患者,开辟了非手术治疗布-加综合征的新途径。国内 1984 年开始应用此技术。由于该治疗方法具有创伤小、花费少、疗效好、符合生理等优点,现已成为布-加综合征的首选和主要治疗手段。

1. 适应证 目前为止,几乎所有类型的 BCS 均可作为介入治疗的适应证,包括介入和外科术后复发患者。其中以下腔静脉、肝静脉环形狭窄或膜性闭塞、下腔静脉、肝静脉局限阶段性狭窄或闭塞的介入治疗效果满意;下腔静脉、肝静脉长段狭窄或闭塞单纯介入治疗疗效欠佳,选择时要慎重。

2. 禁忌证 无绝对禁忌证。相对禁忌证主要包括心、肾功能不全、白塞病活动期等。

3. 术前准备和器械选择

(1) 一般准备:包括术前常规化验、心电图,以及肝静脉、下腔静脉和肝实质的影像资料,以备术前讨论更详细周全。术前可提前给抗凝、抗血小板聚集药物。

(2) 器械准备:各种导管、导丝、球囊导管小支架以及 RUPS-100 穿刺针。

4. 介入治疗方法 下腔静脉、肝静脉单纯球囊扩张术、下腔静脉、肝静脉支架植入术、TIPS。

(1) 下腔静脉介入治疗

1) 诊断性血管造影:局麻下采用经股和(或)经颈静脉穿刺插管,行正侧位下腔静脉单向或对端双向诊断性造影,明确病变部位、类型程度、有无血栓等,了解侧支循环的程度,并测定跨狭窄段或闭塞段压差。

2) 闭塞再通:有下腔静脉血栓形成时,先行充分有效的溶栓。对下腔静脉节段性闭塞或膜性闭塞,根据下腔静脉造影、CT 等了解下腔静脉走行方向,并用穿刺破膜针反复正侧位透视定位穿刺方向,经下腔静脉向上或经颈静脉、右心房向下穿刺通过闭塞段,并通过导管(直头侧孔导管等)造影证实。

3) 球囊成形术:自股静脉或颈静脉引入超硬导丝,使其前段越过狭窄或闭塞段,并送至上腔静脉或下腔静脉,沿导丝插入选定好的球囊导管。球囊多选择直径 25~30mm。扩张后正侧位复查造影、测压。

4) 置入支架:扩张后复查造影见狭窄、闭塞处回缩明显可考虑置入下腔静脉支架,但同时必须充分评估肝静脉情况以免植入支架后影响肝静脉开口。下腔静脉支架多为"Z"形支架,支架直径应大于下腔静脉直径的 10%~20%,一般选直径 3cm,长度应超过病变两端各 5~10mm,支架完全释放后一般不需要球囊扩张,若需要扩张,球囊直径一般选 20~25mm。

(2) 肝静脉或副肝静脉的球囊扩张术

1) 经皮肝穿肝静脉造影:用 21G Chiba 穿刺针经右侧腋中线第 8 或第 9 肋间水平进针(最好在超声导向下)穿刺肝静脉,成功后经穿刺针引入 0.018in 导丝;沿导丝置入套管,经外鞘管行肝静脉测压、肝静脉造影以了解肝静脉有无扩张、下腔静脉入口处狭窄、闭塞情况(术前 CT 或 MRI 可以提示)以及肝内侧支代偿、副肝静脉开放等情况。若肝静脉有扩张、入下腔静脉口处是膜性或短段狭窄、闭塞可进行以下治疗。

2) 经肝穿刺通道引入 5F 导管鞘,经鞘再引入 5F 或 4F Headhunter 导管,配合相应导丝试探打通阻塞段,导管沿导丝跟进至上腔或者下腔静脉。

3) 肝静脉球囊扩张和支架置入:交换引入加强导丝,将球囊导管置于阻塞段行肝静脉扩张成形,球囊直径多选择 12~20mm。扩张后即刻造影复查如果提示局部管腔弹性回缩或者夹层,则置入支架,肝静脉支架的近心端一定要伸入下腔静脉内约 5mm,否则肝静脉口部的阻塞隔膜不能完全被撑开,易再狭窄、闭塞。再次肝静脉测压。

4) 将导管鞘由肝静脉回撤至肝实质内,拔除导管鞘同时导入明胶海绵条或弹簧圈填塞肝穿刺通道。

(3) TIPSS:详见第六章第二节。

对于肝静脉广泛闭塞的布-加综合征患者,可行 TIPSS 治疗,尤其是肝尾叶增大使外科门腔分流或肠腔分流患者。

根据不同类型的布-加综合征选择不同的治疗方法,如下腔静脉、肝静脉置管溶栓,下腔静脉球囊扩张和(或)支架置入术,肝静脉和(或)副肝静脉球囊扩张和(或)支架置入。较复杂的布-加综合征根据其特点可联合应用上述介入方法,也可能联合外科手术,如混合型布-加综合征(下腔静脉长段闭塞合并肝静脉弥漫性闭塞),可选择下腔静脉球囊扩张并支架置入术后可联合行外科肠系膜上静脉-下腔静脉分流术。

根据不同类型的布-加综合征和下腔静脉、(副)肝静脉的解剖特点选择不同的穿刺入路途径,如经股静脉途径、经颈内静脉途径、经皮肝穿途径等。较复杂的布-加综合征可以联合以上入路途径,有时为了减少通过球囊对肝脏或颈内静脉的损伤、增加导丝支撑力等,可以应用加长加强导丝建立"体外轨道",如"体外-股静脉-下腔静脉-上腔静脉-颈内静脉-体外"轨道、"体外-肝静脉-上腔静脉-颈内静脉-体外"、"体外-(副)肝静脉-下腔静脉-股静脉-体外"等。

5. 术后处理

(1) 一般处理:穿刺部位加压包扎,卧床 24h,观察生命体征,记录 24h 尿量,观察肝大和腹水消退情况;适当补液,必要时给予强心、利尿和抗生素等药物;抗血小板和抗凝治疗 6 个月以上,且应定期复查随访,以 3 个月复查一次彩超为宜,持续 1 年以上。

(2) 并发症

1) 造影剂过敏,建议使用非离子型造影剂减少过敏反应。

2) 肺梗死,见于下腔静脉血栓形成患者,行大球囊扩张前应先处理血栓。

3）心脏压塞，主要发生在下腔静脉闭塞开通时，需要一定的经验才能减少该并发症的发生。

4）心功能不全或急性衰竭，扩张完成后心脏前负荷急剧增加所致，预防方法为应用小球囊预扩张、缓慢回缩球囊并给予强心利尿药物。

5）支架位置不当或脱失，支架部分或全部进入右心房，甚至肺动脉。需要有一定支架释放技术才能避免。支架断裂主要发生于支架植入处血管走形拐角明显的病例。

6）穿破下腔静脉。术前仔细分析CT资料、术中上下对冲造影以明确肝段IVC走形后再试行破膜或钻通闭塞段。

7）支架内急性血栓形成。支架植入术后要严格抗凝。

8）下腔静脉支架阻挡肝静脉开口，引起肝静脉内血栓形成或闭塞。严格把控支架植入适应证，尽量避免该种情况发生。

9）肝静脉、下腔静脉狭窄或闭塞复发。多为原发病因所致，术后要坚持抗凝，定期复查，必要时再次治疗。

10）穿刺部位血肿、动静脉瘘。超声导向穿刺是最佳预防措施。

6. 疗效评价 布-加综合征患者在接受一次有效的介入治疗后大多可以获得较满意的临床效果。下腔静脉肝静脉球囊扩张术创伤小，近期疗效显著，尤其是下腔静脉肝静脉膜性狭窄或闭塞患者效果最佳，1年开通率为80%～90%，2年通畅率为81%，5年通畅率为60%～70%。球囊扩张对下腔静脉、肝静脉节段性闭塞效果较差，6个月内再狭窄率50%。对于单纯球囊扩张后半年左右就复发的节段性狭窄或闭塞，可考虑支架植入。支架植入时要充分评估支架对肝静脉、副肝静脉开口的影响。

（管　生）

第七节　阻塞性黄疸

【概述】 黄疸是一种由于血清中胆红素升高致使皮肤、黏膜和巩膜发黄的症状和体征。正常血清中总胆红素浓度为1.7～17.1μmol/L。而当血清中的胆红素浓度高于34.2μmol/L（2mg/dl）时，便可出现临床可见的黄疸体征。黄疸不是一个独立的疾病，而是许多疾病的一种症状和体征，尤其多见于肝胆系和胰腺疾病。黄疸症可分为四类，分别是溶血性黄疸（肝前性黄疸）、肝源性黄疸、阻塞性黄疸（又称肝后性黄疸），还有一类先天性非溶血性黄疸，较少见。

【病因】 阻塞性黄疸是指由于各种原因引起的从肝内毛细胆管至胆总管下端的整个胆管系统发生梗阻（阻塞）。它可由胆管系统管腔内外和管壁本身的良恶性病变引起，且常伴有梗阻近端的胆管扩张和感染。根据梗阻（阻塞）的部位，可分为肝外胆管梗阻、肝内胆管梗阻和肝内胆汁淤积性黄疸。

良性疾病以胆管结石为最常见，其次还有胆管炎症性狭窄（如十二指肠乳头狭窄，急慢性胆管炎等），胆管良性肿瘤（如胆总管囊肿）等，另外还有少见的胆囊管结石压迫胆总管引起阻塞性黄疸（Mirizzi综合征）。恶性疾病包括各种发生于胆总管部位的原发和转移癌，常见的有胆管癌、胰头癌、十二指肠乳头癌等。

【病理生理】 正常胆汁分泌的压力为15～25cm水柱，当胆管因上述原因发生梗阻时，胆管内压力增高,达到 35cm 水柱时即可使胆汁停止分泌,胆汁逆流入血,致血内结合性胆红素含量增加,进而出现黄疸。最初因结合性胆红素呈水溶性可经尿排出,临床呈波动性黄疸。此时血清白蛋白含量和氨基转移酶多在正常范围,说明肝功能能保持正常,肝细胞也无明显损害。随着胆管梗阻时间的持续延长,后期可出现肝细胞受损,血清胆红素持续性升高,病情恶化。病初,通过胆囊对胆汁的容存和吸收,可减轻胆管压力,胆管不扩张。但如胆总管继续受阻,进而完全梗阻,而胆汁却持续分泌,可使胆管、胆囊均严重扩张,通过神经反射引起恶心、呕吐、腹痛、胃肠运动抑制等一系列胆管高压症状。

【临床表现】 黄疸的临床表现包括胆管梗阻引起的黄疸和良恶性原发病的症状。黄疸引起全身皮肤、黏膜及巩膜黄染。良性病变如急性胆管炎、胆石症常突然发病,多伴上腹部绞痛(常放射到右肩背部),也可有发热、呕吐及肝区压痛和肌紧张等症状、体征,黄疸来去迅速,既往有反复发作的病史。当结石合并感染时可出现较典型的 Charcot 三联征:腹绞痛、寒战发热、黄疸。恶性病变一般呈慢性过程,为无痛性黄疸,黄疸起病隐蔽,早期不易发现,但呈进行性加重(壶腹周围癌则可因癌肿溃疡而使黄疸有暂时的减退),伴随症状一般不典型。故而患者自己常不引起重视,往往就医很晚,大都在 1~2 个月。

【辅助检查】

1. 实验室检查 黄疸的实验室检查项目较多,其中最重要的为:血常规检查、肝功能试验、血清酶学检查,血浆凝血酶原时间测定,血清胆固醇、胆固醇酯和脂蛋白 X(LP-X)测定。这些均有助于病因的诊断与鉴别诊断,应当合理地加以选择。

2. 影像学检查 根据临床表现和实验室检查,不难作出黄疸的诊断。影像学检查要解决的问题主要是:是否有梗阻、梗阻的部位和性质。

(1) B 超:最为常用,它能较准确地判断阻塞性黄疸的部位和病因,有助于鉴别肝外胆管梗阻和肝内胆汁淤积引起的黄疸,并能提示周围脏器的有关情况,准确率高达 90%,且方便、经济,为无创性检查,成为阻塞性黄疸检查的首选或初筛方法。

(2) CT:增强 CT 可以清楚显示扩张的胆管。根据扩张胆管远端位置判断梗阻部位及梗阻原因。CT 检查可以清楚显示肿瘤的大小和部位,并对癌肿向周围侵犯的情况作出判断。CT 对恶性阻塞性黄疸梗阻部位的判断优于 B 超,在外科或介入治疗中对手术方式的选择有较高的价值。

(3) MRI:MR 图像与 CT 图像相似,但由于成像方式不同,两者有互补优势,尤其是 MRCP(磁共振胰胆管成像)对诊断、鉴别诊断很有帮助。MRCP 是无损伤的检查方法,具有 CT 和 PTC 的优点,能清楚地显示阻塞部位和整个胆管的图像,对病变的评估和手术方式的选择都有很大的帮助。

(4) PTC(经皮肝穿刺胆道造影):可以得到完整的胆树影像,能明确而直观的显示病变部位。因是有创性检查,其单纯诊断性检查已经被 MRC 和 ERCP 取代,主要是用于 PTCD 前了解胆管树的解剖和决定引流方案。

(5) ERCP:ERCP(内镜逆行胆胰管造影)亦为有创性检查,能清楚地显示结石及部位,可在内镜下作病理活检及治疗。通过 ERCP 可以在内镜下放置鼻胆引流管(ENBD)治疗急性化脓性梗阻性胆管炎、行胆管支架引流术、胆总管结石取石术等微创治疗。但 ERCP 可诱发胆管炎、急性胰腺炎和导致出血、胆漏等并发症。

(6) 其他检查方法:还有如胃肠钡餐检查、放射性核素扫描等。

【常规治疗】

1. 非手术治疗 可酌情给予退黄、利胆、解痉、抗感染等药物治疗,但这些治疗都不能完全解除梗阻。

2. 手术治疗 外科治疗主要针对良性梗阻,结石较常见,其次为某些较局限的肿瘤引起的梗阻,而对于恶性梗阻,由于发现时多已处于晚期,能手术治疗的仅占极少数。手术方式主要为切除病变、取石、姑息性旁路分流等。主要是肝外胆管及肝内二级分支以下的胆管梗阻。

【介入治疗】 经皮经肝胆道引流术(PTCD)与胆管内支架置入术是阻塞性黄疸介入治疗的主要措施。可降低胆管内压、消退黄疸、改善患者全身状态,为外科手术创造条件,也可作为姑息性治疗手段,以减轻患者痛苦,提高患者的生活质量,延长生存时间。

PTCD 根据引流方式分为外引流、内引流和内外引流,具体可根据患者的病变类型和程度选择不同的引流方式。外引流方法需长期携带引流袋,胆汁也随之流失,导致消化不良综合征,给患者带来心理负担和生活的诸多不便,严重影响患者的生活质量。内引流包括内涵管与金属支架胆管置入术,两者在消退黄疸方面的效果、在阻塞发生率和患者生存时间方面疗效近似。内涵管较早开始应用,但有以下缺点:有效引流管径较小,易发生堵塞;有一定的移位率;置放时需要外径较大的导管鞘,创伤较大。而金属支架除克服了以上缺点外,还具有操作简单、置放途径灵活、生物相容性好等特点。

1. 适应证与禁忌证

(1) 适应证:①有阻塞性黄疸表现,病因不明者;②各种原因引起的胆管梗阻,作为术前引流;③恶性肿瘤引起的胆管梗阻,无法进行手术根治或不能耐受手术以及手术困难者;④手术后阻塞性黄疸复发者;⑤严重胆管感染者,如急性化脓性胆管炎等;⑥胆管良性狭窄;⑦纠正外科手术所致的胆汁瘘;⑧ERCP 难以解决的胆总管或肝内胆管结石。

(2) 禁忌证:①难以纠正的凝血功能障碍者;②呼吸困难,不能很好屏气配合检查者;③腹水潴留使肝脏与腹壁分离者;④穿刺路径有占位性病变如巨大血管瘤等;⑤终末期患者。肝肾功能严重受损,血肌酐和尿素氮升高、尿量减少,恶病质患者;⑥肝门以上多支肝段胆管阻塞,无法建立有效引流者。

以上均非绝对禁忌证,如大量腹水虽然会造成穿刺困难,导管移位或导管脱落,但是经过放腹水、利尿、补充清蛋白的措施后也基本能纠正;对穿刺路径有占位性病变者,有时从左肝管入路是很好的选择。

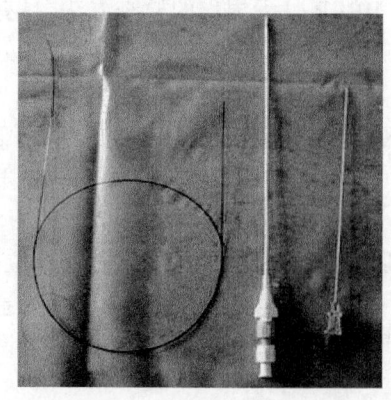

图 11-6 穿刺针及导丝图

2. 术前准备

(1) 一般术前准备和必要的影像学检查。

(2) 术前进行保肝和支持治疗,需预防性应用广谱抗生素,常用头孢菌素、喹诺酮类、万古霉素、甲硝唑等。

(3) 对 PTCD 介入器械要全面了解和熟悉使用性能,针对不同的病变合理选用,优化组合,可缩短操作时间和降低术后并发症。PTCD 穿刺方法有微穿刺法及传统穿刺法两种,所用的穿刺器械也不同,推荐使用微穿刺法。此法使用微创穿刺系统,如 NPAS-100(COOK):包括长 15cm 22G 穿刺针、0.018in 铂金导丝和长 20cm、外径 6F、内径 4F 的金属软/硬套管(图 11-6)。还需要准备超滑导丝、超硬导丝、Cobra 导管、扩张管、球囊导管、引流管(或内涵管)和支架等。引流管分外引流管及内外引流管两种。虽然引流管都预先有侧孔,但对肝门区梗阻患者有时应根据病灶具体情况来添加侧孔。

3. 操作方法

(1) 穿刺点的选择:患者取仰卧位,行右肝管穿刺者在确定其右侧腋中线后,行透视观察,其右侧腋中线肋膈角以下2cm左右的肋上缘,即可作为穿刺点;行左肝管穿刺者,一般多选择在剑突下偏左作为穿刺点,向偏右侧方向进针穿刺。可根据增强CT所见做适当调整。

无论是穿刺右肝管还是左肝管,在确定穿刺部位时,均需要在X线透视下结合肝脏大小、膈肌和脊椎的位置及膈肌运动等来准确定位。过于偏头侧进针时容易穿到肺脏造成气胸;过于偏足侧时增加操作难度。此外,穿刺时应避开肿瘤与血管瘤等病变,以防出血与肿瘤播散。为了降低风险,从患者安全性的角度出发,应该尽量联合超声下导引穿刺。

(2) 局部消毒:以穿刺点为中心对局部皮肤进行消毒。

(3) 局部麻醉:用1%利多卡因对已确定的穿刺点进行局部麻醉。在向肝表面进针行深部麻醉时,必须在患者闭气后方可进行。

(4) 经皮肝穿刺胆管造影:穿刺时应让患者屏住呼吸,直至穿刺针的位置固定好后。在穿刺右肝胆管时,穿刺针水平方向约第11胸椎旁2cm持续进针;在穿刺左肝胆管时穿刺针可垂直偏右方向进针,根据增强CT所见确定穿刺靶点。穿入肝脏后让患者小幅度呼吸,这样可以避免或减少肝被膜的裂伤。确认穿刺针是否刺入胆管有两种方法:一是用注射器边抽吸边退针,抽到胆汁即可注入造影剂;二是在透视下边注入少量造影剂。证实穿刺针位于胆管系统后,多抽出一些胆汁,然后通过穿刺针注入稀释的造影剂,显示胆管系统,注入的造影剂量应不超过抽出的胆汁量。

(5) 穿刺置管:胆管进入点应距阻塞上端4cm以上,否则需重新穿刺,以免以后的操作困难,安全性得不到保证。重新穿刺时可在透视下对准与穿刺点方向顺应而又扩张的胆管分支穿刺。穿刺肝管时,可在进针后旋转C型臂,确定穿刺针与胆管的前后关系,调整穿刺方向重新穿刺。确定进入胆管后,退出针芯,置入0.018in导丝,退出穿刺针后,顺细导丝置入穿刺套管针,当进入的胆管转弯时,应停止进入内金属针,只进扩张管与鞘。认定鞘进入胆管后即可撤出细导丝、内金属针与扩张管,证实鞘位于胆管内后,从鞘内插入超滑导丝,退出鞘后换成5F造影导管。

(6) 胆管外引流:如导管不能越过阻塞段,或仅做术前引流者,可直接顺导丝引入外引流管并固定。外引流大多使用8~10F多侧孔猪尾型引流管,通过内置线固定头端,可不用皮肤缝线做外固定。如引流管头端位于并不很粗的肝管内,无法成圈时,可使用开花型外引流管。

(7) 胆管内-外引流:如导管越过阻塞段,最好换用多侧孔导管造影,侧孔跨越阻塞段,这样注入造影剂后可全面了解阻塞的准确部位、长度及其程度,此时如要置入内-外引流管,则将导丝送入肠道,再顺导丝引入内-外引流管。引流管远端应位于十二指肠,近端侧孔应在阻塞段近侧胆管内,注意避免侧孔位于肝实质内。

(8) 胆管内支架置入术:良恶性胆管狭窄病变均可用置放支架的方法治疗。支架植入可在PTCD后一次完成,或在PTCD引流1~2周后。如需马上置入内支架者,用超滑导丝将导管送入空肠后换入硬导丝,并撤出导管,沿硬导丝将支架输送导管跨于阻塞段,释放支架,然后通过输送导管侧臂或置入的鞘造影复查,了解胆管阻塞的改善和胆汁流动情况。支架置入前如阻塞段闭塞较紧,预计送入支架输送导管有难度,可先用球囊导管扩张。置入支架后如造影剂仍未能流入肠道或流入不畅,也再用球囊进行扩张。如确定造影剂顺畅流至肠道,则可撤管,通过鞘于肝实质穿刺道注入明胶海绵条,以防止胆汁渗漏;如内引流不可靠,则可于支架上方置入外引流管,数日(2~3 日)后造影,复查狭窄段通畅后即可撤管。

通常置入自膨式金属支架。肝外胆管一般选择直径为 10~12mm 的支架,肝管为 8~10mm,肝内胆管为 6~8mm,其选择可以根据胆管造影所见进行判断(图 11-7)。

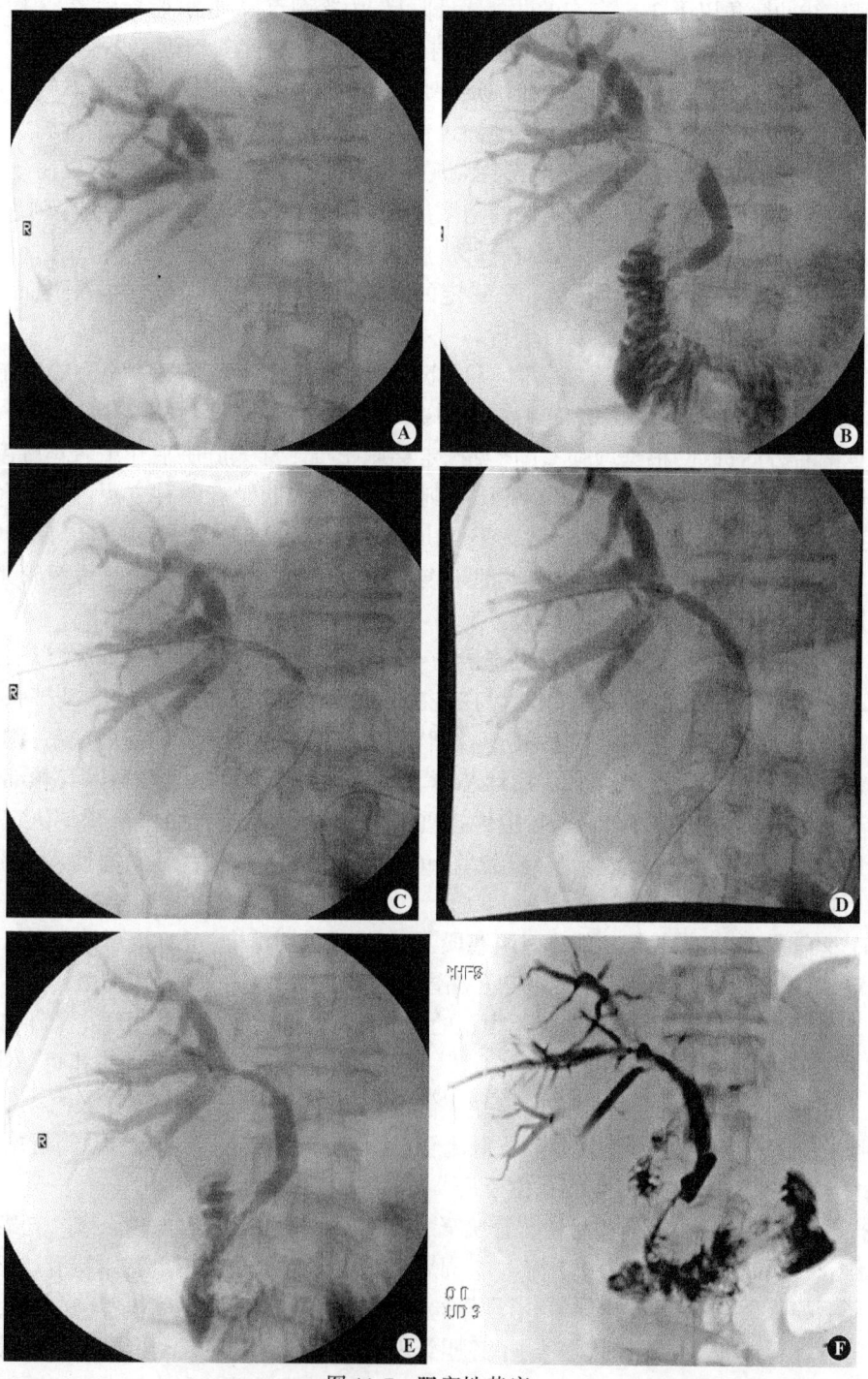

图 11-7 阻塞性黄疸

A. 胆道穿刺后造影;B. 引入导管后造影显示梗阻段;C. 使用球囊预扩狭窄段;D. 支架植入后扩狭窄段;E. 术后植入胆管内外引流管;F. 术后 1 周造影复查

4. 术后处理

（1）术后平卧6~8h，监测血压、脉搏等生命体征、腹部体征及全身情况。

（2）术后应酌情给予广谱抗生素和输液，已有胆管感染者使用胆管排泄性抗生素，全身情况较差者予支持治疗。

（3）外引流者记录胆汁引流量，观察胆汁形状，并注意保持水电平衡。

（4）定期复查血常规与血生化指标，以了解黄疸消退情况、白细胞与肝功能的变化。

（5）术后2周内每日应用等渗盐水加抗生素冲洗引流管。出院后也应定期冲洗，每隔3~6个月更换引流管。

5. 并发症及其防治

（1）最严重的并发症是胆汁腹腔内漏和腹腔内出血。穿刺时应确保患者是在闭气状态下，以减少肝被膜的损伤；避免穿刺至肝外，肝萎缩者要特别注意；引流要尽量充分，尤其肝门部阻塞者，肝内胆管间不通，胆管内压力较高，较易引起胆汁渗漏。

（2）操作过程中及术后出现寒战。多由于操作过程中注入造影剂后胆管内压力增高，已有感染的胆汁逆流入血引起菌血症所致。所以，穿刺进入胆管后应尽量多抽出一些胆汁，使注入造影剂的量不超过抽出的胆汁量。

（3）穿刺路径扩张引起的气胸与液胸，穿刺点不要过高即可避免。

（4）胆管内出血，一般可自行停止，无需特殊处理。注意引流管侧孔应保证在胆管内，如严重出血者需作肝动脉栓塞。

（5）感染。胆管引流可明显缓解胆管内压力，有助于减轻感染。术中应严格掌握无菌原则，注入胆管的造影剂常规加入适当抗生素；术前已有感染者，应积极抗感染治疗。

（6）引流管堵塞和脱位。引流管堵塞和脱位是造成引流失败和继发胆管感染的重要原因。一旦发生导管堵塞，应给予等渗盐水冲洗导管。如不成功，可在透视下送入导丝，排除阻塞物，必要时更换导管。为了防止堵塞，应定期冲洗和更换引流管。加强局部护理和选用可靠的固定器材可防止导管脱落。

（7）支架再狭窄。通常是由于肿瘤生长压迫支架或超过支架边缘所致，半年内再狭窄发生率为20%~30%。带膜支架或在PTCD术后进行肝动脉化疗药物灌注和内照射等可延缓支架再狭窄的发生。

（8）支架移位。胆管有一定的蠕动能力，因而支架可发生移位。一旦发生移位可另放置一支架，脱落到肠道的支架多可经肛门排出。

6. 疗效评价　对于胆管癌、晚期胰腺癌等手术难以切除的病变，介入治疗是姑息性疗法的最佳选择，如联合行动脉内灌注化疗、内放射治疗，可望进一步延长患者生存期、延长生存期或行二期手术切除。新近发展的胆道粒子支架对胆管细胞癌导致的梗阻应用前景乐观，在解除梗阻的同时可起到内放疗的作用。术后胆管狭窄、残留结石、T形管脱出等均可采用介入方法得到解决。对于年老体弱不难耐受手术治疗的胆管梗阻者，介入治疗的微创性和可重复性等优点无疑使其成为首选疗法。急性化脓性胆管炎采用经皮肝穿刺胆管引流（PTCD）配合药物治疗可明显降低死亡率和缩短病程。

（虞希祥）

第八节 脾功能亢进

【概述】 脾功能亢进(hypersplenism)是一种综合征,临床表现为脾大(splenomegaly)、外周血一种或多种血细胞减少和骨髓增生现象。脾大、脾功能亢进的传统治疗方法是脾切除术,但脾切除后,易发生出血和因机体免疫功能减弱而导致严重感染,并发症多、致死率高。1979年Spigos率先采用脾部分栓塞术(partial splenic embolization,PSE)治疗脾功能亢进获得成功,随着技术成熟,目前已经成为临床微创治疗脾大、脾功能亢进的首选方法。

脾功能亢进分为原发性和继发性两大类。原发性脾功能亢进是指原因不明的脾功能亢进,临床上甚少见。临床上多见的继发性脾功能亢进,系指在不同类型原发疾病基础上并发脾功能亢进。其常见原因有:门静脉高压、感染性疾病、造血系统疾病等,少见者有类脂质沉积症、结缔组织病等。

【临床表现】 一般认为脾功能亢进是由于肿大的脾使血细胞在脾内滞留。脾窦的增生造成对血细胞的吞噬和破坏的作用加强,是产生脾功能亢进临床表现的主要原因。

(1) 脾大。查体多可发现,也可行CT、B超、MRI检查以确诊,但脾大与脾功能亢进程度不一定成正比。

(2) 外周血一种或多种血细胞减少。

(3) 骨髓增生现象。大多数患者表现为增生性骨髓象,部分病例还同时出现成熟障碍,也可因外周血细胞大量破坏,促使成熟红细胞释放过多造成类似成熟障碍的骨髓象。

【常规治疗】 内科治疗:一般以对症为主,如贫血严重者给予输血,血小板减少有出血者应予以糖皮质激素治疗,白细胞减少者应给予升高白细胞治疗及积极预防感染。

外科治疗:为以往治疗脾功能亢进的主要方法,据Diamond报道,脾切除后严重感染式脓毒血症的发病率为0.58%~0.86%,是正常人群发病率的50~80倍,因此脾切除目前已不认为是首选治疗。

【介入治疗】 脾功能亢进的介入治疗已成为外科脾切除术的替代方法,包括PSE、TIPS等。

1. 脾部分栓塞术 脾部分栓塞术是通过栓塞脾动脉的分支,使部分脾实质发生缺血梗死、机化萎缩削弱了脾对血小板的破坏及其分泌功能,从而达到外科切脾的效果。但未被栓塞部分的脾脏组织保留了其免疫功能。

(1) 适应证与禁忌证

1) 适应证:①各种原因所致的脾大并有脾功能亢进,具有外科手术指征者;②脾功能亢进导致全血细胞显著减少者;③门静脉高压、充血性脾大并有脾功能亢进,具有上消化道出血史及出血倾向者;④门静脉高压、经颈静脉肝内门体静脉分流术(TIPSS)失败者。

2) 禁忌证:①继发性脾功能亢进,其原发疾病已达终末期者,有恶病质及脏器功能障碍者;②严重感染及脓毒血症,脾栓塞有发生脾脓肿的高危险性者;③凝血酶原时间低于正常70%,需纠正凝血功能后再行介入治疗;④巨脾症、严重黄疸、大量腹水者为相对禁忌证;⑤其他常规介入操作的禁忌证者。

(2) 术前准备和器械选择

1) 术前准备:除了血管性介入一般性准备外,术前预防性使用抗生素。

2) 器械选择:4~5F Rosch导管(如RH导管、RS导管)和微导管,其他同一般血管造影用器械。

3) 栓塞材料选择：目前用于脾脏栓塞的材料很多，如明胶海绵、钢圈、自体血细胞凝集块、PVA、Embosphere 等。此外，还有报道使用可脱球囊、无水乙醇、鱼肝油酸钠、碘化油、真丝线、可吸收缝合线、凝血酶、平阳霉素等。但最常用的是明胶海绵颗粒、PVA、Embosphere 等，选择粒径 150~700μm。

(3) 介入治疗方法（图 11-8）

1) 脾动脉造影：栓塞前应做选择性脾动脉造影，以了解脾动脉及脾内分支情况和脾脏大小，根据造影观察到的脾动脉形状和走形，选择合适导管行栓塞治疗。造影还提示哪些分支在哪里供应胰和胃等，注意避免将其栓塞。

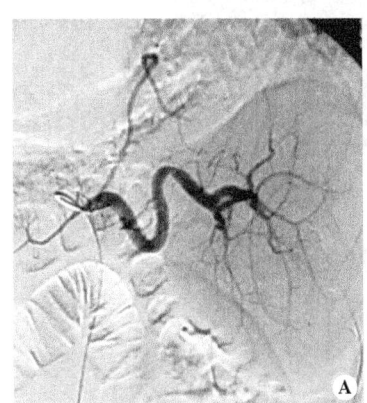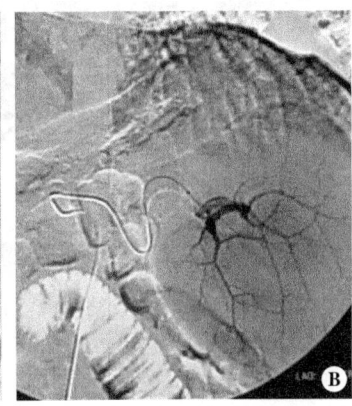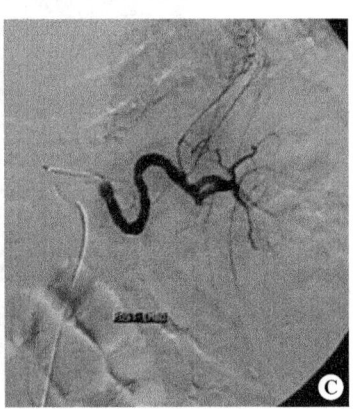

图 11-8 脾功能亢进患者
A. 栓塞术前脾动脉造影；B. 超选择插入脾下极动脉；C. PSE 术后造影

2) 超选择插管：将导管借助导丝超选择插管至脾动脉干的末端或不同的脾支内，要求导管前段越过胰尾动脉，进入脾动脉分支，常选择脾下极动脉。认为优点是不易弥散引起全腹膜炎，同时左下胸膜腔和肺的反应较轻，另外栓塞范围也易控制。

3) 进行栓塞：将栓塞材料通过导管对脾动脉末梢进行栓塞。栓塞范围的确定与控制脾栓塞范围与其疗效和并发症密切相关，应根据疾病治疗需要和个体情况而定。为保留脾脏的免疫功能，避免术后发生感染，部分性脾栓塞应保留约 25% 脾脏。对于肝硬化脾亢患者，如仅为单纯性改善血细胞成分的改变，以栓塞 30%~40% 的脾脏为宜，如主要想缓解门静脉高压、减少上消化道出血的风险，需栓塞 60%~80% 的脾脏（图 11-8）。增加栓塞程度可提高 PSE 的疗效，但栓塞程度超过 80% 可能增加并发症的发生率，提高病死率。目前对于术中如何及时准确判断栓塞范围仍是个难题。

(4) 术后处理：股动脉穿刺部位要彻底压迫止血、加压包扎，由于脾功能亢进者血小板可明显减少，凝血功能较差，注意有无穿刺点再出血是必要的。如条件允许可使用血管封合器。为减轻反应可使用激素数日。为有效地控制左上腹疼痛，可予以吲哚美辛（消炎痛）止痛。未能缓解者，酌情用布桂嗪（强痛定）、哌替啶等药物。

(5) 并发症及其处理

1) 栓塞后综合征：发生率几乎为 100%，但程度不同，可有一过性发热、左上腹不适、食欲不振、腹痛等。发热一般在 39℃ 左右，持续 5~7 日，中度腹痛。用消炎、止痛、退热等对症处理可逐渐缓解，多在 1 周左右消失。

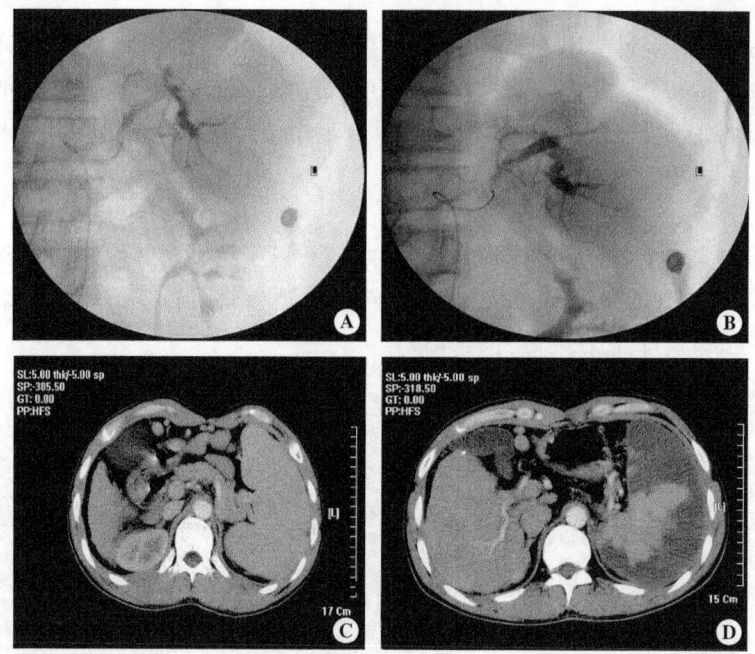

图 11-8 脾功能亢进
A. PSE 术前 DSA 造影;B. PSE 术后 DSA 造影;C. PSE 术前脾脏 CT;D. PSE 术后脾脏 CT 变化

2) 脾液化坏死性脓肿:是最为严重的并发症,为细菌感染所致。导丝、导管和栓塞剂污染是造成脾脓肿的主要原因。控制栓塞范围和术中严格无菌操作是预防的关键。较小的脾脓肿可经保守治疗治愈。较大的脓肿可经皮穿刺引流辅助治疗。如果脓肿破裂并引起腹膜炎应及早行外科手术治疗。

3) 胸腔积液及支气管肺炎和肺不张:多见于左侧,与患者左上腹疼痛限制呼吸运动和支气管分泌物引流不畅及反应性胸腔积液相关。可应用抗生素、镇痛及局部理疗等方法,多能恢复正常。

4) 脾假性囊肿和脾破裂:脾栓塞后出现坏死纤维素,小的坏死液化灶融合而形成大的囊肿。大的假性囊肿可能破裂。一旦发现,需及时治疗。可经脾穿刺引流或手术治疗。

5) 误栓:导管前端位置过低或注入栓塞剂的压力过大,栓塞剂反流误栓胃、胰的动脉,严重者可导致急性胰腺炎。可通过超选择插管和透视监控下缓慢推注栓塞剂预防。

6) 门静脉血栓形成:门静脉血栓的发生考虑主要为栓塞面积过大,门静脉血流明显减慢和血小板数目短时间内过度升高,门静脉血流呈高凝状态而至门静脉血栓形成。可给予积极抗凝、解聚、溶栓的综合治疗措施。

(6) 疗效评价

1) 栓塞后脾的变化:栓塞后 24h 脾脏出现肿胀、淤血,此后数月内体积逐渐缩小。增强CT 扫描可对脾梗死范围、体积进行较准确的测量计算。部分性脾动脉栓塞术后早期呈现多灶性楔状缺血区。1 周后发生凝固坏死及点状出血,2~3 周后坏死区肉芽组织形成,继之出现纤维化,脾体积缩小,外周的纤维瘢痕似盔甲般限制脾组织再生。

2) 外周常规象变化:①血小板对部分脾栓塞(PSE)反应较灵敏,术后 12~24h 升高,1~2周内迅速上升到正常水平以上,随后开始轻度下降,2 个月后可稳定在比栓塞前高 2 倍的水平上。血小板计数上升率和脾脏梗死体积呈正相关。②所有患者在脾栓塞后都有白细胞反应,术后24h即可升高,3日后上升至正常,然后有所降低,并稳定在较低的正常水平,白细胞的初期上升被认为与反应有关。③红细胞在3个月后才开始上升,可达到正常水平。

3)门静脉压力变化:门静脉压力降低,使静脉曲张出血得到控制。据报道门静脉高压患者的脾动脉血流量约占心每搏输出量的19%(正常人为6.9%±1.5%),脾动脉栓塞后可降至2.6%,肝动脉血流量则从栓塞前的2.6%增加至15.4%(正常人为8.8%±3.0%)。

4)长期随访结果是令人满意的,血小板和白细胞在栓塞后1年仍保持明显升高,并能持续至5年之后;PA2IgG水平的下降和脾体积减小提示免疫机制改善和脾脏血小板滞留减少;血清总蛋白、白蛋白和总胆固醇等肝功能的改善也能持续1年以上。

2. 经颈静脉肝内门体静脉分流术 详见第七章第二节。

(虞希详)

第九节 肝、脾、肾破裂

一、肝 破 裂

【分类和病理】 肝破裂(liver rupture)分自发性破裂和创伤性破裂。

自发性肝破裂一般发生于病理性肝脏,其中以肝细胞性肝癌(hepatocellular carcinoma, HCC)合并肝破裂最为多见,其次为肝血管瘤、肝转移癌、肝囊肿等。

创伤性肝破裂在各种腹部损伤中占15%~20%,右肝破裂较左肝为多。根据肝损伤时腹壁的完整性,分为开放性和闭合性损伤两大类。按损伤机制,肝外伤分为钝性伤和穿透伤。肝破裂后易发生失血性休克和胆汁性腹膜炎,死亡率和并发症发生率都较高。

肝损伤的分级方法尚无统一标准,通常按照美国创伤外科协会(AAST)分级方法(表11-2)。

表11-2 肝外伤分级(1994年修订)

分	级	伤 情
Ⅰ	血肿	包膜下,<10%表面积
	裂伤	包膜破裂,实质裂伤深度小于<1cm
Ⅱ	血肿	包膜下,10%~50%表面积,肝实质血肿直径小于10cm
	裂伤	包膜破裂,实质裂伤深度1~3cm,长度小于<10cm
Ⅲ	血肿	包膜下或实质内裂伤,血肿>50%表面积,或实质内血肿>10cm或血肿继续增大
	裂伤	深度>3cm
Ⅳ	裂伤	肝实质破裂达一个肝叶的25%~75%,或1~3个Couinaud肝段受累
Ⅴ	裂伤	肝实质破裂大于一个肝叶的75%,或一个肝叶内有3个Couinaud肝段受累
	血管损伤	近肝静脉损伤(如肝后下腔静脉,肝静脉主支)
Ⅵ	血管损伤	肝撕脱

【临床表现及诊断】

1. 临床表现　自发性肝破裂时,除具有器质性肝病史外,其临床表现大致相同,表现为突发性腹痛,一般首发疼痛部位与破裂部位一致,右肝破裂时可有类似急性阑尾炎表现,其他还有恶心、呕吐、腹胀、急性腹膜炎表现,失血性休克、血性腹水等。

创伤性肝破裂具有腹部外伤史,根据损伤程度不同可有:①全身多发外伤性表现,皮下淤血、膈肌破裂、肋骨骨折、血气胸;②消化道出血,肝破裂可引起胆管出血,血液经胆管进入十二指肠,出现呕血或黑便;③失血性休克;④血性和(或)胆汁性腹膜炎,体查可有腹部压痛、反跳痛,肌紧张和肝区扣痛。

2. 诊断方法

(1) 腹腔穿刺术或腹腔灌洗术:此法简单易行,不需搬动患者,准确率可达 90%~98%,在设备条件不够或多发伤,生命体征不平稳的紧急情况可作为首选。缺点是无器官特异性,可判断有无出血,不能判断来源;其次阳性结果太敏感,不能据此作为剖腹手术依据,约有 67% 的患者并不需要剖腹手术;另外腹腔穿刺不能诊断腹膜后血肿。

(2) 影像学检查:常用的有 B 超和 CT,B 超能显示肝脏的完整性是否破坏,肝脏内血肿,腹水及腹膜后血肿,并且 B 超可以在病床旁操作,对危重患者可以及早明确诊断,及时开展手术救治。CT 能够更准确的判断肝损伤的部位和范围,积血量及出血是否停止,根据动态 CT 检查可以判断肝损伤病情变化和转归,但对危重患者的应用受到限制。发射体层显像(ECT)可因肝内血肿显示实质充盈缺损,肝裂伤显示肝外形缺陷或失活肝段因不能摄取核素而呈实质充盈缺损。对延迟出血,间歇性出血及术后持续出血,怀疑胆道出血者肝动脉造影是最佳选择。

(3) 实验室检查:红细胞、血红蛋白与血细胞比容下降,表示有大量失血。白细胞总数及中性粒细胞升高不但见于腹内脏器损伤时,同时也是机体对创伤的一种应激反应,诊断意义不是很大。

【治疗】

1. 手术治疗　处理肝破裂的基本要求是彻底清创、确切止血、消除胆汁溢漏和建立通畅的引流。肝火器伤和累及空腔脏器的非火器伤都应手术治疗。其他的刺伤和钝性伤则主要根据伤员全身情况决定治疗方案。血流动力学指标稳定或经补充血容量后保持稳定的伤员,可在严密观察下进行非手术治疗。生命体征经补充血容量后仍不稳定或需大量输血才能维持血压者,说明有继续活动性出血,应尽早剖腹手术。手术治疗方法有:①暂时控制出血,尽快查明伤情;②肝单纯缝合;③肝动脉结扎术;④肝切除术;⑤纱布块填塞法用于肝损伤累及肝静脉主干或肝后段下腔静脉破裂的处理。

2. 介入治疗　自从 Norell 于 1957 年首次将血管造影应用于腹部外伤性诊断以来,这一技术已广泛应用于临床。1972 年 Rosch 等首先报道利用选择性肝动脉栓塞术做暂时性或永久性止血治疗,而 Goldstein 等于 1975 年报道了用 TAE 治疗不同器官癌性出血,1976 年 Walter 成功用 TAE 治疗 1 例肝穿刺活检术后并发胆管出血患者,Bass 等则与 1977 年应用明胶海绵做肝动脉栓塞,有效控制了肝假性动脉瘤出血,同年,Jander 等报道了急诊 TAE 治疗肝钝性伤出血,1984 年 Nouchi 等报道了肝癌破裂出血的急诊 TAE 治疗。由于大多数肝破裂患者在常规剖腹探查时出血已经停止,因此 50%~70% 的病例无需进一步手术干预,而剖腹探查增加了这部分患者的并发症和死亡率,因此肝动脉栓塞术成为各类肝脏出血的一种常规治疗手段。

(1) 介入治疗的适应证与禁忌证

1) 适应证:①肝脏创伤或肿瘤破裂活动性出血者;②疑有继发性二次肝出血或迟发性肝出血者;③患者一般情况差或有其他严重并发症而不能耐受外科手术,而怀疑肝出血者;④门静脉主干无完全阻塞肝出血者;⑤患者一般情况可,但拒绝外科手术者。

2) 禁忌证:①腹膜炎或合并腹腔其他脏器损伤需急诊外科手术者;②手术途径有感染灶或脓毒血症,感染性假性动脉瘤;③门静脉主干完全阻塞为绝对禁忌,门静脉二、三级分支或门静脉主干部分性阻塞为相对禁忌;④肝肾功能严重不足者。

(2) 介入治疗器械和术前准备:常规术前准备同血管造影,治疗器械同肝癌介入治疗,术前应用升压药、代血浆及输血等手段尽量维持患者生命体征平稳。

(3) 血管造影表现

1) 造影剂外溢:造影剂外溢呈点、片状充盈聚集影,于实质期更加明显,持续到静脉期。

2) 血管形态异常:动脉分支移位,伸直,血管走行不连续,断裂;血肿压迫或出血后痉挛,远端分支不显影,有染色空白区;血管内血栓形成,表现为血管腔内条状或杯口状充盈缺损,肿瘤患者还可见肿瘤血管征象,详见肝癌部分。

(4) 介入栓塞方法:肝动脉栓塞分为近侧(肝总动脉侧)和远侧(肝固有动脉以远侧)栓塞两种,一般多采用远侧栓塞方法。栓塞止血的原则应是尽量靠近损伤血管区,超选插管困难时,可用同轴微导管或在肝总动脉处栓塞。步骤:①栓塞前常规行肝动脉造影,明确出血靶血管,明确出血的速度及破口大小;②明确诊断后即可行 TAE 治疗,导管超选到靶血管后,经导管注入准备好的栓塞剂,如明胶海绵颗粒[(1~2)mm×(2~3)mm]或条(2mm×10mm),肝创伤性动静脉瘘或肝动脉断裂者可用弹簧圈(3~5mm 直径),肿瘤破裂出血还可用碘化油加化疗药的混悬剂(图 11-9)。

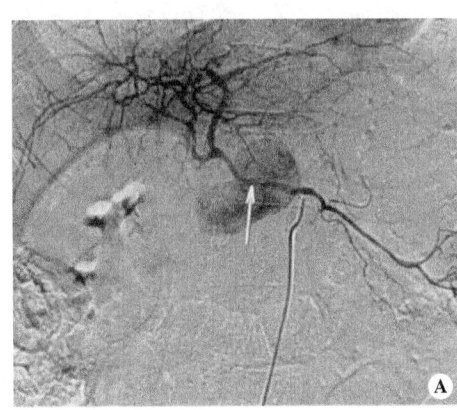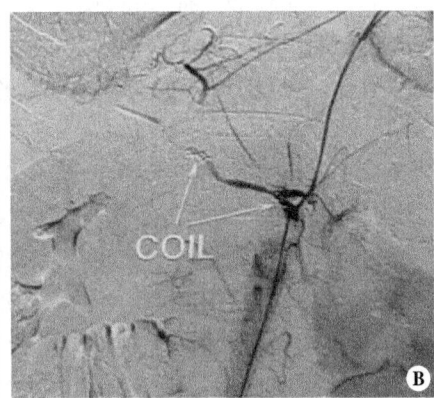

图 11-9 肝破裂并发假性动脉瘤患者
A. 栓塞前可见肝动脉假性动脉瘤(箭头所示);B. 栓塞后假性动脉瘤消失

(5) 术后注意事项及并发症处理

1) 创伤性肝破裂时常伴有门静脉及胆管损伤,故术后仍有出血风险,应严密监测生命体征;腹腔积血、积脓是肝破裂的重要并发症,术后应常规放置腹腔引流管。

2) 栓塞术后综合征:轻度肝区疼痛、发热等,仅需对症处理。

3) 异位栓塞:是严重的并发症,多为超选插管位置不当和栓塞剂注射速度过快反流所致,故术中操作一定要细致谨慎。

二、脾 破 裂

脾是腹部内脏最容易受损的器官,在腹部闭合性损伤中,脾破裂(splenic rupture)占20%~40%,在腹部开放性损伤中,脾破裂占10%左右。有慢性病理改变(如血吸虫病、疟疾、淋巴瘤等)的脾更易破裂。按病理解剖脾破裂可分为中央型破裂(破在脾实质深部)、被膜下破裂(破在脾实质周边部分)和真性破裂(破损累及被膜)三种。前两种因被膜完整,出血量受到限制,故临床上并无明显内出血征象而不易被发现,可形成血肿而最终被吸收。但血肿(特别是被膜下血肿)在某些微弱外力的影响下,可以突然转为真性破裂,导致诊治中措手不及的局面。按出血原因分自发性、医源性和创伤性破裂,自发性脾脏破裂的发病机制尚有争论,但多与不同原因脾大有关,且自发性破裂大多与间接外力有关,如剧烈咳嗽、呕吐,体位的急剧改变。

临床所见脾破裂,约85%是真性破裂。破裂部位较多见于脾上极及隔面,有时在裂口对应部位有下位肋骨骨折存在。破裂如发生在脏面,尤其是邻近脾门者,有撕裂脾蒂的可能。若出现此种情况,出血量往往很大,患者可迅速发生休克,甚至未来得及抢救已致死亡。

脾损伤分级:Ⅰ级,脾被膜下破裂或被膜及实质轻度损伤,手术所见脾裂伤长度≤5.0cm,深度≤1.0cm;Ⅱ级,脾裂伤总长度>5.0cm,深度>1.0cm,但脾门未累及,或脾段血管受累;Ⅲ级,脾破裂伤及脾门部或脾部分离断,或脾叶血管受损;Ⅳ级,脾广泛破裂,或脾蒂、脾动静脉主干受损。

【临床表现及诊断】 自发性和创伤性脾破裂两者临床表现基本相同,除有无外伤史外,主要表现为:①左季肋部疼痛,呼吸或活动时加剧,疼痛可向左肩部放射,且深呼吸时加重,称为Kehr征。出血量大时,可很快出现弥漫性腹痛。②体格检查可见左上腹创伤痕迹。③诊断性腹穿多阳性。

影像学检查(B超、CT)一般可证实脾裂伤。

【治疗】

1. 常规治疗 无休克或容易纠正的一过性休克,影像学检查(B超、CT)证实脾裂伤比较局限、表浅,无其他腹腔脏器合并伤者,可在严密观察血压、脉搏、腹部体征、血细胞比容及影像学变化的条件下行非手术治疗。若病例选择得当,且小儿的成功率高于成人。对于真性脾破裂的常以手术为主,但应根据损伤的程度和当时的条件,尽可能采用不同的手术方式,全部或部分地保留脾脏;如果脾脏损伤累及脾蒂,保脾手术成功的机会极小。

2. 介入治疗 20世纪80年代以来,由于注意到脾切除术后的患者,主要是婴幼儿,对感染的抵抗力减弱,甚至可发生以肺炎球菌为主要病原菌的脾切除后凶险性感染(overwhelming postsple-nectomy infection,OPSI)而致死。随着对脾功能认识的深化,在坚持"抢救生命第一,保留脾第二"的原则下,尽量保留脾的原则(特别是儿童)已被多数医生接受,脾破裂的介入治疗就是在这种情况下发展起来的。但要严格掌握保脾与切脾的适应证与禁忌证,以保证疗效。

(1) 介入治疗的适应证与禁忌证

1) 适应证:①脾破裂分级Ⅰ~Ⅲ级,年龄<50岁;②不合并腹腔其他脏器损伤;③患者生命体征平稳或经抗休克治疗有效,输血不多于2~4单位,无凝血障碍者;④医源性脾破裂;⑤有外科切脾指征,由于各种原因不能立即手术者。

2) 禁忌证:①严重休克而经抗休克治疗无效者;②Gall 和 Scheele 分级Ⅳ级伴有活动性大出血并已构成生命威胁者;③严重凝血障碍,黄疸者;④肝肾功能严重不足者;⑤大量腹水伴腹膜炎。

(2) 介入治疗器械和术前准备:常规术前准备同血管造影,治疗器械 5F Cobra 或肝型导管,栓塞剂同肝破裂介入治疗,术前应用升压药、代血浆及输血等方法尽量维持患者生命体征平稳。

(3) 血管造影表现

1) 造影剂外溢:造影剂外溢呈点、片状充盈聚集影,于实质期更加明显,持续到静脉期。

2) 血管形态异常:动脉分支移位,伸直,血管走行不连续,断裂;血肿压迫或出血后痉挛,远端分支不显影,有染色空白区;血管内血栓形成,表现为血管腔内条状或杯口状充盈缺损。

3) 血肿形成:大量脾实质内或包膜下出血,可引起脾轮廓明显增大,但包膜破裂时脾轮廓不增大。①包膜下血肿:脾动脉分支被推移、聚拢,不能伸达脾脏周边,其外侧形成一无血管区;②实质内血肿:脾动脉及其分支移位,包绕,于实质期呈形态不规则、边缘不清的充盈缺损区;③假性动脉瘤或动静脉短路;④实质期脾脏轮廓残缺:表现为脾脏边缘不规则,可出现一三角形充盈缺损区。

(4) 介入栓塞方法:基本技术方法和步骤同肝破裂介入治疗,注意导管超选一定要在胰背动脉以远。

(5) 术后注意事项及并发症处理

1) 栓塞术后综合征:轻度肝区疼痛、发热等,仅需对症处理。

2) 异位栓塞:是严重的并发症,多为超选插管位置不当和栓塞剂注射速度过快反流所致,故术中操作一定要细致谨慎。

3) 脾脓肿:发生率低,术后密切监测体温,给予足量抗生素。一旦出现应及早外科手术或介入穿刺引流治疗。

4) 脾静脉或门静脉血栓形成:多与脾动脉栓塞后,脾静脉血流缓慢有关。

三、肾 破 裂

肾破裂分为自发性和创伤性破裂。自发性肾破裂伴肾周血肿有称为自发性肾包膜卒中或 Wunderlich 病。自发性肾破裂较少见,多见于病理性肾脏,其病因主要有肾实质病变、肾血管病变及肾积水三大类,大多数由肾实质病变引起,其中肾肿瘤占 55%~63%,肾血管病占 11%~26%,感染性肾病占 7%~10%。创伤性肾破裂约占腹部创伤的 14.1%,常用的肾损伤程度分类方法有:①分为轻度和严重损伤:轻度损伤包括肾挫伤,1cm 以下肾裂伤,严重损伤包括 1cm 以上肾裂伤,贯通收集系统的损伤,粉碎性损伤和血管性损伤。②按其损伤程度分为五级,挫伤为Ⅰ级,无肾实质裂伤的局限性包膜下血肿或局限性肾周血肿为Ⅱ级,肾皮质裂伤<1cm 无尿外渗为Ⅲ级,肾皮质裂伤>1cm 而无收集系统裂伤或无尿外渗以及贯通肾皮质、髓质和收集系统的裂伤为Ⅳ级,肾动静脉主干损伤出血,肾粉碎性损伤或肾蒂断裂为Ⅴ级。

【临床表现及诊断】 临床表现主要有:①肾区疼痛,表现为一侧腰腹部剧烈胀痛,阵发性加重;②血尿;③体格检查,外伤者可见腰腹部损伤,如皮肤擦伤、腰部发绀。腰腹部触及肿块,患侧肌紧张,肾区扣痛;④失血性休克;⑤自发性破裂既往有明确的肾病史。

影像学检查(B超、CT)一般可明确诊断,确定损伤部位和程度。

【治疗】

1. 常规治疗　轻度肾损伤采用非手术治疗,包括卧床休息,预防性应用抗生素,密切观察血尿和局部情况,密切监测生命体征,若有继续出血立即手术治疗。严重肾损伤应手术治疗,大的腹膜后血肿,尿液外渗亦有手术引流指征。

2. 介入治疗

(1) 适应证与禁忌证

1) 适应证:①单纯性肾挫伤或轻度裂伤;②不能明确肾损伤程度和类型,抗休克治疗有效者;③外伤性动静脉瘘;④无损伤侧肾无功能或功能不全者;⑤肾肿瘤或血管性病变出血,抗休克治疗有效者;⑥医源性肾出血。

2) 禁忌证:①严重肾损伤而经抗休克治疗无效者;②合并其他脏器损伤者;③肝肾功能严重不足者。

(2) 介入治疗器械和术前准备:常规术前准备同血管造影,治疗器械 5FYashino 或肝型导管,栓塞剂同肝破裂。术前应用升压药、代血浆及输血等方法尽量维持患者生命体征平稳。

(3) 血管造影表现

1) 造影剂外溢:造影剂外溢呈点、片状充盈聚集影,于实质期更加明显,持续到静脉期。

2) 血肿形成:①实质内血肿:动脉期肾动脉及其分支被推移,无新生血管,于实质期呈充盈缺损,肾包膜动脉不移位;②包膜下血肿:血肿下肾脏表面平直,肾动脉被推移,呈丛状聚拢,包膜动脉可有轻度移位,但仍紧邻包膜;③肾周血肿:肾轮廓模糊不清,包膜动脉明显移位。

3) 肿瘤征象:①恶性肿瘤征象,形态不规则,排列紊乱的肿瘤血管,血管包绕、管壁僵硬不规则,肿瘤染色;②良性肿瘤征象,肾动脉分支增粗,迂曲呈螺旋状,多发的微血管瘤,可呈袋状或葡萄串状。

(4) 介入栓塞方法:基本技术方法和步骤同肝破裂介入治疗,注意肾及其包膜动脉变异多,造影时要找到所有血管,避免漏栓(图 11-10)。栓塞时应多次手推造影剂复查,以观察栓塞效果,并随时调整注射压力和栓塞剂剂量。

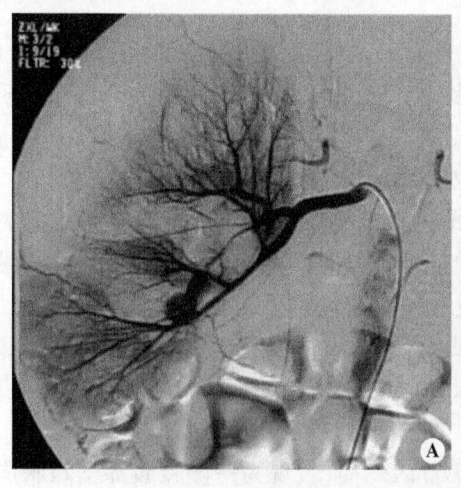 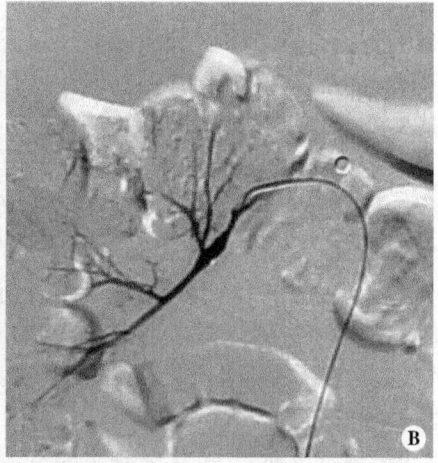

图 11-10　肾破裂并发假性动脉瘤患者

A. 栓塞前可见假性动脉瘤;B. 栓塞后假性动脉瘤消失

(5) 术后注意事项及并发症处理

1) 栓塞术后综合征:栓塞侧腰腹部疼痛、发热、恶心呕吐等,可持续1~5日,一般仅需对症处理。

2) 异位栓塞:多为超选插管位置不当和栓塞剂注射速度过快反流所致,故术中操作一定要细致谨慎,选择合适的栓塞剂和注射速度完全可以避免。

3) 一过性血压升高:常持续2~4h,一般不需处理。

4) 肾脓肿:多有肾脏原有感染或操作消毒不严格所致。栓塞后应常规给予抗生素治疗3日左右。

5) 其他:如肾功能不全等。

(王文辉)

第十节 肝 囊 肿

单纯性肝囊肿(simple cysts of the liver)为先天性、非遗传性肝内囊性病变。囊腔通常不与肝内胆管系交通,囊肿是由上皮细胞排列组成的闭合腔隙,内含液体,可为单发性或多发性。

【病理】 单纯性肝囊肿肉眼观察呈球形或卵圆形,直径由数毫米至20cm以上不等。小的肝囊肿周围为正常肝组织,大的肝囊肿可使周围肝组织萎缩,巨大肝囊肿甚至可使整个肝叶萎缩。囊肿呈单房性,内无分隔,囊液澄清,若有出血,则为血性囊液。成人半数为单发肝囊肿,另一半多为两个肝囊肿,极少数为多发肝囊肿,类似多囊肾的肝囊肿。本病被认为是先天性胆管畸形,迷走胆管失去与肝内胆管树联系,并逐步扩张形成囊肿,囊液由水和电解质组成,不含胆汁酸和胆红素,与胆管上皮分泌液相近。显微镜下观察,囊壁衬以单层立方或柱状上皮细胞,细胞大小均匀,排列整齐,无任何变异,与胆管上皮细胞相似。

【临床表现及诊断】 本病并不少见,绝大多数无临床症状,仅在B超或CT检查时偶然发现。少数较大的肝囊肿患者有右上腹不适、疼痛或胃区饱胀不适感。

患者一般情况良好,肝功能正常,若不正常要考虑有无其他肝病。B超为首选检查方法,典型表现为圆形或卵圆形液性暗区,边界光滑清晰,后壁肝组织回声增强,若囊内出血,病灶可有异常回声。CT可准确反映肝内囊肿的数目,平扫表现为1个或多个圆形或卵圆形水样低密度病灶,囊内无间隔,动态增强CT扫描囊肿无血供。

单纯性肝囊肿易于其他肝病鉴别,多发性肝囊肿需与成人多囊肾病的多囊肝相鉴别,后者为常染色体显性遗传病。

【介入治疗】 传统的外科手术如囊肿切除术、囊肿开窗术现已很少应用,首选的是介入治疗——经皮穿刺囊肿引流硬化术。

肝囊肿的治疗应视其大小、性质及有无并发症而定。直径5cm并出现压迫症状者,经皮肝穿刺囊肿抽吸硬化的介入治疗为首选。当有并发症出现如囊肿破裂、囊蒂扭转、囊内出血者需外科手术处理。

经皮穿刺肝囊肿引流硬化术是将囊液抽出,向囊腔内注入硬化剂,目的是破坏囊壁内衬的上皮细胞,从而囊壁闭合吸收。常用硬化剂是无水乙醇。

方法步骤:①B超或CT确定病灶与周围脏器之间的关系,避开血管、胆管、肠管和肺,选择体表到病灶的最短穿刺路径;②穿刺成功后置入引流管,造影确认无外溢时,引出囊液,注入硬化剂,注入量为抽出囊液的20%;③为让囊壁与硬化剂充分接触,应变换体位,注入10min后收回硬化剂;④重复上述步骤,直至硬化剂抽出与注入的量基本一致,且较澄清为止,拔出导管结束手术。

并发症:①注射过程中乙醇外渗引起剧烈腹痛;②药物过敏反应;③乙醇弥散后一过性神经精神障碍;④气胸如囊肿位置高,可能有气胸;⑤胃肠道损伤;⑥肝出血。

(王文辉)

第十一节 胰 腺 癌

【概述】 胰腺癌(pancreatic carcinoma)主要指胰外分泌腺腺癌,是消化系统中恶性程度最高的肿瘤之一,占消化道恶性肿瘤的8%~10%。胰腺癌其发病率呈逐年上升趋势。5年生存率<1%,是预后最差的恶性肿瘤之一。胰腺癌早期的确诊率不高,手术死亡率较高,而治愈率很低。本病发病率男性高于女性,男女之比为(1.5~2):1,男性患者远较绝经前的妇女多见,绝经后妇女的发病率与男性相仿。

【病因及病理】 胰腺癌的病因尚不十分清楚。老年,有吸烟史,高脂饮食,体重指数超标为胰腺癌的危险因素,暴露于萘胺、联苯胺等化学物质可导致发病率增加。

胰腺癌可发生于胰腺的任何部位,但以胰头为多见,占60%~70%,胰体胰尾部癌占25%~30%;全胰癌占5%左右;另有少数病例部位难以确定。胰腺癌多数起源于导管上皮细胞,称导管细胞癌,约占90%。来自胰管的胰腺癌,因其质地坚硬,统称为硬癌。起源于胰腺泡细胞的胰腺癌称腺泡细胞癌,较少见,癌瘤质地柔软,呈肉质型。按组织学分类主要依据细胞分化程度和形态特征分为鳞状上皮细胞癌、小细胞未分化癌、大细胞未分化癌和腺癌。

胰腺癌转移扩散的主要方式是局部浸润和淋巴转移。在早期即可直接浸润到邻近的门静脉、肠系膜上动静脉、腹腔动脉、肝动脉、下腔静脉及脾动静脉等。易受浸润的周围脏器有胃窦部、十二指肠、胆总管、横结肠、肠系膜及周围膜组织和神经丛,也可血行转移至肝、肺及椎骨等。

【临床表现】 胰腺癌的临床表现取决于癌肿的部位、病程早晚、胰腺破坏的程度、有无转移及邻近器官累及的情况。其临床特点是整个病程短、病情发展快和迅速恶化。

1. 症状

1)多数胰腺癌患者缺乏特异性症状,最初仅表现为上腹部不适,隐痛,易与其他消化系统疾病混淆。当患者出现腰背部疼痛为肿瘤侵犯腹膜后神经丛,为晚期表现。

2)80%~90%胰腺癌患者在疾病初期即有消瘦、体重减轻。

3)胰腺癌患者常出现消化不良、呕吐、腹泻等症状。

2. 体征 早期一般无明显体征,典型胰腺癌可见消瘦,上腹压痛和黄疸。出现黄疸时,常因胆汁淤积而有肝大,其质影、表面光滑,可叩击囊状、无压痛、表面光滑并可推移的肿大胆囊,称为Courvoisier征,对胰头癌有一定的诊断意义,但阳性率不高。腹部肿块多数属于晚期体征。晚期可有腹水,多因腹膜转移所致。少数患者可有锁骨上淋巴结肿大,或直肠指诊触及盆腔转移癌。

【辅助检查】

1. 血生化检查 早期无特异性血生化改变,肿瘤阻塞胆管可引起血胆红素升高,伴有谷氨酸氨基转移酶、门冬氨酸氨基转移酶等酶学改变。胰腺癌患者中有40%出现血糖升高和糖耐量异常。

2. 肿瘤标志物检测 检查血CEA、CA19-9升高对胰腺癌诊断有帮助价值。

3. 影像学检查

(1) B超显像:首选筛查方法。B超对晚期胰腺癌的诊断阳性率可达90%,能较好地显示胰腺内部结构、胆管有无梗阻及梗阻部位、梗阻原因。

(2) CT:CT增强扫描显示解剖结构清晰,能较好地显示胰腺肿物的大小、部位、形态和内部结构,不受体型、肠内气体等的影响,目前是检查胰腺最佳的无创性影像检查方法。可显示>2cm的肿瘤,可见胰腺形态变异、局限性肿大、胰周脂肪消失、胰管扩张或狭窄、大血管受压、淋巴结或肝转移等,诊断准确率可达80%以上。

(3) 磁共振胰胆管成像(MRCP):能显示主胰管和胆总管病变的效果基本与ERCP相同。

(4) 经皮肝穿刺胆管造影(PTC):随着X线或B超引导下穿刺和操作技术的数量,PTCD的成功率在95%以上。ERCP插管失败或胆总管下段梗阻不能插管时,可以通过PTC显示胆管系统。胰头癌累及胆总管,引起胆总管梗阻、扩张和阻塞,梗阻处可见偏心性压迫性狭窄。还可见胆总管的围管性浸润,造成对称性胆总管狭窄或不规则胰管。

(5) 选择性动脉造影:经腹腔动脉做肠系膜上动脉、肝动脉、脾动脉选择性动脉造影,对诊断早期胰腺癌并非必要,目前多用于术前判断肿瘤的可切除性。凡有肠系膜上动脉根部和腹腔动脉受侵犯则表示肿瘤已属晚期,已不能切除。通过术前造影还可发现有误异常动脉分支及肝转移,有助于手术决策。

4. 组织病理学和细胞学检查 在CT、B超定位和引导下,或在剖腹探查中用细针穿刺做多处细胞学或活体组织检查,一般无危险和严重并发症,也不致引起肿瘤扩散。

【常规治疗】 胰腺癌的治疗仍以争取手术根治为主。对不能手术者常作姑息性短路手术、化学疗法、放射治疗、介入治疗等。

1. 外科治疗 应争取早期切除癌,但因早期诊断困难,一般手术切除率不高。国内报道手术根治率为21.2%~55.5%,且手术死亡率较高,5年生存率亦较低。

2. 化学治疗 胰腺癌对化疗不敏感。有认为以氟尿嘧啶为基础的联合化疗优于单药治疗,认为可提高疗效,延长生存期,但研究表明联合化疗的近期有效率优于单药化疗,但对于生存期没有明显影响,而且增加了药物的毒性。

3. 放射治疗以及放疗加化疗 随着放疗技术的不断进展,胰腺癌的放疗效果有所提高,常可使症状明显改善,存活期延长。可进行术中、术后放疗,佐以化疗。对无手术条件的患者可作高剂量局部照射及放射性核素局部植入照射等。联合放疗和化疗科延长生存期。

4. 其他治疗方法 其他治疗方法有中医药治疗、生物治疗、对症支持治疗等。

【介入治疗】 胰腺癌的介入治疗包括胰腺区域动脉化疗灌注术、经皮放射性粒子植入术、相关并发症的介入治疗(胰腺癌导致梗阻的介入治疗、胰腺癌疼痛介入治疗),其他方法有瘤内注射治疗(无水乙醇瘤内注射、化疗药物瘤内注射等)、光动力治疗、动脉内插管栓塞治疗、物理消融介入治疗(如多级射频或微波固化)和介入导向生物治疗等。

1. 胰腺区域动脉化疗灌注术 胰腺癌属乏血供肿瘤,其瘤体表面常有一层致密、供血少的纤维包膜包被,化疗药常难以渗入;且胰腺癌常表达中高水平的多药耐药基因产物,将化疗药物快速从肿瘤细胞清除;化疗药物的疗效与肿瘤部位药物浓度及药物和癌细胞直接接触的时间呈正相关。区域动脉化疗灌注原理是通过载瘤段动脉,局部注入一定剂量的高浓度药物到达肿瘤靶器官,通过增加胰腺肿瘤局部的抗癌药物浓度和作用时间,提高对肿瘤组织的毒性作用,克服肿瘤的耐药性,诱导胰腺癌细胞的凋亡和坏死,从而抑制肿瘤的生长和转移;局部供血减缓和栓塞剂的使用可造成肿瘤内的低氧环境,增强化疗药物的细胞毒作用,促进肿瘤细胞的坏死。

(1) 胰腺的动脉供应:胰腺的血液循环由腹腔动脉和肠系膜上动脉的分支形成的血管网供应。胰头主要由胃十二指肠动脉的分支胰十二指肠上动脉和肠系膜上动脉的分支胰十二指肠下动脉供血,其前后分支分别吻合形成胰十二指肠前弓和后弓。除供应胰头外,此血管弓还是十二指肠的血供来源。胰腺的体尾部由脾动脉的分支供血,主要的分支为胰背动脉、胰大动脉和胰尾动脉。胰背动脉从脾动脉根部分出后向下达胰体背部,分出左右支。

(2) 适应证与禁忌证

1) 适应证:①不能手术切除或拒绝手术的患者;②胰腺癌手术复发者;③胰腺癌术后预防性化疗;④胰腺癌伴有转移者;⑤胰腺癌伴有阻塞性黄疸者;⑥胰腺癌术前,以利于后期手术切除。

2) 禁忌证:①心、肺、肝、肾功能严重损害或衰竭的恶病质患者;②其他化疗及血管造影剂禁忌证;③阻塞性黄疸并感染患者宜先行胆管引流术;④大量腹水者。

(3) 术前准备和器械选择

1) 术前准备:同常规血管造影术前准备。

2) 器械选择:导管选用 Cobra、RH、RS 等导管,4~6 F 微导管。

3) 化疗药物准备:胰腺癌对化疗不敏感。目前认为对胰腺癌有效的常用化疗药物有氟尿嘧啶、丝裂霉素、表柔比星、链佐星、吉西他滨、紫杉醇、紫杉特尔、希罗达等。常用的以吉西他滨为主的联合化疗方案。

(4) 介入治疗方法

1) 导管插入肝总动脉、脾动脉、肠系膜上动脉,分别造影。结合影像诊断资料寻找肿瘤供养动脉,通常胰头部肿瘤由胰十二指肠下、下动脉供血,胰体、尾部由胰背动脉、胰大动脉和(或)胰尾动脉供血。同时,明确肝内有否转移灶。

2) 灌注化疗:导管超选插入肿瘤供血动脉,通常胰十二指肠上动脉在导丝辅助下能顺利插入(图11-12)。其他血管普通导管插入较难,可使用微导管技术。

化疗方案可选择:吉西他滨 1000mg/m^2+顺铂 60mg/m^2,吉西他滨 1000mg/m^2+

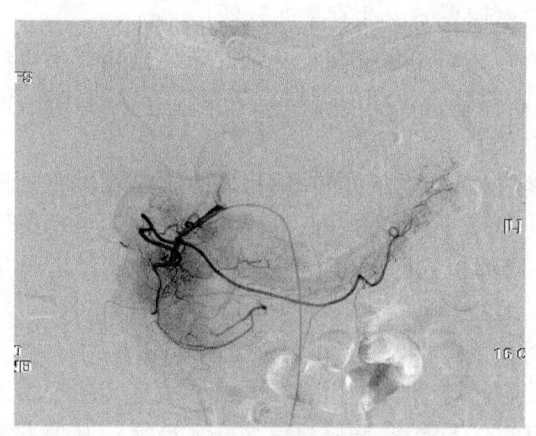

图 11-12 导管插入胃十二指肠动脉

奥沙利铂 135mg/m²。

3) 对伴有肝转移且无门静脉主干栓塞者加做动脉化疗栓塞术。

(5) 术后处理:无特殊处理,同一般肿瘤灌注化疗处理。

(6) 并发症:胰腺区域动脉化疗灌注术的并发症较少,常见为导管操作、化疗药物有关并发症。

(7) 疗效评价:胰腺癌的治疗效果尚不令人满意。经动脉介入治疗可使患者获得 43% 的临床受益率,中位生存时间 8.4 个月,1 年累计生存率 30.7%,肿瘤分期和 KPS 评分是影响胰腺癌患者介入治疗疗效的独立因素。介入治疗作为中晚期胰腺癌的姑息治疗手段,在改善生活质量、控制疾病进展、适当延长生存时间、缩短平均住院日等方面具有独特的优势,可作为首选姑息治疗方法。

2. 经皮放射性粒子植入术 目前国内外学者研究认为,经皮 CT 引导下植入 ¹²⁵I 粒子治疗胰腺癌,是安全、可靠、有效、可重复的治疗,能较好的改善肿瘤引起的相关症状,近期疗效肯定,不良反应少,是目前对进展期胰腺癌一种较好的微创治疗的选择,但远期疗效尚不明确(见图 11-13)。具体方法见第七章第五节。

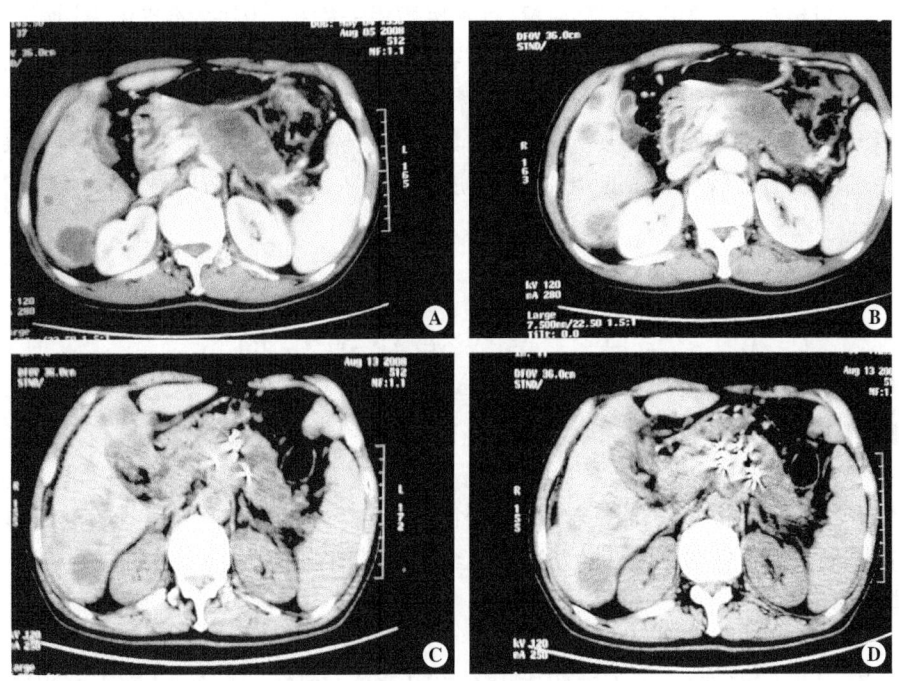

图 11-13 胰腺癌粒子植入治疗
A、B. 胰腺癌粒子植入前 CT;C、D. 同一患者粒子植入后 CT

3. 阻塞性黄疸的介入治疗 胰腺癌在整个病程中,有 60%~90% 的病例可出现无痛性阻塞性黄疸,肿瘤越靠近壶腹周围,黄疸出现得越早,早期出现无痛性黄疸者占 10%~20%。阻塞性黄疸常呈持续性并进行性加重,介入治疗的目的是开通梗阻胆管,主要针对失去手术机会的阻塞性黄疸,降低胆管内压,保持胆红素正常的肠-肝循环,使患者得以延长生命,争取时间,为后续治疗创造条件。阻塞性黄疸的介入治疗技术主要包括:经皮经肝穿刺肝内胆管内外引流术(PTCD)、ERCP 和胆管内支架(涵管)置入术。与 PTCD 相比,内支架置入术的优点为永久性内引流,免除了携带外引流袋的不方便和因胆汁丢失造成消化不良和水、电解质紊乱,使患者生存质量明显提高。这两项技术近年来发展迅速,技术成熟,越来越多地用于临床治疗。内容详见相关章节。

4. 十二指肠梗阻内支架植入术　肿瘤侵犯十二指肠导致消化道梗阻是胰腺癌晚期常见的并发症,严重影响患者的生活质量,内支架植入往往是改善患者生活质量延长生命的唯一手段。内容详见有关章节。

5. 腹腔神经丛阻滞(NCPB)　胰体尾癌常可累及腹腔神经丛、肠系膜神经丛,从而导致上腹部、腰背部疼痛,疼痛往往较显著。可于 CT 导引下经脊柱旁入路,或于 CT、超声导引下经肝脏左叶入路,对腹腔动脉两旁的腹腔交感神经节注射麻醉药和神经灭活药物,致腹腔神经丛阻滞麻醉,从而治疗胰腺癌晚期的顽固性疼痛。内容详见有关章节。

6. 其他　其他介入方法如瘤内注射治疗(无水乙醇瘤内注射、化疗药物瘤内注射等)、光动力治疗、动脉内插管栓塞治疗、物理消融介入治疗(如多级射频或微波固化)和介入导向生物治疗等,有相关学者开展了一些病例,但由于开展时间不长,开展例数较少,仍有不少问题需要深入的研究。

应当特别指出的是,针对中晚期胰腺癌的任何治疗均为姑息性治疗,明显延长生存期的可能性大,治疗目标在于改善患者生存质量,改善疾病相关症状。因此,不提倡采用可造成较大不良反应、疗效不大的剧烈治疗手段和药物。客观上,肿瘤可因治疗而消退,但患者主观上并不感觉受益,而介入治疗近期疗效好,改善患者疾病相关症状明显,同时不良反应小,正由于此,近年来介入方法在中晚期胰腺癌的治疗中具有明显优势而备受推崇。但受到胰腺癌自身特殊血供方式的限制,胰腺肿瘤的介入治疗与肝癌的介入治疗相比较明显滞后。

(虞希祥)

第十二节　消化道出血

【概述】　消化道出血是临床常见综合征,可由多种疾病所致。消化道是指从食管到肛门的管道,包括食管、胃、十二指肠、空肠、回肠、盲肠、结肠及直肠。上消化道出血是指十二指肠悬韧带(Treitz 韧带,译为屈氏韧带)以上的食管、胃、十二指肠、上段空肠以及胰管和胆管的出血。十二指肠悬韧带以下的肠道出血统称为下消化道出血。

【常见病因】

1. 上消化道出血

(1) 胃、十二指肠溃疡:居上消化道出血病因首位,占 50% 左右,其中十二指肠溃疡出血远较胃溃疡出血多见,其发病比例约为 4∶1。

(2) 门静脉高压:食管、胃底静脉曲张破裂占出血原因的第 2 位,约为 26%。

(3) 急性胃黏膜糜烂、应激性溃疡、出血性胃炎等急性胃黏膜病变居第 3 位,占 10%~30%。

(4) 胃底、食管黏膜撕裂症占 4%~6%。

(5) 其他:食管、胃肿瘤、十二指肠憩室及肿瘤,吻合口溃疡,食管炎及食管裂孔疝等。

2. 下消化道出血

(1) 直肠、结肠癌:是下消化道出血的最常见病因,占 80% 左右。

(2) 小肠、结肠憩室或息肉,动静脉畸形,肠黏膜血管发育不良。

(3) 小肠肿瘤:在消化道出血中,小肠出血仅占 0.4%,其中主要为肿瘤。

(4) 其他：溃疡性结肠炎、克罗恩病、吻合口溃疡、肠系膜血管供血不足等。

【临床表现及诊断】

1. 临床表现 上消化道出血出血量比较大或出血速度较快时均可表现为呕血，呕血之后必然伴有黑粪。下消化道出血以血便或黑粪、慢性贫血为主。虽然大多数的上消化道出血表现为呕血，下消化道出血表现为黑粪或血便，但也有许多例外情况。若患者消化道出血的速度较慢，即便是出血量很大也可仅表现为黑粪，反之，若出血凶猛或出血部位以下有肠梗阻等因素则空肠中、上段出血也可发生呕血。结肠大出血者肠腔内积血也可逆流至空肠。临床上，上消化道出血远较下消化道出血多见。

2. 检查方法

（1）常规实验室检查：包括血尿便常规、粪隐血（便潜血）、肝肾功能、凝血功能等。

（2）内镜检查：依据原发病及出血部位不同，选择胃镜（食管镜）、十二指肠镜、小肠镜、胶囊内镜、结肠镜以明确病因及出血部位。

（3）X线钡剂检查：仅适用于慢性出血且出血部位不明确；或急性大量出血已停止且病情稳定的患者的病因诊断。

（4）血管造影：通过数字剪影技术，血管内注入造影剂观察造影剂外溢的部位。

（5）放射性核素显像：近年应用放射性核素显像检查法来发现活动性出血的部位。其方法是静脉注射锝-99m胶体后作腹部扫描以探测标志物，从血管外溢的证据，可初步判定出血部位。

3. 血管造影诊断 血管造影术于1959年首次用于诊断消化道出血；1963年，Baum 和 Nusbaum 以大量实验研究资料证明，选择性动脉造影可以发现 0.5ml/min 的出血病灶。

（1）造影剂外溢：是胃肠道活动出血的直接征象，其形态与出血部位和患者的体位有关。

1）造影剂外溢入胃肠道腔后，呈一团、片状造影剂滞留阴影，系列片观察由淡变浓，又由浓变淡，常持续至静脉期。可同时显示黏膜皱襞影，胃肠道曲线状侧壁轮廓及胃肠壁病变的轮廓（图11-14）。

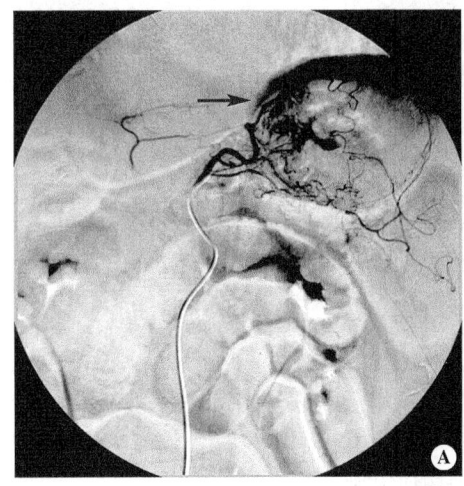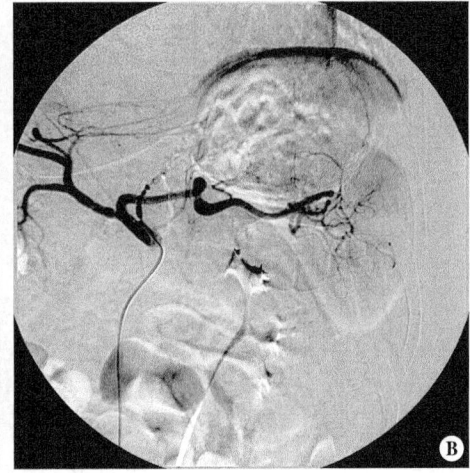

图 11-14

A. 经胃左动脉造影可见造影剂溢出血管进入胃腔；B. 用明胶海绵颗粒行胃左动脉栓塞，出血停止

2) 外溢的造影剂存留时间较长,而毛细血管期的肠壁影则很快消失。

3) 取仰卧位投照时,胃肠道上部壁(如胃前壁等)的出血,由于外溢的造影剂可迅速弥散而使出血部位显示不清。

4) 造影剂沿肠壁随肠蠕动蔓延时,可增加确定出血部位的难度。

5) 非活动性出血或出血间歇期,一般无造影剂外溢征象。

(2) 肿瘤征象

1) 肿瘤染色、肿瘤血管,肿瘤周围血管不规则、狭窄、截断,血管包绕、血管移位(图11-15)。

2) 动静脉短路:静脉早期显影。

3) 血管卷曲样聚集、血管湖形成则提示为肠血管瘤或血管畸形(图11-16)。

4) 少血性肿瘤则于实质期显示一充盈缺损,周围出现血管移位及包绕。

5) 恶性肿瘤行腹腔动脉造影时,可同时显示肝脏转移征象。

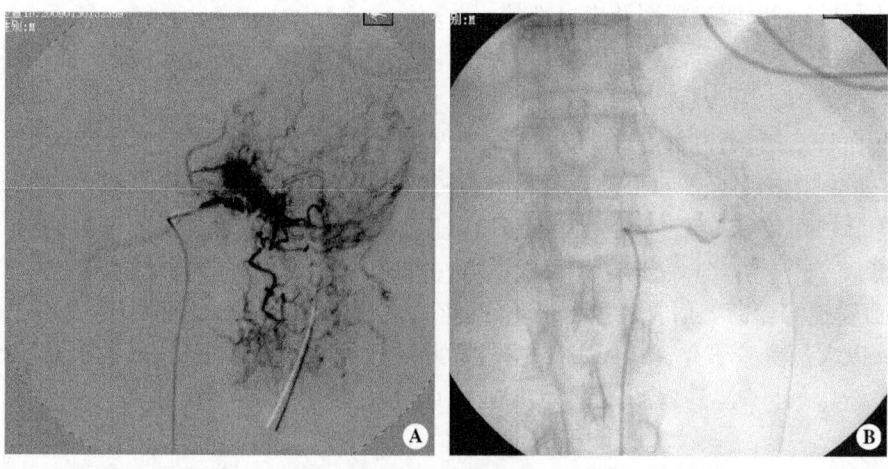

图 11-15　胃癌出血

A. 胃癌患者并肿瘤表面出血;B. 用明胶海绵条行胃左动脉栓塞后出血停止

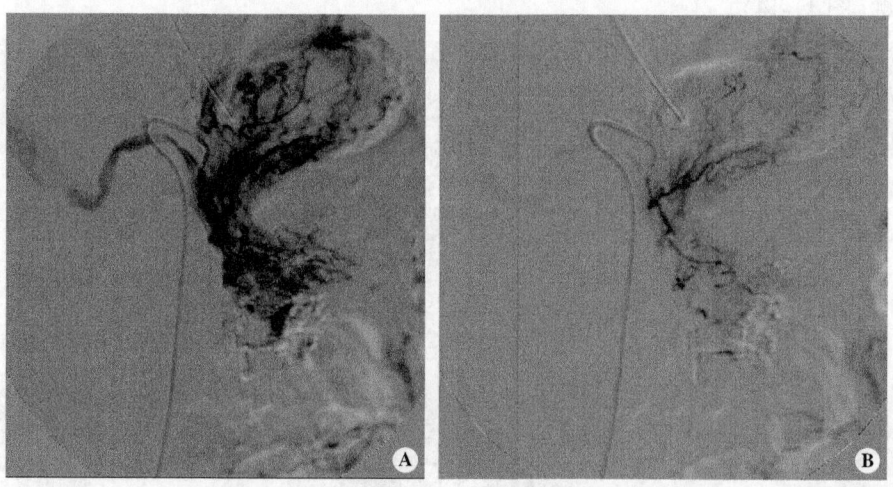

图 11-16　胃血管畸形出血

A. 经胃左动脉造影可见造影剂溢出血管进入胃腔;B. 用少量明胶海绵颗粒行胃左动脉栓塞,并脑垂体后叶素 2U/h 持续经留置导管泵入,48h 后出血停止

【常规治疗】 卧床、禁食、严密监测生命体征。使用抑酸剂、止血剂。当血红蛋白低于 90g/L,收缩压低于 90mmHg 时,应立即输入足够量全血,补充血容量。食管、胃底静脉曲张破裂出血者,给予抑酸剂、止血剂同时,给予生长抑素降低门静脉压力,必要时采用三腔管压迫止血、内镜下微创治疗(包括硬化剂注射、电凝、套扎等)。胃十二指肠溃疡出血者可行急诊外科手术。上述检查不能明确诊断、经药物治疗仍有活动性出血者可行破腹探查。

【介入治疗】 1967 年,经导管动脉灌注血管收缩药物成功地运用于实验性门静脉高压;1 年后,又成功地用于治疗食管静脉曲张破裂出血。自从 Baum 和 Nusbaura、Rosch 等于 1971 年先后报道了经选择性动脉内灌注血管收缩药物控制动脉性消化道出血以来,经导管介入性治疗胃肠道出血越来越被临床医生重视和应用。1972 年,Rosch 等首先报道了选择性动脉栓塞治疗急性胃肠道出血。1977 年,Coidberdger 和 Bookstein 报道了 2 例用明胶海绵栓塞治疗憩室出血,以后又陆续报道了大组用于胃、十二指肠出血疾病的治疗。

1. 介入器械与药物

(1) 导管:猪尾导管、肝动脉管、Cobra 导管、同轴微导管、胃左动脉导管及球囊导管等。

(2) 血管收缩药物:血管加压素(vasopressin)是一种安全可靠的血管收缩剂,已被临床广泛应用,广泛应用。其对消化道的作用表现在可使血管平滑肌和胃肠道平滑肌收缩两方面。具有以下优点:①在对血管平滑肌的收缩作用中,其对毛细血管和小静脉的作用更强,而大血管的平滑肌反应很小。这种迅速而直接作用于血管收缩单位的性能,既不被肾上腺素阻断剂所对抗,亦不受血管去神经支配的影响。②调节其用量可产生不同程度的血管收缩作用,与血管栓塞治疗相比,则更易控制,且其缺血影响是可逆的。但其对小动脉和毛细血管的收缩可引起皮肤苍白,四肢、内脏及冠状动脉血流量减少,并影响交感神经及迷走神经,引起心肌局部缺血。

(3) 栓塞剂:明胶海绵、不锈钢丝圈。

2. 血管内药物灌注治疗消化道出血

(1) 适应证与禁忌证

1) 适应证:①各种原因的消化道出血经内科保守治疗无效者;②急性消化道大出血,部位不明、原因不详、无法进行手术治疗者;③病情危重而属手术禁忌证者。

2) 禁忌证:①出血性休克而需急诊手术治疗、抢救生命者;②严重的全身性感染、发热者;③严重的肝、肾功能障碍者;④冠心病、心力衰竭者;⑤有凝血机制障碍者。

(2) 介入治疗技术与方法:采用 Seldinger 法经股动脉穿刺插管后,先行靶出血动脉造影,以明确出血部位。一般,根据患者的临床表现及相关检查资料来确定最大可能的靶出血血管,如疑为食管远端、胃部出血时,宜先行胃左动脉或膈下动脉造影;十二指肠出血者宜选择肝总动脉或胃十二指肠动脉造影;胆管出血宜选择肝动脉;小肠及右半结肠出血宜选择肠系膜上动脉造影;左半结肠及直肠区出血宜选择肠系膜下动脉。

根据血管造影表现确定出血部位和靶血管后,将导管超选择送入靶出血血管,即可经导管推注血管加压素进行治疗。一般导管头端越接近出血点,则经导管灌注药物控制出血的疗效就越好,同时减少了血管加压素的用量,亦相应降低了其不良反应。超选插管困难时,可根据实际情况来确定超选插管的程度。肠道出血时,可直接从肠系膜动脉主干灌注药物治疗;十二指肠溃疡出血者,则可直接经肝总动脉内灌注药物,一般均比较安全、有效。

经导管灌注药物应选择适宜的治疗剂量和浓度,否则会影响止血效果或造成脏器缺血甚至死亡。根据反复的临床实践和研究,现一般认为应采取下述方法和步骤:①以 0.2U/min 的速度经导管推注 20~30min 后,以原先灌注药物前的同样条件做治疗后复查血管造影。如果出血已停止,则留置动脉导管,在插管部位包一加压敷料,将患者送回监护室护理,并以输液泵维持原来剂量和速度持续灌注 12~24h;如果出血未止,可将剂量增加到 0.3~0.4U/min,维持治疗 12~24h,直到复查动脉造影显示明显的血管收缩作用或出血停止,然后将药物剂量减至 0.2U/min,继续维持治疗 12h,以巩固疗效;如果使用 0.3~0.4U/min 剂量仍止血无效,则应改用血管栓塞或手术治疗。②维持治疗 24h 后,复查血管造影已确定无出血时,将注射速度降为 0.1U/min 并持续治疗 12~24h。③最后,改注生理盐水观察 6~12h,待患者病情稳定、临床已确认无出血征象时,拔除导管停止治疗。

灌注治疗过程中的注意事项:①出血停止的血管造影指标为:灌注血管加压素后,血管管径有中度以上缩小,但仍保持良好的血流进入毛细血管和静脉;出血点附近的血管分支有造影剂充盈;无造影剂外溢征象。②一般认为,0.6U/min 是持续灌注的最大安全剂量,超过此剂量时,易致肠缺血和冠状动脉收缩。③穿刺部位易发生血肿,应随时进行检查。④观察股动脉、足背动脉等的脉搏情况,以便了解血管收缩情况和可能出现的并发症。⑤测尿量,观察血管加压素的抗利尿作用。⑥注意心电监护,以了解冠状动脉有无缺血情况。

(3) 并发症及其处理

1) 内脏缺血反应:最常见的反应是腹痛、腹泻。轻微反应者,常在 30min 内缓解,不需处理;若腹痛持续 30min 以上并进行性加剧时,应考虑有肠缺血的可能,立即行血管造影检查,以明确血管收缩的程度、有无血栓形成等,此时可采取减少灌注剂量或停止灌注治疗,必要时可经导管给予 1% 普鲁卡因溶液 50~100ml。

2) 抗利尿反应:尿潴留、脑水肿、电解质紊乱等。可给予利尿剂和补充电解质治疗,使其恢复平衡。

3) 心血管系统反应:心律失常、心肌梗死、高血压、急性充血性心力衰竭等。一旦出现此类并发症应立即停止灌注治疗,并积极给予对症处理。

4) 穿刺部位血肿形成、内膜损伤等:与一般性血管造影检查的并发症处理相同。

(4) 疗效评价:应用动脉内灌注血管加压素治疗消化道出血的总有效率可达 72%~84%,其疗效与出血部位、出血原因、出血程度、介入治疗时间等因素密切相关,病程拖延、大量输血可致凝血障碍、多脏器衰竭,直接影响灌注止血的疗效。本方法控制胃黏膜出血的有效剂量为 75%~85%;食管贲门黏膜撕裂症的有效止血率几乎可达 100%;幽门区及十二指肠为双重供血,此区域出血的疗效较差,疗效仅为 35%~45%,若同时行腹腔动脉和肠系膜上动脉双管灌注,则疗效可达 70%~80%;消化性溃疡出血动脉的管径较大时,其疗效也仅 30% 左右;憩室性出血的止血有效率为 80%~90%;小肠出血采用本方法治疗一般为一种暂时性治疗措施,由于小肠出血多因肿瘤、动静脉畸形、肠血管结构不良等引起,常采用手术作为根治性治疗方法。

3. 经动脉栓塞治疗消化道出血

(1) 适应证与禁忌证

1) 适应证:①消化性溃疡合并大出血;②经导管灌注血管加压素控制出血无效者;③肿瘤性出血又不能或不愿接受手术治疗者;④需先行栓塞止血而后择期手术治疗者。

2) 禁忌证:①有严重凝血功能障碍者;②全身衰竭、严重贫血、大量腹水者;③导管通路有血管瘤存在者。

(2) 介入治疗技术与方法：先行诊断性血管造影，以明确出血部位、范围、供血特点、侧支循环、相应血管解剖变异等情况。根据出血部位、血管大小及形态、病变性质、栓塞治疗的安全性等因素选择适宜的栓塞物质，栓塞剂常用明胶海绵，也可根据情况使用不锈钢丝圈。一般溃疡、糜烂、憩室、特发性出血和外伤性撕裂引起的出血，应选择明胶海绵；而对肿瘤、动静脉畸形、巨大血管结构不良和静脉曲张引起的大出血，则可选用不锈钢丝圈做永久性栓塞治疗；但各部位的出血栓塞治疗常首选明胶海绵。明胶海绵一般剪成(1~3)mm×(1~3)mm颗粒或(2~3)mm×(8~10)mm长条。栓塞时，应将明胶海绵颗粒浸泡于造影剂中，经导管推入。

将导管超选择送入靶出血血管内，应使导管头端尽可能接近出血部位，即可进行经导管栓塞治疗。栓塞成功后，复查血管造影无造影剂外溢征象，并经反复推注造影剂观察无再出血后即可拔管结束栓塞治疗(图11-17)。

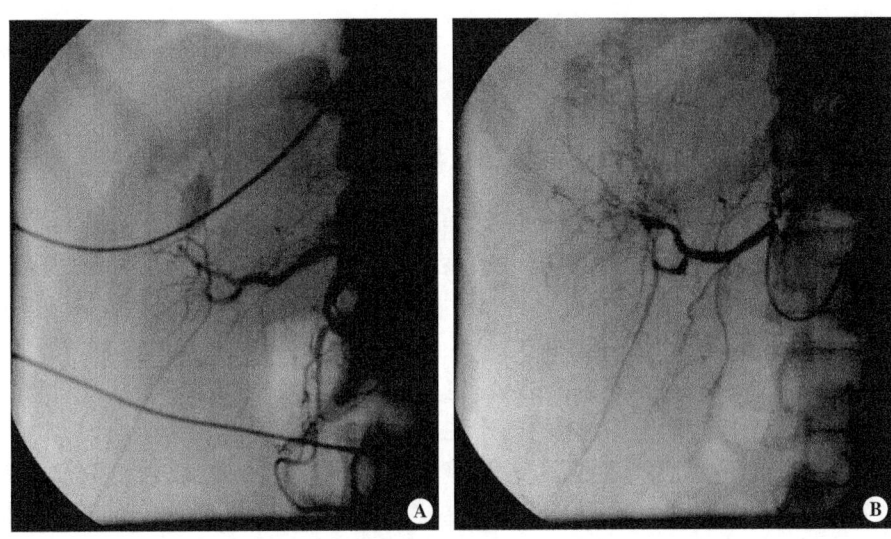

图11-17　上消化道出血
A. 经肝总动脉造影可见肝右前叶分支末梢瘤样扩张，少量造影剂进入胆道；
B. 用明胶海绵条行栓塞治疗，出血停止，动脉瘤消失

栓塞治疗过程中的注意事项：①栓塞必须是在富有侧支循环的脏器进行，且栓塞的血管越小越好、距出血部位越近越好。如果插管或超选择性插管失败，宁可放弃栓塞计划，也不要勉强盲目栓塞。②腹部手术后(如既往溃疡手术、剖腹探查术等)或出血部位为终末动脉供血，行栓塞治疗时应慎重，因为此时多有胃肠道正常侧支循环被破坏或侧支循环建立困难，栓塞术后易出现缺血性梗死。③禁忌栓塞的同时应用血管加压素，一则容易发生缺血梗死；二则一旦停用血管收缩剂待血管恢复扩张状态后，易造成栓塞物质脱落。④十二指肠溃疡出血需行栓塞治疗时，导管应超选择送入胃十二指肠动脉内适宜的深度。如深度不够，可选用球囊导管，以防栓塞剂反流。⑤小肠栓塞水平应控制在肠动脉主干分支的远端和近端的动脉弓，避免损伤远端的交通动脉弓和肠壁内血管网；结肠区栓塞时，应避免损伤边缘动脉。

(3) 并发症及其处理

1) 被栓塞器官或组织缺血、坏死及意外栓塞：使用适量且大小适宜的栓塞剂和推注速

度,适当的导管超选是可以避免或减少此类并发症的发生。一旦发生此类并发症,应积极采取手术治疗。

2) 其他:如栓塞后综合征、穿刺部位血肿等与一般性血管造影或治疗相似。

(4) 疗效评价:栓塞治疗的疗效主要取决于出血部位、血管解剖变异及插管技术难度、介入治疗时间。栓塞剂的选择和操作者的临床经验等。

胃肠道肿瘤性出血经血管栓塞的止血有效率为 50%~75%,但其复发出血率亦较高,栓塞后 3 周复发出血率可达 50%。

胃十二指肠动脉或其分支的栓塞止血率为 79%~92%。

小肠出血多采用经导管灌注血管加压素,90% 以上的患者均可达到止血目的,对灌注止血无效者,应用血管栓塞治疗的止血有效率可达 88% 以上。但因小肠动脉为终末动脉,稍有不慎,即可造成肠壁坏死。小肠动静脉瘘的栓塞止血成功率几乎可达 100%。

(王文辉)

第十三节 胃肠道梗阻

【概述】 任何原因引起胃或肠内容物不能正常运行、顺利通过胃肠腔道,统称为胃肠梗阻。起病初梗阻肠段先有解剖和功能性改变,继则发生体液和电解质的丢失肠壁循环障碍坏死和继发感染,最后可致毒血症休克死亡。临床病象复杂多变,及时诊断与积极治疗显得尤为重要。

胃肠梗阻是胃肠肿瘤的常见临床表现,也是需要紧急处理的临床急症。胃窦、十二指肠壶腹周围癌和结直肠肿瘤是胃(幽门)、十二指肠和结直肠梗阻的主要病因,常引起患者进食困难、频繁呕吐、严重腹胀、腹痛和水电解质紊乱酸碱平衡失调,甚至危及患者生命。肿瘤所致胃肠梗阻一般首先采取胃肠降压或造瘘术,待患者身体状况改善后行择期手术治疗。不能手术切除的晚期肿瘤患者,只能靠胃肠造瘘来维持胃肠道的通畅,这给患者生活和护理带来很多不便。随着内镜和医学工程技术的进步,用于血管狭窄治疗的内支架技术应用到食管、胆管梗阻的治疗取得显著疗效。近年又应用于胃肠肿瘤所致梗阻的治疗,带来了胃肠梗阻临床治疗的革新。

【病因和分类】 按胃肠梗阻发生的基本原因可以分为以下三类。

1. 机械性梗阻 最常见,是由于各种原因引起胃肠腔道狭小,使胃肠内容物通过发生障碍。

(1) 胃肠外因素:①粘连与粘连带的压迫。粘连可引起肠折叠、扭转,因而造成梗阻。先天性粘连带较多见于小儿,因腹部手术和腹腔炎症产生的粘连则多见于成人。②嵌顿性外疝或内疝。③胃肠外肿瘤或腹块的压迫。④肠扭转。常由于粘连所致。

(2) 胃及肠管本身的原因:①先天性狭窄和闭孔畸形。②炎症、肿瘤、吻合手术及其他因素所致的狭窄。如炎症性肠病、肠结核、放射性损伤、胃肠肿瘤、肠吻合等。③肠套叠。成人较少见,常因息肉或其他病变引起。

(3) 腔内原因:由于成团的蛔虫、胆石、粪块和异物引起,均不常见。

2. 动力性梗阻 通常是由于神经反射或毒素刺激引起肠壁功能紊乱,使肠蠕动丧失或肠管痉挛,以致内容物不能正常运行,但无器质性的肠腔狭窄。

（1）麻痹性：腹部大手术后、腹膜炎、腹部外伤、腹膜后出血、麻醉药、肺炎、脓胸、低钾血症等全身性代谢紊乱均可引起肠麻痹。

（2）痉挛性：胃肠道炎症及神经系统功能紊乱均可导致胃及肠管暂时性痉挛。

3. 血运性梗阻 肠系膜动脉栓塞或血栓形成和肠系膜静脉血栓形成是主要原因。随着人口老龄化，动脉硬化等疾病增多，不属少见。

肠假性梗阻是一种有肠梗阻症状和体征，但无机械性梗阻证据的综合征，可以是急性和慢性的，近年来日益受到重视，一般认为是肠肌肉神经变性的结果。结缔组织疾病、原发性肌病、某些内分泌疾病、神经系统疾病及一些药物可引起继发性肠假性梗阻，原发性肠假性梗阻的原因还不十分明确。

各种病因引起肠梗阻的频率随年代地区、民族、医疗卫生条件等不同而有所不同。例如，以往嵌顿疝所致的机械性肠梗阻的发生率最高，随着医疗水平的提高，预防性疝修补术得到普及，现已明显减少。而粘连所致的肠梗阻的发生率明显上升。

【临床表现】 尽管由于梗阻的原因、部位、病变程度、发病急慢的不同，可有不同的临床表现，但胃肠内容物不能顺利通过则是一致具有的，共同表现为腹痛、呕吐、腹胀及停止排气排便，重者可出现休克。

1. 腹痛 单纯性机械性肠梗阻一般为阵发性绞痛，如果腹痛的间歇期不断缩短，以致成为剧烈的持续性腹痛，则应该警惕绞窄性肠梗阻可能。

2. 呕吐 呕吐在梗阻后很快即可发生，呈反射性，然后即进入一段静止期，再发呕吐时间视梗阻部位而定。一般是梗阻部位愈高，呕吐出现愈早、愈频繁。

3. 腹胀 腹胀一般在梗阻发生一段时间以后开始出现，与梗阻程度及部位相关。机械性高位梗阻不明显，有时可见胃型，低位梗阻明显遍及全腹。麻痹性梗阻时腹胀早期出现且显著遍及全腹。肠扭转等闭袢性肠梗阻，腹部隆起不均匀对称。幽门梗阻患者由于胃胀难忍，患者常常自己用手指伸入咽部引诱呕吐。

4. 排便排气停止 高位梗阻早期可有梗阻以下残存粪便、气体排出。绞窄性者可排出血性黏液样便。在完全性梗阻发生后排便排气即停止。

5. 休克 早期单纯性肠梗阻患者，全身情况多无明显变化，梗阻晚期或绞窄性肠梗阻患者，可出现脉搏细速、血压下降、面色苍白、眼球凹陷、皮肤弹性减退，四肢发凉等中毒和休克征象。

【常规治疗】 胃肠梗阻的治疗原则是矫正因肠梗阻所引起的全身生理紊乱和解除梗阻。具体的治疗方法应根据肠梗阻的类型、部位和患者的全身情况而定。

1. 基础疗法 即不论采用何种治疗，均需采用的基本处理，包括以下几个方面。

（1）胃肠减压：通过胃肠插管降压可引出吞入的气体和滞留的液体，解除肠膨胀，避免吸入性肺炎，减轻呕吐，改善由于腹胀引起的循环和呼吸窘迫症状，在一定程度上能改善梗阻以上肠管的淤血、水肿和血液循环，有利于改善局部病变和全身情况。少数轻型单纯性肠梗阻经有效的降压后肠腔可恢复通畅。胃肠降压可减少手术操作困难，增加手术的安全性。

降压管一般有两种：较短的一种（Levin 管）可放置在胃或十二指肠内，操作方便，对高位小肠梗阻降压有效；另一种降压管较长（Miller-Abbott 管），适用于较低位小肠梗阻和麻痹性肠梗阻的减压，但操作费时，放置时需要 X 线透视以确定管端的位置。结肠梗阻发生肠膨胀时，插管降压无效，常需手术降压。

(2) 纠正水、电解质紊乱和酸碱平衡失调：缺水与电解质的丢失与病情及病类有关。输液所需的量和种类须根据呕吐情况、缺水体征、血液浓缩程度、尿排出量和相对密度，并结合血清钾、钠、氯和血气分析监测结果而定。应结合临床经验与血化验结果予以估计。一般成人症状较轻的约需补液 1500ml，有明显呕吐的则需补 3000ml，而伴周围循环虚脱和低血压时则需补液 4000ml 以上。若病情一时不能缓解则尚需补给从胃肠降压及尿中排泄的量以及正常的每日需要量。由于酸中毒、血浓缩、钾离子从细胞内逸出，血钾测定有时不能真实地反映细胞缺钾情况。而应进行心电图检查作为补充。当尿量排泄正常时，尚需补给钾盐。低位肠梗阻多因碱性肠液丢失易有酸中毒，而高位肠梗阻则因胃液和钾的丢失易发生碱中毒，皆应予以相应的纠正。在绞窄性肠梗阻和单纯性肠梗阻的晚期，可有血浆和全血的丢失，产生血液浓缩或血容量的不足，故尚应补给全血、血浆或血浆代用品，以补偿丧失至肠腔或腹腔内的血浆和血液。

(3) 防治感染和毒血症：肠梗阻时间过长或发生绞窄时，肠壁和腹膜常有多种细菌感染（如大肠埃希菌、梭形芽孢杆菌、链球菌等），积极地采用以抗革兰阴性杆菌为重点的广谱抗生素静脉滴注治疗十分重要，动物实验和临床实践都证实应用抗生素可以显著降低肠梗阻的死亡率。

此外，还可应用镇静剂、解痉剂等一般对症治疗，止痛剂的选用则应遵循急腹症治疗的原则。

2. 解除梗阻、恢复肠道功能

(1) 非手术治疗：对一般单纯性机械性肠梗阻，尤其是早期不完全性肠梗阻，如由蛔虫、粪块堵塞或炎症粘连所致的肠梗阻等可进行非手术治疗。早期肠套叠、肠扭转引起的肠梗阻亦可在严密的观察下先行非手术治疗。动力性肠梗阻除非伴有外科情况，否则不需手术治疗。

非手术治疗除前述各项治疗外还包括中医中药治疗、口服或胃肠道灌注生植物油、针刺疗法，以及根据不同病因采用低压空气或钡灌肠，经乙状结肠镜插管，腹部按摩等各种复位法。生植物油可分次口服或由胃肠降压管注入适用于病情较重体质较弱者。麻痹性肠梗阻如无外科情况可用新斯的明注射腹部芒硝热敷等治疗。针刺足三里、中脘、天枢、内关、合谷、内庭等穴位可作为辅助治疗。

(2) 手术治疗：各种类型的绞窄性肠梗阻、肿瘤及先天性肠道畸形引起的肠梗阻，以及非手术治疗无效的患者，适宜手术治疗。由于急性肠梗阻患者的全身情况常较严重，应尽可能在最短时间内，以最简单的方法解除梗阻或恢复肠腔的通畅。绝大多数机械性肠梗阻需做外科手术治疗，缺血性肠梗阻和绞窄性肠梗阻更宜及时手术处理。

外科手术的主要内容包括：①松解粘连或嵌顿性疝，整复、扭转或套叠的肠管等以消除梗阻的局部原因；②切除坏死的或有肿瘤的肠段引流脓肿等以清除局部病变；③肠造瘘术可解除肠膨胀，肠吻合术可绕过病变肠段恢复肠道的通畅。

手法方法主要有：粘连松解术、肠切开取除异物、肠套叠或肠扭转复位术、肠切除吻合术、短路手术、肠造口或肠外置术等。

【介入治疗】 随着医学影像学的飞速发展，影像学不仅可以对胃肠道狭窄、梗阻做出准确定位、定性诊断，而且对其进行治疗。胃肠道梗阻的介入治疗包括胃肠道内支架置入术、介入性胃肠造瘘术、胃肠道血管药物灌注术、经鼻/口肠梗阻导管置入术、经肛门肠梗阻导管置入术、经皮肠道抽气抽液术等。

1. 胃肠道内支架置入术 胃肠道内支架置入术是指应用支架置入技术,经口或经肛门将支架送入狭窄或梗阻部位,释放支架,解除狭窄或梗阻,使通道再建立的一种方法。包括胃十二指肠内支架置入术、结肠支架置入术。它们共同的特点是具有微创、见效快、可重复性强,效果确切等优点,因而受到医患双方所接受。

(1) 适应证与禁忌证

1) 适应证:①胃肠的恶性肿瘤浸润压迫引起的管腔狭窄或闭塞,拟行姑息治疗的患者;②外科手术后胃肠吻合口及胃肠造瘘术后肿瘤复发,产生再狭窄的患者;③胃、十二指肠周围组织器官的恶性肿瘤侵及或压迫管腔引起的梗阻,且无法手术切除原发病的患者;④胃、肠良性病变术后吻合口瘢痕梗阻的患者。

2) 禁忌证:胃肠道支架置入术操作较安全,除完全性管腔闭塞需再建立通道外一般无绝对禁忌证,相对禁忌证视器械、医生技术熟练程度及患者情况而别,主要包括:①门静脉高压所致食管、胃底重度静脉曲张出血期及出血前期患者;②有严重的出血倾向或凝血功能障碍;③严重的心、肺、肝功能衰竭;④广泛的肠粘连并发多处肠梗阻;⑤重度内痔或肛周静脉曲张出血期;⑥急性炎症、溃疡性结肠炎出血期患者;⑦严重的恶病质患者。

(2) 术前准备

1) 术前检查:①造影定位,确定病变部位、长度;②内镜检查,了解管腔内有无其他病变,对术后吻合口狭窄可进一步明确是否肿瘤复发,对病变组织进行活检进行病理检查,以便选择综合治疗方法;③CT扫描,主要了解肿瘤与狭窄段肠管及周围组织器官的关系,避免胃肠道穿孔及损伤周围组织。

2) 胃肠道准备:术前禁食6h,留置胃管者操作前抽空胃液。

(3) 器械准备

1) 内支架:目前国内外应用于胃肠道的内支架主要有"Z"形金属支架及网状金属支架。

2) 推送器:胃肠道一般距离远,弯道多,对推送器的选择也有较高要求,推送器必须同时具有良好的柔、韧性。目前临床常用的为聚乙烯塑料化合物的三套管推送器。

3) 导管、导丝:超滑超长导丝(长度>260cm);软头超硬导丝(长度>260cm);合适的普通导管(长度80~100cm,6~8F管径);球囊导管等。

4) 其他:其他辅助器材包括内镜、牙托、灭菌石蜡油、纱布等。

(4) 介入治疗方法

1) 插入超滑导丝:将患者口咽部表面麻醉后,在X线监视下经口插入超滑导丝至胃内,引入6~7F眼镜蛇或猎人头递送导管,推送导管至幽门部,旋转导管使之进入十二指肠,沿导管进一步送入超滑导丝至十二指肠远端,通过狭窄段,尽量深入小肠。导管跟进,尽量进入十二指肠远端。

2) 换入超硬导丝:固定导管后,退出超滑导丝,通过导管注入对比剂,明确定位及显示狭窄段。沿导管送入超硬导丝至十二指肠远端,尽可能深地插入超硬导丝,防止导丝脱出。

3) 预扩张及释放支架(图11-18):根据造影情况,判断狭窄部位与程度,选择合适的支架,如狭窄明显,应行预扩张。沿超硬导丝送入球囊导管,缓慢推送过狭窄段,用对比剂充盈球囊,对狭窄段进行预扩张,并可根据球囊的受压情况,进一步判断狭窄段的长度。

A. 套管型输送器推送法。将选好的支架放入输送器中,输送器涂适量的润滑油,直接将输送器沿硬导丝送入,透视下观察,将输送器内支架前端超过狭窄段2~3cm,固定好中间的推送管,轻退外套管使支架缓慢释放,透视下随时调整输送器,使支架准确放置。

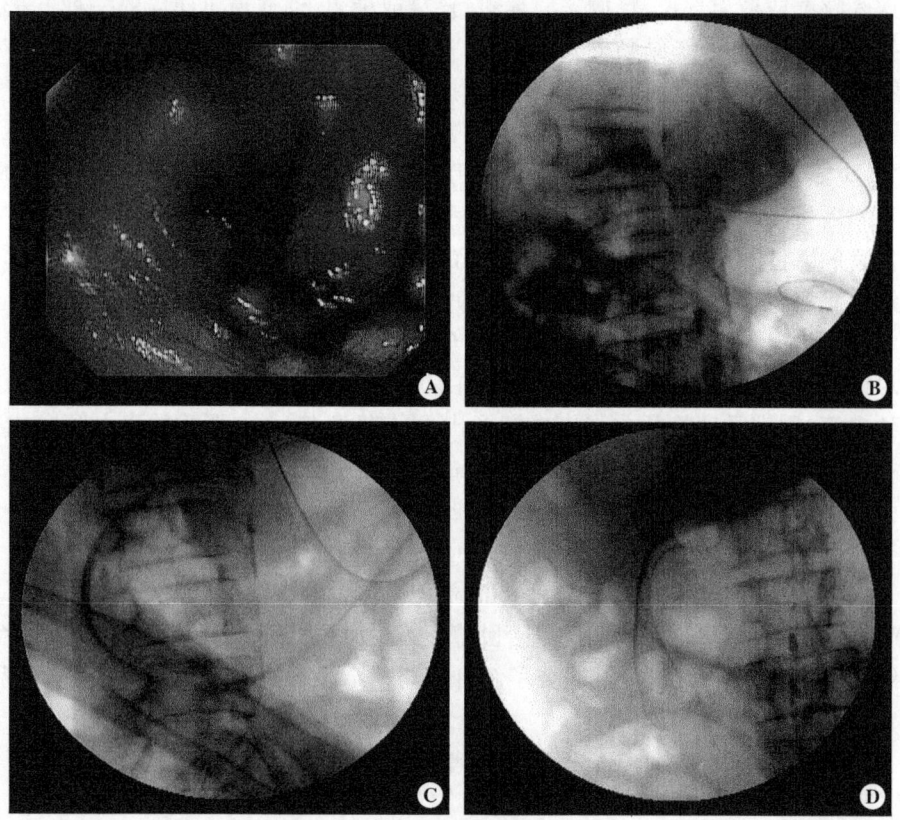

图11-18 十二指肠支架植入术
A. 术前胃镜提示十二指肠降段梗阻;B. 导丝通过狭窄段到达十二指肠远端;C. 支架输送器到位;D. 支架释放

B. 捆绑式输送器置入法。将捆绑式输送器涂润滑油,沿超硬导丝送入,透视下观察,当输送器内支架标志点超过狭窄段2~3cm时,固定推送器外拉丝线,使支架松绑膨开,支撑于狭窄部位。支架放置后,退出输送器,将超硬导丝暂时留置,口服对比剂观察狭窄段通过情况及支架张开情况。如支架张开不满意,可再次引入球囊导管对支架进行扩张。如狭窄段过长,可再次放入第二枚支架。

(5) 并发症及术后处理

1) 消化道出血:与器械粗糙或操作不当有关,少量出血不需特殊处理。根据出血情况采取禁食、口服凝血酶、静脉输注止血剂、内镜下喷注凝血酶及三腔二囊管压迫止血等。

2) 胃肠道破裂穿孔:极少发生,主要与器械使用不合适、技术不熟练以及操作粗暴有关,一旦发生胃肠道破裂或穿孔应及时吸尽胃肠道内容物,条件许可者立即进行手术。

3) 发生再狭窄:单纯支架治疗的再狭窄时间较早,一般2~3个月即可发生,且常为支架近端黏膜增生或肿瘤浸润,配合病因治疗可延迟再狭窄的发生。再狭窄发生时可经原支架再套入同类规格或直径略小的支架,并可多次重复放置,重复套置支架后再狭窄发生时间会更延迟。

4) 支架移位脱落:支架移位一般发生在支架置入数日之内,常与支架管径选择不当、支架置入位置过偏有关。向近端移位的支架可取出后重新放置,向远端移位时可用异物钳咬住支架近端向上提拉调整位置,也可取出后重新换置。

(6)疗效评价:胃、十二指肠支架置入术的近期疗效明显,支架放置后患者即可经口进食。有效缓解患者的营养状态,改善了生存质量,为进一步治疗创造条件。胃、十二指肠支架置入术后配合血管内介入治疗,外照射放疗等,均可有效的延长患者的生存时间。

2. 介入性胃肠造瘘术 因胃肠恶性肿瘤所致的消化道梗阻,不能经口进食而又不愿做支架治疗者,或因其他原因不能进食者及长期留置胃管导致黏膜破溃疼痛难忍者,采用外科手术行造口术术后并发症及死亡率较高。1980年Gaugerer最早报道在内镜下行经皮穿胃造瘘术获得成功。1983年Tao首次报道在X线透视下行经皮穿胃造瘘术获得成功。应用介入放射学方法实行胃肠造瘘术操作方法简单、损伤小、不良反应小,目前正为临床所接受,应用日渐广泛。

(1)适应证与禁忌证

1)适应证:①食管病变引起的食管狭窄、吞咽困难者;②头颈部肿瘤累及下咽部与食管造成吞咽困难者;③神经系统疾病所致吞咽运动失调、各种肌性病引起的吞咽困难及神经性厌食者;④恶性肿瘤引起严重的恶病质不能进食,需经胃肠道补充营养者。

2)禁忌证:①各种原因引起的大量腹水的患者;②躁动不安、不能合作的患者;③胃体部有肿瘤患者;④胃大部切除术后患者;⑤有严重凝血机制障碍的患者。

(2)术前准备:手术前应用B超来测定要穿刺的部位,观察胃壁的位置与深度,选择合适的穿刺点,避开肝左叶及横结肠,以免造成误穿,但最关键的是术前胃内充气。

(3)操作技术(图11-19)

1)插入胃管:术前12h插入胃管,抽吸胃液,冲洗胃腔。如果患者食管梗阻,胃管不能插入,可改用导丝引入导管。

2)向胃内充气:当导管进入胃内,退出导丝,注入少量对比剂证实导管位于胃内,使其充当胃管使用。经胃管注入空气使胃内充满气体,扩张充分,气体量为500~1000ml,经X线透视见胃壁与腹壁紧密相贴,并将肝左叶、结肠、脾脏推开,再作穿刺较为安全。

3)穿刺:确定穿刺点,局部浸润麻醉,用手术尖刀做5mm左右的切口。用18G穿刺针经皮切口在透视导向下进行穿刺,刺中胃壁,在穿过胃壁时有明显的突破感,退出针芯回抽见空气,证实穿刺成功,再注入少量对比剂透视证实。

4)锚钩固定:用导丝将锚钩从穿刺针内推入胃腔,回拉锚绳,拉紧于腹壁用止血钳固定,同样方法再作另一锚钩,一般2个锚钩可起到良好的固定作用,待把锚钩放置完后,在锚钩的中央穿刺点处,行穿刺放置造瘘管。

注意事项:①穿刺点应避开腹壁下动脉,通常选择胃体中部;②穿刺前必须明确应用B超、X线定位,避免损伤肝左叶、脾、结肠及胃后壁;③必要时可行钡剂灌肠及口服钡剂,分清结肠位置,避免误穿;④胃内必须充分充气,使胃壁与腹壁紧贴,适于观察与穿刺;⑤胃壁穿刺次数不宜太多,以免造成胃壁损伤;⑥应用锚钩法固定胃,锚钩松紧要适度,过紧易产生胃壁及皮肤的坏死,锚钩丝3周后剪断,此时胃壁已与前腹壁形成粘连,锚钩可从肠道排除;⑦操作完成后,应密切观察患者有无气腹,有无腹壁及胃壁下的血肿。

(4)并发症与处理方法

1)局限的胃壁漏。有液体沿导管漏出,引起局部的感染,应给予抗感染治疗,并密切观察病情,一般不会产生严重后果。

2) 腹壁及胃壁下的血肿比较常见，应给予止血药物。

3) 气腹及皮下气肿。主要由于胃内气体逸出，进入腹腔及皮下，调整引流管的方向和位置可减少气体的逸出，气体量较多时可抽吸。

4) 术后常规应用抗生素。每次注入流食及营养液后，常规用等渗盐水冲洗导管，防止导管堵塞。

(5) 疗效评价：目前的造瘘术包括外科手术造瘘术、内镜造瘘术及 X 线透视经皮造瘘术三种。由于方法不一，临床疗效也有很大不同。外科手术造瘘的并发症与死亡率较高，有报道死亡率为 6%。其并发症主要包括腹膜炎、胃扩张、吻合口不愈合、出血、导管脱落等，且手术创伤较大，患者恢复较慢。内镜法较外科手术安全，死亡率约 2%，其主要问题是胃镜无法通过食管的狭窄部分，多次插入胃镜患者的痛苦较大。X 线透视下经皮穿刺胃造瘘术克服了外科手术及内镜造瘘术的大部分缺点，其特点是创伤小、无需全麻、不必开腹、皮下穿刺针道小并发症少，尤其是利用了锚钩法，使置管成功率大大提高，并进一步减少了并发症的产生，并且步骤简单，易于掌握，因此有效地降低了并发症的发生率及死亡率。本方法现已被公认并广泛应用。

3. 胃肠道血管药物灌注术 胃肠道是恶性肿瘤常见的发病部位，近年来已有增多的趋势，其发病率及死亡率分别居我国全部恶性肿瘤的前三位，由于胃肠道恶性肿瘤确诊时多数已属中晚期，并多有局部组织、淋巴结、邻近器官的转移，相当部分已引起胃肠道梗阻症状。超选择插管胃肠道血管局部化疗药物灌注，改变了传统的给药途径，使肿瘤组织局部药物浓度提高，增加了药物的抗肿瘤效果，使肿瘤缩小，胃肠道梗阻解除，或使患者得到了肿瘤二期外科根治手术的机会；同时对有肿瘤出血的部位，进行栓塞止血治疗。

4. 经鼻/口小肠梗阻导管术 小肠梗阻的肠梗阻导管，可插入梗阻部位的直接上部进行吸引降压，导管通过幽门时间被大大缩短、插入便捷，可快速到达梗阻部位，疗效快速明显，即使是手术治疗的患者，可进行术前降压及术后对吻合部的降压吸引，利于粘连松懈及吻合。且可用于小肠造影以及术后肠内排列，有效地减少术后肠梗阻的再发。具有诊断及治疗的双重功效。

经口肠梗阻长导管长度为 4 米，为硅胶导管，外包亲水性涂膜，前端为含 45% 硫酸钡的念珠状前导子，不透 X 线，便于观察、操作。共二囊三腔，由外管、内管、气囊这三部分构成。导管前端通过幽门后，打开前气囊，可以随着小肠蠕动不断地前行，并且不断地吸引肠内容物，直至梗阻的正上部，从而可以进行有效地肠内降压，减轻肠管的扩张，减轻梗阻的肠管水肿，利于肠梗阻的缓解。

适应证：长导管最适应于单纯性粘连性肠梗阻，特别是术后早期的肠梗阻；其他单纯性肠梗阻，应用长导管降压缓解后，利于行腹腔镜手术或开腹手术，减少并发症；肠内导管支架等。

禁忌证：绞窄性肠梗阻和肠系膜血栓形成等有血运障碍者。

并发症：与普通的胃管置入并发症相似，一般并发症很少出现，主要有鼻咽部、消化道损伤，误吸性肺炎，水电解质紊乱、导管阻塞等。

疗效评价：长导管治疗对于低位肠梗阻，尤其对术后粘连性小肠梗阻有着独特的治疗效果，可以避免开腹手术，减轻了患者的痛苦，避免反复手术造成的粘连，降低了复发率。普通的胃肠降压管由于长度较短，只在胃腔内进行吸引，也就无法进行有效地肠内降压，造成梗阻近端的肠管高度膨胀，梗阻近端的肠管黏膜充血、水肿，难以通畅。所以肠梗阻的缓解率较低。同时高度膨胀的肠管存在肠黏膜屏障的破坏,肠管壁呈现严重的缺血状态,极易造成细菌移位,以至发生肠源性内毒素血症等,造成不能阻断的恶性循环,加重对机体的损害。肠梗阻导管也可作营养管用于小肠的临床。

5. 经肛门型肠梗阻导管 经肛门型肠梗阻在肠镜下通过导丝及扩张管,可越过狭窄部位进行降压吸引,术前能够进行充分的肠道准备和造影诊查,减缓腹部急症,变紧急手术为择期手术,减少缝合不全、创伤感染等术后并发症;可避免造瘘,安全地进行一期切除、吻合手术;在取得良好术前洗净效果的情况下,可免除术中清洗肠管,缩短手术时间。

(虞希详)

第十二章 腹膜后疾病

第一节 肾 癌

【概述】 肾癌(renal carcinoma)即肾细胞癌,因起源于肾小管上皮细胞,又称为肾腺癌。它是最常见的肾脏恶性肿瘤,占成人内脏肿瘤的 1%～3%,占肾脏恶性肿瘤的 85%,好发于 60～70 岁老年男性。肾癌的病因尚不清楚,近 20 年来,对吸烟与肾癌相关研究表明,吸烟者肾癌相对危险性为 1.1%～2.3%,且吸烟量和开始吸烟的年龄与其密切相关;肾癌有家族性发病倾向。肾癌分为透明细胞癌、乳头状癌和嫌色细胞癌三类,以前者最常见,占 70%～80%。

【临床表现】 肾癌高发年龄为 50～70 岁。男：女为 2：1。有 30%～50% 的肾癌缺乏早期临床表现,多在体检或做其他疾病检查时被发现。常见的临床表现有：①血尿、疼痛和肿块,间歇性肉眼血尿为常见症状,表明肿瘤已侵入肾盏、肾盂。疼痛常为腰部钝痛或隐痛,当血块通过输尿管时可发生肾绞痛。肿块较大时在腹部或腰部易被触及。②副瘤综合征,10%～40% 的肾癌患者可以出现副瘤综合征,容易与全身其他疾病症状相混淆。常见有发热、高血压、红细胞沉降率增快等。③转移症状,临床上 25%～30% 的患者因转移症状,如病理骨折、咳嗽、咯血、神经麻痹及转移部位出现疼痛就医。

【辅助检查】 B 超检查简单无创,发现肾癌的敏感性高;CT 检查对肾癌的确诊率高,能显示肿瘤大小、部位、邻近器官有无受累,是目前诊断肾癌最可靠的影像学方法(图 12-1)。

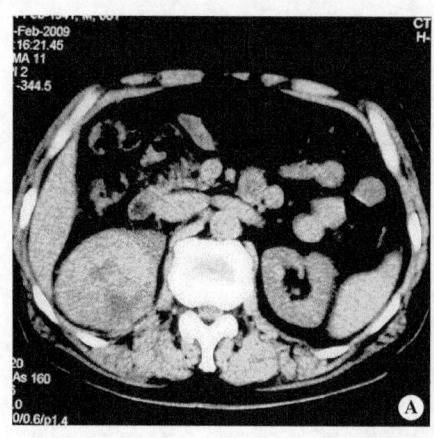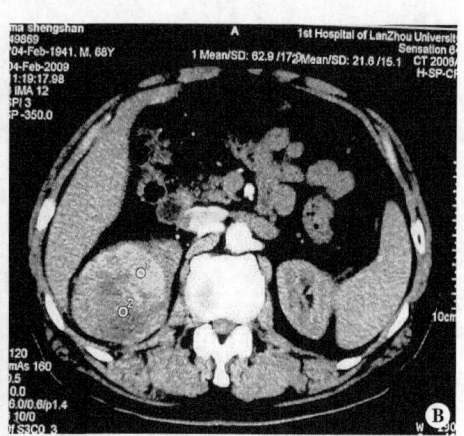

图 12-1 右肾中上极富血供肿瘤
A. CT 平扫；B. 增强 CT

MRI 检查对肾癌诊断的准确性与 CT 相仿,在显示邻近器官有无侵犯,肾静脉或下腔静脉内有无癌栓则优于 CT。肾动脉造影一般不作为检查手段,仅在进行介入治疗时使用,但是对体积较小,B 超、CT 不能确诊的肾癌能够帮助诊断。

【常规治疗】 手术切除是肾癌的基本治疗方法,包括传统根治性肾切除和腹腔镜行肾癌根治切除术。肾癌对放化疗及内分泌治疗均不敏感,但免疫治疗对肾癌有一定疗效。目前有多种的分子靶向药物用于晚期肾癌的治疗,常用者为舒尼替尼、索拉非尼。

【介入治疗】 介入治疗包括经动脉灌注化疗栓塞术和经皮消融术(包括射频消融术、冷冻消融术等)。经动脉灌注化疗栓塞术阻止了肿瘤的供血,可使肿瘤发生坏死,减少手术出血;还提高了局部药物浓度,减少肿瘤细胞播散。目的是增加二期切除的机会或者姑息性治疗控制患者症状。射频消融术除作为姑息性治疗手段外还可以作为小肾癌根治性方法。

1. 肾动脉灌注化疗栓塞术 肾癌的介入治疗目前多采用肾动脉灌注化疗栓塞,使肿瘤细胞变性坏死,瘤体缩小。

(1) 适应证与禁忌证

1) 适应证:①肾癌手术前治疗;②肾癌的姑息性治疗;③肾肿瘤引起的出血。

2) 禁忌证:无绝对禁忌证,一般认为以下情况不适于肾动脉栓塞:对侧肾功能不良者、泌尿系统严重感染者、全身状况差或恶病质和心、肺、肝等重要器官功能严重障碍者。有化疗禁忌证者不能用化疗药物。

(2) 术前准备:常规实验室检查及影像学检查明确肿瘤部位、大小和有无血管侵犯、远处转移等;常规血管介入器械准备,导管选用 4~6F Cobra 导管、微导管;栓塞材料包括明胶海绵、碘化油、无水乙醇及不锈钢圈等。

(3) 操作方法

1) 动脉插管、造影:分别行两侧肾动脉造影,明确肿瘤的范围及血供,动静脉瘘是否存在,肾静脉癌栓是否存在以及健侧肾功能情况等。如果肿瘤较大或肿瘤染色不完全时,可行腹主动脉造影以寻找肾外供血动脉。

2) 栓塞:根据不同需要行不同的栓塞治疗:①根治性手术前的术前栓塞,导管尽量到达肾远端栓塞,如主干较短时可采用分支栓塞,栓塞用明胶海绵条、弹簧圈或胶等,栓塞主干或附加 2~3 级分支即可。如造影导管在肾动脉主干内固定欠佳,可借助导管的支撑释放栓塞材料,严防移位栓塞。肾动脉栓塞并非术前常规治疗,但适用于肿瘤较大、手术切除有难度的患者,一般在栓塞后 36~72h 内行根治术,也可延长到 7 日。②姑息性栓塞或化疗性栓塞:由于栓塞需要长效而且彻底,故栓塞剂要选用液态或微粒型栓塞剂,常用 PVA、明胶海绵、碘化油等。部分学者主张首选无水乙醇,在无水乙醇栓塞前,必须先排除动静脉瘘。注射无水乙醇的速率可以参照透视下推注对比剂时反应的动脉流速,一般是 2ml/s 开始,逐渐降到 0.5ml/s,总量为 12~25ml,严格控制反流。介入术中常用的化疗药物有长春碱、长春地辛、铂类、阿霉素类、氟尿嘧啶和丝裂霉素等,可单用或联合选择(图 12-2)。

(4) 术后处理:包括:①常规抗感染、腰痛和发热的对症处理;②密切观察有无异位栓塞症状和体征;③复查肝、肾功能;④部分患者在术后 2~4h 可出现轻度的血压升高,一般无需处理可自行缓解;⑤术前有血尿的患者,术后应注意观察尿液的性状,膀胱内残留较多血块的患者可予以膀胱冲洗。

(5) 并发症

1) 栓塞综合征:介入治疗后,患者均有一过性的腰痛、腹痛、发热和呕吐,这是由于化疗药物使肿瘤肿胀变性、坏死所致,做相应对症处理即可,如使用镇痛剂、解热剂、糖皮质激素等。一般认为部分栓塞反应较完全栓塞症状轻。

2) 高血压:一过性的高血压偶发,均应在栓塞治疗数小时后消失。

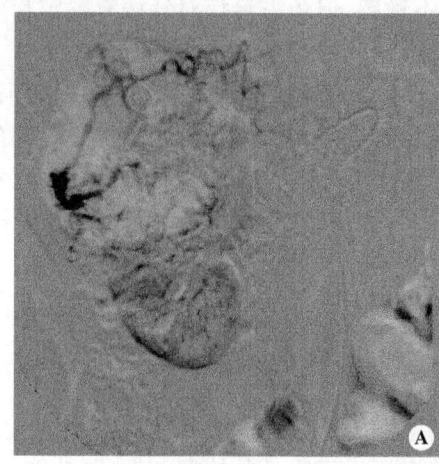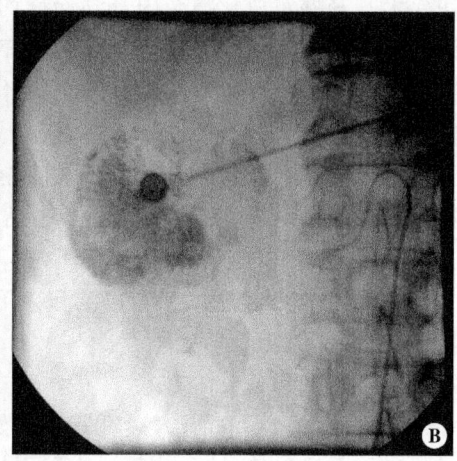

图 12-2　肾癌经导管栓塞术
A. 术前造影右肾中上极富血供肿瘤病理性血管影；B. 栓塞术后碘油沉积良好

3）异位栓塞：异位栓塞部位包括肠系膜动脉、髂内动脉、下肢动脉及肺，长期栓塞剂反流或经动静脉瘘至非靶器官，可引起坏死。栓塞时，应注意先以明胶海绵或钢圈栓塞动静脉瘘，并将导管头尽量超选，注射时用力均匀，透视下全程监视。

4）继发脓肿：个别患者可继发肾周围脓肿和腹膜后脓肿，可以用放置引流的方法来解决。对于高危患者可在术前、术后使用抗生素。

（6）疗效评价：根治手术前肾动脉栓塞的治疗手段至今仍有争议。部分传统的肾根治术不仅不需要术前栓塞，而且已经被腹腔镜下根治性切除术所代替。而通过术前栓塞后的保肾手术可以有效地减少术中出血，肿瘤缩小后以及周围水肿使肿瘤更易分离，患者可免于术中肾蒂血管的阻断或减少阻断时间，从而减少根治性肾切除术术后蛋白尿、高血压和肾功能不全等的发生。因此，与根治性切除术相比，保肾患者的术前栓塞更为重要，可以在一定程度上提高手术质量。

国内邹英华等报道一组 57 例患者，术前辅助性肾动脉栓塞有助于晚期肾癌的手术切除，1、3、5 年生存率分别为 72.77%、62.78% 和 48.30%；姑息性栓塞则使患者症状明显缓解，瘤体缩小，1、3 年生存率分别为 41.18% 和 26.48%。另据许敬亭报道，64 例栓塞后行根治术者术后 1、3、5、8 年生存率为 91.7%、83.3%、66.7%、45%。Stoesslein 等在一组 47 例行姑息性治疗病例中，1 年和 2 年生存率分别为 21% 和 10%。

2. 射频消融术

（1）射频消融术（radiofrequency ablation，RFA）适应证与禁忌证

1）适应证：①肿瘤较小尚未侵犯肾门及中央集合系统者为最佳适应证；②不能手术，不能耐受手术以及拒绝手术的肾癌患者。例如，高龄患者、孤立肾，伴有其他严重疾病（如冠心病、糖尿病、慢阻肺等）、肾功能不全患者，某些遗传性疾病（如 von Hippel-Lindau 病，遗传性乳头状肾癌）等。

2）禁忌证：相对较少，但凝血机制障碍、有严重出血倾向、严重心肺疾病、严重恶病质、严重感染及部分肾血管畸形（如动脉瘤）仍视为禁忌。

（2）术前准备：术前影像学检查了解肿瘤大小、位置、邻近脏器等情况，检查血尿常规、出凝血时及肾功能等，并经穿刺活检明确病理学诊断。准备射频消融仪和射频针。可采用

全身麻醉或椎管内麻醉。

（3）操作方法：患者一般采取俯卧位，靠近输尿管的肿瘤或偏腹侧肿瘤可采取侧卧体位。首先进行 CT 扫描，确定合适的进针点和径路，避开重要的结构。局部消毒后直接将射频电极通过皮肤切口插入靶组织恰当位置。根据病灶大小选择合适射频电极：对于肿瘤直径<3cm 者使用单极射频针，对于肿瘤直径>3cm 者则使用多极或伞状电极。启动射频机，完成 1 次射频消融治疗，如需要则进行数次射频完成病灶的重叠毁损。术后以 RFA 前同样的层厚进行 CT 层扫描复查消融情况。通过 CT 或 MRI 检查进行随访（图 12-3）。

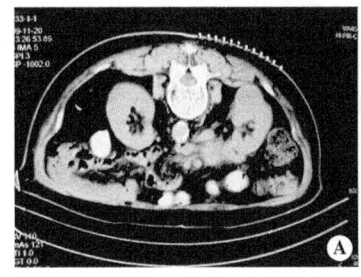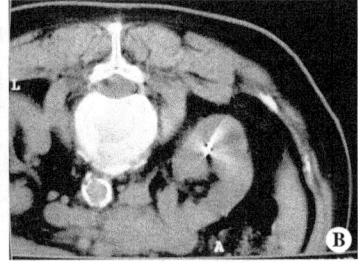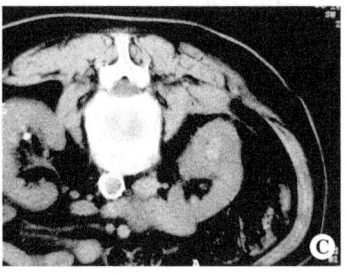

图 12-3　射频消融治疗肾癌

A. 射频消融治疗肾癌前 CT 定位；B. 治疗肾癌；C. 射频消融治疗肾癌后 CT 复查见病灶已毁损

（4）术后处理：术后腹部加压，卧床 6h 观察生命体征；复查肝肾功能、凝血功能、血常规等；3 个月复查 CT 和（或）超声。

（5）并发症：RFA 并发症主要为出血（集合系统、肾周间隙、尿性囊肿）、集合系统损伤（输尿管狭窄）、邻近器官损伤（结肠）、神经肌肉损伤（神经失用症）及皮肤热损伤。

（6）疗效评价：现有经验表明，肿瘤大小、位置和几何形状是影响 RFA 治疗效果的最主要因素。直径小于 3cm 癌灶 1 次或多次消融治疗成功率为 92%～100%，直径大于 4cm 的癌灶往往 1 次治疗不能彻底消融，还需 2 次甚至多次消融。肿瘤位置直接决定 RFA 疗效，一般来说外生型肾癌疗效最好。Weld 等总结了 277 肾肿瘤接受 RFA 治疗患者资料，平均随访 10 年。结果显示总体肿瘤复发率为 7.9%。Mouraviev 等对文献中接受 RFA 治疗的 456 例患者进行总结发现 420 例（92%）患者的肿瘤控制满意，仅 36 例（8%）患者肿瘤复发。显示出 RFA 具有非常好的临床疗效。

（王文辉）

第二节　肾上腺肿瘤

【概述】　肾上腺位于两侧肾上极附近，体积不大，左侧呈新月形，右侧呈三角形。肾上腺肿瘤分为原发性肿瘤和转移性肿瘤。原发性肾上腺肿瘤根据来源和部位分为皮质肿瘤和髓质肿瘤。皮质肿瘤主要包括发生在束状带和网状带的库欣综合征腺瘤、腺癌和发生在球状带的产生醛固酮的肾上腺皮质腺瘤、腺癌。髓质肿瘤主要是嗜铬细胞瘤。此外，还有不具备内分泌功能的非功能性肾上腺肿瘤，如肾上腺囊肿、肾上腺髓性脂肪瘤、神经母细胞瘤等。

【临床表现】

1. 原发肾上腺皮质肿瘤　非功能性肿瘤多无明显症状，肿瘤较大时可出现局部压迫症状。功能性肿瘤主要表现为库欣综合征和(或)醛固酮增多症。前者主要表现为向心性肥胖、肌肉萎缩、高血压、水肿、月经紊乱、阳痿、性欲减退、骨质疏松等；后者表现为高血压、肌无力和周期性瘫痪,多饮、多尿、烦渴及水电解质紊乱等。

2. 原发肾上腺髓质肿瘤 主要为嗜铬细胞瘤的临床表现,肿瘤可产生去甲肾上腺素和肾上腺素,持续或间断地释放大量儿茶酚胺,引起持续性或阵发性高血压,一般降压药无效,可伴有多个脏器功能及代谢紊乱。

3. 肾上腺转移性肿瘤 临床表现主要取决于转移瘤的大小,以及是否影响身上新的功能,主要表现为腹痛、腰痛、类 Addison's 表现。

【辅助检查】 腹部平片多无异常发现,部分患者可显示肾上腺部位软组织肿块、钙化,神经母细胞瘤多可在平片明显见到。IVP 可能显示肾上腺肿块或肾脏受压、移位,神经母细胞瘤可于 IVP 明确显示。

B 超及 CT 扫描为无创性检查,可检出肿瘤、区别囊性与实性并确定周围组织、器官受侵情况。B 超对于直径 1.0cm 以上的肾上腺肿瘤阳性率较高；CT 为目前最可靠的检查方法,90% 以上的肿瘤可准确定位。MRI 可作为补充检查手段。

放射性核素扫描以放射性核素标记的间碘苄胺(MIBG)作闪烁扫描可显示产儿茶酚胺的肿瘤及其转移灶。

DSA 不作为检查手段,仅在进行介入治疗时使用。

【常规治疗】 长期以来肾上腺肿瘤的治疗方式仍以手术切除为主,包括开放性手术及腹腔镜手术切除,腹腔镜手术治疗甚至被认为是肾上腺外科治疗的"金标准",但是开放性手术创伤大,而腹腔镜操作技术要求较高。近年来,随着影像技术的快速发展,影像引导下肾上腺肿瘤的各种介入治疗方法因其微创、有效等优点已被临床所接受。

【介入治疗】 介入治疗肾上腺肿瘤的方法有动脉化疗栓塞(TACE/TAE)、物理消融、化学消融、放射粒子植入,或是栓塞结合消融治疗。目前,比较成熟的动脉化疗栓塞仅仅是辅助或姑息手段,而消融可起到根治的效果。本文仅介绍动脉化疗栓塞术。

肾上腺的动脉供应：每侧肾上腺有上、中、下三条动脉,分别来自膈下动脉、腹主动脉和肾动脉(见图 12-4),此外有来自副肾动脉、性腺动脉、腹腔动脉、输尿管动脉肠系膜上动脉、肾包膜动脉和肝总动脉等分支。肾上腺上、中、下动脉大多数各有 1 个来源,但也可分别有 2 个或 3 个来源。

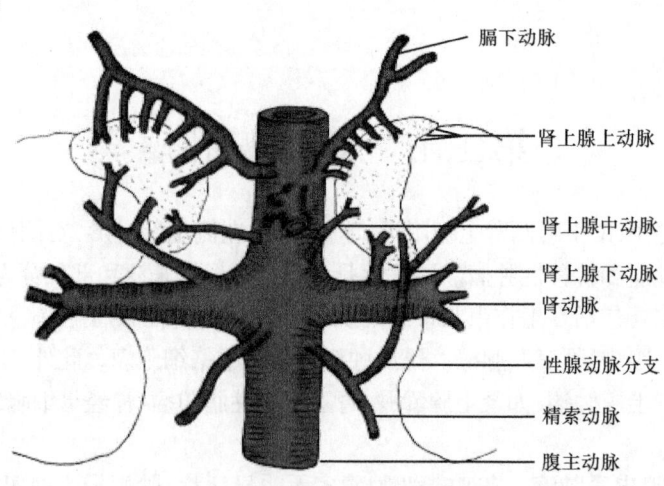

图 12-4 肾上腺的动脉供应

1. 适应证和禁忌证

(1) 适应证:①术前对部分肾上腺肿瘤较大者可通过栓塞使肿瘤缩小重新获得手术机会;②姑息性治疗,对于肿瘤巨大,术后复发或伴转移而无法手术的患者,通过栓塞治疗缓解症状,改善生活质量,延长生存时间。

(2) 禁忌证:①有严重出血倾向、造影剂过敏、重要器官功能衰竭、全身一般情况差的患者禁止此项治疗;②嗜铬细胞瘤的患者为相对禁忌证,此类病例在栓塞术前应使用 α 受体阻滞剂,栓塞过程中,严密观察血压。

2. 术前准备

(1) 除一般血管造影常规术前准备外,嗜铬细胞瘤患者应注意预防高血压危象和室性心动过速的发生。

(2) 器械与导管:常用 Cobra 导管。必要时塑形导管尖端,以适应靶血管。因肾上腺动脉细小并可能和其他动脉共干,常规导管可能难以超选择性插入靶血管,可采用微导管。

(3) 栓塞材料及化疗药物:肾上腺肿瘤术前栓塞可用明胶海绵颗粒,姑息性治疗可用永久性栓塞剂、碘化油乳剂(含化疗药)、无水乙醇、聚乙烯醇、小号弹簧圈等;常用的化疗药物有 5-FU 750~1250mg,CDDP 80~120mg,或卡铂 400~500mg,CTX 500~1000mg,ADM 或 EADM 40~80mg,MMC 10~20mg 等选 2~3 种联合应用。

3. 操作方法

(1) 肾上腺癌供血血管多而小,变异大,应先做主动脉造影,以了解整个肿瘤供血血管的解剖走向及开口位置,便于导管型号的选择和逐一的供血动脉造影。主动脉造影有时不能直接显示肿瘤血管,只能显示异常增粗的供血动脉。因此,主动脉造影后应行各供血动脉造影,如行肾动脉造影。

(2) 分别插入上述肾上腺供血动脉各支。如肿瘤较大,肾上腺动脉移位,可采用导管成袢技术,较易进入肾上腺动脉。如导管进入肾动脉、膈下动脉后不能超选择插入肾上腺中、上动脉时,可采用微导管技术,微导管的配套导丝尖端先塑形成一定曲度,便于超选择进入肾上腺动脉,然后引导微导管进入该动脉。

(3) 肿瘤血管的造影表现:血管造影可了解肿瘤的血供情况。富血管肿瘤可见供血动脉增粗,以及粗细不均、轮廓不规则的肿瘤血管,并可见血管包绕征、血池、肿瘤染色不均匀。如肿瘤较大,邻近血管受压僵直移位,则肾的上极有受压征象。肾上腺外的静脉受侵袭、移位及闭塞。少血管的肾上腺转移癌仅表现为肾上腺的动脉分支受压移位或分散。

(4) 栓塞:注入栓塞剂前应先缓慢注入少许造影剂,证实无反流方可注入栓塞剂。整个栓塞过程应在电视监视下进行。如靶血管血流速度明显减慢,提示远端靶血管已栓塞,此时应停止注入栓塞剂,行栓塞后造影,以证实栓塞是否彻底。

4. 术后处理 除血管造影的常规处理外,对于功能性肿瘤患者术后须观察醛固酮和皮质激素水平的改变。

5. 并发症及处理 除血管造影可能的并发症外,栓塞后可能出现以下情况。

(1) 正常组织缺血梗死:主要因栓塞剂反流所致,或肾上腺动脉与其他脏器动脉共干没有超选择性插管。预防方法是导管尽可能超选择性插入靶血管并尽可能靠近靶器官,注入栓塞剂应在电视监视下进行,以防止反流。

(2) 栓塞后综合征:因栓塞后病灶及周围组织缺血、坏死、炎性反应,患者在栓塞治疗后的 2~3 日内出现腰腹疼痛或不适,发热,个别还可有恶心呕吐等。临床只需对症处理,数日后可缓解。

(3) 呃逆：因膈下动脉栓塞，刺激膈肌所致，亦只需对症处理。

6. 疗效评价 肾上腺癌的血管内治疗对失去手术切除机会的患者，是一种可供选择的治疗方法，与全身化疗相比，该技术除局部化疗外，尚可栓塞肿瘤的供血动脉，使肿瘤因缺血坏死而缩小，为外科切除肿瘤创造机会，并且可以在栓塞后使患者血压得到控制。但是，肾上腺癌供血较复杂，栓塞后易形成侧支循环。另外，要栓塞所有肿瘤供血动脉，技术难度较大，设备要求也高。疗效评价有待于病例数的积累。

（狄镇海　邹　容）

第三节　肾出血性疾病

【概述】　肾脏是腹膜后器官，较固定，肾实质较脆，而且血管非常丰富，腰部的创伤可直接或间接地累及肾脏引起出血，医源性肾穿刺活检、肾结石的经皮肾镜取石术也可引起严重肾出血。此外，肾动静脉瘘亦可引起肾出血。

【临床表现】

(1) 肾区外伤史，腰部肿胀，肾区疼痛，常为胀痛。

(2) 血尿，外伤后发生率为80%~97%，程度不等，可为镜下血尿至肉眼血尿。

(3) 出血性休克。

(4) 肾动静脉瘘者尚可出现：严重、持续性高血压，上腹部血管杂音、腹部杂音，左侧精索静脉曲张、心功能不全等。

【辅助检查】

1. 大剂量静脉尿路造影(IVU)　用以观察双侧肾功能情况，外伤侧可见肾盂、肾盏变形，充盈缺损，或仅部分肾盏显影，对比剂外渗，肾输尿管移位，肾实质影异常和肾周轮廓模糊等改变。

2. CT　肾外伤CT表现为包膜下血肿伴有边界不清的圆形密度或不增强区，对比剂外渗，显示肾实质损伤性裂开，损伤的肾极与肾体分开，个别含有小的楔形梗死区。

3. 肾动脉造影　①肾分支血管中断或缺如，分支减少。②末梢血管欠规则，对比剂外渗或呈创伤性假性动脉瘤样变。③裂伤区呈不规则条带状缺损或肾实质分离。④重度挫裂伤时，与大血管相连的肾组织块或肾极的血管显影，其实质期可显示裂块的大小、形态，其边缘毛糙不整。⑤肾极裂伤区密度减低或不显影。⑥实质期肾轮廓变形。⑦动静脉瘘。⑧包膜下血肿使包膜动脉移位或扩张。

4. 实验室检查　尿中有多量血红蛋白，血红蛋白与血细胞比容持续降低提示有活动性出血，血白细胞增高应注意并发感染的可能。

【常规治疗】

1. 保守治疗　包括外伤时绝对卧床休息，密切监测生命体征变化，维持血容量、水电解质平衡，早期使用抗生素预防感染，止血、止痛等对症处理。

2. 手术治疗　保守治疗失败，可部分肾切除或全肾切除，但手术风险高、创伤大，部分患者因而失去肾脏。

【介入治疗】

1. 适应证与禁忌证

（1）适应证：①单纯性肾挫伤或肾裂伤、闭合性部分肾裂伤、肾刺伤,抗休克治疗有效;②肾错构瘤外伤性和自发性破裂出血;③肾穿刺活检、肾造瘘、肾切开取石术等医源性肾出血;④先天性或外伤性动静脉瘘或畸形。

（2）禁忌证：①肾外伤大出血,抗休克治疗无效;②合并其他脏器损伤;③肾周围持续肿胀并感染;④肾外伤合并集合系统损伤并大量尿外渗;⑤肾蒂断裂。

2. 术前准备

（1）导管:Pigtail、Cobra 等,还应常备微导管。

（2）栓塞剂:常用明胶海绵、无水乙醇、金属弹簧圈等。

3. 操作方法

（1）采用 Seldinger 技术,行腹主动脉及选择性肾动脉造影,确定肾脏病变部位、范围和血管解剖形态后,将导管抵达病变区的供血动脉,将导管超选择性插入靶血管区。将明胶海绵颗粒或 PVA 微粒溶于等渗盐水,加入适量对比剂,在透视监控下根据栓塞血管容量缓慢推注栓塞剂,避免反流。病变区细分支动脉消失和对比剂长时间在血管内或损伤区滞留,表明栓塞成功。靶血管主干可使用弹簧钢圈加强栓塞效果(图 12-5)。

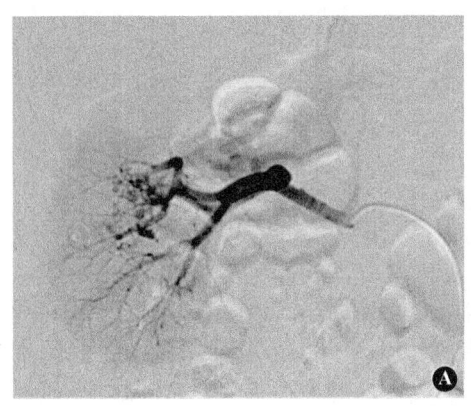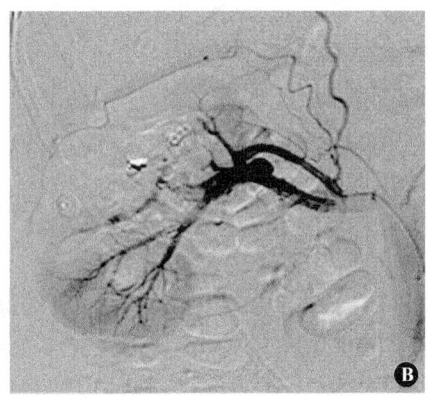

图 12-5　右肾造瘘后血尿

A. 右肾动脉造影显示中极动静脉瘘、假性动脉瘤;B. 使用弹簧圈+明胶海绵栓塞,血尿停止,下极动脉保存完好

（2）注意事项

1）造影步骤,应先行腹主动脉造影,观察双侧肾脏动脉供血情况,分辨有无副肾动脉,评价两侧肾功能,再做患者肾动脉及靶血管造影,确定出血或病变的血管分支。

2）栓塞时,尽可能超选择性插管,合理适量使用栓塞剂,控制栓塞总量,避免反流,保护正常肾组织。

3）动静脉畸形和(或)瘘,可使用无水乙醇,使血管闭塞,再用弹簧钢圈栓塞,此时禁止使用微粒栓塞剂,以避免经肾静脉回流栓塞肺动脉。

4）栓塞后观察 15~20min 再行造影复查,导管须退出靶血管位于肾动脉主干内进行,避免高速的对比剂冲击栓塞剂反流误栓。

5）同时合并小的肾静脉属支损伤,栓塞损伤的动脉分支并止血治疗常可奏效,如介入治疗后仍有活动性出血,可在肾动脉内置管,以 0.2U/min 灌注垂体后叶素 8~10h,观察尿液颜色,监测血红蛋白与血细胞比容等指标,调整灌注剂量。

6)介入治疗过程中,需建立静脉通道并行心电监护,注意生命体征的变化。

4. 并发症及处理

(1)栓塞后综合征:栓塞后患侧腰背疼痛、发热、恶心、呕吐,常持续 1~3 日,一般仅需对症处理。

(2)意外栓塞:常为栓塞过程中或复查造影时栓塞剂反流所致,合理选用栓塞剂、控制栓塞剂量及速度,完全可以避免意外栓塞的发生。

(3)一过性血压升高:常持续 2~4h,一般不需特殊处理,或舌下含服硝苯地平(心痛定)10mg。

(4)肾脓肿:多为肾脏原有感染或介入操作时无菌观念弱、器械空气消毒不严格等原因,因此术后常规行抗感染治疗 5~7 日。

(5)其他:如肾功能不全、术后形成瘢痕致肾性高血压等。

5. 疗效评价 传统观点认为急性肾出血 50% 的患者须做肾切除,而近代微创医学认为急性肾出血的患者中仅 5%~10% 须手术探查或肾切除。自开展介入治疗以来,大部分患者可通过栓塞治疗痊愈或为后续的外科手术创造机会,90% 的患者肉眼血尿在 24h 内停止,复发出血可再次行介入治疗,对孤立肾及对侧肾功能低下者,更有优势。由于动脉栓塞治疗肾出血具有成功率高、见效快、创伤小、并发症少、最大限度地保护正常肾组织的优点,可作为首选的治疗方法。

(狄镇海 邹 容)

第四节 肾动脉狭窄

【概述】 肾动脉狭窄的病因主要有动脉粥样硬化、纤维肌性发育不良(FMD)和大动脉炎等。青年患者以后两种病因多见;老年患者则以前者为主。肾动脉狭窄的病因在欧美国家以动脉硬化为主,约占 75%;我国以往报道的以大动脉炎居多,但近年来动脉硬化所占比例逐年增多,目前已与欧美国家接近,而 FMD 所占比例较少。此外,肾动脉瘤、肾动静脉瘘、先天性肾动脉狭窄以及肾移植后肾动脉狭窄均会引起肾动脉性高血压。

肾动脉狭窄引起的高血压与肾动脉狭窄程度成正比,肾动脉狭窄超过 50% 时,才会影响肾脏的血流灌注;大于 70% 才会明显减少肾血流量,激活肾素-血管紧张素系统,导致外周血管阻力升高,水钠潴留,动脉血压升高。此外,部分动脉粥样硬化所致的肾动脉狭窄患者血压正常,主要是缺血性肾脏病改变。

【临床表现】 无论何种原因导致的肾动脉狭窄,一般最终会出现高血压和(或)肾功能不全。早期诊断对于成功处置和防止靶器官损害都有关键作用,因此及早发现本病在临床上有重要意义。

肾血管性高血压的临床表现与原发性高血压相似,但发病急、病程短、发展快,患者中 60% 收缩压>200mmHg 和(或)舒张压>120mmHg,以收缩压增高为显著。常用降压药疗效不佳。腰背部可有不适,约 60% 患者可在患侧肋腹部或腰背部闻及血管杂音。缺血性肾病主要表现为慢性血肌酐的升高。部分患者有Ⅲ~Ⅳ级眼底动脉改变。

【辅助检查】

1. 实验室检查 尿常规可正常或有轻度蛋白尿,部分患者有低钾血症。血浆肾素活性测定,肾血管性高血压患者中约75%有血浆肾素活性水平的提高,如卡托普利试验阳性(口服卡托普利25~50mg,分别测定服药前和服药后1h血浆肾素活性,服药后活性明显升高为阳性),则诊断意义更大。

2. MRA、CTA及彩色多普勒超声 这些影像诊断技术可在无创的条件下以多视角准确地显示肾动脉形态,并可了解肾动脉血流速度,对肾血管性高血压诊断有重要意义。

3. 肾动脉造影 肾动脉造影仍是诊断肾动脉狭窄的金标准,也是介入治疗必不可少的步骤。依据病因不同,肾动脉狭窄性病变的动脉造影表现亦不同。

肾动脉粥样硬化是肾动脉狭窄最常见病因。动脉造影可见血管内膜不规则增厚,有时可见粥样斑块或管壁溃疡,管腔狭窄与扩张相间。常累及肾动脉近1/3段,动脉壁钙化及主动脉病变对诊断有重要参考价值。

多发大动脉炎的动脉造影表现特殊,可见节段性动脉腔狭窄后扩张。狭窄段管壁相对较光滑。病变累及范围较广泛。

肌纤维结构异常多累及肾动脉主干远2/3或肾动脉分支近端。动脉造影多表现为多发狭窄,相间以正常或扩张血管,呈念珠样改变。亦有表现短段膜样狭窄,光滑的狭窄段,有时需与动脉硬化斑鉴别。动脉狭窄后瘤样扩张,夹层及节段性梗阻为间接征象。

对于肾血管性高血压介入治疗,肾动脉造影更重要的意义在于了解肾动脉狭窄的部位,程度(亦或闭塞);以及患肾的形态(是否有萎缩及程度)。前者可指导介入治疗途径及方法;后者常可预测肾功能的恢复情况。

【常规治疗】

1. 内科治疗 对肾动脉狭窄本身,内科药物治疗没有肯定疗效。对肾动脉狭窄引起的高血压内科治疗可以起到一定疗效。目前,治疗高血压的药物较多。治疗肾血管性高血压主要使用两类药物,即血管紧张素转换酶抑制剂(ACEI)或血管紧张素Ⅱ受体拮抗剂(ARB)和钙离子通道阻断剂。为有效控制血压,常需多种降压药物配伍应用。

2. 外科治疗 肾血管性高血压的外科治疗主要包括肾自体移植和肾切除。对患侧肾功能较好,又具备自体移植条件的患者,肾自体移植是治疗肾血管性高血压的最佳选择。通常是将患侧肾移植至同侧髂窝。将肾动脉与髂内动脉进行端端吻合。对于患侧肾体积明显缩小或功能明显受损,对侧肾功能正常的患者,外科则常采取患肾切除的方法治疗肾血管性高血压。虽然,外科治疗不失为治疗肾血管性高血压的有效手段,但存在风险较大,并发症较多,以及适应证较为严格等缺陷。目前,多数学者选择肾动脉成形术作为治疗肾血管性高血压的首选治疗手段。

【介入治疗】

1. 适应证与禁忌证

(1)适应证:无论何种原因造成的肾动脉狭窄,不管是原位肾、移植肾还是血管旁路移植肾的肾动脉狭窄,不管肾素血管紧张素测定是否异常,只要临床上表现有高血压或肾功能障碍,局部肾动脉管腔狭窄测量超过50%,或狭窄两端收缩压差超过10mmHg,都是肾动脉成形术的适应证。

20世纪90年代以前,肾动脉狭窄血管成形只进行PTA,术后1年再狭窄发生率超过20%。90年代后肾动脉支架治疗(PTAS)作为PTA的有效补充,得到广泛应用。PTAS使肾动脉狭窄成形术后1年再狭窄率降低至10%以下。因此,目前多数学者主张对肾动脉狭窄治疗直接行支架治疗。仅对未成年儿童、肾动脉肌纤维结构异常和移植肾动脉狭窄等少数情况先做PTA,但对其再狭窄的治疗也应考虑PTAS。

（2）禁忌证

1）肾动脉狭窄度<70%,未引起血流动力学改变(平均压差≤20mmHg),且未出现相应的症状与体征。

2）肾脏严重萎缩,肾功能已丧失的肾动脉闭塞。

3）大动脉炎活动期。

4）肾动脉内有新鲜血栓。

5）病变部位钙化严重、狭窄或闭塞及肾内动脉分支狭窄,以致导丝导管无法通过,操作无法成功者。

2. 术前准备

（1）患者准备:住院后行全面检查,包括体检、化验与影像学检查,主要了解心肝肾等重要器官功能和凝血功能状态。正常情况下,术前2~3日口服阿司匹林抗凝。术前30min口服硝苯地平(心痛定)10mg,防止术中血管痉挛。若血压过高,应使用短效降压药,控制舒张压在100mmHg以下。其他准备同常规血管造影准备。

（2）器械准备:术者应做好术中器械准备,常规腹主动脉与肾动脉造影用鞘组、导管与导丝;肾动脉指引导管、扩张用球囊导管、交换导丝和肾动脉支架等。

（3）药物准备:常规用药包括造影剂、局麻药、肝素、硝酸甘油等,其他包括急救药品和溶栓药等。

3. 操作方法

（1）腹主动脉-肾动脉造影:经股动脉穿刺引入导管,分别行腹主动脉和双肾动脉选择造影,以明确有无肾动脉狭窄、狭窄的部位和狭窄的长度以及狭窄两端的正常肾动脉管腔直径,从而制定正确的治疗方案。

（2）PTA或PTAS术:首先经肾动脉造影导管或指引导管在肾动脉开口向其内注入肝素5000U、硝酸甘油200μg,以防止急性血栓形成和动脉痉挛。然后采用多种导管、导丝技术,使交换导丝越过狭窄,至肾动脉远端分支。此是PTA和PTAS术成功的关键。若决定行单纯PTA,即可选择直径与狭窄两端正常肾动脉相同或大于1mm的球囊,对狭窄段行单纯球囊扩张。充盈球囊使球囊内压一般控制在4~6个大气压,若病变坚固者可以适当增大压力。一次充盈球囊持续30~60s,间歇3~4min,可重复3~4次。若决定放置支架(PTAS),则选择比正常肾动脉小1~2mm的球囊做预扩张,然后释放支架。支架定位:支架端不应突入腹主动脉腔内,最大允许范围为2mm,因此释放时定位特别重要(图12-6)。

（3）结束成形操作:在荧屏上看到的狭窄病变对球囊形状所造成的凹陷,随充胀球囊的持续压力而逐渐变平或消失时,说明狭窄已被成功的扩张开来;也可通过测定跨狭窄段压差来评估,即在充盈球囊前,应先测量狭窄两端的压差,扩张结束后,再次测量,可作为观察效果的指标之一。复查血管造影:成形术后应行腹主动脉-肾动脉造影复查,不应行选择性肾动脉造影复查。造影显示狭窄解除或残存狭窄<30%,跨狭窄压差<20mmHg,肾内血流量增加,肾动脉未见明显剥离,说明操作成功。

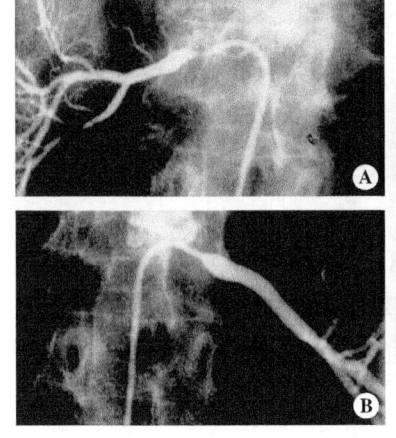
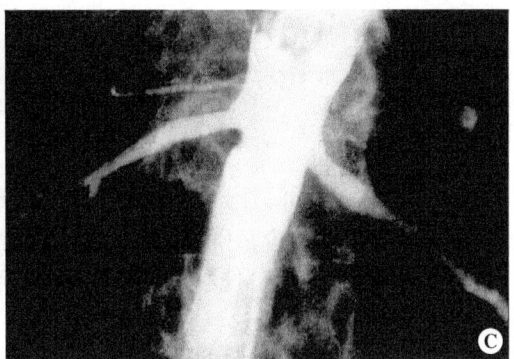

图 12-6 肾动脉支架成形术

两侧肾动脉分别插管造影显示右侧肾动脉狭窄 95%,左侧狭窄 85%(图 A、B);球囊扩张型支架分别放置于两侧肾动脉后主动脉造影,两侧肾动脉狭窄消失(图 C)

4. 注意事项

(1) 指引导管或长鞘的使用:随着外周 PTA 球囊与支架推送器的微型化,6~7F 动脉长鞘或 7~8F 肾动脉专用指引导管的使用已成为标准技术。其优点包括操作方便快捷,PTA 与支架释放过程中随时可注入造影剂观察血管改变,支架定位准确。尤其球囊扩张式支架,在指引导管下释放可防止推送过程中移位、脱落等并发症。

(2) 支架的选择:目前临床上主要有两类支架供选择,即自膨式支架和球囊扩张式支架。前者支架柔韧性较好,但定位欠准确,适合肾动脉中段和比较迂曲的肾动脉狭窄。后者定位准确,柔韧性较差。适合肾动脉开口部和无明显迂曲的肾动脉狭窄。目前,多数医师越来越倾向使用球囊扩张式支架。不论选择何种支架都应注意其展开后直径应比正常肾动脉直径大 10%~15%。

5. 术后处理 术后观察血压变化,血压过低时给予补液扩容。若血压持续下降,要注意有无出血并发症,必要时应进行 CT 检查。术后一周每天静脉滴注低分子右旋糖酐。口服阿司匹林 6 个月至 1 年,氯吡格雷片 6~8 周。定期测量血压。术后定期复查血压与肾功能变化、肾动脉多普勒彩色超声,必要时复查肾动脉造影。

6. 并发症及处理 PTA 或 PTAS 并发症发生率约为 5%。主要包括穿刺部位血肿、出血。扩张引起肾动脉夹层、假性动脉瘤以致血管破裂,操作中应避免过度扩张。轻度血管内膜撕裂多可自愈,不引起不良后果,严重者需外科手术处理。肾动脉血栓栓塞或肾梗死,操作中应给予足量肝素。发生肾梗死依程度不同可采取内科保守治疗,严重者需外科处理。肾衰竭多由于造影剂所引起,采用非离子造影剂,可以大大减少造影剂对肾脏的毒副作用,使 PTRA 引起肾衰竭由 10% 下降为 5%。

同支架置入有关的并发症为支架内急性血栓形成,甚至闭塞;支架位置不当;支架未完全展开;支架脱落;支架伸入腹主动脉腔内>2mm;6 个月再狭窄(10%~15%,少数高达 20%~36%)。

再狭窄及其预防。PTA 或 PTAS 术后再狭窄率 20%~30%。为了减少再狭窄,提高远期疗效应注意两方面的问题:其一,选择适当的球囊,适度的扩张,减少撕裂的力量,以最小的损伤获得满意的临床效果;其二,术前、术中及术后适当地应用抗凝剂与血小板抑制剂;

其三,使用切割球囊、药物涂层支架等新颖器材有望进一步提高其临床疗效。

7. 疗效评价 肾动脉成形术疗效评价包括技术成功和临床成功指标。

(1) 技术成功

1) 扩张后狭窄段血管腔残剩狭窄<30%。

2) 狭窄远近段扩张后压差≤2.6kPa(20mmHg)(平均压)。

3) 无重要并发症。

(2) 临床指标

1) 治愈——术后不用降压药物,血压恢复到18.6/12.0kPa(140/90mmHg)以下。

2) 显效——术后仅用少量降压药物,血压可维持正常。

3) 好转——术后降压药量减少,血压有所下降,但仍在18.6/12.0kPa(140/90mmHg)以上。

4) 无效——血压及降压药用量无改变。

肾动脉 PTA 与 PTAS 技术成功率可高达 90%~100%。降压有效率以纤维肌发育不良疗效最佳(90%~100%),动脉粥样硬化次之(60%~80%),大动脉炎最差(40%~73%)。术后1年再狭窄单纯 PTA 报道为 20%~30%,PTAS 为 10% 左右。支架有效地降低了再狭窄的发生率。因此,目前多数学者主张直接行支架置入,即 PTAS 术。

(狄镇海 邹 容)

第五节 肾 囊 肿

【概述】 肾囊肿(renal cyst,cyst of kidney)或肾脏囊性疾病,是肾脏内出现与外界不相通的囊性病变的总称。常见的肾囊肿如单纯肾囊肿、肾盂旁囊肿以及多囊肾等。随着体检的普及以及 B 超和 CT 广泛应用,使得无症状肾囊肿疾病的检出率显著提高,40 岁者 20% 有肾囊肿,60 岁以后 33% 有肾囊肿。

单纯性肾囊肿的病理基础可以是先天性或后天性。先天性因素为肾小管在发育过程中联合不佳或肾小管阻塞引起。后天性因素可因分泌管外伤性扩大所致。大多数病例为单发,但有时也可是多发。通常在囊与囊之间的组织是正常的,但是当囊肿长大时可以取代肾组织,并由于压力关系可以破坏肾皮质。病变大多位于肾下极。大小可从数厘米到10cm以上。

多囊肾是一种先天性遗传疾病,分婴儿型和成人型。婴儿型多囊肾属常染色体隐性遗传,少见。成人型多囊肾属常染色体显性遗传,是常见的多囊肾,发病率约为 1/1250,占晚期肾病的 10%。多为双侧性,初期肾内仅有少数几个囊肿,以后发展为全肾布满大小不等囊肿,压迫肾实质,使肾单位减少。该病发病机制不明,认为可能与肾小管梗阻,或肾单位不同部位的局部扩张有关。

【临床表现】 肾囊肿通常无症状,多在体检或其他疾病做影像学检查时偶然发现。部分患者会感到患侧"腰背酸痛"的症状,往往也不是由肾囊肿直接导致的。一些非常大的肾囊肿,尤其是发生囊内出血或感染的肾囊肿会明显的产生腰腹疼痛不适症状。有的肾囊肿恰巧压迫了输尿管或肾盏颈部,会引起肾积水和继发感染,继而出现腰痛、发热、尿路感染的症状。成人型多囊肾大都在 40 岁左右出现症状,主要表现为疼痛、腹部肿块与肾功能损害。

【辅助检查】 常规的腹部 B 超(或彩超)为首选检查方法,既可发现肾囊肿又可作为定期复查的手段。如B超结果不能准确判断囊肿性质,应查腹部增强CT。

鉴别的重点就是把单纯肾囊肿和囊性肿瘤(如癌变的囊肿或内部坏死的肿瘤)区分开来。前者B超、CT下呈圆形均一液性暗区,无强化,壁薄,后壁回声增强,囊肿与肾实质分界清晰而光滑;后者囊壁不规则,囊内有瘤样内容物,囊内有强化。另亦需与肾盏憩室相鉴别,增强CT或静脉肾盂造影(IVP)较为有效。

【常规治疗】 肾囊肿直径小于4cm,且无症状者不需治疗,应定期随访。囊肿较大、有相应压迫症状、近期内囊肿体积增大明显或囊肿继发感染、出血、破裂等,需要治疗。腹腔镜下的肾囊肿去顶降压术是目前外科手术治疗的主要方式。但经皮肾穿刺引流硬化术的介入治疗方法,更为简单、安全、微创,应该是肾囊肿治疗的首选方法。

【介入治疗】 单纯的经皮肾囊肿穿刺抽吸引流治疗,近期疗效肯定,但复发率高,现通常使用穿刺引流+硬化术,大部分能取得根治的疗效。

1. 适应证与禁忌证

(1) 适应证

1) 诊断性:①目前已极少用抽吸囊液做肾囊肿的诊断,仅在高度疑有其他情况(如并发恶性病变)时才做穿刺;②囊肿并发感染。

2) 治疗性:①囊肿直径大于4cm,引起疼痛或胀感;②如果囊肿很大,被疑为是高血压的原因(大囊肿引起肿块效应压迫肾动脉所致),事实上囊肿很少引起高血压;③大囊肿压迫引起积水、结石、周围肾实质萎缩或肾静脉血栓形成而致蛋白尿;④囊肿感染;⑤引起患者情绪不安者。

(2) 禁忌证:不能纠正的出血性素质。

2. 术前准备

1) 术前常规检查,有感染者应使用抗生素控制感染,凝血功能差者给予纠正。术前禁食4h。

2) 肾盂造影或增强CT检查,排除囊肿与肾盂相同。

3) 多囊肾并发尿毒症或高血压者,改善尿毒症症状、控制血压。

4) 常用器材:穿刺针(18~22G)、带有二通或三通的连接管、引流管等。

5) 硬化剂:无水乙醇。

3. 操作方法 患者取俯卧位或侧卧位,在超声或CT导向下,确定穿刺点,穿刺点选择离体表最近、避免通过肠腔、胸腔。确定穿刺部位后消毒铺巾,局麻后用21~22G针穿刺,穿刺时嘱患者屏气,按原定穿刺方向与深度进针,让患者平静呼吸,抽得囊液后,注入少量造影剂用CT扫描观察证实不与肾盂相通。如在超声下穿刺则用超声观察穿刺针的深度,将针穿向最深处,尽可能将液体抽尽。如没有外漏或与集尿系统相交通的征象,则可注入抽出液体量的25%~50%的无水乙醇,并改变体位,数分钟后完全抽出注入的乙醇,可重复2~3次,最后保留5~10ml乙醇,拔针。

4. 注意事项

1) 必须严格执行无菌操作,避免将无菌囊肿变成感染囊肿。

2) 穿刺部位的选择尽可能先通过部分正常组织,再进入囊腔,以免囊液通过针道外流,必要时,应将最近肾表面的囊腔作硬化治疗。

3) 穿刺针进入囊腔后,首先应抽5ml液体做细胞学检查,接上二通开关后注入60%或更低密度的造影剂,做诊断性造影,注入量可稍少于抽出量。抽吸囊液前将穿刺针插深,以免抽出量过多,囊肿塌陷,穿刺针退出囊肿。万一滑脱,可以在透视下向造影剂处再穿刺。

4)良性囊液为清亮的淡黄色,含低脂肪、低蛋白、微量乳酸脱氢酶和稍多的糖分,无异常细胞。囊性肿瘤或肿瘤坏死囊腔则可能染血或混浊,含较多的脂肪、蛋白质和正常的乳酸脱氢酶与葡萄糖,可能见到肿瘤细胞。如果囊腔感染,则囊液混浊或含血,脂肪与蛋白含量轻度升高,葡萄糖稍低而乳酸脱氢酶明显升高,不含恶性细胞。

5)最好在超声监控下注射无水乙醇,发现乙醇进入肾盂或患者有剧烈疼痛时立即停止注射,并抽尽注入的乙醇后再拔针;多囊肾的抽吸应选最大的囊腔,并尽量争取一针能同时通过几个囊腔。

5. 术后处理 术后卧床 4h,将穿刺点置于最低位,依靠自身压迫防治出血。术后观察 24h,如无异常可以出院。

6. 并发症 除非由于囊肿浅表而未伤及肾实质,均可能有血尿,常为镜下血尿,极少有意义。如出现肉眼血尿,适当使用止血剂,24h 后可自愈。

经皮穿刺肾囊肿穿刺抽吸硬化术的并发症发生率很低,在有经验的术者手中肾囊肿抽吸的严重并发症为 0.75%。穿刺引起的肾周出血、肠道损伤、气胸等均为可能的手术并发症,是术后观察 24h 的内容,如出现上述情况应做出相应处理。囊肿感染系无菌操作不严格所致,故操作要规范。

7. 疗效评价 单纯抽吸囊液后有 87% 复发,复发后的囊液会超过原有量的 50%,不过 80% 并无症状,如果肾囊肿压力低于集尿系压力(即 12cm 水柱)者,在抽吸后可以好转,囊内压>20cm 水柱者就会再发。对于体积<500cm³ 的囊肿通过影像学引导下穿刺引流注射硬化剂即可获得较好的疗效,但如果囊肿体积>500cm³ 者,穿刺引流注射硬化剂治疗复发率较高,随访 6 个月后囊肿仍然较大者,可以再次进行经皮穿刺肾囊肿抽吸硬化术,这也是介入治疗的优势所在。

无水乙醇作为囊肿治疗的硬化剂疗效肯定,但刺激性腹痛和醉酒样反应是常见的不良反应,刺激性腹痛的反应的程度因患者而异,严重的可发生虚脱,需要急救。聚桂醇是新型的血管硬化剂,常用于血管瘤、静脉曲张的治疗,使用简便,无过敏反应、无刺激性,近来有报道应用于囊肿的硬化治疗,疗效有待于进一步观察。

对于肾包虫囊肿作经皮引流与乙醇硬化治疗也同样有效,已不再属禁忌证,而成为避免外科手术及手术并发症、能最大限度保护肾单位的最好方法。

(狄镇海 邹 容)

第六节 肾 积 水

【概述】 尿液从肾盂排出受阻,蓄积后肾内压力增高,肾盂肾盏扩张,肾实质萎缩,功能减退,称为肾积水(hydronephrosis)。肾积水容量超过 1000ml 或小儿超过 24h 尿液总量时,称为巨大肾积水。尿路任何部位的管道狭窄或阻塞以及神经肌肉的正常功能紊乱,均可引起尿液排出不畅而引起肾积水。常见的病因:①原发性肾积水,先天性肾盂输尿管连接处狭窄、肾下极异位血管或纤维束压迫输尿管等,又称为特发性肾积水;②继发性肾积水,泌尿系统各部位的结石、肿瘤、炎症或结核。

【临床表现】 由于原发病因、梗阻部位、程度和时间长短不同,肾积水的临床表现也不一样或全无症状。原发性肾积水发展常较缓慢,症状不明显,当肾积水达严重程度时,腹部可出现包块。继发性肾积水多数表现为原发病变的症状,很少显现出肾积水的病象,常在B超检查时发现。上尿路梗阻如结石等致急性梗阻时,可出现肾绞痛、恶心、呕吐、血尿及肾区压痛等表现。下尿路梗阻时,主要表现为排尿困难和膀胱不能排空,甚至出现尿潴留,而引起肾积水出现的症状常较晚。肾积水如并发感染,则表现为急性肾盂肾炎症状,如梗阻不能解除,感染的肾积水可发展成为脓肾,腹部可能扪及包块,患者常有低热、消瘦等表现。如肾积水长时间不能得到解决,最终导致肾功能减退甚至衰竭。

【辅助检查】 影像学检查是诊断肾积水的重要途径,包括B超、泌尿系统平片、尿路造影、CT及MRI检查等。B超简便易行无创伤,为首选的辅助检查方法,可以判定增大的肾是实质性肿块还是肾积水,并可确定神经积水的程度和肾皮质萎缩情况。泌尿系统平片可见到尿路结石及积水增大的肾轮廓。静脉尿路造影所见的肾盏、肾盂扩张,肾盏杯口消失或呈囊状显影可确诊肾积水。由于肾功能减退静脉尿路造影患肾显示不清时,逆行肾盂造影或经皮肾穿刺造影常可获得较清晰的肾积水影像,但仅为诊断肾积水而做这两项检查者现已应用较少,已经被MRI水成像所代替。CT能显示肾积水程度和实质萎缩情况,对输尿管行三维成像可以确定梗阻的部位及病因。放射性核素肾显像对肾积水诊断和肾功能测定有一定的帮助。

【常规治疗】 肾积水通常系尿路梗阻所致,故最根本的治疗措施是除去病因,肾功能损害较轻者可以恢复。外科治疗方法取决于梗阻病变的性质,如为先天性肾盂输尿管狭窄,应将狭窄段切除并做肾盂成形-肾盂输尿管吻合术。肾、输尿管结石可行体外冲击波碎石(ESWL)、经皮肾镜或输尿管镜碎(取)石术。然而,如果病情较重,或其他原因没有外科手术适应证者,经皮肾穿刺造瘘术、经膀胱镜放置双J形输尿管导管是减轻或消除肾积水的介入治疗方法。本章重点介绍经皮肾穿刺造瘘术。

【介入治疗】 经皮肾穿刺造瘘术(percutaneous nephrostomy,PCN)于1955年Goodwin提出,1965年Bartley提出Seldinger法X线透视定位PCN技术;1976年Pederson提出超声引导下PCN。肾造瘘术按造瘘管留置时间及目的可分为永久性肾造瘘和暂时性肾造瘘。临床上多采用暂时性肾造瘘。暂时性肾造瘘常在肾脏、肾盂手术后完成,以改善肾脏引流,提高手术成功率,亦可用以矫正肾盂积水或感染,以改善肾功能及患者全身情况,对于体质差,不能耐受复杂手术者,这一过渡性治疗可为确定性治疗创造条件。永久性肾造瘘是一种姑息性手术,如输尿管因肿瘤阻塞而肿瘤无法切除、放射性损伤致输尿管广泛狭窄等输尿管严重病变、丧失其功能者,需做永久性肾造瘘术。

1. 适应证与禁忌证

(1)适应证:①孤立肾有梗阻性病变,发生尿闭者;②严重肾积水,肾功能不良,不能耐受复杂性手术治疗者;③严重肾积脓,引流肾脓液,有利于改善患者中毒症状,有利于后续治疗;④肾或输尿管疾患手术后,作为暂时性尿流转向,有利于创面愈合;⑤双侧输尿管下端或膀胱发生梗阻性疾病(恶性肿瘤)无法根治时;⑥某些肾铸形结石进行经皮肾造瘘碎石和ESWL联合治疗时。

(2)禁忌证:①出血性或凝血性障碍性疾病;②严重性高血压为相对禁忌证,药物降压后仍可做造瘘术;③活动性肾结核,经皮肾造瘘术会引起结核播撒。应在做短期抗结核治疗后再做肾造瘘。肾结核合并有梗阻性肾衰竭倾向时仍应做急诊造瘘术,以引流尿液,抢救患者生命,同时应用足量抗结核药物;④肝脾大为相对禁忌证,操作时注意避免损伤肝脾;⑤合作困难;⑥肾活动度大或异位肾;⑦妊娠妇女为相对禁忌证。

2. 术前准备

(1) 对于危重患者,应积极采取措施,改善患者全身情况,如纠正贫血、治疗败血症、尿毒症、纠正水电解质、酸碱平衡失调等。这对急诊肾造瘘者是重要的。

(2) 确定适当的穿刺造瘘部位;术前测定出凝血时间及肝肾功能,术前半小时哌替啶50mg 肌内注射。必要时术前预防性抗生素。

(3) 器材准备:穿刺针、造瘘管、双 J 形管等。

3. 操作方法

(1) 选择穿刺点与麻醉:患者取俯卧位或患侧向上的侧卧位。患侧第 12 肋缘下与腋后线交点处为穿刺点,一般先采用超声选择最佳穿刺部位与方向,以透视导向做进一步操作。用 B 超确定穿刺点还可帮助查出穿刺点皮肤到肾实质的距离及肾实质厚度。多用局麻,亦可用脊膜外腔阻滞麻醉或全麻。

(2) 经皮穿刺造瘘:在选定穿刺点处用刀尖刺破皮肤,穿刺针由此刺入,直达肾盂,拔出针芯,待抽出尿液后,将导丝由穿刺针管腔插入肾盂,然后拔出穿刺针,留置导丝,用专用扩张器将造瘘口扩大,选用适当的导管作引流管,将导管套到导丝上,并沿着导丝经过皮肤直至插入肾盂,待确定造瘘管进入肾盂后(造瘘管有尿流出,说明造瘘管已插入足够深度)(图 12-7)。

拔出导丝,留置造瘘管引流。若引流出的尿液中含有较多血液或引流物较稠,有可能堵塞造瘘管者,应用等渗盐水反复冲洗,直至引流出液体转清、无血块及脓块为止。在冲洗过程中,根据其引流情况,调节造瘘管的深浅,防止造瘘管置于某一肾盏,使术后引流不畅,影响治疗效果。造瘘管位置适当后缝合皮肤并固定好造瘘管。

4. 术后处理

(1) 将造瘘管连接在床旁消毒引流装置上,保护好造瘘管,防止造瘘管脱出或扭曲成角。引流装置应注意无菌、清洁,按期更换。

(2) 保持造瘘管通畅,遇到引流不畅时,可用生理盐水冲洗造瘘管。在血尿明显、肾盂感染、尿液沉渣多等情况下,需用等渗盐水或其他冲洗液做肾盂冲洗,以保持造瘘管通畅,冲洗时应注意无菌操作。

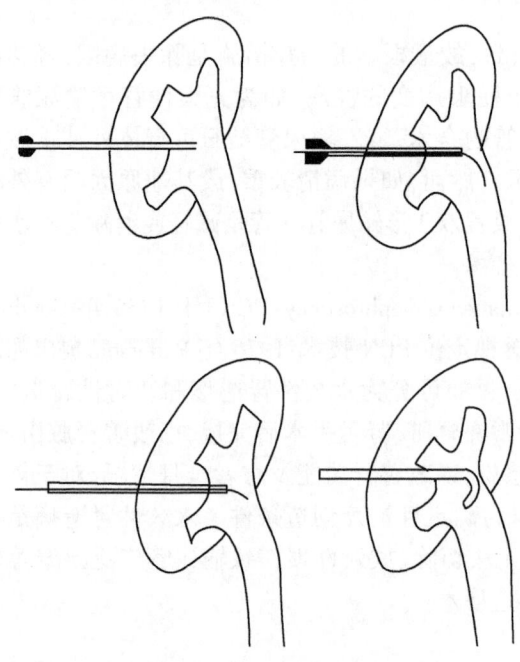

图 12-7 肾造瘘示意图

(3) 鼓励患者多饮水或给予静脉输液。

(4) 用抗生素防治感染。

(5) 记录尿量,定期测定肾功能与电解质。在梗阻解除后,如发生多尿,则更应密切观察肾功能电解质,及时补充液体与电解质。

(6) 需长期放置引流者,首次更换造瘘管可在术后 3~4 周进行,更换造瘘管时宜准备好两根造瘘管(一根管径与原造瘘管相当,另一根则比原造瘘管管径略小些),在拔出原造瘘管时,应立即放置备好的造瘘管,插入深度与原管相同。更换造瘘管后即时检查引流管通畅情况。

5. 并发症及其处理 并发症发生率为4%~5%,死亡率为0.2%,较外科手术死亡率的6%~12%为低,常见并发症有损伤邻近器官、尿瘘、出血、败血症、肾周围脓肿、尿囊肿、造瘘管脱出或阻塞等。故术中注意在操作过程中应使用超声或X线透视了解穿刺针、导丝和造瘘管的位置,以免损伤肾实质、肾蒂、肾血管。术后造影了解有无肾脏损伤、肾盂穿孔和尿瘘非常重要,必要时可更换较粗引流管。如发现术后大出血,可暂时钳夹阻断肾造瘘管,使集尿系统封闭达到止血目的。如不能奏效,应及时行肾动脉造影,发现并栓塞出血动脉分支。

6. 疗效评价 PCN为泌尿系统疾病的微创治疗开辟了新的途径,成功率为95%~100%。其操作技术和材料设备还在不断地完善更新,以使这一技术能够更广泛更安全地应用。

输尿管金属支架置入术治疗输尿管狭窄引起的肾积水,在早期国外报道较多,但支架术后的支架移位或再狭窄等并发症较多,现已被经膀胱镜或经肾盂造瘘通道放置双J形输尿管导管所代替。

(狄镇海 邹 容)

第十三章 盆腔疾病

第一节 盆腔大出血

【概述】 盆腔大出血常见于产科出血、泌尿生殖系肿瘤以及严重盆腔外伤的并发症。少量或缓慢的出血可采用保守治疗方法处理,如果出血量较大,不能采取迅速有效的止血措施,可导致患者失血性休克甚至危及生命。在治疗上,过去多采用外科手术,结扎止血,但创伤大,风险高。随着介入技术的不断完善,经动脉栓塞止血成功率高,创伤小,并发症少,常能起到立竿见影的效果。

【病因】 盆腔大出血常见原因可分为:外伤性大出血、手术后大出血、肿瘤性大出血及产科大出血等。

外伤性大出血一般合并严重骨盆骨折,出血部位多位于跨越骨折线的部位,出血血管多为髂内动脉的分支。

盆腔手术后大出血见于盆腔多种疾病术后,可分为术后早期出血(1~4日)和晚期出血;早期出血的主要原因为术中血管损伤或动脉血管结扎不当,晚期出血则多由感染造成的血管侵蚀破溃。

肿瘤性大出血最多见于膀胱癌和宫颈癌以及滋养细胞肿瘤等,主要为恶性肿瘤侵蚀肿瘤表面小血管,出血呈反复持续,特别是滋养细胞肿瘤具有极强的血管侵蚀能力,病灶部位常出现大量新生血管及动静脉瘘。

产科大出血根据出血的时间可以分为妊娠期出血、产后出血,妊娠期大出血常见原因有子宫切口部妊娠、前置胎盘;产后大出血常见原因有子宫收缩乏力、胎盘因素、软产道裂伤及凝血功能障碍等。产科出血是引起产妇发病率和死亡率升高的主要原因。

【临床表现】 骨盆骨折所致的大出血,患者多数处于失血性休克状态,血压下降,脉搏细速,骨盆X线平片显示骨折。手术后大出血,则多表现为排暗红色便或表现为引流管出血,血红蛋白下降和循环不稳定表现。肿瘤性出血则表现为血尿和阴道出血,出血量时多时少伴血块且反复不止。而阴道出血和失血性休克及弥散性血管内凝血(DIC)则常是产后大出血的主要表现。

【辅助检查】 盆腔大出血主要根据临床表现确诊,但一般检查必须同步进行,如血常规、出凝血时间、血型、X线平片、心电图等,用于评估患者失血量及休克状态,骨盆骨折平片即可确诊,CT可观察腹膜后积血;对于肿瘤性出血,B超、CT、MR均有肿瘤定位、定性表现。

【常规治疗】 无论何种原因所致的盆腔大出血,首先要对症处理:补液、止血、输血、抗休克等,密切观察和维持生命体征的稳定,同时与患者及家属充分沟通,赢得患方的理解和配合,进行积极的介入动脉栓塞止血。

【介入治疗】

1. 适应证与禁忌证

(1) 适应证:①外伤性盆腔大出血;②盆腔手术后大出血;③盆腔良恶性肿瘤所致的大出血;④产后及原因不明的子宫大出血(图13-1)。

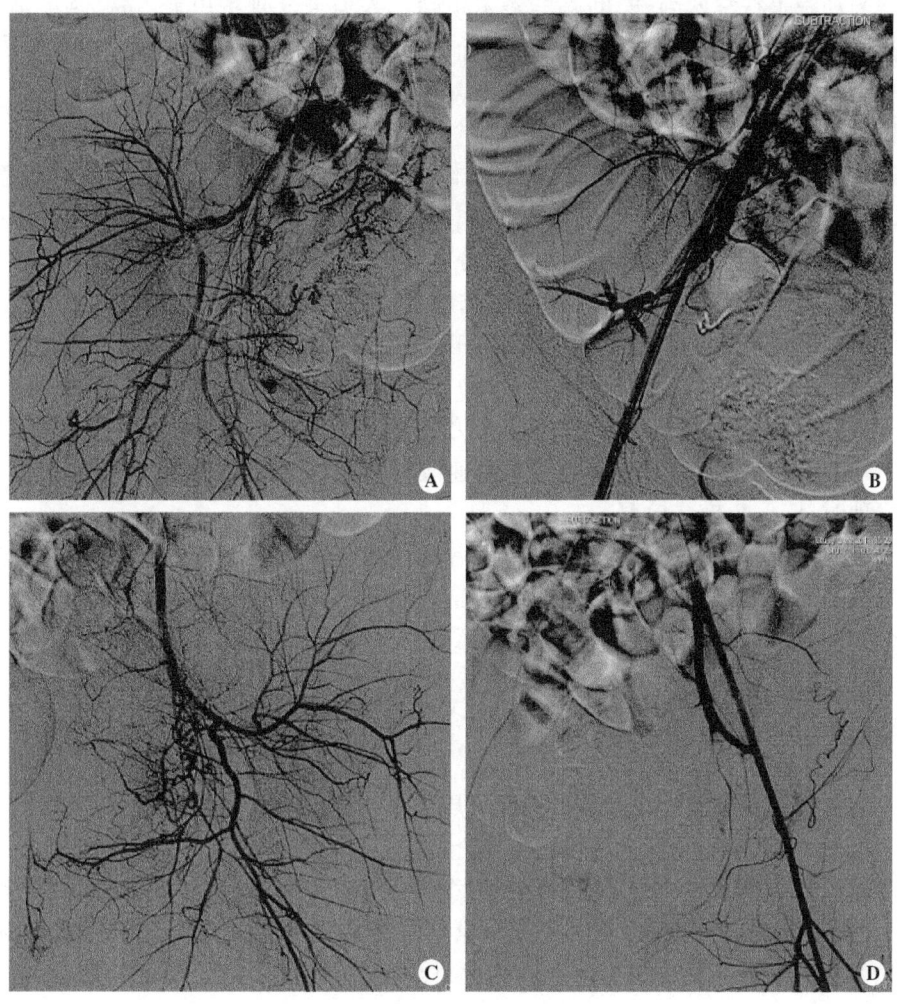

图 13-1 产后出血
A. DSA 造影可见多个出血点,责任动脉为右侧髂内动脉分支;B. 避开臀上动脉将右侧髂内动脉栓塞;C、D. 再行左侧髂内动脉造影和栓塞,术后患者出血停止

(2) 禁忌证:无绝对禁忌证,相对禁忌证包括出血性休克所致的急性肾衰竭和 DIC。

2. 术前准备

(1) 危重者积极抗休克治疗,监护生命体征。

(2) 一般造影的术前准备,包括选用非离子型对比剂、会阴部备皮、导尿管留置等,有关栓塞风险和可能发生的一般并发症与家属充分沟通并签订手术同意书。

(3) 器材准备:穿刺针、动脉鞘、5F 子宫动脉导管(RUC)、微导管,0.035in 超滑导丝。栓塞材料:明胶海绵、PVA、弹簧圈等。

3. 操作方法

(1) 穿刺、插管:选择易于穿刺侧股动脉入路,分别行双侧选择性髂内外动脉插管、造影,寻找和确认出血"责任血管"。

(2) 血管造影:出血的直接征象为造影剂外溢,造影剂不规则点状或片状分布,多在动脉期出现,至实质期和静脉期渐渐弥散,消退慢;超选择出血动脉造影上述征象更加明显。

也可表现为动脉走行突然中断,断端毛糙不规则。若为骨盆骨折出血,造影剂外溢常位于骨折线附近;若为膀胱、子宫、直肠等脏器出血,造影剂外溢范围则在相应的解剖范围内;若为良恶性肿瘤侵蚀破坏所致的出血,除见造影剂外溢表现外,尚可见肿瘤血管染色与肿瘤相关造影表现。

(3)栓塞:在超选择插管造影明确出血部位后进行栓塞治疗。栓塞剂的选用原则为:①髂内动脉的小分支及远端血管出血或渗血,一般首选明胶海绵颗粒(1mm×1mm×1mm大小)或PVA(聚乙烯醇),因其能达到出血小分支栓塞;②髂内动脉大分支血管出血,则常用明胶海绵条,弹簧圈栓塞;③弥漫性出血可选用明胶海绵颗粒或配合不锈钢圈。栓塞结束的标准为造影剂流动明显变慢甚至有反流表现时。

4. 注意事项

(1)仔细阅读DSA造影图像,如有可疑之处要进一步超选再次造影明确。栓塞时推注栓塞剂时速度要快慢适中,观察靶血管的流速改变情况,若发现造影剂流动明显变慢甚至有反流表现时,应停止推注栓塞剂。

(2)当髂内、外动脉及子宫动脉造影均未发现出血征象时,可行双侧髂内动脉栓塞。因盆腔出血一般都来自髂内动脉,即使两侧髂内动脉均完全栓塞,也会由于侧支循环的建立而不会引起盆腔器官的缺血坏死,但应注意栓塞剂不能反流或误栓入髂外动脉。

5. 术后处理 常规拔管处理。穿刺侧肢体伸直6~8h,以防穿刺点出血。密切观察生命体征和及时对症处理。原发病按相关专科常规处理。

6. 并发症

(1)与操作相关的并发症:血肿、动脉夹层形成、动脉痉挛、闭塞。

(2)急性、迟发性造影剂过敏或造影剂肾病。

(3)被栓塞的器官可产生缺血坏死,继发器官感染,导致尿潴留、卵巢功能减退等。

(4)外伤性大出血栓塞时,若栓子误入髂外血管,则可能引起远端肢体的缺血坏死,臀上动脉栓塞可产生臀部皮肤缺血坏死。因此,栓塞应尽量避免正常组织栓塞,同时栓塞不可过量,避免反流。

7. 疗效评价 随着介入技术和器材的不断完善,盆腔大出血栓塞成功率在95%以上。总之,介入栓塞止血由于具有止血确切、创伤小、并发症少等优点已成为盆腔大出血公认的首选治疗方法。

(赵 辉 黄 健)

第二节 妇科恶性肿瘤

【概述】 妇科常见的恶性肿瘤主要有子宫颈癌、子宫内膜癌和子宫肉瘤、绒毛膜上皮癌和卵巢癌等。随着人类平均年龄的增长及各种致癌因素的不断增加,妇科恶性肿瘤的发病率呈逐年上升的态势。在肿瘤的治疗方面,近年来进展很快,强调各种手段的综合治疗,有力地推动了妇科恶性肿瘤的治疗局面,但对于中晚期妇科恶性肿瘤,因肿瘤对周围组织器官的浸润扩展使手术机会丧失。常规的静脉化疗由于癌组织局部药物浓度低而不能有效杀灭癌细胞,故治疗效果难以令人满意。血管介入治疗用于中晚期妇科恶性肿瘤,能够取得较好的疗效,已成为传统治疗的有效补充手段。

【病因】 妇科恶性肿瘤的病因尚未完全明了,但与以下因素相关。

(1) 子宫颈癌的相关因素:①人乳头状病毒(HPV);②多个性伴侣;③吸烟;④性生活过早(<16岁);⑤性传播疾病等。

(2) 子宫内膜癌的相关因素:病因不十分清楚。主要有两种发病类型。Ⅰ型是雌激素依赖型,其发生可能是在无孕激素拮抗的雌激素长期作用下,发生子宫内膜增生症,继而癌变。这种类型占子宫内膜癌的大多数,均为子宫内膜样腺癌,预后好。Ⅱ型是非雌激素依赖型,发病与雌激素无明确关系。本病多见于老年体瘦妇女,预后不良。大约有10%的子宫内膜癌还与遗传有关。

(3) 卵巢癌的相关因素:①遗传和家族因素,5%~10%卵巢恶性肿瘤患者有家族史;②内分泌因素,未孕妇女发病多,说明妊娠可以保护妇女不患或少患卵巢癌,因为妊娠期停止排卵,减少卵巢上皮损伤;③与口服避孕药可能有关。

(4) 滋养细胞肿瘤相关因素:病因不明。

【病理】

1. 子宫颈癌的主要病理 分为鳞状细胞浸润癌、腺癌、腺鳞癌等。腺癌占20%~25%,鳞状细胞浸润癌占75%~80%。鳞腺癌占子宫颈癌的3%~5%,癌组织中含有腺癌和鳞癌两种成分。其他少见的病理类型如神经内分泌癌、未分化癌、混合性上皮/间叶肿瘤等。

2. 子宫内膜癌的主要病理 子宫内膜癌大体分为弥散型和局灶型,病灶原发于子宫内膜,弥散型累及大部分甚至全部内膜,并突向宫腔,常伴有出血、坏死,较少有肌层浸润,晚期可侵及深肌层或宫颈;局灶型癌灶多见于宫底或宫角部,病灶小,呈息肉或菜花状,易侵犯肌层。镜检有多种组织类型:①内膜样腺癌,占80%~90%;②腺癌伴鳞状上皮分化;③透明细胞癌;④浆液性腺癌;⑤黏液性癌。

3. 卵巢癌的主要病理 主要分为上皮性肿瘤、生殖细胞肿瘤和性索-间质肿瘤三种,其中以前者为多,可分为浆液性或黏液性囊腺癌、腺癌及内膜样癌,肿块形态多不规则或呈分叶状。

4. 滋养细胞肿瘤的主要病理 绒癌多数发生于子宫,少数可有子宫内未发现原发病灶而只有转移灶出现。子宫绒癌可形成单个或多个宫壁肿瘤,呈深红色、紫色或棕褐色,肿瘤可突入宫腔,入侵宫壁或突出于质膜层,质脆,极易出血。镜下可见成堆的滋养细胞和合体滋养细胞,排列紊乱,正常绒毛结构消失。绒癌主要经血行播撒,最常见转移部位为肺。

【临床表现】

1. 子宫颈癌的主要临床表现 ①阴道流血,常表现为接触性出血,也可表现为不规则引导流血,或经期延长、经量增多,老年患者常表现为绝经后不规则阴道流血;②阴道排液,白色或血性,有腥臭;③晚期出现继发性症状,如尿频、尿急、肾积水、便秘、下肢肿痛。

2. 子宫内膜癌的临床表现 ①主要表现为绝经后阴道流血,量一般不多,尚未绝经者可表现为月经量增多,经期延长或月经紊乱;②阴道排液,多为血性或浆液性分泌物;③晚期肿瘤侵犯周围组织及压迫神经引起下肢或腰骶部疼痛。

3. 卵巢癌的主要临床表现 ①发病隐秘,缺少早期诊断行之有效措施;②晚期当肿块较大时出现腹水及相关压迫症状,预后差。

4. 滋养细胞肿瘤的主要临床表现 ①阴道流血,由子宫病灶侵蚀血管或阴道转移结节破溃引起;②子宫复旧不全或不均匀性增大;③卵巢黄素化囊肿;④腹痛:一般无腹痛,但当子宫病灶穿破质膜层时可引起急性腹痛和腹腔内出血症状;⑤假孕症状;⑥远处转移:肺转移、肝转移、脑转移等。

【辅助检查】

1. 超声成像

（1）子宫颈癌的超声检查主要是了解是否侵犯邻近结构及盆腔转移。子宫体癌的超声图像早期多无特殊异常所见，中晚期子宫体癌的超声图像可表现为宫腔内不规则高中弱回声或杂乱分布。

（2）卵巢癌的主要超声表现：正常卵巢形态完全消失，肿瘤形态不规则，内部回声高低不均；瘤体内血流丰富，可见点状血管影。

（3）滋养细胞肿瘤的主要超声表现：宫体形态不正常，表现高低不平；宫区回声分布不均，有不规则低回声，其中夹有索条状及斑块状中等回声。

2. CT 扫描

（1）CT 对宫颈原位癌诊断价位有限，当肿瘤较大、宫颈明显增大时，则 CT 能显示宫颈癌病灶的大小、浸润和转移的范围，对晚期宫颈癌的诊断准确率较高。

（2）CT 对局限于子宫内及Ⅱ期的子宫内膜癌平扫无法证实，适用于Ⅲ期以上子宫内膜癌，CT 可显示子宫局限增大，形态不规则且内膜厚薄不一，密度不均，宫腔内可见软组织密度块影，内含低密度的肿瘤坏死区。增强扫描见正常子宫肌层强化而低密度灶无强化，远处转移时出现相关表现。

（3）CT 对卵巢癌的定位及分期均有帮助。可见盆腔肿块、肿块大小不等，肿块可为实质性亦可为囊实性，边缘不规则，少数肿块内可见钙化（浆液性或腺癌）。

（4）绒癌 CT 表现与侵蚀性葡萄胎相似，表现为肌层的侵袭，宫腔轮廓线局部消失，肌层不同程度增厚，平扫该处密度与正常肌层无明显差异，增强后侵犯处强化程度比正常肌层差。

3. MRI 成像

（1）宫颈癌：MRI 具有良好的软组织分辨力，可多方向成像，对宫颈癌的分期有明显优势。

（2）子宫内膜癌：MRI 表现子宫增大，内膜增厚（月经期后内膜>5mm 或经前期>10mm 即为不正常），宫腔内肿块，内膜结合带及肌层受到破坏等。增强后内膜癌呈现不同程度强化可与正常内膜分开。

（3）卵巢癌：多见于盆腔内不规则肿块，较大时往往与子宫分界不清。肿瘤可为实性或以实性为主。盆腔器官和盆壁受侵并远处转移时可见相关征象。

（4）滋养细胞肿瘤：侵袭性葡萄胎及绒癌在 MRI 上均首先表现为子宫增大，内膜增厚。侵袭性葡萄胎内膜信号不均匀，边界不光整，肌层则变薄。在显示侵袭性葡萄胎及绒癌对子宫肌层的浸润和有效的治疗后子宫恢复情况的表现方面，MRI 因具有极好的软组织对比分辨能力而优于其他影像学手段。

【常规治疗】 因宫颈癌绝大多数为鳞状细胞癌，对放疗比较敏感，故宫颈癌的治疗主要是放疗。早期患者可考虑手术。化疗主要用于晚期或复发转移患者和同期放化疗。目前公认的方案是新辅助化疗，它是指在患者手术前或放疗前进行的先期化疗，特别是中晚期患者能缩小肿瘤的体积和范围，减低肿瘤分期，从而使原来无法手术的患者有可能进行宫颈癌根治术。

子宫内膜癌的治疗应根据子宫大小，肌层被侵犯情况，癌细胞分化程度及患者全身情况而定。治疗尽可能以手术为主,放疗及药物治疗可单用或综合应用。

卵巢癌的治疗原则以手术为主,辅以化疗、放疗等综合治疗。

滋养细胞肿瘤治疗原则以化疗为主,手术、放疗为辅,尤其是侵蚀性葡萄胎,化疗几乎可以完全替代手术,手术治疗主要用于辅助治疗,对于控制出血、切除耐药病灶、减少肿瘤负荷和缩短化疗疗程等方面有作用,在一些特定情况下应用。

【介入治疗】

1. 适应证与禁忌证

(1) 适应证:①术前新辅助化疗,主要用于宫颈癌、卵巢癌、子宫内膜癌等;②手术或放疗后复发的姑息性治疗;③根治性治疗,主要用于恶性滋养细胞肿瘤;④妇科恶性肿瘤所致的出血及放疗后出血的治疗;⑤妇科恶性肿瘤所致的动静脉瘘。

(2) 禁忌证:妇科恶性肿瘤无绝对禁忌证,其相对禁忌证:①严重的心肺肝肾功能障碍;②白细胞低下($<3.0\times10^9$/L);③穿刺点皮肤感染;④严重动脉硬化。

2. 术前准备

(1) 常规准备:①对术前需常规检查血尿常规、出凝血时间、心肝肾功能,必要时检查卵巢内分泌功能;②对情绪紧张者术前半小时可用镇静剂;③术前可预防性使用广谱抗生素;④会阴部备皮、留置导尿管。

(2) 介入器材:①18G 血管穿刺针和 5F 导管鞘;②导管和导丝:0.035in 超滑导丝,5F 子宫动脉导管,微导管微导丝;③栓塞剂:医用明胶海绵、平阳霉素和超液化碘油、聚乙烯醇(PVA)微粒、钢圈等。

(3) 化疗药物:宫颈癌、卵巢癌常选择阿霉素类、铂类等;滋养细胞肿瘤常采用持续动脉灌注配合静脉滴注化疗,常用药物氟尿嘧啶(5-FU)、甲氨蝶呤(MTX)、更生霉素(KSM)、长春新碱(VCR)等。必须指出,并不是所有的适合静脉应用的抗癌药均适用于动脉用药。

3. 操作方法

(1) 穿刺、插管:同常规方法。

(2) 子宫颈癌、子宫内膜癌、侵蚀性葡萄胎、绒癌主要血供来源于双侧子宫动脉,卵巢动脉亦参与少量供血。早期病例,病灶较为局限,进行双侧子宫动脉灌注化疗栓塞,将达到理想的效果。当肿瘤侵犯宫旁组织时,髂内动脉前干的其他分支也参与供血,应选择双髂内动脉前干插管进行相应的治疗。对于卵巢癌患者,除了子宫动脉卵巢支外有可能卵巢动脉参与或主要由其供血(图 13-2)。

髂内动脉灌注化疗和栓塞术,超选择性插管,DSA 造影满意后,一般先将 2/3 量的抗癌药物先行灌注,然后将剩余 1/3 量加在栓塞剂中混悬后进行栓塞。这样可以使癌组织首先获得较高的冲击浓度,其后栓塞剂中药物缓慢释放,又可对癌细胞起持续杀伤作用。同时栓塞肿瘤的供血动脉可使对血供敏感的癌细胞缺血缺氧,从而导致肿瘤死亡。

4. 术后处理 常规拔管处理。穿刺侧肢体伸直 6~8h,以防穿刺点出血。密切观察生命体征和及时对症处理。监测和处理不良反应,包括胃肠道反应、骨髓抑制反应、栓塞后综合征等。

5. 并发症

(1) 与血管内操作相关的并发症:血肿、动脉夹层形成、动脉痉挛、闭塞。

(2) 与化疗药物相关的并发症:恶心、呕吐、疼痛、发热、骨髓抑制、肝功能损害、肾功能损害。

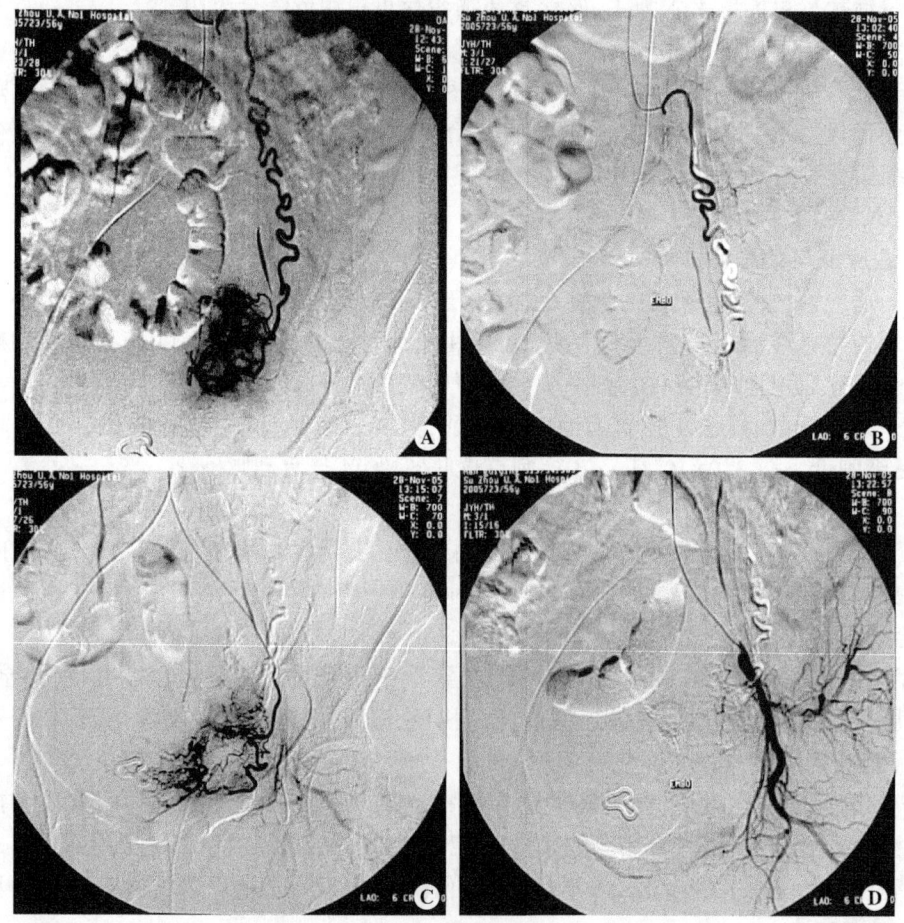

图 13-2 左侧卵巢癌

A. 左侧卵巢动脉造影可见动脉增粗,卵巢区团块状肿瘤染色;B. 栓塞后仅见其主干,肿瘤染色消失;C. 同时左侧子宫动脉造影可见肿瘤染色,提示参与肿瘤供血;D. 栓塞后染色消失

(3) 异位栓塞,如髂内动脉前后广泛栓塞,可能发生膀胱壁、皮肤、臀肌坏死。

(4) 急性、迟发性造影剂过敏。

6. 疗效评价 妇科中晚期恶性肿瘤患者术前介入治疗,经 1~2 次介入治疗后有的可行手术切除。

(赵 辉 黄 健)

第三节 子宫肌瘤及子宫腺肌病

一、子宫肌瘤

【概述】

子宫平滑肌瘤(uterine leiomyoma)临床上简称子宫肌瘤(uterine myoma),由平滑肌细胞和不同数量的纤维结缔组织组成,是女性盆腔最常见的良性肿瘤。本病多发生于 30~50 岁妇女,高峰年龄为40~50岁,20岁以下少见。尽管子宫肌瘤的恶变率低,约0.5%,但因肌瘤造成的出血、压迫症状、流产及不孕等临床表现,常常是患者要求治疗的原因。传统的治疗方法以手术为主,但考虑到手术所致的创伤和相关并发症,对子宫肌瘤的介入治疗越来越受到关注。大量的临床研究表明,介入治疗子宫肌瘤安全、创伤小、并发症少,能在短期内控制子宫肌瘤导致的月经量多、过频、经期延长的症状,使子宫肌瘤体积缩小,缓解盆腔压迫和贫血症状,还能保持子宫和卵巢的正常生理功能,治疗效果良好。

【病因】 子宫肌瘤确切的发病原因尚不清楚,因肌瘤好发于生育年龄,绝经后萎缩或消退表明其发生可能与女性激素有关;生物检测证实肌瘤组织局部对雌激素的高敏感性是肌瘤发生的重要因素之一;此外,研究还证实孕激素有促进肌瘤有丝分裂、刺激肌瘤生长的作用;细胞遗传学研究显示25%~50%子宫肌瘤存在细胞遗传学的异常。

分子生物学研究提示子宫肌瘤是由单克隆平滑肌细胞增殖而成,多发性子宫肌瘤是由不同克隆细胞形成。

【病理】

1. 大体所见 肌瘤多为实质性球体结节,好发于子宫体部,生长于子宫颈部者占10%,常为多发,表面光滑,与周围组织有明显界限。肌瘤与周围受压的子宫肌层有一层疏松结缔组织称为假包膜,营养血管行走于其间。

2. 分类 根据肌瘤与子宫肌壁的关系将其分为三类。

Ⅰ 肌壁间子宫肌瘤,占全部肌瘤的60%~70%,肌瘤生长局限于子宫肌层内,周围均被肌层包围。

Ⅱ 浆膜下子宫肌瘤,约占20%,为肌层间肌瘤向浆膜下突出,突出程度不一,有时肌瘤与浆膜面仅有蒂相连。

Ⅲ 黏膜下子宫肌瘤,占10%~15%,肌瘤向子宫腔内发展,突入子宫腔,表面覆盖子宫黏膜层,亦常形成带蒂肌瘤。此型最易引起子宫出血。

3. 镜下所见 ①主要由梭形平滑肌细胞和不等量纤维结缔组织构成。肌细胞大小均匀,排列成漩涡状或栅状,核为杆状;②极少情况下有一些特殊的组织学类型,如富细胞性、奇异型、核分裂活跃、上皮样平滑肌瘤和播散性腹膜平滑肌瘤等,这些特殊平滑肌瘤的性质及恶性潜能尚有待确定;③子宫肌瘤变性,有玻璃样变、囊性变、红色变性、肉瘤样变、钙化。

【临床表现】

(1) 多数患者无明显症状,仅在体检时偶尔发现。

(2) 月经改变:表现为月经量增多,经期延长,是子宫肌瘤最常见症状。月经过多可致继发失血性贫血,浆膜下肌瘤常无出血症状。

(3) 下腹包块:肌瘤较小时在腹部摸不到包块,当肌瘤逐渐增大使子宫超过3个月妊娠大时可从腹部触及。

(4) 压迫症状:因肿瘤发生部位及大小而产生不同的症状。位于子宫前壁或子宫颈前方的肌瘤可以压迫膀胱产生尿频、尿急或尿潴留;位于子宫后壁的肌瘤可以压迫直肠引起便秘。

(5) 白带过多:肌壁间肌瘤使宫腔面积增大,内膜腺体分泌增大,并伴有盆腔充血,可引起白带增多;黏膜下肌瘤一旦感染,可有大量脓样白带,若有溃疡、坏死、出血时,可有血性或脓血性、有恶臭的阴道溢液。

(6) 疼痛:一般无疼痛症状,但当带蒂的肌瘤扭转或红色变性时可发生急性腹部绞痛。

(7) 不孕或流产：子宫肌瘤可改变宫腔形态从而可引起不孕或流产。

(8) 其他：包括下腹坠胀、腰酸背痛，经期加重。

【辅助检查】

1. 超声成像　子宫肌瘤的首选影像学检查方法，正确率较高，可发现肌瘤的生长部位、数目、大小、有无变性，并可与卵巢肿瘤鉴别，肌瘤表现为圆形的低回声或等回声区，周围可见低回声的假包膜。

2. CT 成像　显示子宫肌瘤的部位、数目、大小、形态和内部结构，有无变性。子宫肌瘤多表现为圆形，包膜完整，周围结构受压移位或变形。平扫无变性的肌瘤密度与子宫肌层一致为等密度，如有坏死或变性或钙化则相应显示为低密度或高密度；增强后无变性肿瘤均匀强化，坏死区表现为不规则无强化区。

3. 磁共振（MRI）成像　多方位成像能清晰显示子宫肌瘤的大小、数目、部位及与子宫的关系。对于小于2cm的病灶敏感性也较超声高。子宫肌瘤在MRI上表现为子宫轮廓不规则。当肌瘤向宫腔内突出时，结合带及宫腔受压变形，但结合带信号完整无破坏，可与恶性占位相鉴别。当肌瘤发生玻璃样变或囊性变时，T_2WI信号增高；红色变性时T_1WI信号增高。增强扫描实质部分均匀强化，坏死变性部分为不规则无强化区。

4. 实验室及相关检查　血常规、尿常规、粪常规、肝肾功能、血糖、血型、肝炎标志物、心电图、胸部X线片等。

5. 病理学检查

(1) 宫颈刮片细胞学检查，排除宫颈癌前期病变及子宫颈癌。

(2) 子宫内膜分段诊刮术，除外子宫内膜癌及子宫肉瘤等。

(3) 肌瘤穿刺活检（超声引导下经腹或阴道），排除恶性病变。

6. 宫腔镜　对于怀疑黏膜下肌瘤的病例，宫腔镜可以清楚地观察到子宫肌瘤的大小、位置，并能对子宫内膜全面进行观察。

【常规治疗】子宫肌瘤发生率虽然很高，但若肌瘤体积不大，且无任何临床症状，可不用治疗，定期监测。对于有明显症状的患者，可根据情况选择适当的治疗方法。

1. 药物治疗　适用于症状轻、近绝经年龄或全身情况不宜手术者。药物治疗可以一定程度的控制子宫肌瘤，缓解症状，缩小肌瘤体积，但一般不能使肌瘤消除或根治，往往停药后随体内激素水平的恢复而有肌瘤复发或再长大的可能。常用药物有促性腺激素释放激素激动剂，如米非司酮。

2. 手术治疗　手术仍是子宫肌瘤最常用的治疗手段，主要分为子宫切除术和肌瘤切除术。

【介入治疗】

1. 治疗机制　子宫动脉栓塞（uterine arterial embolizntion, UAE）的目标是将栓塞材料释放到子宫肌瘤的供血动脉，使肌瘤得不到所需的养分，而逐渐萎缩，甚至完全消失，从而达到治疗目的又避免了对子宫的永久性损伤（图13-3）。从本质上讲子宫肌瘤的去血管化是UAE的重要环节。这种选择性的去血管化与肌瘤的血供特性有关。正常子宫主要由双侧子宫动脉供血，每侧子宫动脉上行支沿途发出弓状动脉环绕子宫肌层行走，两侧弓动脉相互吻合，弓动脉发出放射状动脉成直角伸入子宫肌壁间，至内膜延伸为螺旋小动脉，再与基底小动脉相连，其间有丰富的交通血管网。放射状动脉与螺旋小动脉过渡口径为20~200μm，栓塞剂颗粒直径为500μm，理论上颗粒剂不会进入放射状血管远端及螺旋动脉。这就保证了子宫肌层交通血

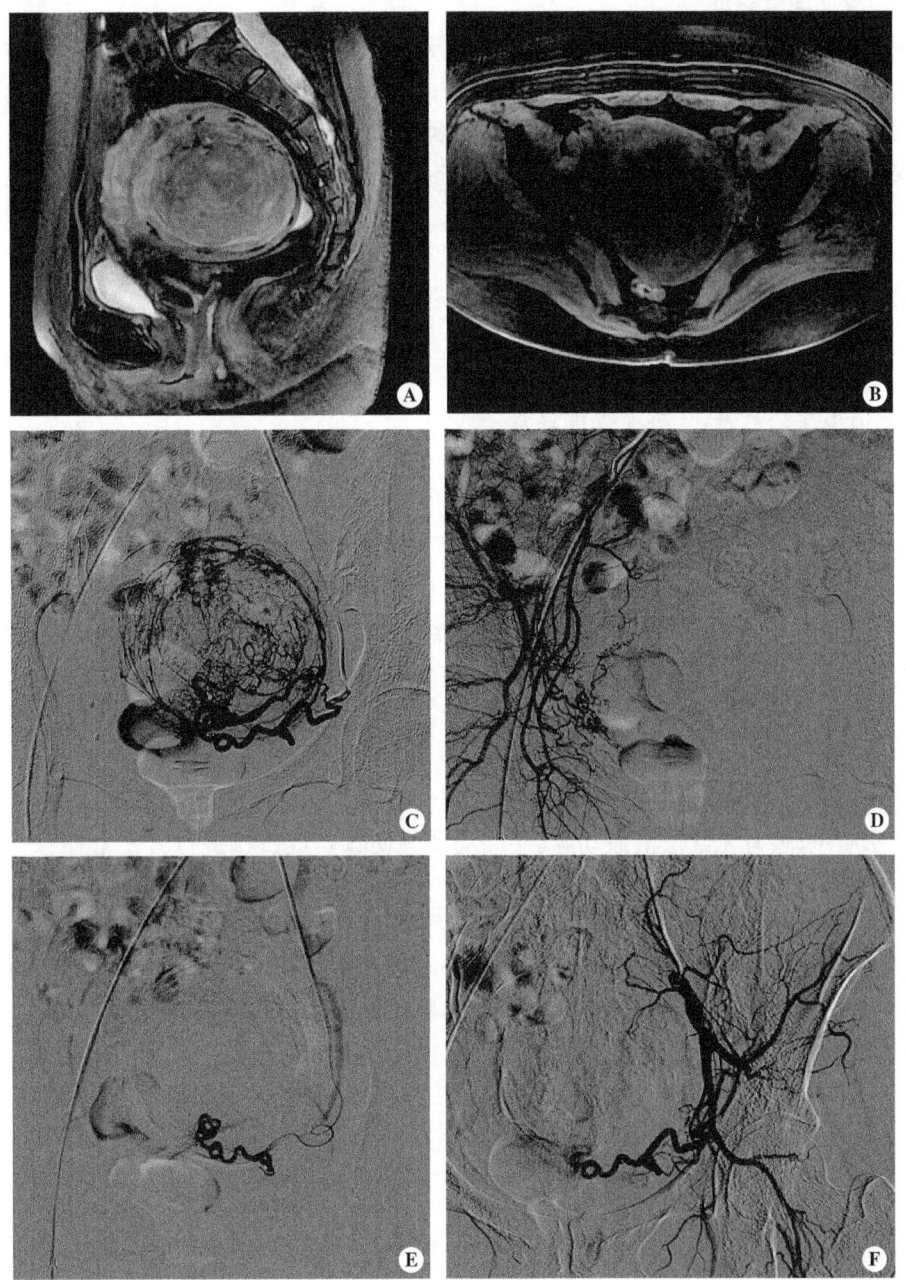

图 13-3 黏膜下肌瘤

A、B. 黏膜下肌瘤;C、D. 行双侧子宫动脉造影显示明显肿瘤染色,以左侧子宫动脉供血为主;
E、F. 左侧子宫动脉超选后进行栓塞,肿瘤染色消失

管的通畅,使肌层不发生大面积梗死,而肌瘤新生血管为肌瘤提供的是终端营养,无完善的储备交通血管网为其供血,从而导致肌瘤的急性缺血缺氧。栓塞后出现完全去血管化,肌瘤组织变性坏死,这是实现子宫动脉栓塞治疗肌瘤的解剖学基础。另一方面子宫平滑肌具有较低新陈代谢率,对缺血缺氧耐受性高,因此在临床上及病理上可观察到肌瘤出现完全的坏死,而子宫平滑肌未出现明显的坏死或少量子宫浅肌层的坏死。

2. 适应证与禁忌证

（1）适应证：①育龄期女性、绝经期之前；②经血过多及占位压迫性症状明显；③保守治疗（包括药物治疗）无效和肌瘤切除术后或复发者；④拒绝手术，要求保留子宫及生育功能者或不能耐受外科手术者；⑤无症状性子宫肌瘤，肌瘤直径>4cm 或肌瘤直径≤4cm，但患者心理负担重，要求治疗者；⑥巨大子宫肌瘤子宫切除前的栓塞治疗，目的是为了减少术中出血。

（2）禁忌证

1）绝对禁忌证：①妇科急慢性炎症未得到有效控制者；②怀疑子宫平滑肌肉瘤或肌瘤生长迅速，怀疑肉瘤者；③带细蒂的肌瘤、阔韧带肌瘤及游离的子宫肌瘤；④存在严重的心肝肾等重要脏器疾病；⑤妊娠或可疑妊娠者。

2）相对禁忌证：①穿刺部位感染；②肌瘤>10cm 或子宫大于 6 个月妊娠子宫大小；③盆腔炎或阴道炎未治愈者；④凝血功能异常。

3. 术前准备

（1）子宫肌瘤介入治疗的时机应掌握在月经干净后的 3~7 日；术前禁食 4h、会阴部备皮、导尿管留置等。

（2）药物准备：栓塞剂、止痛药、止吐剂、对比剂、抗凝剂等。

（3）器械选择：穿刺针、动脉鞘、5F 子宫动脉导管（RUC）、微导管、微导丝、0.035in 超滑导丝等。

4. 操作方法

（1）穿刺、插管：同常规方法。

（2）造影：可先用猪尾巴导管做双侧髂总动脉造影，观察子宫动脉的开口水平、走行方向、子宫肌瘤供血、有无异位供血动脉（主要为卵巢动脉）；或直接进行者子宫动脉造影。个别患者可能需要探查是否由卵巢动脉供血。

（3）栓塞治疗：造影证实导管在子宫动脉主干肌瘤的供血动脉分支处即可进行栓塞治疗。栓塞子宫动脉时应在透视监控下进行。栓塞过程中如疼痛较明显可使用吗啡 10mg 肌内注射。子宫肌瘤的栓塞要求完全阻断子宫动脉供血肌瘤的所有分支，栓塞后再行双侧髂内动脉造影，以确认子宫及肌瘤区血供中断，保留子宫动脉上行支主干和卵巢支。

（4）栓塞剂的选用原则：子宫肌瘤的栓塞治疗应使用永久性栓塞剂。常用的有聚乙烯醇（PVA）、Embhere 微球、海藻酸钠微球（KMG）、平阳霉素+超液化碘油乳剂、吸收性明胶海绵颗粒等，微球一般使用 300~500μm（肌瘤实质内血管较稀疏、染色较淡时）或 500~700μm（肌瘤实质内血管较密时染色较浓时）大小，对于有生育要求的患者可以考虑使用吸收性明胶海绵颗粒。

5. 注意事项

（1）插管应在透视或路径图引导下，一般先行选择性左侧髂内动脉插管，在超滑导丝和导管的操作配合下将导管头朝向内侧，缓慢送进，同时手推对比剂证实。

（2）先行左侧髂内动脉造影，观察左侧子宫动脉起始、走行，然后行超选择性左侧子宫动脉插管、造影，观察子宫动脉对肌瘤的供血状况及其卵巢和阴道的分支。当导管超选难度较大时应及时更换微导管。插管动作切忌粗暴，不宜重复尝试，以免发生血管痉挛。一旦子宫动脉发生痉挛可经导管注入罂粟碱或利多卡因，2~3min 后痉挛多可解除。

6. 术后处理 常规拔管处理。穿刺侧肢体伸直 6~8h，以防穿刺点出血。密切观察生命体征和及时对症处理。监测和处理不良反应，包括胃肠道反应、骨髓抑制反应、栓塞后综合征等。

原发病按相关专科常规处理。

对栓塞后综合征(呕吐、疼痛、发热等)认真察看及时对征处理。术后下腹部疼痛相当常见,应重视止痛治疗。一般认为疼痛程度与栓塞颗粒大小相关,而与肿瘤大小、数目无关。栓塞剂颗粒越小,疼痛越明显;这主要是小颗粒栓塞剂将子宫血管床完全阻断,子宫缺血明显的反应,疼痛可持续3~5日,止痛剂的应用可参考"三级止痛阶梯治疗"。

7. 并发症 子宫动脉栓塞的目的就是要达到两侧子宫动脉血管床的完全闭塞。由于子宫动脉是子宫的主要供血动脉,因此很容易对这一方法可能导致的子宫大面积栓塞和坏死产生顾虑。但在大量的临床应用中并未见到这一现象。因盆腔内有大量的侧支循环可能会阻止子宫动脉栓塞所产生的影响。因此,需特别额外治疗的并发症罕见。

(1) 术中并发症:严重的动脉痉挛、闭塞、动脉夹层形成。

(2) 栓塞后综合征:疼痛同大多数实质性器官栓塞一样,表现为下腹弥散性持续疼痛,疼痛原因可能与栓塞后组织缺血水肿造成肌瘤包膜紧张有关;同时可伴有发热、白细胞升高、恶心、呕吐等反应。

(3) 阴道出血:一般持续3~5日,主要由于子宫内膜缺血、坏死、脱落所致。

(4) 感染:子宫动脉栓塞后主要风险可能是延迟出现的严重泌尿生殖系的感染。坏死的肌瘤组织可能是细菌繁殖的理想培养基,而黏膜下肌瘤对子宫动脉栓塞后的感染更加明显。为了减少感染风险,术前应认真控制盆腔感染,术后应常规给予预防性抗生素。

(5) 卵巢功能损伤而导致闭经:目前还很难确定闭经与子宫动脉栓塞有无直接关系,在解剖上如果不存在异常的动静脉畸形时栓塞物质不可能到达卵巢血管床。有三种解释:①认为双侧子宫动脉栓塞后,卵巢动脉为维持子宫营养,通过吻合支提供一部分血液给子宫而导致卵巢的低灌注缺血状态;②卵巢的血供由卵巢动脉和子宫动脉卵巢支同时供血,其中后者提供50%~70%的供血,栓塞子宫动脉导致卵巢供血减少;③还有研究证实保留卵巢的子宫切除患者绝经年龄提前,提示子宫动脉栓塞与卵巢功能之间有一定关系。总之,卵巢功能损伤的发生率很低,且通常可以恢复。

(6) 碘对比剂过敏:急性、迟发性。

8. 疗效评价 从临床疗效和病理变化两方面进行。

(1) 临床疗效评估标准:①显效:月经量明显减少,在治疗6个月后肌瘤总平均体积缩小≥50%;②有效:月经量减少但肌瘤体积缩小20%~50%;③无效:月经量减少不明显,肌瘤体积缩小<20%。

(2) 病理评估标准:肌瘤组织在光学显微镜下可见明显的坏死表现。

二、子宫腺肌病

【概述】

子宫腺肌病(adenomyosis)是由于子宫内膜腺体及间质侵入子宫肌层引起的一种良性病变,常会导致继发性痛经及月经量增多等症状。多发生于30~50岁经产妇,约15%同时合并子宫内膜异位症,约半数合并子宫肌瘤。本病的确诊需根据病理诊断。长期以来,该病的治疗较为困难,传统以手术为主,药物治疗为辅,但药物治疗效果不佳;手术切除子宫不易被患者接受。将经导管动脉栓塞术应用于该病的治疗是目前最新的治疗方法,疗效满意,有望成为代替子宫切除治疗子宫腺肌病的理想方法。

【病因】 子宫腺肌病患者部分子宫肌层中的内膜病灶与宫腔内膜直接相连,故认为内异症由基底层子宫内膜侵入肌层生长所致,多次妊娠及分娩、人工流产、慢性子宫内膜炎等造成子宫内膜基底层损伤,与腺肌病发生密切相关。腺肌病常合并有子宫肌瘤和子宫内膜增生,提示高水平雌孕激素刺激,也可能是促进内膜向肌层生长的原因之一。

【病理】 异位内膜在子宫肌层多呈弥漫性生长,累及后壁居多,故子宫多均匀增大,呈球形。剖开子宫壁可见肌层明显增厚且硬,剖面无肌瘤明显且规则的旋涡状结构,仅在肌壁中见到粗厚的肌纤维带和微囊腔,腔中偶见陈旧血液;少数腺肌病病灶呈局限性生长,形成结节或团块,似肌壁间肌瘤,称为子宫腺肌瘤,腺肌瘤不同于肌瘤之处在于其周围无包膜,与四周肌层无明显分界,因而难以将其自肌层剥出。

镜检见肌层内呈岛状分布的异位子宫内膜腺体与间质。由于异位内膜细胞属基底层,对孕激素不敏感,故异位腺体常呈增生期改变,偶尔见到局部区域有分泌期改变。

【临床表现】 近年来本病有发病率上升及发病年龄下降的趋势,可能与剖宫产、人工流产等手术的增多相关。

(1) 月经失调(40%~50%):主要表现为经期延长、月经量增多。这是因为子宫腔内膜面积增加、子宫肌层纤维增生使子宫肌层收缩不良、子宫内膜增生。严重的患者可以导致贫血。

(2) 痛经(15%~30%):特点是逐渐加重的进行性痛经。常在经前1周开始出现,当经期结束痛经即缓解。

(3) 大约有35%的患者无明显症状,无症状者与子宫肌瘤不易鉴别。

【影像学表现】

1. 超声检查 典型超声图像:①子宫均匀增大呈球形,周边毛糙,子宫肌层增厚以后壁为著;②子宫内膜厚度变化不大,多数内膜线前移;③子宫切面多呈不均质低回声暗区或小结节,局限型的表现为不均质强回声,边界模糊不清无包膜;④肌层内可见多发散在的小积血囊;⑤月经前后子宫大小和内部回声有变化;⑥彩超示子宫内血流明显增多,病灶内有彩色血流信号。

2. CT 成像 在显示病灶的有无及与子宫肌瘤的鉴别上不如 MRI 敏感。

3. MRI 成像 MRI 诊断子宫腺肌病的特异度优于阴道超声,被认为是目前临床诊断子宫腺肌病的最佳检查方法。另有报道脂肪抑制序列技术显像能更清楚地显示病变的边界,因而有利于病变径线的测量。子宫腺肌病的 MRI 表现主要有两个特征,即子宫腺肌病病灶本身的 MRI 信号低于周围正常肌肉组织,但与周围组织边界不清,病灶内可见散在点状强回声;另外,因为病变信号的强度与结合带很接近,子宫结合带增宽是另一个重要特征。

【常规治疗】 治疗需结合患者的年龄、症状及生育要求进行个体化选择。

1. 药物治疗 子宫腺肌病是一种雌激素依赖型疾病,故临床一般选用假绝经疗法。可口服避孕药、孕激素、达那唑和促性腺激素释放激素(GnRH)激动剂如醋酸亮丙瑞林,均可缓解症状,但需要注意药物的不良反应,并且停药后症状可复现。

2. 手术治疗 药物治疗无效的患者可考虑手术治疗,包括根治手术和保守手术。根治手术即为子宫切除术,年轻或希望生育的子宫腺肌瘤患者,可试行病灶挖除术,但术后有复发风险。

【介入治疗】

1. 治疗机制 子宫腺肌病患者的异位内膜全部位于子宫肌层,通过子宫动脉获得血供,这为子宫动脉栓塞治疗提供了血管解剖学基础,异位于子宫肌层的内膜源自于子宫内膜基底层,处于增生期,对缺血、缺氧敏感,这为子宫动脉栓塞治疗提供了病理基础。子宫腺肌病的病因之一是由于诸如分娩、人流等创伤导致肌壁间出现微小通道,基底层内膜沿此通道进入子宫肌层,子宫动脉栓塞治疗后,由于异位内膜和肌层部分坏死使子宫体积缩小,通道关闭,正常子宫内膜基底层不能由此进入肌层;另一方面异位的内膜有合成雌激素功能,进而使局部雌激素水平增高,促使异位内膜的生长。子宫动脉栓塞治疗后异位内膜坏死,使局部雌激素减少,消除了子宫腺肌病的发病原因,子宫肌层缺血、缺氧,使侵入肌层的内膜坏死,增生的肌细胞和结缔组织也相应发生坏死、溶解、吸收,使肌层病灶缩小甚至消失,痛经症状得到缓解或消失,子宫体积及宫腔面积缩小,有效地减少了月经量。正常内膜组织在血管复通或侧支循环建立后可由基底层逐渐移行生长恢复正常功能,而异位内膜坏死后由于缺乏基底层的支持,这种坏死是不可逆的,所以当栓塞的血管复通或侧支循环建立,缺血、缺氧症状改善后,已坏死的病灶不能重新生长。这就保证了治疗后疗效的稳定性(图 13-4)。

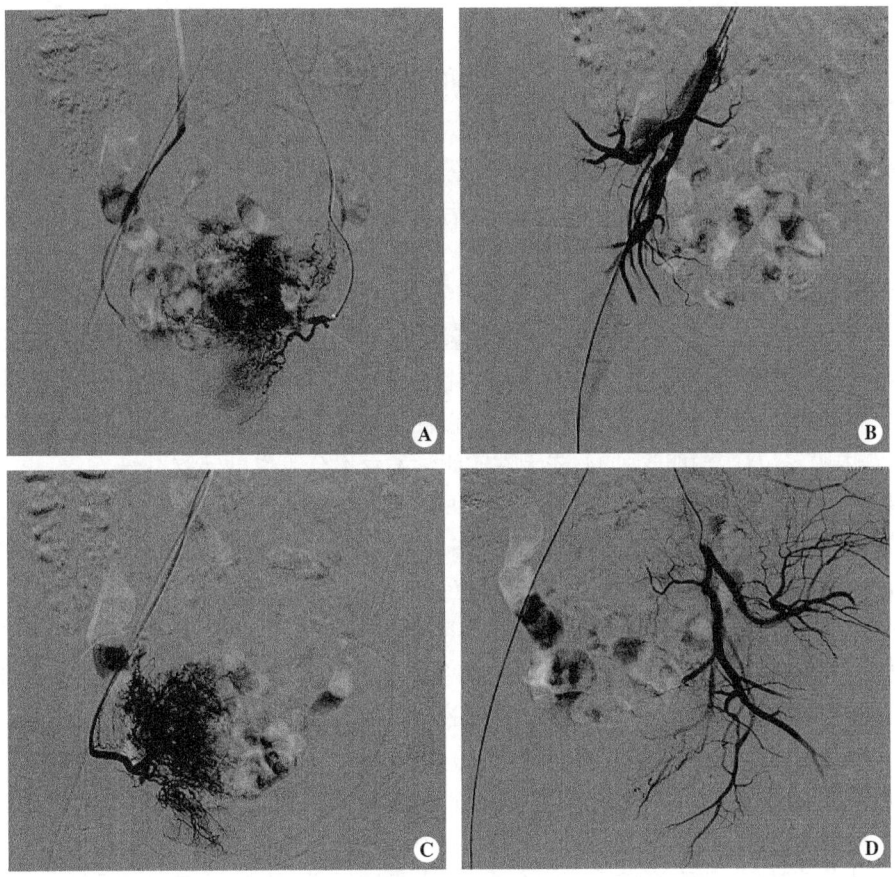

图 13-4 子宫腺肌症

行双侧子宫动脉栓塞术,A、C. 双侧子宫动脉超选造影显示动脉期血管染色丰富;B、D. 栓塞术后子宫动脉未显影;患者术后症状明显改善

2. 适应证与禁忌证

(1) 适应证:①有典型的临床症状和体征,超声、MRI 等临床诊断明确的患者;②各年龄段妇女,排除恶性肿瘤,对手术顾虑多或有生育要求,不愿切除子宫的患者;③患者主要器官有严重疾病,不宜行开腹手术;④药物治疗无效或不良反应大,无法继续药物治疗者。

(2) 禁忌证:①穿刺部位有感染;②盆腔炎或阴道炎未治愈者;③妊娠或可疑妊娠者;④多种造影剂过敏;⑤严重凝血功能异常。

3. 术前准备 同子宫肌瘤的栓塞治疗。

4. 操作方法 基本同子宫肌瘤的栓塞治疗,栓塞微球一般使用 300~500μm。

5. 术后处理 同子宫肌瘤的栓塞治疗。

6. 并发症 同子宫肌瘤的栓塞治疗。

7. 疗效评价 子宫腺肌病介入治疗的疗效评估主要从临床症状的改善、子宫体积及病灶形态的变化来进行。在临床症状的缓解方面,月经量的评估可与患者术前相对照,痛经的评估受到诸多因素的影响,通常采用国际通用的慢性疼痛评估量表来解决这一问题。子宫体积及病灶形态的变化可用彩超及 MRI 复查观察。

(赵 辉 黄 健)

第四节 输卵管性不孕症

【概述】 不孕症是指女性无避孕性生活至少 12 个月而未孕。婚后未避孕而从未妊娠者称为原发性不孕症,曾有过妊娠,而在以后未避孕连续 12 个月不孕者,称为继发性不孕症。

【病因】 不孕症的因素有很多,输卵管因素占 30%~40%。输卵管梗阻主要原因是沙眼衣原体、淋病奈瑟菌及结核分枝杆菌等感染引起的慢性输卵管炎,从而导致伞端闭锁或输卵管黏膜破坏,引起输卵管闭塞。导致输卵管感染性阻塞的危险因素包括产后感染(包括流产后感染)、盆腔炎病史、性传播疾病史、结核病史、慢性下腹痛史、妇科盆腔手术、阑尾炎手术史等。此外,子宫内膜异位症、输卵管肿瘤、先天性输卵管发育不全等也可导致不孕。

【病理生理】 输卵管为一对细长而弯曲的肌性管道,全长 8~14cm,其内侧与子宫角相通,外端游离与卵巢相近。正常输卵管的形态可分为四个部分:①间质部,为通过子宫角肌壁内的部分,长约 1cm,走行迂曲,管腔最窄;②峡部,由间质部延伸的部分,管腔较细走行直,长 2~3cm,管腔较窄;③壶腹部,由峡部向远端延伸的膨大部分,其管壁薄,管腔较宽大,走行迂曲,长 5~8cm,内含丰富皱襞,受精常发生于此;④伞部,为输卵管的末端扩大部,即输卵管远端开口处,游离端呈漏斗状,开口于腹腔,长 1~1.5cm,有"拾卵"作用。

输卵管具有复杂的生理作用,它对卵子的摄取、卵子的受精和受精卵的分裂、成熟和输送都起着重要的作用。在多种致病因素作用下,输卵管内膜肿胀、间质水肿、充血及渗出,输卵管上皮因炎症脱落,黏膜皱褶而互相粘连,使伞端闭锁,输卵管僵硬,以致纤毛摆动及输卵管蠕动功能减弱,严重影响卵子、精子、受精卵的运送,使精子与卵子无法结合或不能着床而造成不孕。

【临床表现】

1. 不孕 不孕往往为患者就诊的主要原因。在不孕症患者中,输卵管因素占其原因的

30%~40%。其中结核菌的感染往往造成输卵管内膜和管壁严重的、不可逆的损害。其他非特异性感染也很常见,但对输卵管的损害程度多较结核为轻。

2. 痛经 输卵管长期慢性炎症会导致盆腔充血,从而引起淤血性痛经。

3. 腰痛 有些患者就会出现小腹一侧或是两侧发生疼痛、下坠以及腰痛等症状。

4. 体征方面 慢性盆腔炎可在宫旁触及条索状增厚的输卵管或输卵管卵巢囊肿,有轻压痛。如果后穹隆摸到质硬的触痛结节,则对子宫内膜异位症的诊断很有帮助。盆腔结核轻者往往无异常发现,而重症时患者多有消瘦、腹部柔韧感,有时可有腹水征。当形成包裹性积液时,可在盆腔触到不活动、界限不清的囊性包块。

【辅助检查】 根据病史和临床症状,排除其他原因所致的不孕后,怀疑输卵管阻塞的,可以行输卵管通畅度检查。

1. B超下输卵管通液术(sonosalpingography,SSG) 可在超声监视下观察到液体(也可选用特殊的超声诊断造影剂)注入后流经输卵管出现的声像变化。通畅:见宫腔内形成无回声区并向双侧输卵管方向移动,后穹隆可见液性暗区。通而不畅:推注液体时有阻力,反复稍加压推注见液体流经输卵管,后穹隆可见液性暗区。梗阻:推注阻力大,并见宫腔暗区扩大,患者诉腹痛,后穹隆未见液性暗区。该检查对子宫、输卵管黏膜无损害,不良反应轻。检查时间应安排在月经干净后3~6日,无妇科炎症及性生活的情况下进行。

2. 子宫输卵管造影术(hysterosalpingography,HSG) 对子宫腔也有比较全面的了解,能判断宫腔内5mm大小的病变,操作简便。造影剂可采用40%碘化油或碘对比剂(一般选用非离子型对比剂),有出现碘过敏可能,术前需做皮试。患者仰卧于X线检查台,宫腔内注入对比剂。先拍摄第一张片以了解宫腔及输卵管,继续注入造影剂同时摄第二张片,观察有无造影剂进入盆腔及在盆腔内弥散情况;若是采用碘化油则24h后摄第二张片。通过造影可以显示子宫腔的形态、输卵管的形态和走行,输卵管阻塞的部位、长度等,准确率达80%。

3. 宫腔镜检查 检查时间在月经干净后5日内。绝对禁忌证为急性子宫内膜炎,急性附件炎、急性盆腔炎。相对禁忌证为大量子宫出血、妊娠、慢性盆腔炎。此法可发现宫腔内及输卵管间质部病变,如粘连、息肉、纤维瘤等。

4. 输卵管镜检查 检查时间和禁忌证同宫腔镜检查。方法为通过阴道途径,使用直径3.3~4.5mm可屈曲手术宫腔镜抵至输卵管开口处,再插入输卵管镜,可观察到输卵管上皮、腔内粘连、狭窄及息肉等。

5. 腹腔镜检查 检查时间在月经干净后2~7日。绝对禁忌证为严重心肺疾病,大的腹部及横膈疝,原发性腹膜炎伴肠梗阻,缺乏经验的手术者。相对禁忌证为有腹部手术史和盆腔炎史,过胖或过瘦的患者,宫内妊娠,较大的盆腔内肿块,器官异位或异常增大。腹腔镜和宫腔镜联合进行,是目前国际上比较流行的针对不孕症的检查手段。

【常规治疗】 不孕与年龄的关系,是不孕最重要的因素之一,选择恰当的治疗方案应充分估计到女性卵巢的生理年龄、治疗方案合理性和有效性,以及其性能价格比。尽量采取自然、安全、合理的方案进行治疗。首先应改善生活方式,对体重超重者减轻体重至少5%~10%;对体质瘦弱者,纠正营养不良和贫血;戒烟、戒毒、不酗酒;掌握性知识,了解自己的排卵规律,性交频率适中,以增加受孕机会。

对不孕症的质量应根据诊断的病因进行,如输卵管成形术,并可使用诱发排卵的药物,以及辅助生殖技术,包括人工授精、体外授精-胚胎移植及其衍生技术等。

【介入治疗】

1. 方法与机制　输卵管梗阻的介入诊疗技术包括选择性输卵管造影、输卵管再通术及输卵管腔内药物灌注术。选择性输卵管造影是将导管经宫颈直接插入输卵管开口处注入对比剂,具体方法前面已作介绍;输卵管再通术是通过导丝和微导管的机械运动对输卵管腔内粘连进行松解、分离,并对狭窄部位进行扩张,也可经微导管直接造影和注药。输卵管内药物灌注术是通过导管直接向输卵管腔内注射抗炎和防粘连类药物,利用压力使输卵管内黏液栓子、细碎屑及其他分泌物被挤出和冲出,使病变局部有效药物浓度明显提高(图13-5)。

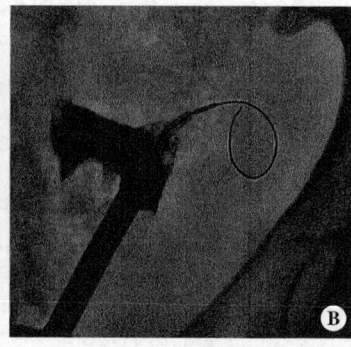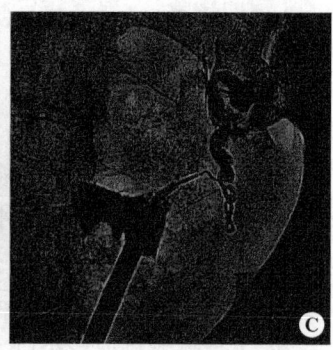

图13-5　不孕症

A. 输卵管造影显示双侧输卵管闭塞;B. 以导丝疏通左侧输卵管;C. 顺利开通术后随访患者成功怀孕

2. 适应证与禁忌证

(1) 适应证:①经妇科和影像学辅助检查,排除生殖系统发育异常,怀疑为输卵管阻塞引起的不孕症者;②月经干净后3～6日,近期无生殖系统有创检查手术史及妇科炎症。

(2) 禁忌证:①壶腹远端、伞端阻塞者不宜行再通术;②重度盆腔粘连、严重子宫角部闭塞者、结核性输卵管阻塞者、结扎输卵管吻合术后阻塞者;③生殖系统急性炎症期,或者慢性炎症急性发作者;④月经期、子宫出血者;⑤严重的心肺肝肾及凝血功能障碍;⑥对比剂过敏者。

3. 术前准备

(1) 常规准备:①常规检查血常规、凝血功能、胸部X线摄片排除血液异常和结核病;②行妇科检查排除生殖道急性炎症;③通过超声下输卵管通液或传统的子宫输卵管造影(HSG)等检查初步诊断输卵管是否通畅;④术前行碘过敏试验,术前半小时肌内注射阿托品0.5mg和盐酸异丙嗪(非那根)25mg镇静及防止输卵管痉挛;⑤手术时间为月经干净后3～6日,术前3日禁止性生活。

(2) 器械选择:常用器械有真空同轴导管、球囊同轴导管和改良同轴导管等三种选择性输卵管造影和再通装置。这里介绍真空同轴导管选择性输卵管造影及再通装置。该装置由子宫造影器和同轴导管系统组成。子宫输卵管造影装置又称Sovak真空吸杯子宫输卵管造影器,由可抽成负压密封于子宫颈部的杯状结构和较粗的带制流阀的套管组成。同轴导管系统包括直径分别为9.0F、5.5F、3.0F三种同轴导管。四种导丝:直径为0.035in头端有1.5cm的"J"形头的导丝用于宫腔插管;0.015in的直头导丝用于探查输管近侧段,直径为0.015in的铂金软头和超软头导丝可用于探查输卵管壶腹部。

4. 操作方法

(1) 真空同轴导管选择性输卵管造影:患者取膀胱截石位,行妇科检查了解子宫位置,外阴及宫颈常规消毒,窥阴器暴露宫颈,宫颈钳固定宫颈,将 Sovak 真空吸杯子宫输卵管造影器送至宫颈,将其中央套管插入宫颈外口,然后将杯内抽至负压-10mmHg 密封宫颈。行子宫输卵管造影,观察和记录子宫大小形态及输卵管阻塞部位和程度。透视下先向子宫腔内送入 9.0F 导管,导管头端置于宫腔的下 1/3 处固定同轴导管系统,再将 5.5F 导管在 J 形导丝引导下送至子宫角部,换直径为 0.035in 软头导丝,在其引导下将 5.5F 导管送至输卵管开口部,行选择性输卵管造影。开始推注对比剂时压力要低,当显示子宫角形态或近端输卵管,且无静脉、淋巴回流时,逐渐加压推注,至输卵管全程显影。造影剂弥散进入盆腔,表明已再通,以同样方法对另一侧输卵管行选择性输卵管造影。

(2) 真空同轴导管输卵管再通术:如上述应用方法输卵管仍未再通,将 3F 导管和 0.015in 超软头导丝经 5.5F 导管内送至输卵管开口处,调整导丝方向进入输卵管阻塞段,使导丝通过梗阻到达输卵管壶腹部,沿导丝将 3F 导管送向输卵管壶腹。然后撤出导丝和 3F 导管,经 5.5F 导管行输卵管造影,观察输卵管形态。最后经导管向输卵管腔内注入药物(庆大霉素 8 万 U+地塞米松 5mg+α 脂凝乳蛋白酶 5mg+生理盐水 20ml)。以同样步骤对另一侧输卵管进行治疗。

5. 术后处理 术后嘱患者平卧观察 1~2h;预防性使用抗生素 3~5 日。术后 2~3 日行输卵管通液一次(药物同上),并连续 3 个月在月经干净 3~7 日行输卵管通液术。介入手术后第 2 个月经周期即可择期性生活,争取妊娠。如未妊娠者 3 个月后行输卵管造影复查以了解输卵管通畅情况,如有阻塞者可重复进行介入治疗。

6. 并发症

(1) 输卵管穿孔:常是输卵管浆膜下穿孔,造影表现为少量造影剂渗入浆膜下形成"假憩室",一般无严重反应,但应注意一旦发现,则应停止进一步的选择性或常规造影。

(2) 肌壁淋巴显影以及静脉逆流:导管头端损伤宫腔内膜所致,操作时注意动作轻柔。

(3) 轻微腹痛、少量阴道流血:一般在 2~5 日内可消失。

(4) 感染:因宫腔操作多,可能会增加感染机会,可预防性应用抗生素。

7. 疗效评价 输卵管梗阻介入诊疗技术的插管成功率达 78%~100%,近端输卵管阻塞再通率 80%~97.4%,妊娠率 4.3%~58%,宫外孕发生率 0~10%,再闭塞率 20.1%~50%。疗效与操作技术、病例选择标准及术后是否治疗等多种因素有关。

(赵 辉 黄 健)

第五节 异 位 妊 娠

【概述】 异位妊娠(ectopic pregnancy)是指受精卵在子宫体腔以外部位着床发育,包括输卵管妊娠、卵巢妊娠、腹腔妊娠、阔韧带妊娠及宫颈妊娠等。近年来,异位妊娠的发生率有明显上升的趋势。异位妊娠中以输卵管妊娠最常见,本节重点介绍输卵管妊娠。

【病因】 任何可能影响受精卵运行或阻碍受精卵及时进入宫腔的因素都是造成输卵管妊娠的危险因素,常见的有:

(1) 输卵管炎症是输卵管妊娠的主要病因。可分为输卵管黏膜炎和输卵管周围炎。

输卵管的炎症导致其黏膜皱襞粘连,管腔变窄,受精卵在输卵管内运送受阻而于该处着床。输卵管周围炎病变主要在输卵管浆膜层或浆肌层,常造成输卵管周围粘连,输卵管扭曲,管腔狭窄,蠕动减弱,影响受精卵运行。

(2) 输卵管发育不良或功能异常:输卵管过长、肌层发育差、黏膜纤毛缺乏、双输卵管、输卵管憩室或有输卵管副伞等,均可造成输卵管妊娠。输卵管功能(包括蠕动、纤毛活动以及上皮细胞分泌)受雌孕激素调节。若调节失败,可影响受精卵正常运行。

(3) 既往输卵管妊娠史或手术史:既往输卵管妊娠史,不管经过保守治疗后自然吸收,还是接受输卵管保守性手术,再次妊娠复发的概率达到10%。输卵管绝育史及手术史,输卵管妊娠的发生率为10%~20%。

(4) 避孕失败包括宫内节育环避孕失败、口服紧急避孕药失败,发生异位妊娠的机会较大。

(5) 盆腔肿瘤:如子宫肌瘤、卵巢肿瘤压迫输卵管使之扭曲或管腔变窄,影响受精卵的运行。

(6) 辅助生殖技术:近年来随着辅助生育技术的应用,使输卵管妊娠的发生率增加。美国因助孕技术所致输卵管妊娠的发生率为2.8%。

【病理】 受精卵在输卵管壶腹部种植最多,其次为峡部、伞部及间质部。受精卵着床后,输卵管壁出现蜕膜反应,由于输卵管管腔狭小,管壁薄而且缺乏黏膜下层,受精卵着床后,种植于输卵管黏膜皱襞内,由于蜕膜形成不完整,往往较早发生输卵管妊娠流产,出血一般不多。输卵管肌层不如子宫肌层厚实和坚韧,胚胎生长发育时绒毛向管壁方向侵蚀肌层及浆膜,从而引起输卵管妊娠破裂,短期内可发生大量腹腔出血。输卵管妊娠的结局包括输卵管妊娠流产、输卵管妊娠破裂、陈旧性宫外孕、继发性腹腔妊娠。

子宫的变化:输卵管妊娠和正常妊娠一样,合体滋养细胞产生HCG维持黄体生长,使甾体激素分泌增加,致使月经停止来潮,子宫增大变软,子宫内膜出现蜕膜反应。

【临床表现】

1. 症状 典型症状为停经后腹痛和阴道流血。

(1) 停经:除输卵管间质部妊娠有较长的停经史外,大多停经6~8周,20%~30%患者无明显停经史。

(2) 腹痛:是输卵管妊娠患者就诊的主要原因,占95%。输卵管妊娠流产或破裂前,表现为一侧下腹部隐痛或酸胀感。当发生流产或破裂时,患者突感一侧下腹部撕裂样疼痛,常伴有恶心、呕吐,若血液积聚在子宫直肠陷凹,肛门有坠胀感。内出血增多,血液由盆腔流至全腹,形成全腹痛,刺激膈肌可引起肩胛放射性疼痛及胸部疼痛。

(3) 阴道流血:占60%~80%。胚胎死亡后,常有不规则阴道流血,色暗红或深褐、量少呈点滴状,一般不超过月经量,随阴道流血可排出蜕膜管型或碎片,是子宫蜕膜剥离所致。

(4) 晕厥与休克:由于腹腔内急性出血及剧烈腹痛,轻者晕厥,重者发生失血性休克。其严重程度与腹腔内出血速度及出血量成正比,与阴道出血量不成正比。

2. 体征

(1) 一般情况:腹腔内出血量多时呈贫血貌。大量腹腔内出血致失血性休克时,患者面色苍白,四肢湿冷,脉快、细、弱,血压下降。体温一般正常或略低,腹腔内血液吸收时体温可略升高。

(2) 腹部检查：下腹有明显压痛、反跳痛，尤以患侧为著，但腹肌紧张较轻，腹腔内出血多时可出现移动性浊音。有些患者下腹部可触及包块，若反复出血并积聚，包括可不断增大变硬。

(3) 盆腔检查：阴道内可有少量暗红色血液，后穹隆可饱满、触痛，宫颈可有举痛或摆痛，子宫相当于停经月份或略大而软，宫旁可触及有轻压痛的包块。内出血多时，子宫有漂浮感。

【辅助检查】

1. 实验室检查 尿检妊娠试验阳性，血清 β-HCG 值增高，但较正常宫内妊娠低。

2. B型超声检查 宫腔内未探及孕囊，而宫腔外附件区可探及类孕囊声影，表现为较强回声的双层环影，中间为较低回声区，有时可以探及胎心搏动。当腹腔有少量出血时可以在子宫直肠窝探及液性暗区。

3. 阴道后穹隆穿刺 是一种简单可靠的诊断方法，怀疑腹腔内出血者，阴道后穹隆穿刺可抽出暗红色不凝血。

4. 子宫内膜病理检查 目前很少依靠诊断性刮宫协助诊断，仅适用于阴道流血较多的患者，目的在于排除同时合并宫内妊娠流产。如病理检查子宫刮出组织仅见蜕膜未见绒毛，内膜呈 A-S 反应，有助于诊断异位妊娠。

5. 腹腔镜检查 在适用于原因不明的急腹症鉴别及输卵管妊娠尚未破裂或流产的早期患者，可进行同步治疗。

【常规治疗】 保守治疗主要适用于早期输卵管妊娠、要求保存生育能力的年轻患者。化疗一般采用全身用药，亦可采用局部用药。全身用药常用甲氨蝶呤（MTX），治疗机制是抑制滋养细胞增生，破坏绒毛，使胚胎组织坏死、脱落、吸收。治疗期间应用 B 超和血 HCG 进行严密监护，若病情无改善，甚至发生急性腹痛或输卵管破裂症状，则应立即进行手术治疗。

手术治疗分为保守手术和根治手术。适用于生命体征不稳定或有腹腔内出血征象者；诊断不明确者；异位输卵管妊娠有进展者；随诊不靠谱者；药物治疗禁忌或无效者。

【介入治疗】

1. 方法与机制 目前临床运用较多的介入治疗方法有：①腹部或阴道超声介入引导下，注射 MTX 至输卵管孕囊；②腹腔镜下注射 MTX 至输卵管孕囊；③宫腔镜下输卵管插管注入 MTX 或氟尿嘧啶；④透视下经阴道输卵管注入 MTX；⑤选择性子宫动脉灌注（MTX）栓塞。输卵管的血供主要来自于子宫动脉的输卵管支，约占 85% 的血供；在发生输卵管妊娠时，妊娠囊胚的血供增加，子宫动脉的输卵管支明显扩张，成为囊胚的主要供血动脉，这是经子宫动脉药物灌注和栓塞术的解剖学基础。选择性子宫动脉灌注栓塞在药物杀胚胎的同时，迅速阻止腹腔内出血，防止保守治疗过程中发生内出血，提高输卵管妊娠保守治疗的成功率。本处重点介绍选择性子宫动脉灌注栓塞方法。

2. 适应证与禁忌证

(1) 适应证：①输卵管妊娠未破裂，生命体征稳定；②经 B 超检查附件混合性包块≤5cm，盆腔液性暗区<3cm，未见明显胎心搏动；③肝肾功能正常，血常规、血细胞凝集常规正常；④碘过敏阴性。

(2) 禁忌证：①严重肝、肾功能障碍；②严重心血管疾病；③各种感染的急性期；④凝血功能障碍；⑤造影剂及麻醉药过敏；⑥穿刺部位感染。

3. 术前准备

（1）常规血细胞分析,出凝血时间的检查。

（2）会阴及腹股沟区备皮。

（3）精神紧张者,可酌情肌内注射地西泮 10mg。

（4）留置导尿管。

（5）常规造影所需穿刺针,5F 导管鞘,4~5F 子宫动脉导管,0.035in J 形超滑导丝。

4. 操作方法

（1）置管方法及超选择插管造影方法:步骤基本同子宫肌瘤。

（2）血管造影:输卵管妊娠在子宫动脉造影下的表现可分为Ⅰ、Ⅱ型两种不同的血管征象。

Ⅰ型:子宫动脉输卵管支增粗迂曲,输卵管区域见小片状绒毛血管染色,形态不规则,染色均匀。

Ⅱ型:子宫动脉输卵管支明显增粗迂曲,可见输卵管支发出的小动脉分支供血孕囊,输卵管区域可见明显呈类圆形异常绒毛血管染色,染色不均匀(图 13-6)。

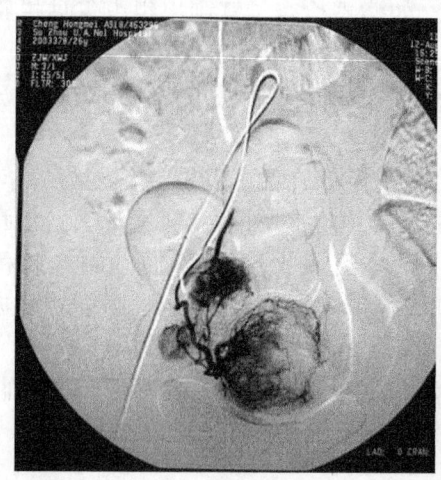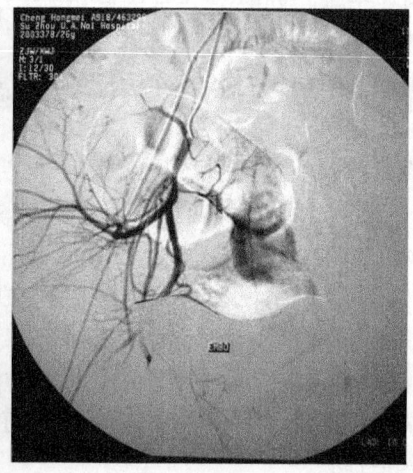

图 13-6　输卵管妊娠子宫动脉造影Ⅱ型血管征象

输卵管支增粗,迂曲,输卵管区域见类圆形异常绒毛血管染色,其间染色不均匀,在类圆形外周可见小血管包绕

（3）药物及栓塞剂的选择:一般选择甲氨蝶呤(MTX)进行动脉灌注。根据造影类型不同,决定甲氨蝶呤(MTX)用量:Ⅰ型 75mg,Ⅱ型 100mg。MTX 经 100ml 生理盐水稀释后缓慢灌注。灌注完毕,予以 1mm×2mm×2mm 明胶海绵颗粒栓塞子宫动脉,栓塞时发现造影剂流动缓慢时,需造影了解栓塞情况,如果造影剂在子宫动脉内停滞后停止栓塞。

5. 术后处理

（1）动脉栓塞满意后,拔出导管及动脉鞘组,局部压迫 10min,并加压包扎。穿刺侧肢体伸直 6~8h,以防穿刺点出血。

（2）术后 6~12h 肌内注射甲酰四氢叶酸钙 3mg,q4h×4。

（3）术后 1~2 日输液 2500~3000ml,使尿液每天>3000ml,以促进 MTX 和造影剂排泄。

（4）术后可预防性抗生素治疗 1~3 日。

6. 并发症 术后一般常有轻度腹胀腹痛、恶心和阴道少量流血,不用特殊处理一般都能自行缓解。如阴道出血增多,腹痛加重并伴有急腹症或腹腔出血的征象,可能为输卵管妊娠破裂出血,应及时行剖腹探查术。

7. 疗效评价 异位妊娠的介入治疗是一种微创诊疗手段,能最大限度地保留子宫、输卵管和卵巢的完整性,保存生育功能。介入治疗的成功率为88%~96%,为需要再次妊娠的年轻患者多了一种治疗选择。

(赵 辉 黄 健)

第六节 盆腔淤血综合征

【概述】 盆腔淤血综合征(pelvic congestion syndrome,PCS)是由多种因素引起的盆腔静脉血管充血、扩张和淤血所致的综合征,是妇科慢性疼痛的重要原因之一。患者多为育龄期妇女,因其临床表现多种多样,涉及多系统、多器官,甚至有神经精神症状。20世纪40年代才明确卵巢静脉曲张、盆腔静脉淤血和慢性盆腔疼痛之间的密切关系,并命名为PCS。20世纪80年代因腹腔镜和静脉造影术的应用,发现患有难以解释的慢性盆腔疼痛者中,91%有显著的盆腔静脉淤血。

【病因】

1. 解剖学因素 盆腔血管解剖学特点是发生盆腔静脉淤血的重要因素:①盆腔静脉与同名动脉伴行,但其数量较动脉多,且静脉血流比较缓慢;②大的静脉干之间往往有较大的吻合支;③盆腔静脉壁较其他部位的静脉壁薄,易于扩张;④卵巢静脉瓣膜缺如发生率较高;⑤盆腔各器官周围如卵巢静脉丛、子宫阴道静脉丛、膀胱阴道静脉丛相互沟通。

2. 站立体位 长期从事站立工作者,盆腔静脉压力会持续增高,易于形成PCS。这些患者经过休息,往往症状会减轻。

3. 妊娠因素 孕期盆腔静脉容量增加,且受妊娠子宫压迫,盆腔静脉血液回流受阻而淤血。研究报道妊娠期卵巢静脉的血容量比非妊娠期增加60倍,卵巢静脉的压力比非妊娠期大2.86倍,使盆腔静脉极度扩张,导致静脉瓣破坏。

4. 子宫后位 子宫后位不一定都导致盆腔淤血,但常常是盆腔淤血的重要因素。子宫后位时,子宫卵巢静脉丛随子宫下降屈曲在骶凹的两侧,静脉压力增高,回流受影响,以致处于淤血状态。

5. 便秘 影响直肠静脉回流,而直肠和子宫阴道静脉互相吻合,痔丛充血必然引起子宫阴道丛充血。

6. 内分泌因素 盆腔淤血综合征多发生于育年龄妇女,症状在绝经后几乎消失,而且采用药物抑制卵巢内分泌功能明显缓解疼痛症状,说明该病与激素分泌失调有关。

7. 输卵管结扎术 输卵管系膜内含有丰富的子宫与卵巢静脉末梢吻合支,由子宫角经卵巢静脉回流,结扎手术本身机械性干扰盆腔血流动力学,而更主要的是与手术时损伤输卵管系膜血管有关,从而影响子宫与卵巢静脉血液回流,造成盆腔静脉淤血。

8. 其他 子宫肌瘤、慢性盆腔炎、自主神经功能紊乱发现也与本病有关。女性生殖器官同样对神经、精神因素极其敏感,长期抑郁、失眠、情绪不稳在PCS患者中较为常见。

【临床表现】 临床特点为"三痛两多一少",即盆腔坠痛、低位腰痛、性交痛,月经多、白带多,妇科检查阳性体征少。淤血严重程度常与症状呈正相关,过久站立、蹲及疲劳时会使症状加重,平卧位症状有所缓解,泌尿系统症状主要为尿急。妇科检查外阴、阴道呈紫蓝色,部分可见明显静脉曲张,甚至有的患者还可出现臀部、下肢静脉曲张。子宫肥大,且常呈后位,附件区可触及增厚感,有压痛。

【辅助检查】 临床疑有盆腔静脉淤血,或临床检查发现外阴或臀部静脉曲张时,则需进行影像学进一步检查,明确盆腔静脉有无扩张淤血及其淤血程度。

超声具有安全、无创、简便易行的优势,是 PCS 首选的检查方法,包括腹部超声和经阴道超声。

盆腔静脉造影是顺行性静脉造影,观察盆腔静脉血流动力学及其形态改变、对比剂在血管中的廓清时间(正常人大部分小于 20s,而 PCS 患者常超过 20s)。该方法诊断 PCS 的敏感性为 91%,特异性为 84%。

CT 是诊断本病的一种有效方法,对诊断盆腔深部静脉曲张有较大优势。螺旋 CT 不仅能提供断面信息,还可利用多种后处理技术(如最大密度投影、容积再现、表面遮蔽)清晰显示卵巢静脉和盆腔静脉的主要分支,观察卵巢静脉内的反流。

MRI 是一种无创性的检查方法,且检查过程没有 X 线辐射,尤其适用于育龄女性。

选择性逆行卵巢静脉造影是诊断本病的传统方法,仅在诊断有困难或考虑作介入治疗时采用。表现为卵巢静脉直径大于≥10mm,卵巢静脉曲张,子宫静脉淤血,对侧盆腔静脉显影或阴部、下肢静脉曲张,可清晰显示卵巢静脉丛内血液反流程度(图 13-7)。卵巢静脉直径对于 PCS 的诊断有较大意义,造影同时进行卵巢静脉测压,如卵巢静脉远侧与肾静脉—下腔静脉之间存在压力差(≥4cmH$_2$O),具有重要诊断价值。

【常规治疗】 PCS 患者首先应采用疏经、活血化淤及灌肠等一般治疗,包括改变体位、体育锻炼、膝胸卧位、理疗等,同时加强心理治疗。患者临床症状明显,在一般治疗无效情况下,可考虑妇科手术治疗或腹腔镜下手术。

【介入治疗】

1. 适应证与禁忌证

(1) 适应证:①有明显临床症状,且经系统检查除外其他疾病,保守治疗不佳者;②妇科手术术后疗效不佳或复发,影像学显示有明显静脉曲张者。

(2) 禁忌证:①对于影像学检查显示有明显静脉曲张,但无重要临床症状者;②虽然存在相关临床症状,但不能完全排除盆腔其他疾病所致症状者;③碘过敏试验阳性者;④严重心、肝、肾功能不全者;⑤有盆腔急性感染者。

2. 术前准备 常规血管性介入操作准备,检查血常规,肝、肾功能,出、凝血时间,碘过敏试验,双侧腹股沟区备皮。影像学检查评估盆腔静脉淤血曲张程度、卵巢静脉扩张情况。器械可选 4F 或 Cobra 导管、Simmons 导管、猪尾导管等。

3. 操作方法 介入治疗 PCS 的方法主要是卵巢静脉栓塞术。适应证为临床上有明显下腹疼痛症状、经系统检查除外盆腔其他疾病所致,同时影像学有明显静脉曲张者。以上条件不完全具备者均不宜盲目行栓塞治疗。栓塞时间一般以月经前 1~2 周为宜。

(1) 置管方法:常规腹股沟区消毒铺巾,用 1% 利多卡因腹股沟区局部浸润麻醉,改良 Seldinger 法穿刺右股静脉,放置 5F 导管鞘。引入 5F Cobra 导管至下腔静脉,在下腔静脉找到右侧卵巢静脉开口行右侧卵巢静脉逆行造影,在左侧肾静脉找到左侧卵巢静脉开口行左侧卵巢静脉逆行造影,嘱患者行 Valsalva 呼吸,同时注入对比剂,进行数字减影造影。当存

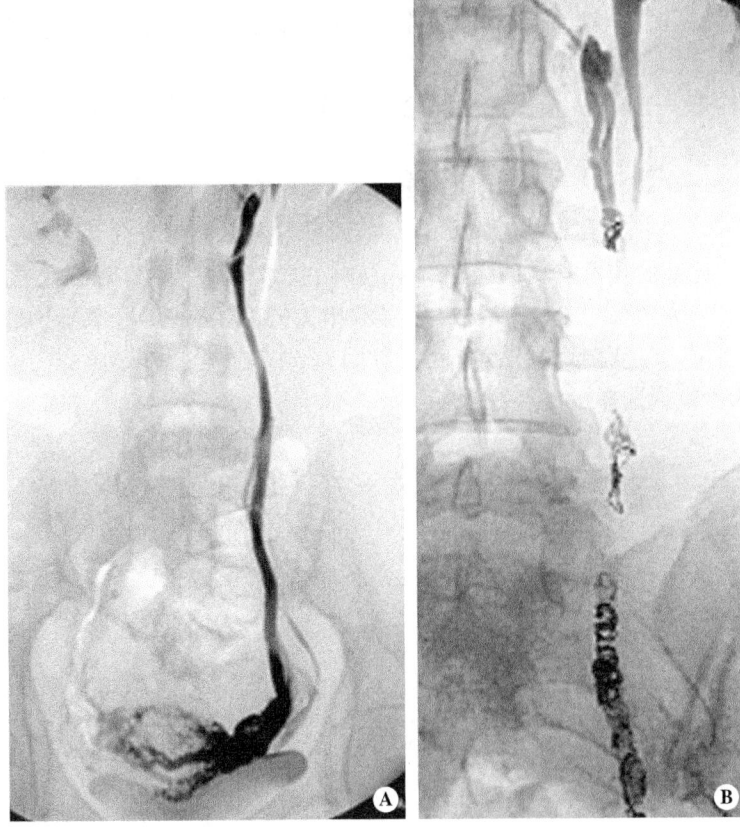

图 13-7 选择性逆行卵巢静脉造影
左侧卵巢静脉栓塞前、后卵巢静脉扩张,主干直径 ≥ 10mm,子宫旁迂曲扩张的静脉团,静脉逆流明显

在解剖变异或其他原因导致插管困难时,经颈静脉入路,后者做选择性卵巢静脉插管比股静脉入路更容易,特别有利于右侧卵巢静脉插管。

(2) 卵巢静脉造影测压:卵巢静脉造影以端侧孔导管为宜,测压的意义除了辅助诊断外,还有利于选择栓塞剂释放的压力水平。

(3) 栓塞治疗:当造影未见明确侧支静脉显示,导管头置于卵巢静脉开口下 5~6cm 即可栓塞,如有交通静脉则尽量越过其开口,要求导管头接近曲张静脉团后释放栓塞剂。栓塞时应严格在透视监视下缓慢进行,栓塞剂以钢圈和明胶海绵联合应用居多。可先行明胶海绵颗粒栓塞远侧血管床,并嘱患者做 Valsalva 法动作,让栓塞剂充分进入曲张静脉丛,再用钢圈加强栓塞。由于女性卵巢静脉与肠系膜下静脉、脾静脉、子宫静脉及椎旁静脉丛有交通,用液体栓塞剂无水乙醇或 5% 鱼肝油酸钠要谨慎,以免异位栓塞导致组织器官坏死。除非 DSA 造影证实确无侧支静脉才使用液态栓塞剂,且栓塞前通过试推对比剂,估计推注的量和速度,要求掌握在能使曲张静脉显影又不发生反流为原则,忌过度栓塞。90%~95% 患者仅栓塞左侧卵巢静脉即可达到疗效,如确认为双侧卵巢静脉曲张,可考虑行双侧栓塞术。栓塞后复查造影,证实卵巢静脉闭塞,即示手术成功。

4. 术后处理 1 周内严禁剧烈活动和重体力劳动。

5. 并发症

（1）卵巢静脉破裂：一旦发现对比剂外溢，应立即行栓塞治疗。如果处理及时，一般不致产生出血并发症。

（2）异位栓塞：一般极少发生。从理论上分析，与左肾静脉血栓形成、钢圈游走于肾静脉及肺内有关。

（3）栓塞综合征：术后2~3日可出现低热、腰骶部酸痛，一般对症处理即可。

6. 疗效评价 选择性卵巢静脉造影是目前诊断盆腔淤血综合征最可靠、敏感性最高的方法。卵巢静脉栓塞的技术成功率为96%~100%，技术失败主要与解剖变异有关。卵巢静脉栓塞后的有效率为75%~100%。与治疗技术相关的因素有：①栓塞不彻底，对参与反流的侧支未完全堵塞；②伴有髂静脉或下腔静脉阻塞，术前未发现；③病变为双侧性，治疗时仅处理一侧；④栓塞剂选择不当。

（赵 辉 黄 健）

第十四章 骨骼系统疾病

第一节 骨肿瘤

【概述】 来源于骨与软骨的恶性肿瘤占全身恶性肿瘤的 0.5%~1%，分原发性与继发性骨肿瘤。原发性骨肿瘤中骨肉瘤发生率最高，约占 35%，其次分别为软骨肉瘤(25%)和尤因肉瘤(16%)。继发性骨肿瘤指其他器官或组织恶性肿瘤转移侵犯局部骨质所引起的骨转移瘤。同其他器官组织肿瘤病变一样，骨肿瘤的确切病因不明。

【临床表现】 骨肿瘤早期往往无明显的症状，即使有轻微的症状也容易被忽略。常见的症状及体征主要有：骨或关节疼痛，局部肿块和肿胀，功能障碍和压迫症状，病理性骨折等。晚期恶性骨肿瘤可出现贫血、消瘦、食欲不振、体重减轻、低热等全身症状。

【辅助检查】 一般来说，骨肿瘤的诊断必须强调临床、影像及病理三结合，综合分析才能做出正确诊断。在诊断过程中，应注意区分几个问题：骨肿瘤与非肿瘤性病变；良性骨肿瘤与恶性骨肿瘤；原发性骨肿瘤与转移性骨肿瘤。

1. 影像学检查 X 线、CT 及 MRI 对于明确肿瘤性质、种类及病变范围具有较重要的诊断价值。影像学检查中，良性骨肿瘤形态规则，与周围正常骨组织界限清楚，以硬化边为界，骨皮质因膨胀而变薄，但仍保持完整，无骨膜反应；恶性肿瘤的影像不规则，边缘模糊不清，溶骨现象较明显，骨质破坏、变薄、断裂、缺失，原发性恶性肿瘤常出现骨膜反应，其形状可呈日光放射状、葱皮样及 Codman 三角。

B 超在骨肿瘤检查中较之其他影像学检查意义较小。但它能发现骨肿瘤的包块及其范围大小(特别是软组织包块)。ECT 及 PET-CT 扫描对于骨肿瘤的早期诊断，以及转移瘤的定位具有明显优势。此外，DSA 可以观察骨肿瘤及其软组织的血供情况，并可进行选择性血管栓塞和注入化疗药物。

2. 实验室检查 常可见红细胞沉降率、血钙、血磷、碱性磷酸酶、酸性磷酸酶及本周蛋白等指标异常。广泛溶骨性病变者，血钙往往升高；成骨性病变时，血清碱性磷酸酶常有升高；男性酸性磷酸酶升高提示转移瘤来源于前列腺癌；尿本周蛋白阳性提示浆细胞骨髓瘤可能。

3. 病理检查 病理组织学检查是最后确诊骨肿瘤可靠的检查，分为切开活检和穿刺活检。切开活检因为创伤大，周围组织易受污染，给二次手术带来困难而较少采用。穿刺活检主要是采用穿刺针进入瘤体取出病变组织进行病理检查，明确病变的病理类型，具有创伤小、污染少、操作安全简便的优点，在临床上较常应用。

【常规治疗】 骨肿瘤的治疗方法应根据肿瘤的性质，病变部位，浸润范围和有无转移选择不同的治疗方法。良性骨肿瘤并有压迫症状者多采用手术治疗，个别骨肿瘤深在，手术相对困难，又无明显症状，如单纯脊椎血管瘤，也可放射治疗；原发性恶性骨肿瘤，多采用手术、化疗、放疗以及免疫治疗等综合治疗手段。

【介入治疗】 随着现代医学的发展，骨肿瘤的治疗手段已由单纯手术转向综合治疗，由创伤大、风险高的手术转向微创治疗。近二十年来，介入放射学在临床的广泛应用促进了骨肿瘤治疗水平的提高。目前主要集中于两个方面：血管内治疗和经皮消融治疗。血管内治疗方法主要包括：动脉内灌注化疗、单纯栓塞和化疗栓塞治疗。单纯栓塞主要应用于术前动脉栓塞，以减少术中出血，尤多用于骨盆和脊柱肿瘤；动脉内灌注化疗和化疗栓塞治疗作为姑息性治疗手段，起到限制肿瘤生长、减少患者痛苦或减少肿瘤复发的目的。目前，经皮穿刺消融治疗骨肿瘤得到广泛认可，成为治疗骨肿瘤患者比较理想的微创治疗方法。常用的经皮穿刺肿瘤消融治疗方法包括射频、冷冻、微波消融术，或可注射化学药物如无水乙醇、乙酸等方法。

1. 血管内介入治疗术

（1）适应证与禁忌证

1）适应证：动脉灌注化疗适宜于血供丰富的原发性骨和软组织恶性肿瘤及单发性骨转移瘤，无绝对禁忌证。肿瘤的血管内栓塞是栓塞肿瘤供血血管，使肿瘤发生广泛坏死，不能立即建立有效供养肿瘤的侧支循环。骨肿瘤栓塞治疗的适应证为：①血供丰富，部位特殊的良、恶性骨肿瘤，特别是位于脊柱、骨盆者，可达到减少术中出血、有利于肿瘤广泛切除的目的；②结合动脉内灌注化疗，术前治疗四肢恶性肿瘤能达到提高保肢手术成功率、减少局部复发和最大限度保留肢体功能的目的；作为不能手术的四肢恶性肿瘤的姑息治疗方法，可限制肿瘤的生长，缓解对化疗、放疗等治疗方法无效的顽固性疼痛；③以栓塞为主要治疗手段，可以治愈极少数良性骨肿瘤和瘤样病变，如骨血管瘤、动脉瘤样骨囊肿等。

2）禁忌证：无绝对禁忌证，已出现恶病质、预期生存期<2个月者慎用。

（2）术前准备

1）患者准备：术前血常规检查，包括出凝血时间、凝血酶原时间；心脏、肝、肾功能检查；术前禁食4~6h，使用镇静药；对比剂过敏试验，穿刺插管部位备皮等。

2）器械药物准备：穿刺针，导管鞘，0.038in长、短导丝，3~5F导管（单弯）和栓塞材料。栓塞材料有明胶海绵、不锈钢圈、聚乙烯醇微粒(PVA)和无水乙醇等。具体选用主要根据栓塞剂的特性和栓塞治疗的目的而定。作为术前栓塞，以明胶海绵为首选；作为介入治疗手段，可选用明胶海绵和钢圈、PVA和无水乙醇等永久性栓塞材料。近年来，国内外研究了一些新型的栓塞材料，少数已经应用于骨肿瘤的栓塞治疗。如丝裂霉素微球、Ye_{90}或P_{23}、玻璃微球等。另外还有中药类血管栓塞剂，如白及、鸦胆子油微囊。常用化疗药：氟尿嘧啶、顺铂、阿霉素、丝裂霉素、甲氨蝶呤等。

（3）操作技术

1）选择性动脉内灌注化疗：局麻下用Seldinger技术经股动脉选择性血管造影以了解肿瘤的供血动脉及瘤内血管情况，将导管置于靠近最近端的肿瘤供养动脉的地方，通过导管缓慢注入稀释的化疗药物。灌注时间不少于20min。为了减少化疗药与血浆蛋白过多过早结合而失效，可采用在肢体近端和肿瘤远端加扎止血带减缓血流速度，以及在灌注中采用球囊灌注导管以暂时阻断血流的方法，对疗效可有提高，灌注完成后拔管，处理穿刺点。可每2周重复1次。

2）单纯动脉栓塞：该方法最多用于手术前准备，动脉插管与造影方法同上。然后，逐支超选择地插入需要栓塞的肿瘤供血动脉，注射对比剂证实导管无误，即可注射与对比剂混合的栓塞剂，直到该供血动脉血流完全停止，注入少许对比剂清洗导管内栓塞剂。全部栓塞肿瘤供血动脉后再次造影证实栓塞效果。骨肿瘤患者疼痛症状明显，术中可给予镇静剂，以免患者躁动致造影时出现DSA伪影。

3）动脉内化疗栓塞：是动脉内灌注化疗和单纯动脉栓塞的结合（图14-1）。本病主要用于恶性骨肿瘤的手术前辅助治疗和姑息治疗。早期骨肉瘤经术前动脉动脉灌注化疗栓塞,5年生存率可达到80%,肢体骨肉瘤保肢率可达到85%。

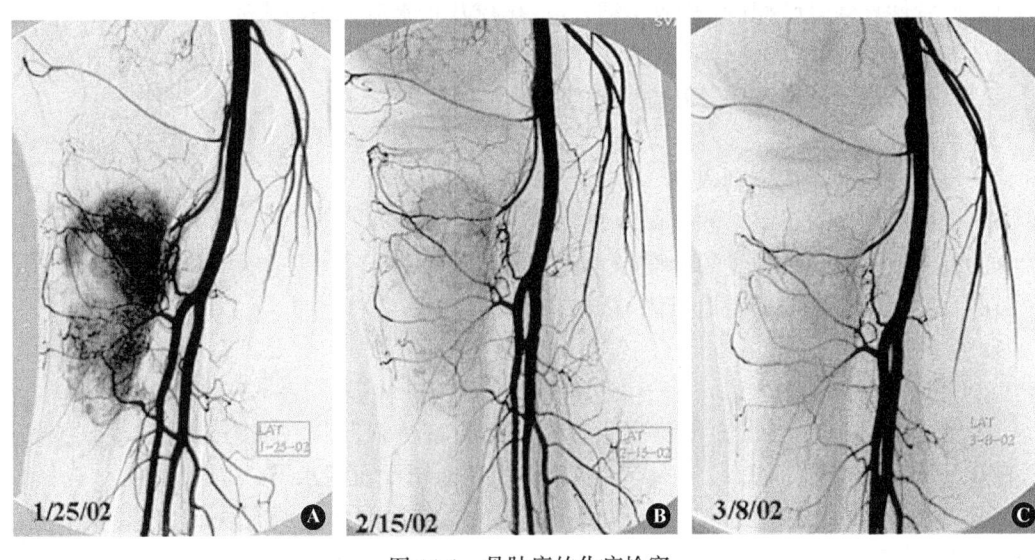

图14-1 骨肿瘤的化疗栓塞

(4) 注意事项:介入治疗时,术者要十分熟悉栓塞部位的解剖,选择合适的导管和栓塞剂,操作要轻柔、熟练,掌握注射压力,切忌在供血动脉入口处注射栓塞剂,以防栓塞剂反流。栓塞操作过程中要注意抗凝。对骨肿瘤供血血管伴存大量皮支分布者,栓塞时应注意勿注入大量栓塞剂,不要使用永久性末梢血管栓塞剂,以免引起局部皮肤的缺血性坏死。栓塞治疗结束后要密切观察肢体血供、感觉和运动情况,以及早发现,及时处理。

(5) 术后处理:除与一般血管造影相同外,应注意肿瘤局部疼痛及肿胀加重。

(6) 并发症:骨肿瘤血管内介入治疗常见并发症是栓塞后综合征,主要见于四肢骨肿瘤,表现为病变部位疼痛加重,肿胀,不同程度的发热等。一般在栓塞术后1周内出现2~5日缓解。严重并发症少见,有异位栓塞、血栓形成和局部皮肤缺血坏死,特别是误栓脊髓根部大动脉致截瘫。

(7) 疗效评价:单纯栓塞主要用于良性骨肿瘤的微创治疗,如骨血管瘤、动脉瘤样骨囊肿、骨巨细胞瘤、幼年性血管纤维瘤等,许多学者取得了满意的疗效。部分较小肿瘤甚至可完全治愈,无需手术。尽管如此,仍有学者认为单纯栓塞作为术前辅助治疗并无必要应用于所有良性骨肿瘤,只适用于肿瘤巨大需行瘤段截除,血供丰富估计出血较多的肿瘤,如破坏范围较大的动脉瘤样骨囊肿和骨巨细胞瘤。部分骨巨细胞瘤应用栓塞治疗后短期疗效肯定,长期随访(10~20年)有半数复发或肉瘤变。恶性骨肿瘤的单纯栓塞主要为减少术中出血,增加手术切除率。

2. 射频消融术 射频消融术治疗转移性骨肿瘤减轻疼痛的机制尚不明确,可能的原因有:①物理性损毁进入骨膜和骨皮质的邻近传感神经纤维,阻止了疼痛的传导;②肿瘤容积减小后减轻了对传感神经纤维的压迫刺激;③产生神经刺激因子的肿瘤细胞被损毁;④抑制引起疼痛的破骨细胞活动。

(1) 适应证与禁忌证

1) 适应证

A. 良性骨肿瘤,如骨样骨瘤、软骨瘤、软骨母细胞瘤、血管瘤等。

B. 转移性恶性骨肿瘤，如皮质完整的椎体转移性肿瘤（结合或不结合椎体成形术），髂骨、骶骨、坐骨等部位的转移性肿瘤的姑息性治疗。

C. 原发性恶性骨肿瘤（结合或不结合放、化疗及骨水泥充填技术）。

D. 对放、化疗不敏感的骨或软组织肿瘤。

E. 没有手术指征的晚期转移性骨肿瘤的止痛治疗。

2）禁忌证

A. 没有安全的经皮穿刺入路。

B. 椎体后侧皮质不完整的椎体肿瘤。

C. 包裹重要血管和神经的肿瘤。

D. 有严重出血倾向或凝血机制障碍的患者。

E. 合并感染者。

(2) 术前准备

1) 术前1周内血常规、血细胞凝集常规等实验室检查以及心电图结果。对于有高血压、糖尿病等基础疾病的患者，围手术期应积极控制血压及血糖水平。

2) RFA 术前对患者进行视觉模拟评分法(VAS)或简明疼痛调查表(BPI)评价。要求患者自我评价24h内最强疼痛程度、平均疼痛程度等。疼痛对日常生活的影响可针对一般活动、心情、行走能力、一般工作睡眠等问题进行评价，并记录止痛药的用量。以便于术前、术后进行疗效的对比分析。

(3) 治疗过程：根据骨肿瘤的大小、部位，选择合适的电极针、进针路径，避免损伤周围重要的脏器或大血管、神经。消融治疗的重点应放在骨肿瘤破坏的骨边缘或覆盖瘤巢，保证肿瘤细胞的彻底灭活(图14-2)。

1) 根据病变部位、范围以及患者耐受情况进行术前综合评估，确定手术方案及麻醉方式。

2) 术前 CT 扫描或 B 超探查，明确病灶情况及其与周围组织解剖关系，设计手术的最佳进针点和进针路径，避开重要脏器。

3) 局部消毒、麻醉。皮肤消毒后，用手术刀在皮肤穿刺点处循纹理切开皮肤及皮下组织长2~3mm。

4) 根据穿刺进针方案，应用11~13G 的骨穿刺针经皮穿入肿瘤，再次 CT 扫描证实穿刺针位置准确后，撤出针芯。

5) 沿骨穿针将射频针置入肿瘤组织，启动射频机，消融4~12min。

6) 以 RFA 前同样的层厚进行 CT 扫描（B 超引导的再次进行超声探查）复查消融情况，如果病灶较大或消融范围没能覆盖整个肿瘤，则可进行第二次、第三次射频消融治疗。

7) 术后记录患者的疼痛等临床症状变化情况，包括疼痛的性状是否和原来的一致，疼痛程度随治疗后时间的变化关系。评价患者肢体的各项功能有无损伤。

(4) 术中及术后处理：术前常规禁食4~6h，术中严密进行心电监护，记录患者脉氧、血压、心率变化情况，对于术前评估不能耐受疼痛的患者应进行全身麻醉，以减少患者恐惧心理并降低心脑血管意外的风险。如患者各项监测指标出现明显异常，应立即停止射频，经对症处理指标恢复后方可继续治疗。

术后穿刺部位加压包扎，卧床24h，心电监护，严密监测患者生命体征，预防感染。

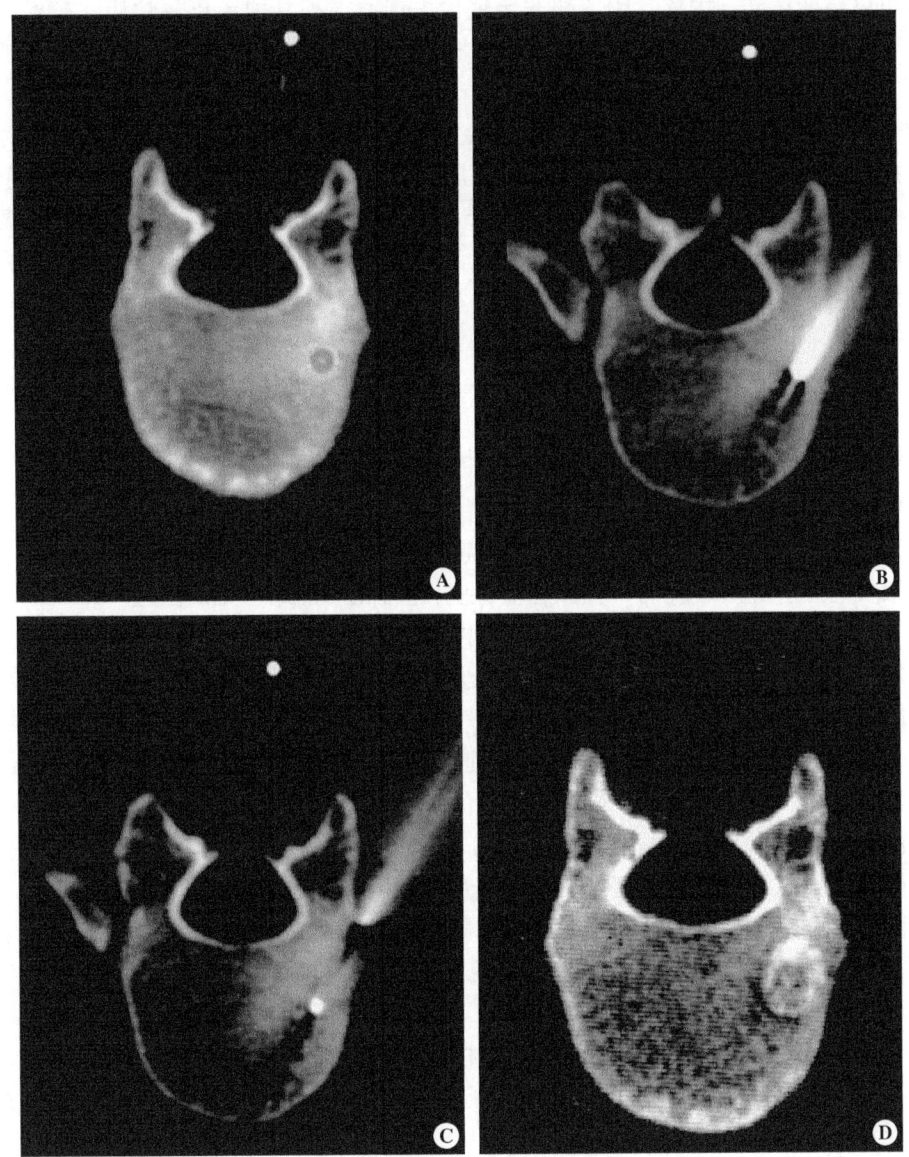

图 14-2　骨样骨瘤的射频消融治疗

男性,15 岁,第 12 胸椎骨样骨瘤　A. 2mm 扫描显示椎体左侧瘤巢;B. CT 导引下射频针后入路进入;C. 电极位于瘤巢中央;D. 6 个月后局部坏死

(5) 并发症:射频消融过程中产生的高温可能引起神经、血管损伤,脂肪液化、皮肤及周围软组织坏死。如果肿瘤邻近关节,关节软骨也可能受损。邻近器官如膀胱、肝脏等也可能受影响,这些必须在治疗计划中考虑到,尽量避免这些组织的损伤。

对于因病灶毁损后出现发热等坏死吸收反应,可对症退热,如出现高热、寒战需查血常规及血培养,及时发现感染可能。对于术后仍有病灶部位持续疼痛的患者,排除危及生命的情况后可给予持续阵痛。

(6) 疗效评价:RFA 治疗骨样骨瘤的成功率为 76%~100%。与经皮行瘤巢毁损术(碾磨、旋钻等)相比,RFA 治疗骨样骨瘤创伤小、定位精确、简单安全,不但疗效高,而且患者在术后就可以早期活动。因此，RFA 可完全替代手术治疗和其他经皮病灶切除技术，成为治疗骨样骨瘤的首选方法。对于其他良性骨肿瘤，如骨瘤、非骨化性纤维瘤、软骨母细胞瘤、血管瘤等也有着非常理想的治疗效果。

RFA 只针对局部病灶进行治疗而无法改变转移性骨肿瘤本身的生物学特性，因此是作为一种姑息性治疗方法应用于临床。尤其适用于全身情况不佳及无手术适应证的患者，以缓解疼痛，改善生活质量。但对于直径超过 5cm，尤其是邻近重要血管和神经的肿瘤，单纯依靠 RFA 无法达到理想的治疗效果，则可联合其他微创方法，如联合椎体成形术、动脉化疗栓塞等。

（陈　珑　倪才方）

第二节　腰椎间盘突出症

【概述】　腰椎间盘突出症是因为椎间盘变性，纤维环破裂，髓核突出或脱出刺激或压迫神经根及马尾神经所表现的一种综合征，是引起腰腿痛的最常见病因之一。

1. 病因　椎间盘退行性变是基本因素，腰部的急性损伤、过度负荷以及脊柱的长期慢性震动等累积伤力是椎间盘变性的主要原因，也是椎间盘突出的诱因。此外其他与年龄、身高、妊娠及遗传因素有关。其中，有色人种的发病率低，而小于 20 岁的患者约 1/3 有家族史。

2. 病理及分型　腰椎间盘突出症的病理改变主要包括椎间盘的退变、髓核突出、硬膜囊及神经根受压、神经根周围炎、最终形成椎间紊乱。

椎间盘突出根据突出物的病理形态可分为膨隆型、突出型、脱出型、游离型四种类型。其中膨隆型和突出型属于包容型，脱出型和游离型属于破裂型。

膨隆型：椎间盘退变，纤维环软化、松弛，髓核组织脱水，退变的髓核组织在椎间盘内发生位移，整个椎间盘失去弹性，椎间盘在外观上向四周均一膨出，超过椎体软骨板的边缘，有或无硬膜囊受压，但此时纤维环尚完整。

突出型：纤维环发生断裂，弹性减弱，髓核自纤维环的裂口处向外突出，但纤维环的最外层尚完整。整体观椎间盘向某一个方向隆凸，范围局限。根据隆凸的方向不同，患者可有硬膜囊及神经根受压表现。

脱出型：纤维环完全破裂，髓核自破裂的纤维环向外疝出，但疝出的部分仍与盘内的髓核相连。根据疝出的部分有无突出于后纵韧带外，其又可以分成后纵韧带内脱出型（后纵韧带仍完整，突出的髓核局限于后纵韧带内）以及后纵韧带外脱出型（突出的髓核穿破后纵韧带，位于后纵韧带外）。

游离型：在脱出型的基础上，突出的髓核与椎间盘内的髓核分离，脱出的髓核游离于椎管内可自由移动，此型患者临床症状最重。

【临床表现】

1. 症状

（1）腰腿痛：是腰椎间盘突出症的主要症状。患者可表现为单纯腰痛、腿痛，或腰痛并单侧或双下肢的放射痛。腰腿痛与突出的椎间盘压迫、刺激纤维环表层、后纵韧带、硬脊膜以及神经根有关。若突出椎间盘不压迫神经根，则患者仅有腰痛症状。突出的椎间盘压迫刺激神经根时则产生沿不同神经根行程放射的下肢疼痛。腰 4~5、腰 5 骶 1 椎间盘突出主要引起沿坐骨神经的放射痛(腰4~5椎间盘突出压迫腰5神经,表现为大腿及小腿外侧疼痛;腰5骶1椎间盘突出压迫骶1神经,表现为大腿、小腿后外侧及足跟部疼痛)。腰1~2、腰2~3及腰3~4椎间盘突出则主要可能压迫腰丛的神经根,引起大腿前内侧及腹股沟区的疼痛。

凡是可能引起椎管内压增高的活动,如咳嗽、喷嚏及排便等都有可能加重腰腿痛;此外久立、久坐及负重等加重突出程度的活动也会加重疼痛。反之卧床休息可降低椎管内压,改善微循环,疼痛会减轻、缓解。

(2)患肢麻木:突出物刺激触觉神经纤维可产生肢体麻木感。其范围与受累神经所支配的范围一致。

(3)患肢发凉:突出物刺激交感神经,引起患肢血管收缩,皮温降低,患者有肢体发凉感觉,此时患者的足背动脉搏动正常。

(4)间歇性跛行:椎间盘突出后,可出现椎管侧隐窝及神经根管的狭窄。其同时影响椎管内静脉的回流。步行会加重神经根的充血及淤血程度,同时可能加重突出物的突出程度,可导致疼痛加剧,随着行走距离增加患者表现出腰背痛及下肢麻木加剧,严重时出现跛行。

(5)马尾综合征的表现:由于椎间盘的巨大突出或游离髓核直接压迫马尾神经,患者可表现出马鞍区运动感觉障碍(会阴部疼痛、麻木、大小便功能障碍、性功能障碍等)以及双下肢的神经根性疼痛。

2. 体征

(1)脊柱侧弯:神经根受压的患者多数会出现脊柱侧弯,是一种为减轻疼痛的姿势性代偿畸形。如突出物位于神经根外侧时上身向健侧弯曲;而突出物如果位于神经根内侧时,则上身向患侧弯曲,这样可以缓解神经根的受压。

(2)腰部活动受限:几乎所有患者都有不同程度的腰部活动受限,以前曲受限最为明显。

(3)腰部压痛及骶棘肌痉挛:大部分患者在病变部位的棘突间存在压痛,同时在其旁侧约1cm处存在压痛并向下肢放射。1/3的患者会出现脊柱强迫体位、骶棘肌痉挛。

(4)神经根刺激试验阳性:患者会出现坐骨神经牵拉试验阳性,最常见的为直腿抬高试验及加强试验阳性。上位腰椎间盘突出尚可出现股神经牵拉试验阳性。

(5)神经系统异常

1)感觉异常:80%的患者会有感觉异常,表现为沿椎间盘突出压迫的神经根分布的皮肤痛、触觉的过敏及减退,通常以减退为主。

2)肌力下降:受累神经根支配的肌肉肌力降低。腰4~5椎间盘突出压迫腰5神经根,导致踝及拇趾背伸力下降。腰5骶1椎间盘突出压迫骶1神经表现为拇趾及足跖屈力下降。马尾神经受损则表现为肛门括约肌张力下降。

3)反射改变:腰3~4椎间盘突出患者可出现膝反射减弱或消失;腰4~5椎间盘突出患者无特征性的反射改变;腰5骶1椎间盘突出患者可出现跟腱反射的减弱和消失。马尾神经受损则表现为肛门反射减弱或消失。

4)肌肉萎缩:是因为相应的支配神经受损引起的,如坐骨神经疼痛出现1~2个月后可出现小腿前外侧肌组及腓肠肌的萎缩。

【辅助检查】 腰椎间盘突出症的辅助检查主要依靠影像学检查,实验室检查对本症的帮助不大,但在鉴别诊断中有一定价值。

1. 影像学检查 影像学检查腰椎间盘突出症的方法包括X线平片、椎管造影、CT以及MRI扫描、椎间盘髓核造影等,目前最常用的为CT及MRI扫描检查。

CT可显示骨性椎管的形态、黄韧带肥厚情况、椎间盘突出的大小、方向、形态及神经根有无受压等,对本病有较大的诊断价值。MRI除CT的优点外尚可以通过椎间盘信号的改变了解其退变的程度,同时更加清晰、全面地显示突出髓核与脊髓、马尾及神经根之间的关系。但是当患者有多个椎间盘的病变,而临床表现不典型时,其很难判断究竟是哪一个椎间盘的病变引起患者的临床症状,即难以明确"责任椎间盘"。

当患者有多个椎间盘的病变,而难以明确责任椎间盘时,可考虑行椎间盘髓核造影检查,以明确责任椎间盘。椎间盘髓核造影可根据在造影过程中注射对比剂的瞬间,患者有无出现与日常疼痛性质类似的腰腿痛,来判定引起患者临床症状的椎间盘水平。椎间盘造影是CT及MRI扫描检查的有益补充,但是它有包括有创、存在导致椎间盘感染的潜在风险及结果假阳性等缺点。一般仅在无法明确责任椎间盘时可考虑使用。

2. 电生理检查 包括肌电图、神经传导速度及体感诱发电位在内的电生理检查,可协助确定神经受损的范围及程度,并用于辅助观察治疗效果。

【诊断】 腰椎间盘突出症的诊断要点包括以下几点。

(1) 有反复腰腿痛史,卧床休息后可缓解。

(2) 皮肤感觉障碍区域按神经支配分布。

(3) 相应受压神经根牵拉刺激试验阳性。

(4) 有相应的一个或几个神经系统异常体征:感觉异常、肌力下降、反射改变、肌萎缩。

(5) 影像学检查明确显示椎间盘突出或脱出,并与临床表现相符合。注意,仅有影像学表现而无临床表现者不应诊断本病。

(6) 注意排除急性腰椎扭伤、腰肌劳损、臀上皮神经损伤、第三横突综合征、梨状肌出口综合征、腰椎滑脱、腰椎结核及肿瘤。

对腰椎间盘突出症的诊断还需定位诊断,其主要根据影像学检查,以及不同部位椎间盘突出对不同神经压迫所产生的特定症状和体征进行定位。

【常规治疗】

1. 非手术保守治疗 腰椎间盘突出症为自限性疾病,超过80%的早期腰椎间盘突出症患者,其临床症状可以通过保守治疗得以缓解。保守治疗的方法主要包括:①绝对卧床休息;②持续牵引;③理疗、推拿和按摩,注意严禁使用暴力进行推拿按摩。

保守治疗主要适用于:①年轻、初次发作或病程较短的患者;②休息后症状可自行缓解者;③无严重椎管狭窄者。

2. 外科手术治疗 经过严格保守治疗无效或有马尾神经受压者可考虑手术治疗。手术治疗主要包括髓核摘除术及椎管降压术。手术治疗可能发生椎间盘感染、血管神经损伤以及术后粘连症状复发等不良后果,因此应严格掌握手术适应证。

【介入治疗】 介入治疗是近年来兴起的治疗腰椎间盘突出症的微创治疗方法,其包括以主要减少髓核内容物、降低椎间盘内压为目的,和以主要降低局部神经无菌性炎性反应、接触粘连为目的的两大类治疗方法。前者包括经皮腰椎间盘切除术(percutaneous lumbar disectomy,PLD)、腰椎间盘化学髓核溶解术(lumbar disc chemonucleolysis,LDCN)、经皮穿刺椎间盘汽化减压术(percutaneous laser disec decompression,PLDD)、经皮腰椎间盘臭氧注射消融术。后者主要包括影像引导下的选择性神经根阻滞术(selective never root block,SNRB)及硬膜外腔类固醇注射术。经皮腰椎间盘切除术(PLD)在我国开展时间较长,推广应用范围较广,本节将主要针对PLD进行介绍。PLD通过在椎间盘纤维环的侧方穿刺、开窗,并切除部分髓核组织以使椎间盘内压降低,缓解对神经根及椎间盘周围痛觉感受器的刺激,从而达到消除症状的目的。

1. 适应证与禁忌证

（1）适应证:PLD治疗椎间盘突出症的基本原理为间接性的机械性降压,而非直接地摘除突出的髓核组织,因此,从椎间盘突出症的病理分型而言,仅包容性的椎间盘突出症适合行PLD治疗。从临床情况看,其主要适合于以下情况。

1）经严格6周保守治疗无效的患者。

2）神经根受压症状和体征阳性。腰椎间盘突出主要包括腰腿痛、下肢神经感觉障碍及直腿抬高试验阳性等。

3）CT和MRI检查证实腰椎间盘为包容性突出,且其病变平面与临床症状及体征相一致,并排除相应的禁忌证。

（2）禁忌证

1）破裂型椎间盘突出。

2）椎间盘突出物严重钙化。

3）合并严重的小关节退变或椎管骨性狭窄或黄韧带肥厚。

4）软骨片或骨片游离于椎管内。

5）椎体滑脱Ⅱ度以上。

6）穿刺通路周围感染、腰椎结核或椎管内肿瘤。

7）局麻药禁忌者。

8）严重出血倾向。

2. 术前准备

（1）常规准备:常规检查血常规、血细胞凝集常规,患者或家属签署知情同意书,术前可使用镇静剂。

（2）器械选择:PLD的器材可分为手动钳夹式切除器和自动式切割器,自动式切割装置与手动装置相比具有下列优点:①套管针较细,创伤小;②减少术中感染的概率;③大大减少了患者和手术者的X线曝光时间。自动式切割器包括穿刺定位针、扩张套管、环锯、髓核切割器、动力及传动装置以及负压吸引装置。

3. 操作方法

（1）体位:患者取俯卧位或健侧卧位。俯卧位时,腹部垫马鞍形软垫,使腰骶部抬高、椎间隙后缘增宽。侧卧为时,患侧在上,腰部垫枕。

（2）定位:腰脊神经从相应椎体的椎弓根下方穿出椎间孔,向前下斜行越过椎间盘,腰脊神经与下一椎体的上缘及下一椎体上关节突,共同在经治椎间盘的纤维环外侧围成一个解剖上无重要结构的安全三角区,穿刺针即通过此三角区进入椎间盘(图14-3)。透视下定位腰椎间盘穿刺平面,一般旁开棘突9~14cm处选择穿刺点,穿刺针与矢状面的夹角一般为40°~50°。随着腰椎间盘水平下移,穿刺针与矢状面的夹角逐渐增大;穿刺针旁开棘突的距离也逐渐增加,但L_5~S_1椎间盘略有不同,通常情况下L_5~S_1椎间盘造影时穿刺针旁开棘突的距离要小于L_4~L_5椎间盘。同时由于要避开髂骨翼的阻挡并克服腰骶角,穿刺方向应指向足侧,因此L_5~S_1椎间盘造影时的体表穿刺点往往高于L_4~L_5椎间盘的体表穿刺点。

（3）消毒、麻醉:透视下确定体表穿刺点,局部皮肤严格消毒后铺巾,用2%利多卡因5ml行局部麻醉,麻醉应于透视下进行,严禁麻醉针尖超越关节突前方造成脊神经根麻醉,反应性下降,从而使患者无法对穿刺过程中穿刺针可能对脊神经产生的损伤作出反应,禁忌全身麻醉或硬膜外麻醉下行 PLD。局麻后穿刺点皮肤切开 4~5mm 切口。

(4) 穿刺:18G 穿刺针在 X 线透视下沿预定穿刺路径穿刺。可于斜位透视下判定穿刺针方向是否正确,斜位透视时影像增强器应位于患者背侧,向穿刺侧倾斜,直至斜位透视时关节突关节恰好位于预穿刺椎间盘下方椎体上终板的后 1/3~1/2 处,为保证 X 线束与穿刺椎间盘平行,透视时椎体上终板应呈现一条直线,避免上终板投影出现双线重叠影。穿刺方向应沿着 X 线束方向,即影像增强器向斜位旋转的角度就是穿刺针的穿刺角度。如果穿刺针正好与 X 线束平行,则穿刺针尾部投影应与其针尖的投影重叠,且位于预穿刺椎间盘下方腰椎之上关节突的前方,此时表明穿刺方向正确(图 14-4)。

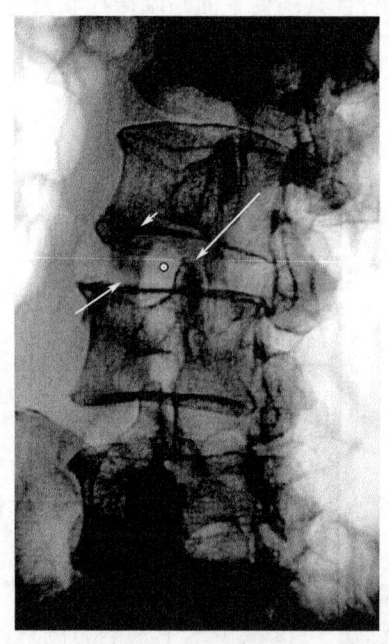 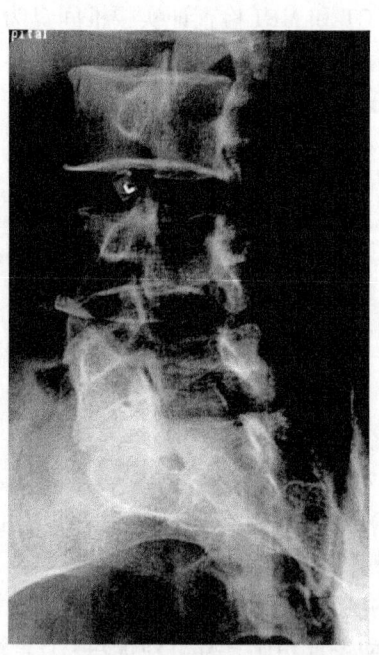

图 14-3　腰椎间盘穿刺腰椎斜位 X 线透视图
箭头为上一个椎体下终板,短箭为下一椎体的上终板,椎体上终板呈一条直线,长箭为下位腰椎的上关节突,白圈即为穿刺针进入点

图 14-4　腰椎间盘穿刺过程中斜位透视图
穿刺针 X 线束平行时,穿刺针尾部投影与其针尖投影重叠,且位于预穿刺椎间盘下方腰椎之上关节突的前方

穿刺过程中应注意避开神经根,穿刺针抵达纤维环后应该有一明显突破感然后进入髓核。穿刺针进入髓核后,正侧位透视确认穿刺针位置(图 14-5),然后退出针芯,沿穿刺针套入扩张器和外套管,抵达纤维环后将外套管抵至纤维环。

(5) 纤维环"开窗":退出扩张器,经套管插入环锯至纤维环,用环锯缓慢旋转切开纤维环进入髓核腔,即所谓的"开窗"技术。纤维环"开窗"对椎间盘内的持续减压起到重要的作用。

(6) 切割、抽吸髓核:外套管进入髓核后退出环锯,经外套管插入切割器,连接吸引器并接通冲洗液,进行切割、抽吸,同时观察负压吸引器收集瓶内髓核碎块的数量及性状。抽出的髓核组织应为灰白色的悬浮组织,如负压瓶中出现血性液体,应立即停止抽吸。为了增加髓核抽吸量,可采用多方向切割抽取髓核组织。当无明显髓核碎块被抽吸入负压瓶时,停止切割抽吸,退出切割器。负压条件下拔出外套管,穿刺点压迫止血,消毒纱布覆盖后结束治疗。

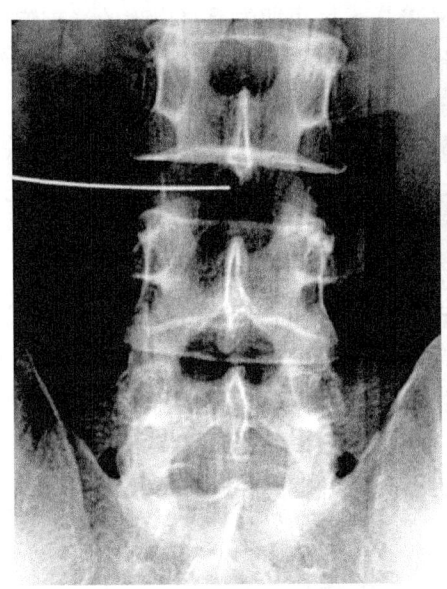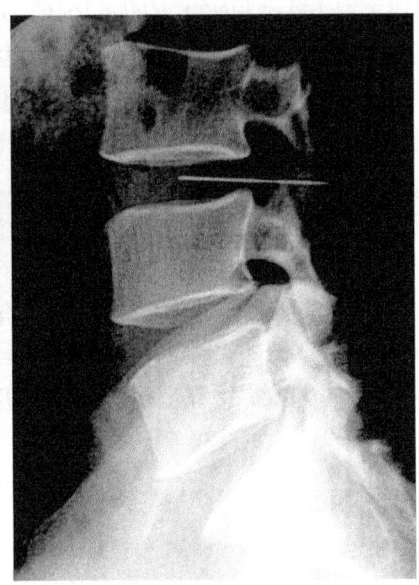

图 14-5 腰椎间盘穿刺成功后正、侧位透视图

穿刺针尖应位于椎间隙的中 1/3 处

4. 术后处理 术后 12h 内每 2h 监测血压、脉搏等生命体征。术后 1 周内应以卧床休息为主,可下床大小便,活动时使用护腰。术后 5 日内静脉滴注抗生素,疼痛症状仍较重者可加用地塞米松和甘露醇缓解症状。出院后继续卧床休息 2~4 周,减少腰部活动。1 个月后定期复查,患者可在医师指导下进行腰背肌的锻炼。

5. 并发症 PLD 术与外科手术相比并发症率极低,严重并发症更少,没有硬脊膜瘢痕形成及粘连等外科手术常见的并发症。

(1) 出血:PLD 术大血管损伤大出血罕见,此类并发症多与手术者操作粗暴、对穿刺途径的解剖生疏或解剖变异有关,一旦发生可通过动脉栓塞或外科手术等方法及时处理。腰大肌旁血肿临床较少见,常在术后 3 日左右出现腰部或腹股沟疼痛,由于椎外静脉丛在椎间隙处分布稀疏、压力低,即使损伤也不致造成大出血,因此常无需特殊处理。一般经过休息、热敷、常规内科止血和预防感染后,出血多能自行吸收痊愈。

(2) 神经损伤:神经损伤的发生率很低,操作进针途中若遇到神经,患者有触电样感觉,只需稍改变进针角度就可避开神经干,皮神经的损伤常无临床意义。

(3) 腹腔脏器损伤:穿刺点与棘突距离过远或穿刺针与冠状面夹角过大会损伤后位结肠,术前应仔细阅读患者 CT 或 MRI 片,确定穿刺通道的毗邻关系。

(4) 椎间盘感染:椎间盘感染是 PLD 的严重并发症之一,但发生率低,为 0.2%~4%。PLD 术后椎间盘感染可能的原因为:手术无菌操作不严格;穿刺针损伤肠道而受到污染后再进入椎间盘。腰椎间盘感染的临床表现大致分为两大类:①急性化脓性感染。患者表现为术后 3 日左右出现寒战、高热、腰背部疼痛,神经根压迫症状较术前加重。每当咳嗽、排便等腹压增加时疼痛加剧。白细胞计数升高,中性粒细胞比例增高。②低毒性感染。PLD 术后的感染以此类最为多见,可能与定位针进入肠道后又进入椎间盘有关。大多数患者表现为术后 4~20 日出现不明原因的严重的腰痛和坐骨神经痛。少数患者表现为下腹部疼痛或放射痛,无寒战、发热。腰背部肌肉痉挛明显,有明显的深压痛和叩击痛,白细胞计数和中性粒细胞比例正常,多数早期即表现为红细胞沉降率明显加快。对 PLD 术后短期内反复出现的严重腰痛及坐骨神经痛,应考虑到感染的可能,需尽早明确诊断,以便得到及时控制。治疗常规包括:绝对卧床休息;使用抗生素;再次经皮穿刺椎间盘内抗生素冲洗或放置引流管。

6. 疗效评价　PLD 的疗效为 72%~89%,疗效评价可参照椎间盘外科术后的评价标准:①优,症状及体征完全消失,恢复原工作。②良,主要症状消失,个别体征未完全消失,可以做原工作。③进步,症状好转,有 2~3 个体征未恢复,只能做轻微工作。④差,症状和体征均无明显好转。有效率=(优+良)数量/治疗总数。

临床随访应包括病人的症状与体征检查,与术前进行对照并作记录,随访时间应定为术后 1、3、6、12 个月为佳,远期随访则以 1 年为期限。影像学随访应包括 CT 和(或)MRI,对病史较短、年龄较轻或突出程度较轻的患者意义较大,但对多数患者而言,影像学表现与疗效并不成正比(图 14-6、图 14-7)。

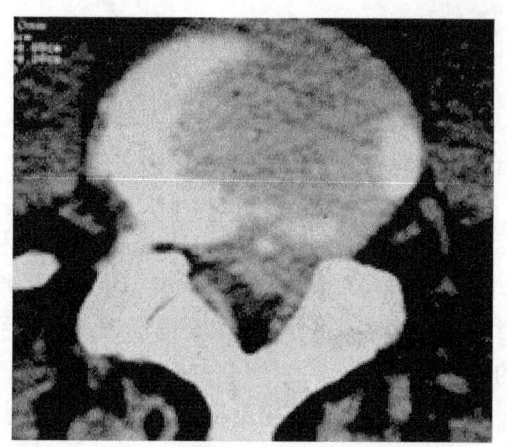

图 14-6　术前 CT $L_{1/2}$ 椎间盘突出

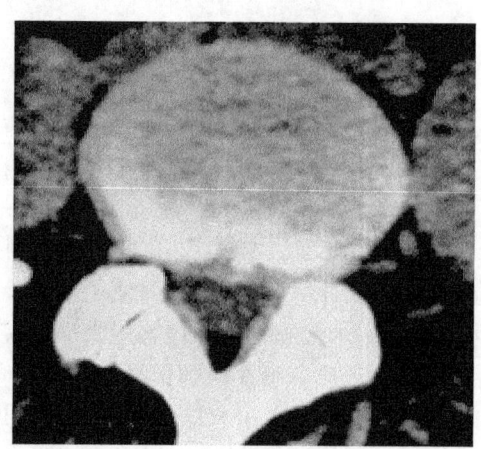

图 14-7　术后 CT $L_{1/2}$ 椎间盘突出部分消失

(陈　珑)

第三节　椎体压缩性病变

【概述】　椎体压缩性病变是指各种病因导致的椎体压缩变扁,体积缩小。其主要病因有骨肿瘤病变(转移瘤、骨髓瘤、血管瘤等);骨折(包括骨质疏松性以及外伤性椎体压缩骨折);骨肿瘤样病变(嗜酸性肉芽肿);脊椎骨无菌性坏死等。

根据椎体压缩性病变的病因不同,治疗方法也各异,总体来讲可分为外科手术治疗、介入治疗及内科保守治疗。

【临床表现】　患者在出现病椎压缩变扁的同时,多伴有难以忍受的腰背部疼痛;若病变累及神经根,尚可出现相应水平的感觉障碍及神经根性疼痛,重症可致运动障碍甚或截瘫。椎体压缩性病变的患者常伴有脊柱生理曲度改变,使得患者胸腹腔容积缩小,内脏功能受限,同时运动障碍、长期卧床等共同作用会使患者出现感染、深静脉血栓,精神障碍甚至多器官功能衰竭等多种并发症。

【常规治疗】　椎体压缩性骨折以及椎体的肿瘤性病变可考虑外科手术治疗,但对于骨质疏松性椎体压缩骨折,外科手术固定困难;而对于肿瘤性病变的患者外科手术的适应证小,手术创伤大,各种外科手术的并发症发生率高达24%。放、化疗可部分缓解肿瘤性患者的疼痛,但见效慢,且对于放、化疗不敏感的肿瘤无效,同时其无法恢复压缩椎体的生物力学性能。常规保守治疗,包括激素治疗、止痛药物治疗、卧床、活动时使用护具等,这些方法疗效有限、见效慢,且同样无法固定病变椎体、恢复压缩椎体的生物力学性能。

【介入治疗】 经皮椎体固定术是近年兴起的治疗椎体压缩性病变的介入治疗方法,主要包括经皮椎体成形术(percutaneous vertebroplasty,PVP)和经皮后凸成形术(percutaneous kyphoplasty,PKP)。PVP是在影像导引下,通过将穿刺针经皮穿刺到病变椎体后,注入骨水泥以提高脊柱稳定性、缓解或消除患者疼痛的治疗方法。PKP是在PVP的基础上发展而来,其在穿刺针穿刺入病变椎体后,先使用球囊扩张压缩变扁的病变椎体,然后再向椎体内注射骨水泥,从而在加固椎体、缓解疼痛的同时,从理论上讲有望进一步恢复病变椎体的高度。自1998年美国FDA批准PKP运用于临床以来,取得了与PVP类似的临床止痛效果,然而自其问世以来,由于价格昂贵,手术时间长,患者相对创伤大,且严重并发症发生率高,因此一直以来备受争议,PKP与PVP相比,是否具有更好的安全性和疗效,尚有待于大样本、前瞻性、多中心的临床研究加以验证。因此本节除特殊说明外,一般主要探讨PVP的临床应用。

1. 治疗机制 PVP和PKP的止痛机制至今仍不明了,推测可能的因素有:①机械性,注入骨水泥能提高脊柱的生物力学性能,固定显微骨折,减少骨折断端的微小移动,从而减少对痛觉神经末梢的刺激。②热效应,PVP及PKP术中使用的聚甲基丙烯酸甲酯(polymethylmethacrylate,PMMA)骨水泥,在体内聚合时产生的高温可能对肿瘤细胞及痛觉神经末梢存在破坏作用。③化学性,PMMA骨水泥的单体对肿瘤细胞及椎体内神经细胞可能存在细胞毒作用。④血管性,椎体内注射骨水泥阻断了局部组织的血流,相当于局部血管栓塞作用,从而可能对椎体内肿瘤细胞及痛觉神经末梢产生损害。

2. 适应证和禁忌证

(1) 适应证

1) 骨质疏松引起的椎体压缩性骨折:①经保守治疗无效的严重疼痛的患者和(或)活动障碍的患者;②疼痛时间小于12个月患者,或疼痛时间大于12个月,但MRI扫描,STIR序列显示病变椎体内为高信号者。

2) 椎体肿瘤

A. 椎体血管瘤:分为四种类型。具有侵袭征象的影像学表现,而无临床征象的血管瘤为PVP的最好适应证;侵袭征象阴性而存在疼痛的血管瘤为PVP的选择性适应证;对于具有侵袭性影像学征象并存急性脊髓与神经根压迫症状的血管瘤,PVP仅是辅助治疗手段;而既有侵袭性影像学征象又有临床症状的血管瘤的首选治疗方法则是椎体内注射无水乙醇。

B. 脊柱恶性肿瘤:转移瘤和骨髓瘤及其他溶骨性骨肿瘤。

3) 外伤性椎体压缩骨折:PVP作为脊柱后路椎弓根内固定系统的一种辅助手段,目前仅用于一些不稳定压缩性骨折和爆裂性骨折的辅助治疗。随着新型骨水泥的研发,以及应用技术的扩展,PVP有望治疗那些神经功能完好、后凸畸形较小创伤性椎体压缩骨折。

4) 椎体其他病变:如椎体的肿瘤性病变(嗜酸性肉芽肿),椎体的无菌性坏死,只要是椎体骨折塌陷引起疼痛的均是PVP的适应证。

(2) 禁忌证

1) 绝对禁忌证:①无症状的椎体压缩骨折;②严重的局部或全身感染;③难治性凝血功

能障碍;④对骨水泥过敏者;⑤严重心肺功能障碍,无法耐受全麻的患者为 PKP 的禁忌证。

2) 相对禁忌证:①具有脊髓或神经根压迫症状的患者;②椎体后缘骨质缺损的患者;③椎体重度压缩骨折的患者,压缩程度超过椎体高度的 2/3~3/4;④成骨性转移瘤的患者;⑤虽然有文献报道将 PVP 应用于椎体感染性病变,但仅为个例报道,根据笔者经验,PVP 应用于感染性病变的治疗应慎重。

3. 术前准备

(1) 患者准备:患者签署知情同意书;术前 4h 禁食、PKP 需全麻患者术前禁食 12h;术前查脊柱正侧位平片、CT、MRI(包括常规 T1、T2 序列及 STIR 序列);血常规及血细胞凝集常规检查。

(2) 术前使用药物:苯巴比妥 0.1g,地塞米松 5mg,术前 1/2 小时肌内注射;1% 利多卡因,局部麻醉用。除患者有难以忍受的剧痛,完全无法满足手术需要外,应避免使用强力镇痛药物,以防止患者无法感知穿刺过程中神经根受损引发的疼痛。

(3) 器械:用 18G 普通血管穿刺针做穿刺通道的全程浸润麻醉。颈椎及上胸椎使用 13~15G 骨穿刺针;下胸椎及腰椎使用 10~13G 骨穿刺针。注射骨水泥专用 1ml 注射器。PKP 尚需使用导针、工作套管、手动钻、专用球囊扩张管、压力表。

(4) 骨水泥:最常用的骨水泥为聚甲基丙烯酸甲酯(polymethylmethacrylate,PMMA)骨水泥,由聚合体和单体组成。聚合体为粉剂,单体为液态。粉剂与液体混合时会发生聚合反应,此反应为产热反应。但 PMMA 骨水泥 X 线显影性能及生物相容性差,因此使用时尚需添加一定比例的显影剂,常用的显影剂为消毒硫酸钡粉、钽粉或非离子型含碘对比剂。PMMA 骨水泥使用时根据不同厂家的骨水泥,按粉剂与液体以及显影剂的不同比例进行配置。目前已有添加好一定比例消毒硫酸钡粉为显影剂的,PVP 专用骨水泥成品出售。此外,研究较多的骨水泥尚有磷酸钙骨水泥及硫酸钙骨水泥,磷酸钙骨水泥及硫酸钙骨水泥生物相容性好,不产热,X 线显影性能好,磷酸钙骨水泥已部分用于临床,其主要用于骨质疏松性椎体压缩骨折的治疗。

(5) 影像监控设备:常用设备为具有清晰透视图像的单"C"臂或双"C"臂数字减影血管造影机,条件允许情况下配合 CT 机同时监控,效果更佳。

4. 操作方法

(1) 麻醉:除特殊情况外,患者一般取俯卧位,PVP 采用局部麻醉,PKP 需全身麻醉。

(2) 穿刺入路

1) 颈椎:第 1、2 颈椎可采用经口入路或后外侧入路。第 3~7 颈椎多采用前外侧入路:穿刺时应避开颈动脉鞘、甲状腺,可用手将颈动脉鞘推向外侧。可以使用 CT 来显示颈动脉,从而选择一条避开血管结构的路径,确保穿刺针经颈动脉鞘外进入椎体。

2) 胸椎:上胸椎采用经肋椎关节入路进入椎体,下胸椎可根据患者椎弓根的大小采用经椎弓根入路或经肋椎关节入路进入椎体。

3) 腰椎可采用经椎弓根入路或椎弓根外侧入路,常用为椎弓根入路。(3) 影像引导下穿刺

1) 颈椎及上胸椎病变可在透视或 CT 引导下进行穿刺。

2) 下胸椎及腰椎病变多在透视引导下完成穿刺。透视方法可采用正、侧位双向透视,或斜位透视法。双向透视下选择经椎弓根入路做穿刺时,侧位透视观察穿刺针未超过椎体后缘时,正位透视观察穿刺针,其针尖一定不能超过椎弓根投影的内侧缘,否则,提示穿刺

针已损伤椎弓根内侧骨皮质而进入椎管(图14-8)。斜位透视下椎弓根入路穿刺时将影像增强器旋转至穿刺侧,始终保持在斜位透视下进针,注意始终保持穿刺针不要伤及椎弓根内侧缘(图14-9)。穿刺针进入椎体后,侧位透视针尖置于椎体前、中1/3~1/4交界处较为理想。采用单侧椎弓根穿刺,正位透视时,针尖应抵达或超越椎体中线。若注射骨水泥后骨水泥无法充填对侧半椎体,可考虑再次穿刺对侧椎弓根注射骨水泥。

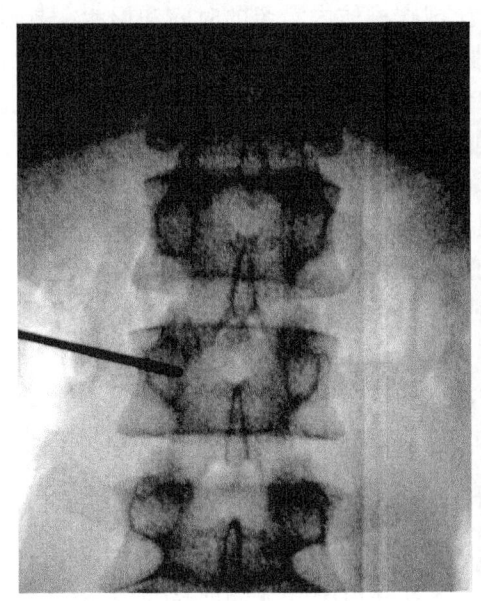
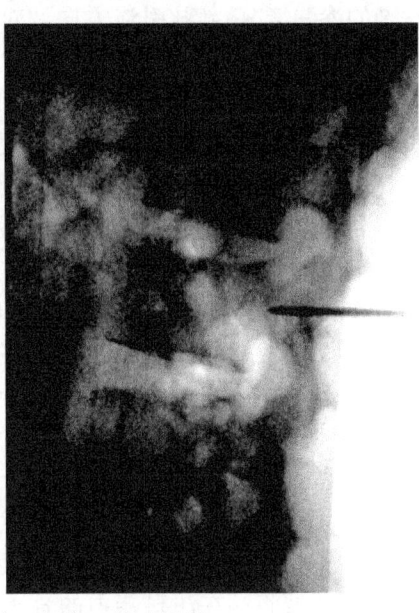

图14-8　PVP穿刺过程中正侧位X线透视图

为确保穿刺针位于椎弓根内,侧位透视穿刺针未超过椎体后缘时,正位透视观察穿刺针,其针尖一定不能超过椎弓根投影的内侧缘,否则提示椎弓根内侧缘已受到损伤

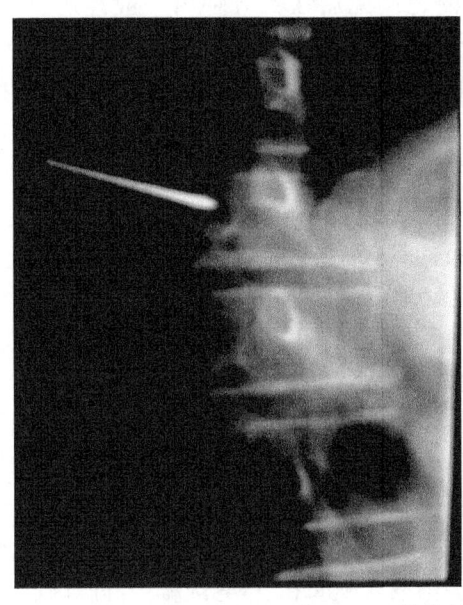
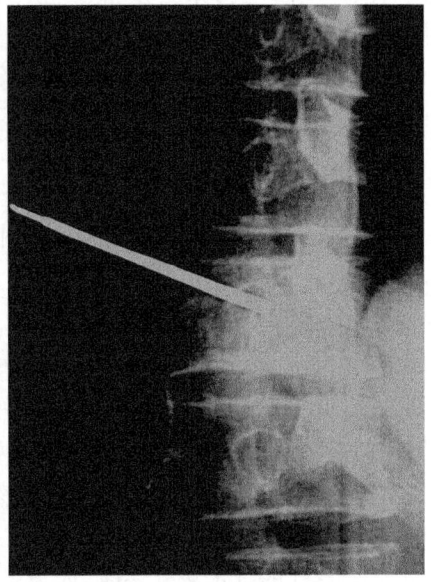

图14-9　椎体斜位透视穿刺图

旋转影像增强器,使X线束与椎弓根平行,椎弓根投影呈类圆形,穿刺针即经椎弓根的圆形投影穿刺入内,应始终保持穿刺针投影在椎弓根的圆形投影内

3) PKP 主要应用于下胸椎及腰椎病变的治疗。其采用经椎弓根途径穿刺,穿刺方法基本与 PVP 相同。穿刺针成功后更换工作套管置于椎体后缘,然后用手工钻在椎体内建立工作通道,沿通道置入球囊扩张椎体并在椎体内制造相应的空腔,最后撤出球囊于椎体空腔内充填骨水泥。

(4) 椎体内静脉造影:对于 PVP 的初学者而言,穿刺针到位后应行椎体内静脉造影,以观察对比剂的渗漏情况,静脉引流方向及对比剂在椎体内滞留的时间和形状。造影方法:选择非离子型对比剂将其与生理盐水按 1:1 浓度稀释,以 5ml 注射器抽取 3ml 对比剂经骨穿针注射入椎体内。椎体内静脉造影可为 PVP 治疗提供如下帮助:①椎体内静脉造影可以良好的勾画出治疗椎体的形态和轮廓。②通过椎体内静脉造影了解对比剂在椎体内的弥散、分布情况,从而有助于判断 PVP 是经单侧椎弓根还是双侧椎弓根实施,有助于预测骨水泥的使用量和调整骨水泥的配比比例。如发现对比剂弥散较慢,可调配较稀薄的骨水泥使注射更容易、弥散更满意;若发现引流静脉较快显影,但针尖不直接在引流静脉内,则可调配较黏稠的骨水泥在较慢的注射速率下注射。③尽管对比剂与骨水泥的流体性质不尽相同,但其能在很大程度上提示骨水泥渗漏的方向。④静脉造影可发现引流静脉明显早显(特别是在血供丰富的病变中),可以预测受治椎体发生渗漏的概率,因此有助于采取一定的措施(如对穿刺针重新定位和调整最初的骨水泥注射部位)以减少并发症的发生。

(5) 骨水泥的调配及注射:将 PMMA 骨水泥的粉剂和液体在一个小容器(杯子或盘子)内充分混合后倒入 10~20ml 的注射器内,然后在注入到骨水泥专用注射器内,也可以直接用注射器从放置骨水泥的容器内抽取骨水泥。注射器的前面部分骨水泥(约 0.1ml)应排除掉,每次注射时不要将剩在注射器内的骨水泥全部注射完,而应保留注射器内的最后部分骨水泥(约 0.1ml)。这两部分骨水泥由于压力关系容易造成粉剂和液体的分离(沥滤作用),而引起注射器的阻塞。

粉剂与液体混合时为聚合产热反应,其混匀调配后在数分钟内一般经历三个时期:①稀薄阶段,调配后早期,一般在 30~60s 内;②黏稠阶段,骨水泥呈糨糊状直至生面团状,调配后 1min 开始持续到 3~5min,一般在此阶段内迅速将 PMMA 注入椎体内;③硬化阶段:5~8min 后,PMMA 骨水泥逐渐变硬并产热。当注射器内骨水泥呈类似冰淇淋融化状态时准备注射,在黏稠期呈糨糊样的拉丝状时即可开始注射。切忌在骨水泥过于稀薄时注射,这样容易形成骨水泥的渗漏。注射应当在实时的 X 线透视监控下逐渐进行,快速注射经常会造成患者的不适和活动。应该先注射小剂量的骨水泥(0.1~0.2ml)后再注射更大量的骨水泥,逐渐小剂量的注射可以使清醒的患者更好地耐受手术,因为它能使椎体内压保持正常,从而减轻注射过程中产生的疼痛。如果发现骨水泥首先流向充盈静脉,则应该停止注射,等待一会儿(时间根据所有的骨水泥特性,一般 20s 左右),再继续注射;另一方法是使用斜面穿刺针,调整斜面方向、证实骨水泥不流向静脉后再恢复注射。注射骨水泥过程中主要在侧位透视下进行,以便早期检出任何骨水泥渗漏到硬膜外间隙、下腔静脉或椎间盘的情况;同时间断地使用正位像透视可以观察任何侧方的渗漏。

当出现以下情况应该立即停止注射:①至有明显阻力感或骨水泥已扩展至椎体后缘时;②发现任何形式的骨水泥外渗时:如骨水泥渗漏入椎间孔、椎管或椎旁静脉内。

理论上骨水泥的注射量是在不引起渗漏的情况下尽可能地充填病变椎体。然而,体外力学研究表明 2~8ml 的注射量就足以恢复椎体的力学特性,而每个椎体注射的 PMMA 骨水泥只需达到椎体的 15%,其硬度即可恢复到损伤前的水平。迄今为止,尚无证据证明骨水泥的注射量与疼痛的缓解相关;但骨水泥的注射量确与骨水泥的渗漏有直接关系。因此目前主张骨水泥到达椎体后1/4时就应该结束注射。

骨水泥注射结束后,将穿刺针针芯插入外套管,在原位旋转穿刺针数次可以使针尖的骨水泥与椎体内的骨水泥分离。这样移除穿刺针时就不会有将骨水泥带入软组织中的危险。拔除穿刺针后,局部压迫止血,摄脊柱正、侧位片了解骨水泥在椎体内弥散情况(图14-10)。

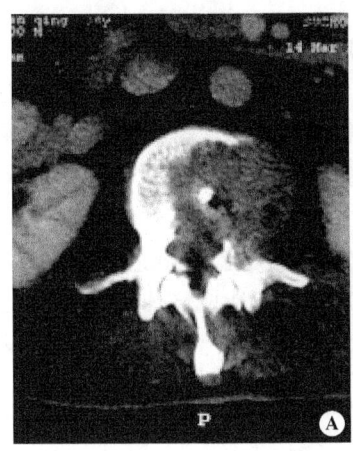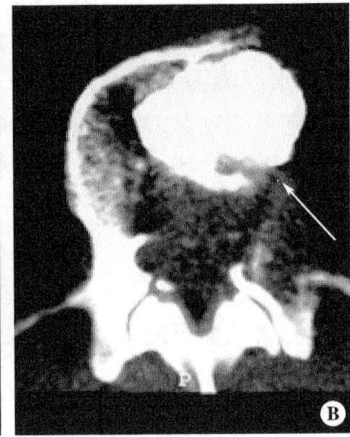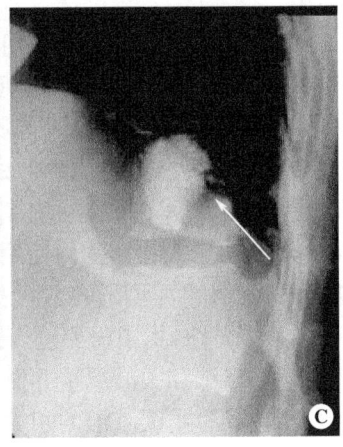

图14-10　椎体转移癌PVP治疗前后影像表现
A. PVP前见椎体溶骨性骨破坏,PVP后见骨水泥(白箭)于病变椎体内沉积良好;B. PVP后CT轴位图像;
C. PVP后X线侧位平片

(6) 术中注意事项
1) 术中应定时监测生命体征,并记录和保存这些监测结果。
2) 必须在患者合适位置留置静脉通道,以备需要时给予液体及药物。
3) 在PVP术中,应该不断询问患者的感觉和反应。
4) 一般一次操作不超过3个椎体。因为治疗椎体太多,操作时间太长、患者难以忍受,而且可能明显会改变局部的应力分布,容易导致相邻椎体继发性的骨折。

5. 术后处理　术后穿刺点应仔细消毒、覆盖无菌敷料。敷料可以在24h后去除,局部应保持清洁干燥48h。在术后第1小时,患者应保持仰卧,因为PMMA骨水泥通常在1h内会达到它最高强度的90%。在这期间,应监测患者的基本生命体征,同时要对患者神经系统的改变或功能障碍作出评价。少数患者在接受PVP后会出现局部疼痛加重,但这种疼痛通常是自限性的,使用镇痛药或非甾体抗炎药物一般可缓解。如果疼痛剧烈的话,患者可能需要短期住院处理。

术后1h后患者就可坐起,在2h后就可以开始行走。再经2h观察平稳后,患者就可以出院。PVP后疼痛的减轻通常在术后4~48h出现,因此患者在这段时间内仍可能服用止痛药物治疗。

6. 并发症　根据椎体压缩病变的病因不同,PVP并发症的发生率各不相同,恶性肿瘤的发生率相对较高。总体而言,PVP术有症状的并发症发生率低。其中骨质疏松性椎体压缩骨折的患者发生率为1%~2%,恶性肿瘤的发生率不应超过10%。PVP的近期并发症根据是否与骨水泥渗漏有关可将其分为与骨水泥渗漏相关并发症、非骨水泥渗漏相关并发症两大类,远期并发症为继发性相邻椎体压缩骨折。

(1) 骨水泥渗漏相关并发症:骨水泥渗漏在 PVP 术中非常常见,有文献报道可高达72.5%,大多数患者对骨水泥渗漏有良好地耐受性,属无临床症状的骨水泥渗漏。但是骨水泥渗漏也是发生临床并发症的重要原因。骨水泥可渗漏入椎旁软组织、椎间盘、椎旁静脉、椎管以及椎间孔内。骨水泥渗漏至椎旁软组织及椎间盘内患者多无临床症状,但骨水泥渗漏入椎间盘内可能会影响相邻椎体的应力结构,因此在远期可能会成为相邻椎体骨折的诱因。

骨水泥渗漏入椎管或椎间孔内,可产生相应的神经压迫症状,严重者可出现急性瘫痪,重症需急诊外科手术降压处理。骨水泥渗漏入椎旁静脉内,若不产生肺栓塞,患者多无临床表现,可是骨水泥一旦经静脉回流至肺动脉,则可造成致命性肺栓塞。因此骨水泥渗漏入椎管或椎间孔内,产生急性的神经压迫症状;以及骨水泥渗漏入椎旁静脉内引起致命性肺栓塞是 PVP 术中最严重的并发症。

PKP 由于先在椎体内使用球囊扩张制造出一空腔,使得骨水泥的充填能够在黏稠后期进行,因此骨水泥渗漏的总体发生率低于 PVP,但由于球囊扩张可能造成椎体边缘骨质的破损,以及 PKP 术中需要置入工作套管从而可能损伤锥弓根骨皮质的完整性,因此 PKP 发生骨水泥渗漏相关的严重并发症并不低于 PVP。

(2) 非骨水泥渗漏的相关并发症

1) 穿刺引起的相关并发症:包括局部出血、神经受损、气胸、肋骨骨折等,总体发生率低,预防穿刺引起的损伤关键在于术者对局部解剖关系及影像学表现的熟悉。

2) 局部反应:疼痛和感染。如果没有局部的骨水泥渗漏、血肿形成以及继发感染患者多不会出现疼痛加剧,即便出现一般也不超过 72h。

PVP 术后感染相当罕见。理论上任何外科置入医源性异物时常规应该使用抗生素以预防感染,但是鉴于 PVP 术并发感染实在罕见,故不作为操作常规要求。

3) 非骨水泥渗漏引起的患者全身心血管系统反应:即便 PVP 术中不发生骨水泥渗漏,但仍有个别患者出现一过性的血压、心率变化,起发生原因至今不明,可能的因素有 PMMA 骨水泥单体的毒性;注射骨水泥时椎体内压力变化,从而刺激感觉神经末梢引起相应的神经反射;注射骨水泥时的高压力引起椎体内脂肪微粒进入肺动脉造成脂肪栓塞。

4) PVP 后相邻椎体继发压缩骨折:PVP 及 PKP 后相邻椎体可再发压缩骨折,在术后 1 个月内多见。发生原因尚不明确,可能与病变椎体内注射骨水泥后改变了相应椎体的应力结构有关。

7. 疗效评价 PVP 的疗效主要从疼痛强度缓解、服止痛药情况及生活质量改善这三个方面进行评价。随着脊柱稳定性的提高,疼痛的缓解,患者生活质量大大改善,甚至可恢复日常活动。PVP 治疗椎体骨质疏松性压缩骨折的疼痛缓解率(疼痛完全消失或明显缓解)为 75%~94%,治疗椎体转移性肿瘤和骨髓瘤的疼痛缓解率为 60%~90%,治疗血管瘤的疼痛缓解率大于 90%。其中治疗椎体转移性肿瘤的疗效相对较低,此外随着肿瘤性病变的进展,PVP 治疗椎体转移瘤的远期疗效会有所下降,一年的疼痛缓解率为 60%~70%。PKP 的止痛效果与 PVP 大致相当。总体而言,经皮椎体成形术治疗椎体骨质疏松性压缩骨折和椎体肿瘤不但效果良好、疗效稳定,而且创伤小、操作安全,值得临床推广应用。

(倪才方 陈珑)